Mobiles Web von Kopf bis Fuß

Lyza Danger Gardner
Jason Grigsby

Deutsche Übersetzung von
Lars Schulten

O'REILLY®

Beijing • Cambridge • Farnham • Köln • Sebastopol • Tokyo

Kommentare und Fragen können Sie gerne an uns richten:

O'Reilly Verlag
Balthasarstr. 81
50670 Köln
E-Mail: kommentar@oreilly.de

1. Auflage 2012

Die Originalausgabe erschien 2011 unter dem Titel
Head First Mobile Web bei O'Reilly Media, Inc.

Bibliografische Information Der Deutschen Nationalbibliothek
Die Deutsche Nationalbibliothek verzeichnet diese Publikation in der Deutschen Nationalbibliografie; detaillierte bibliografische Daten sind im Internet über *http://dnb.d-nb.de* abrufbar.

Übersetzung und deutsche Bearbeitung: Lars Schulten, Köln
Lektorat: Inken Kiupel, Köln
Korrektorat: Sibylle Feldmann, Düsseldorf
Satz: Ulrich Borstelmann, Dortmund
Produktion: Andrea Miß, Köln
Belichtung, Druck und buchbinderische Verarbeitung: Media-Print, Paderborn

ISBN 978-3-86899-344-8

Den phänomenalen Frauen in meiner Familie: meiner Schwester Maggie, Momula, Fran, Tante Catherine, Stiefmutter Christie und vor allem dem Andenken meiner Großmutter Pearl, deren leidenschaftliche und informierte Unabhängigkeit Generationen inspirierte.

– Lyza

Meinen Eltern dafür, dass sie mir vor so vielen Jahren einen Commodore 64 kauften, meiner wunderbaren Frau Dana, ohne deren Unterstützung und Verständnis dieses Buch nicht zustande gekommen wäre, und Katie und Danny – ja, Papa hat jetzt Zeit zum Spielen.

– Jason

Lyza Danger Gardner (*@lyzadanger*) ist Entwicklerin. Seit 1996 hat sie Webzeug aufgebaut, demoliert und gehackt. Seltsamerweise wurde Lyza tatsächlich in Portland, Oregon, geboren und erwachsen, in der Stadt, in der alle sein wollen, aus der aber niemand zu *stammen* scheint.

Lyza begann früh mit dem College und schusterte sich eine Art Patchwork-Studium zusammen: ein BA in Arts and Letters von der Portland State University, auf den ein Master-Programm in Computer Science an der University of Birmingham (UK) folgte.

Lyza hat eine Menge Web-Apps aufgebaut (Server-Jungs, präsentiert!), widerspenstige Content Management-Systeme niedergerungen, mobile Websites optimiert, die unterschiedlichsten APIs abgeklopft und sich recht ordentlich den Kopf über Datenbanken zerbrochen. Sie ist von den Änderungen fasziniert, die die Mobiltechnologie bewirkt hat, und verbringt mittlerweile viel Zeit damit, sich über die Zukunft des Webs, ob mobil oder anders, Gedanken zu machen.

Seit sie 2007 die in Portland ansässige mobile Web-Agentur Cloud Four mitgegründet hat, ist sie weiter in die entlegenen Regionen von Geräteland gereist und hat die Macken und das Chaos von Mobilbrowsern und dem mobilen Web erforscht. Sie hat eine seltsame Sammlung anachronistischer Hobbys, und man munkelt, dass sie eine beachtliche Anzahl von Fotos gemacht hat. Sie ist Eigentümerin einer Vier-Buchstaben-*.com*-Domain. Wir sind sicher, dass Sie erraten, welche das ist. Statten Sie ihr dort einen Besuch ab.

Im Jahr 2000 erhielt **Jason Grigsby** sein erstes Mobiltelefon. Von da an war er davon besessen, um wie viel besser die Welt sein könnte, wenn jeder den Zugriff auf das Wissen der Welt in der Tasche trüge. Als seine Frau Dana ihm begegnete, hatte er sämtliche Wände seiner Wohnung mit seinen seltsamen Mobilträumen zugepflastert. Bis heute ist er immer noch verblüfft, dass sie ihn geheiratet hat.

Diese Mobilträume zerschellten an der harten Mauer der Realität – WAP war Schrott. Also arbeitete Jason am Web, bis 2007 das iPhone klarmachte, dass die Zeit reif war. Er tat sich mit den vier klügsten Menschen zusammen, die er kannte, und gründete Cloud Four.

Seit der Mitbegründung von Cloud Four hatte er das Glück, an vielen fantastischen Projekten, unter anderem der Obama iPhone-App, mitzuarbeiten. Er ist Gründer und Präsident von Mobile Portland, einer gemeinnützigen lokalen Unternehmung, die sich der Förderung der Mobilgemeinschaft von Portland, Oregon widmet.

Jason ist ein viel gefragter Redner und Consultant zu Mobilfragen. Wenn das überhaupt möglich ist, ist er heute noch mehr in die Mobilwelt vernarrt als 2000 (verzeih mir, Schatz!).

Er bloggt auf *http://cloudfour.com*, seiner eigenen Website *http://userfirstweb.com* und ist als *@grigs* auf Twitter unterwegs. Schauen Sie vorbei!

Über den Übersetzer dieses Buchs

Lars Schulten ist freier Übersetzer für IT-Fachliteratur und hat für den O'Reilly Verlag schon unzählige Bücher zu ungefähr allem übersetzt, was man mit Computern so anstellen kann. Eigentlich hat er mal Philosophie studiert, aber mit Computern schlägt er sich schon seit den Zeiten herum, da Windows laufen lernte. Die Liste der Dinge, mit denen er sich beschäftigt, ist ungefähr so lang, launenhaft und heterogen wie die seiner Lieblingsessen und Lieblingsbücher.

Allein tritt er eigentlich nur auf, wenn er mal wieder versucht, den körperlichen Verfall mit sportlicher Betätigung aufzuhalten. Sonst ist er immer in Begleitung eines Buchs, seines Laptops oder Frederics unterwegs. Frederic ist sechs Jahre alt und setzt gern eine sehr kritische Miene auf, wenn Papa die Spielerei mit dem Computer als Arbeit bezeichnet.

Ergänzende Bücher von O'Reilly

HTML5 & CSS3

HTML & XHTML – kurz & gut

CSS – kurz & gut

JavaScript – Das umfassende Referenzwerk

JavaScript – kurz & gut

jQuery Kochbuch

jQuery – kurz & gut

jQuery Mobile – Plattformunabhängige mobile Anwendungen

Weitere Bücher aus der *von-Kopf-bis-Fuß*-Reihe

C# von Kopf bis Fuß

Entwurfsmuster von Kopf bis Fuß

HTML mit CSS & XHTML von Kopf bis Fuß

HTML5-Programmierung von Kopf bis Fuß

JavaScript von Kopf bis Fuß

Java von Kopf bis Fuß

jQuery von Kopf bis Fuß

Netzwerke von Kopf bis Fuß

Objektorientierte Analyse und Design von Kopf bis Fuß

PHP & MySQL von Kopf bis Fuß

Softwareentwicklung von Kopf bis Fuß

SQL von Kopf bis Fuß

Webdesign von Kopf bis Fuß

Der Inhalt (im Überblick)

	Einführung	xix
1	Einstieg in die mobile Webprogrammierung: *Responsive Webdesign*	1
2	Responsivität mit Augenmaß: *Responsive Webdesign und Mobile First*	43
3	Eine eigene mobile Website: *Ungünstige Umstände*	91
4	Entscheiden, welche Geräte berücksichtigt werden sollen	137
5	Gerätedatenbanken und -klassen: *Gemeinsam stark*	151
6	Mit Frameworks mobile Web-Apps bauen: *Der Tartanator*	217
7	Supermobile Web-Apps in der Praxis	267
8	Hybride mobile Apps mit PhoneGap: *Tartan-Jagd — Nativ werden*	313
9	Für die Zukunft gewappnet: *(Etwas) Ordnung ins Chaos bringen*	357
A	Was übrig bleibt: *Die Top Sechs der Themen, die wir nicht behandelt haben*	373
B	Die Webserverumgebung einrichten: *Das Fundament*	387
C	WURFL installieren: *Geräte erschnüffeln*	397
D	Android-SDK und Werkzeuge installieren: *Die passende Umgebung schaffen*	403
	Index	417

Der Inhalt (jetzt ausführlich)

Einführung

Ihr Hirn und das mobile Web. Da sitzen Sie und versuchen, etwas zu lernen, während Ihr Hirn dort ist und Ihnen damit dient, dass es dafür sorgt, dass das Gelernte nicht hängen bleibt. Ihr Hirn denkt: »Ich sollte wohl besser etwas Platz für wichtige Dinge lassen, beispielsweise welche wilden Tiere man besser meiden sollten oder ob die Sprinkleranlage anspringt, wenn dieses BlackBerry Bold Feuer fängt.« Wie also überzeugen Sie Ihr Hirn davon, dass Ihr Leben von Ihren Kenntnissen über das mobile Web abhängt?

Für wen ist dieses Buch?	xx
Wir wissen, was Sie denken	xxi
Und wir wissen, was Ihr Hirn denkt	xxi
Metakognition: Nachdenken übers Denken	xxiii
Die technischen Gutachter	xxviii
Danksagungen	xxix

1 Einstieg in die mobile Webprogrammierung

Responsive Webdesign

Wie sieht es aus? Sind Sie bereit für den Sprung in die mobile Welt?

Die mobile Webentwicklung schafft ein extrem aufregendes Lebensgefühl. Man findet dort Glanz und Gloria und viele ***Aha!***-Momente. Aber man wird auch mit Mysterien und Verwirrung konfrontiert. Die Mobiltechnologie entwickelt sich in halsbrecherischer Geschwindigkeit und stellt einen permanent vor neue Herausforderungen! Halten Sie sich also fest. Wir beginnen unsere Reise, indem wir Ihnen ein Verfahren zum Aufbau von Websites vorstellen, das als ***Responsive Webdesign (RWD)*** bezeichnet wird. Mit dessen Hilfe werden Sie Websites so anpassen können, dass sie ausgezeichnet auf Mobilgeräten aussehen, und Sie brauchen dazu nur Fertigkeiten, die Sie bereits besitzen.

Springen Sie auf den Mobilzug auf	2
Seltsame Ereignisse auf dem Weg zur Kneipe	4
Wenn Handybrowser so toll sind ...	5
Was ist so anders beim mobilen Web?	6
Responsive Webdesign	10
Ein Beispiel einer responsiv gestalteten Site	11
Andere Umgebung, anderes CSS	12
CSS-Medienabfragen	13
Die aktuelle Struktur der Splendid Walrus-Site	15
Das aktuelle CSS analysieren	16
Was muss sich ändern?	17
Schritte zur Erstellung des mobilspezifischen CSS	19
Ta-da! Mobilspezifisches CSS	20
Der Rest unseres strukturellen CSS	21
Die Teile zusammensetzen	22
Was soll an einem Layout mit fester Breite denn falsch sein?	26
Was macht »flüssig« besser?	27
Verflüssigung	28
Kontextwechsel	31
Suchen Sie den Fehler im Bild	32
Flüssige Bilder	33
Die Verantwortung nicht vergessen	36
Das ist eine responsive Site!	40
Responsives Design ist auch eine Geisteshaltung	41

Responsivität mit Augenmaß

2 Responsive Webdesign und Mobile First

Das ist eine wunderbare mobile Site. Aber die Schönheit ist nur oberflächlich. Unter der Oberfläche sieht die Sache ganz anders aus. Sie mag zwar wie eine aussehen, bleibt aber dennoch nur eine Desktopsite im Mobilgewand. Soll sich die Site auf Mobilgeräten wie ein geölter Blitz verhalten, müssen wir beginnen, von der Mobilsite ausgehend zu denken — in anderen Worten: **Mobile First**. Dazu werden wir zunächst die aktuelle Site sezieren, um die Desktopsteine aufzuspüren, die sich im Mobilgebäude verbergen. Wir säubern das Haus und beginnen mit **Progressive Enhancement** von vorn, indem wir uns vom elementaren Inhalt zu einer Desktoppräsentation hocharbeiten. Wenn wir das geschafft haben, haben Sie eine Seite, die für jede Bildschirmgröße optimiert ist.

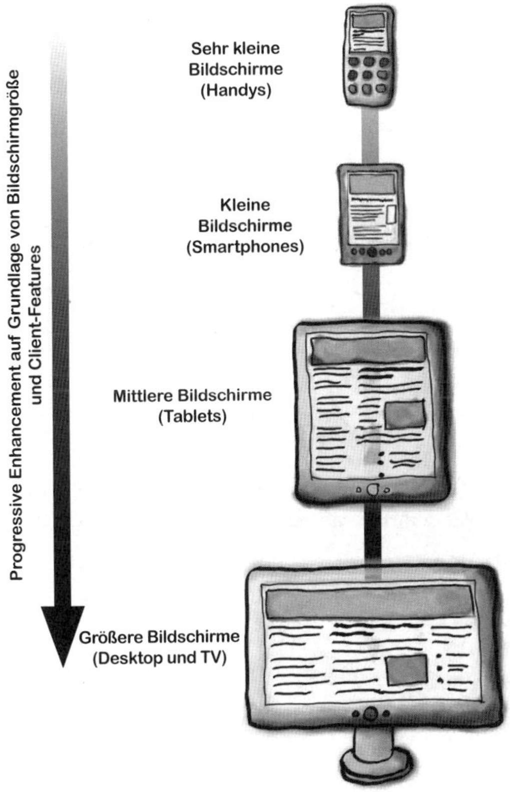

Gerade, als Sie dachten, es sei Zeit zum Feiern … 44
Wie bringen wir in Erfahrung, was das Problem ist? 45
Was tun, wenn es an der Geschwindigkeit hapert? 47
Lassen Sie sich vom Aussehen nicht täuschen, die Seite ist RIESIG 48
Goldsuche in den HAR-Bergen 49
Die Bremsklötze in der Seite aufspüren 51
Woher stammt das Google Maps-JavaScript? 53
Es sieht mobilfreundlich aus, ist es aber nicht 55
Mobilzentriertes responsives Webdesign 56
Was ist Progressive Enhancement? 57
Die Inhalts-Floats reparieren 60
Mobile First-Medienabfragen 61
Überraschung! Die Seite funktioniert im IE nicht mehr 62
Bedingte Kommentare mit einer Medienabfrage kombinieren 63
Ein src, sie alle zu binden 68
Wie Sencha.io Src funktioniert 69
Das Recht zu zoomen 73
Die Karte mit JavaScript wieder einfügen 74
Eine Pseudo-Medienabfrage in JavaScript aufbauen 76
Fügen Sie der Angezapft-Seite das JavaScript hinzu 77
Diese Widgets sind nicht responsiv 79
Die Iframe-Attribute in äquivalentes CSS umwandeln 80
Die Attribute aus dem JavaScript entfernen 81
Jetzt gibt es wieder Überschneidungen 83
Lassen Sie sich vom Inhalt leiten 84
Breakpoints als Retter 87

Eine eigene mobile Website

3 Ungünstige Umstände

Eine traumhafte Vision: das eine, rein responsive Web ...

in dem jede Site ein Layout für alle Gelegenheiten hat, das liebevoll und mobilzentriert entworfen wurde. Es klingt wirklich wunderbar. Aber was passiert, wenn die weniger wunderbare Realität ihr unansehnliches Haupt hebt? Mit Altsystemen, älteren Geräten oder einfach einem knapp gesteckten Kundenbudget? Was ist, wenn die Umstände verhindern, dass Sie Desktop- und Mobilunterstützung hübsch zu einem Brei vermischen können und Sie zwingen, beides getrennt zu halten? In diesem Kapitel werden wir uns den elementaren Details der **Erkennung von Mobilbenutzern, der Unterstützung ergrauter älterer Handys und dem Aufbau einer eigenständigen Mobilsite zuwenden**.

Die Außendienstmitarbeiter von Vierbeinige Freunde 92
Wie erhalten und teilen die Mitarbeiter die benötigten Daten? 93
Mobilnutzer zu einer mobilgerechten Website umleiten 96
Mobilnutzer aufspüren 97
Freundschaft schließen mit dem User-Agent 98
User-Agent: eine Ausgeburt der Hölle? 101
Klare Worte: Die meisten großen Sites haben eine eigene Mobilsite 104
Oder wollen Sie eigentlich einen Redirect durchführen? 105
Werfen wir einen Blick auf das Skript 106
Wie das Skript funktioniert 107
Erstellen Sie ein Mobil-Mock-up 108
Sonderlieferung … mit Komplikationen 110
Nicht alle Handys sind Smartphones … bei Weitem nicht 113
Auf elementarer Ebene: XHTML-MP 114
Warum sollten wir uns mit etwas derart Veraltetem befassen? 115
Frühjahrsputz mit XHTML-MP 116
Scrollen nervt 119
Ein letzter Flatterball 119
Zugriffstasten im Einsatz 123
Was ist schiefgelaufen? 124
Die Fehler beheben 125
Mobilfähiges CSS 127
Hmmm … etwas fehlt 132
Der Button-Look wird zutiefst vermisst! 133
Ein umwerfender Erfolg! 134

4 Entscheiden, wer berücksichtigt wird

Welche Geräte sollen wir berücksichtigen?

Der Tag hat nicht genug Stunden, um alle Geräte zu testen. Irgendwo müssen Sie eine Grenze ziehen. Sie können einfach nicht alles unterstützen. **Aber wie entscheiden Sie, wo Sie sie ziehen?** Was ist mit denen, die eventuell Geräte nutzen, auf denen Sie nicht testen können – sind die außen vor? Oder kann man Webseiten so aufbauen, dass sie auch Menschen mit Geräten erreichen, von denen Sie noch nicht einmal gehört haben? In diesem Kapitel werden wir einen magischen Trank aus **Projektanforderungen** und **Publikumsbedarf** brauen, mit dessen Hilfe wir herausfinden können, **welche Geräte wir unterstützen werden** und **was wir in Bezug auf die tun, die wir nicht unterstützen**.

Woher wissen Sie, wo Sie die Grenze ziehen müssen? 138
Lösen Sie sich für einen Augenblick von der Tastatur 139
Nicht unterstützt vs. nicht unterstützbar 140
Stellen Sie sich Fragen zu Ihrem Projekt 142
Zutaten für Ihren Mobilzaubertrank 144
Ihren Vorrat an Werkzeugen und Daten anzapfen 145
Woher weiß ich, ob meine Kunden das richtige Mobilgerät haben? 150

Gerätedatenbanken und -klassen

5 Gemeinsam stark

Dass wir eine Grenze ziehen, welche Geräte wir unterstützen und welche nicht, entledigt uns nicht aller Probleme. Wie finden wir genug über den Mobilbrowser unserer Benutzer heraus, um zu wissen, ob er dem Inhalt gewachsen ist, den wir ausliefern? Wie vermeiden wir es, nur (langweilige) Inhalte für den kleinsten gemeinsamen Nenner aufzubauen? Und wie organisieren wir diesen Kram so, dass wir darüber nicht den Verstand verlieren? In diesem Kapitel werden wir in das Reich der **Gerätefähigkeiten** eintauchen, lernen, wie man sie sich über eine **Gerätedatenbank** beschafft, und schließlich entdecken, wie man sie zu **Geräteklassen** gruppiert, um leichter den Überblick zu bewahren.

Ein Panik-Button für überdrehte Studenten 152
Die Rettung: Mobilgerätedatenbanken 154
WURFL 155
WURFL: schlauer API-Code 159
Eine eigene Explorer-Seite aufbauen 160
Zwei kleine Erweiterungen, die unsere Explorer-Seite verbessern 168
Die Fähigkeiten zum Einsatz bringen 170
WURFL die richtigen Fragen stellen 170
Das Gerät initialisieren und die Daten vorbereiten 172
Ist das Ding mobil? 172
Die Seite mit WURFL etwas intelligenter machen 176
Der Panik-Button: nur für Telefone 177
Geräteklassen 181
Einen lukrativen Zweig des Geschäfts von Bestanden! expandiert 182
Die Homepage aus Mobilperspektive bewerten 183
Anforderungen für die verschiedenen Mobilgerätetypen gruppieren 184
Unsere Geräteklassen abrunden 185
Die Zuordnungsfunktion 191
Was passiert in dieser switch-Anweisung? 192
Die Vergleichsfunktion zum Prüfen von Fähigkeiten einsetzen 193
Die Löcher in den Geräteklassentests stopfen 200
Die Geräteklassen zum Einsatz bringen 201
Wir brauchen ein größeres Sicherheitsnetz 211
Was du heute kannst besorgen ... 212

6 Mit Frameworks mobile Web-Apps bauen

Der Tartanator

»Wir wollen eine App!« Bis vor ein oder zwei Jahren hieß dieser Aufschrei nur eins: separate native Codeentwicklung und -verteilung für alle Plattformen, die Sie unterstützen wollen. Aber der native Weg ist nicht mehr der einzige. Heutzutage haben auch webbasierte Apps für Mobilbrowser Anerkennung gefunden – insbesondere jetzt, da der coole Junge **HTML5** und seine Spezis **CSS3** und **JavaScript** die Bühne betreten haben. Verschaffen wir uns einen ersten Vorgeschmack von der Welt der mobilen Web-Apps, indem wir einem **Mobil-Framework** – einem Codewerkzeug, das Ihnen die Arbeit erleichtern soll – eine Chance geben!

HTML5 … App … was heißt das eigentlich? 219
Wie sich »traditionelle« Websites üblicherweise verhalten 220
Wie sich App-ähnliche Websites häufig verhalten 221
Die mobile HTML5-Web-App von Tartan Unlimited 222
Der Masterplan für Phase 1 des Tartanators 224
Wieso ein mobiles Web-App-Framework? 225
Unsere Wahl für den Tartanator: jQuery Mobile 226
Mit jQuery Mobile eine einfache Site aufbauen 228
Den Rest der Seite auszeichnen 229
Das HTML5-data-*-Attribut 231
Mit jQuery Mobile mehrere Seiten verlinken 234
Geben Sie der Liste etwas Schwung 241
Setzen Sie den Rest der Tartans ein 243
Listen filtern und organisieren 244
Tricks, die eine Website App-mäßiger machen 248
Eine Footer-Werkzeugleiste hinzufügen 249
Die Struktur abschließen 251
Beginnen wir damit, das Formular zur Erstellung von Tartans aufzubauen 253
Tartan-Muster in ein Formular übersetzen 255
Ein HTML5-Formular aufbauen 256
Listen in Listen zur Farbeingabe 258
Die Farbe/Größe-Zutatenpaare: das Farbwahlfeld 259
Farbe/Größe-Feldpaare: das Größe-Feld 260
Auf das Formular verlinken 262

Mobile Web-Apps in der Praxis

7 Supermobile Web-Apps

Das mobile Web ähnelt dem Überflieger in der Schulklasse. Sie verstehen schon – irgendwie faszinierend, zu erstaunlichen Dingen fähig, aber auch ein seltsamer, unvorhersehbarer Störenfried. Wir haben versucht, das kleine, hyperaktive Genie in den Griff zu bekommen, indem wir auf Einschränkungen geachtet und Grenzen aufgestellt haben. Aber jetzt sollten wir einige der natürlichen Talente des mobilen Webs ausnutzen. Wir können **Progressive Enhancement** nutzen, um die Schnittstelle für frühreife Browser herauszuputzen, und die nervöse Verbindungsqualität von einer Last in eine Leistung verwandeln, indem wir einen wohldurchdachten **Offlinemodus** implementieren. Außerdem können wir uns dem Wesen der Mobilität nähern, indem wir **Geolocation** zum Einsatz bringen. Bauen wir diese hochbegabte mobile Web-App auf!

Es sieht ansehnlich aus … 268
Mobile Apps in der Praxis 270
Auf die Plätze, fertig, verbessern! 274
Ein besseres Formular aufbauen 275
Ein Widget zur Verwaltung der Listen von Farben und Größen 276
Ein Blick unter die Motorhaube 277
Das also sind die Frontend-Verbesserungen … 278
… und jetzt zum Backend 280
Die beiden Seiten von generate.php 281
Eine letzte Sache noch! 282
Offline ist wichtig 284
Ein Grundrezept zur Erstellung eines Cache-Manifests 285
Unglücklicherweise steckt der Teufel im Detail 286
Das Manifest mit dem richtigen Inhaltstyp ausliefern 287
Endlich Sieg! 297
Wie Geolocation funktioniert 298
Wie man W3C-konforme Browser um ihre Position bittet 299
Mit der Events suchen-Seite beginnen: das Fundament 301
Integrieren wir Geolocation 303
Nichts gefunden 309

8 Hybride mobile Apps mit PhoneGap

Tartan-Jagd: Nativ werden

Manchmal muss es nativ sein. Vielleicht müssen Sie auf etwas zugreifen, auf das Sie in Mobilbrowsern (noch) nicht zugreifen können. Oder vielleicht besteht Ihr Kunde darauf, eine App im App Store zu veröffentlichen. Natürlich warten wir gespannt auf den Moment, in dem wir alles, was wir brauchen, auch im Browser erreichen können, auf den Moment, in dem sich mobile Web-Apps mit nativen Apps auf Augenhöhe befinden. Bis dahin jedoch können wir **hybrid entwickeln** – wir schreiben unseren Code weiterhin auf **Basis von Webstandards** und nutzen eine **Bibliothek, um eine Brücke zwischen** unserem Code und den nativen Fähigkeiten unseres Geräts zu schlagen. **Plattformübergreifende Apps, die auf Basis von Webtechnologien erstellt wurden**! Gar nicht übel, dieser Kompromiss, meinen Sie nicht auch?

Neue Gelegenheiten	314
Wie funktionieren Hybrid-Apps?	317
PhoneGap als Brücke zwischen Web und Gerät	318
Machen Sie sich mit PhoneGap Build vertraut	321
Wie die App funktionieren wird	322
Aufgespürte Tartans festhalten	323
Anatomie des Tartan-Jagd-Projekts	324
Laden Sie Ihre App herunter	328
Wählen Sie Ihren Weg	329
Wer fand was? – Gefundene Tartans speichern	334
Was LocalStorage für uns leistet	335
Prüfen, was der Browser unterstützt	339
Mit einer Funktion die gefundenen Tartans anzeigen	340
Die Methoden toggle und toggleClass	341
Sie haben einen Tartan gefunden? Wo sind die Beweise?	344
PhoneGap einbinden, um Bilder aufzunehmen	345
PhoneGap ist fast für das Shooting bereit	347
Jetzt sind wir für die MediaCapture-API bereit	348
Was tun wir bei Erfolg?	349
Im wahren Leben läuft nie alles nach Plan	350
Etwas Anonymität	351
Eine letzte Sache noch!	353
Fertig!	354

9 Für die Zukunft gewappnet

(Etwas) Ordnung ins Chaos bringen

Responsive Webdesign. Geräteerkennung. Mobile Web-Apps. PhoneGap. Augenblick ... was sollen wir denn nun nutzen? Bei der Entwicklung für das mobile Web gibt es eine überwältigende Anzahl an Möglichkeiten. Häufig werden Sie bei Ihren Projekten **mehrere Techniken gemeinsam einsetzen**. Die eine richtige Antwort gibt es nicht. Aber eigentlich ist das kein Problem. Sie müssen einfach lernen, sich auf Ihre Intuition zu verlassen. **Heißen Sie die Unsicherheit willkommen!** Bringen Sie Ihren Geist in eine **zukunftsoffene Verfassung** und lassen Sie sich im Vertrauen darauf leiten, dass Sie flexibel und dazu in der Lage sind, sich auf alles einzulassen, was die Zukunft für Sie bereithält.

Was jetzt? 358

Zeit, dass wir uns von unserer kollektiven Illusion der Kontrolle befreien 361

Ein zukunftsfreundliches Manifest 362

Zukunftssicher können Sie nicht sein, zukunftsoffen schon 364

Heute App, morgen Webseite 365

Es ist ein langer Weg: Hier sind einige Direktiven 366

Ein leckeres Mobilmenü anrichten 369

Die Zukunft im Blick 371

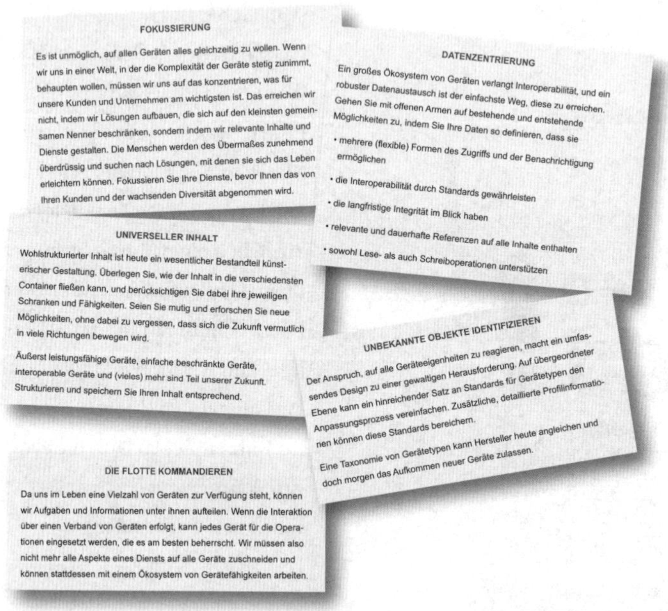

Was übrig bleibt

A

Die Top Sechs der Themen, die wir nicht behandelt haben

Hatten Sie schon einmal den Eindruck, dass noch irgendetwas fehlt? Das geht uns nicht anders … Immer wenn man denkt, man habe alles erledigt, bleibt noch irgendetwas zu tun. Wir können Sie nicht verlassen, ohne Sie zuvor noch auf ein paar Dinge hinzuweisen, die wir im restlichen Buch nicht unterbringen konnten. Zumindest, wenn es Ihnen weiterhin möglich sein soll, das Buch ohne Transporthilfen mitzuführen. Schauen Sie sich also an, was Sie vielleicht immer noch nicht wissen.

1. Auf Mobilgeräten testen 374
2. Remote-Debugging 376
3. Ermitteln, welche Browser wir unterstützen 382
4. Geräte-APIs 384
5. Application Stores und App-Vertrieb 385
6. RESS: REsponsive Design + serverseitige Komponenten 386

Die Webserverumgebung einrichten

B

Das Fundament

Ohne das »Web« gibt es auch kein »Mobiles Web«. Die Sache ist klar – wenn Sie für das mobile Web entwickeln wollen, brauchen Sie einen Webserver. Und das gilt nicht nur für die Bearbeitung der Übungen in diesem Buch. Sie brauchen einen Platz, an dem Sie Ihren Webkram bereitstellen können, und es ist egal, ob das ein kommerzieller externer Webhoster ist, ein ausgewachsenes Datenzentrum oder Ihr eigener Rechner. In diesem Anhang werden wir Ihnen erläutern, wie Sie mit kostenloser Open Source-Software auf Ihrem Rechner einen **lokalen Webserver einrichten** und **PHP in Betrieb nehmen**.

Was wir von Ihnen fordern 388
Nur lokal verfügbar 389
Windows und Linux: XAMPP installieren und konfigurieren 390
XAMPP in Betrieb nehmen 391
Mac-Kids: Es ist MAMP-Zeit 392
Im richtigen Hafen anlegen 393
Auf Ihren Webserver zugreifen 394
phpInfo, bitte! 396

C

WURFL installieren

Geräte erschnüffeln

Der erste Schritt zur Lösung der Geräteerkennungsmysterien ist eine kleine Plackerei. Jeder ordentliche Polizist weiß, dass man Indizien sammeln und Zeugen befragen muss. Zunächst müssen wir uns den Kopf der Bande vornehmen: die **WURFL-PHP-API**. Dann kümmern wir uns um die Handlanger: Fähigkeitsinformationen für Tausende von Geräten in einer einzelnen **XML-Datendatei**. Aber es ist etwas Überzeugungsarbeit nötig, um die beiden zum Reden zu bringen. Wir müssen also ein wenig an der **Konfiguration** drehen und sorgfältig einige Dinge festhalten.

Wer ist der Kopf? 398
Und wo ist die Hand? 399
Kopf und Hand zusammenbringen 400
Ein paar Dateisystem-Aufräumarbeiten 401
Ihre Notizsammlung! 402

D

Android-SDK und Werkzeuge installieren

Die passende Umgebung schaffen

Wenn Sie der Herr des Testens nativer Android-Apps sein wollen, müssen Sie umweltbewusst agieren. Sie müssen Ihren Rechner in ein fruchtbares Ökosystem verwandeln, in dem Sie Android-Apps zwischen virtuellen (emulierten) und echten Geräten pflegen können. Wenn Sie ein wahrer Hüter Ihrer Android-Schafe werden wollen, müssen Sie dem Kurs folgen, den wir Ihnen gleich nahelegen werden, damit Sie erfahren, wie Sie das **Android-Software-Development-Kit (SDK)** herunterladen, wie Sie einige **Plattformwerkzeuge installieren**, wie Sie **virtuelle Geräte anlegen** und wie Sie **Apps installieren und deinstallieren**.

Laden wir das Android-SDK herunter 404
Die richtigen Werkzeuge für die Aufgabe 405
Träumen virtuelle Geräte von elektrischen Schafen? 407
Ein neues virtuelles Gerät erstellen 408
Den rechten PATH finden 413

Index 417

Wie man dieses Buch benutzt

Einführung

In diesem Abschnitt beantworten wir die brennende Frage: »Und? Warum STEHT so was in einem Buch über mobiles Webdesign?«

Für wen ist dieses Buch?

Wenn Sie alle folgenden Fragen mit »Ja« beantworten können ...

1. Haben Sie schon Erfahrung im Webdesign und in der Webentwicklung?

   Es ist auf alle Fälle hilfreich, wenn Sie bereits etwas Scripting-Erfahrung haben. Wir werden keine Raumschiffe bauen, aber Sie sollten nicht in Panik verfallen, wenn Sie eine Zeile JavaScript sehen.

2. Wollen Sie die wichtigen Prinzipien der mobilen Webentwicklung **lernen**, **verstehen**, **behalten** und ***anwenden***, um Ihre mobilen Webseiten interaktiver und aufregender zu gestalten?

3. Ziehen Sie eine **anregende Partyunterhaltung einer trockenen**, **langweiligen Vorlesung** vor?

... dann ist dieses Buch etwas für Sie.

Wer sollte eher die Finger von diesem Buch lassen?

Wenn Sie ***eine*** dieser Fragen mit »Ja« beantworten müssen ...

1. Haben Sie **noch absolut keine** Erfahrung in der Webentwicklung?

2. Entwickeln Sie bereits mobile Webapps oder Websites und suchen Sie nach einem ***Referenzbuch*** zum mobilen Web?

3. Haben Sie Angst, **etwas Neues auszuprobieren**? Würden Sie sich lieber einer Wurzelbehandlung unterziehen, als den Gedanken zu ertragen, dass es mehrere richtige Wege geben könnte, Websites zu entwickeln? Denken Sie, dass ein technisches Buch nicht ernst zu nehmen ist, wenn darin eine Walross-Kneipe oder eine App namens Tartanator auftaucht?

... dann ist dieses Buch nicht das richtige für Sie.

[Anmerkung aus dem Marketing: Dieses Buch ist etwas für jeden, der eine Kreditkarte besitzt. Bargeld wäre auch in Ordnung.]

Wir wissen, was Sie gerade denken.

»Wie kann *das* ein ernsthaftes Buch zur mobilen Webprogrammierung sein?«

»Was sollen all die Abbildungen?«

»Kann ich das auf diese Weise wirklich *lernen*?«

Und wir wissen, was Ihr *Gehirn* gerade denkt.

Ihr Gehirn lechzt nach Neuem. Es ist ständig dabei, Ihre Umgebung abzusuchen, und es *wartet* auf etwas Ungewöhnliches. So ist es nun einmal gebaut, und es hilft Ihnen zu überleben.

Heutzutage ist es weniger wahrscheinlich, dass Sie von einem Tiger verputzt werden. Aber Ihr Gehirn hält immer noch Ausschau. Man weiß ja nie.

Also, was macht Ihr Gehirn mit all den gewöhnlichen, normalen Routinesachen, denen Sie begegnen? Es tut alles in seiner Macht Stehende, damit es dadurch nicht bei seiner *eigentlichen* Arbeit gestört wird: Dinge zu erfassen, die wirklich *wichtig* sind. Es gibt sich nicht damit ab, die langweiligen Sachen zu speichern, sondern lässt diese gar nicht erst durch den »Dies-ist-offensichtlich-nicht-wichtig«-Filter.

Woher *weiß* Ihr Gehirn denn, was wichtig ist? Nehmen Sie an, Sie machen einen Tagesausflug und ein Tiger springt vor Ihnen aus dem Gebüsch: Was passiert dabei in Ihrem Kopf und Ihrem Körper?

Neuronen feuern. Gefühle werden angekurbelt. *Chemische Substanzen durchfluten Sie.*

Und so weiß Ihr Gehirn:

Dies muss wichtig sein! Vergiss es nicht!

Aber nun stellen Sie sich vor, Sie sind zu Hause oder in einer Bibliothek. In einer sicheren, warmen, tigerfreien Zone. Sie lernen. Bereiten sich auf eine Prüfung vor. Oder Sie versuchen, irgendein schwieriges Thema zu lernen, von dem Ihr Chef glaubt, Sie bräuchten dafür eine Woche oder höchstens zehn Tage.

Da ist nur ein Problem: Ihr Gehirn versucht Ihnen einen großen Gefallen zu tun. Es versucht, dafür zu sorgen, dass diese *offensichtlich* unwichtigen Inhalte nicht knappe Ressourcen verstopfen. Ressourcen, die besser dafür verwendet würden, die wirklich *wichtigen* Dinge zu speichern. Wie Tiger. Wie die Gefahren des Feuers. Oder dass Sie nie wieder in Shorts snowboarden sollten.

Und es gibt keine einfache Möglichkeit, Ihrem Gehirn zu sagen: »Hey, Gehirn, vielen Dank, aber egal, wie langweilig dieses Buch auch ist und wie klein der Ausschlag auf meiner emotionalen Richterskala gerade ist, ich *will* wirklich, dass du diesen Kram behältst.«

Wir stellen uns unseren Leser als einen aktiv Lernenden vor.

Also, was ist nötig, damit Sie etwas *lernen*? Erst einmal müssen Sie es *aufnehmen* und dann dafür sorgen, dass Sie es nicht wieder *vergessen*. Es geht nicht darum, Fakten in Ihren Kopf zu schieben. Nach den neuesten Forschungsergebnissen der Kognitionswissenschaft, der Neurobiologie und der Lernpsychologie gehört zum *Lernen* viel mehr als nur Text auf einer Seite. Wir wissen, was Ihr Gehirn anmacht.

Einige der Lernprinzipien dieser Buchreihe:

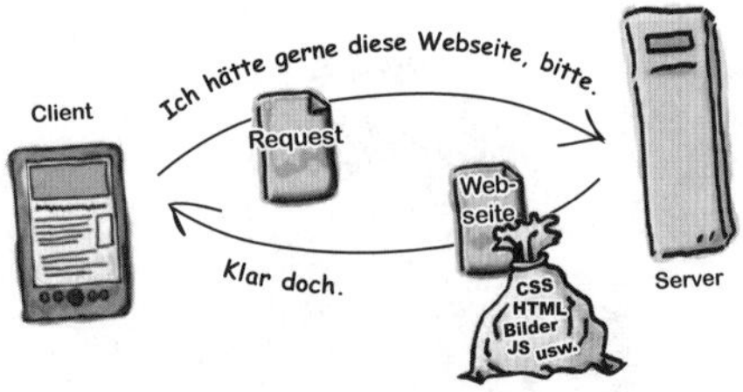

Bilder einsetzen. An Bilder kann man sich viel besser erinnern als an Worte allein und lernt so viel effektiver (bis zu 89 % Verbesserung bei Abrufbarkeits- und Lerntransferstudien). Außerdem werden die Dinge dadurch verständlicher.

Text in oder neben die Grafiken setzen, auf die sie sich beziehen, anstatt darunter oder auf eine andere Seite. Die Leser werden auf den Bildinhalt bezogene Probleme dann mit doppelt so hoher Wahrscheinlichkeit lösen können.

Verwenden Sie einen gesprächsorientierten Stil mit persönlicher Ansprache. Nach neueren Untersuchungen haben Studenten nach dem Lernen bei Tests bis zu 40 % besser abgeschnitten, wenn der Inhalt den Leser direkt in der ersten Person und im lockeren Stil angesprochen hat statt in einem formalen Ton. Halten Sie keinen Vortrag, sondern erzählen Sie Geschichten. Benutzen Sie eine zwanglose Sprache. Nehmen Sie sich selbst nicht zu ernst. Würden Sie einer anregenden Unterhaltung beim Abendessen mehr Aufmerksamkeit schenken oder einem Vortrag?

Bringen Sie den Lernenden dazu, intensiver nachzudenken. Mit anderen Worten: Falls Sie nicht aktiv Ihre Neuronen strapazieren, passiert in Ihrem Gehirn nicht viel. Ein Leser muss motiviert, begeistert und neugierig sein und dazu angeregt werden, Probleme zu lösen, Schlüsse zu ziehen und sich neues Wissen anzueignen. Und dafür brauchen Sie Herausforderungen, Übungen, zum Nachdenken anregende Fragen und Tätigkeiten, die beide Seiten des Gehirns und mehrere Sinne einbeziehen.

Ziehen Sie die Aufmerksamkeit des Lesers auf sich – und behalten Sie sie. Wir alle haben schon Erfahrungen dieser Art gemacht: »Ich will das wirklich lernen, aber ich kann einfach nicht über Seite 1 hinaus wach bleiben.« Ihr Gehirn passt auf, wenn Dinge ungewöhnlich, interessant, merkwürdig, auffällig, unerwartet sind. Ein neues, schwieriges, technisches Thema zu lernen, muss nicht langweilig sein. Wenn es das nicht ist, lernt Ihr Gehirn viel schneller.

Sprechen Sie Gefühle an. Wir wissen, dass Ihre Fähigkeit, sich an etwas zu erinnern, wesentlich von dessen emotionalem Gehalt abhängt. Sie erinnern sich an das, was Sie bewegt. Sie erinnern sich, wenn Sie etwas fühlen. Nein, wir erzählen keine herzzerreißenden Geschichten über einen Jungen und seinen Hund. Was wir erzählen, ruft Überraschungs-, Neugier-, Spaß- und Was-soll-das?-Emotionen hervor und dieses Hochgefühl, das Sie beim Lösen eines Puzzles empfinden oder wenn Sie etwas lernen, was alle anderen schwierig finden. Oder wenn Sie merken, dass Sie etwas können, was dieser »Ich-bin-ein-besserer-Techniker-als-du«-Typ aus der Technikabteilung nicht kann.

Metakognition: Nachdenken übers Denken

Wenn Sie wirklich lernen möchten, und zwar schneller und nachhaltiger, dann schenken Sie Ihrer Aufmerksamkeit Aufmerksamkeit. Denken Sie darüber nach, wie Sie denken. Lernen Sie, wie Sie lernen.

Die meisten von uns haben in ihrer Jugend keine Kurse in Metakognition oder Lerntheorie gehabt. Es wurde von uns *erwartet,* dass wir lernen, aber nur selten wurde uns auch *beigebracht,* wie man lernt.

Wir nehmen aber an, dass Sie wirklich etwas über die mobile Webentwicklung lernen möchten, wenn Sie dieses Buch in den Händen halten. Und wahrscheinlich möchten Sie nicht viel Zeit aufwenden. Und Sie wollen sich an das *erinnern,* was Sie lesen, und es anwenden können. Und deshalb müssen Sie es *verstehen.* Wenn Sie so viel wie möglich von diesem Buch profitieren wollen oder von irgendeinem anderen Buch oder einer anderen Lernerfahrung, übernehmen Sie Verantwortung für Ihr Gehirn. Ihr Gehirn im Zusammenhang mit diesem Lernstoff.

Der Trick besteht darin, Ihr Gehirn dazu zu bringen, neuen Lernstoff als etwas wirklich Wichtiges anzusehen. Als entscheidend für Ihr Wohlbefinden. So wichtig wie ein Tiger. Andernfalls stecken Sie in einem dauernden Kampf, in dem Ihr Gehirn sein Bestes gibt, um die neuen Inhalte davon abzuhalten, hängen zu bleiben.

Wie bringen Sie also Ihr Gehirn dazu, die mobile Webentwicklung für so wichtig zu halten wie einen Tiger?

Da gibt es den langsamen, ermüdenden Weg oder den schnelleren, effektiveren Weg. Der langsame Weg geht über bloße Wiederholung. Natürlich ist Ihnen klar, dass Sie lernen und sich sogar an die langweiligsten Themen erinnern *können,* wenn Sie sich die gleiche Sache immer wieder einhämmern. Wenn Sie nur oft genug wiederholen, sagt Ihr Gehirn: »Er hat zwar nicht das *Gefühl,* dass das wichtig ist, aber er sieht sich dieselbe Sache *immer und immer wieder* an – dann muss sie wohl wichtig sein.«

Der schnellere Weg besteht darin, ***alles zu tun, was die Gehirnaktivität erhöht***, vor allem verschiedene *Arten* von Gehirnaktivität. Eine wichtige Rolle dabei spielen die auf der vorhergehenden Seite erwähnten Dinge – alles Dinge, die nachweislich helfen, dass Ihr Gehirn *für* Sie arbeitet. So hat sich z. B. in Untersuchungen gezeigt: Wenn Wörter *in* den Abbildungen stehen, die sie beschreiben (und nicht irgendwo anders auf der Seite, z. B. in einer Bildunterschrift oder im Text), versucht Ihr Gehirn herauszufinden, wie die Wörter und das Bild zusammenhängen, und dadurch feuern mehr Neuronen. Und je mehr Neuronen feuern, umso größer ist die Chance, dass Ihr Gehirn mitbekommt: Bei dieser Sache *lohnt* es sich aufzupassen und vielleicht auch, sich daran zu erinnern.

Ein lockerer Sprachstil hilft, denn Menschen tendieren zu höherer Aufmerksamkeit, wenn ihnen bewusst ist, dass sie ein Gespräch führen – man erwartet dann ja von ihnen, dass sie dem Gespräch folgen und sich beteiligen. Das Erstaunliche daran ist: Es ist Ihrem Gehirn ziemlich *egal*, dass die »Unterhaltung« zwischen Ihnen und einem Buch stattfindet! Wenn der Schreibstil dagegen formal und trocken ist, hat Ihr Gehirn den gleichen Eindruck wie bei einem Vortrag, bei dem in einem Raum passive Zuhörer sitzen. Nicht nötig, wach zu bleiben.

Aber Abbildungen und ein lockerer Sprachstil sind erst der Anfang.

Das haben WIR getan:

Wir haben ***Bilder*** verwendet, weil Ihr Gehirn auf visuelle Eindrücke eingestellt ist, nicht auf Text. Soweit es Ihr Gehirn betrifft, sagt ein Bild *wirklich* mehr als 1.024 Worte. Und dort, wo Text und Abbildungen zusammenwirken, haben wir den Text *in* die Bilder eingebettet, denn Ihr Gehirn arbeitet besser, wenn der Text *innerhalb* der Sache steht, auf die er sich bezieht, und nicht in einer Bildunterschrift oder irgendwo vergraben im Text.

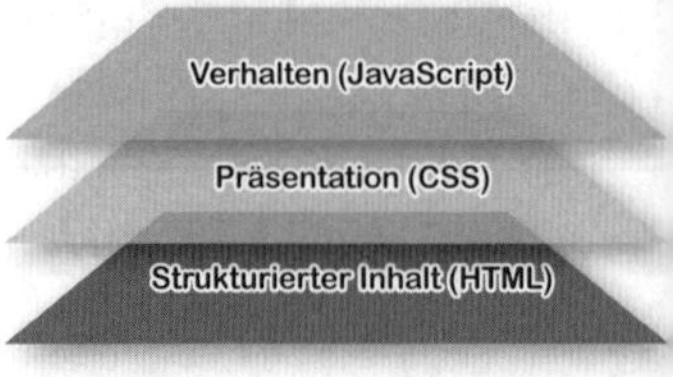

Wir haben ***Redundanz*** eingesetzt, d.h. dasselbe auf *unterschiedliche* Art und mit verschiedenen Medientypen ausgedrückt, damit Sie es über *mehrere Sinne* aufnehmen. Das erhöht die Chance, dass die Inhalte an mehr als nur einer Stelle in Ihrem Gehirn verankert werden.

Wir haben Konzepte und Bilder in ***unerwarteter*** Weise eingesetzt, weil Ihr Gehirn auf Neuigkeiten programmiert ist. Und wir haben Bilder und Ideen mit zumindest *etwas* ***emotionalem*** *Charakter* verwendet, weil Ihr Gehirn darauf eingestellt ist, auf die Biochemie von Gefühlen zu achten. An alles, was ein *Gefühl* in Ihnen auslöst, können Sie sich mit höherer Wahrscheinlichkeit erinnern, selbst wenn dieses Gefühl nicht mehr ist als ein bisschen ***Belustigung, Überraschung oder Interesse.***

Wir haben einen ***umgangssprachlichen Stil*** mit direkter Anrede benutzt, denn Ihr Gehirn ist von Natur aus aufmerksamer, wenn es Sie in einer Unterhaltung wähnt als wenn es davon ausgeht, dass Sie passiv einer Präsentation zuhören – sogar dann, wenn Sie *lesen.*

Wir haben mehr als 80 ***Aktivitäten*** für Sie vorgesehen, denn Ihr Gehirn lernt und behält von Natur aus besser, wenn Sie Dinge ***tun,*** als wenn Sie nur darüber *lesen.* Und wir haben die Übungen zwar anspruchsvoll, aber doch lösbar gemacht, denn so ist es den meisten Lesern am liebsten.

Wir haben ***mehrere unterschiedliche Lernstile*** eingesetzt, denn vielleicht bevorzugen *Sie* ein Schritt-für-Schritt-Vorgehen, während jemand anders erst einmal den groben Zusammenhang verstehen und ein Dritter einfach nur ein Codebeispiel sehen möchte. Aber ganz abgesehen von den jeweiligen Lernvorlieben profitiert *jeder* davon, wenn er die gleichen Inhalte in unterschiedlicher Form präsentiert bekommt.

Wir liefern Inhalte für ***beide Seiten Ihres Gehirns,*** denn je mehr Sie von Ihrem Gehirn einsetzen, umso wahrscheinlicher werden Sie lernen und behalten und umso länger bleiben Sie konzentriert. Wenn Sie mit einer Seite des Gehirns arbeiten, bedeutet das häufig, dass sich die andere Seite des Gehirns ausruhen kann; so können Sie über einen längeren Zeitraum produktiver lernen.

Und wir haben ***Geschichten*** und Übungen aufgenommen, die ***mehr als einen Blickwinkel repräsentieren,*** denn Ihr Gehirn lernt von Natur aus intensiver, wenn es gezwungen ist, selbst zu analysieren und zu beurteilen.

Wir haben ***Herausforderungen*** eingefügt: in Form von Übungen und indem wir ***Fragen*** stellen, auf die es nicht immer eine eindeutige Antwort gibt, denn Ihr Gehirn ist darauf eingestellt, zu lernen und sich zu erinnern, wenn es an etwas *arbeiten* muss. Überlegen Sie: Ihren *Körper* bekommen Sie ja auch nicht in Form, wenn Sie nur die Leute auf dem Sportplatz *beobachten.* Aber wir haben unser Bestes getan, um dafür zu sorgen, dass Sie – wenn Sie schon hart arbeiten – an den *richtigen* Dingen arbeiten. Dass Sie ***nicht einen einzigen Dendriten darauf verschwenden,*** ein schwer verständliches Beispiel zu verarbeiten oder einen schwierigen, mit Fachbegriffen gespickten oder übermäßig gedrängten Text zu analysieren.

Wir haben ***Menschen*** eingesetzt. In Geschichten, Beispielen, Bildern usw. – denn *Sie sind* ein Mensch. Und Ihr Gehirn schenkt *Menschen* mehr Aufmerksamkeit als *Dingen.*

Und das können SIE tun, um sich Ihr Gehirn untertan zu machen

So, wir haben unseren Teil der Arbeit geleistet. Der Rest liegt bei Ihnen. Diese Tipps sind ein Anfang; hören Sie auf Ihr Gehirn und finden Sie heraus, was bei Ihnen funktioniert und was nicht. Probieren Sie neue Wege aus.

Schneiden Sie dies aus und heften Sie es an Ihren Kühlschrank.

---

1. **Immer langsam. Je mehr Sie verstehen, umso weniger müssen Sie auswendig lernen.**

   Lesen Sie nicht nur. Halten Sie inne und denken Sie nach. Wenn das Buch Sie etwas fragt, springen Sie nicht einfach zur Antwort. Stellen Sie sich vor, dass Sie das wirklich jemand *fragt*. Je gründlicher Sie Ihr Gehirn zum Nachdenken zwingen, umso größer ist die Chance, dass Sie lernen und behalten.

2. **Bearbeiten Sie die Übungen. Machen Sie selbst Notizen.**

   Wir haben sie entworfen, aber wenn wir sie auch für Sie lösen würden, wäre das, als würde jemand anderes Ihr Training für Sie absolvieren. Und *sehen* Sie sich die Übungen *nicht einfach nur an*. **Benutzen Sie einen Bleistift.** Es deutet vieles darauf hin, dass körperliche Aktivität *beim* Lernen den Lernerfolg erhöhen kann.

3. **Lesen Sie die Abschnitte »Es gibt keine dummen Fragen«.**

   Und zwar alle. Das sind keine Zusatzanmerkungen – ***sie gehören zum Kerninhalt!*** Überspringen Sie sie nicht.

4. **Lesen Sie dies als Letztes vor dem Schlafengehen. Oder lesen Sie danach zumindest nichts *Anspruchsvolles* mehr.**

   Ein Teil des Lernprozesses (vor allem die Übertragung in das Langzeitgedächtnis) findet erst statt, *nachdem* Sie das Buch zur Seite gelegt haben. Ihr Gehirn braucht Zeit für sich, um weitere Verarbeitung zu leisten. Wenn Sie in dieser Zeit etwas Neues aufnehmen, geht ein Teil dessen, was Sie gerade gelernt haben, verloren.

5. **Trinken Sie Wasser. Viel.**

   Ihr Gehirn arbeitet am besten in einem schönen Flüssigkeitsbad. Austrocknung (zu der es schon kommen kann, bevor Sie überhaupt Durst verspüren) beeinträchtigt die kognitive Funktion.

6. **Reden Sie drüber. Laut.**

   Sprechen aktiviert einen anderen Teil des Gehirns. Wenn Sie etwas verstehen oder Ihre Chancen verbessern wollen, sich später daran zu erinnern, sagen Sie es laut. Noch besser: Versuchen Sie, es jemandem laut zu erklären. Sie lernen dann schneller und haben vielleicht Ideen, auf die Sie beim bloßen Lesen nie gekommen wären.

7. **Hören Sie auf Ihr Gehirn.**

   Achten Sie darauf, Ihr Gehirn nicht zu überladen. Wenn Sie merken, dass Sie etwas nur noch überfliegen oder dass Sie das gerade erst Gelesene vergessen haben, ist es Zeit für eine Pause. Ab einem bestimmten Punkt lernen Sie nicht mehr schneller, indem Sie mehr hineinzustopfen versuchen; das kann sogar den Lernprozess stören.

8. **Aber bitte mit *Gefühl!***

   Ihr Gehirn muss wissen, dass es *um etwas Wichtiges geht*. Lassen Sie sich in die Geschichten hineinziehen. Erfinden Sie eigene Bildunterschriften für die Fotos. Über einen schlechten Scherz zu stöhnen, ist *immer noch* besser, als gar nichts zu fühlen.

9. **Gestalten Sie etwas!**

   Wenden Sie, was Sie hier lernen, in Ihrer täglichen Arbeit an. Nutzen Sie es, um Entscheidungen für Ihre Projekte zu fällen. Tun Sie etwas, um über die Übungen und Aktivitäten in diesem Buch hinaus Erfahrungen zu sammeln. Alles, was Sie brauchen, ist ein Stift und ein Problem, das einer Lösung bedarf… ein Problem, das von den Werkzeugen und Techniken profitieren könnte, die Sie hier kennen lernen.

Lies mich

Das ist ein Lehrbuch, keine Referenz. Wir haben ganz bewusst alles weggelassen, was dem Erlernen der Dinge in die Quere kommen könnte, die wir am jeweiligen Punkt des Buchs behandeln. Bei der ersten Lektüre sollten Sie unbedingt am Anfang beginnen, weil das Buch voraussetzt, was Sie dort gesehen und gelernt haben.

Wir erwarten, dass Sie HTML und CSS beherrschen.

Wenn Sie mit HTML und CSS nicht vertraut sind, schaffen Sie sich ein Exemplar von *HTML mit CSS & XHTML von Kopf bis Fuß* an, bevor Sie mit der Lektüre dieses Buchs beginnen. Wir werden einige der weniger bekannten CSS-Selektoren oder HTML-Elemente erläutern, aber erwarten Sie nicht, dass Sie hier etwas zu den Grundlagen erfahren.

Wir erwarten, dass Sie mit Web-Scripting-Code vertraut sind.

Sie müssen kein Weltklasse-JavaScript-Experte sein oder Ihr Informatikdiplom mit einem PHP-basierten Projekt abgeschlossen haben. Aber im gesamten Buch werden Sie auf Beispiele in beiden Sprachen stoßen. Wenn Sie schon beim Gedanken an eine `for`-Schleife Schweißausbrüche bekommen (oder nicht einmal eine Ahnung haben, wovon wir hier reden), sollten Sie sich besser erst mal ein Exemplar von *PHP & MySQL von Kopf bis Fuß* oder *JavaScript von Kopf bis Fuß* zu Gemüte führen und später wieder zu diesem Buch zurückkehren.

Wir erwarten, dass Sie wissen, wie Sie sich Informationen beschaffen.

Wir wollen nicht um den heißen Brei herumreden. Das mobile Web ist ein gewaltiges Thema. Wenn Sie es in den Griff bekommen wollen, müssen Sie die Webfertigkeiten, *die Sie besitzen*, erweitern. Zum Web muss man mehr Dinge wissen, als sich irgendjemand merken könnte, ganz gleich ob das eine Eigenart der JavaScript-Syntax oder die Einzelheiten zur Browserunterstützung eines HTML5-Elementattributs ist. Seien Sie nicht zu streng mit sich selbst. Zu den Werkzeugen eines guten Webentwicklers gehört es auch, dass man seine Google-Messer scharf hält und weiß, wann es Zeit ist, sich ins Web aufzumachen, um Informationen zu bestimmten Fragen nachzuschlagen. Wir sind uns sicher, dass Sie bereits ein Meister dieser Kunst sind.

Wir erwarten, dass Sie über dieses Buch hinausgehen.

Die Welt des mobilen Webs ist groß und schön. Wir hoffen, wir können Ihnen die Koffer für Ihre Reise packen. Den Zug zu besteigen, bleibt Ihre Aufgabe. Begeben Sie sich online in die aktive mobile Webgemeinschaft, lesen Sie Blogs, treten Sie Mailinglisten bei, die Sie interessieren, und besuchen Sie technische Events aus diesem Bereich in Ihrer Gegend.

Die Aktivitäten sind NICHT optional.

Die Übungen und Aktivitäten sind keine Zusätze. Sie sind ein wesentlicher Bestandteil des Buchs. Einige sollen Ihr Gedächtnis unterstützen, andere Ihr Verständnis wecken, und wieder andere werden Ihnen helfen, das Gelernte anzuwenden. ***Überspringen Sie die Übungen nicht.*** Allein die Kreuzworträtsel *müssen* Sie nicht machen, sind aber eine gute Möglichkeit, Ihrem Hirn eine Chance zu geben, über die Wörter und Begriffe, die Sie gelernt haben, in einem anderen Kontext nachzudenken.

Die Redundanz ist beabsichtigt und wichtig.

Eines der Dinge, das ein Von Kopf bis Fuß-Buch so anders macht, ist, dass wir möchten, dass Sie die Sache *wirklich* verstehen. Und wir möchten, dass Sie, wenn Sie das Buch durchgearbeitet haben, behalten, was Sie gelernt haben. Die meisten Referenzbücher zielen nicht auf Behalten und Erinnern ab, aber in diesem Buch geht es ums *Lernen*, deswegen werden Ihnen manche Konzepte auch mehrfach begegnen.

Zu den Kopfnuss-Übungen gibt es keine Lösungen.

Für manche dieser Übungen gibt es keine richtige Lösung, und bei anderen gehört es zum Lernprozess der Kopfnuss-Aktivitäten, dass Sie selbst überlegen, ob und wann Ihre Lösungen richtig sind. Bei einigen Kopfnuss-Übungen finden Sie Hinweise, die Sie in die richtige Richtung lenken.

Software-Anforderungen

Wie bei der Entwicklung gewöhnlicher Websites benötigen Sie einen Texteditor, einen Browser, einen Webserver (dieser kann sich lokal auf Ihrem Rechner befinden) und den Quellcode für die Kapitelbeispiele.

Als Texteditoren empfehlen wir für Windows PSPad, TextPad oder EditPlus (aber wenn es sein muss, können Sie auch Editor nutzen). Für den Mac empfehlen wir TextWrangler (oder seinen großen Bruder BBEdit) oder TextMate. Uns gefällt auch Coda, ein mehr weborientiertes Werkzeug.

Wenn Sie Linux nutzen, stehen Ihnen von Haus aus diverse Texteditoren zur Verfügung, und wir sind uns sicher, dass wir Ihnen diese nicht vorstellen müssen.

Wenn Sie Webentwicklung betreiben wollen, benötigen Sie einen Webserver. Sie müssen zu Anhang B springen, in dem ausführlich erläutert wird, wie Sie einen Webserver mit PHP installieren. Wir empfehlen Ihnen, das jetzt zu tun. Das ist ernst gemeint: Gehen Sie jetzt dorthin, befolgen Sie die Anweisungen und kehren Sie dann hierher zurück, wenn Sie damit fertig sind.

Für Kapitel 5 müssen Sie die WURFL-API (Wireless Universal Resource FiLe) und die entsprechenden Daten installieren. Und für Kapitel 8 benötigen Sie das Android-SDK sowie einige entsprechende Werkzeuge. Sie haben es erraten: Auch für diese Aufgaben gibt es Anhänge.

Außerdem brauchen Sie einen Browser – nein, streichen Sie das –, ***Sie brauchen so viele Browser wie möglich*** zum Testen. Und je mehr ***Mobilgeräte mit Browsern*** Ihnen zur Verfügung stehen, umso besser (keine Panik, es gibt viele Emulatoren, die Sie nutzen können, wenn Sie keine Hardware haben).

Für die Entwicklung und das Testen auf dem Desktop empfehlen wir Ihnen Googles Chrome-Browser, den es in Versionen für Mac, Windows und Linux gibt. Es wird sich auszahlen, wenn Sie sich damit vertraut machen, wie Sie die JavaScript-Konsole in Chromes Dev Tools einsetzen. Das ist Ihre erste Hausaufgabe.

Schließlich müssen Sie sich den Code und die Ressourcen für die Beispiele in den Kapiteln beschaffen. Diese finden Sie unter *http://examples.oreilly.de/german_examples/mobileswebhfger/*.

Auf der Site hf-mw.com finden Sie einzelne (englische) HTML-Seiten und Apps aus diesem Buch. Diese können Sie aufrufen, wenn Sie aufgefordert werden, eine Seite oder App auf einem Mobilgerät zu testen, sich Ihr Code aber nicht auf einem öffentlichen Server befindet.

Den Code und die Ressourcen für die Beispiele in den Kapiteln finden Sie unter http://examples.oreilly.de/german_examples/mobileswebhfger/.

Die technischen Gutachter

Trevor Farlow ist Amateurbäcker, Freizeitfußballer und Teilzeit-Tierheim-Freiwilliger. Wenn er nicht gerade Hunde ausführt, Tore schießt oder seinen New Yorker Käsekuchen perfektioniert, arbeitet er in einem schlanken und gewieften agilen Entwicklungsteam bei Clearwater Analytics, LLC.

Brad Frost ist mobiler Webstratege und Frontend-Entwickler bei R/GA in New York City, wo er für große Marken an Mobilprojekten arbeitet. Er pflegt eine Ressourcensite namens Mobile Web Best Practices (*http://mobilewebbestpractices.com*), die Entwicklern helfen will, überzeugende mobile Weberlebnisse zu gestalten.

Stephen Hay entwickelt seit mehr als 16 Jahren Websites. Neben seiner Arbeit für Kunden, die sich zunehmend auf plattformübergreifendes Design und plattformübergreifende Entwicklung konzentriert, spricht er auf Events und schreibt für Publikationen wie *A List Apart* und das *.net Magazine*. Außerdem ist er Mitorganisator von Mobilism, einer äußerst anerkannten Konferenz zum Design und zur Entwicklung für das mobile Web.

Ethan Marcotte ist unabhängiger Designer/Entwickler mit einer Leidenschaft für ansehnliches Design, eleganten Code und ihre Verschmelzung. Über die Jahre hinweg zählten zu seinen Kunden das New York Magazine, das Sundance Film Festival, der Boston Globe und das W3C. Ethan hat den Begriff *Responsive Web Design* geprägt, um ein neues Verfahren für die Gestaltung für das sich stets ändernde Web zu beschreiben. Und wenn man ihm die Gelegenheit dazu gibt, wird er begeistert darüber reden – er hat sogar ein Buch zu dem Thema geschrieben.

Bryan Rieger ist Designer und, wenn es sein muss, auch Entwickler mit einem Hintergrund in der Bühnengestaltung und der klassischen Animation. Bryan hat für Kunden wie Apple, Microsoft, Nokia und die Symbian Foundation mit den unterschiedlichsten Medien gearbeitet, unter anderem im Druckwesen, dem Rundfunk, dem Web und dem Mobilsektor. Er ist ein begeisterter Geschichtenerzähler und bastelt stets an etwas herum. Sie finden Bryan bei Yiibu – einem Webdesign-Unternehmen in Edinburgh, Schottland, wo er eine Vielzahl sehr unterschiedlicher Dinge gestaltet.

Stephanie Rieger ist Designerin, Autorin und Hobby-Anthropologin mit einer Leidenschaft für die verschiedenen Weisen, auf die Menschen mit Technik interagieren. Für den Mobilbereich gestaltet Stephanie seit 2004. Heutzutage konzentriert sie sich vorwiegend auf die Webstrategie, das Frontend-Design und die Optimierung für verschiedene Bildschirmgrößen und Fähigkeiten. Stephanie ist eine schon fast zwanghafte Testerin und Forscherin, die stets daran interessiert ist, neues über Mobilnutzung, Benutzerverhalten und Mobiltrends auf der gesamten Welt herauszufinden und anderen mitzuteilen.

Andrea Trasatti begann 1999 mit der Erstellung von WAP-Inhalten auf dem Nokia 7110, das zu jener Zeit in Europa als bahnbrechend galt. Andrea führte WURFL und DeviceAtlas zum Erfolg und häufte in diesen Jahren eine gewaltige Erfahrung in der Geräteerkennung und der Inhaltsanpassung an. Sie finden Andrea auf Twitter als *@AndreaTrasatti*. Er hält regelmäßig Vorträge über das mobile Web und neue Trends zum Erstellen und Verwalten von Inhalten für den Mobilbereich.

Danksagungen

Unsere Lektoren:

Unser Dank (und unser Glückwünsch) gilt **Courtney Nash**, die uns dazu antrieb, das beste Buch zu schreiben, das in uns steckte. Sie ertrug eine Flut von E-Mails, Fragen, Vorträgen und gelegentliche Gereiztheit. Sie begleitete uns über das gesamte Buch hinweg und vertraute uns bedingungslos. Dank auch an **Brian Sawyer**, der am Ende einsprang und uns über die Ziellinie führte.

Das O'Reilly-Team:

Dank an **Lou Barr** für ihren extrem schnellen und fabelhaften Design- und Layout-Zauber. Das hat uns wirklich von den Socken gehauen. Danke. Unsere Dankbarkeit gilt **Karen Shaner** und **Rachel Monaghan**, die uns beim Jonglieren mit Entwürfen, Gutachtern und Einzelheiten unterstützten!

Dank den restlichen O'Reilly-Menschen, die dafür sorgten, dass wir uns so willkommen fühlten: **Mike Hendrickson**, der diese verrückte Idee überhaupt erst vortrug, **Brady Forrest**, der uns vorstellte und vorschlug, **Tim O'Reilly** dafür, dass er der authentische, kluge und nette Kerl ist, der er ist, und **Sara Winge** dafür, dass sie so großherzig und überhaupt einfach umwerfend ist.

Unser Dank:

Bei Cloud Four arbeiten Jason und Lyza mit den klügsten Menschen überhaupt. Unser dauerhafter Dank gilt unseren Mitgründern **Aileen Jeffries** und **John Keith** und dem restlichen Cloud Four-Team: **Matt Gifford**, **Chris Higgins** und **Megan Notarte**. Eigentlich ist dieses Buch das Produkt unserer kollektiven Obsession für das mobile Web, und sie haben, mehr als alle anderen, dieses Unternehmen gefördert und ertragen. Abertausendmal Dank an euch!

Außerdem müssen wir der Mobile-Web-Community danken, insbesondere Josh Clark, Gail Rahn Frederick, Scott Jehl, Scott Jenson, Dave Johnson, Tim Kadlec, Jeremy Keith, Peter-Paul Koch, Bryan LeRoux, James Pearce, Steve Souders und Luke Wroblewski. Wir sind stolz und dankbar, Teil dieser Gemeinschaft zu sein.

Lyzas Freunde und Familie:

Dank an **Bryan Christopher Fox** (Other Dev), ohne dessen Programmierkünste, Einsicht, Unterstützung und Universalgenie dieses Buch nicht möglich gewesen wäre.

Gewaltigen Dank an meine **Freunde** und meine **Familie**, die mich trotz meines Verschwindens im Land der Bücher scheinbar immer noch dulden. Dank an Autumn und Amye, die gegenüber meiner dauerhaften Unverfügbarkeit eine erstaunliche Beharrlichkeit aufwiesen. Ewigen Dank an Mike. Und Dank an Dad, der mir stets zeigte, wie man schöne und neue Abenteuer findet. Schließlich Dank an Huw und Bethan von Plas-yn-Iâl, Llandegla, Wales, einem fantastischen, schafseligen Ort, an dem rund ein Viertel dieses Buchs geschrieben wurde.

Jasons Freunde und Familie:

Dank an meine Familie für ihre Unterstützung. Unsere Eltern, **Jan**, **Carol**, **Mark** und **Doanne**, hatten unglaublichen Anteil daran, dass wir bei dem Versuch, das Schreiben eines Buchs, die Familie und einen Umzug in Einklang zu bringen, nicht den Verstand verloren.

Besonderer Dank geht an meine Frau, **Dana Grigsby**, die mir ermöglichte, dieses Buch zu schreiben, während wir ein Baby und ein Kind im Kindergartenalter hatten und in ein neues Haus umzogen. Ohne dich wäre das nicht möglich gewesen.

1 Einstieg in die mobile Webprogrammierung

Responsive Webdesign

Wie sieht es aus? Sind Sie bereit für den Sprung in die mobile Welt?

Die mobile Webentwicklung schafft ein extrem aufregendes Lebensgefühl. Man findet dort Glanz und Gloria und viele ***Aha!***-Momente. Aber man wird auch mit Mysterien und Verwirrung konfrontiert. Die Mobiltechnologie entwickelt sich in halsbrecherischer Geschwindigkeit und stellt einen permanent vor neue Herausforderungen! Halten Sie sich also fest. Wir beginnen unsere Reise, indem wir Ihnen ein Verfahren zum Aufbau von Websites vorstellen, das als ***Responsive Webdesign (RWD)*** bezeichnet wird. Mit dessen Hilfe werden Sie Websites so anpassen können, dass sie ausgezeichnet auf Mobilgeräten aussehen, und Sie brauchen dazu nur Fertigkeiten, die Sie bereits besitzen.

Springen Sie auf den Mobilzug auf

Es ist ziemlich wahrscheinlich, dass Sie ein Handy besitzen. Das wissen wir nicht nur, weil Sie dieses Buch erworben haben (nebenbei: kluger Schachzug!), sondern auch, weil es nicht gerade einfach ist, jemanden zu finden, der keines besitzt.

Ganz gleich wohin Sie auf diesem Planeten reisen, Handys werden überall genutzt: Nigerianische Farmer nutzen sie, um herauszufinden, auf welchem Markt sie den besten Preis für ihre Ernte erzielen, und in Japan werden die zehn meistverkauften Bücher darauf gelesen und geschrieben – *Sie haben richtig gehört, geschrieben.*

Anfang 2011 wurden von den 6,9 Milliarden Menschen auf dieser Erde 5,2 Milliarden Handys genutzt. **Es gibt mehr Menschen, die ein Handy besitzen, als Menschen, die funktionierende Toiletten oder Zahnbürsten haben.**

Die Stunde hat geschlagen

Mobile Geräte sind also eine große Sache. Toll, ist das nicht schon seit Jahren so? Warum sollten Sie ausgerechnet jetzt auf den Zug aufspringen?

Weil **das iPhone alles geändert hat**. Das klingt nach einem Klischee und ist dennoch wahr. Auch vor dem iPhone gab es schon App Stores, Touchscreens und Webbrowser für Handys, aber erst Apple verstand es, alles so zusammenzufügen, dass es Otto Normalverbraucher verstehen und nutzen konnte.

Das iPhone ist fantastisch, aber die Menschen nutzen aus den verschiedensten Gründen ganz unterschiedliche Handys. Welches Handy das beliebteste ist, wird sich wahrscheinlich immer wieder ändern.

Wir haben keine Ahnung, welche Handys die wichtigsten sein werden, wenn Sie dieses Buch lesen. Vor drei Jahren war Android nur ein kleiner Punkt am Horizont. 2011 war es die weltweit führende Smartphone-Plattform.

Die Mobiltechnologie ändert sich zwar rasant, aber es gibt einige Punkte, auf die man sich wohl verlassen kann:

1. **Jedes neue Handy wird einen Browser haben.**
   Wahrscheinlich kann man ein neues Handy finden, das keinen Browser hat, aber man muss sich dabei schon eine Menge Mühe geben. Selbst die einfachsten Handys bringen mittlerweile ordentliche Browser mit. Jeder will das Web in der Hosentasche tragen.

2. **Die mobile Nutzung des Webs wird die Desktop-Nutzung übersteigen.**
   Bald wird die Anzahl an Menschen, die über Mobilgeräte auf das Web zugreifen, die Anzahl derjenigen übersteigen, die das mit einem Computer tun. Schon heute geben viele an, ihr Handy häufiger zu nutzen als ihren PC.

3. **Das Web ist die einzige wahre plattformübergreifende Technologie.**
   iPhone, Android, BlackBerry, Windows Phone, WebOS, Symbian, Bada – es gibt mehr Smartphone-Plattformen, als man sich merken kann. Jede hat ihre eigene Programmierschnittstelle: Wenn Sie Software für diese unterschiedlichen Plattformen schreiben wollen, müssen Sie also jedes Mal bei null beginnen.

Das mobile Web bietet eigene Herausforderungen, aber es gibt dennoch keine andere Technologie, mit der Sie Inhalte und Apps erstellen können, die alle Plattformen erreichen.

Sie sind also zur rechten Zeit am rechten Ort. Das mobile Web hebt ab, und Sie sind bereit, die Rakete zu besteigen. Legen wir los!

Seltsame Ereignisse auf dem Weg zur Kneipe

Mark ist Inhaber des The Splendid Walrus, einer Kneipe mit einem ausgefallenen Namen, die unter den örtlichen Biertrinkern begeisterte Anhängerschaft gefunden hat. Bei Mark gibt es stets ein paar ausgefallene Biere vom Fass, die auf der hauseigenen Website bekannt gemacht werden.

Bevor er seinen Lebenstraum Kneipier in die Tat umsetzen konnte, hat Mark sich seine Brötchen als Webentwickler verdient. Es kostete ihn also keine Mühen, eine ordentliche Website für das Splendid Walrus aufzubauen.

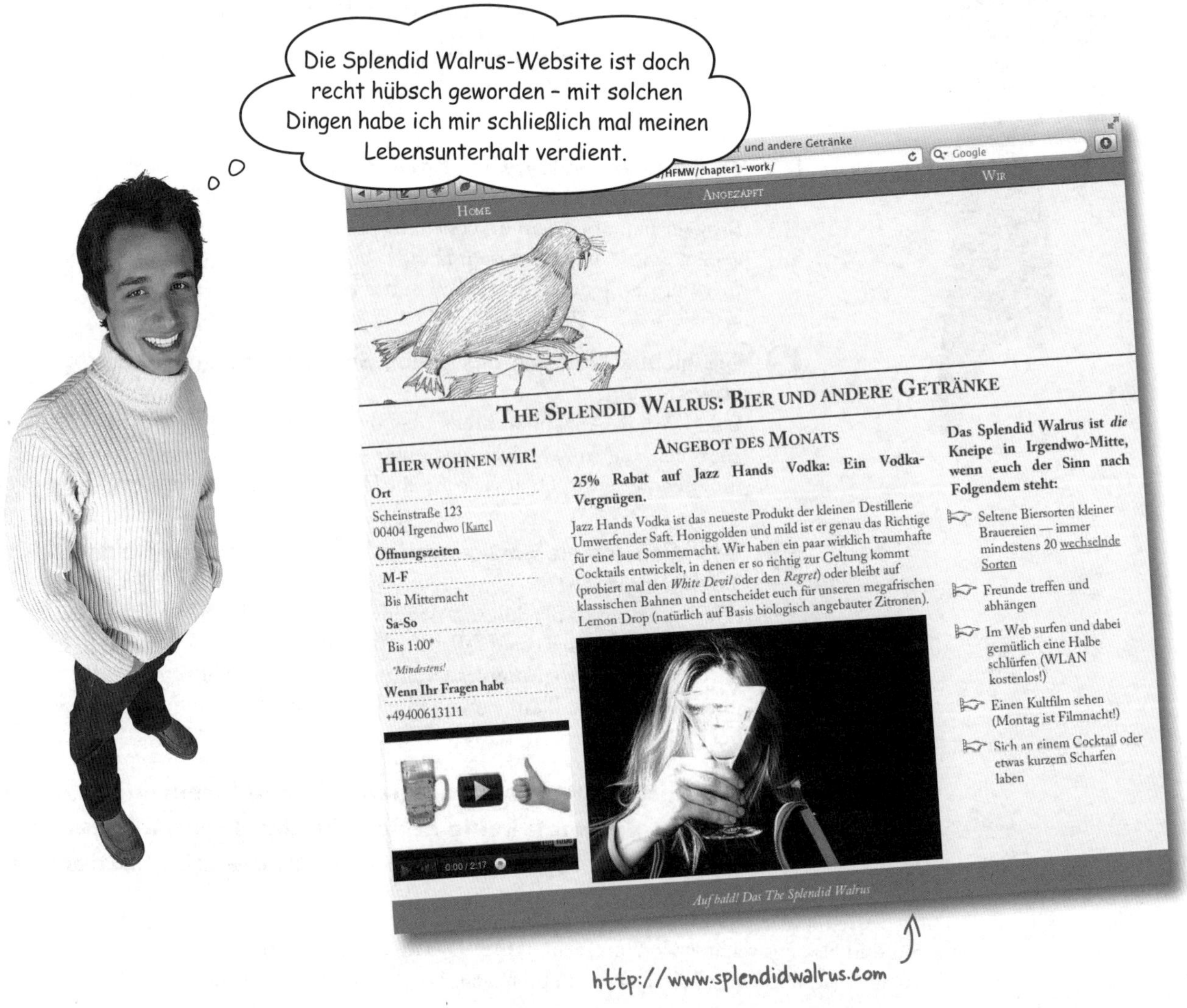

Wenn Handybrowser so toll sind ...

Mark hat die Splendid Walrus-Website vor einigen Jahren gestaltet, als mobiles Surfen noch recht unterentwickelt und ungewöhnlich war. Sie wurde für Desktopbrowser wie Firefox, Internet Explorer und Safari erstellt und mit ihnen getestet.

Viele der neueren Mobilbrowser haben einen guten Ruf. Sie werden immer ausgefeilter und mächtiger und beginnen, sich wie einige ihrer Desktopkollegen anzufühlen.

... sollte das doch einfach funktionieren?

Trotzdem erlebte Mark ein böses Erwachen, als er sich die Splendid Walrus-Site auf seinem iPhone 4 ansah. Auch auf dem Android-Gerät eines Freundes sah sie nicht so sonderlich gut aus.

So sieht die Splendid Walrus-Site auf einem iPhone 4 aus ...

... und so auf einem Motorola Backflip-Android-Handy.

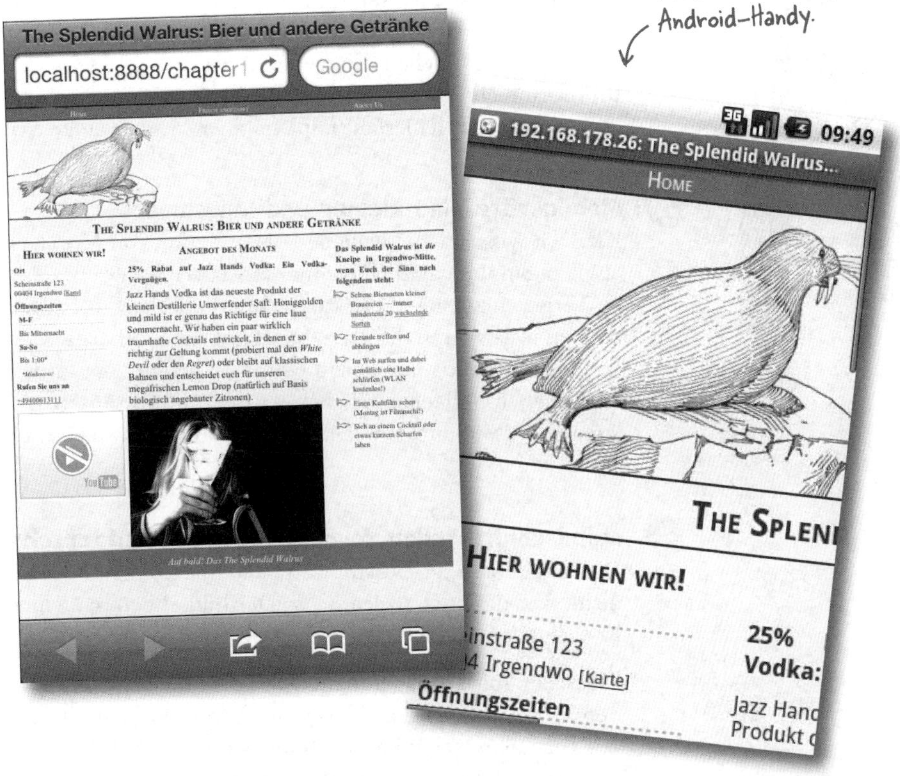

Was ist so anders beim mobilen Web?

1. **Es gibt einige Milliarden unterschiedlicher mobiler Webbrowser.**
Gut, vielleicht nicht ganz so viele, aber wenn man für das mobile Web entwickelt, hat man gelegentlich den Eindruck. Anders als bei Desktopbrowsern, von denen nur ein paar wirklich relevant sind, gibt es Hunderte verschiedener Mobilbrowser. Leider wahr.

Und jedes Mal, wenn Sie meine alle im Griff z haben, taucht irgendwo ein neuer auf.

2. **Die Unterstützung für Webtechnologien schwankt erheblich.**
Bei älteren Mobilbrowsern (oder neueren auf weniger fähigen Geräten) dürfen Sie sich keine Hoffnung auf eine zuverlässige CSS- oder JavaScript-Unterstützung machen. Einige Dinge werden selbst von den neuesten Browsern nicht unterstützt oder auf irritierend unterschiedliche Weise oder einfach nur fehlerhaft implementiert. Es ist wie im Wilden Westen!

3. **Mobilgeräte sind kleiner und langsamer.**
Klar, wir wissen, dass die neueste Generation von Mobilgeräten Höchstleistungstaschencomputer sind. Trotzdem verblassen sie, was die Rechenleistung angeht, im Vergleich zu einem Desktoprechner (oder einem Laptop). Mobilnetzwerke können instabil und die Netzabdeckung kann erbärmlich sein, und dann ist die Datenübertragung noch nicht einmal kostenlos oder unbegrenzt. Das heißt, dass wir uns darüber Gedanken machen müssen, wie wir unsere gewaltigen, medienreichen, komplexen Sites auf eine Diät setzen können, die diesen Leistungsgrenzen Rechnung trägt.

4. **Mobilschnittstellen fordern andere Benutzerschnittstellen.**
Dass Mobilbrowser Desktopwebseiten mit ein paar Macken darstellen können, heißt nicht, dass das auch so sein *sollte*. Der Bildschirm ist kleiner. Die Interaktionen und Erwartungen sind andere.

Menschen mit Mobilgeräten nutzen die unterschiedlichsten Eingabegeräte: Finger, Stifte, die Winztasten auf ihren BlackBerry-Geräten. Eingaben und das Ausfüllen von Formularen sind bestenfalls umständlich. Auf eine Schrift zu schielen, die für ein Desktopbrowserfenster gedacht ist, kann Nutzern Kopfschmerzen bereiten und zu mittleren Wutausbrüchen führen. So langsam sehen Sie vermutlich, worauf wir hinauswollen.

ÜBUNG

So rendert Marks iPhone 4 die Splendid Walrus-Website. Das sieht nicht gerade cool aus. Erkennen Sie die Problemzonen? Notieren Sie alle Probleme, die Ihnen auffallen.

❶ Video geht nicht

❷ Schrift klein

❸ Walrossbild klebt am Rand

❹

Haben Sie die Problemzonen erkannt?

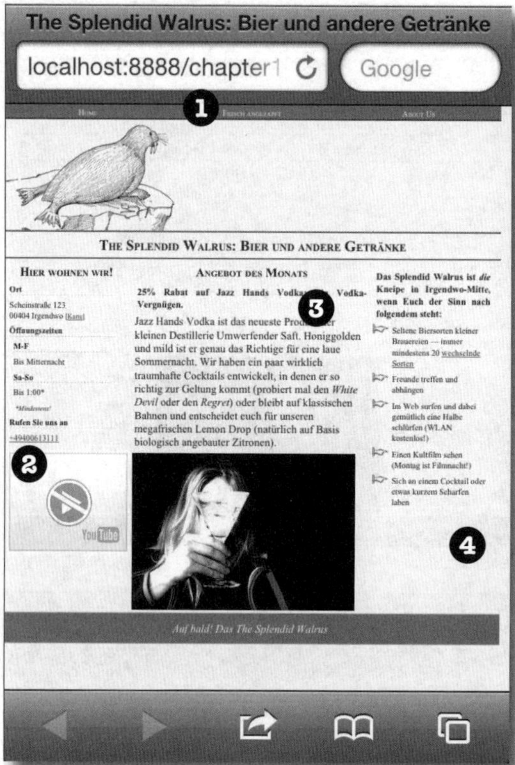

1 Die Navigationslinks sind so winzig, dass man sie weder lesen noch anklicken kann.

2 Das eingebettete YouTube-Video funktioniert nicht.

3 Das Drei-Spalten-Layout sieht bei dieser Bildschirmauflösung gepresst aus, und der Text ist schlecht lesbar.

4 Auf der rechten Seite des Bildschirms ist eine komische Lücke.

Das ist verwirrend und peinlich. Meine Kunden sollen auch auf ihren Handys eine ansehnliche Website sehen. Aber ich habe keine Ahnung, was ich da tun muss. Können Sie mir helfen?

Frank: Augenblick. Wir wissen, dass Mark großen Wert auf sauberes, semantisches HTML legt und Layout und Styling so viel wie möglich mit CSS steuert.

Tim: Und? Wirklich toll und auch sehr professionell, aber was bringt uns das?

Frank: Vielleicht schauen wir uns die Sache einfach mal an. Wenn ich mir das CSS vornehme, das er für die Splendid Walrus-Site nutzt, sehe ich Definitionen für Breiten und Größen, die in einen 960 Pixel breiten Rahmen passen. Das scheint doch, als hätte er die Site auf einem 960-Pixel-Raster mit drei Hauptspalten entworfen.

Tim: … und die Auflösung der meisten Mobilgeräte ist erheblich kleiner als 960 Pixel. Auch die drei Spalten scheinen für den viel kleineren Bildschirm übertrieben.

Frank: Also, ich frage mich, ob man nicht vielleicht … *was wäre denn, wenn wir für Mobilgeräte ein anderes CSS nutzen wurden*? Vielleicht ein CSS, das alles in 320 Pixel fügt. Ist das nicht eine Standardbreite für Smartphone-Bildschirme? Und vielleicht sollten wir gleich auch die Anzahl an Spalten reduzieren.

Tim: Gute Idee, Frank. Aber mir ist nicht klar, wie wir das ohne eine Menge Programmierung auf Serverseite erreichen können. Das ist doch die einzige Möglichkeit, Mobilgeräte dazu zu bringen, ein anderes CSS zu nutzen, oder?

Frank: Vielleicht reden wir mal mit Jana. Die ist gerade von der Awesome Cool Mobile Web Camp-Konferenz zurückgekehrt und seitdem völlig aus dem Häuschen wegen etwas, das man *Responsive Webdesign* nennt.

Tim: Wie hätte ich das vergessen können! Sie redet ja von nichts anderem mehr.

Frank: Sie sagt, unter Webentwicklern sei es der letzte Schrei. Und das, was sie sagt, klingt so, als ginge es dabei zumindest in Teilen darum, je nach Situation ein anderes CSS anzuwenden, ohne dass man dazu auf Programmierseite große Schritte unternehmen müsste. Anscheinend ist es vor allem für die Entwicklung mobiler Webseiten geeignet. Ich habe mir nicht alle Einzelheiten gemerkt, aber vielleicht sollten wir uns die Sache einmal ansehen.

Responsive Webdesign

Mit dem Begriff ***Responsive Webdesign (RWD)*** bezeichnet man einen Satz von Techniken, für die sich der Webdesigner Ethan Marcotte stark macht. Sites, die gemäß diesem Verfahren entworfen werden, passen ihre Layouts der Umgebung des Browsers des Benutzers an – hauptsächlich indem sie mit CSS einige elegante Dinge anstellen.

Lesen Sie den Originalartikel von Ethan zu RWD für A List Apart unter http://bit.ly/nRePnj.

In Abhängigkeit von bestimmten Browserbedingungen wie der Fenstergröße, der Gerätausrichtung oder dem Seitenverhältnis können wir unterschiedliches CSS anwenden. Wir müssen überdenken, wie wir das Seitenlayout so gestalten können, dass sich unser altes und als Allzwecklösung eingesetztes Spalten- und -Grid-Layout ohne großen Aufwand den Bedingungen fügt, die durch die vielen unterschiedlichen Fenstergrößen diktiert werden.

RWD ist eines der einfachsten und schnellsten Verfahren, eine Webseite auf einer Vielzahl von Geräten ansehnlich zum Funktionieren zu bringen – und Sie können dabei die Webfertigkeiten einsetzen, die Sie bereits besitzen.

Das Rezept für Responsive Webdesign

Es gibt drei elementare Techniken zur Gestaltung einer responsiv entworfenen Website:

1. **CSS3-Medienabfragen (Media Queries)**
   Bestimmte Aspekte der aktuellen Browserumgebung auswerten, um festzulegen, welches CSS angewandt werden soll.

   Wir können in Abhängigkeit von diversen Faktoren wie der Breite des Browserfensters, dem Seitenverhältnis oder der Gerätausrichtung jeweils andere CSS-Regeln anwenden.

2. **Flüssige Grid-Layouts**
   Relative CSS-Maßangaben statt absoluter Werte für die Elemente des Seitenlayouts verwenden.

   RWD nutzt für Spalten und andere Layoutelemente Prozentwerte statt Pixeln.

3. **Flüssige Bilder und Medien**
   Bilder und Medien mit einigen CSS-Tricks dazu bringen, dass ihre Größe an die Beschränkungen ihres Containers angepasst wird.

   Flüssige Bilder und Medien berücksichtigen die Grenzen ihrer Elternelemente und ändern ihre Größe im gleichen Verhältnis wie der Rest des Layouts.

Ein Beispiel einer responsiv gestalteten Site

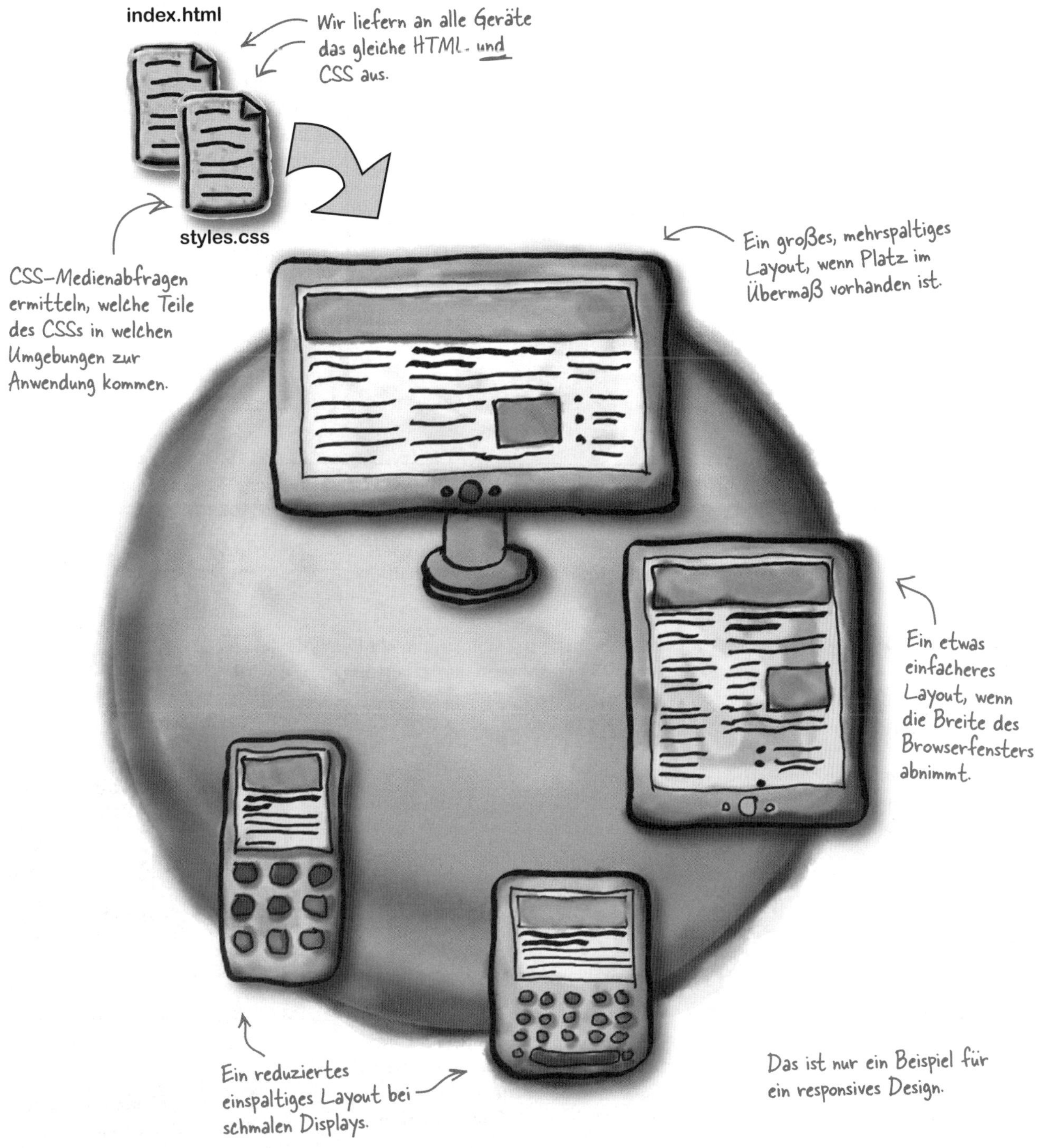

Andere Umgebung, anderes CSS

Wenn Sie schon länger in der Webentwicklung tätig sind (und mit CSS umgehen können), haben Sie mit den CSS-Medientypen vielleicht schon Freundschaft geschlossen. **Wir können @media-Regeln nutzen, um CSS selektiv anzuwenden**.

CSS-Medientypdeklarationen in einer CSS-Datei sehen so aus:

```
@media screen { /* CSS-Regeln für Bildschirme! */ }
```

»screen« ist ein Medientyp.

Die Regeln zwischen den geschweiften Klammern werden nur angewandt, wenn der Inhalt auf einem Bildschirm dargestellt wird.

Außerdem können Sie Medientypen in den <link>-Elementen Ihrer HTML-Dokumente nutzen, um CSS selektiv anzuwenden.

```
<link rel="stylesheet" type="text/css" href="print.css" media="print" />
```

Die Regeln in diesem Stylesheet werden nur angewandt, wenn der Inhalt auf einem »Druckgerät« ausgegeben wird (d.h. einem Drucker).

»print« ist ein weiterer Medientyp.

Ein derartiger Verweis auf den print-Medientyp wird häufig genutzt, um ein Druck-Stylesheet zu erstellen – also CSS-Styles, die nur angewandt werden, wenn der Inhalt ausgedruckt wird.

Medientypen unter der Lupe

Wichtige (und nützliche) Medientypen sind unter anderem `screen`, `print` und `all`. Daneben gibt es weniger gebräuchliche Medientypen wie `aural`, `braille` und `tv`.

Neugierig? Wenn Sie einer von den Menschen sind, die zum Vergnügen oder zur Befriedigung ihrer Neugier technische Spezifikationen lesen, können Sie sich die Definition aller in CSS2 definierten Medientypen auf der Site des W3C unter *www.w3.org/TR/CSS2/media.html* ansehen.

Medientypen und Medieneigenschaften

Sie haben bestimmte Kennzeichen – wie z. B. Ihr Alter oder Ihre Größe – und Medientypen haben das auch. Und so wie das The Splendid Walrus wohl die Regel aufstellen sollte, dass Gäste, an die Alkohol ausgeschenkt wird, mindestens 16 bzw. 18 Jahre alt sein müssen, sollten wir eventuell bestimmte CSS-Regeln definieren, die nur auf Browserfenster angewandt werden, deren Breite in einen bestimmten Bereich fällt.

Wir haben Glück! Die Breite, `width`, gehört wie `color` und `orientation` zu den in CSS3 für alle gebräuchlichen Medientypen definierten **Medieneigenschaften**. Medien***typen*** haben also Medien***eigenschaften***.

Allein bringen uns Medieneigenschaften noch nicht viel. Wir brauchen eine Möglichkeit, uns vom Browser Informationen zu den Eigenschaften liefern zu lassen, die uns interessieren, und natürlich auch eine Möglichkeit, diesen Informationen entsprechend zu agieren. Das ermöglichen uns ***CSS3-Medienabfragen***.

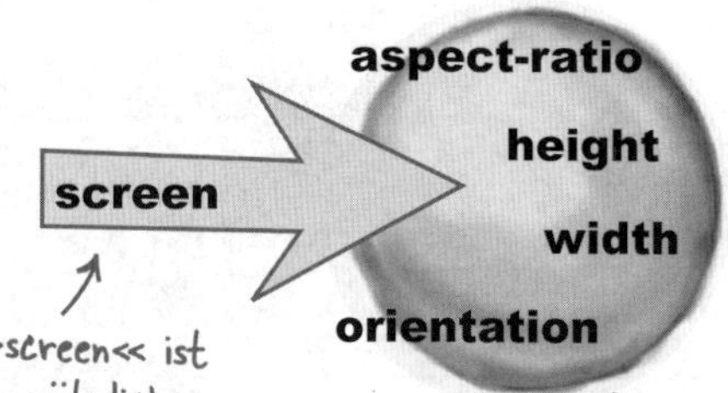

»screen« ist ein nützlicher Medientyp.

Einige der Medieneigenschaften des Medientyps »screen«.

P. S. Es gibt noch mehr, aber das sind die, die uns am meisten interessieren.

CSS-Medienabfragen

Mal wieder unser Medientyp >>screen<<!

>>width<< ist die Medieneigenschaft, die wir für den Medientyp >>screen<< auswerten wollen.

Diese CSS-Regeln werden nur angewandt, wenn die Medienabfrage mit WAHR ausgewertet wird.

```
@media screen and (min-width:480px) { /* CSS-Regeln */ }
```

>>min-<< ist ein Medienabfragenpräfix. Es sagt, recht intuitiv, dass wir die Minimalbreite abfragen wollen.

Wenig überraschend gibt es auch ein >>max-<<Präfix.

Das heißt: **Wird das Dokument auf einem Bildschirm wiedergegeben, *UND* ist das Fenster *aktuell* mindestens 480 Pixel breit?**
Ja? Gut, dann wende diese CSS-Regeln an.

Ein weiteres Beispiel:

```
@media print, screen and (monochrome) { }
```

Ein logisches >>ODER<< wird durch ein Komma repräsentiert. Ja, das ist leicht verwirrend.

>>monochrome<< ist eine Medieneigenschaft des Medientyps >>screen<< und ist entweder WAHR oder FALSCH.

Wird dieses Dokument auf einem Drucker ODER einem Bildschirm ausgegeben, der monochrom ist (schwarz und weiß)?
Falls ja, wende diese Styles an!

CSS3-Medienabfragen sind logische Ausdrücke, die die aktuellen Werte der Medieneigenschaften des Browsers des Benutzers auswerten. Wird der Medienabfragenausdruck mit WAHR ausgewertet, wird das eingeschlossene CSS angewandt.

CSS-Medienabfragen übersetzen: Testen Sie sich! Ordnen Sie die Medienabfrage der passenden Beschreibung zu.

```
@media all and (orientation: landscape) {}
```

```
<link rel="stylesheet" type="text/css"
href="my.css" media="screen and (color)" />
```

```
@media print and (monochrome) {}
```

```
@media screen and (color) { }
```

Die Regeln in diesem externen Stylesheet bei Farbbildschirmen anwenden.

Diese Styles bei Schwarz-Weiß-Druckern anwenden.

Diese Regeln bei Farbbildschirmen anwenden.

Diese Styles auf alle Medientypen anwenden, wenn das Gerät im Landschaftsmodus ist.

LÖSUNG ZUR ÜBUNG

Konnten Sie die Medienabfragen entziffern?

Ein Medientyp »all«, fragen Sie? Ja. Das ist der Typ, den wir nutzen, wenn wir uns die gleiche Medieneigenschaft bei allen Medientypen ansehen wollen.

```
@media all and (orientation: landscape) {}
```

```
<link rel="stylesheet" type="text/css"
href="my.css" media="screen and (color)" />
```

```
@media print and (monochrome) {}
```

```
@media screen and (color) { }
```

Die Regeln in diesem externen Stylesheet bei Farbbildschirmen anwenden.

Diese Styles bei Schwarz-Weiß-Druckern anwenden.

Diese Regeln bei Farbbildschirmen anwenden.

Diese Styles auf alle Medientypen anwenden, wenn das Gerät im Landschaftsmodus ist.

Okay. Das mit den Medienabfragen habe ich jetzt gerafft. Vielleicht kann ich sogar schon eigene schreiben. Aber was mache ich dann? Wie schreibe ich CSS für Mobilgeräte?

CSS: Wie anders ist anders?

Wir haben ein Werkzeug, mit dessen Hilfe wir situationsbedingt unterschiedliches CSS anwenden können. Aber was tun wir jetzt?

Keine Panik. Wir müssen mobilfreundliches CSS schreiben, müssen aber dazu nicht vollkommen bei null anfangen. Und wir werden für unsere Mobilgeräte auch kein vollkommen anderes CSS benötigen – große Teile des bereits vorhandenen CSS können wir wiederverwenden.

Folgendes werden wir tun, um unser mobilfreundliches Layout zu generieren:

- [ ] Wir prüfen das aktuelle Layout von splendidwalrus.com und analysieren seine Struktur.
- [ ] Wir identifizieren die Layoutelemente, die sich andern müssen, damit sie auf Mobilbrowsern besser funktionieren.
- [ ] Wir generieren mobilfreundliches CSS für die von uns identifizierten Elemente.
- [ ] Wir organisieren unser CSS und wenden das Mobil- und das Desktop-CSS mithilfe von Medienabfragen selektiv an.

Anderes CSS werden wir nur für die Layoutelemente schreiben, die bei Mobilgeräten anders sein müssen.

Die aktuelle Struktur der Splendid Walrus-Site

Werfen Sie einen Blick auf die *index.html*-Datei für die Splendid Walrus-Site im Verzeichnis *chapter1*. Wenn Sie Ihre Vorstellungskraft einsetzen und sich den Inhalt wegdenken, können Sie das klassische Gerüst einer HTML-Seite erkennen:

Den Download-Code finden Sie unter http://examples.oreilly.de/german_examples/mobileswebhfger/.

Die drei Spalten für den Inhalt.

```
<div class="navigation">...</div>
<div class="header">...</div>
<h1>...</h1>
<div id="visit" class="column">...</div>
<div id="points" class="column">...</div>
<div id="main" class="column">...</div>
<div class="footer">...</div>
```

Dass man die rechte Spalte im Markup vor der mittleren Spalte angibt, ist ein alter Trick im Webdesign-Geschäft, der den Umgang mit Layouts vereinfacht, die CSS-Floats nutzen.

Das aktuelle, desktopzentrierte CSS baut die Seite so auf:

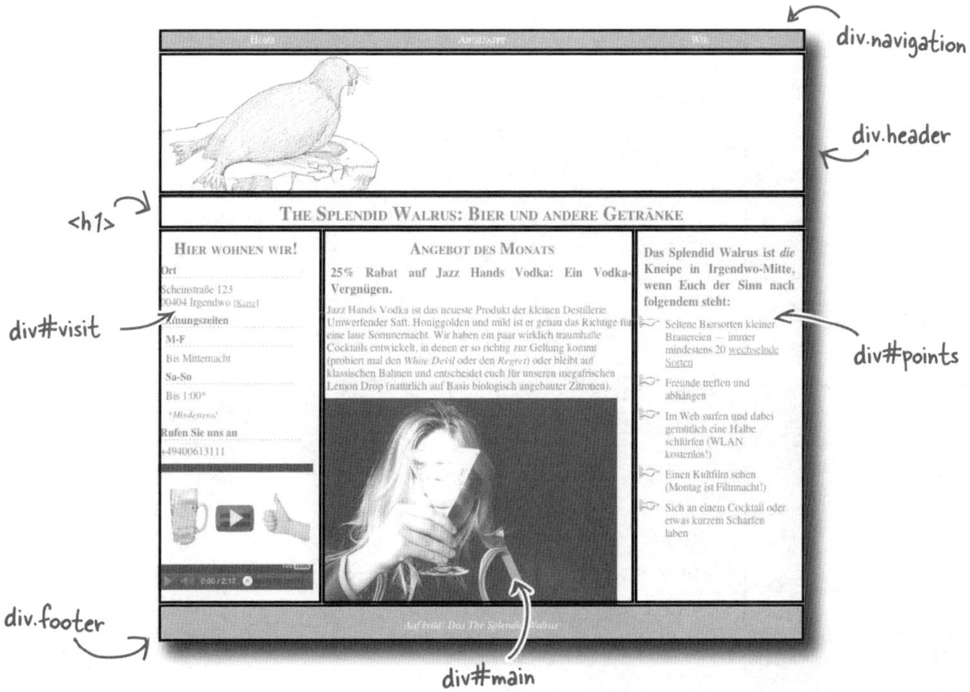

Werfen wir einen Blick auf das CSS, das dieses Layout definiert, und finden wir heraus, was sich ändern muss, um die Seite an das Mobilformat anzupassen.

Das aktuelle CSS analysieren

Öffnen Sie die *styles.css*-Datei für die Splendid Walrus-Site.

Am Anfang der Datei steht eine Menge CSS, über das wir uns keine Gedanken machen müssen. Farben, Schriften und das Styling können wir in den Desktop- und Mobilvarianten gemeinsam nutzen.

Was uns interessiert, ist das **strukturelle** CSS gegen Ende der Datei.

Uns interessieren nur die strukturellen Teile der CSS-Datei.

```
/* Struktur */
body, .header, .navigation, .footer {
  width: 960px;
}
.header, .navigation, .footer {
  clear: both;
}
.column {
  margin: 10px 10px 0 0;
}
.navigation {
  min-height: 25px;
}
.navigation ul li {
  width: 320px; /* 960/3 */
}
.header {
  background:url(images/w.png) no-repeat;
  height: 200px;
}
#visit {
  width: 240px;
  float: left;
}
#points {
  width: 240px;
  float: right;
}
#main {
  margin: 10px 260px 0 250px;
  width: 460px;
}
```

Der Body ist 960 Pixel breit. Die Header-, Footer- und Navigationselemente nehmen die volle Breite ein.

Weil diese Elemente die volle Breite einnehmen, ist sichergestellt, dass neben ihnen nichts schwebt.

clear: both sichert, dass diese Elemente auf einer neuen »Zeile« beginnen – dass sich also nichts neben ihnen befindet.

Alle Spalten (visit, right und points) haben oben und rechts einen Abstand von 10 Pixeln (d. h. einen »Bundsteg«).

Die Navigationslinks stecken in einer <ul>. Sie werden horizontal angeordnet, und jedes <li> nimmt 1/3 der Seitenbreite ein.

Jedes <li> erhält 1/3 der Seitenbreite, weil es drei Links gibt.

Der Header hat ein Hintergrundbild und muss deswegen 200px hoch sein, damit das Bild vollständig zu sehen ist.

Die linke und die rechte Spalte sind jeweils 240 Pixel breit und schweben.

Es scheint, als müsste die Hauptspalte 480 Pixel breit sein (960 minus zwei mal 240, die Pixel der Spalten rechts und links). Aber tatsächlich ist sie nur 460 Pixel breit, da es zwei 10 Pixel breite Bundstege zwischen den Spalten gibt.

Die Hauptspalte nutzt Abstände, um sich selbst zu positionieren, sie schwebt nicht.

Sie wird durch den linken Abstand von 260px und den rechten Abstand von 250px im Fenster positioniert.

Was muss sich ändern?

1. **Die Seite und ihre Strukturelemente müssen in 320 Pixel passen.**
   Wie Frank auf Seite 9 erwähnte, sind 320 Pixel eine bei Mobilgeräten gängige Bildschirmbreite.

2. **Die drei Spalten müssen auf eine reduziert werden.**
   Das ursprüngliche für den Desktop konzipierte dreispaltige Layout fühlte sich auf dem Mobilgerät »gequetscht« an.

Entspannen Sie sich

Wir werden das CSS nicht von Grund auf neu schreiben müssen.

Wir müssen nur einige der strukturellen Layoutelemente anpassen. Der Rest – Typografie, Farben und anderer Kram – kann unverändert bleiben.

Für die mobile Version müssen wir von hier ...

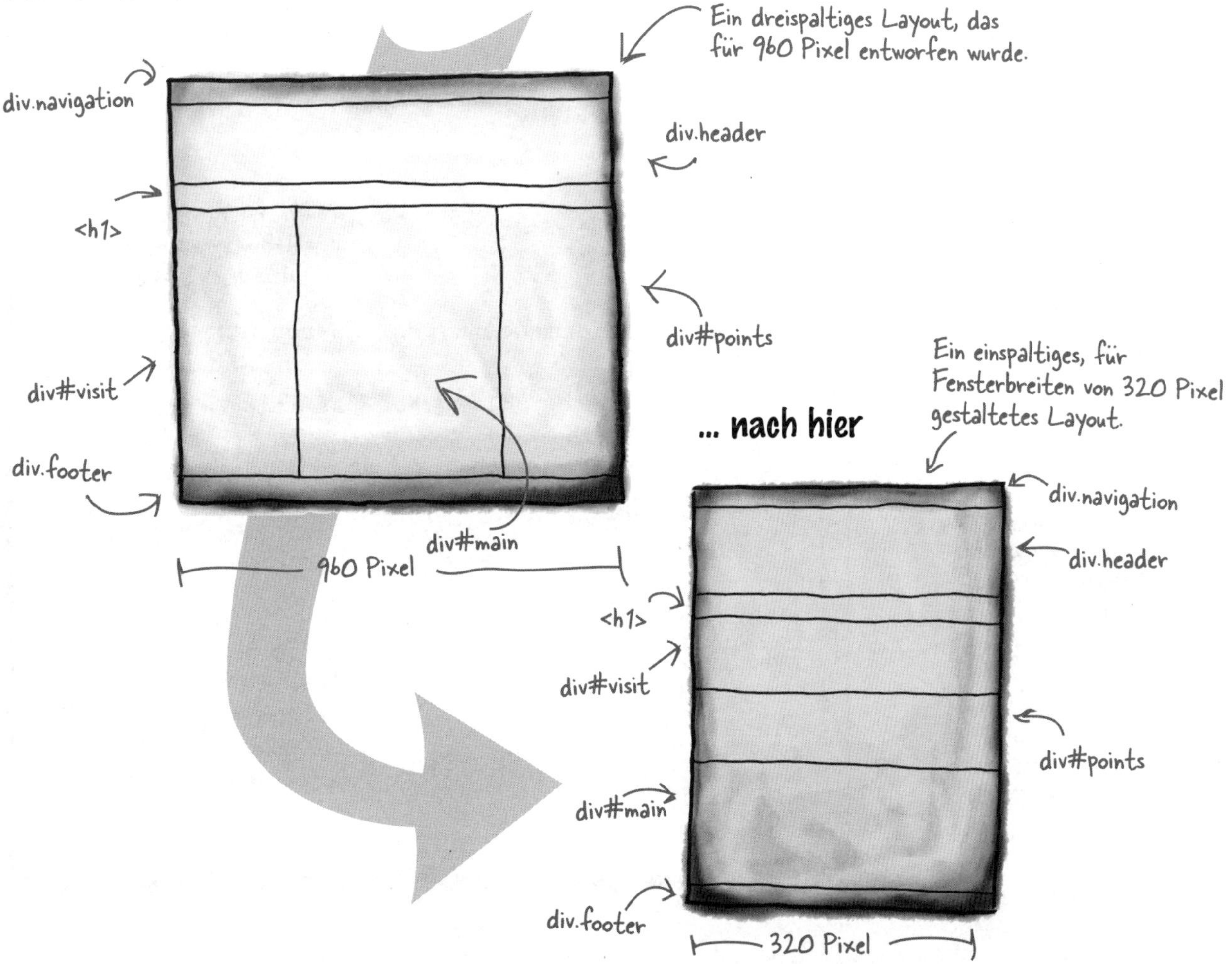

Das CSS identifizieren, das sich ändern muss

Der hervorgehobene Code muss für unsere Mobilversion angepasst werden.

```
/* Struktur */
body, .header, .navigation, .footer {
  width: 960px;
}
.header, .navigation, .footer {
  clear: both;
}
.column {
  margin: 10px 10px 0 0;
}
.navigation {
  min-height: 25px;
}
.navigation ul li {
  width: 320px; /* 960/3 */
}
.header {
  background:url(images/w.png) no-repeat;
  height: 200px;
}
#visit {
  width: 240px;
  float: left;
}
#points {
  width: 240px;
  float: right;
}
#main {
  margin: 10px 260px 0 250px;
  width: 460px;
}
```

styles.css

Wir müssen die Breite der Seite sowie die Header-, Footer- und Navigationselemente anpassen.

Diese Regel brauchen wir in unserer Mobilversion nicht (aber sie stört auch nicht).

Weil in unserem Mobillayout nichts schwebt, brauchen wir keine Clears.

Die »Spalten« werden im Mobillayout vertikal, nicht horizontal angeordnet. Wir fügen zwischen den Spalten (vertikal) einen Abstand ein, entfernen aber den Bundsteg.

Das ist so in Ordnung: Die Navigationslinks sollen mindestens so hoch sein.

Wir müssen die Breite der Navigationslinks anpassen, damit sie auf den kleineren Bildschirm passen.

Da wir für den Header das gleiche Hintergrundbild nutzen, kann das gleich bleiben.

Es sieht aus, als müssten wir hier die 200px anpassen, aber das tun wir nicht, da wir das gleiche Bild nutzen.

Wir müssen die Floats entfernen und die Breite der Visit- und Points-Spalten anpassen.

Die Abstände für die Positionierung benötigen wir nicht mehr (#main überspannt die gesamte Breite), und die Breite müssen wir ändern.

Schritte zur Erstellung des mobilspezifischen CSS

1. **Die Breite in den hervorgehobenen CSS-Regeln anpassen.**

2. **Die CSS-Regeln löschen, die wir nicht mehr benötigen.**

3. **Die gemeinsam genutzten CSS-Regeln auslagern.** ← Das werden wir später erledigen.

Mobile CSS-Magneten

Nutzen Sie die Magneten, um das mobilspezifische CSS zu erstellen.

```
body, .header, .footer, .navigation {
        width 320px
}
.column {
  margin: 10px 0
  border-bottom: 1px dashed #7b96bc;
}
.navigation ul li {
  width 106,66 px
}
#visit, #points, #main {
    width 320px
}
```

Dieser Rahmen soll einen visuellen Abstand zwischen den (jetzt vertikalen) Spalten einfügen, wenn sie auf der Seite aufgebaut werden.

`width: 320px;` `width: 106.6667px;` `margin: 10px 0;` `width:320px;`

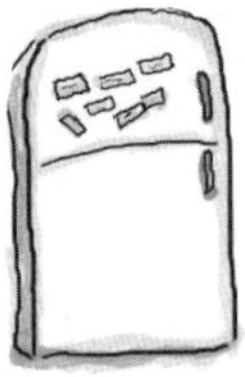

Mobile CSS-Magneten, Lösung

```
body, .header, .footer, .navigation {
   width: 320px;
}
.column {
   margin: 10px 0;
   border-bottom: 1px dashed #7b96bc;
}
.navigation ul li {
   width: 106.6667px;
}
#visit, #points, #main {
   width:320px;
}
```

Ta-da! Mobilspezifisches CSS

Das wäre erledigt! Diese vier CSS-Regeln sind alles, was wir an mobilspezifischem Layout benötigen. Jetzt müssen wir dafür sorgen, dass sie von unseren Mobilgeräten auch genutzt werden.

Und wie werden wir das tun? Hier greift uns unsere alte Freundin Frau Medienabfrage unter die Arme! Wir werden gleich eine Medienabfrage konstruieren, um dieses CSS auf Geräte anzuwenden, deren Browserfenster höchstens 480 Pixel breit ist.

Weswegen 480 Pixel? Diese Auflösung hat die »lange Seite« (d. h. die Landschaftsausrichtung) vieler beliebter Smartphones.

Verschwunden sind sie nicht ...

... sie müssen in unserem mobilspezifischen CSS bloß nicht mehr vorhanden sein. Warum? Weil die fraglichen CSS-Regeln in beiden Layouts (Desktop und Mobil) die gleichen sind.

Wir werden das gemeinsam genutzte CSS außerhalb der Medienabfragen angeben, damit wir nicht an zwei Stellen die gleichen CSS-Regeln pflegen müssen. Das wollen wir jetzt angehen.

Der Rest unseres strukturellen CSS

Gemeinsames strukturelles CSS

Sehen Sie? Wie gesagt! Nichts vom CSS ist tatsächlich verschwunden. Hier ist das gemeinsame strukturelle CSS, das wir auf Seite 18 identifiziert haben. Es wurde ausgelagert und ist jetzt einsatzbereit.

```
.header, .footer, .navigation {
  clear: both;
}
.header {
  background:url(images/w.png) no-repeat;
  height: 200px;
}
.navigation {
  min-height: 25px;
}
```

Unser strukturelles CSS für den Desktop

Wir brauchen immer noch ordentliches CSS für Desktopbrowser!

Nachdem wir die gemeinsamen strukturellen CSS-Regeln entfernt haben, bleibt dieses für die **desktopspezifische CSS-Struktur**.

Wir werden eine Medienabfrage nutzen, damit dieses CSS nur bei Viewports ab 481 Pixeln angewandt wird.

```
body, .header, .footer, .navigation {
  width: 960px;
}
.column {
  margin: 10px 10px 0 0;
}
.navigation ul li {
  width: 320px; /* 960/3 */
}
#visit {
  width: 240px;
  float: left;
}
#points {
  width: 240px;
  float: right;
}
#main {
  margin: 10px 260px 0 250px;
}
```

Was kommt jetzt?

Werfen wir erneut einen Blick auf unsere To-Do-Liste zur Erstellung eines strukturellen CSS, das für Desktop- und Mobilbrowser gleichermaßen funktioniert:

- [x] Wir prüfen das aktuelle Layout von splendid-walrus.com und analysieren seine Struktur.
- [x] Wir identifizieren die Layoutelemente, die sich ändern müssen, damit sie auf Mobilbrowsern besser funktionieren.
- [x] Wir generieren mobilfreundliches CSS für die von uns identifizierten Elemente.
- [ ] **Wir organisieren unser CSS und wenden das Mobil- und das Desktop-CSS mithilfe von Medienabfragen selektiv an.**

Die Teile zusammensetzen

So werden wir die aktualisierte Version von *styles.css* aufbauen.

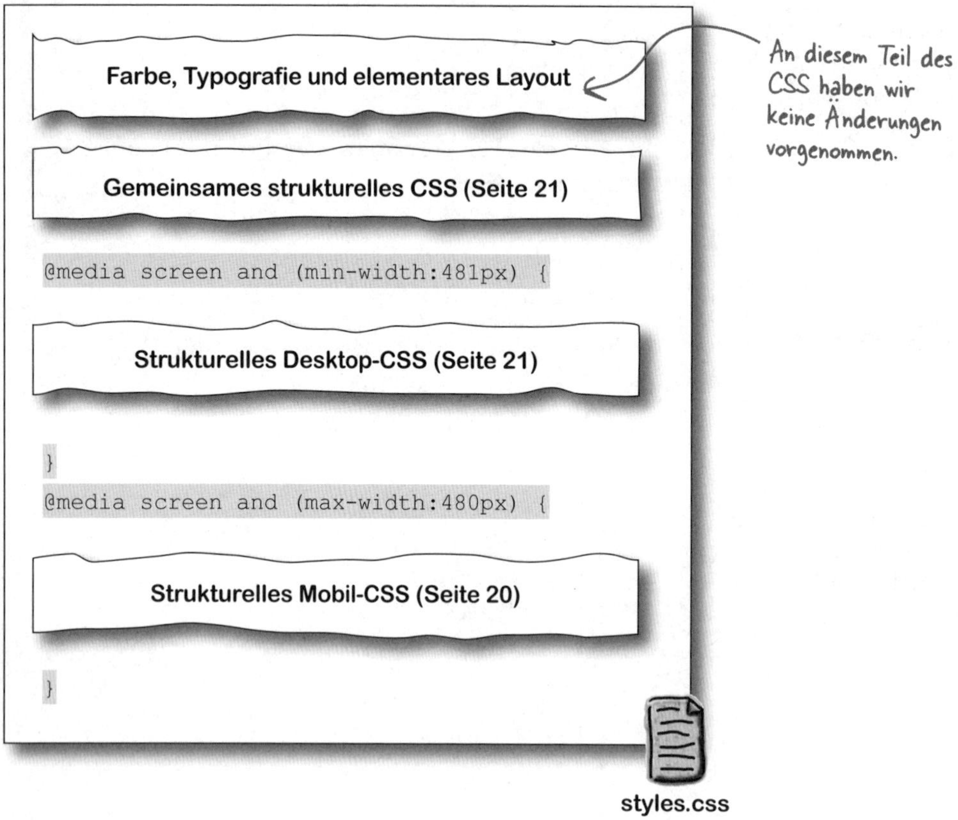

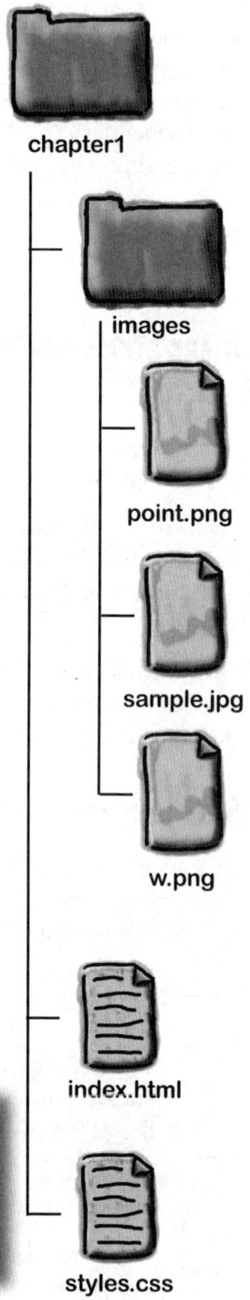

Eine letzte Sache noch …

Sie müssen in der Datei *index.html* ein **viewport-<meta>**-Tag definieren. Mithilfe dieses Tags teilen Sie dem Browser mit, wie »stark gezoomt« der Inhalt dargestellt werden soll. Dieses Kerlchen werden wir uns etwas später ansehen. Für den Augenblick sollten Sie sich einfach auf unser Wort verlassen: Sie werden es benötigen.

```
<head>
<meta http-equiv="Content-Type" content="text/html; charset=utf-8" />
<meta name="viewport" content="width=device-width, initial-scale=1" />
<title>The Splendid Walrus: Bier und andere Getränke</title>
```

index.html

Tun Sie das!

1. **Bearbeiten Sie die Datei index.html.**
   Fügen Sie das `viewport-<meta>`-Tag von Seite 22 darin ein.
2. **Öffnen Sie die Datei styles.css.**
   Sie werden die strukturellen CSS-Regeln gegen Ende der Datei ersetzen. Entfernen Sie die vorhandenen Regeln für strukturelle Elemente.
3. **Fügen Sie die gemeinsamen Regeln ein.**
   Fügen Sie die gemeinsamen strukturellen CSS-Regeln von Seite 21 ein.
4. **Ergänzen Sie das Desktop- und das mobilspezifische CSS.**
   Fügen Sie die Desktopregeln (Seite 21) und die Mobilregeln (Seite 20) ein.
5. **Hüllen Sie das desktop- und das mobilspezifische CSS in Medienabfragen.**
   Fügen Sie die Medienabfragen (Seite 22) ein.

PROBEFAHRT

Laden Sie, nachdem Sie die Änderungen vorgenommen haben, die Datei *index.html* in Ihrem Desktopbrowser und verringern Sie die Breite des Fensters auf weniger als 481 Pixel, um sich das mobilgerechte Layout anzusehen.

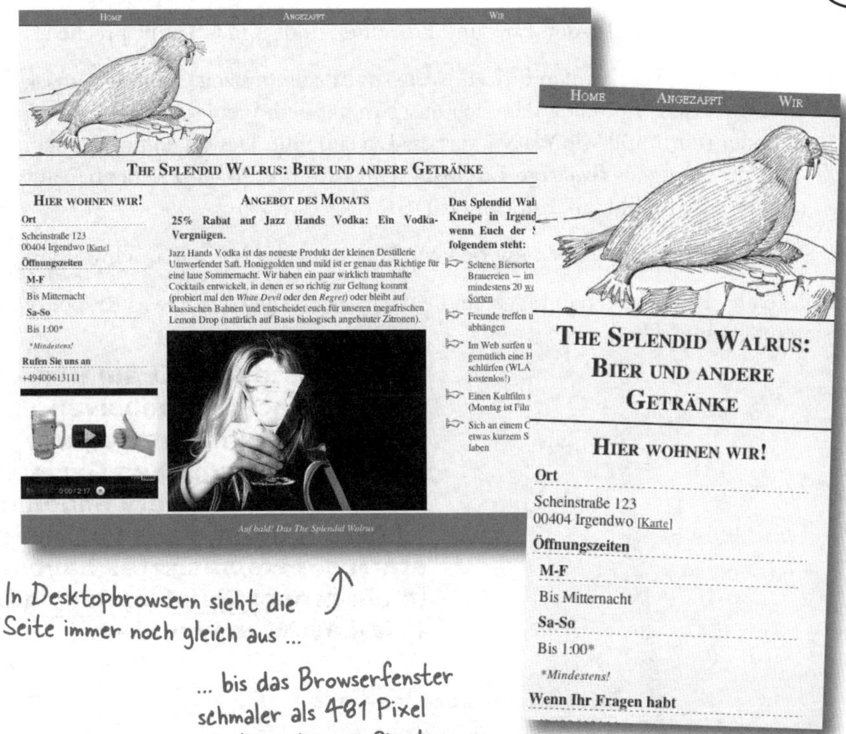

Das ist zwar ein guter Anfang, aber es gibt noch ein kleines Problem. Wenn ich auf meinem iPhone nach unten scrolle, sehe ich, dass das Bild zu groß für die Seite ist. Es zerstört das Layout.

Frank

Jana

Frank: Das ist echt frustrierend. Ich dachte, dass sich unser mobilgerechtes CSS auch darum kümmern würde.

Jana: Euer CSS passt das Layout auf den kleineren Bildschirm an, ist aber immer noch recht starr. Schaut euch beispielsweise mal an, was passiert, wenn man das iPhone in Landscape-Ausrichtung dreht.

Frank: Mist. Das Layout ist immer noch 320 Pixel breit … aber der Bildschirm ist 480 Pixel breit. Muss ich etwa für jede denkbare Viewport-Größe anderes CSS schreiben?!

Jana: Ich denke, nein. Genau hierbei sollten uns die Verfahren des **Responsive Webdesigns** helfen. Im Augenblick liefert ihr allen Browsern, deren aktuelles Fenster schmaler als 480 Pixel ist, eine Struktur mit starren Dimensionen, ganz gleich welche Breite das Browserfenster tatsächlich hat. Das ist einfach nicht flexibel genug. Schließlich haben ja nicht alle Mobilgeräte ein 320 Pixel breites Browserfenster.

Responsive Webdesign unterstützt uns dabei, unser Layout anderen Umständen anzupassen. Aber wir müssen die Größe von Elementen ja nicht mit pixelbasierten Maßen vorschreiben, wie wir es jetzt tun. Wir können doch auch ein proportionales Layout nutzen, das sich anderen Nutzungsbedingungen anpasst.

Frank: Proportional? Soll das den Ems und Prozenten und so in CSS entsprechen?

Jana: Ja. So ungefähr. Wir können Prozentwerte statt Pixeln nutzen, wenn wir unser Layout schreiben. Das sorgt dafür, dass sich unser Inhalt dem verfügbaren Platz entsprechend dehnt oder schrumpft wie Wasser, das die Lücken füllt. Deswegen bezeichnet man derartige Layouts häufig als **flüssige Layouts**. Das wird uns, so ganz nebenbei, auch helfen, das eigensinnige Bild auf Kurs zu bringen.

Frank: Dann war die ganze Arbeit mit den Medienabfragen also Zeitverschwendung.

Jana: Auf keinen Fall! Medienabfragen sind ein wichtiger Teil dessen, was Responsive Webdesign möglich macht.

Dieses Bild ist breiter als 320 Pixel und bricht damit aus dem Layout aus.

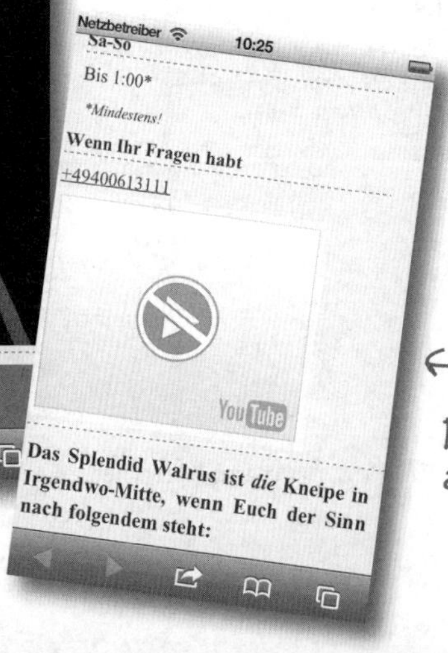

Das YouTube-Video funktioniert auf diesem iPhone noch nicht.

Der nächste Schritt auf dem Weg zu einem responsiven Design – einem, das bequem auf unterschiedlichen Geräten und Browsern zu verwenden ist – besteht darin, dass wir unser starres, pixelbasiertes Layout in ein proportionales, flüssiges Grid-Layout umwandeln.

Kamingespräche

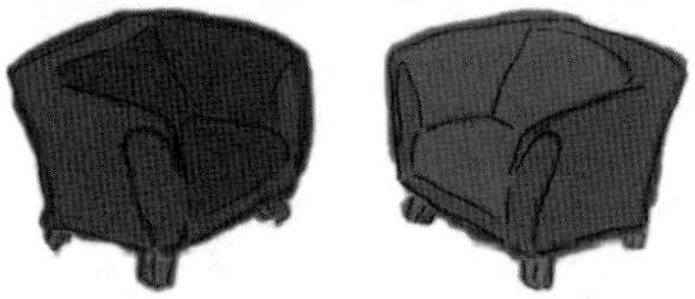

Heute Abend: **Flüssig vs. Starr**

Flüssiges Grid:

Hi, Starrkopf, du alter Schwede. Ich weiß ja, du treibst dich schon 'ne Weile rum, aber mal ehrlich, ist deine Philosophie nicht ganz schön problematisch?

Starres Grid:

Wie meinen, bitte? Mir war nicht bewusst, dass junge Emporkömmlinge wie Sie etwas von Philosophie verstehen.

Flüssiges Grid:

Na, bist du nicht so eine Art Relikt, das starr seine Maße definiert und deswegen ziemlich zerbrechlich und unflexibel ist? Responsiv kann man das sicher nicht nennen.

Starres Grid:

Aha! Wieder so ein neudeutsches Wort! Responsiv? Was soll das jetzt wieder heißen?

Flüssiges Grid:

Na, reaktiv und so ... du reagierst einfach nicht auf Änderungen in der Umgebung deiner Nutzer, bleibst immer gleich.

Starres Grid:

Ich wüsste nicht, was gegen Tradition einzuwenden wäre. Ich, junger Freund, bewahre, was der Künstler intendierte! 960 Pixel breit, mit 240 Pixel breiten Spalten auf der linken und der rechten Seite.

Flüssiges Grid:

Auf Kosten der Nutzer, Alter. Schau dir doch mal an, was passiert, wenn man dich mit unterschiedlich großen Browserfenstern besucht. Hier wird irgendetwas abgeschnitten, und dort bleibt massenhaft Platz ungenutzt ...

Starres Grid:

Wenn das den Gästen nicht gefällt, sollten sie ihren Geschmack korrigieren lassen, zum Friseur gehen und einen Standardbrowser einsetzen.

Flüssiges Grid:

Das mag zu deiner Zeit vielleicht mal funktioniert haben. Heutzutage gibt es schlicht zu viele unterschiedliche Browser und Geräte. Wärst du bereit, den pixelperfekten Layouts abzuschwören – die doch sowieso nur ein Erbe der Tage unserer drucktechnischen Gefangenschaft sind – und deine Inhalte wie Wasser in den vorhandenen Raum fließen zu lassen, dann könntest du dich an die unterschiedlichsten Situationen anpassen.

Starres Grid:

Na schön, der Herr, dann demonstrieren Sie mir bitte doch, was Sie vermögen.

Was soll an einem Layout mit fester Breite denn falsch sein?

Gäbe es auf der ganzen Welt nur Browser, deren Fenster alle die gleiche Größe hätten, wäre das eine recht sichere, geordnete Welt, in der Designer pixelgenau steuern könnten, wie ihre Webseiten aussehen sollen.

Unglücklicherweise war das Web nie derart einheitlich. Manchmal versuchen wir, uns so zu verhalten, als gäbe es »Standardfensterbreiten« wie 640, 960 oder 1.024 Pixel. Aber eigentlich ist das eine Illusion: Es gibt keine Standardgröße für Browserfenster. Das muss man sich schon eingestehen, bevor man überhaupt beginnt, Mobilgeräte zu berücksichtigen.

Bei einem 960 Pixel breiten Fenster sieht das starre Layout für The Splendid Walrus ansehnlich aus.

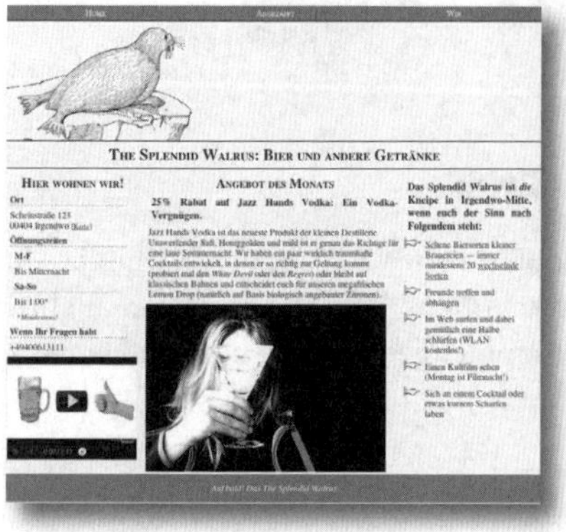

Das Layout passt sich anderen Fenstergrößen nicht an

Aber schauen Sie sich an, was bei einem schmaleren Fenster passiert. Die Spaltenbreite bleibt gleich, und das bedeutet, dass Inhalt abgeschnitten wird und der Nutzer deswegen horizontal scrollen muss. Unschön.

Bei einem breiteren Fenster bleibt das Layout weiterhin 960 Pixel breit und lässt auf der rechten Seite des Bildschirms eine Ödnis mit verschwendetem Platz. Hmmm.

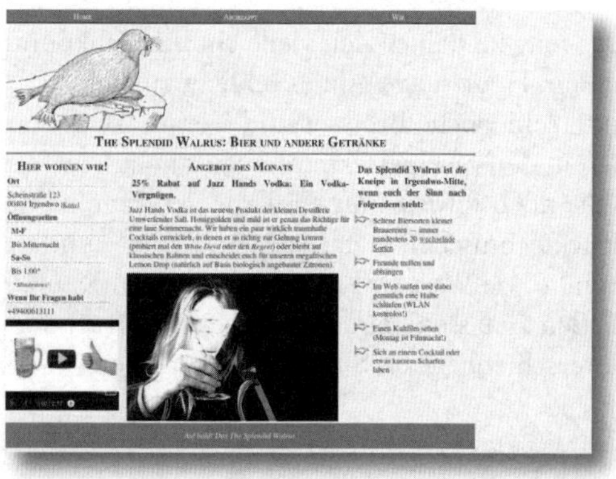

Was macht »flüssig« besser?

Flüssige Grid-Layouts nutzen für die Breite proportionale Einheiten (Prozentwerte) anstelle von Pixeln. Wir können der Intention des Designers treu bleiben, dass die linke und rechte Spalte jeweils ein Viertel der Seitenbreite einnehmen, indem wir ihre Breite auf 25 % statt auf 240 Pixel setzen.

Eine flüssige Version des Layouts bei 960 Pixeln. Jetzt sieht die Seite gar nicht groß anders aus, oder?

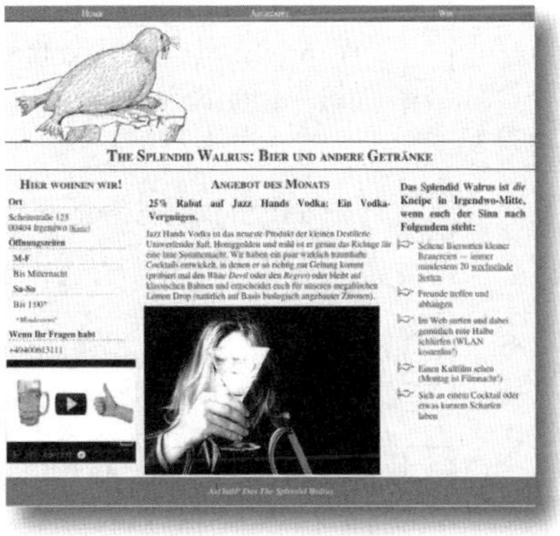

Das Layout passt sich an, wenn sich die Fensterbreite ändert

Bei anderen Fensterbreiten fließt der Inhalt wie Wasser und nimmt den im Layout verfügbaren Raum ein. Die linke und die rechte Spalte nehmen immer 25 % des Fensters ein. Weder wird bei einem schmaleren Fenster der Inhalt beschnitten, noch bleibt bei breiteren Fenstern Raum ungenutzt.

Die flüssige Version des Layouts bei 700 Pixeln.

Die linke und die rechte Spalte sind proportional: 25 % der Breite des Fensters.

Die flüssige Version des Layouts bei 1.200 Pixeln.

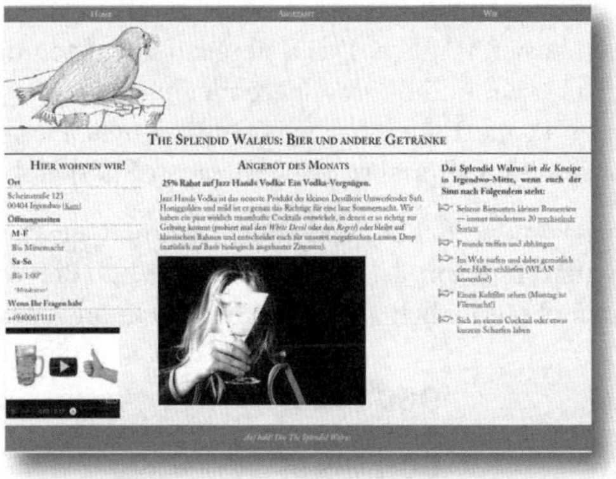

KRAFT-TRAINING

Wir werden gleich das Desktop- und das Mobil-CSS von einem starren auf ein flüssiges Grid umstellen. Haben Sie eine Idee, inwiefern uns das helfen könnte, einige der Probleme zu lösen, die Jana bei Mobilbrowsern an der Site entdeckte?

Verflüssigung

Es gibt einiges, was Sie tun müssen, um die Probleme zu bewältigen, die Jana entdeckte, und uns einem responsiven Design anzunähern.

- [ ] Wandeln Sie das pixelbasierte Layout in ein flüssiges Layout um, indem Sie proportionale statt starrer Breiten wählen.
- [ ] Setzen Sie die Standardschriftgröße auf 100 %, damit die Schriften auf der Website ebenfalls proportional skaliert werden.
- [ ] Reparieren Sie das defekte YouTube-Video.
- [ ] Reparieren Sie das Bild, das zu breit ist.

Wenn wir unser Layout flüssig machen wollen, sollten wir auch dafür sorgen, dass die Schriften flexibel sind.

Die Verflüssigungsformel

Nutzen Sie folgende Formel, um ein pixelbasiertes Layout in ein proportionales, flüssiges Layout umzuwandeln:

$$\frac{\textbf{Ziel}}{\textbf{Kontext}} = \textbf{Ergebnis}$$

Die Größe des Elements in Pixeln. → Ziel

Die Größe des umschließenden »Kontexts« in Pixeln. → Kontext

Der Prozentwert für unsere neue proportionale CSS-Regel. → Ergebnis

Ein Blick aus der Nähe

Schauen wir uns anhand des Desktoplayouts der Splendid Walrus-Site an, was das bedeutet.

Wir beginnen mit einem **Kontext,** auf dem unsere Proportionen basieren sollen. Das Referenzdesign ist in diesem Fall 960 Pixel breit, und das resultierende flüssige Layout soll die gleichen Proportionen haben wie das aktuelle Design. Wir lassen unsere Berechnungen also auf dieser 960-Pixel-Linie basieren.

Navigation, Header und Footer nehmen alle die vollständige Seitenbreite ein. Ist das der Fall, lässt sich die Verflüssigungsformel tatsächlich ausgesprochen leicht anwenden!

$$\frac{\textbf{960 Pixel}}{\textbf{960 Pixel}} = \textbf{100 \%}$$

Die Verflüssigung fortsetzen

Die linke und die rechte Spalte sollen bei einem übergeordneten Kontext von 960 Pixeln jeweils 240 Pixel breit sein. Das proportionale Verhältnis ermitteln wir erneut mit unserer Verflüssigungsformel:

$$\frac{\text{240 Pixel}}{\text{960 Pixel}} \approx 25\ \%$$

Diese Spalten nehmen ein Viertel der Seitenbreite ein. Das scheint also recht intuitiv, oder?

Bei der Hauptspalte in der Mitte verhält sich das etwas anders. Sie schwebt nicht, sondern wird mithilfe von Abständen positioniert. Aber auch das ist kein Problem. Wir können unsere Verflüssigungsformel ebenfalls einsetzen, um pixelbasierte Abstandsmaße in Prozentwerte umzuwandeln:

$$\frac{\text{250 Pixel}}{\text{960 Pixel}} \approx 26.0416667\ \%$$

Unsere aktuelle CSS-Regel.

```
#main {
  margin: 10px 260px 0 250px;
}
```

$$\frac{\text{260 Pixel}}{\text{960 Pixel}} \approx 27.0833333\ \%$$

Unsere aktualisierte CSS-Regel

```
#main {
  margin: 10px 27.0833333% 0 26.0416667%;
}
```

Schließen Sie die Umwandlung der strukturellen Desktop-CSS-Regeln in proportionale Breiten in der Datei *styles.css* ab. Sie werden alle sechs CSS-Regeln in der Medienabfrage für Fenster, die breiter als 481 Pixel sind, anpassen müssen.

Es gibt keine Dummen Fragen

F: Warum haben diese Zahlen so viele Nachkommastellen? Brauchen wir die wirklich alle?

A: Wir demonstrieren hier das puristische Verfahren, ein flüssiges Grid-Layout zu konstruieren, bei dem die CSS-Maße genau so eingegeben werden, wie sie der Taschenrechner ausspuckt.

In Wirklichkeit runden Browser solche Zahlen, jedoch – beunruhigenderweise – alle auf leicht andere Weise.

Eigentlich liegt das also in Ihrem Ermessen. Sie können die Zahlen auch auf eine oder zwei Nachkommastellen abrunden. Sie können in Ihrem Layout aber auch etwas Spiel lassen – ein oder zwei Prozent, die nicht zugeteilt werden. Ihr Raster ist dann nicht so genau, aber Sie vermeiden einige der Probleme, die die Rundung aufwerfen kann, und machen Ihre Berechnungen weniger streng.

F: Moment. Warum ist der obere Abstand auf `.main` immer noch 10 px? Ist das nicht falsch?

A: Das vertikale Layout ist eine ganz andere Sache als das horizontale. Dabei können wir den 960-px-Kontext nicht nutzen, weil die Höhe des Designs nie eine bekannte Größe ist. Vertikale Layouts mit Prozentwerten sind eine verzwickte Angelegenheit und werden von unterschiedlichen Browsern unterschiedlich (und manchmal nur jämmerlich) unterstützt. Bei vertikalen Abständen ist es in Ordnung, wie hier Pixel zu verwenden.

LÖSUNG ZUR ÜBUNG

Werfen Sie einen Blick auf dieses flüssige Desktop-CSS.

```
@media screen and (min-width: 481px) {
  body, .header, .footer, .navigation {
    width: 100%;
  }
  .column {
    margin: 10px 1.04166667% 0 0;
  }
  .navigation ul li {
    width: 33.333333%;
  }
  #visit {
    width: 25%;
    float: left;
  }
  #points {
    width: 25%;
    float: right;
  }
  #main {
    margin: 10px 27.0833333% 0 26.0416667%;
  }
}
```

$\frac{960}{960} = 100\ \%$ (→ width: 100%)

$\frac{10}{960} = 1.04166667\ \%$ (→ margin: 10px 1.04166667% 0 0)

$\frac{320}{960} = 33.333333...\ \%$ (→ width: 33.333333%)

$\frac{240}{960} = 25\ \%$ (→ #visit und #points width: 25%)

Das haben wir auf Seite 29 erläutert. (→ #main margin)

Nicht so schnell!

Manchmal kann sich der »Kontext« ändern …

Kontextwechsel

Mark bietet ein neues Monats-Special an, das auf der Splendid Walrus-Site angekündigt werden soll. Statt des Texts mit dem Bild sollen in der Hauptspalte jetzt nebeneinander schwebend die Etiketten von zwei besonderen Biersorten angezeigt werden. In unserem pixelbasierten Referenzdesign sieht das so aus:

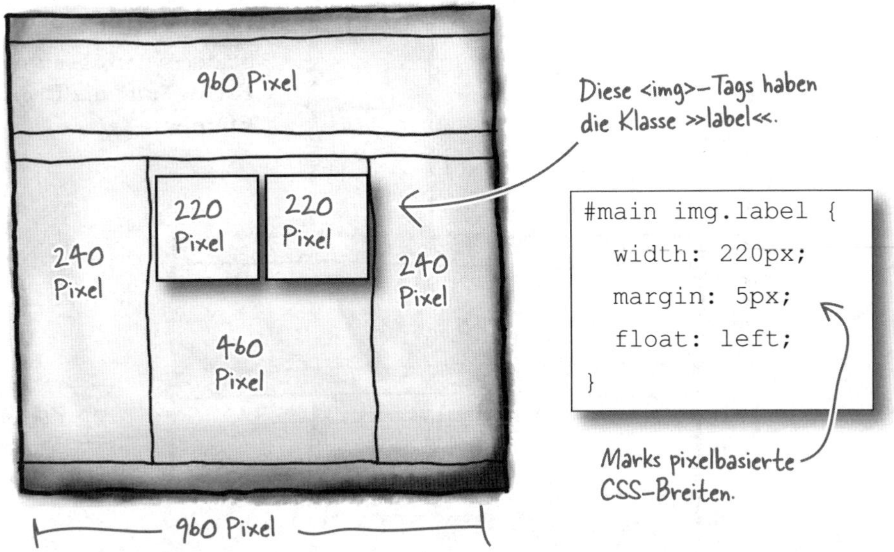

Man ist schnell versucht, die Bildbreiten mit folgender Formel in flüssige Proportionen umzurechnen:

$$\frac{\textbf{220 Pixel}}{\textbf{960 Pixel}} \approx \textbf{22.916667 \%}$$

Erscheint Ihnen diese Formel korrekt?

Suchen Sie den Fehler im Bild?

Der Kontext hat sich geändert!

Setzen wir die Bilder so, dass sie 22.9166667 % einnehmen, nehmen sie tatsächlich 22.916667 % ein – 22.916667 % *des umschließenden Elements.*

Das umschließende Element dieser Bilder ist nicht `body` (100 % Breite oder 960 Pixel in unserem Referenzdesign), es ist das `div#main` mit einer Breite von ungefähr 460 Pixeln (proportional ausgedrückt: 47.91667 % von 960 Pixeln). Wir hätten den Bildern damit also gesagt, dass sie etwas weniger als 23 % von 460 Pixeln einnehmen sollen, und der Wert ist erkennbar zu klein!

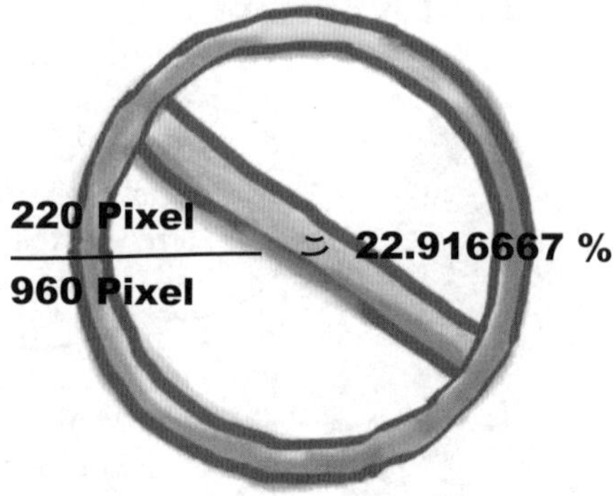

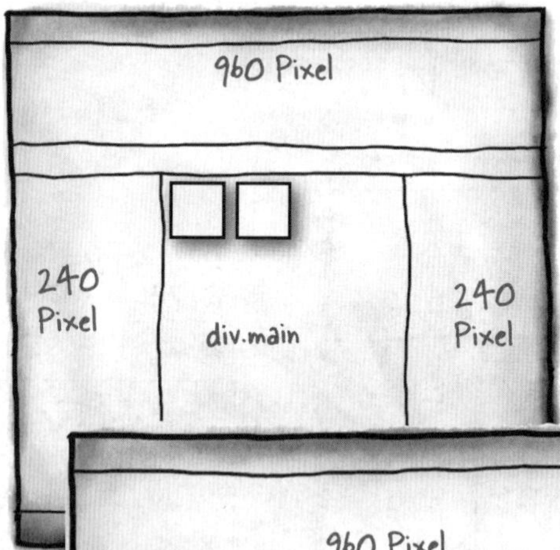

Das erhalten Sie, wenn Sie width für img.label auf 22.916667% setzen. Nicht schön.

Stattdessen **müssen wir den Kontext in unserer Formel auf die Breite des umschließenden Elements setzen,** und die ist hier 460 Pixel.

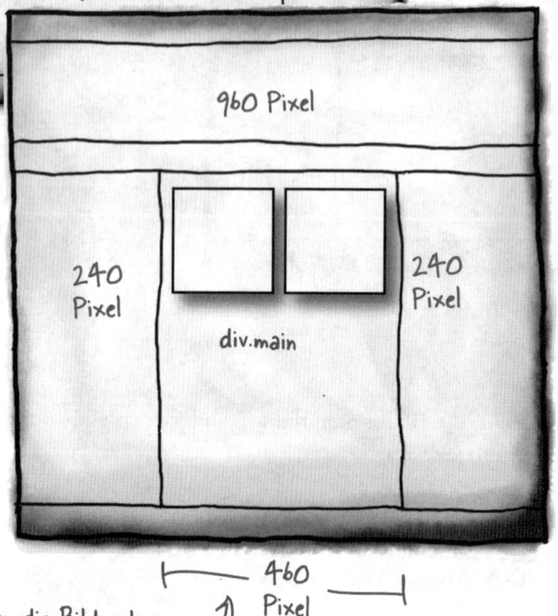

Tun Sie das!

$$\frac{220 \text{ Pixel}}{460 \text{ Pixel}} \simeq 47.826087\ \%$$

Neuer Kontext: die Breite von div#main, dem umschließenden Element.

Jetzt haben die Bilder knapp weniger als 50 % der Breite von div#main – das sieht besser aus.

Bildbreiten in Prozentwerten setzen? Es stellt sich heraus, dass das der richtige Weg zur Behebung eines unserer Probleme mit dem Mobillayout ist. Erinnern Sie sich, dass das Foto viel zu groß war und die Seitenbreite ruinierte? Wir können eine Abwandlung dessen, was wir hier nutzen, einsetzen, um das zu reparieren!

Flüssige Bilder ← und Medien!

In diesem kleinen CSS-Juwel steckt eine große Macht:

```
img, object {
  max-width: 100%;
}
```

← Kawumm!

Mit dieser kleinen Ergänzung verhindern wir, dass ein Bild oder ein eingebettetes Medienobjekt breiter wird als das umschließende Element. Weil sie auf 100 % Breite begrenzt sind – 100% der Breite des umschließenden Elements –, gehorchen Bilder und Medien ihren Eltern und versuchen nicht mehr, aus den Grenzen auszubrechen. Sehr nett!

Flüssige Bilder und Medien skalieren wie ein flüssiges Grid proportional mit dem Layout.

Ein trauriger Abschied ...

Leider muss man für die meisten angenehmen Dinge irgendwo auch immer ein kleines Opfer bringen. Wenn wir diese Verflüssigungstechnik für Bilder und Medien nutzen wollen, müssen wir zwei alten Freunden den Rücken kehren: den Attributen `width` und `height`.

Die CSS-Regel oben überschreibt ein eventuelles `width`-Attribut, wirkt sich aber nicht auf `height`-Attribute aus. Wenn wir die Attribute `height` und `width` nutzen, kann es also passieren, dass wir am Ende ein Bild haben, dessen Breite skaliert wird, während die Höhe unverändert bleibt. Endresultat: ein jämmerlich gequetschtes Bild mit dem falschen Seitenverhältnis.

Auch wenn es einige Möglichkeiten gibt, das zu umgehen, und man nicht gerade mit Freuden auf den Einsatz dieser beiden Attribute verzichtet, werden wir `height` und `width` zunächst einmal meiden.

Aufgepasst

Flüssige Bilder sind kein Freifahrtschein.

Dass ein Bild auf einem schmaleren Bildschirm sauber skaliert wird, heißt nicht, dass es nicht im Herzen immer noch ein großes Bild ist. Ein 800-KB-JPEG bleibt ein 800-KB-JPEG, selbst wenn es in eine 120 Pixel breite Spalte gequetscht wird.

In Kapitel 2 werden wir uns Techniken ansehen, mit deren Hilfe man unterschiedliche Bilder an unterschiedliche Geräte und Browser ausliefern kann, um so ansonsten verschwendete Bandbreite und Rechenkraft (die für die eigentliche Skalierung erforderlich ist) zu sparen.

Trotzdem bleibt das eine mächtige Technik, die man auf alle Fälle in sein Repertoire aufnehmen sollte.

Haben wir es jetzt geschafft?

Wir nähern uns einem responsiven Design, das sich an mehr Geräte anpasst. Aber es bleiben immer noch einige Dinge zu tun:

Wir müssen noch das Mobil-CSS umwandeln (das Desktop-CSS haben wir bereits erledigt).

- [ ] Wandeln Sie das pixelbasierte Layout in ein flüssiges Layout um, indem Sie proportionale statt starrer Breiten wählen.
- [ ] Setzen Sie die Standardschriftgröße auf 100 %, damit die Schriften auf der Website ebenfalls proportional skaliert werden.
- [ ] Reparieren Sie das defekte YouTube-Video.
- [x] Reparieren Sie das Bild, das zu breit ist.

Das haben wir mit der Bildverflüssigungstechnik erreicht.

Das Mobil-CSS aufmöbeln

Wir müssen nur ein paar der mobilspezifischen CSS-Regeln umwandeln, um unser Layout flüssig zu machen.

```
@media screen and (max-width:
  body, .header, .footer, .nav
  {
    width: 320px;
  }
.column {
   margin: 1em 0;
   border-bottom: 1px dashed #
}
.navigation ul li {
  width: 106.6667px;
}
#visit, #points, #main {
  width: 320px;
}
```

aktuell (starr)

```
@media screen and (max-width: 480px) {
  body, .header, .footer, .navigation {
    width: 100%;
  }
.column {
   margin: 1em 0;
   border-bottom: 1px dashed #7b96bc;
}
.navigation ul li {
  width: 33.333333%;
}
#visit, #points, #main {
  width: 100%;
}
```

aktualisiert (flüssig)

Moment! Nachdem wir diese beiden Regeln proportional gemacht haben, entsprechen sie genau den Regeln im Desktop-CSS (siehe Seite 30). Wenn wir sie zu den gemeinsamen strukturellen Regeln packen, müssen wir sie nicht doppelt vorhalten.

Details, Details

Kümmern wir uns um die paar Details, die noch verbleiben, bevor unsere aktualisierte Version der Splendid Walrus-Site absolut responsiv ist.

Flexible Schriften einrichten

Bislang ist nur das Layout adaptiv, während die Schriften schwerfällig und steif bleiben. Wie Prozentwerte das flüssige Ying für das Yang starrer Pixelwerte sind, so sind **Ems** die proportionale Einheit für Schriftgrößen. Mark hat in seinem ursprünglichen CSS Ems verwendet, deswegen müssen wir dem <body>-Element nur noch die folgende Regel hinzufügen, um ganz genau zu sein:

```
body {
  background: #f9f3e9;
  color: #594846;
  font: 100% "Adobe Caslon Pro",
  "Georgia", "Times New Roman", serif;
}
```

Diese Rücksetzung der Basisschriftgröße ist ein CSS-Äquivalent zum Urmeter oder zu einer Atomuhr: Damit wird eine explizite Referenz definiert, auf deren Basis andere Schriftgrößen im CSS bestimmt werden. Keine große Sache also, es sorgt nur dafür, dass alles im Maße bleibt!

Schriftgrößen unter der Lupe

Mit dieser Bearbeitung der CSS-Regel für das <body>-Element setzen wir die Basisschriftgröße für die Seite auf 100 %. Aber was heißt 100 %? Hier ist eine Ad-hoc-Daumenregel (und eine *Nährung*):

1em = 100 % ≈ 12pt ≈ 16px

Aber erinnern wir uns daran, dass wir danach streben, unseren Inhalt an die Umgebung des Benutzers anzupassen. Wenn ein Benutzer die Schriftgröße seines Browsers geändert hat, repräsentieren 100 % eine andere absolute Größe.

Denken Sie auch daran, dass Schriften auf Mobilgeräten eine komplexe Geschichte sind und dass 1em in einigen Fällen einer (erheblich) anderen Punkt- oder Pixelgröße entspricht.

Das YouTube-Video reparieren

Viele Mobilgeräte unterstützen Adobe Flash nicht. Das Markup für das eingebettete YouTube-Video ist veraltet: YouTube bietet mittlerweile ein iframe-basiertes Einbettungs-Snippet, das ebenso gut auf einem iPhone (und anderen modernen Geräten) funktioniert. Wir müssen die Datei *index.html* bearbeiten und den aktuellen Einbettungscode ersetzen.

Diese Technik ist nicht auf Flash beschränkt! Andere Medien können ebenfalls auf diese Weise flüssig gemacht werden.

```
<object width="230" height="179"
type="application/x-shockwave-flash"
data="http://www.youtube.com/v/O-
jOEAufDQ4?fs=1&amp;hl=en_US&amp;rel=0"><embed
src=... /></object>
```

Statt dieser Nur-Flash-Version ...

... nutzen wir das!

```
<iframe src="http://www.youtube.com/embed/O-
jOEAufDQ4" style="max-width:100%"></iframe>
```

YouTubes neuerer Einbettungscode ermittelt das zu nutzende Videoformat in Abhängigkeit vom Browser. Er kann für Geräte – wie Marks iPhone – HTML5-Video statt Flash anbieten. Wir haben einfach dieses neuere Snippet aus dem »Einbetten«-Abschnitt auf der YouTube-Seite für dieses Video eingesetzt.

Die Verantwortung nicht vergessen

Wie die Anpassung der Größe flüssiger Bilder die Größe der Bilddatei nicht ändert, so ändert die Verflüssigung von Medien die tatsächliche Größe des tatsächlichen Mediums nicht. Die Entscheidung, ob der Einsatz eines Videos (oder anderer Multimedia-Inhalte) auf einem Mobilgerät die Bandbreite und die Rechenkraft wert ist, die für die Wiedergabe erforderlich sind, unterliegt Ihrer Verantwortung.

Lange Übung

Gut! Bringen wir nun alle diese Änderungen unter, um der Splendid Walrus-Site eine mobilfreundliche Site beiseite zu stellen, die Techniken des Responsive Webdesign nutzt.

Bearbeiten Sie die Datei styles.css!

1. Bearbeiten Sie die CSS-Regeln in der Medienabfrage für Geräte mit geringer Auflösung. Machen Sie diese Breiten proportional (Seite 34).

2. Identifizieren Sie die strukturellen CSS-Regeln, die die Mobil- und die Desktopvarianten gemeinsam haben, nachdem wir sie proportional gemacht haben (Seite 34). Entfernen Sie diese Regeln aus den medienabfragespezifischen Abschnitten und setzen Sie sie in den gemeinsamen strukturellen Abschnitt der CSS-Datei ein.

3. Fügen Sie das CSS von Seite 33 ein, um flüssige Bilder (und Medien) zu implementieren.

4. Aktualisieren Sie die CSS-Regeln für das `<body>`-Element, um eine proportionale Basisschriftgröße zu definieren (Seite 35).

Bearbeiten Sie die Datei index.html!

5. Ersetzen Sie die reine Flash-Einbettung des YouTube-Videos durch die raffiniertere iframe-Variante auf Seite 35.

Schauen Sie sich das Ergebnis an!

Versuchen Sie, die Größe des Browserfensters zu ändern, und beobachten Sie, wie sich der Inhalt anpasst.

6. Speichern Sie die Änderungen, die Sie vorgenommen haben, und laden Sie die *index.html*-Seite in einem beliebigen Webbrowser.

Es gibt keine Dummen Fragen

F: Gut. Mir ist bekannt, dass man Ems in CSS als Einheit nutzt. Aber verstehen tue ich das nicht. Warum macht man das?

A: 1em ist – ganz simpel – eine Repräsentation der aktuellen Schriftgröße im aktuellen Kontext. Das klingt nicht sonderlich aufregend. Spannend wird das erst, wenn Sie Ihre Schriftgrößen in Bezug darauf definieren. Setzen Sie Ihre `<h1>`-Elemente so, dass sie mit 1.5em angezeigt werden, hat die Schrift 150 % der Basisschriftgröße ihres umschließenden Elements.

Sie können sogar die gleiche Verflüssigungsformel nutzen, um starre Schriftgrößen in flüssige, Em-basierte Schriftgrößen zu überführen. Eine flüssige Version einer 18 Punkt großen Schrift in einem Kontext, dessen Basisschriftgröße 16 Punkt ist, berechnen Sie über `18 / 16 = 1.125em` (Ziel / Kontext = Ergebnis).

F: Warum sind das 112,5em und nicht 112,5 %?

A: Das ist im Wesentlichen eine Konvention und dient der Klarheit, aber erfahrungsgemäß ist es auch so, dass Ems plattformübergreifend etwas besser funktionieren. Beim Webdesign ist es üblich, dass man die Breite von Blockelementen mit Prozentwerten angibt, Schriftgrößen hingegen mit Ems. Sieht man von einigen wirklich winzigen Ausnahmen ab, sind Prozentwerte und Ems bei Schriftgrößen äquivalent. Was diese winzigen Ausnahmen betrifft: Die räumen wir aus dem Weg, indem wir `font-size` für das `<body>`-Element auf 100 % setzen.

F: Gibt es neben dem mobilen Web noch andere Gründe dafür, CSS-Medienabfragen zu nutzen?

A: Absolut. Ein Beispiel: Mobilgeräte stellen häufig das untere Ende des Spektrums der Bildschirmauflösungen dar, so mancher moderner Widescreen-Monitor oder Fernseher mit einer sehr hohen Auflösung das obere Ende. Unter Umständen kann es sinnvoll sein, ein Layout für derartige Fensterbreiten anzupassen – beispielsweise indem man weitere Spalten ergänzt.

F: Was hat eigentlich zu der seltsamen Lücke auf der rechten Seite des Bildschirms in der Übung auf Seite 7 geführt?

A: Das ist ein iPhone-spezifisches Problem. Wird eine Webseite »herausgezoomt« dargestellt (wenn also das Verhalten eines Desktopbrowsers genutzt wird), geht Mobile-Safari auf dem iPhone davon aus, dass der Viewport eine Breite von 980 Pixeln hat. Vor der Optimierung war das Splendid Walrus-Layout 960 Pixel breit, und das führte zu dieser unansehnlichen, 20 Pixel breiten Lücke auf der rechten Seite.

F: Was bedeutet die »3« in den CSS3-Medienabfragen?

A: Es gibt mehrere CSS-Versionen. Man würde gern sagen, dass es drei sind, ganz so einfach ist die Lage jedoch nicht. CSS2, das bereits 1998 als »Recommendation« oder »Empfehlung« veröffentlicht wurde, ist die Variante, mit der die meisten Webentwickler seit Langem vertraut sind. Medientypen wurden in CSS2 eingeführt.

CSS3 unterscheidet sich von den früheren CSS-Versionen darin, dass es modularisiert ist. Es gibt etwa 40 verschiedene Module statt einer riesigen, komplexen Spezifikation. Glücklicherweise ist das Media Queries-Modul eines der vollständigeren und stabileren Module.

F: Wenn CSS3 noch nicht fertig ist, wird es denn dann von Browsern unterstützt?

A: Wie wir sagten: Es ist ein Dschungel. Die Unterstützung für die vollständigeren Teile von CSS3 nimmt zu, wie wir später sehen werden, ist es allerdings nichts, was man im Mobilsektor einfach so voraussetzen könnte.

F: Warum steht die rechte Spalte im Mobillayout vor der Hauptspalte?

A: Der `div#points`-Inhalt kommt im HTML-Markup vor dem `div#main`-Inhalt. Im Desktoplayout werden Floats genutzt, um den `#points`-Inhalt so zu positionieren, dass er rechts des `#main`-Inhalts erscheint. Das Mobillayout nutzt keine Floats, und der Inhalt wird deswegen in der Abfolge angezeigt, in der er im HTML erscheint.

F: Sie haben die @import-Syntax für Medientypen übersprungen. Kann ich die @import-Syntax bei Medienabfragen nutzen?

A: Die @import-Syntax ist nicht sonderlich beliebt – sogar so unbeliebt, dass wir sie nicht einmal erwähnt haben. Aber natürlich kann man mit ihr auch Stylesheets auf Basis von Medientypen und Medienabfragen einschließen.

Lange Übung Lösung

Werfen wir einen Blick auf die resultierende CSS-Datei und schauen wir uns unsere Änderungen an.

Das steht unmittelbar am Anfang der CSS-Datei.

```
body {
  background: #f9f3e9;
  color: #594846;
  font: 100% "Adobe Caslon Pro", Georgia,
    "Times New Roman", serif;
}
```

Diese Regeln zeigen wir hier nicht, um Platz zu sparen.

... gemeinsame Typografie, Farben, Rahmen usw. (gemeinsames nicht strukturelles CSS) ...

Gemeinsames strukturelles CSS.

```
.header, .footer {
  clear: both;
}
.header {
  background:url(images/w.png)
no-repeat;
  height: 200px;
}
.navigation {
  min-height: 25px;
}
img, object {
  max-width: 100%;
}
.navigation ul li {
  width: 33.333%;
}
.header, .footer, .navigation {
  width: 100%;
}
```

Und jetzt das auflösungsspezifische strukturelle CSS.

Strukturelles CSS für größere Browserfenster (d. h. Desktop).

```
@media screen and (min-width:481px) {
  .column {
    margin: 10px 1.04166667% 0 0;
  }
  #visit {
    width: 25%;
    float: left;
  }
  #points {
    width: 25%;
    float: right;
  }
  #main {
    margin: 10px 27.0833333% 0 26.0416667%;
  }
}
```

Strukturelles CSS für kleinere Browserfenster (d. h. Mobilgeräte).

```
@media screen and (max-width:480px) {
  .column {
    margin: 1em 0;
    border-bottom: 1px dashed
#7b96bc;
  }
  #visit, #points, #main {
    width: 100%;
  }
}
```

Das ist eine responsive Site!

Da habt ihr wirklich tolle Verbesserungen erreicht und das HTML kaum angerührt!

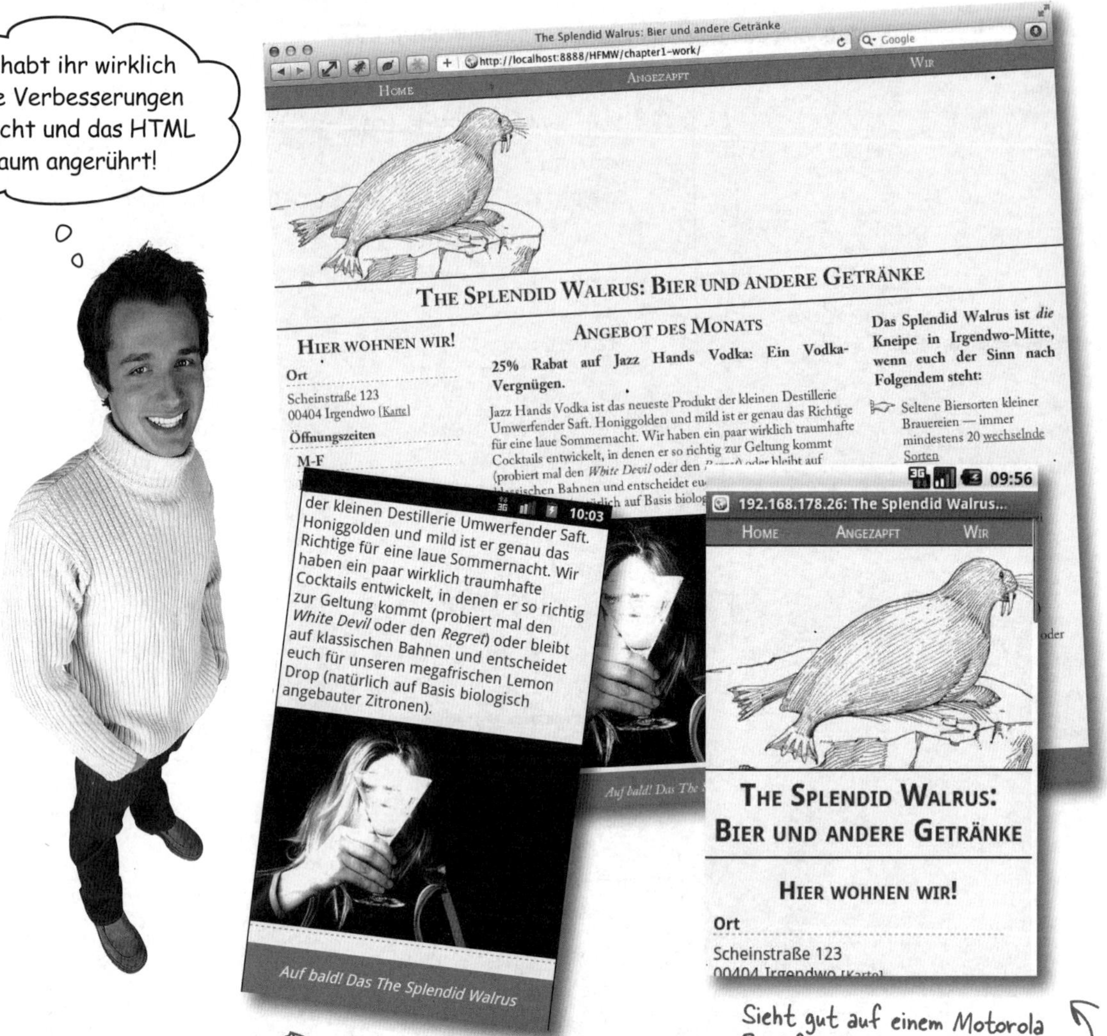

Das Foto passt dank der Bildverflüssigungstechnik wunderbar in dieses Android Nexus S.

Sieht gut auf einem Motorola Backflip (Android) aus.

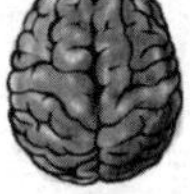

Kopf-Nuss

Wir nutzen in unserem mobilfreundlichen CSS das gleiche Hintergrundbild für den Header, obwohl dieses erheblich beschnitten wird. Haben Sie eine Idee, wie man RWD-Techniken nutzen könnte, um ein *anderes* Bild zu verwenden (um Bandbreite zu sparen und die Leistung zu verbessern)?

Responsives Design ist auch eine Geisteshaltung

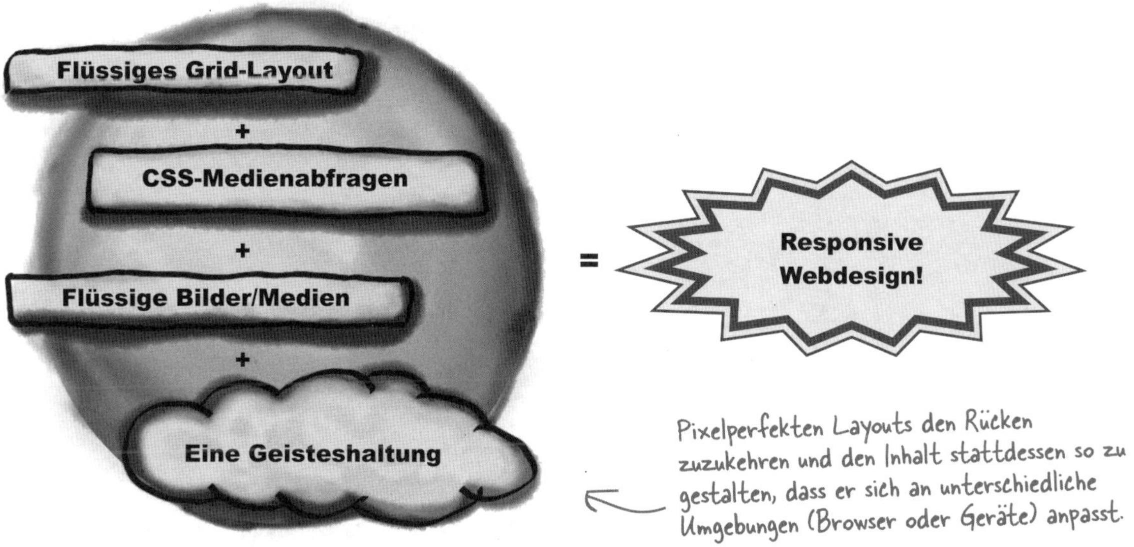

Punkt für Punkt

- Das mobile Web hat gewisse Ähnlichkeiten mit dem Wilden Westen – es steckt voller Überraschungen und Abenteuer. Die Browserlandschaft des mobilen Webs ist vielfältig und manchmal zum Verrücktwerden.
- Dass man auf einem Mobilgerät das gleiche Layout nutzen kann wie in einem »traditionellen« Browser, heißt nicht, dass man das auch tun sollte.
- **Responsive Webdesign** (RWD) ist eine Sammlung von Verfahren, den Webinhalt an die Bedürfnisse des Nutzers anzupassen – nicht andersherum (den Benutzer zu zwingen, starr formatierte Seiten zu ertragen).
- RWD ist eine Kombination aus **CSS3-Medienabfragen**, **flüssigen Grid-Layouts** und **flüssigen Bildern**. Außerdem ist es eine Weise, über Layout und Inhalt nachzudenken.
- Mit **CSS3-Medienabfragen** kann man CSS unter Berücksichtigung der aktuellen Werte bestimmter Medieneigenschaften selektiv an unterschiedliche Nutzungsumgebungen anpassen.
- **Medientypen** (z.B. `screen`, `print`, `projection`) haben **Medieneigenschaften** (`width`, `color`, `monochrome`, `orientation`). Es sind diese Medieneigenschaften, die wir in unseren Medienabfragen auswerten.
- Eine **CSS-Medienabfrage** ist ein logischer Ausdruck. Wird der Ausdruck zu `TRUE` ausgewertet, werden die eingeschlossenen CSS-Regeln angewandt.
- Ein **flüssiges Layout** ist ein Layout, das statt starrer Breiten proportionale Breiten nutzt, damit sich der Inhalt der Seite anpasst und auf einer Vielzahl von Fensterbreiten natürlich fließt.
- **Flüssige Bilder** sind eine CSS-Technik, die verhindert, dass zu große Bilder (oder Medien) aus ihren Elternelementen ausbrechen, wenn das Elternelement schmaler als das Bild (oder Medium) ist. Bilder und Medien werden in dem Maße verkleinert, in dem das Elternelement schrumpft.
- Schrift verflüssigt man, indem man auf dem `<body>`-Element die Schriftgröße zurücksetzt und Schriftgrößen in Ems oder Prozent definiert.

2 Responsivität mit Augenmaß

Responsive Webdesign und Mobile First

Das ist eine wunderbare mobile Site. Aber die Schönheit ist nur oberflächlich. Unter der Oberfläche sieht die Sache ganz anders aus. Sie mag zwar wie eine aussehen, bleibt aber dennoch nur eine Desktopsite im Mobilgewand. Soll sich die Site auf Mobilgeräten wie ein geölter Blitz verhalten, müssen wir beginnen, von der Mobilsite ausgehend zu denken — in anderen Worten: Mobile First. Dazu werden wir zunächst die aktuelle Site sezieren, um die Desktopsteine aufzuspüren, die sich im Mobilgebäude verbergen. Wir säubern das Haus und beginnen mit **Progressive Enhancement** von vorn, indem wir uns vom elementaren Inhalt zu einer Desktoppräsentation hocharbeiten. Wenn wir das geschafft haben, haben Sie eine Seite, die für jede Bildschirmgröße optimiert ist.

Gerade, als Sie dachten, es sei Zeit zum Feiern ...

... rief ein recht panischer Mark an. Als gestandener Webentwickler widersteht er üblicherweise dem Drang, an seiner Site herumzupfuschen. Doch diesmal wurde er seinen Prinzipien untreu und entschloss sich, ein paar Änderungen vorzunehmen. Er hat den Verdacht, dass er damit die Splendid Walrus-Site beschädigt hat, und bittet Sie um Hilfe.

Mark hat der Angezapft-Seite ein paar Bilder für die neuen Biere hinzugefügt. Er hat den Code kaum verändert, sondern nur die Bilder eingefügt, und trotzdem wird die Seite auf Mobilgeräten jetzt entsetzlich langsam geladen. Sie lädt so langsam, dass sich bereits Kunden beschwert haben.

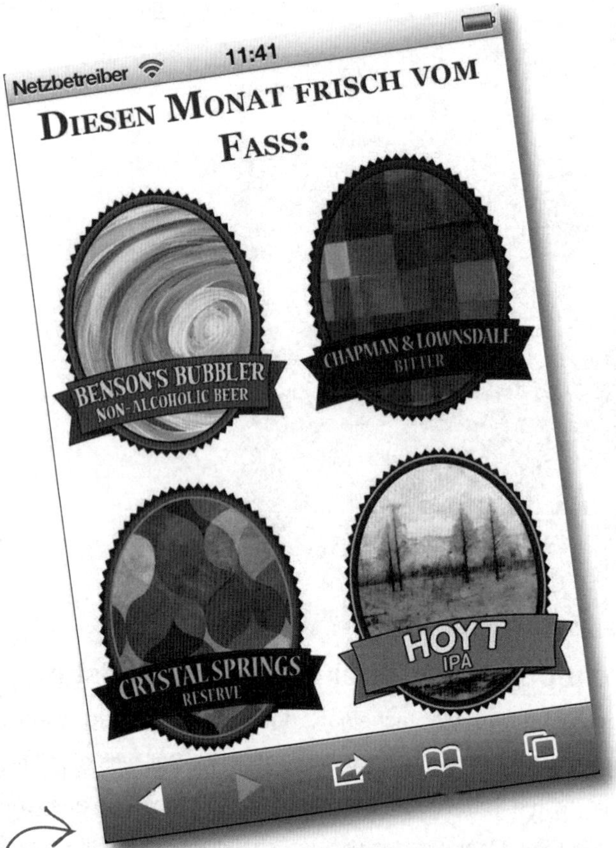

Schauen Sie sich die Angezapft-Seite unter http://hf-mw.com/ch2/chapter2/ontap.html an.

Wie bringen wir in Erfahrung, was das Problem ist?

Tim: Armer Mark. Er versteht es wirklich, sich Probleme einzuhandeln.

Frank: Eigentlich richtig, aber diesmal bin ich mir nicht sicher, ob er wirklich etwas falsch gemacht hat. Mobilgeräte haben langsamere Netzwerke und Prozessoren. Natürlich lädt die Seite langsam.

Tim: Ich weiß nicht, selbst wenn man das berücksichtigt, ist mir die Seite noch zu langsam. Mark sagt, dass sie selbst in WLANs unerträglich langsam ist. Und er hat ein nagelneues Smartphone.

Joachim: Hmm … das klingt, als sollten wir uns zumindest einmal ansehen, ob es etwas gibt, das die Seite ausbremst.

Frank: Wie bringen wir in Erfahrung, wo das Problem liegt? Es könnte doch am Netzwerk oder an irgendetwas anderem zwischen Handy und Server liegen.

Joachim: Ich habe mal ein Firefox-Plug-in genutzt, das die Performance einer Seite bewertet. Wir könnten etwas Derartiges doch auch einsetzen.

Tim: Das klingt gut.

Frank: Aber wie können wir in Mobilbrowsern Plug-ins installieren?

Joachim: Mist, da hast du recht. Auf meinem Handy kann man keine Plug-ins installieren. Einige meiner Lieblingsentwicklungswerkzeuge sind Browser-Plug-ins. Aber wie sollen wir ohne sie in Erfahrung bringen, was abgeht?

Tim: Vor einigen Tagen hat Kim mir gezeigt, wie man alle Anfragen, die in einem WLAN erfolgen, über das Log des Routers einsehen kann. Könnten wir uns nicht etwas in der Form vornehmen, um anzusehen, was das Handy macht?

Frank: Das ist eine ausgezeichnete Idee. Aber wir sollten stattdessen einen *Proxyserver* nutzen. Das ist dem, was Kim dir gezeigt hat, sehr ähnlich, und genau für derartige Zwecke gedacht. Wenn wir ein Handy mit einem Proxyserver verbinden, können wir alle Web-Requests einsehen, die das Handy ausführt.

Das YSlow-Plug-in liefert Ihnen eine Bewertung der Performance einer Webseite auf Basis ihres Aufbaus. YSlow können Sie sich unter yhoo.it/yslow beschaffen. Performance ist etwas, das alle Webentwickler – insbesondere mobile Webentwickler – interessieren sollte.

Wir werden uns jetzt also zunächst eine Weile mit der Performance befassen. Keine Bange, zum mobilzentrierten Responsive Webdesign werden wir bald kommen, und wir versprechen Ihnen, dass dieser Performancekram dafür relevant ist.

Kellnerin, könnte ich bestellen, bitte?

Ein berühmter Sportler erleidet am Abend vor einem großen Spiel gegen seinen Erzrivalen eine Lebensmittelvergiftung. Die Polizei vermutet ein Komplott und setzt einen Inspektor auf den Fall an. Der Inspektor macht sich sofort daran, den besten Zeugen zu befragen: die Kellnerin.

Die Kellnerin nahm die Bestellung auf und reichte sie an den Koch weiter. Als das Essen angerichtet war, wurde es von der Kellnerin serviert. Sie hatte also alle Phasen im Blick.

Wenn man im Web ist, redet man meist direkt mit dem Koch. Nichts steht zwischen Ihnen und dem Webserver für die Seite, die Sie besuchen.

Aber wenn wir einen Proxyserver haben, der sich wie die Kellnerin verhält, zeichnet dieser alles auf, was vom Browser bestellt und an ihn ausgeliefert wird. Dann können wir selbst Inspektor spielen und recherchieren, was tatsächlich passiert ist.

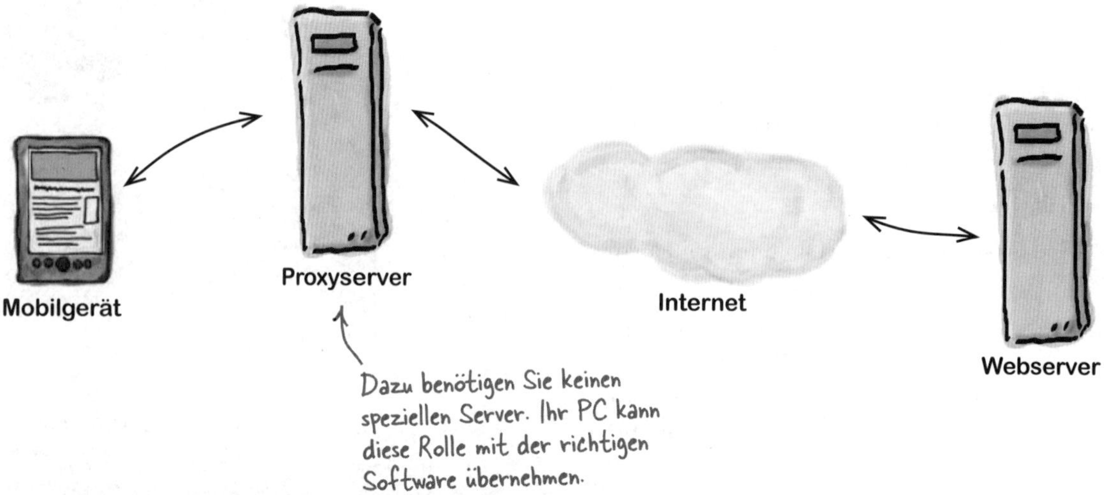

Wer nimmt mir die Einrichtung des Proxys ab?

Wenn Sie viel im Mobilbereich arbeiten, könnte es sich lohnen, zu lernen, wie man einen Proxyserver aufsetzt. Das ist einfach das beste Werkzeug, um in Erfahrung zu bringen, was zwischen Browser und Server abläuft.

Leider kann die Einrichtung eines Proxyservers eine recht komplizierte Sache sein. Glücklicherweise haben uns die freundlichen Seelen bei Blaze, einem Unternehmen, das sich auf die Mobilperformance spezialisiert hat, einen freien Dienst eingerichtet, der fast so gut ist wie die Installation eines eigenen Proxyservers.

Was tun, wenn es an der Geschwindigkeit hapert?

Blaze bietet Mobitest – einen freien mobilen Performancetest, der echte iPhones und Android-Geräte nutzt. Mobitest finden Sie unter *www.blaze.io/mobile*.

Mobitest von Blaze funktioniert wie ein Proxyserver. Sie nennen der Webseite die URL, die Sie testen wollen, und das Gerät, mit dem Sie sie testen wollen. Mobitest stellt Ihre Testanfrage dann in eine Warteschlange für dieses Gerät.

Wenn das von Ihnen angeforderte Gerät verfügbar ist, zeichnet Blaze die gesamte Kommunikation zwischen dem Testgerät und dem Webserver auf, damit Sie beobachten können, was geschieht.

Es gibt sogar eine recht amüsante Funktion, die ein Video des Ladens der Seite aufzeichnet, das Ihnen zeigt, was jemand sehen würde, der dieses Gerät nutzt.

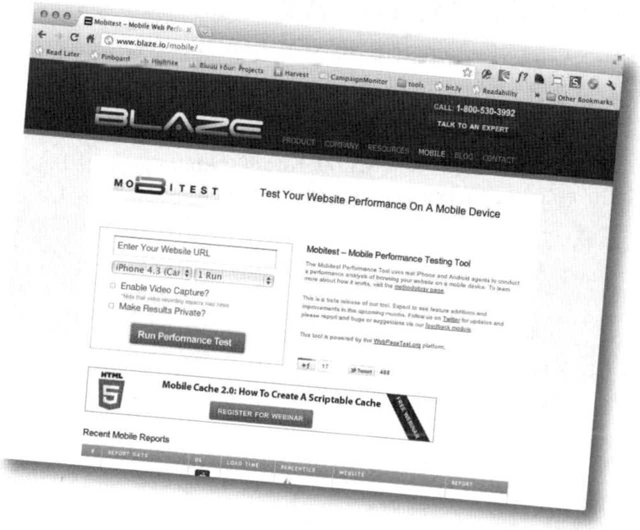

PROBEFAHRT

Bereit für etwas Detektivarbeit? Es wird Zeit, dass wir herausfinden, was die Angezapft-Seite so langsam macht.

1. **Testen Sie die Angezapft-Seite unter www.blaze.io/mobile.**
   Die Angezapft-Seite finden Sie unter *http://hf-mw.com/ch2/chapter2/ontap.html*.

2. **Schauen Sie sich die Ladezeit und die Seitengröße an.**
   Die Ladezeit sagt Ihnen, wie lange das Laden der Seite auf diesem Gerät bei diesem Test in Anspruch nahm. Die Seitengröße ist die Gesamtgröße aller Ressourcen, die mit der Seite verknüpft sind – HTML, CSS, JavaScript, Bilder, Schriften usw. eingeschlossen.

3. **Testen Sie zwei unterschiedliche Geräte und vergleichen Sie die Werte.**
   Nicht nur Netzwerke haben unterschiedliche Geschwindigkeiten, auch die Geräte selbst können Seiten mit unterschiedlicher Geschwindigkeit verarbeiten und anzeigen.

Lassen Sie sich vom Aussehen nicht täuschen, die Seite ist RIESIG

Wow! Der Test sagt, dass die Seite ungefähr 3 Megabyte groß ist. Das wäre selbst für einen Desktopbrowser eine recht große Seite. Auf einem Mobilgerät ist sie ein träger Elefant.

Kein Wunder, dass sich Marks Kunden über die Seite beschwert haben. Auf einem Test-iPhone dauerte es über 10 Sekunden, bis sie geladen war.

Eigentlich ist die Seite auch für den Desktop zu groß. Dass ein Bildschirm groß ist, bedeutet noch nicht, dass auch die Verbindung schnell ist. Performance ist überall relevant.

Die Blaze-Mobitest-Ergebnisseite für ein iPhone.

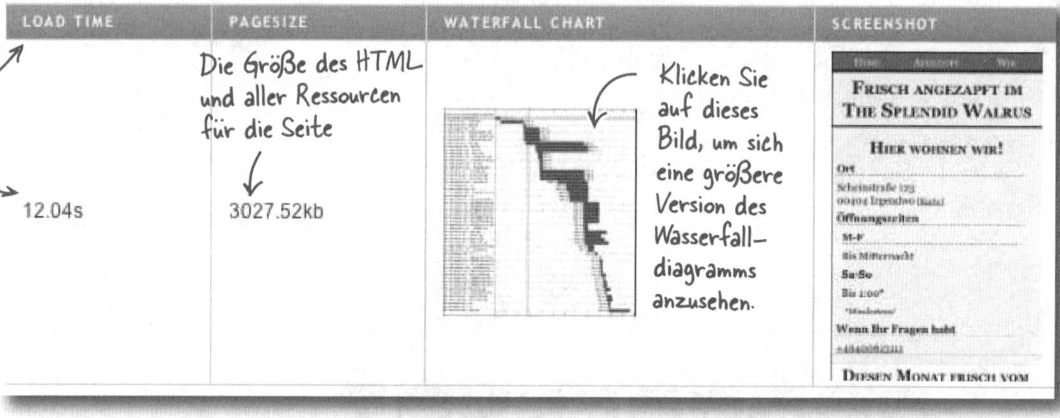

Die Ladezeit kann in Abhängigkeit von den Netzwerkbedingungen erheblich schwanken. Blaze testet im WLAN.

Die Größe des HTML und aller Ressourcen für die Seite

Klicken Sie auf dieses Bild, um sich eine größere Version des Wasserfalldiagramms anzusehen.

Was ist ein Wasserfalldiagramm? Ich habe es mir genau angesehen, aber es sagt mir nicht, was die Seite so fett macht. Was bringt dieses Diagramm überhaupt?

Wasserfalldiagramme sind verbreitete Berichtsschemata zur Darstellung der Webperformance.

Das Diagramm zeigt die Dateien, die der Browser vom Server anfordert, um die Webseite aufzubauen. Die Leisten repräsentieren die Zeitdauer, die das Herunterladen einer Ressource in Anspruch nahm. Die Ressourcen werden in der Reihenfolge aufgeführt, in der sie vom Browser vom Server angefordert werden.

Sie können dem Wasserfall auf der Blaze-Berichtsseite jedoch nicht allzu viel entlocken. Er enthält nicht alle Informationen, die wir für unsere Detektivarbeit benötigen. Wir werden Ihnen gleich zeigen, wie Sie ein Wasserfalldiagramm finden, das nützlicher ist.

Goldsuche in den HAR-Bergen

Die Blaze-Mobitest-Ergebnisseite verbirgt hinter dem winzigen **View HAR file**-Link einen wahren Schatz.

Klicken Sie auf jenen Link, werden Sie zu einer neuen Seite geführt, die den Titel *HTTP Archive Viewer* führt und einen ausführlicheren Wasserfall anzeigt als die Ergebnisseite.

Dieses Wasserfalldiagramm zeigt uns die vom Browser heruntergeladenen Ressourcen in viel größerer Ausführlichkeit als das Diagramm auf der Blaze-Berichtseite.

Der obere Teil der Blaze-Mobitest-Ergebnisseite.

Den >>View HAR file<<-Link finden Sie neben den Twitter- und Facebook-Links.

Der Preview-Tab enthält ein Wasserfalldiagramm für die getestete Seite. Es wurde auf Basis einer HAR-Datei generiert.

HTTP Archive (HAR) Viewer.

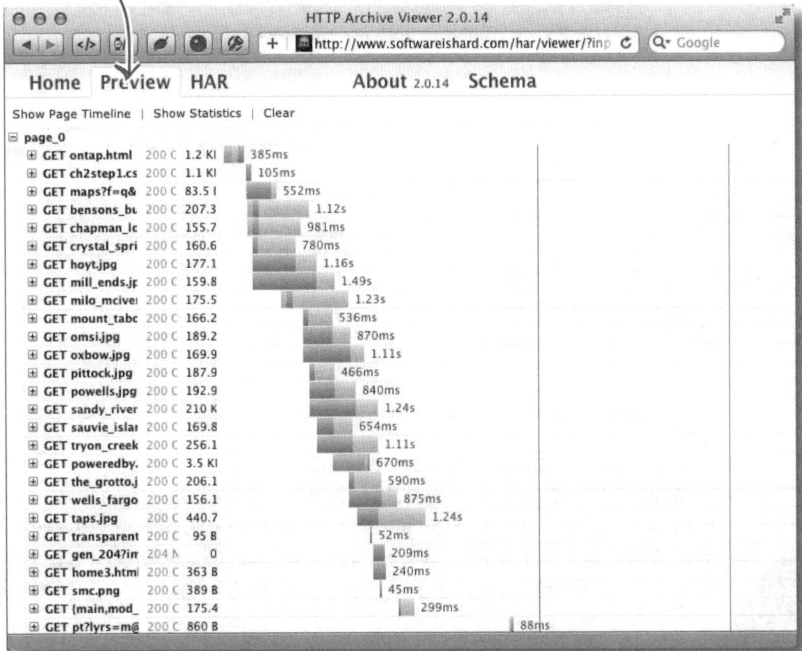

Die HAR-Datei kann genutzt werden, um Wasserfalldiagramme zu erstellen. Mehr über HAR erfahren Sie unter httparchive.org.

HAR steht für <u>H</u>TTP <u>Ar</u>chive. Das ist eine Dateispezifikation, die ein Standardverfahren zur Aufzeichnung dessen definiert, was passiert, wenn ein Browser von einem Server eine Webseite anfordert.

KOPF-NUSS

Sehen Sie im Wasserfalldiagramm, ob irgendwelche verdächtigen Dateien heruntergeladen wurden?

Vogelperspektive: Statistiken einsehen

HAR-Wasserfalldiagramme zeigen Ihnen die Dateien, die heruntergeladen wurden, wie der Server reagiert hat und wie lange der Download in Anspruch nahm. Aber bevor wir uns das Wasserfalldiagramm selbst vornehmen, sollten wir einen Blick auf die übergeordneten Statistiken werfen.

Klicken Sie auf den Show Statistics-Link auf der HAR Viewer-Seite, um sich eine Folge mit vier Tortendiagrammen anzusehen. Das Diagramm, das uns am meisten interessiert, ist das zweite, das die Seite nach Dateiarten aufschlüsselt. Lassen Sie die Maus über den einzelnen Dateitypen schweben, um sich die Gesamtdateigrößen anzeigen zu lassen.

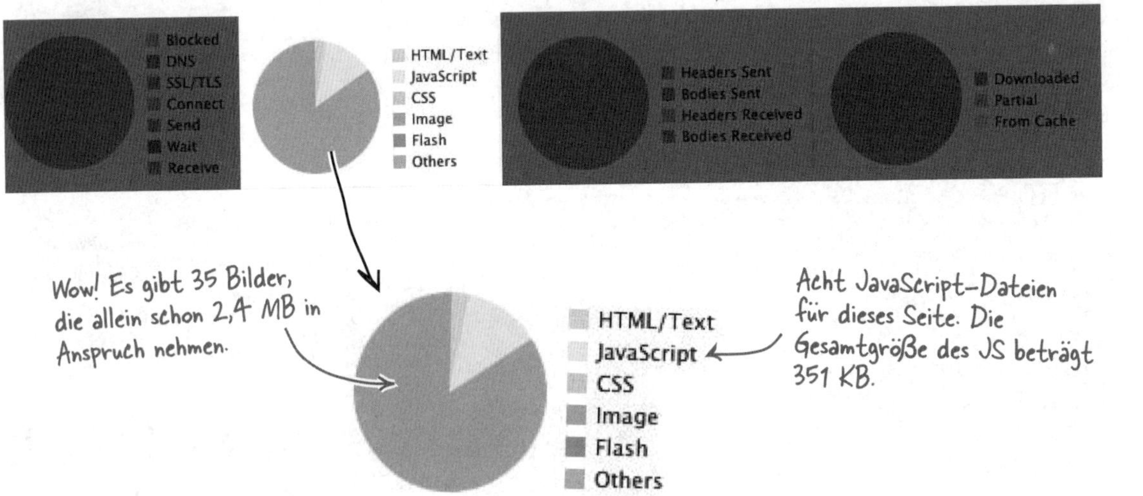

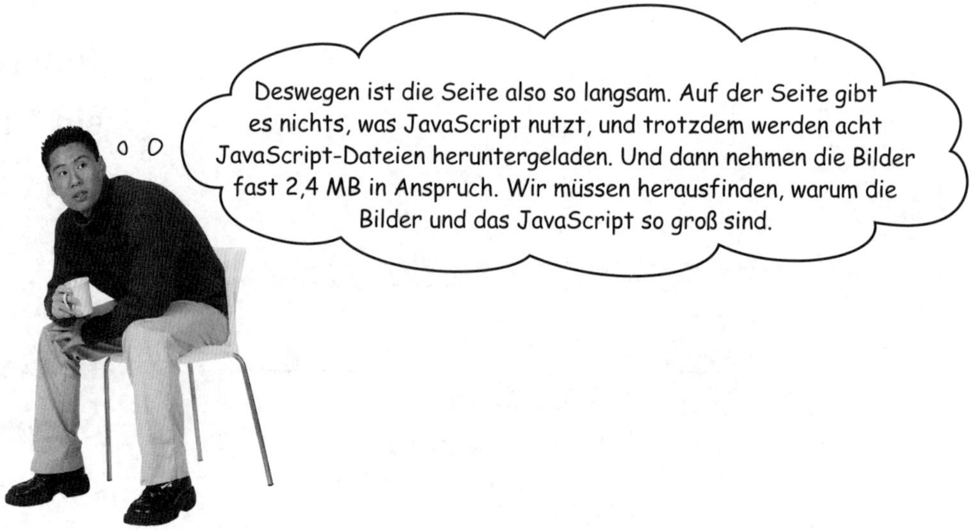

Die Bremsklötze in der Seite aufspüren

Jetzt sollten wir uns das Wasserfalldiagramm vorknöpfen, um herauszufinden, woher die großen Bilder und das ganze JavaScript kommen. Dazu folgt eine kurze Einführung in die Lektüre eines solchen Diagramms.

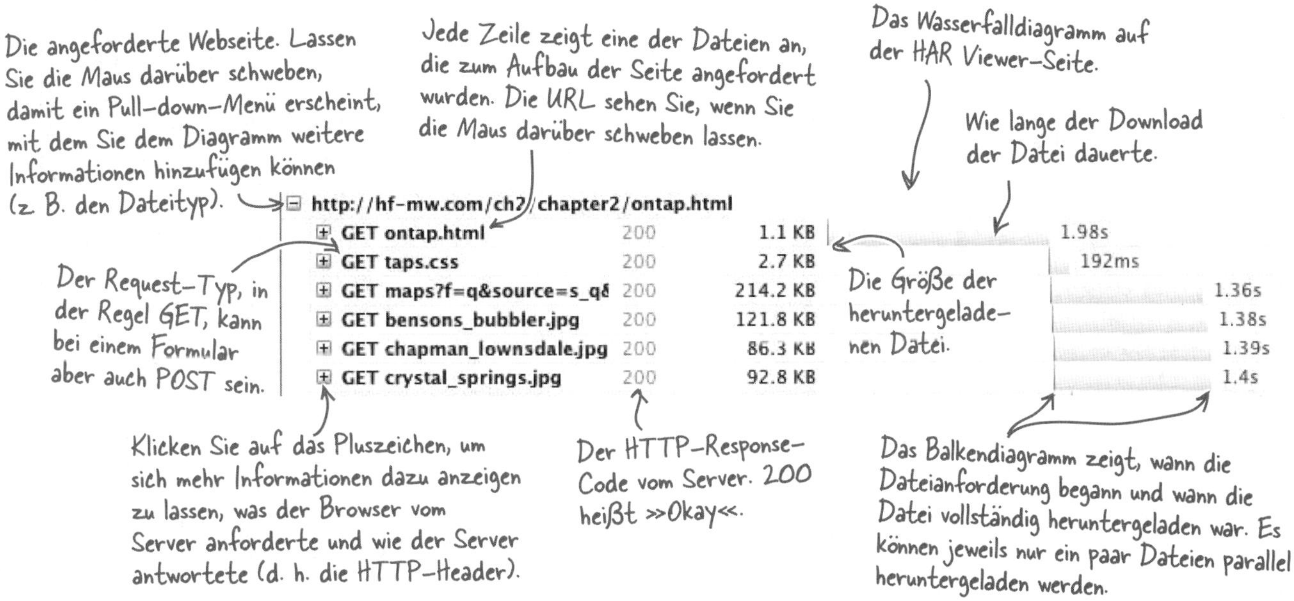

Die Menge der Kommunikation zwischen Browser und Server kann überwältigend sein. Doch keine Sorge, Sie müssen nur auf zwei Dinge achten: *Welche Ressourcen sind die größten, und woher kommt das JavaScript?*

Übung

Schauen Sie sich das Wasserfalldiagramm für die Angezapft-Seite an. Suchen Sie die fünf größten Dateien heraus und untersuchen Sie sie. Beantworten Sie für alle Dateien folgende Fragen:

1. **Welchen Typ hat die Datei?**

2. **Von welcher Domain stammt die Datei?**

3. **Wenn die Datei ein Bild ist, welche Höhe und Breite hat sie?**
   Tipp: Eventuell müssen Sie die Bild-URL kopieren und es in einem neuen Tab öffnen oder das Bild kopieren, um die Maße herauszufinden.

Was sagen Ihnen diese Informationen in Bezug darauf, was Sie tun müssen, um die Seite schneller zu machen?

LÖSUNG ZUR ÜBUNG

Haben Sie die Probleme mit der Seite erkannt? Schauen wir uns die Sache an.

1 Welchen Typ hat die Datei?
Den Dateityp können Sie ermitteln, indem Sie die Maus über dem Dateinamen schweben lassen, um URL und Dateinamenserweiterung einzusehen. Außerdem können Sie eine Spalte ergänzen, die den Dateityp anzeigt, damit Sie die Liste schneller überblicken können.

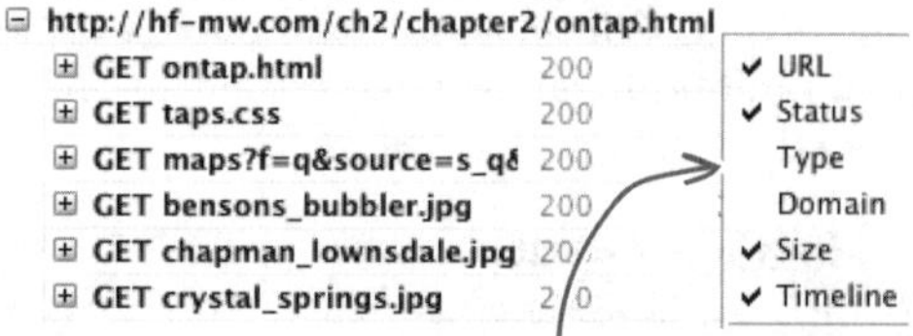

Schweben Sie über der URL. Klicken Sie auf den Pfeil neben der URL, um die Dateityp-Spalte zu ergänzen.

2 Von welcher Domain stammt die Datei?
Jetzt nähern wir uns der Sache. Schauen wir uns an, wo diese riesige, 174,8 KB große JavaScript-Datei herkommt.

Diese große Datei ist nicht die einzige verdächtige Datei hier. Diese Dateien haben seltsame Namen.

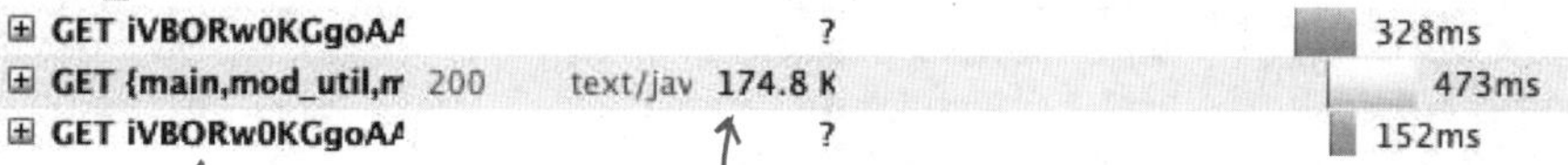

Lassen Sie die Maus über dem Dateinamen schweben, um die vollständige URL einzusehen.

Mit 174,8 KB ist das die größte JavaScript-Datei auf der Seite.

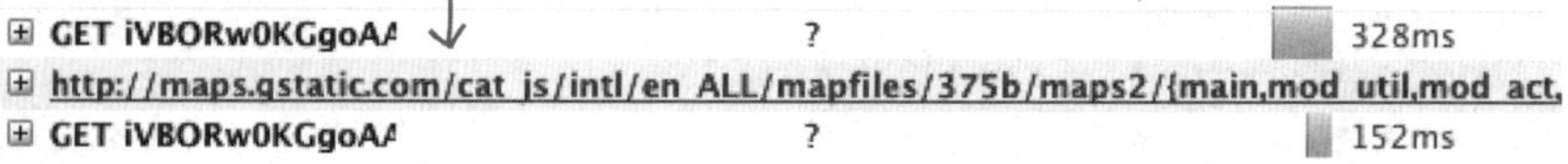

Maps.gstatic.com ist eine Domain für Google Maps. Der Browser lädt das JavaScript für eine Karte herunter, die in der Mobildarstellung gar nicht angezeigt wird. Viele der mysteriösen Dateien beziehen sich auf Google Maps.

3 Wenn die Datei ein Bild ist, welche Höhe und Breite hat sie?
Suchen Sie die Bilder mit der größten Dateigröße. Kopieren Sie die URL und öffnen Sie sie in einem neuen Fenster. Sie müssen sich die Höhe und Breite des Bilds nicht einmal ansehen, um zu erkennen, dass diese Bilder viel größer sind, als sie auf dem kleinen Bildschirm angezeigt werden.

Skalierte Größe auf dem iPhone.

In beiden Fällen wird die gleiche Datei (121 KB) verwendet, obwohl das Bild in anderer Größe erscheint.

*Die Bildproportionen sind nicht maßstabsgetreu.

Woher stammt das Google Maps-JavaScript?

Wenn Sie die Angezapft-Seite auf einem Mobilgerät betrachten, ist auf ihr keine Karte zu sehen. Warum wird dann das JavaScript heruntergeladen? Öffnen wir die Seite in einem Desktopbrowser und untersuchen wir die Angelegenheit.

Hier gibt es die Karte. Mark muss sie so eingerichtet haben, dass sie nur auf breiteren Bildschirmen erscheint.

Dass die Karte auf Mobilgeräten verborgen wird, ist sinnvoll. Für einen kleinen Bildschirm ist sie etwas groß. Ältere Geräte könnten nicht dazu in der Lage sein, mit dem komplexen JavaScript der Karte umzugehen, von dem es für die Karte, wie wir sahen, reichlich gibt.

Wie aber hat Mark die Karte verborgen?

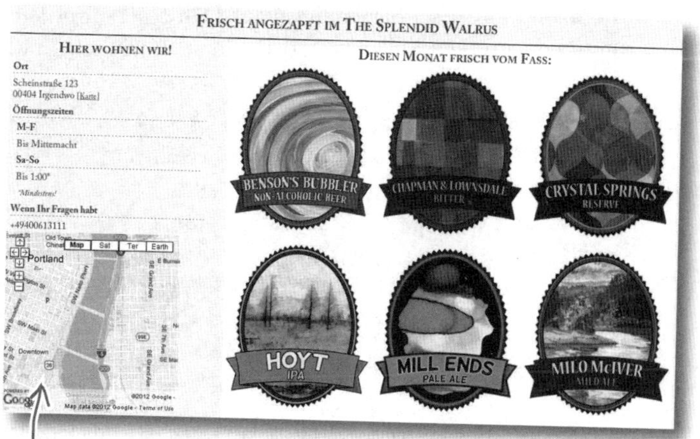

Hier ist die flüchtige Karte!

Eine Zeile, um alles zu laden

Die Karte wird über einen iframe in die Seite eingebunden. Der Iframe lädt alle zum Aufbau der Karte erforderlichen Komponenten herunter.

Werfen Sie einen Blick in ontap.html, dann finden Sie diesen Code.

```
<iframe id="map" width="300" height="300" frameborder="0" scrolling="no"
marginheight="0" marginwidth="0" src="http://maps.google.com..."></iframe>
```

Dieser eine Iframe bewirkt, dass 47 Dateien heruntergeladen werden!

Eine äußerst lange, hier abgekürzte URL.

Mark verbirgt die Karte mit CSS

Mark hat herausgefunden, wie wir Medienabfragen einsetzen, um das Layout für Mobilgeräte anzupassen. Er hat in unsere Medienabfrage eine eigene CSS-Regel eingesetzt. Die Regel, die Mark eingefügt hat, setzt `display` für den `iframe` auf `none`.

Unglücklicherweise verhindert diese Aktion nur, dass die Karte angezeigt wird, und nicht, dass die Daten heruntergeladen werden.

taps.css

```
@media screen and (max-width:480px) {
   .
   .
   .
   #map {display:none;}
}
```

Die CSS-Datei enthält noch viele weitere Regeln.

Der Iframe enthält die ID einer Karte. Die Regeln verbergen den Google Maps-Iframe, indem display auf none gesetzt wird.

Was ist mit diesen großen Bildern?

Die Bilder auf dieser Seite müssen auf Diät gesetzt werden. Schauen wir uns das Wasserfalldiagramm an, um die größten Bilder zu finden und zu untersuchen, warum sie so groß sind.

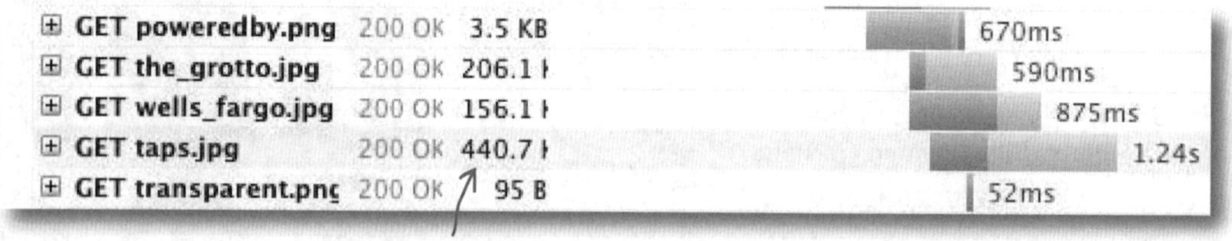

Die Datei taps.jpg hat 440,7 KB und ist damit die größte Datei auf der Seite.

Aber diese Datei ist das Header-Bild, und das wird auf der Mobilseite nicht einmal angezeigt.

Stimmt, aber das heißt nicht, dass es nicht heruntergeladen wird.

Das Bild *taps.jpg* wurde in gleicher Weise aus der Seite ausgeblendet wie die Google Maps-Karte – die Eigenschaft `display` wurde im CSS auf `none` gesetzt. Aber wie wir bei der Karte sahen, wird der Inhalt auch dann heruntergeladen, wenn `display:none` gesetzt ist.

```
@media screen and (max-width:480px) {
  [Other CSS rules are here]
  .header {display:none;}
}
```

Das ist taps.jpg. Betrachten Sie die Angezapft-Seite jetzt in einem Desktopbrowser, um sich anzusehen, wo das Bild genutzt wird.

Flüssige Bilder sind gewaltige Bilder

Eine weitere Sache, die das Wasserfalldiagramm verdeutlicht, ist, dass alle Bier-Etiketten große Dateien sind, die zwischen 93 und132 KB umfassen. Es sind Desktopbilder, die mit der in Kapitel 1 erlernten Verflüssigungstechnik herunterskaliert wurden, damit sie auf den Bildschirm passen.

Das ist also nichts Neues, allerdings machte es sich nicht in dieser Form bemerkbar, als wir nur zwei Bilder hatten. Aber wenn 16 Etiketten auf eine Seite platziert werden, werden die flüssigen Bilder zu einer Last, die die Seite ausbremst.

Die Gesamtgröße der 16 Bier-Etiketten beträgt 2 MB. Wenn wir eine Möglichkeit finden, diese Bilder zu optimieren, ist das der Schlüssel zur Beschleunigung der Seite.

Es sieht mobilfreundlich aus, ist es aber nicht

Tim: Ziemlich schade, aber Äußerlichkeiten können eben täuschen.

Frank: Zumindest können wir Mark sagen, dass er die Seite nicht ruiniert hat.

Joachim: Stimmt, den Fehler hätte jeder von uns machen können. Die Probleme sind auf dieser speziellen Seite besonders groß, aber ich vermute, dass alle Seiten der Site die gleichen Schwierigkeiten aufweisen.

Frank: Und was tun wir jetzt? Eine eigenständige Site für die Mobilversion aufbauen? Dem Responsive Webdesign den Rücken kehren?

Joachim: Wir sollten hier nicht zu vorschnell handeln. Es muss doch eine Möglichkeit geben, das in den Griff zu bekommen. Wir waren dem Ziel doch schon so nah. Haben die Probleme mit den Bildern und dem JavaScript nicht irgendetwas gemeinsam?

Tim: Es scheint doch, dass alle diese Probleme darauf zurückzuführen sind, dass zunächst desktopgemäßer Inhalt – Bilder, Karten usw. – vorhanden ist und dann verborgen wird.

Frank: Genau. Wir haben große Dateien, die standardmäßig vom Browser geladen und dann gegebenenfalls mit CSS verborgen werden. Und offensichtlich werden diese riesigen Dateien, wenn wir nichts dagegen tun, von Mobilgeräten auch dann immer noch heruntergeladen. Dieses Verhalten scheint mir nicht gerade optimal.

Joachim: Was wäre, wenn wir die Sache einfach umkehren und standardmäßig die kleinsten Dateien senden würden?

Tim: Interessant. Das könnte funktionieren. Wir bauen erst ein Mobilfundament auf und fügen diesem dann für den Desktop Inhalte hinzu.

Frank: Was du da beschreibst, klingt verdammt nach *Progressive Enhancement.*

Joachim: Stimmt. Progressive Enhancement nutzen wir schon seit Jahren. Der einzige Unterschied jetzt ist, dass wir nun das Mobile zur Grundlage machen und das Dokument von dort aus progressiv für den Desktop zu bereichern.

Tim: Das klingt, als könnte es funktionieren. Probieren wir es aus.

Progressive Enhancement propagiert einen schichtweisen Aufbau von Webseiten. Jeder kann zumindest die wesentlichen Inhalte sehen und nutzen. Wer einen leistungsstärkeren Browser hat, erhält zusätzliche Schichten für die Styles und Interaktivität, die das Weberlebnis bereichern.

Mobilzentriertes responsives Webdesign

Mobilzentriertes responsives Webdesign (RWD) ist ein RWD-Verfahren, das bei der Mobilstruktur ansetzt. Seiner Einfachheit ungeachtet, birgt dieses Verfahren viele Möglichkeiten.

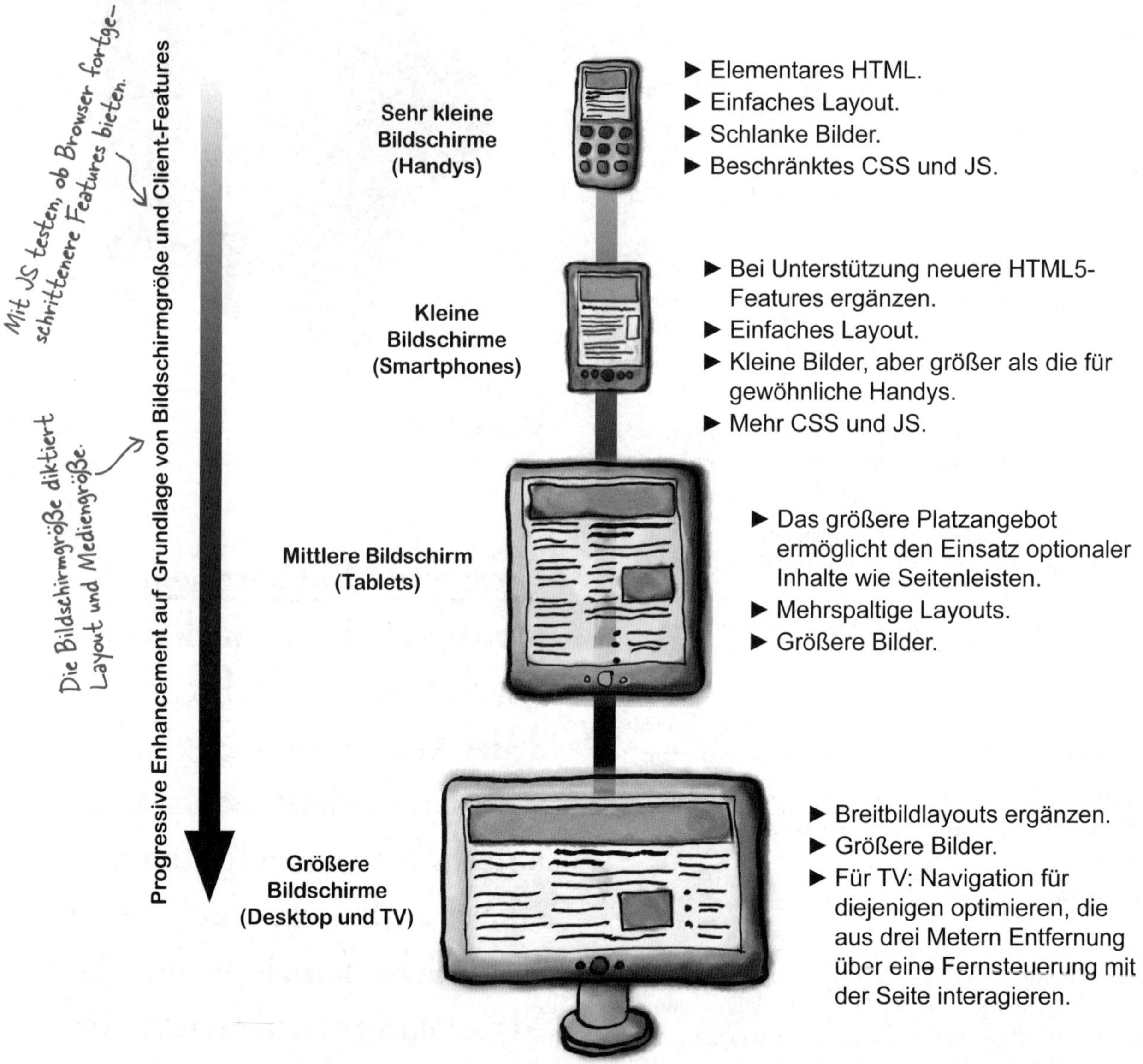

*Das sind nur ein paar Beispiele für Verbesserungen. Was Sie tun, ist projektabhängig.

Was ist Progressive Enhancement?

Progressive Enhancement (so viel wie »fortschreitende Verbesserung«) betrachtet Webdesign als »Schichtarbeit«. Die erste Schicht ist der Inhalt, der mit semantischem Markup strukturiert werden sollte. Wenn Sie hier haltmachen, haben Sie ein Dokument, das beinahe jeder Browser auf der Welt lesen kann.

Nachdem Sie so ein Fundament geschaffen haben, fügen Sie mit CSS eine Präsentationsschicht und mit JavaScript eine Verhaltensschicht ein. Sie setzen nie voraus, dass der Browser diese Technologien unterstützt, aber wenn er es tut, bekommen Ihre Benutzer mehr zu sehen.

Lange Jahre haben Webentwickler meist Dinge aufgebaut, die nur in den fortschrittlichsten Browsern funktionierten, und sich dabei Mühe gegeben, dass die Webseite in älteren Browsern immer noch hinreichend ordentlich dargestellt wurde. Progressive Enhancement stellt dieses Verfahren auf den Kopf.

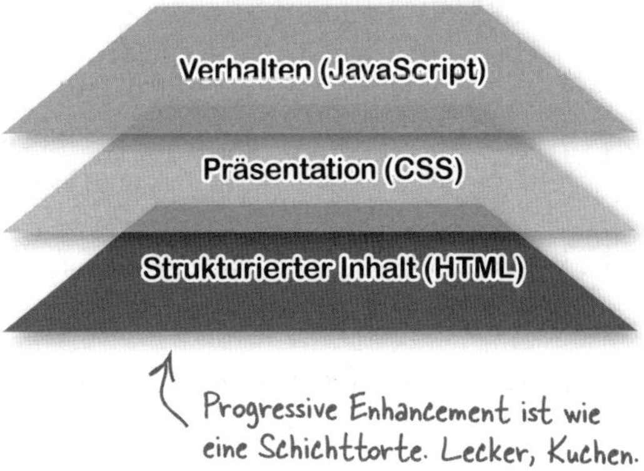

Die Vorteile der mobilzentrierten Entwicklung

Mobile First-RWD ist dem Progressive Enhancement recht ähnlich. In Anerkennung dieses Umstands wird es von vielen stattdessen als *inhaltszentriertes Design* bezeichnet, da der Inhalt die erste Schicht des Progressive Enhancement ist.

Aber welchen Namen Sie dem Verfahren geben, ist eigentlich egal. Wichtig ist, dass Sie, wenn Sie mit dem einfachsten möglichen Inhalt beginnen, zum einen die größtmögliche Anzahl an Personen erreichen und zum anderen noch ein paar weitere positive Wirkungen erzielen.

Arbeiten nach dem Motto Mobile First ähnelt einer Kleiner-Teller-Diät. Der kleinere Teller bewirkt, dass Sie wahrscheinlich weniger essen.

Eine Desktop-Homepage hingegen ähnelt eher einem All-you-can-eat-Büfett, bei dem mehr aufgefahren wird, als der Einzelne verspeisen kann.

Eine Mobilsite ist ein kleiner Teller, bei dem Sie Ihre Inhalte sorgfältig auswählen und priorisieren müssen.

Haben Sie sich auf die Mobilsite konzentriert, sind Sie erheblich entscheidungsfähiger, wenn Sie sich den schweren Fragen zuwenden müssen – beispielsweise ob Inhalte, die den Cut für die Mobilsite nicht schafften, so wichtig sind, dass sie für den Desktop wieder eingeführt werden sollten.

Semantisches Markup unter der Lupe

Semantisches Markup bedeutet, dass HTML-Tags und -Attribute verwendet werden, die die Bedeutung des Inhalts vermitteln.

Beispielsweise ist Inhalt, der in ein `<h1>`-Tag eingeschlossen ist, auf der Seite wichtiger als Inhalt, der mit `<h2>`- oder `<p>`-Tags ausgezeichnet ist.

`class`- und `id`-Attribute können Dokumenten ebenfalls semantische Bedeutung verleihen, wenn ihre Werte Dinge wie »calender« sind und keine Präsentationswerte wie `left` oder `top`. Viele Webentwickler nutzen Klassen gemäß einem standardisierten Verfahren namens *Mikroformate*, um sie mit zusätzlichen semantischen Informationen ausstatten. Mehr darüber erfahren Sie unter *www.microformats.org*.

Semantisches Markup heißt nicht, dass Sie Tags wie `<div>` und `<span>`, die keine semantischen Informationen vermitteln, vollständig vermeiden müssen. Es heißt nur, dass Sie passende semantische Tags und Attribute für den Inhalt einer Seite nutzen sollen, wann immer das möglich ist.

Stellen wir die Seite auf den Kopf

Weil wir bereits RWD nutzen, sollte es eigentlich nicht so schwer sein, die Seite mobilzentriert zu machen. Hier ist eine kurze Liste der Änderungen, die wir vornehmen werden.

- [ ] Wir müssen das HTML so einfach wie möglich machen und die Reihenfolge des CSS so ändern, dass das CSS der Mobilversion zuerst kommt.

Warum, werden wir in Kürze erklären.

- [ ] Wir werden die CSS-Hintergrundbilder so ändern, dass pro Bild nur eine Datei heruntergeladen wird. Achten Sie darauf, dass `display:none` entsprechend eingesetzt wird.
- [ ] Wir werden verschiedene Quelldateien für <img>-Tags für unterschiedliche Bildschirmauflösungen bereitstellen und darauf achten, dass jeweils das Bild mit der richtigen Größe heruntergeladen wird.
- [ ] Wir werden JavaScript einsetzen, um die Google Maps-Karte hinzuzufügen, wenn der Browser sie unterstützt und das Dokument so breit ist, dass es sie aufnehmen kann.

Die aktuelle Struktur der Angezapft-Seite

Öffnen Sie die *ontap.html*-Datei für die Splendid Walrus-Site im Verzeichnis *chapter2*. Die Datei weist große Ähnlichkeiten mit dem Dokument auf, das wir in Kapitel 1 erstellt haben:

Den Download-Code finden Sie unter http://examples.oreilly.de/german_examples/mobileswebhfger/.

```
<div class="navigation">...</div>
<div class="header">...</div>
<h1>...</h1>
<div id="visit" class="column">...</div>
<div id="ontap" class="column">...</div>
<div class="footer">...</div>
```

Zwei statt drei Spalten.

Statt eines <div> namens »main« hat Mark eine neue Spalte mit der ID »ontap« erstellt. Dieses <div> enthält die Liste der aktuell ausgeschenkten Biere.

Weil wir bei der Erstellung des Gerüsts mit semantischem Markup gute Arbeit geleistet haben, ist das Dokument bereits sauber und einfach. Die größte Aufgabe beim Übergang zu einem Mobile First-Design ist anscheinend das Entfernen der Google Maps-Karte.

Weil wir den Code später referenzieren müssen, werden wir einen HTML-Kommentar nutzen, um zu verhindern, dass der Iframe in die Seite eingeschlossen wird.

Kommentieren Sie den Google Maps-Iframe aus, indem Sie ihn in <!-- und --> einschließen.

Suchen Sie den Iframe im <div> #visit.

```
<!--
 <iframe id="map" width="300" height="300" frameborder="0" scrolling="no"
marginheight="0" marginwidth="0" src="http://maps.google.com..."></iframe>
 -->
```

Bin ich auf einer neuen Seite oder nicht?

Die Angezapft-Seite sieht der Homepage ungeheuer ähnlich. Wie erkennen Besucher, dass sie sich auf einer anderen Seite befinden?

Gut beobachtet. Wir haben ein Problem mit der Abfolge des Inhalts.

Auf der Homepage war es in Ordnung, dass die ersten Informationen in der Mobildarstellung die Hier wohnen wir!-Angaben sind. Aber da der Hier wohnen wir!-Inhalt auf allen Seiten erscheint, erkennt der Benutzer erst dadurch, dass er weiterscrollt, wo er ist.

Wir müssen den Inhalt so umstellen, dass die Angezapft-Informationen vor dem Hier wohnen wir!-Inhalt kommen.

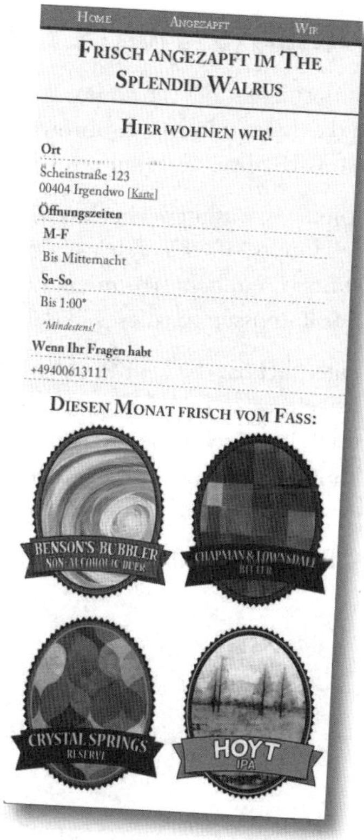

Tun Sie das!

Kopieren Sie alles im <div> mit der id visit und fügen Sie es unter dem ontap-<div> wieder ein.

```
<div class="navigation">...</div>
<div class="header">...</div>
<h1>...</h1>
<div id="ontap" class="column">...</div>
<div id="visit" class="column">...</div>
<div class="footer">...</div>
```

KOPF-NUSS

Ist der Hier wohnen wir!-Inhalt für diese Seite relevant? Wäre es nicht besser, ihn auf eine eigene Seite auszulagern, auf die ein Link verweist? Oder sollte man ihn vielleicht ganz aus der Mobilseite rauslassen und ihn mit JavaScript einfügen, wenn die Seite auf einem größeren Bildschirm dargestellt wird?

Die Inhalts-Floats reparieren

Hier wohnen wir! schwebt unter den Bier-Etiketten.

Die Änderungen, die wir an der Abfolge des Inhalts vornahmen, haben das Layout in Desktopbrowsern ruiniert. Der Hier wohnen wir!-Abschnitt steht am Ende der Seite.

In Kapitel 1 erwähnten wir, dass die Angabe der rechten Spalte vor der Hauptspalte ein Trick sei, der den Umgang mit Floats in Layouts vereinfacht. Wenn ein Block neben etwas anderem fließen soll, müssen Sie dieses in der Quelle zuerst angeben.

Aber eigentlich ist das kein Problem: Es gibt eine einfache Möglichkeit, es zu reparieren. Wir haben den Hier wohnen wir!-Inhalt links neben dem Angezapft-Inhalt fließen lassen. Stattdessen können wir einfach den Angezapft-Inhalt rechts neben dem Hier wohnen wir!-Inhalt schweben lassen.

Öffnen Sie *taps.css* und nehmen Sie die folgenden Änderungen vor.

Vorher

```
@media screen and (min-width:481px) {
  .column {
    margin: 10px 1.04166667% 0 0;
  }
  #visit {
    width: 31.25%;
    float: left;
  }
  #points {
    width: 25%;
    float: right;
  }
  #main {
    margin: 10px 27.0833333% 0
26.0416667%;
  }
  #ontap {
    margin: 10px 0 0 32%;
  }
}
```

Ändern Sie das … (`width: 31.25%; float: left;`) … in das. (`margin: 0 68.75% 0 0;`)

Ändern Sie das … (`margin: 10px 0 0 32%;`) … in das. (`width: 67%; float: right; margin: 10px 0 0 0;`)

Nachher

```
@media screen and (min-width:481px) {
  .column {
    margin: 10px 1.04166667% 0 0;
  }
  #visit {
    margin: 0 68.75% 0 0;
  }
  #points {
    width: 25%;
    float: right;
  }
  #main {
    margin: 10px 27.0833333% 0
26.0416667%;
  }
  #ontap {
    width: 67%;
    float: right;
    margin: 10px 0 0 0;
  }
}
```

Dass wir 67 % statt 68,75 % nutzen, verschafft uns etwas Spielraum für die Spalten.

Mobile First-Medienabfragen

Die CSS-Kaskade folgt dem Pfad vom kleinsten zum größten Bildschirm.

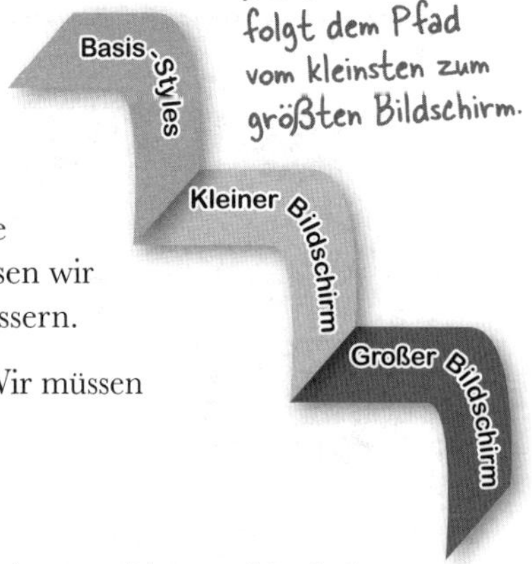

Jetzt zu ein paar Aufräumarbeiten. In Kapitel 1 haben wir mit einer Desktopsite begonnen und diese in eine Mobilsite umgewandelt. Das werden wir nun umkehren, d. h., wir werden uns vom einfachsten Inhalt ausgehend zum Desktopinhalt (und darüber hinaus) vorarbeiten.

Aber zunächst müssen wir etwas gestehen: *Mobile First* ist in Bezug auf CSS nicht ganz die richtige Beschreibung. Bevor wir Medienabfragen für kleine Bildschirme verwenden, müssen wir die elementaren Styles – Farbe, Schrift usw. – setzen und diese dann nach und nach verbessern.

Dafür gibt es einen guten Grund. Viele Mobilbrowser verstehen Medienabfragen nicht. Wir müssen also sicherstellen, dass diese zumindest die elementaren Styles erhalten.

Das CSS-Haus in Ordnung bringen

CSS-Dateien haben oft Ähnlichkeit mit der heimischen Rumpelkammer. Zu Anfang sind sie organisiert und logisch, aber mit der Zeit zieht Chaos ein. Wenn Sie die mobilzentrierten Medienabfragen einrichten, müssen Sie die elementaren Styles und die Layoutregeln entwirren.

Glücklicherweise ist das CSS, das wir in Kapitel 1 aufgebaut haben, bereits in guter Form. Die meisten der elementaren Style-Regeln befinden sich bereits am Anfang der Datei, und die Medienabfragen fügen dem Dokument später Layout und Formatierung hinzu. Wir müssen einfach nur noch die Mobil-Medienabfrage vor die Desktop-Medienabfrage ziehen.

Tun Sie das!

```
/* Größerer Viewport/höhere Auflösung (z. B. Desktop)  */
@media screen and (min-width:481px) {
  [Hier stehen die Desktopregeln]
}
/* Mobilgeräte mit kleiner Auflösung */
@media screen and (max-width:480px) {
  [Hier stehen die Regeln für das mobile Layout]
}
```

Schieben Sie die Mobil-Medienabfrage <u>über</u> die für den Desktop. Damit stellen wir sicher, dass der Kaskadierungseffekt von CSS unserem Ansatz eines mobilzentrierten Progressive Enhancement folgt.

PROBEFAHRT

Wir haben eine Reihe von Änderungen an der Seite vorgenommen:

- Google Maps entfernt
- Markup umgestellt
- Floats repariert
- Medienabfragen umgestellt

Wir sollten prüfen, ob alles noch funktioniert. Laden Sie die Seite in ein paar unterschiedlichen Desktop- und Mobilbrowsern, um zu schauen, wie sie aussieht. Achten Sie darauf, dass sie auch den Internet Explorer berücksichtigen.

Überraschung! Die Seite funktioniert im IE nicht mehr

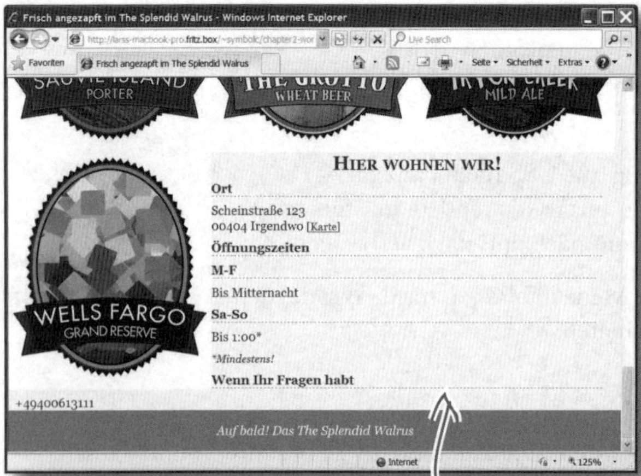

Tun Sie nicht so, als hätten Sie das nicht kommen sehen, als wir Sie explizit darauf hinwiesen, dass Sie die Seite auch im Internet Explorer (IE) testen sollen. Der Kampf mit dem IE ist der Initiationsritus für Webentwickler. Wahrscheinlich haben Sie in den letzten Schlachten schon so viele Narben davongetragen, dass Ihnen klar war, dass uns der IE einen Strich durch die Rechnung machen würde.

Und was ist hier der Haken? *Der IE unterstützt keine Medienabfragen.*

Bevor Sie das Buch wegschmeißen und uns dafür verfluchen, dass wir etwas lehren, das im immer noch beliebtesten Browser nicht funktioniert, sollten Sie einmal tief durchatmen und sich entspannen. Es gibt Möglichkeiten, die (vielen) Mängel des IE zu umschiffen.

Da der IE vor Version 9 keine Medienabfragen unterstützt, erhält er die CSS-Regeln zur Erstellung der Spalten nicht.

Wir sind hier etwas zu streng. IE9 und höher unterstützen Medienabfragen. Es besteht also Hoffnung.

Das IE-Rettungsboot: bedingte Kommentare (Conditional Comments)

Microsoft hat Webentwicklern ein hübsches Werkzeug bereitgestellt, mit dem Sie Code speziell für den Internet Explorer bereitstellen können: bedingte Kommentare oder Conditional Comments.

Das prüft, ob der Browser kleiner (lt) als IE9 und nicht IE Mobile (!IEMobile) ist. Wir schließen IE Mobile aus, weil er das Mobillayout erhalten soll. IE9 und höher verstehen Medienabfragen, benötigen also keine Unterstützung.

Die vollständige Syntax für bedingte Kommentare finden Sie unter http://bit.ly/ie-comments.

```
<!--[if (lt IE 9)&(!IEMobile)]>
<link rel="stylesheet" type="text/css" href="layout.css" media="all" />
<![endif]-->
```

Schauen Sie genau hin. Der HTML-Kommentar beginnt auf der ersten Zeile und wird erst mit dem --> auf der letzten Zeile geschlossen. Andere Browser betrachten das als Kommentar und ignorieren seinen Inhalt.

Wenn die Bedingung erfüllt ist, tut der IE, was zwischen der öffnenden [if]-Anweisung und dem schließenden [endif] steht. Das Beispiel zeigt einen Link auf eine CSS-Datei, könnte aber alles enthalten, was in einem HTML-Dokument vorkommen kann.

Bedingte Kommentare mit einer Medienabfrage kombinieren

Wahrscheinlich ist Ihnen aufgefallen, dass der bedingte Kommentar auf *layout.css* verweist. Zeit, dass wir diese Datei erstellen.

Wir werden einige Regeln aus dem aktuellen Stylesheet herausziehen. Wir haben die neue Datei *layout.css* genannt, weil sie nur bei Browsern zum Einsatz kommt, die so viel Bildschirmplatz bieten, dass mehrspaltige Layouts sinnvoll sind.

1. **Erstellen Sie eine leere Textdatei namens layout.css und kopieren Sie die Desktopregeln in diese Datei.**
   Achten Sie darauf, dass Sie alles zwischen dem Anfang und dem Ende der Medienabfrage kopieren, aber nicht die `@media`-Regel selbst.

taps.css

```
/* Größerer Viewport/höhere Auflösung
(z. B. Desktop)  */
@media screen and (min-width:481px) {
  .column {
    margin: 10px 1.04166667% 0 0;
  }
  #visit {
    margin: 0 68.75% 0 0;
  }
  #points {
    width: 25%;
    float: right;
  }
  #main {
    margin: 10px 27.0833333% 0
26.0416667%;
  }
  #ontap {
    width: 67%;
    float: right;
    margin: 10px 0 0 0;
  }
}
```

Kopieren Sie diese Regeln in die neue Datei.

Nachdem Sie die Regeln kopiert haben, entfernen Sie die Regeln und die umschließende Medienabfrage aus taps.css. Wir werden diese Regeln gleich wieder auf das HTML-Dokument anwenden.

layout.css

```
  .column {
    margin: 10px 1.04166667% 0 0;
  }
  #visit {
    margin: 0 68.75% 0 0;
  }
  #points {
    width: 25%;
    float: right;
  }
  #main {
    margin: 10px 27.0833333% 0
26.0416667%;
  }
  #ontap {
    width: 67%;
    float: right;
    margin: 10px 0 0 0;
  }
```

2 Fügen Sie einen Link auf das neue Stylesheet ein.

Für Browser, die Medienabfragen unterstützen, werden wir einen Link auf die neue Datei *layout.css* hinzufügen, wenn der Bildschirm groß genug ist.

```
<link rel="stylesheet" type="text/css" href="taps.css" />
<link rel="stylesheet" type="text/css" href="layout.css" media="all and
(min-width: 481px)" />
```

Fügen Sie ontap.html dieses Link-Tag hinzu.

Der Wert von 481px für min-width wurde aus der Medienabfrage kopiert, die wir aus taps.css entfernt haben.

Das ist die Medienabfragesyntax für Link-Tags, die Sie in Kapitel 1 gelernt haben.

3 Fügen Sie den bedingten Kommentar für den IE hinzu.

Die Seite läuft auf den meisten Desktopbrowsern. Jetzt müssen wir nur noch den bedingten Kommentar einarbeiten, den wir zuvor erstellt haben.

```
<link rel="stylesheet" type="text/css" href="taps.css" />
<link rel="stylesheet" type="text/css" href="layout.css" media="all and
(min-width: 481px)">
<!--[if (lt IE 9)&(!IEMobile)]>
<link rel="stylesheet" type="text/css" href="layout.css" media="all" />
<![endif]-->
```

Der bedingte Kommentar wiederholt die Zeile oben und sichert so, dass der Desktop-IE die Datei layout.css sieht.

4 Zeit für einen weiteren Test.

Prüfen Sie die Seite in einem Browser, der Medienabfragen unterstützt, und in unterschiedlichen Versionen des Internet Explorer. Sieht gut aus, oder?

Selbst unser pedantischer Freund IE zeigt das Layout jetzt richtig an.

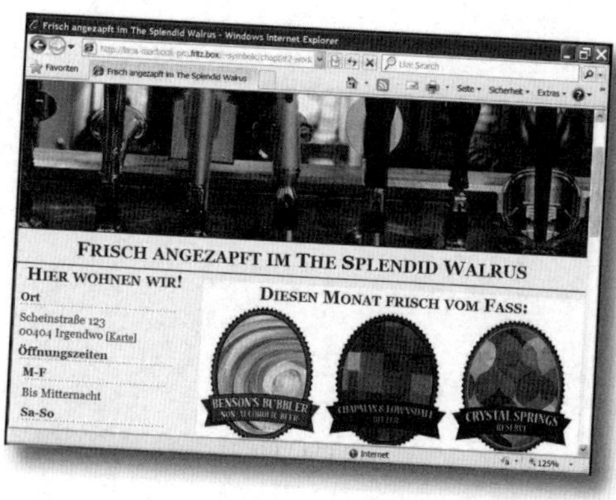

Es gibt keine Dummen Fragen

F: **Ist die Performance wirklich so ein Problem, wenn demnächst die rasanten 4G-Geräte auf den Markt kommen?**

A: Aber sicher. Auch 4G-Geräte werden gelegentlich auf EDGE-Netzwerke ausweichen (EDGE ist ein älterer, langsamerer Standard). Studien zeigen, dass lange Ladezeiten die Nutzung einer Website mindern und unmittelbare Auswirkungen auf den Profit haben.

F: **Warum liefert mir Blaze Mobitest unterschiedliche Ergebnisse?**

A: Dafür gibt es verschiedene Gründe. Die Zeit, die das Herunterladen der Seite in Anspruch nimmt, ändert sich bei jedem Test in Abhängigkeit vom Netzwerkverkehr. Der Google Maps-Code ist bei jedem Betriebssystem anders und kann sich mit der Zeit ändern. Das Verhalten der Geräte ändert sich auch, wenn neue Versionen von Betriebssystemen veröffentlicht werden. Zur Klarstellung: Wir haben Blaze mit iOS-4.3-, Android-2.2- und Android-2.3-Testgeräten getestet.

Machen Sie sich über die Schwankungen in den Testergebnissen keine Gedanken. Relevant ist nur, dass Code und Bilder unnötig heruntergeladen werden.

F: **Wird die Site nicht langsamer geladen, wenn wir das Stylesheet auf zwei Dateien aufteilen?**

A: Es ist richtig, dass sich die Anzahl an abgesetzten HTTP-Requests erheblich auf die Download-Geschwindigkeit auswirkt. Wir sollten also nicht unnötig Requests ansammeln. Hier haben wir das gemacht, damit der IE die gleiche Datei nutzen kann.

F: **Sie erwähnten, dass die Einrichtung eines Proxyservers sinnvoll sein kann. Was würden Sie empfehlen?**

A: Es gibt viele Proxyserver, einige fantastische Open Source-Produkte eingeschlossen. Wir sind Fans eines kommerziellen Produkts namens Charles Proxy.

F: **Das Fehlen von Plug-ins scheint mir ein großes Problem. Wie will man denn ohne Firebug und Web Inspector seine Arbeit tun?**

A: Das ist wirklich nicht einfach. Aber zunächst kann man die Debugging-Arbeit in einem Desktopbrowser erledigen – Sie müssen allerdings daran denken, irgendwann auch Tests auf echten Geräten durchzuführen.

Außerdem gibt es eine Menge neuer Werkzeuge, die sich bemühen, die Beschränkung durch fehlende Plug-ins zu umschiffen. Mobile Perf Bookmarklet (*http://bit.ly/mw-perf*) bietet viele performancebezogene Werkzeuge. Mit weinre (*http://bit.ly/mweinre*) und Opera Dragonfly (*http://opera.com/dragonfly*) können Sie Web Inspector auf dem Desktop ausführen und untersuchen, was im Browser des Geräts abläuft.

F: **Mir scheint, als hätte das Vorziehen der mobilen Medienabfragen keine großen Auswirkungen gehabt. Warum machen wir uns die Mühe?**

A: Bei dieser Seite gibt es keinen großen Unterschied zwischen einer desktopzentrierten und einer mobilzentrierten CSS-Datei. Die Erfahrung lehrt uns aber, dass das eine Ausnahme ist. Bei komplexeren Styles müssen die Regeln für größere Bildschirme einige, aber nicht alle der Style-Regeln überschreiben, die für kleinere Bildschirme definiert werden. Die Umstellung der Medienabfragen sichert, dass das CSS-Kaskadierungsverhalten dem Ziel entspricht, die Seite progressiv zu bereichern, wenn der Bildschirm breiter wird.

F: **Es scheint, dass sich die Abfolge des Inhalts bei Desktop- und Mobilseiten häufig unterscheidet. Wie gehen Sie damit bei komplexeren Seiten um?**

A: Das ist Ihnen also aufgefallen! Ja, das ist eine der häufig auftretenden Hürden, wenn man Responsive Webdesign nutzt. Für die Zukunft verspricht das Flexible Box Module (Flexbox) von CSS3 ein einfaches Verfahren, Inhalte in Stylesheets umzuordnen. Wenn Sie Flexbox mit Medienabfragen kombinieren, können Sie Seiten nach Bedarf umstellen. Unglücklicherweise ist Flexbox noch jung und wird noch nicht vollständig unterstützt. Entwickler müssen also noch auf JavaScript ausweichen, um Inhalte umzustellen, oder RWD mit einer Geräteerkennung kombinieren (siehe Kapitel 5). Doch muss man zugeben, dass die Umsortierung von Inhalten und der Umgang mit Bildern zwei der größten Probleme für das RWD sind.

F: **Sehen IE-Versionen, die keine Medienabfragen unterstützen, unsere RWD-Konstrukte? Sind Medienabfragen nicht erforderlich?**

A: Der Internet Explorer zeigt die Desktopversion an, hat aber trotzdem das flüssige Grid und die flüssigen Bilder. Aber die von den Medienabfragen angestoßenen Layoutumstellungen erfolgen nicht. Sollte die Unterstützung für Medienabfragen von Bedeutung sein, können Sie eine Open Source-Bibliothek namens Respond.js nutzen, die eine Unterstützung für ältere IE-Versionen bringt. Das ist ein recht umfangreiches Skript, das Sie ausführlich testen sollten, wenn Sie es integrieren wollen.

Wie kommen wir voran?

Wir haben das Fundament gegossen und unser CSS aufgeräumt. Was ist der nächste Punkt auf unserer Liste?

- [x] Wir müssen das HTML so einfach wie möglich machen und die Reihenfolge des CSS so ändern, dass das CSS der Mobilversion zuerst kommt.
- [ ] Wir werden die CSS-Hintergrundbilder so ändern, dass pro Bild nur eine Datei heruntergeladen wird. Achten Sie darauf, dass `display:none` entsprechend eingesetzt wird.
- [ ] Wir werden verschiedene Quelldateien für `<img>`-Tags für unterschiedliche Bildschirmauflösungen bereitstellen und darauf achten, dass jeweils das Bild mit der richtigen Größe heruntergeladen wird.
- [ ] Wir werden JavaScript einsetzen, um die Google Maps-Karte hinzuzufügen, wenn der Browser sie unterstützt und das Dokument so breit ist, dass es sie aufnehmen kann.

Das Header-Bild anzapfen

Unser Wasserfalldiagramm zeigte uns, dass wir ein großes CSS-Bild haben, das mit `display:none` verborgen wurde. Obwohl das Bild nie auf der Seite erscheint, lädt der Browser es dennoch herunter.

Erinnern Sie sich an taps.jpg, die Datei, die auf Mobilgeräten heruntergeladen wird, aber nie auf der Seite erscheint?

Sorgen wir also dafür, dass das Bild nur heruntergeladen wird, wenn es benötigt wird. Wie erreichen wir das? Indem wir eine Medienabfrage einsetzen, die dafür sorgt, dass das Bild nur heruntergeladen wird, wenn der Bildschirm mehr als 480 Pixel breit ist.

Aber wir erstellen keine neue Medienabfrage, sondern stecken die CSS-Regeln in *layout.css*, da diese Datei über ein `<link>`-Tag in einer Medienabfrage eingeschlossen ist.

Kopieren Sie diese Zeilen aus taps.css und hängen Sie sie ans Ende von layout.css an.

```
.header {
  background:URL('images/taps.jpg') repeat-x;
  height: 300px;
}
```

Löschen Sie diese Zeilen aus taps.css, nachdem Sie sie layout.css hinzugefügt haben.

PROBEFAHRT

Testen Sie die Angezapft-Seite erneut mit Blaze Mobitest, um sicherzustellen, dass *taps.jpg* nicht mehr heruntergeladen wird. Probieren Sie es mit iPhones und Android-Geräten. Sie können *http://hf-mw.com/ch2/ex/3/ontap.html* nutzen, wenn sich Ihr Exemplar der Seite nicht auf einem öffentlichen Server befindet.

Auf dem iPhone funktioniert es, aber unter Android wird das Bild immer noch heruntergeladen.

GET sauvie_island.jpg	200 OK	102.5 KB
GET tryon_creek.jpg	200 OK	149.9 KB
GET taps.jpg	200 OK	440.7 KB
20 Requests		2.1 MB

Android scheint taps.jpg immer noch herunterzuladen.

Mobitest sagt, dass Android das Bild immer noch herunterlädt, aber das ist ein Fehlalarm.

Blaze musste seine Geräte modifizieren, um sie für entfernte Tests geeignet zu machen. Gelegentlich führt das zu seltsamen Verhalten.

Wenn Sie ein Standard-Android-Gerät nutzen, wird das Bild *taps.jpg* nicht heruntergeladen.

Die alte Schule der Bildoptimierung

In den frühen Tagen des Webs haben Webentwickler eine Menge Zeit damit verbracht, sich über die Bildoptimierung Gedanken zu machen. Dann nahm die verfügbare Bandbreite kontinuierlich zu, und Webentwickler hörten auf, sich den Kopf darüber zu zerbrechen, wie sie ihren Bildern das letzte bisschen Performance entlocken können. Aber Mobilgeräte verleihen der Bildoptimierung wieder neue Relevanz.

Wir würden sagen, dass die Bildoptimierung immer relevant war. Schnelle Verbindungen kann man nie voraussetzen, nicht einmal bei Desktoprechnern.

Es scheint, dass wir das Bild *taps.jpg* mit einer einfachen Bildoptimierung kleiner machen können. Wenn wir die JPEG-Qualität von 80 auf 45 reduzieren, verringert sich die Bildgröße von 440 KB auf 78 KB. Trotzdem müssten Sie sehr genau hinsehen, um einen Unterschied in der Bildqualität zu entdecken.

Mehr zur Weboptimierung erfahren Sie in Kapitel 5 von HTML und CSS & XHTML von Kopf bis Fuß.

Sind die Bilder immer noch nicht klein genug? Dampfen Sie sie noch etwas mehr ein unter www.smushit.com.

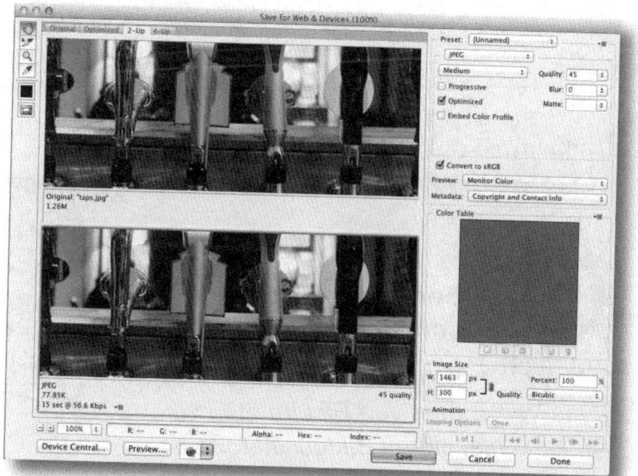

Wir nutzen zur Bildoptimierung Photoshop, aber Sie können jedes Programm nutzen, das Ihnen gefällt.

Kopieren Sie die Version von *taps.jpg* aus dem Ordner *extras* in den Ordner *images*, um die ursprüngliche, große Datei durch eine kleinere Version zu ersetzen.

Ein src, sie alle zu binden

CSS-Bilder sind erst der Anfang unserer Bildsorgen. Das `<img>`-Tag stellt ein Problem für jedes responsive Design dar, weil das `src`-Attribut nur einen Wert haben kann, ganz gleich, wie groß das Bild ist. Wie also liefern wir ein Bild in der gewünschten Größe aus?

Auf der Angezapft-Seite gibt es 16 Bier-Etiketten, die ein <img>-Tag wie dieses für Benson's Bubbler nutzen.

Obwohl wir in Abhängigkeit von der Bildschirmgröße mehrere Versionen des Bilds benötigen würden, erlaubt HTML nur einen Wert für src.

```
<img src="brews_images/bensons_bubbler.jpg" alt="Benson's Bubbler">
```

Es wäre verführerisch, den Wert des `src`-Attributs mit JavaScript zu ersetzen. Unglücklicherweise blicken die meisten Browser im HTML-Dokument voraus und laden Bilder, bevor das JavaScript vollständig geladen ist. Häufig heißt das, dass eine Datei einer Größe heruntergeladen wurde, bevor das JavaScript das `src`-Attribut ändert. Das führt dazu, dass Bilder mehrfach heruntergeladen werden und der Browser das Seitenlayout neu aufbaut.

Auch CSS kann nicht genutzt werden, um das src-Attribut zu überschreiben.

Ein responsiver Bildserver als Retter

Wenn der Browser den Server nicht um das richtige Bild bitten kann, muss der Server eben selbst herausfinden, was er liefern muss. Das ist das, was **Sencha.io Src** zu tun versucht.

Dieser Bildvergrößerungsdienst hieß vorher TinySRC

Wir können Sencha.io Src nutzen, um für jedes Gerät das am besten passende Bild auszuliefern.

Der erste Teil muss http://src.sencha.io/ sein.

Fügen Sie hier Ihre Domain und den Pfad zum Bild ein.

Fügen Sie nach dem letzten Schrägstrich die vollständige URL des Bilds ein, dessen Größe angepasst werden soll.

```
<img src="http://src.sencha.io/http://[DOMAIN]/[PFAD]/brews_images/bensons_
bubbler.jpg" alt="Benson's Bubbler">
```

Aufgepasst

Sencha.io Src *schrumpft* Bilder nur.

Es macht sie nicht größer. Das Vergrößern von Bildern führt zu einer schlechteren Bildqualität. Es ist besser, nach einer Bildquelle höherer Qualität zu suchen.

Sencha.io Src passt die Größe des Bilds so an, dass sie dem Bildschirm des Geräts entspricht. Wenn ein iPhone die Seite besucht, wird das Bild zum Beispiel für eine Bildschirmauflösung von 320 x 480 Pixel optimiert.

Tun Sie das!

Aktualisieren Sie alle Bier-Etiketten-Bilder im *ontap.html*-Dokument so, dass Sencha.io Src genutzt wird.

Wie Sencha.io Src funktioniert

Sencha.io Src funktioniert wie Magie. Sie fordern vom iPhone ein Bild an, und es liefert Ihnen ein für das iPhone passendes Bild. Sie nutzen ein einfaches Handy? Kein Problem – Sencha.io Src liefert Ihnen ein Winzbild. Sie sitzen an Ihrem Desktop? Hier ist das vollständige Bild.

Woher aber weiß Sencha.io Src, wie groß das auszuliefernde Bild sein sollte? Der Dienst nutzt den *User-Agent-String* des Browsers – einen Bezeichner, den jeder Browser bereitstellt –, um das Gerät in einer großen Datenbank nachzuschlagen. Die Datenbank umfasst Informationen über Tausende von Geräten. Eins der Dinge, die diese Gerätedatenbank festhält, ist die Bildschirmgröße.

Was ein User-Agent-String ist, sehen wir uns im nächsten Kapitel an.

Kennt Sencha.io Src die Bildschirmgröße, macht es sich daran, das Bild auf die maximale Breite des Geräts zu skalieren. Das so erzeugte Bild wird 30 Minuten gecacht, damit nachfolgende Anforderungen des Bilds in dieser Größe noch schneller sind.

Soll Ihnen Sencha.io Src eine bestimmte Bildschirmgröße liefern, kann es das ebenfalls. Wie, erfahren Sie unter http://bit.ly/senchasrc.

Keine zwingende Lösung für <img>-Tags

Die Verwendung von Sencha.io Src hat Nachteile. Der Dienst stützt sich auf die Geräteerkennung, die gelegentlich in die Hose gehen kann (wie wir uns in Kapitel 5 ansehen werden). Außerdem verlangt diese Lösung, dass Sie alle Ihre Bilder über einen Dritten ausliefern.

Die traurige Wahrheit ist, dass es aktuell keine wirklich überzeugende Lösung für den Umgang mit unterschiedlichen Bildquellen bei unterschiedlichen Bildschirmgrößen gibt. Aber Sie sollten diesen Punkt nicht aus dem Auge verlieren, weil eine Menge Leute nach einer besseren Lösung suchen.

Warum das <img>-Tag so kompliziert ist? Mehr dazu erfahren Sie in dieser Reihe zu responsiven Bildern: http://bit.ly/rwdimgs1.

Eine letzte Anpassung: Optimierte Bier-Etiketten-Bilder

Wie beim *taps.jpg*-Bild können wir die Dateigröße der Bilder reduzieren, indem wir sie mit einer leicht reduzierten JPEG-Qualitätsstufe speichern. Sie müssen sich darüber aber keine Gedanken machen, da wir das bereits für Sie erledigt haben. Sie finden die optimierten Bilder in *extras/labels-optimized*.

Kopieren Sie sie in den Ordner *brew_images* und ersetzen Sie mit ihnen die dort vorhandenen Bilddateien.

PROBEFAHRT

Jetzt sollten wir eine effiziente, schnelle, für Mobilgeräte optimierte Webseite haben. Testen Sie sie erneut mit *www.blaze.io/mobile*, um zu sehen, was wir erreicht haben. Lassen Sie Blaze mithilfe der entsprechenden Option drei Tests auf dem Gerät ausführen, um einen Durchschnittswert zu ermitteln. Vergleichen Sie die absolute Dateigröße und die Download-Zeit für die neue Seite mit den Werten für die alte Seite.

Wenn Ihre Seiten nicht öffentlich zugänglich sind, können Sie diesen Test auf unserer Seite unter folgender Adresse ausführen: *http://hf-mw.com/ch2/ex/4/ontap.html*.

Das ist eine rasante mobile Webseite

Unser Diätplan hat funktioniert! Die Angezapft-Seite hat um 87 % abgenommen. Die Download-Zeit auf dem iPhone ist von 12 auf unter 3 Sekunden geschrumpft.

Vorher

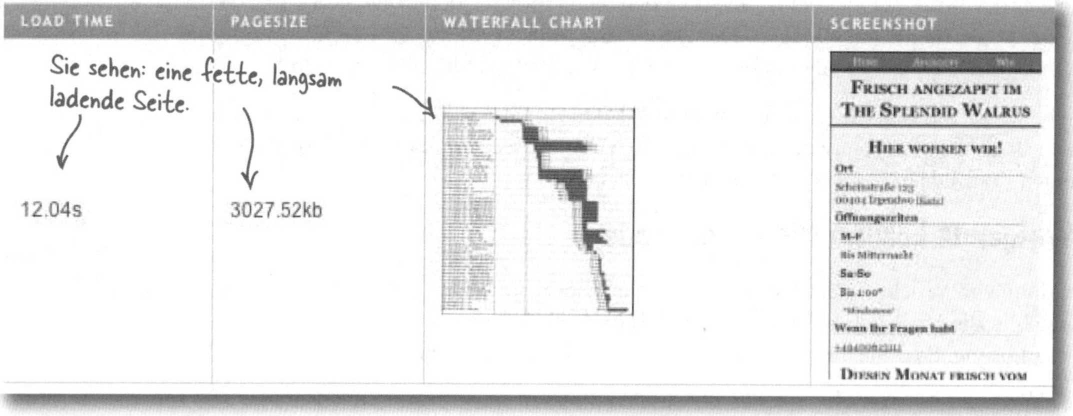

Nachher

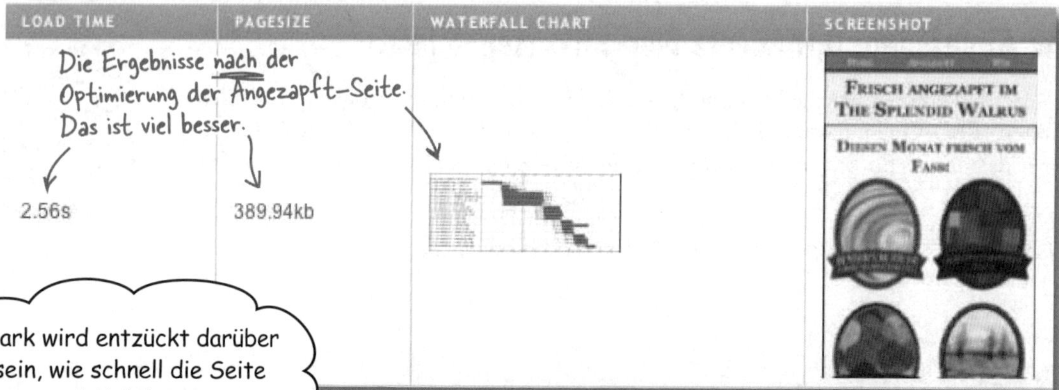

KOPF-NUSS

Die Webperformanceoptimierung ist ein wachsendes Feld mit vielen Möglichkeiten, Seiten zu beschleunigen. Welche Performance-verbesserungen könnten wir an der Seite noch vornehmen?

Es gibt keine Dummen Fragen

F: Warum laden Browser CSS-Bilder herunter, die nie genutzt werden?

A: Der Browser kann normalerweise nie sicher sein, ob ein bestimmtes Bild irgendwann genutzt wird oder nicht. Es könnte beispielsweise ein Bild sein, dessen Anzeige durch eine JavaScript- oder CSS-Aktivität ausgelöst wird. Deswegen lädt der Browser das Bild vorab herunter, damit der Besucher nicht warten muss, wenn eine Aktivität überraschend seine Anzeige auslöst.

F: Okay. Aber warum laden sie dann keine Bilder herunter, die in Medienabfragen angegeben sind?

A: Ursprünglich haben Browser auch diese Bilder heruntergeladen. Dann haben die Browserhersteller gesehen, wie Entwickler Medienabfragen nutzen, und haben das Browserverhalten entsprechend angepasst. All das ist noch recht jung, und deswegen laden manche Browser auch Ressourcen herunter, die in einer Medienabfrage angegeben werden, die nicht zutrifft.

F: Ist die Auslieferung von Bildern über Sencha.io Src sicher? Das macht mich etwas nervös.

A: Vorsicht ist immer angebracht. Jedes Mal, wenn Sie einen externen Dienst in einen wichtigen Teil Ihrer Site einbinden, müssen Sie sich darauf einstellen, dass es Auswirkungen auf Ihre Site hat, wenn dieser Dienst gestört ist.

Sencha hat erklärt, dass man die Bereitstellung des Diensts als Verpflichtung betrachtet und dass der Dienst frei bleiben wird. Gleichzeitig können Sie aber auch sicher sein, dass Sencha einen Ausgleich erhalten müsste, wenn eine extrem große Site begänne, den Dienst zu nutzen, da Sencha ihn andernfalls kaum aufrechterhalten könnte.

Wenn Ihnen Sencha.io Src nicht zusagt, können Sie mit den Geräteerkennungswerkzeugen, die wir in Kapitel 5 vorstellen, einen äquivalenten eigenen Dienst aufbauen.

F: Gibt es Alternativen zu Sencha.io Src? Gibt Lösungen für das `<img>`-Tag-Problem, die rein clientseitig sind?

A: Es gibt viele Verfahren zum Umgang mit `<img>`-Tags in responsiven Designs. Aktuell wird eine Menge Arbeit in die Suche nach einer Lösung gesteckt, die ohne eine Geräteerkennung auskommt. Jede Lösung hat ihre Haken, die in diesem Projekt genutzte bildet da keine Ausnahme. Eine ausführliche Betrachtung aller Techniken finden Sie unter *http://bit.ly/rwdimgs2*.

F: Was ist mit anderen Medien? Leiden Video und Audio unter den gleichen Problemen?

A: Mit einem Wort: Ja. Bei den HTML5-Video- und Audioformaten sieht die Sache etwas besser aus, weil sie es Ihnen ermöglichen, Ausweichversionen für Medien in verschiedenen Dateiformaten zu definieren. Wenn ein Browser das erste bereitgestellte Format nicht unterstützt, prüft er, ob er mit dem nächsten umgehen kann.

Das ist zwar besser, nützt aber nichts, um das Problem der Netzwerkgeschwindigkeit oder der Bildschirmauflösung anzugehen. Jemand, der ein Mobilgerät in einem WLAN-Netzwerk nutzt, braucht wahrscheinlich keinen Film in HD-Qualität. Im Gegensatz dazu bietet Apples QuickTime-Video ein Referenzformat für Filme, das Filme unter Berücksichtigung der Geschwindigkeit der Internetverbindung bereitstellt.

F: Ist das nur mein Eindruck, oder ist es tatsächlich so, dass man sich beim Responsive Webdesign mit einer Menge an Unbekanntem und Problemen herumschlagen muss?

A: Es gibt definitiv Hürden. Wie bei jeder neuen Technik ist es so, dass man immer noch herauszufinden versucht, was geht und was nicht. RWD ist brandaktuell, und das ist auch der Grund dafür, dass wir in diesem Buch eine Menge Techniken behandeln. Wahrscheinlich werden Sie mehrere dieser Techniken kombinieren müssen, um für Ihr Projekt das bestmögliche Ergebnis zu erzielen..

Ungeachtet der Herausforderungen, lassen die Versprechen, die RWD macht, viele Leute danach streben, vollständigere Lösungen aufzubauen. Noch ist bei RWD alles in schneller Bewegung.

Zoom, Zoom, bumm ...

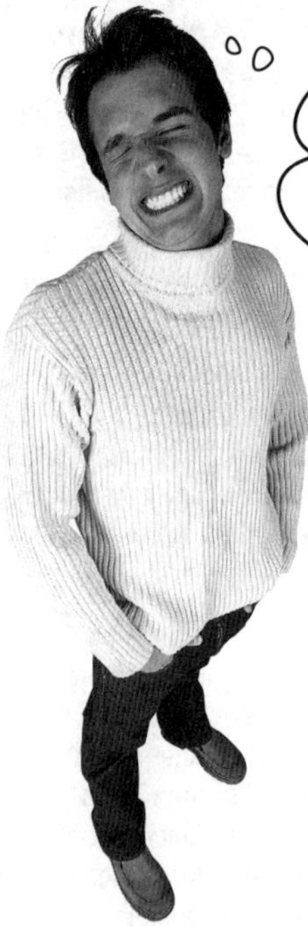

Tut mir echt leid, Jungs! Ich bedauere wirklich, dass ich euch mitten in der Arbeit mit einer neuen Anforderung konfrontieren muss, aber einer meiner besten Kunden hat Probleme beim Lesen klein gedruckter Texte und beschwert sich, dass er die Seite nicht zoomen kann. Könnt ihr das reparieren?

Erinnern Sie sich an das `viewport-<meta>`-Tag aus Kapitel 1? Zeit, dass wir ihm mehr Aufmerksamkeit schenken.

Das `viewport-<meta>`-Tag teilt dem Browser die gewünschten Maße und die gewünschte Skalierung (d. h. die Zoomstufe) für eine Seite mit. Außerdem enthält es Steuerungsoptionen, die verhindern können, dass Benutzer die Größe einer Site ändern.

Schauen wir uns das viewport-<meta>-Tag an

Sie finden das `viewport-<meta>`-Tag im `<head>` des Dokuments *ontap.html*. Die Syntax ist ziemlich simpel.

Was für eine Art von <meta>-Tag ist das?

Das content-Attribut enthält eine kommaseparierte Liste mit Anweisungen für den Browser. Alle Optionen können Sie sich unter http://bit.ly/metaviewport ansehen.

Die Breite des Viewports. Sie kann auf einen Pixelwert oder auf »device-width« gesetzt werden. Dies bedeutet, dass der Viewport der Auflösung des Geräts entsprechen soll.

```
<meta name="viewport" content="width=device-width, initial-scale=1, maximum-scale=1" />
```

Setzt die anfängliche Skalierung (oder Zoomstufe) der Seite. Der Wert 1 heißt, dass das Dokument in seiner üblichen Größe angezeigt werden soll.

Deklariert eine Obergrenze für die Skalierung der Seite. Parallel dazu gibt es auch eine minimum-scale-Option.

maximum-scale ist das, was Benutzer davon abhält, die Seite zu zoomen.

Das Recht zu zoomen

In Bezug auf die Barrierefreiheit kann es bedeutsam sein, ob gezoomt werden kann oder nicht. Einige Webentwickler sehen in der Möglichkeit zu zoomen sogar ein grundlegendes menschliches Recht.

So weit würden wir nicht unbedingt gehen, aber Zoomen ist wichtig, und das Für und Wider sollte sorgfältig erwogen werden, bevor man es abschaltet.

Es gibt allerdings mehrere Gründe, die einen Designer dazu bewegen können, das Zoomen nicht zuzulassen. Wenn eine Seite komplexe Touchgesten nutzt, kann die Deaktivierung des Zoomens z. B. die erfolgreiche Ausführung von Gesten vereinfachen.

Außerdem gibt es in iOS einen Bug, der sich darin zeigt, dass die Zoomstufe geändert wird, wenn das Gerät in den Landschaftsmodus gedreht wird. Der Bug bewirkt, dass die Zoomstufe erhöht und dadurch die rechte Seite der Seite abgeschnitten wird.

Drehen Sie ein iOS-Gerät, bewirkt der Bug, dass die Seite nicht mehr in den Viewport passt – die rechte Seite wird abgschnitten.

Das Zoomen wieder anschalten

Wollen wir das Zoomen wieder anschalten, müssen wir die `maximum-scale`-Einstellung aus dem `viewport-<meta>`-Tag entfernen.

Tun Sie das!

Bearbeiten Sie das viewport-<meta>-Tag und entfernen Sie maximum-scale=1.

```
<meta name="viewport" content="width=device-width, initial-scale=1" />
```

Wenn Sie das Zoomen wieder eingeschaltet haben, können Sie sich die Auswirkungen des Bugs ansehen, indem Sie ein iPhone oder einen iPod touch drehen.

Achten Sie darauf, dass Sie das überzählige Komma hinter initial-scale=1 entfernen.

Zurück zu unserem Projektplan

Nachdem wir unser Notfall-Viewport-Abenteuer überstanden haben, wollen wir uns ansehen, was für Fortschritte wir gemacht haben. Unsere schnelle Mobilseite bringt uns unserem Ziel, einem mobilzentrierten RWD, sehr nahe. Jetzt müssen wir nur noch die Karte wieder einfügen, wenn der Bildschirm groß genug ist.

- [x] Wir müssen das HTML so einfach wie möglich machen und die Reihenfolge des CSS so ändern, dass das CSS der Mobilversion zuerst kommt.
- [x] Wir werden die CSS-Hintergrundbilder so ändern, dass pro Bild nur eine Datei heruntergeladen wird. Achten Sie darauf, dass `display:none` entsprechend eingesetzt wird.
- [x] Wir werden verschiedene Quelldateien für `<img>`-Tags für unterschiedliche Bildschirmauflösungen bereitstellen und darauf achten, dass jeweils das Bild mit der richtigen Größe heruntergeladen wird.
- [ ] Wir werden JavaScript einsetzen, um die Google Maps-Karte hinzuzufügen, wenn der Browser sie unterstützt und das Dokument so breit ist, dass es sie aufnehmen kann.

Die Karte mit JavaScript wieder einfügen

Jetzt verbleibt nur noch ein Punkt: Wir müssen die Karte wieder einfügen, wenn das Browserfenster breit genug ist. Wir haben bereits gesehen, dass die Ressourcen für die Karte auch dann heruntergeladen werden, wenn wir die Karte mit CSS verbergen.

Wir werden JavaScript einsetzen müssen, um die Karte immer dann einzufügen, wenn sie vernünftig genutzt werden kann. Betrachten Sie das als eine JavaScript-Version der uns bekannten und von uns geschätzten Medienabfragen.

Greifen Sie sich den Google Maps-Iframe-Code, den wir vor einiger Zeit beiseite gelegt haben. Wir werden ihn wieder in die Seite einsetzen müssen, um die Karte anzuzeigen. Schauen wir uns diesen Iframe-Code genauer an.

Erinnern Sie sich: Das ist die Iframe-Vorlage, die wir auskommentiert hatten. Wir werden JavaScript einsetzen, um sie wieder in die Seite einzufügen.

```
<!--
 <iframe id="map" width="300" height="300" frameborder="0" scrolling="no"
marginheight="0" marginwidth="0" src="http://maps.google.com..."></iframe>
 -->
```

Eigentlich wäre so eine Karte schon recht nützlich

Location. Location. Location.

Diese Litanei erhält eine neue Relevanz, wenn es um Mobilgeräte geht. Weil viele Smartphones Ihnen über GPS und andere Formen der Triangulation bereits Ihren Aufenthaltsort mitteilen können, nutzt man diese Mittel immer häufiger, um relevantere Inhalte anzuzeigen.

Mark hat die Karte auf Mobilgeräten verborgen, weil sie zu groß war. Nachdem wir gesehen haben, wie viele Dateien sie herunterlädt, ist klar, dass es sinnvoll ist, die Karte zu verbergen.

Aber das heißt nicht, dass die Karte an sich nicht nützlich wäre. Wir müssen sie nur nicht notwendigerweise auf einen zu kleinen Bildschirm quetschen, sondern können einen Link auf darauf anbieten.

Einen Link auf die Karte hinzufügen

Wollen wir einen Link auf die Karte anbieten, brauchen wir ein <div>, das unser JavaScript referenzieren kann. Das <div> enthält ein <p>-Tag mit einem Link auf die Karte. Was meinen Sie: Warum müssen wir das so aufbauen?

Tun Sie das!

Wir benötigen einen Container, den das JavaScript referenzieren kann, und fügen hier deswegen ein <div> ein.

Die id auf dem <p>-Tag ermöglicht uns, den Iframe bei breiteren Bildschirmen über dem Link einzufügen. Mehr dazu später.

Fügen Sie das neue <div> über dem auskommentierten Iframe-Code ein.

```
<div id="mapcontainer">
 <p id="maplink">
   <a href="http://g.co/maps/jm2pw">Google Map einsehen</a>
 </p>
</div>
<!--
 <iframe id="map" width="300" height="300" frameborder="0"
scrolling="no" marginheight="0" marginwidth="0"
src="http://maps.google.com...."></iframe>
 -->
```

Eine Pseudo-Medienabfrage in JavaScript aufbauen

Werfen wir einen Blick auf den JavaScript-Code, den wir nutzen werden, um den Iframe in die Seite einzusetzen. Der Code agiert wie eine einfache Medienabfrage.

Das ist die Variable für die ID des Elements, das wir der Karte hinzufügen wollen. Eine Variable nutzen wir, damit wir das <div> später leichter ändern können.

Setzt die Breakpoint-Variable auf 481 Pixel. Der Breakpoint ist die Breite, ab der die Karte der Seite hinzugefügt wird.

Prüft, ob der Viewport größer als der Breakpoint ist.

Diese Zeilen definieren die Attribute für den Iframe. Die Attribute und ihre Werte wurden dem Google Maps-Iframe-Element entnommen.

Fügt ein neues Iframe-Element ein und weist es der Variablen mapElement zu.

Die von Google Maps gestellte URL ist hässlich. Die wollen Sie sicher nicht eintippen müssen. Eine Kopie dieses Codes finden Sie in extras/map.js.

Der letzte Schritt fügt den Iframe (mapElement) in das Container-<div> (id) vor dem Absatz ein, der den Link (maplink) enthält.

```
<script type="text/javascript">
var breakpoint = 481,
  id = 'mapcontainer',
  viewportWidth = window.innerWidth;
if (viewportWidth > breakpoint) {
  var mapElement = document.createElement('iframe');
  mapElement.id = 'map';
  mapElement.width = '300';
  mapElement.height = '300';
  mapElement.frameborder = '0';
  mapElement.scrolling = 'no';
  mapElement.marginheight = '0';
  mapElement.marginwidth = '0';
  mapElement.src = 'http://maps.google.com/maps?f=q&so
urce=s_q&hl=en&geocode=&q=334+NW+11th+Ave,+Portland,+O
R+97209&aq=&sll=37.0625,-95.677068&sspn=58.164117,80.3
32031&vpsrc=0&ie=UTF8&hq=&hnear=334+NW+11th+Ave,+Portl
and,+Oregon+97209&t=m&ll=45.525472,-122.68218&spn=0.01
804,0.025749&z=14&output=embed';
  document.getElementById(id).insertBefore(mapElement,
maplink);
}
</script>
```

Entfernen Sie den auskommentierten Iframe-Code

Den ursprünglichen Iframe-Code benötigen wir nicht mehr – Sie können ihn also aus dem HTML-Dokument löschen.

Löschen Sie diese Zeilen!

```
<!--
<iframe id="map" width="300" height="300" frameborder="0" scrolling="no"
marginheight="0" marginwidth="0" src="http://maps.google.com..."></iframe>
-->
```

Fügen Sie der Angezapft-Seite das JavaScript hinzu

Jetzt müssen wir der Seite das JavaScript hinzufügen. Weil die Karte zwar ein nettes Feature, aber nicht zwingend notwendig ist, machen wir sie zu einem der Dinge, die der Browser der Seite als Letztes hinzufügt.

Öffnen Sie ontap.html und suchen Sie das Ende des HTML-Dokuments.

Wir werden unser JavaScript als Allerletztes vor dem schließenden </body>-Tag in die Seite einfügen.

```
<div class="footer">
  <p>Auf bald! Beste Grüße, das The Splendid Walrus</p>
</div>
[FÜGEN SIE HIER DAS SKRIPT EIN]
</body>
</html>
```

Nicht notwendiges JavaScript ans Ende einer Seite zu stellen, hilft uns, dem Laden der Seite Beine zu machen. Der Browser parst das gesamte HTML und CSS, bevor er zum JavaScript gelangt. Besucher haben schneller eine verwendbare Seite und müssen nicht warten, bis der Kartencode geladen ist.

ÜBUNG

Es ist wieder einmal Zeit, die bislang geleistete Arbeit zu überprüfen. Öffnen Sie *ontap.html* und beantworten Sie die folgenden Fragen:

1. **Wird das JavaScript auf Mobilgeräte heruntergeladen?**
   Laden Sie die Seite mit *www.blaze.io/mobile/* auf einem iPhone und einem Android-Gerät. Schauen Sie sich das Wasserfalldiagramm an, um zu prüfen, ob der Google Maps-Code heruntergeladen wird. Wenn sich Ihre Seite nicht in einem öffentlichen Netzwerk befindet, können Sie zum Testen *http://hf-mw.com/ch2/ex/5/ontap.html* nutzen.

2. **Wird die Karte auf größeren Bildschirmen angezeigt?**
   Öffnen Sie die Angezapft-Seite jetzt in einem Desktopbrowser. Erscheint die Karte, wenn das Fenster breiter als 480 Pixel ist?

3. **Wie fügt sich die Karte in das RWD-Konzept?**
   Versuchen Sie, die Größe des Browserfensters anzupassen. Ändert sich die Größe der Karte dem restlichen Design entsprechend? Gibt es irgendwelche Probleme mit der Karte?

LÖSUNG ZUR ÜBUNG

Wie sieht es aus? Gibt es Probleme?

❶ Wird das JavaScript auf Mobilgeräte heruntergeladen?

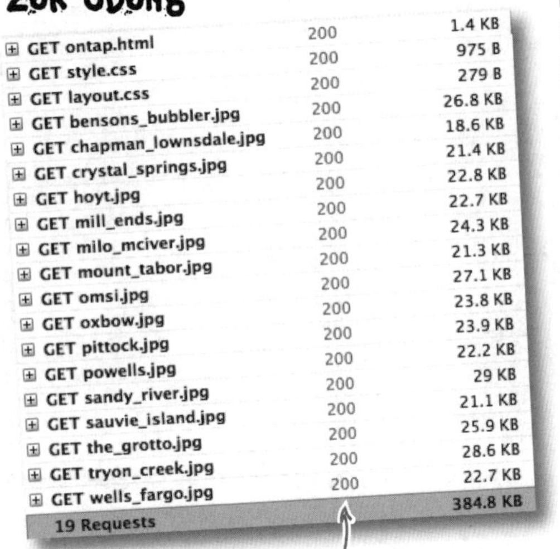

GET ontap.html	200	1.4 KB
GET style.css	200	975 B
GET layout.css	200	279 B
GET bensons_bubbler.jpg	200	26.8 KB
GET chapman_lownsdale.jpg	200	18.6 KB
GET crystal_springs.jpg	200	21.4 KB
GET hoyt.jpg	200	22.8 KB
GET mill_ends.jpg	200	22.7 KB
GET milo_mciver.jpg	200	24.3 KB
GET mount_tabor.jpg	200	21.3 KB
GET omsi.jpg	200	27.1 KB
GET oxbow.jpg	200	23.8 KB
GET pittock.jpg	200	23.9 KB
GET powells.jpg	200	22.2 KB
GET sandy_river.jpg	200	29 KB
GET sauvie_island.jpg	200	21.1 KB
GET the_grotto.jpg	200	25.9 KB
GET tryon_creek.jpg	200	28.6 KB
GET wells_fargo.jpg	200	22.7 KB
19 Requests		384.8 KB

Schau mal, keine Google Maps-Karte!.

Prüfen Sie die Seite über den Blaze-Mobitest-Dienst mit einem iPhone. Arbeiten Sie sich zum ausführlichen Wasserfalldiagramm vor, indem Sie auf der Ergebnisseite auf den HAR-Datei-Link klicken, um sich alle heruntergeladenen Dateien anzeigen zu lassen.

Die Kartendateien werden nicht heruntergeladen. Perfekt.

Und was ist mit Android? Blaze sagt, dass das JavaScript immer noch heruntergeladen wird, aber das ist ein Fehlalarm.

Wir haben bereits erwähnt, dass Blaze seine Geräte modifizieren musste, um entfernte Tests zu ermöglichen. Eine Nebenwirkung davon ist, dass das JavaScript, das auf den Testgeräten läuft, eine erheblich größere Bildschirmbreite (800 Pixel!) meldet als unveränderte Geräte.

Sie dürfen uns glauben, dass das JavaScript funktioniert und der Kartencode auch unter Android nicht heruntergeladen wird.

❷ Erscheint die Karte auf größeren Bildschirmen?

Ja. In unserem Desktopbrowser sieht die Karte klasse aus.

Die Karte erscheint in Chrome – unser JavaScript funktioniert also.

❸ Wie fügt sich die Karte in das RWD-Konzept?

Hier haben wir ganz offensichtlich ein Problem. Die Karte skaliert nicht wie der Rest unseres responsiven Designs. Nicht nur das, es gibt sogar Bildschirmbreiten, bei denen sie die Bier-Etiketten verdeckt.

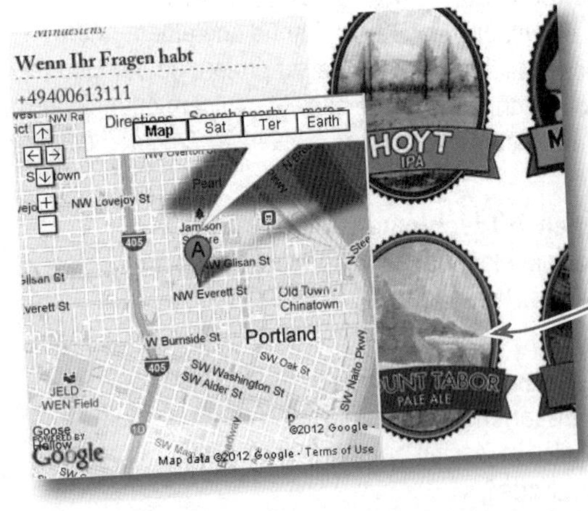

Mist! Wenn das Browserfenster schmaler wird, verdeckt die Karte die Bier-Etiketten.

Warum ändert die Karte ihre Größe nicht wie die Bilder auf der Seite?

Diese Widgets sind nicht responsiv

Responsive Webdesign ist so neu, dass es unwahrscheinlich ist, dass Widgets wie Google Maps standardmäßig flüssig sind.

Wenn Unternehmen Widgets zur Einbettung in andere Webseiten bereitstellen, tun sie alles in ihrer Macht Stehende, um dafür zu sorgen, dass das Widget unabhängig vom Seitenlayout makellos funktioniert. Häufig bedeutet das, dass Dinge wie die Höhe und die Breite bereits im HTML fest vorgegeben werden.

Der Umgang mit externen Widgets ist bei beinahe jeder Mobilsite ein Problem. Responsive Designs erfordern immer, dass Widgets flüssig sein müssen.

Breite und Höhe sind festgeschrieben, und das verhindert, dass die Größe an die Seite angepasst wird.

```
<iframe id="map" width="300" height="300" frameborder="0" scrolling="no"
marginheight="0" marginwidth="0" src="http://maps.google.com..."></iframe>
```

Viele der Attribute in diesem Iframe könnten in CSS verschoben werden.

Im Optimalfall würde unser HTML nur den Inhalt und das Markup beinhalten. Es würde keinerlei Darstellungsinformationen enthalten.

KOPF-NUSS

Welche CSS-Eigenschaften entsprechen den Attributen, die im Iframe genutzt werden?

Die Iframe-Attribute in äquivalentes CSS umwandeln

Verschieben wir möglichst viele der Attribute des `iframe` in CSS und kümmern wir uns dabei gleich darum, sie flüssig zu machen.

Zunächst müssen wir eine Liste der Attribute erstellen, die wir nach CSS verschieben wollen, indem wir die Attribute für die Präsentation von denen für Inhalt und Metadaten trennen.

```
<iframe id="map" width="300" height="300" frameborder="0" scrolling="no"
marginheight="0" marginwidth="0" src="http://maps.google.com..."></iframe>
```

Metadaten → id="map"

Präsentation → width="300"

Präsentation → height="300"

Präsentation → frameborder="0"

Präsentation → scrolling="no"

Präsentation → marginheight="0"

Präsentation → marginwidth="0"

Inhalt → src="http://maps.google.com..."

Alle Präsentationsattribute gehören in das CSS.

Ordnen Sie Styles Attributen zu

Einige dieser Attribute haben den gleichen Namen wie die äquivalenten CSS-Eigenschaften. Wir müssen nicht besonders scharf nachdenken, um die CSS-Versionen für `width` und `height` zu finden. Andere wie `frameborder` sind etwas obskurer. Glücklicherweise sind die CSS-Gegenstücke trotzdem recht einfach.

Tun Sie das!

Fügen Sie der *layout.css* diese Regeln hinzu.

Die Iframe-Attribute.

```
<iframe
  id="map"
  width="300"
  height="300"
  frameborder="0"
  scrolling="no"
  marginheight="0"
  marginwidth="0"
  src="http://maps.
google.com...">
</iframe>
```

Unsere neuen CSS-Regeln für den Karten-Iframe.

```
#map {
  width:100%;
  height:100%;
  border:none;
  overflow:hidden;
  margin:0;
}
```

Wir machen den Iframe flüssig, indem wir statt einer festgelegten Anzahl an Pixeln einen Prozentwert nutzen, wie wir es in Kapitel 1 gelernt haben.

In CSS wird das Scrollen durch die Eigenschaft overflow gesteuert. Das sagt, dass keine Scrollleisten eingefügt und zusätzlicher Inhalt verborgen werden soll. Es hat die gleichen Auswirkungen wie scrolling = "no".

Die Attribute aus dem JavaScript entfernen

Jetzt kümmert sich das CSS um die Schwerarbeit. Wir können unser JavaScript also so modifizieren, dass die Präsentationsattribute dort nicht mehr gesetzt werden. Entfernen Sie die Zeilen, die die von uns identifizierten Präsentationsattribute definieren.

Suchen Sie das JavaScript am unteren Ende von ontap.html.

```
<script type="text/JavaScript">
var breakpoint = 481,
  id = 'mapcontainer',
  viewportWidth = window.innerWidth;
if (viewportWidth > breakpoint) {
  var mapElement = document.createElement('iframe');
  mapElement.id = 'map';
  mapElement.width = '300';
  mapElement.height = '300';
  mapElement.frameborder = '0';
  mapElement.scrolling = 'no';
  mapElement.marginheight = '0';
  mapElement.marginwidth = '0';
  mapElement.src = 'http://maps.google.com/maps?f=q&so
urce=s_q&hl=en&geocode=&q=334+NW+11th+Ave,+Portland,+O
R+97209&aq=&sll=37.0625,-95.677068&sspn=58.164117,80.3
32031&vpsrc=0&ie=UTF8&hq=&hnear=334+NW+11th+Ave,+Portl
and,+Oregon+97209&t=m&ll=45.525472,-122.68218&spn=0.01
804,0.025749&z=14&output=embed';
  document.getElementById(id).insertBefore(mapElement,
maplink);
}
</script>
```

Löschen Sie diese Zeilen aus dem JavaScript. (die durchgestrichenen Zeilen `mapElement.width` bis `mapElement.marginwidth`)

PROBEFAHRT

Speichern Sie *layout.css* und *ontap.html* und laden Sie die Angezapft-Seite in Safari. Sie können *http://hf-mw.com/ch2/ex/6/ontap.html* nutzen, wenn das für Sie bequemer ist. Wie sieht die Karte jetzt aus?

Jetzt sollte jeder die Kneipe finden können

Die Karte hat es etwas übertrieben, stimmt's? Sie hat beinahe die vollständige linke Spalte okupiert. Gleich wird sie sicher zu blinken beginnen, um unsere Aufmerksamkeit auf sich zu lenken – wenn wir sie nicht in die Schranken weisen.

Wenn Sie das Fenster schmaler machen, werden Sie sehen, warum die Karte so verzweifelt unsere Aufmerksamkeit auf sich lenken möchte. Die Karte wird zusammengepresst, bis sie sich in einen schmalen Streifen verwandelt, der vollständig unbrauchbar ist.

Die Größe der Karte soll zwar angepasst werden, aber wir müssen Grenzen dafür einrichten, wie weit sie in beide Richtungen skalieren soll.

Das sind Safari-Screenshots. Andere Browser verhalten sich anders. In keinem tut die Karte, was sie tun soll.

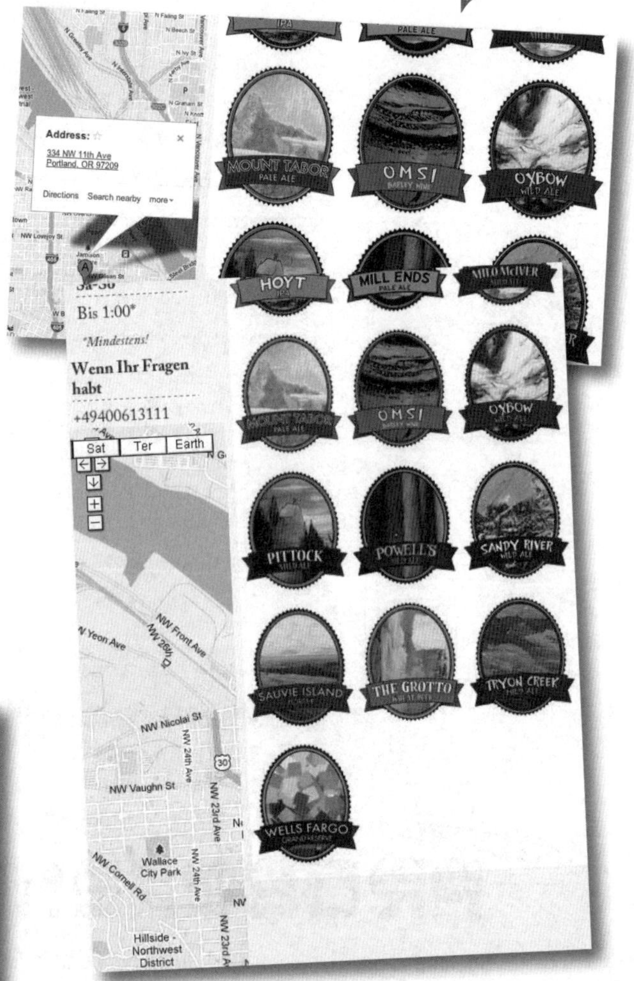

1 **Die Höhe der Karte ist zu groß.**
Wenn wir die Höhe der Karte auf 100 % setzen, wird die Karte höher als das größte Bild auf der Seite. Legen wir der Karte etwas stärkere Fesseln an, indem wir die Höhe auf 400 px setzen.

Fügen Sie der #map-CSS-Regel folgende Zeile hinzu.

```
height: 400px;
```

2 **Die Karte wird zu schmal.**
Wenn das Fenster schmaler wird, wird die Karte so zusammengepresst, dass die meisten Informationen nicht mehr erkennbar sind. Wir müssen also eine Minimalbreite setzen, damit die Karte zur Bohnenstange wird.

Nachdem der #map-Regel in layout.css die beiden neuen Zeilen hinzugefügt wurden, sollte die Regel so aussehen.

```
#map {
  width:100%;
  height:400px;
  border:none;
  overflow:hidden;
  margin:0;
  min-width: 200px;
}
```

Jetzt gibt es wieder Überschneidungen

Ich dachte, wir hätten den iframe nur flüssig gemacht, um diese Überschneidungen loszuwerden. Jetzt steht alles im CSS, aber die Karte verdeckt die Bier-Etiketten immer noch, wenn das Browserfenster schmaler gemacht wird.

Die Verschiebung der Präsentationsattribute des `iframe` in das CSS war der erste Schritt. Jetzt müssen wir erneut einen Blick auf unsere Medienabfragen werfen.

In Kapitel 1 haben wir Medienabfragen genutzt, um das Layout bei 480 Pixeln zu wechseln. Diese Breite haben wir aus der Breite der Bildschirme beliebter Smartphones abgeleitet.

Unser Kartenproblem sagt uns jetzt, dass wir einen Blick auf den Inhalt der Seite werfen müssen, wenn wir Entscheidungen in Bezug darauf treffen, wo wir Medienabfragen anwenden.

Jetzt verdeckt die Karte wieder Bier-Etiketten, wenn das Fenster schmaler wird.

Lassen Sie sich vom Inhalt leiten

Dass wir 480 Pixel als Breakpoint für die Medienabfrage nutzen, birgt ein Problem. Nicht alle Smartphones sind gleich breit. Selbst wenn heute die Mehrzahl von ihnen diese Breite nutzt, heißt das noch nicht, dass in der Zukunft nicht vielleicht 540 Pixel die gebräuchlichste Breite sein wird.

Es wäre besser, wir würden die Entscheidung, wann Änderungen am Layout vorgenommen werden sollen, vom Inhalt abhängig machen.

Wir fordern Sie nicht auf, mit Ihrem Inhalt zu reden, bevor er zu Ihnen zu sprechen beginnt, aber wenn Sie so lange an der Größe des Browserfensters herumspielen, bis der Fensterinhalt nicht mehr richtig aussieht, wird der Inhalt Ihnen eine Menge mitteilen.

Vielleicht werden die Bilder zu klein. Oder die Spalten zu schmal.

Wenn so etwas passiert, haben Sie Ihren Breakpoint. Dann können Sie eine entsprechende Medienabfrage schnitzen, die die Darstellung an diesem Breakpoint ändert.

Zeit für Browserdehnübungen

Wir müssen unseren Inhalt auf Herz und Nieren prüfen, indem wir die Seite so groß und so klein wie möglich machen und dabei darauf achten, wann das Layout bricht.

Aber bevor wir das tun, brauchen wir eine Möglichkeit, in Erfahrung zu bringen, wie groß der Bildschirm ist, wenn etwas auf der Seite falsch aussieht. Am einfachsten erreichen wir das, indem wir ein *Bookmarklet* installieren, das uns die Fenstergröße zeigt.

Ein Bookmarklet ist ein kleines JavaScript-Fragment, das als Browserlesezeichen gespeichert wird.

Das Bookmarklet im Browser installieren

Begeben Sie sich zu *http://bit.ly/window-resize* und ziehen Sie den Link *Window Size* in Ihre Lesezeichenleiste, um das Bookmarklet zu erstellen. Klicken Sie auf das Bookmarklet, um es zu aktivieren. Ändern Sie die Größe Ihres Browserfensters und beobachten Sie, wie sich die Werte in der linken oberen Ecke des Browserfensters ändern.

Klick

Das Window Size-Lesezeichen in Safaris Lesezeichenleiste.

Wenn Sie auf das Window Size-Bookmarklet klicken, zeigt es die Größe des Browserfensters in der linken oberen Ecke an.

Optional: Installieren Sie eine Erweiterung

Für Google Chrome gibt es eine Erweiterung, die nicht nur die Fenstergröße anzeigt, sondern die Fenstergröße auch so ändern kann, dass sie bestimmten, verbreiteten Bildschirmauflösungen entspricht. Diese finden Sie unter *http://bit.ly/chrome-resizer*.

Die Erweiterung Web Developer Toolkit (*http://bit.ly/webdevtoolkit*) zeigt die Seitengröße und einige weitere nützliche Werkzeuge in der Titelleiste an. Sie funktioniert in Firefox und Chrome.

Spitzen Sie Ihren Bleistift

Laden Sie die Angezapft-Seite in den Browser mit dem Window Size-Bookmarklet (oder mit einer Browsererweiterung). Aktivieren Sie das Bookmarklet. Ändern Sie die Größe des Browserfensters.

Schreiben Sie die Breite des Browserfensters auf, bei dem das Layout bricht oder der Inhalt beginnt, seltsam auszusehen.

....

Spitzen Sie Ihren Bleistift – Lösung

Schauen wir uns einige der Problemzonen an, die sichtbar werden, wenn Sie die Größe des Browserfensters ändern.

610 Pixel: Die Bier-Etiketten berühren die Karte.

Bei ungefähr 610 Pixeln beginnen die Bier-Etiketten, die Karte zu berühren. Wir werden einen neuen Breakpoint einführen, um dieses Problem anzugehen. Diesen müssen wir allerdings so gestalten, dass er wirksam wird, bevor das Problem auftritt. Das heißt, dass wir statt 610 Pixeln 640 Pixel als Breakpoint wählen werden.

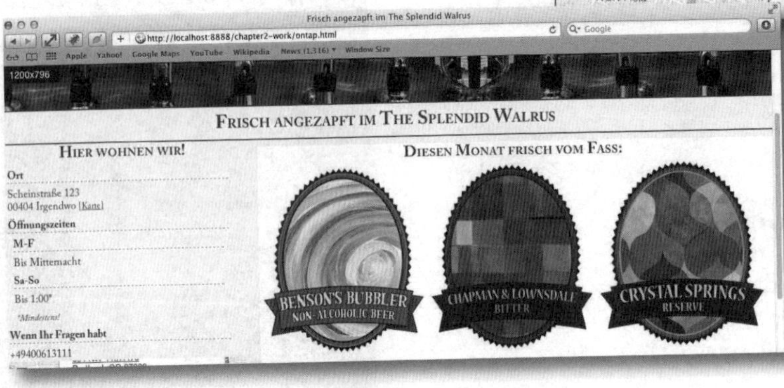

1.200 Pixel: Riesige Bier-Etiketten.

Wenn das Browserfenster größer wird, werden die Bier-Etiketten lächerlich groß. *Die Entscheidung, wann* sie zu groß werden, liegt im Auge des Betrachters. Für unseren Geschmack ist das der Fall, wenn das Browserfenster 1.200 Pixel breit ist.

Kopf-Nuss

Sind Ihnen noch weitere Probleme aufgefallen, während Sie mit dem Browserfenster herumgespielt haben? Wie bedeutsam muss ein Problem Ihrer Meinung nach werden, bevor es sinnvoll wird, es mit einer zusätzlichen Medienabfrage anzugehen?

Breakpoints als Retter

Im Großen und Ganzen ist das gar nicht so übel. Ein paar kleine Modifikationen am CSS sollten eigentlich genügen.

Die riesigen Bier-Etiketten schrumpfen

Aktuell enthält jede Zeile drei Bier-Etiketten. Wird die Seite breiter, reicht der Platz für vier Bier-Etiketten pro Zeile.

Erstellen Sie eine Medienabfrage für Fenster, die breiter als 1.200 Pixel sind, und statten Sie sie mit CSS aus, das jeweils vier Bier-Etiketten in jede Zeile setzt.

Diese Änderung erfolgt nur, wenn das Fenster größer als 1.200 Pixel ist.

```
@media screen and (min-width:1201px) {
  .taplist li {
   width: 25%;
  }
}
```

Setzen wir die Breite der Listenelemente (li), die die Bier-Etiketten enthalten, auf 25 %, erscheinen in jeder Zeile vier Etiketten.

Fügen Sie der layout.css diese Regel hinzu.

Wenn der Bildschirm breiter wird, lässt man Bilder häufig prozentual schrumpfen.

Früher auf eine Spalte wechseln

Selbst wenn sich Bier-Etiketten und Karte nicht überschneiden, wäre das Layout ab ungefähr 640 Pixeln ziemlich überfrachtet. Anstatt einen neuen Breakpoint einzufügen, der sich um die Überschneidung kümmert, können wir einfach den Breakpoint der vorhandenen Medienabfrage für 480 Pixel auf 640 Pixel anheben.

Die 480 Pixel werden in HTML, JavaScript und CSS referenziert. Das werden wir also in allen drei Komponenten ändern müssen.

Diese Änderung bewirkt, dass das Verbergen der Karte und das Umstellen des Layouts auf eine Spalte früher erfolgen. Das hat zusätzlich den Vorteil, dass das einspaltige Layout auch bei Mobilgeräten zum Einsatz kommt, die größer als 480 Pixel sind.

ontap.html

```
<link rel="stylesheet" type="text/css" href="layout.css"
media="all and min-width: 641px)">
```

Setzt min-width auf 641 px.

```
<script type="text/
javascript">
var breakpoint = 641,
  ...
</script>
```

Setzt den Breakpoint in JavaScript auf 641 px.

taps.css

```
/* Mobilgeräte mit kleiner
Auflösung*/
@media screen and (max-width:640px) {
```

Setzt max-width auf 640 px.

Unser erstes mobilzentriertes responsives Design ist fertig

- ☑ Wir müssen das HTML so einfach wie möglich machen und die Reihenfolge des CSS so ändern, dass das CSS der Mobilversion zuerst kommt.
- ☑ Wir werden die CSS-Hintergrundbilder so ändern, dass pro Bild nur eine Datei heruntergeladen wird. Achten Sie darauf, dass `display:none` entsprechend eingesetzt wird.
- ☑ Wir werden verschiedene Quelldateien für `<img>`-Tags für unterschiedliche Bildschirmauflösungen bereitstellen und darauf achten, dass jeweils das Bild mit der richtigen Größe heruntergeladen wird.
- ☑ Wir werden JavaScript einsetzen, um die Google Maps-Karte hinzuzufügen, wenn der Browser sie unterstützt und das Dokument so breit ist, dass es sie aufnehmen kann.

Es gibt keine Dummen Fragen

F: Was genau ist ein Viewport?

A: Stellen Sie sich vor, Sie nehmen ein Stück Pappe und schneiden in dessen Mitte ein Rechteck aus. Legen Sie dieses Rechteck über Ihren Monitor, sodass Sie nur noch den Teil der Webseite sehen können, den das Rechteck freigibt. Genau das macht ein Viewport bei einer Webseite.

F: Das `viewport`-`<meta>`-Tag sagt dem Browser also, wie groß er den Viewport machen soll?

A: Genau. Standardmäßig setzt iOS den Viewport auf 980 Pixel. Wenn Sie Ihre Seite für kleinere Bildschirme optimiert haben, teilen Sie das dem Browser mit, indem Sie ein `viewport>`-`<meta>`-Tag setzen, damit er weiß, dass er den Viewport entsprechend setzen muss.

F: Was sind Breakpoints?

A: Breakpoints sind einfach nur eine besondere Art, die Auflösung zu beschreiben, bei der sich das Layout der Seite den Wünschen des Designers entsprechend ändern soll. Üblicherweise erfolgt das mit Medienabfragen, die prüfen, ob eine Seite schmaler oder breiter als eine festgelegte Anzahl an Pixeln ist.

Ein komplexes responsives Design kann mehrere Breakpoints haben – einige, die das Design umfassend ändern, und andere, die gezielt kleinere Anpassungen vornehmen, um unbedeutendere Layoutprobleme zu beheben.

F: Ich möchte keinem das Zoomen versagen, aber dieser iOS-Bug ist ziemlich abscheulich. Gibt es eine Möglichkeit, das Zoomen zu aktivieren, ohne dass die Seite defekt ist?

A: Einen JavaScript-Ausweg finden Sie unter *https://gist.github.com/901295.*

F: Wieso kommt es überhaupt zu der Überscheidung mit der Karte?

A: Weil die Karte ein Element ist, das nicht mit dem Browserfenster skaliert. Wenn das Fenster klein ist, kann der Browser die Karte nicht mehr kleiner machen, und die linke Spalte beginnt, die rechte zu verdecken.

F: Ist die Einführung einer `min-width` für die Karte nicht eine Verletzung des Responsive Webdesign-Konzepts? Das führt doch ein Element ein, dessen Größe sich nicht mit der des Browserfensters ändert.

A: Technisch gesehen, ja. Hier scheint es eine brauchbare Lösung, weil wir die Medienabfragen so modifiziert haben, dass sie sich um die Inhaltsüberschneidung kümmern. Eine andere Option wäre gewesen, Medienabfragen einzusetzen, um die Maße der Karte und die Verhältnisse der Spalten anzupassen.

Punkt für Punkt

- Desktopseiten kann man mit zusätzlichen Medienabfragen zwar dazu bringen, auf Mobilgeräten eine gute Figur zu machen, aber das heißt noch nicht, dass die Seiten dann auch **mobiloptimiert** sind.
- Weil die **meisten Mobilbrowser keine Plug-ins unterstützen**, gibt es weniger Werkzeuge, die mobile Webentwickler bei der Arbeit zur Unterstützung heranziehen können.
- Der Einsatz eines **Proxyservers** oder einer Testumgebung wie Blaze Mobitest kann Ihnen helfen, sich ein Bild dessen zu verschaffen, was **tatsächlich von einem Mobilbrowser heruntergeladen wird**.
- **HTTP Archive Files und Wasserfalldiagramme** sind wichtige Werkzeuge zur Performancemessung.
- **Mobilzentriertes Responsive Webdesign** unterstützt die Optimierung von Webseiten, indem es dafür sorgt, dass **standardmäßig kleinere Ressourcen heruntergeladen werden**.
- Mobilzentriertes RWD ist eine andere Form von **Progressive Enhancement**, das die Bildschirmgröße nutzt, um Webseiten zu bereichern.
- Der Mobile First-Designprozess zwingt Sie, **sich auf die relevanten Dinge zu konzentrieren**, und hilft Ihnen so, Überflüssiges aus Ihren Seiten zu entfernen.
- Internet Explorer 8 und älter unterstützen keine Medienabfragen. **Bedingte Kommentare** sind eine Ausweichmöglichkeit.
- **JavaScript kann Medienabfragen bereichern**, indem mit seiner Hilfe in Abhängigkeit von der Bildschirmgröße geeigneter Inhalt eingefügt wird.
- Sie sollten Breakpoints nicht auf üblichen Bildschirmauflösungen basieren lassen, **sondern sich vom Inhalt die Auflösungen diktieren lassen,** bei denen Sie das Layout ändern müssen.

3 Eine eigene mobile Website

Ungünstige Umstände

Eine traumhafte Vision: das eine, rein responsive Web ...

in dem jede Site ein Layout für alle Gelegenheiten hat, das liebevoll und mobilzentriert entworfen wurde. Es klingt wirklich wunderbar. Aber was passiert, wenn die weniger wunderbare Realität ihr unansehnliches Haupt hebt? Mit Altsystemen, älteren Geräten oder einfach einem knapp gesteckten Kundenbudget? Was ist, wenn die Umstände verhindern, dass Sie Desktop- und Mobilunterstützung hübsch zu einem Brei vermischen können und Sie zwingen, beides getrennt zu halten? In diesem Kapitel werden wir uns den elementaren Details der **Erkennung von Mobilbenutzern, der Unterstützung ergrauter älterer Handys und dem Aufbau einer eigenständigen Mobilsite zuwenden**.

Die Außendienstmitarbeiter von Vierbeinige Freunde

Vierbeinige Freunde International ist eine weltweite gemeinnützige Organisation, die sich in Regionen, die von Naturkatastrophen heimgesucht wurden, um die Versorgung kranker oder verletzter Tiere kümmert, um die betroffenen Bauern und Viehzüchter zu unterstützen. Bis vor Kurzem stattete die Organisation ihre Mitarbeiter mit Telefonen und robusteren Laptops aus, um Einsatzkräfte und Material zu koordinieren.

Wie erhalten und teilen die Mitarbeiter die Daten, die sie benötigen?

Vierbeinige Freunde ist keine junge Organisation – ihre Wurzeln reichen über zwei Jahrzehnte zurück. Die Organisation besitzt bereits eine ausgewachsene interne Infrastruktur, einschließlich einer umfangreichen »traditionellen« Webpräsenz, die auf einem proprietären Content Management-System (CMS) basiert.

Der Bedarf nach einer mobilen Website wächst

Zunehmend stellen die Mitarbeiter von Vierbeinige Freunde fest, dass Handynetze vor Ort häufig das zuverlässigste – oft gar das einzige verfügbare – Kommunikationsmittel sind. Kabelbasierte Internetverbindungen sind meist nur schwer aufzutreiben, verlangen eine umfangreichere Ausrüstung und schränken die Mobilität ein.

Vierbeinige Freunde braucht eine Mobilwebsite, und zwar eine, die eine Vielzahl von Geräten auf einer Vielzahl von Verbindungswegen unterstützt.

Das klingt nach einem interessanten Projekt. Ich kann es kaum erwarten, das CMS der Organisation dazu zu bringen, einen mobilgerechteren Inhalt in einem responsiven Design ausliefern zu lassen.

Frank: Da gibt es allerdings eine schlechte Nachricht. Vierbeinige Freunde hat ein recht bescheidenes Budget. Außerdem sind die Interessen verschiedener Gruppen zu berücksichtigen. Beispielsweise würde es wohl eine ziemliche Aktion werden, die administrativen und inhaltsbezogenen Prozesse der Organisation aus den Fängen des alten CMS zu befreien. Das heißt, dass wir die Desktopsite, zumindest im Moment, nicht anrühren können.

Tim: Aber macht das unsere Aufgabe nicht unmöglich?

Frank: Das zwar nicht, aber es könnte einige Kompromisse erfordern. Die Website von Vierbeinige Freunde ist groß und kompliziert, aber der einzige Teil, der unbedingt mobilgerecht gemacht werden muss, ist das sogenannte VF-Logistikportal. In dieser Webanwendung können die Mitarbeiter neue Informationen hinterlegen und abrufen sowie Ablaufpläne und Versorgungsfragen koordinieren. Dieser Teil der Desktopsite bildet eine relativ geschlossene Einheit und bietet darüber hinaus eine API, die wir nutzen können.

Tim: Das verstehe ich nicht. Wie können wir denn nur ausgewählte Teile der Site ändern?

Frank: Ich denke, dass wir hier eine eigene Site für Mobilnutzer aufbauen müssen.

Tim: Das klingt aber nach einer eher chaotischen Angelegenheit.

Frank: Das mobile Web kann ziemlich chaotisch sein. Das weißt du doch. Wir müssen dafür sorgen, dass die Sache funktioniert, und zwar zuverlässig und für eine große Zahl an Mitarbeitern, die auf der gesamte Welt verstreut arbeiten. Außerdem haben wir es hier nicht mit einem Haufen begeisterter Smartphone-Geeks zu tun. Viele der Geräte, die zum Einsatz kommen, sind gespendete ältere Geräte, und in einigen Gebieten, in denen sie zum Einsatz kommen, ist die Verbindungsqualität eher suboptimal. Wir brauchen eine schlanke, einfache und funktionale Mobilwebsite, die den Mitarbeitern ermöglicht, ihre Arbeit zu erledigen. Wir können den vorhandenen Desktopkram einfach nicht in die Form bringen, die wir benötigen.

Manchmal ist es sinnvoll, eine eigene, eigenständige Site für Mobilgeräte aufzubauen.

Entspannen Sie sich

Angst vor dem Programmieren? Die können Sie sich sparen!

Oben wurde zwar von APIs und Webanwendungen gesprochen, aber wir werden Ihnen die Schwerarbeit abnehmen. Überlassen Sie das Programmieren ruhig uns – Ihre Aufgabe ist es, uns dabei zu unterstützen, Aussehen und Funktion der Site auf Mobilgeräten zu optimieren.

Es gibt keine Dummen Fragen

F: Was macht eigentlich ein Content Management-System (CMS)?

A: Ein Web-CMS ist eine Kombination aus Bearbeitungs-, Veröffentlichungs- und Rechteverwaltungswerkzeugen zur Erstellung und Verwaltung von Webinhalten. Einige CMS sind ziemlich ausgereift und bieten eine Umgebung zur schnellen Entwicklung von Webanwendungen (gelegentlich bezeichnet man diese als *Content Management-Frameworks* oder CMF).

Mit einem CMS können Administratoren, die mit HTML-Markup oder dem Webdesign nicht unbedingt vertraut sind, Inhalte erstellen und verwalten.

Es gibt sowohl Open Source-CMS als auch kommerzielle CMS, die in beinahe jeder denkbaren Programmiersprache geschrieben wurden. Beispiele sind unter anderem WordPress, Drupal, DotNetNuke, Joomla! und SharePoint. Größere oder spezialisiertere Organisationen erstellen gelegentlich eine eigene CMS-Software.

Die meisten CMS kümmern sich auch um die Veröffentlichung von Inhalten und nutzen dazu ein Template-System oder einen anderen Mechanismus. Das kann den Übergang zur Unterstützung von Mobilgeräten zu einer komplizierteren Angelegenheit machen, da diese den Inhalt in vielen Fällen mit den Präsentationsschichten vermischen.

So sieht es auch bei Vierbeinige Freunde aus. Das schon vor einigen Jahren entwickelte CMS hat nur einen Template-Satz. Das System von Grund auf neu zu schreiben, wäre für die Organisation zu kostenaufwendig.

F: Ist die Anpassung für Mobilgeräte bei Content Management-Systemen immer ein Problem?

A: Die Anzahl an CMS kommt der an Mobilbrowsern recht nah – einige von ihnen lassen sich leichter, andere schwerer für Mobilgeräte anpassen. Das Problem der Mischung von Inhalt, Logik und Darstellung ist allerdings bei vielen beliebten CMS anzufinden.

Die Gemeinschaften und Unternehmen, die hinter der Entwicklung vieler dieser Syteme steht, arbeiten aktiv an neuen Versionen, die für die Auslieferung von Inhalten an unterschiedliche Arten von Geräten optimiert sind. Und die Visionäre in der mobilen Webwelt suchen nach neuen Möglichkeiten, Inhalte zu strukturieren – die Inhalte systematischer, wie Anwendungsdaten, behandeln, damit sie einfacher auf unterschiedlichen Plattformen wiederverwendet werden können.

APIs unter der Lupe

APIs (Application Programming Interfaces) sind systematisierte, klar definierte Schnittstellen, die erstellt wurden, damit verschiedene Softwaresysteme miteinander kommunizieren können. Ein Beispiel einer beliebten Web-API ist die Twitter-API. Die Twitter-API definiert einen Satz von Methoden, die Webprogrammierer nutzen können, um Daten aus dem Twitter-System abzurufen oder Daten im Twitter-System zu modifizieren.

Das Webanwendungsteam bei Vierbeinige Freunde hat die Teile der Website geschrieben, mit deren Hilfe Mitarbeiter und Administratoren Personal und Material für die weit verstreuten Teams verwalten können. Dabei hat das Team auch eine API erstellt, die genutzt werden kann, um Informationen zu Mitarbeitern und Material abzurufen und zu aktualisieren.

Im Unterschied zum CMS vermischt die Vierbeinige Freunde-API Logik und Präsentation nicht. Das wird unsere Mobiloptimierung erheblich erleichtern.

Die API liefert strukturierte Daten, die unser Mobile-Web-Entwicklerteam nutzen kann, um eine Mobilversion der Vierbeinige Freunde-Site aufzubauen.

Mobilnutzer zu einer mobilgerechten Website umleiten

Manchmal braucht man zwei separate Websites für Mobilgeräte und Desktopbrowser. Häufig ist es erstrebenswert, dass Benutzer, die sich an eine bestimmte Domain wenden – z. B. *www.example.com* –, automatisch an die für ihr Gerät geeignete Website weitergeleitet werden.

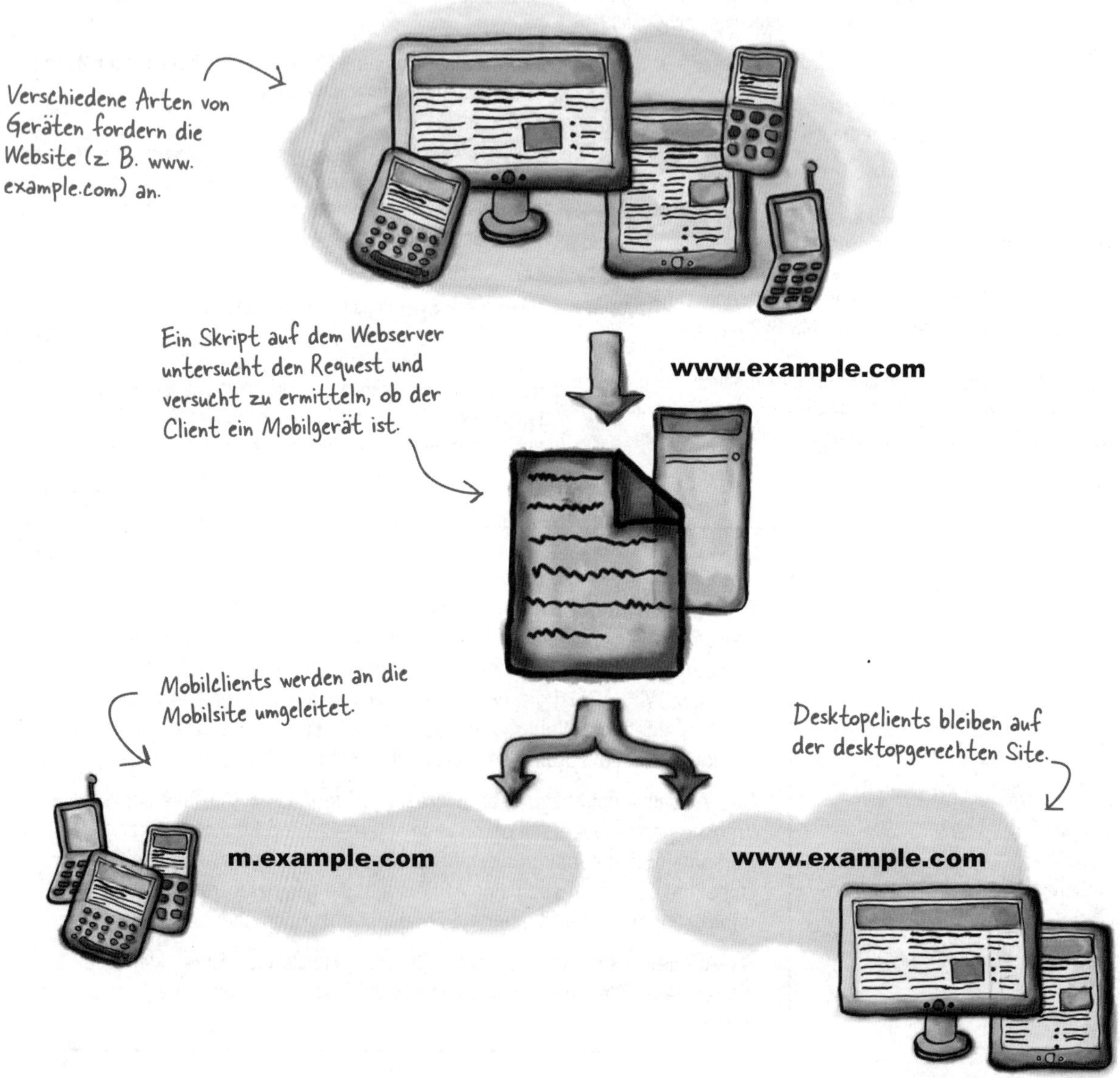

Mobilnutzer aufspüren

Diese Einrichtung – die Weiterleitung von Mobilgeräten an eine mobilgerechte Site – funktioniert nur, wenn der Webserver weiß, ob ein Request von einem Mobilgerät stammt oder nicht.

Wir werden uns gleich damit auseinandersetzen, wie man, aus dem vom Browser gesendeten `User-Agent`-HTTP-Header ableiten kann, ob der Browser ein Mobilbrowser ist.

Es gibt noch andere Techniken, aber die User-Agent-Erkennung ist ein verbreitetes serverseitiges Verfahren zur Geräteerkennung.

Diese Technik wird üblicherweise als »User-Agent-Sniffing« bezeichnet.

Der User-Agent-String ist ein Text, der als eine Art Kennung für eine Clientanwendung (hier den Webbrowser) dient. Jeder Browser hat seine eigene User-Agent-Kennung.

User-Agent wird häufig mit »UA« abgekürzt.

Freundschaft schließen mit dem User-Agent

Webbrowser – ja, auch Mobilbrowser – senden als Teil des **HTTP-Requests** einen **User-Agent-Header**, wenn der Browser eine Webseite oder eine andere Ressource anfordert.

User-Agent-Strings werden von Webmastern schon seit langer Zeit genutzt (und missbraucht), um Browser zu identifizieren (wenn auch nicht immer erfolgreich). In der unrühmlichen Geschichte der Browserkriege der Neunzigerjahre war das sogenannte *User-Agent-Sniffing* der Fluch von Millionen von Webnutzern, die mit der allgegenwärtigen Warnung »Diese Seite ist für den Internet Explorer (oder Mozilla oder Netscape oder was auch immer gerade die beliebteste Browservariante war) optimiert« konfrontiert wurden.

```
GET /pretty.png HTTP/1.1
-------------------------------------------------------
Host: www.example.com
Accept: text/html,application/xhtml+xml,application/xml
Accept-Encoding: gzip,deflate,sdch
Referer: http://www.example.com/foo
User-Agent: Opera/9.64(Windows NT 5.1; U; en) Presto/2.1.1
-------------------------------------------------------

```

Request-Zeile

Request-Header

Request-Body (wenn es einen gibt)

Vereinfachte Struktur eines HTTP-Requests

User-Agent-Archäologie

Die Struktur eines User-Agent-Strings ist heutzutage ein Flickwerk aus Konventionen, Verwirrungen und Tricksereien. Es ist nie gelungen, seine Form vollständig einer vernünftigen Ordnung zu unterwerfen. Es kann also passieren, dass Sie mit etwas in folgender Form konfrontiert werden:

```
Mozilla/5.0 (Windows NT 6.0) AppleWebKit/535.1 (KHTML, like
Gecko) Chrome/14.0.792.0 Safari/535.1
```

Chrome 14 auf Windows Vista ... ist doch klar!

Warum, bitte, erwähnt der User-Agent für Chrome unter Windows Safari? Was ist KHTML, und inwiefern ist es »like« Gecko? Wie Ihr Blinddarm oder die stummeligen Beinreste von Walen ist vieles davon Evolutionsmüll.

Der verkümmerte »Mozilla-Kompatibilitätshinweis« (im Beispiel oben Mozilla/5.0) ist bis zum heutigen Tag fast omnipräsent. Mit der Erwähnung von Mozilla, KHTML, Gecko oder WebKit behaupten UAs, dass ihre Layout-Engines besser als diese Layout-Engines oder zumindest mit ihnen vergleichbar sind. Als dies geschrieben wurde, führten alle WebKit-basierten Mobilbrowser neben dem Android-Browser in ihrem User-Agent Safari an (Apple ist der ursprüngliche Entwickler von WebKit, das seinerseits auf KHTML basiert).

User-Agents unter dem Mikroskop

Werfen wir einen gründlichen Blick auf die Bestandteile einiger aus dem wahren Leben entnommener User-Agent-Strings.

Chrome 14 auf Windows Vista (das kennen wir schon von Seite 98).

```
Mozilla/5.0 (Windows NT 6.0) AppleWebKit/535.1 (KHTML,
like Gecko) Chrome/14.0.792.0 Safari/535.1
```

Ein Samsung-Handy mit Windows Phone 7.

```
Mozilla/4.0 (compatible; MSIE 7.0; Windows Phone OS 7.0;
Trident/3.1; IEMobile/7.0; SAMSUNG; SGH-i917)
```

Ein BlackBerry 9700 (Bold).

```
BlackBerry9700/5.0.0.442 Profile/MIDP-2.1 Configuration/CLDC-1.1
VendorID/612
```

Einige der Teile analysieren

`Windows NT 6.0`, `Windows Phone OS 7.0`, `BlackBerry9700/5.0.0.442` – Plattform, OS und Version.

`IE Mobile/7.0`, `Chrome/14.0.792.0` – Browsername und -version.

`MSIE 7.0`, `Safari/535.1`, `KHTML, like Gecko`, `Mozilla/5.0`, `Mozilla/4.0` – Der Browser ist »kompatibel mit« oder basiert ursprünglich auf ...

Diverse Elemente:

`Profile/MIDP-2.1` – Java-Runtime für Mobilgeräte.

`Configuration/CLDC-1.1` – Java ME-Framework-Spezifikation.

`VendorID/612` – Identifiziert den Herstellen, oder den Netzbetreiber

`SAMSUNG; SGH-i917` – Dieses Samsung-Gerät sendet Modellinformationen. Das ist zwar keine Seltenheit, aber auch nicht üblich.

`AppleWebKit/535.1`, `Trident/3.1` – Layout-Engine (Trident ist die Layout-Engine des IE).

Was ist mein Zweck?

1
```
Mozilla/5.0 (Linux; U; Android 2.1; en-us; ADR6200 Build/ERD79)
AppleWebKit/530.17 (KHTML, like Gecko) Version/4.0 Mobile Safari/530.17
```

2
```
Opera/9.64(Windows NT 5.1; U; en) Presto/2.1.1
```

3
```
Mozilla/5.0 (BlackBerry; U; BlackBerry 9800; en-US) AppleWebKit/534.1+
(KHTML, like Gecko) Version/6.0.0.246 Mobile Safari/534.1+
```

Auf der letzten Seite haben Sie gesehen, wie man User-Agent-Strings seziert. Jetzt sind Sie an der Reihe. Ordnen Sie die einzelnen Bausteine, die den User-Agent-Strings oben entnommen wurden, ihrem jeweiligen Zweck zu.

Presto/2.1.1	OS, Plattform und Version
Apple WebKit/534.1+	Ursprungs-/Kompatibilitätsangabe
Windows NT 5.1	Browsername und -version
Mozilla/5.0	Layout-Engine
Version/6.0.0.246	Ursprungs-/Kompatibilitätsangabe
KHTML, like Gecko	Layout-Engine
Opera/9.64	Browserversion

Lösungen auf Seite 102.

User-Agent: eine Ausgeburt der Hölle?

In gewisser Weise schon.

Wenn Sie den Begriff »User-Agent-Sniffing« in einem Raum, in dem sich eine Gruppe von Webentwicklern versammelt hat, zu laut aussprechen, werden Sie unvermeidlich einige ernste, missbilligende Blicke und ein unterdrücktes, aber eindringliches und allgemeines Räuspern ernten.

Das User-Agent-Sniffing ist bei vielen Webentwicklern ein wunder Punkt. Wir haben ja bereits gesehen, wie komplex User-Agent-Strings werden können. Außerdem ist das User-Agent-**Spoofing** verbreitet, bei dem der Nutzer seinen Browser (absichtlich oder unabsichtlich) so konfiguriert, dass er einen anderen UA-Header sendet. Und dann gibt es eben Abertausende verschiedener UAs, deren Zahl täglich weiter wächst.

Die Erkennung von Mobilbrowsern durch User-Agent-Sniffing auf dem Server mag deswegen tatsächlich als kruder und unzuverlässiger Pfusch erscheinen, aber manchmal ist eben ein krudes Werkzeug das beste für eine bestimmte Aufgabe.

KRAFT-TRAINING

Fällt Ihnen ein Grund ein, aus dem User-Agent-Sniffing ein unvermeidliches Übel sein könnte?

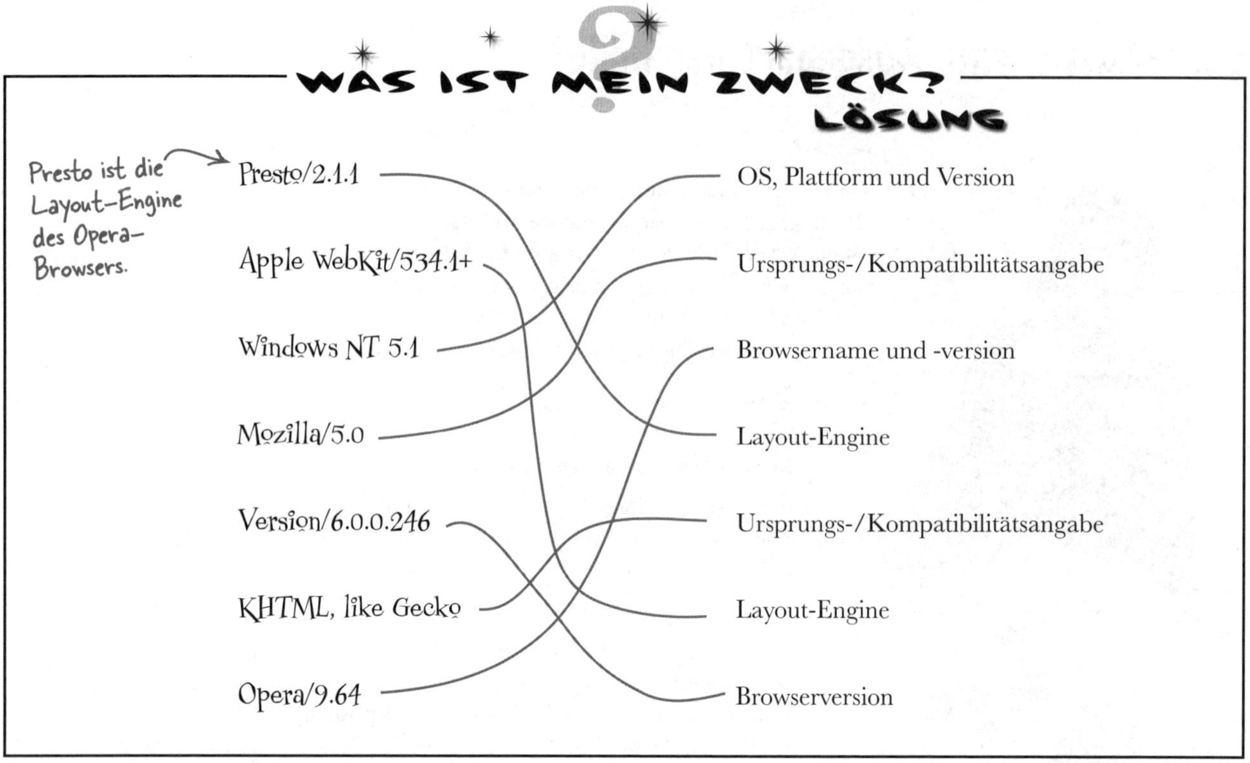

Welche Browser sind das?

Sie fragen sich, woher die User-Agent-Strings stammen, die wir für diese Übung (auf Seite 100) eingesetzt haben? Hier sind die Clients, von denen sie stammen – eigens für Sie demaskiert:

1. **HTC Desire-Android-Handy mit dem Android-2.1-Browser**
2. **Opera 9 unter Windows XP**
3. **BlackBerry 9800 (Torch) mit dem BlackBerry OS 6-Browser**

Vergleichen Sie einmal den BlackBerry Torch-UA (OS 6) auf Seite 100 mit dem BlackBerry Bold-UA (OS 5) auf Seite 99. Ganz schön unterschiedlich, nicht wahr? Seit OS 6 nutzen BlackBerry-Browser die WebKit-Layout-Engine – ihre UA-Strings haben seitdem erheblich größere Ähnlichkeit mit den anderen WebKit-Browsern.

User-Agent-Strings folgen nicht immer einem verlässlichen Muster.

Einige User-Agent-Strings sind erheblich verständlicher als andere. User-Agents nutzen nicht immer die gleichen Bestandteile, und gelegentlich muten sie gar seltsam an. Einige grundlegende Muster werden meist befolgt, aber verlassen sollten Sie sich darauf nicht. Aber verzweifeln müssen Sie deswegen nicht! Wir haben einige gute Werkzeuge in petto, die die meisten dieser Probleme bewältigen können.

Es gibt keine Dummen Fragen

F: Was ist mit den anderen Teilen des User-Agent-Strings auf Seite 100, die Sie nicht erläutert haben? Was heißt das `en-us`? Was das `U`?

A: Das »en-us« ist eine Sprachinformation und sagt, dass der Browser und die Elemente seiner Schnittstelle gemäß der amerikanischen Variante des Englischen lokalisiert sind. Das »U« zeigt an, dass der Browser eine »strenge« Sicherheit hat (während ein »I« eine »schwache« und ein »N« überhaupt keine Sicherheit anzeigt). Wenn Sie den verschiedenen anderen Teilen von User-Agents-Strings auf den Grund gehen wollen, sollten Sie der äußerst hilfreichen Site *www.useragentstring.com* einen Besuch abstatten.

F: Gibt es wirklich einen eigenen User-Agent für jede Kombination aus Kompilation, Release, Version, Plattform, Gerät, Hersteller und Laune?

A: So ungefähr.

F: Senden außer Browsern auch noch andere Dinge `User-Agent`-Header?

A: Auch andere Arten von Anwendungen, die Requests an Webserver richten, senden `User-Agent`-Header. Dazu zählen unter anderem Suchmaschinen, Crawler und diverse Internet-Bots (sowohl gute als auch böse). Gelegentlich zeichnen Webserver-Logs User-Agent-Informationen über ungewöhnliche Dinge auf, die auf unsere Sites zugreifen – ein Webviewer, der z. B. in eine Notizverwaltungsanwendung eingebaut ist, oder eine Lesezeichenverwaltung für das Web oder ein Überwachungsdienst, der eine Site anpingt, um zu prüfen, ob sie einsatzbereit ist.

F: Warum sollte jemand den User-Agent seines Browsers fälschen?

A: Sie meinen, warum irgendwer mit Absicht seinen Browser für sich lügen lässt? Aus verschiedenen Gründen. Zwei verbreitete Motivationen sind die Sicherung der Privatsphäre und der Wunsch nach einem spezifischen Weberlebnis. Einige Benutzer wollen niemanden wissen lassen, welchen Browser sie nutzen. In anderen Fällen wollen sie den Webinhalt auf eine bestimmte Weise sehen. Ein beliebtes Beispiel ist der »Desktopmodus«, der in einigen Mobilbrowsern verfügbar ist. Wenn Sie diesen einschalten, veranlassen Sie den Browser (gelegentlich ohne dass Ihnen das bewusst ist), einen anderen `User-Agent`-Header zu senden, einen, der eher einem für einen Desktopbrowser ähnelt. Gelegentlich geschieht das aus vernünftigen Gründen und ist in Ordnung – der Windows Phone 7-Desktopmodus-User-Agent lässt sich recht leicht erkennen. Aber nicht immer. Schauen Sie sich den User-Agent-String an, den eine der Android-Versionen des Mobilbrowsers Skyfire im Desktopmodus sendet:

```
Mozilla/5.0 (Macintosh;
U; Intel Mac OS X 10_5_7;
en-us) AppleWebKit/530.17
(KHTML, like Gecko) Versi-
on/4.0 Safari/530.17
```

Sollten Sie der Meinung sein, dass das doch große Ähnlichkeit mit dem User-Agent hat, den Safari unter OS X sendet, liegt das daran, dass dieser UA *vollständig* dem User-Agent für Safari auf dem Desktop ***entspricht***.

F: Aber wenn sich jemand die Mühe gemacht hat, seinen Mobilbrowser als Desktopbrowser zu verkleiden, sollten wir seine Wünsche dann nicht berücksichtigen und ihm das Desktoperlebnis liefern?

A: Das ist eine recht delikate und eher philosophische Frage, die wir wohl mit »Ja« beantworten würden. Dabei würden wir uns wohl darauf verlassen, dass wir eventuelle Lücken mit responsivem Design füllen können, das dafür sorgt, dass sich die Site an die Umgebung anpasst, egal wofür sich der Browser ausgibt – vorausgesetzt natürlich, der Browser ist so modern, dass er Medienabfragen und Ähnliches unterstützt. Andererseits setzt das voraus, dass wir davon ausgehen, dass der Benutzer weiß, was er da tut. Auch wenn das sicher nicht immer der Fall ist, sollten wir ihm so viel Mündigkeit zugestehen und ihm liefern, was sein Browser haben will. Unter Entwicklern herrscht in Bezug darauf aber keine Einigkeit. Letztlich müssen Sie das selbst entscheiden.

F: Moment, Sie haben vollständig vergessen, UAProf zu erwähnen.

A: Viele Mobilgeräte senden UAProf-Header (User-Agent-Profile-Header), wenn sie Requests ausführen, häufig (aber nicht immer) als `x-wap-profile`-Request-Header. Die UAProf-Spezifikation gibt Herstellern von Mobilgeräten eine Möglichkeit, Informationen über das Gerät anzugeben. Üblicherweise wird im Request-Header ein Link auf den Ort des UAProf bereitgestellt.

Das hört sich gut an, ist praktisch aber nur eingeschränkt von Nutzen, da nicht alle Geräte und Browser UAProf-Header senden und von den gesendeten eine unerfreuliche Prozentzahl ungültig ist. Zusätzlich sind Umfang und Qualität der Daten in den UAProf-Dateien selbst nicht immer konsistent.

F: Es gibt Abermillionen UAs! UAProfs sind unzuverlässig! Trotzdem behaupten Sie, eine User-Agent-basierte Erkennung sei ein vernünftiges Verfahren!

A: In Kapitel 5 werden wir einigen Organisationen und Projekten begegnen, die es sich zur Aufgabe gemacht haben, Datenbanken mit Daten zu User-Agents und anderen Datenquellen wie UAProfs zu erstellen. Bis dahin werden wir ein einfaches, auf einem serverseitigen Skript basierendes Verfahren nutzen, das nach User-Agent-Strings Ausschau hält, die die wesentlichen Kennzeichen des User-Agents eines Mobilbrowsers tragen.

Klare Worte: Die meisten großen Sites haben eine eigene Mobilsite

Viele der größten Websites der Welt haben eine eigene Mobilsite, und viele dieser Sites nutzen irgendeine Form von User-Agent-Sniffing, um Anfragen zu verteilen. Warum ist das so, wenn das User-Agent-Sniffing so verachtet wird? Das User-Agent-Verfahren muss also *irgendetwas* Gutes haben.

Manche Dinge erscheinen auf der Serverseite einfach natürlicher ...

Die Weiterleitung von Requests an eine Mobilsite ist etwas, das einfach besser auf die Serverseite gehört. Wenn wir einen Mobil-Request an eine separate Site senden – etwas, das wir für Vierbeinige Freunde tun müssen –, **wird die Entscheidung am besten getroffen, bevor der Inhalt an den Client gesendet wird**.

... und der User-Agent-Header ist unser bester Hinweis

Der `User-Agent`-Header ist, auch wenn er nicht perfekt ist, der **einfachste und zuverlässigste Hinweis, den der Server auf den Browser hat, von dem der Request ausgeht**. Es gibt einige weitere HTTP-Request-Header, die Hinweise darauf bieten, ob ein Client mobil ist, die aber nicht so allgegenwärtig sind wie der berüchtigte, nervenaufreibende `User-Agent`-Header. Er bleibt schlicht die beste Wahl in einem Haufen weniger guter Alternativen. Und auch wenn wir uns ziemliche Mühe gaben, all die Dinge aufzuzeigen, die beim User-Agent-Sniffing schieflaufen können (den Anwalt des zu Teufels spielen, kann gelegentlich ganz amüsant sein!), kann es doch meist zuverlässig eingesetzt werden, insbesondere wenn verantwortlich damit umgegangen wird.

Wir können ein einfaches, frei verfügbares Skript nutzen, um eine elementare Mobilgeräteerkennung durchzuführen.

Oder wollen Sie eigentlich einen Redirect durchführen?

Gut aufgepasst. Glücklicherweise konnten Frank und Tim mit der IT-Abteilung von Vierbeinige Freunde kooperieren.

Wir können auf dem Webserver der Organisation ein einfaches Redirect-Skript installieren. Das Webteam von Vierbeinige Freunde versprach, das Mobilerkennungsskript in alle Seiten einzubinden, damit der Mobilverkehr umgeleitet werden kann.

Beschaffen Sie sich das Skript

Zeit, einen kurzen Abstecher zu *www.detectmobilebrowsers.com* zu machen. Dort finden Sie ein freies, einfaches Mobilerkennungsskript. Da Sie unbedingt die neueste Version haben sollten, ist es besser, Sie laden sich diese direkt von der Website herunter! Achten Sie darauf, dass Sie die PHP-Version herunterladen.

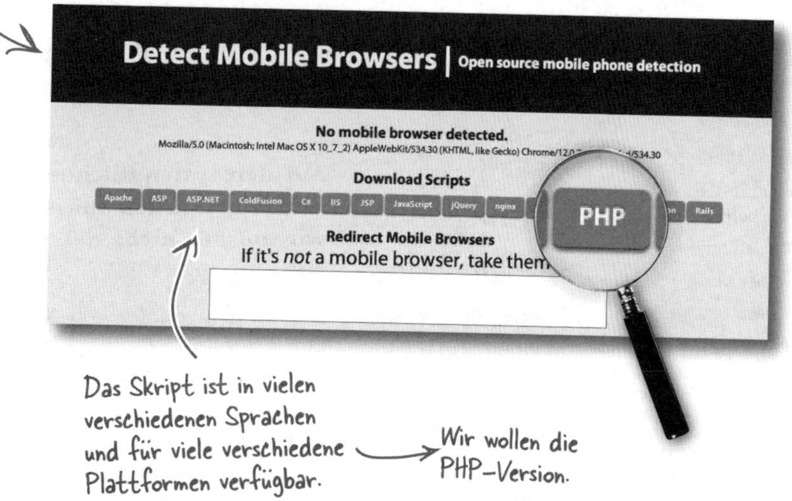

Werfen wir einen Blick auf das Skript

```
<?php
❶
$useragent=$_SERVER['HTTP_USER_AGENT'];
❷ if(preg_match('/android|avantgo|blackberry|blazer|compal|elaine|fennec|hiptop|ie
mobile|ip(hone|od)|iris|kindle|lge |maemo|midp|mmp|opera m(ob|in)i|palm( os)?|pho
ne|p(ixi|re)\/|plucker|pocket|psp|symbian|treo|up\.(browser|link)|vodafone|wap|wi
ndows (ce|phone)|xda|xiino/i',$useragent)|| preg_match('/1207|6310|6590|3gso|4th
p|50[1-6]i|770s|802s|a wa|abac|ac(er|oo|s\-)|ai(ko|rn)|al(av|ca|co)|amoi|an(ex|n
y|yw)|aptu|ar(ch|go)|as(te|us)|attw|au(di|\-m|r |s )|avan|be(ck|ll|nq)|bi(lb|rd)|
bl(ac|az)|br(e|v)w|bumb|bw\-(n|u)|c55\/|capi|ccwa|cdm\-|cell|chtm|cldc|cmd\-|co(
mp|nd)|craw|da(it|ll|ng)|dbte|dc\-s|devi|dica|dmob|do(c|p)o|ds(12|\-d)|el(49|ai)
|em(l2|ul)|er(ic|k0)|esl8|ez([4-7]0|os|wa|ze)|fetc|fly(\-|_)|g1 u|g560|gene|gf\-
5|g\-mo|go(\.w|od)|gr(ad|un)|haie|hcit|hd\-(m|p|t)|hei\-|hi(pt|ta)|hp( i|ip)|hs\-
c|ht(c(\-| |_|a|g|p|s|t)|tp)|hu(aw|tc)|i\-(20|go|ma)|i230|iac( |\-|\/)|ibro|idea|i
g01|ikom|im1k|inno|ipaq|iris|ja(t|v)a|jbro|jemu|jigs|kddi|keji|kgt( |\/)|klon|kpt
|kwc\-|kyo(c|k)|le(no|xi)|lg( g|\/(k|l|u)|50|54|e\-|e\/|\-[a-w])|libw|lynx|m1\-
w|m3ga|m50\/|ma(te|ui|xo)|mc(01|21|ca)|m\-cr|me(di|rc|ri)|mi(o8|oa|ts)|mmef|mo(
01|02|bi|de|do|t(\-| |o|v)|zz)|mt(50|p1|v )|mwbp|mywa|n10[0-2]|n20[2-3]|n30(0|
2)|n50(0|2|5)|n7(0(0|1)|10)|ne((c|m)\-|on|tf|wf|wg|wt)|nok(6|i)|nzph|o2im|op(ti
|wv)|oran|owg1|p800|pan(a|d|t)|pdxg|pg(13|\-([1-8]|c))|phil|pire|pl(ay|uc)|pn\-
2|po(ck|rt|se)|prox|psio|pt\-g|qa\-a|qc(07|12|21|32|60|\-[2-7]|i\-)|qtek|r380|r60
0|raks|rim9|ro(ve|zo)|s55\/|sa(ge|ma|mm|ms|ny|va)|sc(01|h\-|oo|p\-)|sdk\/|se(c(\-
|0|1)|47|mc|nd|ri)|sgh\-|shar|sie(\-|m)|sk\-0|sl(45|id)|sm(al|ar|b3|it|t5)|so(f
t|ny)|sp(01|h\-|v\-|v )|sy(01|mb)|t2(18|50)|t6(00|10|18)|ta(gt|lk)|tcl\-|tdg\-
|tel(i|m)|tim\-|t\-mo|to(pl|sh)|ts(70|m\-|m3|m5)|tx\-9|up(\.b|g1|si)|utst|v40
0|v750|veri|vi(rg|te)|vk(40|5[0-3]|\-v)|vm40|voda|vulc|vx(52|53|60|61|70|80|8
1|83|85|98)|w3c(\-| )|webc|whit|wi(g |nc|nw)|wmlb|wonu|x700|xda(\-|2|g)|yas\-
|your|zeto|zte\-/i',substr($useragent,0,4)))
❸ header('Location: http://detectmobilebrowser.com/mobile');
?>
```

detectmobilebrowser.php.txt

Das ist das Skript! Das von Ihnen heruntergeladene Skript könnte anders, sollte aber ähnlich aussehen (möglicherweise ist es eine neuere Version)..

Entspannen Sie sich

Auf den ersten Blick mag das Skript gefährlich aussehen, aber wir müssen nicht viel tun, um es zu zähmen.

Sollten Sie sich beim ersten Öffnen von *detectmobilebrowser.php* in einem Texteditor gefühlt haben, als habe man Ihnen einen Nasenstüber versetzt, keine Bange. Die Grundlagen seiner Funktionsweise werden wir gleich erläutern. Wirklich verstehen müssen Sie es auch gar nicht – Sie müssen lediglich einige winzige Änderungen daran vornehmen, und wie das geht, werden wir Ihnen gleich zeigen.

Tun Sie das!

Nennen Sie diese Datei in ***redirect.php*** um und speichern Sie sie im Ordner *chapter3*.

Wie das Skript funktioniert

Das Skript untersucht den User-Agent-String. Es ermittelt, ob er einen mobilen Eindruck macht, und leitet den Request gegebenenfalls um. Das geschieht in drei Schritten:

1. **Es holt sich den User-Agent-String des anfragenden Browsers.**
In PHP können Sie auf diesen über die globale Variable `$_SERVER['HTTP_USER_AGENT']` zugreifen.

2. **Es nutzt einen sorgsam gestalteten regulären Ausdruck.**
Es gibt hier zwei reguläre Ausdrücke. Beide kontrollieren den User-Agent-String und prüfen, ob er einem bekannten Mobilstring entspricht. Wahrscheinlich haben Sie bereits eindeutige Fragmente wie »hiptop« oder »symbian« erkannt. Aber es gibt dort auch noch merkwürdigere Dinge – diese regulären Ausdrücken wurden von Leuten entwickelt, die die Mobillandschaft so richtig gut kennen!

Ein regulärer Ausdruck, auch »Regex« oder »Regexp«, ist ein formelles Mittel, um Muster in Strings zu suchen.

3. **Es leitet Browser um, deren User-Agent-String auf einen der regulären Ausdrücke passt.**
Wenn der User-Agent-String einem der regulären Ausdrücke entspricht, setzt das Skript einen Location-Header mit der gewünschten Adresse, um Mobilverkehr umzuleiten.

Standardmäßig wird Mobilverkehr an www.detectmobilebrowser.com/mobile umgeleitet – das müssen wir ändern.

Stellen Sie sicher, dass Ihre Umgebung TÜV-geprüft ist

Prüfen Sie, bevor Sie fortfahren, einige Voraussetzungen! Die folgenden Abschnitte – und viele weitere im Buch – benötigen einen funktionierenden Webserver, der Ihnen den Einsatz von PHP ermöglicht. Dieser kann sich auf Ihrem eigenen Computer befinden oder von einem Webhoster gehostet werden – das ist uns gleich. Sollten Sie das noch nicht getan haben, schlagen Sie jetzt also Anhang B auf und suchen die Informationen, die Sie benötigen, um sich bereit zu machen.

Erstellen Sie ein Mobil-Mock-up

Tim: Und, Frank? Wie willst du die Sache mit der Mobilsite von Vierbeinige Freunde angehen?

Frank: Ich dachte, es könnte etwas problematisch werden, wenn wir parallel am Code für die Interaktion mit den APIs der Organisation und am Entwurf des Mobildesigns arbeiten. Deswegen habe ich ein paar kleine Mock-ups aufgebaut, die für den Anfang ausreichen sollten. Alles zu seiner Zeit, nicht wahr?

Tim: Klingt gut. Hast du das responsiv gemacht?

Frank: Ja und nein. Ich habe proportionale Breiten genutzt, mir aber gedacht, dass wir es mit älteren Handys zu tun haben, die Medienabfragen und andere Dinge eventuell nicht unterstützen, die für das Funktionieren responsiver Designs verantwortlich sind. Ich habe die Desktop-HTML-Templates für die aktuelle Startseite des Logistikportals genommen und so stark wie möglich vereinfacht. Dann habe ich das CSS so umgearbeitet, dass es mobilfreundlich ist. Ich habe ein paar Beispieldaten aufgebaut, damit wir uns keine Gedanken über Funktionalität, APIs oder Ähnliches machen müssen.

Tim: Was ist mit der Mobilgeräteerkennung und dem Umleitungsskript? Wie testen wir das?

Frank: Du weiß ja, dass wir es später auf den Server von Vierbeinige Freunde bringen sollen, wo die Administratoren es von jeder Seite aufrufen lassen wollen, die dieser Server ausliefert. Aber im Augenblick testen wir es einfach lokal, um zu prüfen, wie sich der Redirect verhält.

Ein paar Änderungen am Redirect-Skript

Wir müssen ein paar Anpassungen am Redirect-Skript vornehmen, damit wir uns ansehen können, wie es arbeitet. Wir werden eine **neue Zeile einfügen**, um festzulegen, wohin das Skript weiterleitet, wenn ein Mobilbrowser erkannt wird. Die PHP-Variable `$_SERVER['HTTP_HOST']` liefert den Namen des Webhosts, auf dem das Skript läuft.

Der Name des Webhosts (z. B. »www.example.com«, »localhost«, oder »10.0.0.2« oder Ähnliches, wenn Sie Ihren eigenen Computer nutzen).

Außerdem müssen wir **die Zeile bearbeiten, die den `Location`-Response-Header** sendet. Wir wollen den Mobilverkehr an das Mobil-Mock-up weiterleiten, nicht an die Site *www.detectmobilebrowser.com*.

Wie es Request-Header (wie User-Agent) gibt, gibt es auch HTTP-Response-Header (die vom Server zurückgesendet werden).

```
<?php
$useragent = $_SERVER['HTTP_USER_AGENT'];
$mobile_location = 'http://' . $_SERVER['HTTP_HOST'] . '/index_mobile.html';
if(preg_match(...))
  header('Location: ' . $mobile_location);
?>
```

redirect.php

PROBEFAHRT

Kopieren Sie den Inhalt des Ordners chapter3 in das Dokumentwurzelverzeichnis Ihres Webservers.

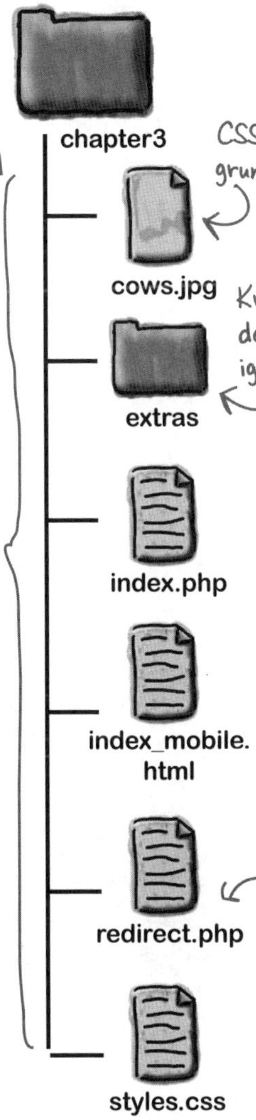

1. **Stecken Sie den Inhalt des Ordners chapter3 ins Wurzelverzeichnis Ihres Webservers.**
   Wenn Sie die Dateien nicht in das Wurzelverzeichnis stecken wollen, kein Problem. Achten Sie aber darauf, den Pfad in der Zeile anzupassen, die `$mobile_location` definiert.

2. **Ändern Sie das Redirect-Skript, wie auf Seite 108 gezeigt.**
   Öffnen Sie erneut das Redirect-Skript in Ihrem Texteditor (wenn es noch nicht offen ist). Nehmen Sie daran die Änderungen vor und **speichern Sie es.**

3. **Bearbeiten Sie die index.php.**
   Fügen Sie ganz zu Anfang der Datei *index.php* die folgende Zeile ein:

```
<?php require_once('redirect.php'); ?>
```

   Speichern Sie die Datei.

4. **Schauen Sie sich das Mock-up in einem Mobilbrowser an (einem emulierten oder einem echten).**

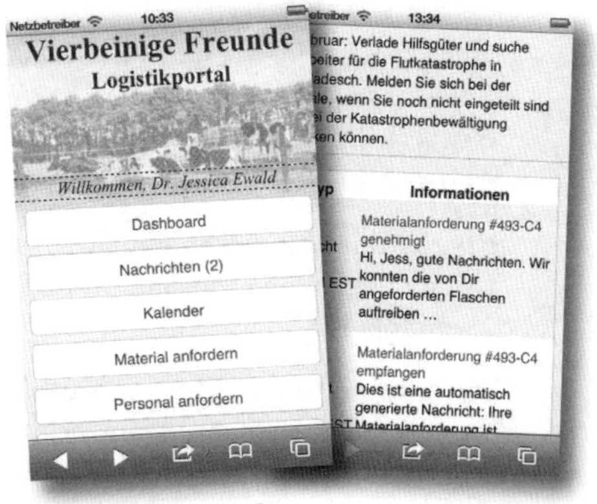

Das Mock-up in einem iPhone 4 – einfach, aber es funktioniert.

Entspannen Sie sich

Das sind bloß Mock-ups.

Die Mobil-Mock-ups, die wir in diesem Kapitel nutzen werden, sind einfach nur Attrappen. Sie nutzen Beispieldaten, um zu simulieren, wie die Site aussieht, wenn sie mit den richtigen Daten-APIs verknüpft wird. Die enthaltenen Daten sind fiktiv, und viele Links funktionieren nicht. Machen Sie sich darüber keine Gedanken!

Sonderlieferung ... mit Komplikationen

Opera Mini?

Erstklassige Browser wie BlackBerrys WebKit-Browser und iOS Safari werden viel gelobt, aber unterschätzen Sie Opera Mini nicht! Die Browsergeschwister **Opera Mini und Opera Mobile sind die beliebtesten Mobilbrowser der Welt.**

Mitte 2011 meldete Opera beispielsweise 110 Millionen Nutzer. Das schloss über die Hälfte des mobilen Webverkehrs in Indien ein und über 90 % des mobilen Webverkehrs in Nigeria.

Opera Mini ist insbesondere an Orten beliebt, an denen Verbindungen langsam sind und Datenverkehr teuer oder beschränkt ist.

Eigentlich ist Opera Mini ein **mobiler Transcoder**. Das bedeutet, wenn ein Benutzer mit Opera Mini eine Website besucht, wird der Request über Operas Webserver geleitet, wo die Webseiten und die Ressourcen für ihn komprimiert und für Mobilgeräte optimiert werden. Diese Optimierungen führen dazu, dass letztendlich weniger Bytes an das Gerät ausgeliefert werden müssen und das Weberlebnis schneller (und häufig billiger) ist.

Weil Opera Mini für eine Vielzahl von (oft weniger leistungsfähigen) Geräten gedacht ist, verhält er sich etwas anders als ein ausgewachsener Smartphone-Browser.

Opera Mini ist nichts, was nur Entwicklungsländer betrifft. Auch in Amerika und Europa ist er auf einfachen Handys sehr beliebt.

Tun Sie das!

Wir werden uns das Mobil-Mock-up in Opera Mini 4.2 ansehen. Glücklicherweise bietet Opera einen bequemen, webbasierten Simulator (ein Java-Applet), den Sie nutzen können. Gehen Sie mit Ihrem Browser hierhin:

http://www.opera.com/mobile/demo/?ver=4

Spitzen Sie Ihren Bleistift

Schauen wir, wie das Mobil-Mock-up im Opera Mini 4.2-Simulator aussieht. Nutzen Sie den Opera Mini-Simulator, um sich unser Mock-up unter *http://hf-mw.com/ch3/ex/1/* anzusehen.

Schreiben Sie sich auf, was anders (oder gar defekt) aussieht. Finden Sie mindestens vier Unterschiede zwischen dem Mock-up im Opera Mini-Simulator und im iPhone- oder Android-Simulator (Seite 109)?

1. ....

2. ....

3. ....

4. ....

Spitzen Sie Ihren Bleistift Lösung

Tja, in Opera Mini 4.2 sieht das Mock-up doch recht anders aus, oder? Schauen wir uns einige der Stellen an, an denen es Unterschiede oder Merkwürdigkeiten gibt. Wir haben fünf Problemzonen gefunden.

1. Die <h1>- und <h2>-Tags sind nicht gestylt und recht klein. Deswegen erscheint das Hintergrundbild im Header recht unglücklich.

   In Opera Mini können wir Überschriften nicht stylen.

2. Die vollständige Seite ist zu breit und verschwindet auf der rechten Seite aus dem Bildschirm.

   Das ist wirklich absolut dämlich.

3. Die Textformatierung wird nicht sauber umgesetzt. Kursiver Text ist nicht kursiv, und fetter Text ist nicht fett.

4. Statt abgerundeter Ecken erhalten wir eckige.

5. Die Statusmeldung nutzt overflow:-Scrolling – das ist etwas, das auf allen Mobilgeräten ein Tabu ist. Inhalt wird abgeschnitten, und das Scrollen funktioniert nicht.

   Ein Bonuspunkt, wenn Ihnen das bereits auf dem iPhone oder dem Android-Gerät aufgefallen ist!

Es gibt keine Dummen Fragen

F: Warum muss ich mir dieses Beispiel auf *http://hf-mw.com* ansehen? Warum kann ich nicht meine eigene Version nutzen?

A: Opera Mini ist ein *Proxybrowser*. Das heißt, dass der gesamte Webverkehr über Opera-Server geht. Unser Mock-up und die anderen Codeteile müssen irgendwo vorgehalten werden, wo Operas Server sie erreichen können.

Wenn Sie die Dateien von Ihrem eigenen Computer ausliefern lassen, haben Sie wahrscheinlich eine IP-Adresse, die für das Internet nicht sichtbar ist (eine sogenannte lokale IP-Adresse, die nur in den Netzwerken sichtbar ist, mit denen Sie direkt verbunden sind).

Wenn Sie Ihre Arbeit bei einem Webhoster erledigen oder die Vierbeinige Freunde-Webseiten auf andere Weise auf einem zugreifbaren Webserver vorhalten, können Sie auch Ihre eigene Fassung nutzen.

Nicht alle Handys sind Smartphones ... bei Weitem nicht

In vielen Ländern, in denen Vierbeinige Freunde arbeitet, begegnet man Smartphones nur selten. Man geht davon aus, dass Smartphones in Indien 2011 weniger als 6 % der verkauften Handys ausmachten. Keine große Sache ... oder?

Wie viele Handys gibt es in Indien denn überhaupt?

Im August 2011 gab es in Indien über **850 Millionen** Handynutzer. Das macht Indien, hinter China, zum zweitgrößten Handymarkt.

Während Smartphones in Indien eine Seltenheit sind, begrenzt man Handys selbst häufiger als Toiletten!

Das ist nichts, worüber man scherzen sollte. Die UN hat einen Bericht herausgegeben, der den einfachen Zugriff auf Mobilgeräte mit der schlechten Sanitärinfrastruktur vergleicht.

Was ist, wenn meine Benutzer nicht in Indien sind? In den Vereinigten Staaten nutzt jeder ein Smartphone. Über einfache Geräte muss ich mir da doch keine Gedanken machen.

Aufstrebende Märkte sind nicht der einzige Ort, an dem einfache Handys Smartphones überwiegen.

Es ist noch nicht so lange her, dass die Zahl der in den Vereinigten Staaten verkauften Smartphones die Anzahl verkaufter einfacher Handys überstieg. Irgendwann in 2012 werden Smartphones in den Vereinigten Staaten die Mehrheit unter den Mobilgeräten darstellen. Beides gilt großteils auch für die meisten europäischen Länder.

Wenn Sie Berichte über die schnell wachsende Verbreitung von Smartphones sehen, sollten Sie allerdings bedenken, dass es selbst bei diesem Wachstum eine ganze Weile dauern wird, bis alle alten Handys ersetzt sind.

Und so schlecht sind einfache Handys gar nicht

Sicher, ihre älteren, mangelhaften Browser können uns Kopfzerbrechen bereiten, aber gerade die einfachen Handys haben das tägliche Leben viele Menschen auf der ganzen Welt entscheidend verändert.

Wenn Sie ernsthafte Innovationen sehen wollen, sollten Sie einmal in ein Land mit einer aufstrebenden Wirtschaft reisen und sich ansehen, wie dort Handys genutzt werden. Das reicht von der Landwirtschaft bis zur Abwicklung von Bankgeschäften!

Für viele ist ein Handy eine nette, hosentaschengroße, geschrumpfte Version eines modernen Computers – und dazu die wichtigste Verbindung mit der Welt.

Auf elementarer Ebene: XHTML-MP

Wenn Sie erneut einen Blick auf `index_mobile.html` werfen, werden Sie feststellen, dass das Mock-up aktuell folgenden DOCTYPE-Deklaration nutzt:

```
<!DOCTYPE html>
```

Das ist der `DOCTYPE` für HTML5, eine exzellente und aufregende Wahl für robuste Websites und Web-Apps in der modernen Welt, aber nicht notwendigerweise das Richtige, wenn wir die Mobilgeräte erreichen und unterstützen wollen, die die Mitarbeiter von Vierbeinige Freunde nutzen. Es wird also Zeit, dass wir Sie Ihrem neuesten Freund vorstellen, dem **XHTML Mobile Profile (XHTML-MP)**.

XHTML-MP ist eine XHTML-Variante, die speziell für die Unterstützung von weniger leistungsfähigen Geräten entworfen wurde, aber auch bei schon etwas leistungsfähigeren Browsern gute Ergebnisse liefert. Sie ist bereits ein paar Jahre alt und wird zunehmend von ihrem attraktiveren, jüngeren Cousin HTML5 verdrängt – aber für Projekte wie die Vierbeinige Freunde-Mobilsite ist sie gut geeignet.

XHTML Mobile Profile ist eine Untermenge des Desktop-(X)HTML, das Sie kennen und schätzen. Es ist eine geglättete Version von HTML, die für den Einsatz auf vielen verschiedenen Mobilgeräten konzipiert und optimiert wurde. Und viele Mobilbrowser sind so entworfen, dass sie es unterstützen.

DOCTYPE-Fertiggericht

Wandeln wir unser Mock-up in ein XHTML-MP-Dokument um. **Bearbeiten Sie die Datei *index_mobile.html*** und ersetzen Sie den HTML5-`DOCTYPE` (die oberste Zeile der Datei) durch die folgenden beiden Zeilen:

```
<?xml version="1.0" encoding="UTF-8" ?>
<!DOCTYPE html PUBLIC "-//WAPFORUM//DTD XHTML Mobile 1.2//EN"
 "http://www.openmobilealliance.org/tech/DTD/xhtml-mobile12.dtd">
```

XHTML-MP ist eine Art von XML, wir benötigen also diese XML-Deklaration.

Das ist der DOCTYPE für XHTML-MP-Version 1.2. Das ist die neueste Version.

Und ja, wir wissen, dass wir »beide Zeilen« sagten. Die eine passte nicht auf die Seite.

index_mobile.html

Warum sollten wir uns mit etwas derart Veraltetem befassen?

Zugegeben, auf der Oberfläche erscheint der Einsatz von XHTML-MP nicht sonderlich aufregend ...

Es unterstützt einige der Dinge nicht, die wir in unserem HTML gerne nutzen würden, und moderne Handys unterstützen (oder tolerieren) zunehmend HTML5-Markup.

... aber die Änderung des `DOCTYPE` hat etwas bewirkt.

Wenn Sie *http://hf-mw.com/ch3/ex/2* im Opera Mini 4.2-Simulator laden, sehen Sie eine erstaunliche Änderung. **Der explizite Einsatz von XHTML-MP als `DOCTYPE` ändert das Verhalten des Browsers!**

Der Inhalt verlässt die Grenzen der Seite nicht mehr. Stattdessen passen Buttons und Floats genau in die Seitenbreite.

Offensichtlich versteht Opera Mini den HTML5-`DOCTYPE` als Aufforderung, sich etwas mehr wie ein Desktopbrowser zu verhalten. Das bedeutet, dass Layouts mit prozentbasierten Breiten – wie beispielsweise responsive Layouts – sich nicht notwendigerweise wie erwartet verhalten.

Schauen Sie sich das an! Der Inhalt passt jetzt auf die Seite.

Aufgepasst

Sie sind noch nicht fertig: Wir können uns nicht darauf beschränken, einfach den `DOCTYPE` zu ändern.

*Wir haben den `DOCTYPE` in XHTML-MP geändert, aber das heißt nicht, dass das Markup gültiges XHTML-MP-Markup ist. Wir müssen auch einige Änderungen an unserem Code vornehmen, um es **tatsächlich** zu XHTML-MP-Markup zu machen.*

Frühjahrsputz mit XHTML-MP

Es ist zwar nicht sonderlich spannend, aber ein mobilspezifischer `DOCTYPE` hilft uns aus folgenden Gründen:

1. **Er sichert die Unterstützung in vielen älteren Mobilbrowsern.**
   Die meisten Mobilbrowser werden sich an einem HTML5-Dokument wahrscheinlich nicht verschlucken, aber manche können daran auch elend zugrunde gehen. Es gibt Dinge, die von HTML5 unterstützt werden, die auf den meisten älteren Geräten nicht funktionieren.

2. **Er erinnert uns an mögliche Mobilfallen und sorgt dafür, dass wir auf sicherem Boden bleiben.**
   Wird etwas in XHTML-MP nicht unterstützt, gibt es dafür wahrscheinlich einen Grund. Der Einsatz von XHTML-MP und die Beschränkung auf seine Grenzen verhindert, dass wir uns in gefährliche Gebiete begeben. Wie mobilzentriertes RWD dafür sorgt, dass wir uns auf die Beschränkungen, die Sauberkeit und die anstehenden Aufgaben konzentrieren, so bietet XHTML-MP ein Gebiet, in dessen Grenzen wir eine umfassend unterstützte mobile Website erstellen können.

Es gibt keine Dummen Fragen

F: Mir scheint, ich habe wohl etwas verpasst. Was ist ein `DOCTYPE`?

A: Ein `DOCTYPE` (oder formeller eine *Dokumenttyp-Deklaration*) ist ein kleiner Text oben in einem SGML- und XML-Dokument, das dem Client (d. h. dem Browser) sagt, anhand welcher DTD er das Dokument auswerten soll.

F: Stopp! Zu viele Akronyme. SGML-Dokumente? XML-Dokumente? DTDs? Was ist das?

A: HTML wurde von SGML (Standard Generalized Markup Language) abgeleitet, XHTML hingegen ist eine XML-Sprache (und deswegen strenger strukturiert als der X-lose Cousin). Beide benötigen `DOCTYPE`.

Dokumenttyp-Deklarationen (DTDs) sind formalisierte Definitionen darüber, welche Elemente (Tags, Attribute usw.) an welcher Stelle in der Art von Dokument erlaubt sind, die die DTD beschreibt. Für jede HTML- und XHTML-Spezifikation gibt es eine eigene DTD.

Nominell würde diese Verknüpfung von Dokument und DTD dem rendernden Client eine Validierung des Dokuments anhand der DTD ermöglichen. In normalen Webbrowsern erfolgt das nicht – Webbrowser machen sich nicht die Mühe, ein Dokument anhand einer DTD zu validieren.

F: Was aber bringt dann ein `DOCTYPE`, und warum bestehen Browser darauf?

A: Browser führen eine Art »Sniffing« auf `DOCTYPE`s durch (das sich nicht so sehr von unserem eigenen User-Agent-Sniffing unterscheidet). Obwohl sie Dokumente nicht formell validieren, nutzen sie den `DOCTYPE` als Hinweis darauf, welchen »Modus« sie aktivieren sollen und wie der Browser den Inhalt rendern soll.

Denken Sie an die Opera Mini-Situation, in der die Änderung des `DOCTYPE` von HTML5 in XHTML-MP zu einer Änderung des Layoutmodus führte? Das ist ein gutes Beispiel dafür, was geschieht.

Andere Browser nutzen den `DOCTYPE`, um zu ermitteln, ob sie den Inhalt im »Standard«- oder im »Quirks«-Modus, einem rückwärtskompatiblen, nachsichtigeren Modus, rendern sollen.

Seit HTML5 wird nicht mehr so getan, als würde sich der Browser tatsächlich aufmachen und einen Blick auf die DTD werfen. Deswegen gibt es nur noch den kurzen und einfachen DOCTYPE `<!DOCTYPE html>` (ohne eine URL auf eine DTD).

XHTML-MP im Gespräch

Interview der Woche: Warum XHTML-MP?

Brummiger mobiler Webentwickler: Mir scheint, du bist ein eher staubiger Geselle, XHTML-MP. Willst du dich nicht langsam aufs Altenteil zurückziehen und HTML5 den Job überlassen?

XHTML-MP 1.2: Noch bin ich nicht tot! Der eine oder andere mag glauben, ich sähe mir schon die Radieschen von unten an, aber eigentlich bin ich ein nützlicher alter Freund. Ich sorge dafür, dass ältere Mobilbrowser auf Kurs bleiben. Auf mich kann man sich verlassen. Ich helfe dir, dem Ärger aus dem Weg zu gehen.

BMWE: Welchen Ärger hilfst du zu vermeiden?

XHTML-MP 1.2: Du willst Beispiele? Kein Problem. Was beispielsweise bringt einem auf einem Mobilgerät ein Anker-Tag (`<a>`) mit dem Ziel `_new` oder `_blank`? Viele Mobilbrowser gestatten einem nicht, aus einem Link ein neues Fenster zu öffnen. Also unterstütze ich diese Ziele nicht. Und Frames – diese gefährlichen Dinger –, Frames unterstütze ich nicht, noch nicht einmal diese schnieken Iframes.

BMWE: Keine `Iframes`? Wie dumm.

XHTML-MP 1.2: Vergiss nicht, dass meine XHTML-MP-Familie schon seit der Jugend meines Großvaters XHTML-MP 1.0 Access-Keys bieten.

BMWE: Access-Keys?

XHTML-MP 1.2: Das gesamte XHTML-MP-Geschlecht unterstützt auf Anker-Tags ein `accesskey`-Attribut. Damit kann man Ankern die Ziffern 0 bis 9 als Kurzwahltasten zuweisen. Das kann bei Handys, die nur numerische Tasten haben, sehr hilfreich sein. Es kann das lästige Scrollen überflüssig machen.

BMWE: XHTML-MP hat also Access-Keys erfunden?

XHTML-MP 1.2: Eigentlich wurden die uns über C-HTML von WML vererbt. Das ist ein nettes Erbstück.

BMWE: WML? C-HTML?

XHTML-MP 1.2: Ich lebe zwar noch, aber diese Jungs sind wirklich tot. Die Wireless Markup Language (WML) wird nach und nach vollständig eingestellt. Sie unterscheidet sich erheblich von HTML, und meine Familie hat sie als bevorzugtes Mobil-Markup ersetzt.

C-HTML (Compact HTML) wurde in den recht trüben vergangenen Zeiten des mobilen Webs in Japan von DoCoMo genutzt. Einige nennen es iMode. Sie wollen Emoticons? C-HTML bietet Emoji in Massen. Aber mit dem, was es nicht hat, kann man Bücher füllen: keine Tabellen, kein CSS, keine Bilder und keine Farbe. Jaja – die guten alten Tage.

Aufgepasst

Wir müssen unser Markup sauber halten.

Das mit dem »Verschlucken und Zugrundegehen« meinten wir ernst. Mobilbrowser (insbesondere ältere) sind gegenüber schlecht geformtem Markup weniger fehlertolerant als ihre Desktopgeschwister. Sie müssen Ihr Markup sorgfältig validieren – schlechtes Markup kann dazu führen, dass Mobilbrowser abstürzen oder, schlimmer noch, einen Neustart des Geräts veranlassen.

Tim: Du meinst also, wir sollten XHTML-MP einsetzen?

Frank: Für mich klingt das nach der sichersten Variante. Offensichtlich müssen wir darauf achten, dass wir unser HTML für ältere Browser sauber und einfach halten.

Tim: Was müssen wir denn dazu noch ändern?

Frank: Es ist cool, dass der XHTML-MP-`DOCTYPE` die Float-`<div>`s in Opera Mini repariert hat, aber so langsam packt mich in Bezug auf Floats bei älteren Browsern eine leichte Paranoia. **Ich weiß, dass das veraltet ist, aber ich habe mir überlegt, ob wir zur Repräsentation dieser Daten vielleicht Tabellen einsetzen könnten.**

Tim: Mensch. Ich dachte, dass HTML-Tabellen ein Relikt der Neunziger sind.

Frank: Üblicherweise vermeide ich sie wie die Pest, aber es ist ja nicht so, dass sie nicht erlaubt wären. Außerdem haben die Daten, die wir da abbilden sollen, für mich entschieden etwas Tabellarisches. Ich glaube, wir können uns einfach nicht darauf verlassen, dass mit Float angeordnete, `<div>`-basierte Spalten in allen Mobilbrowsern, die wir unterstützen müssen, zuverlässig funktionieren.

Jim: Stimmt, Tabellen sind ziemlich uncool, aber wir wissen wenigstens, dass die funktionieren. Aber was ist mit dem gesamten CSS, das wir für das Mock-up geschrieben haben?

Frank: Ich bin mir ziemlich unsicher, welche HTML-Tags unterstützt werden und auf welche Art von CSS-Unterstützung wir uns verlassen können.

Ich denke, wir sollten die Sache schrittweise angehen. Ich möchte zunächst herausfinden, welche HTML-Elemente auf diesen Geräten gültig sind und unterstützt werden. Also **werde ich erst einmal das gesamte CSS entfernen und es später nach und nach wieder einsetzen.**

Wir können den Links im `#tools-<div>` accesskey-Attribute hinzufügen, um einen schnelleren Zugriff auf das Logistikcenter und andere Links zu ermöglichen.

Ohne dass man viel scrollen muss!

Scrollen nervt

Nicht jedem ist der Luxus eines Touchscreens vergönnt. Auf vielen Handys muss man auf Webseiten navigieren, indem man eine Taste oder einen Cursor nutzt, um durch den Inhalt zu scrollen. Bei vielen Schnittstellen wird jedes anwählbare Element hervorgehoben, wenn der Benutzer durch die Seite scrollt, damit er die Möglichkeit hat, den Links zu folgen. Je mehr Links und Inhalt es gibt, umso mehr muss gescrollt werden.

... zum Glück gibt es Zugriffstasten

Mit dem `accesskey`-Attribut des Anker-Tags (`<a>`) können wir jedem Anker eine numerische Kurzwahl zuweisen, damit der Benutzer weniger scrollen muss. Sie ermöglichen ihm, über die Zahltasten seines Handys schnell und direkt auf Links zuzugreifen. Die `accesskey`-Syntax sieht folgendermaßen aus:

```
<a href="#dashboard" accesskey="1">Ihr Dashboard</a>
```

Die `accesskey`-Zahl, die einem Link zugewiesen wird, wird nicht automatisch angezeigt, deswegen ist es oft hilfreich, für die Linklisten statt ungeordneter Listen (`<ul>`) geordnete Listen (`<ol>`) zu wählen (wenn man voraussetzt, dass das erste Element der Liste den `accesskey` 1 nutzt usw.).

Ein letzter Flatterball

Raus damit! Eine Sache haben wir bislang verschwiegen. Wenn Sie deswegen jetzt die Hände über dem Kopf zusammenschlagen und einen Laut der Irritation erklingen lassen wollen, haben Sie unser Verständnis.

XHTML-MP 1.2 wurde 2008 durch XHTML-Basic abgelöst.

XHTML-Basic 1.1 gibt Ihnen alles, was XHTML-MP 1.2 Ihnen gab, und noch etwas mehr. Auf Anker-Tags dürfen Sie wieder das `target`-Attribut nutzen (nicht dass wir Ihnen vorschlagen wollen, es unbedingt einzusetzen). Zusätzlich erhalten Sie noch ein paar Zückerchen wie `<sup>` und `<sub>`. Kurz gesagt: Sie verlieren nichts, das Sie in XHTML-MP 1.2 bereits hatten.

XHTML-MP 1.2 funktioniert auch in den meisten Mobilbrowsern immer noch sehr gut.

Entspannen Sie sich

Für Mobilgeräte gibt es einen ganzen Haufen verwirrender Markup-Optionen, aber wir werden uns für den Rest dieses Kapitels auf XHTML-Basic beschränken.

Entschuldigen Sie, dass wir Sie damit konfrontiert haben, aber es war nur zu Ihrem Besten. Die Landschaft der Markup-Sprachen für das mobile Web ist kompliziert, und Sie sollten jetzt eine gute Vorstellung davon haben, was es dort draußen alles gibt. Wir werden aber damit aufhören, Sie vor uns herzutreiben, und uns auf XHTML-Basic beschränken. So schwer ist das nicht: Wir müssen einfach nur die Tags identifizieren, die nicht unterstützt werden, und sie vermeiden. Und im Augenblick werden wir uns nicht einmal Gedanken über das CSS-Styling oder -Layout machen.

Probefahrt

1 Wandeln Sie das Dokument in XHTML-Basic um.
Ersetzen Sie das aktuelle `DOCTYPE`-Tag durch Folgendes:

```
<!DOCTYPE html PUBLIC "-//W3C//DTD XHTML Basic 1.1//EN"
"http://www.w3.org/TR/xhtml-basic/xhtml-basic11.dtd">
```

Unser einfaches, funktionales Mock-up auf einem Android-Gerät.

2 Entfernen Sie vorerst das CSS.
Löschen Sie das `<link>`-Tag für das CSS – mit ihm werden wir uns später befassen.

3 Wandeln Sie das <ul> im #tools-<div> in ein <ol> um.
Das sorgt dafür, dass neben den Links Zahlen erscheinen, und hilft uns beim nächsten Schritt.

4 Fügen Sie den <a>-Tags im #tools-<div> accesskey-Attribute hinzu.
Syntaxhinweise finden Sie auf Seite 119.

5 Wandeln Sie das schwebende #dashboard-<div> in eine Tabelle um.
Ersetzen Sie den Inhalt im **`#dashboard-<div>`** durch eine Tabelle. Da das etwas mühselig ist, können Sie das Fertig-Markup auf Seite 121 nutzen (oder Sie nehmen den entsprechenden Code aus dem *extras*-Verzeichnis im *chapter3*-Ordner – er befindet sich in einer Datei namens *table.txt*).

Bewahren Sie das #dashboard-<div>. Ersetzen Sie einfach seinen Inhalt.

6 Ändern Sie den Namen der Datei in index.html.
Speichern Sie die Datei als *index.html* – das Testen der Mobilumleitung haben wir bereits erledigt, deswegen ist es jetzt einfacher, *index.html* zu nutzen.

Es gibt keine Dummen Fragen

F: Wir blenden die harten Sachen also zunächst aus, aber funktioniert das Mock-up, das wir uns auf Seite 115 in Opera Mini 4.2 angesehen haben, noch, wenn wir den `DOCTYPE` in XHTML-Basic ändern?

A: Ja! Wenn Sie neugierig sind, können Sie sich das unter *http://hf-mw.com/ch3/ex/2a* ansehen.

F: Ist Opera Mini 4.2 nicht ziemlich veraltet? Wie viele Personen nutzen diese Version überhaupt noch?

A: Zugegeben, dieser Browser ist nicht gerade neu. Aber Browser seines Alters gibt es in den wüsten Weiten der mobilen Weblandschaft auf alle Fälle. Er ist ein gutes Beispiel für die *Art* von Browser mit der *Art* von Einschränkungen, mit denen man auf einfacheren, älteren Handys konfrontiert wird, insbesondere in Entwicklungsländern.

F: Aber sagten Sie nicht gerade, dass sich Smartphones mittlerweile besser verkaufen als derartige Handys?

A: Besser verkaufen heißt nicht, dass sie inzwischen die Mehrzahl bilden. Es gibt immer noch eine riesige Zahl an älteren Smartphones (die für uns nicht mehr sonderlich »smart« sind) und einfachen Handys. Es wird sicher etwas dauern, bis sie vollständig verschwunden sind.

Tabellencode-Fertiggericht

```
<table>
  <thead>
    <tr>
      <th>Typ</th>
      <th>Informationen</th>
    </tr>
  </thead>
  <tbody>
    <tr>
    <td><p>Nachricht<br /> Feb 3 8:54PM EST</p>
    </td>
    <td><p><a href="#">Materialanforderung #493-C4 genehmigt</a><br />
    Hi, Jess, gute Nachrichten. Wir konnten die von Dir angeforderten Flaschen
auftreiben …</p></td>
    </tr>
    <tr>
    <td><p>Nachricht<br /> Feb 3 1:47PM EST</p></td>
    <td><p><a href="#">Materialanforderung #493-C4 empfangen</a><br />
    Dies ist eine automatisch generierte Nachricht: Ihre Materialanforderung
ist eingegangen und wird bearbeitet …</p></td>
    </tr>
    <tr>
    <td><p>Einsatzplan<br /> Feb 3 8:22AM EST</p></td>
    <td><p><a href="#">Reise 39924 LAX -> DAC genehmigt</a><br />
    Ihr Reiseplan für den Einsatz: "Bangladesch-Flut-Aktion" wurde genehmigt.
Ihr Kalender wurde entsprechend aktualisiert …</p></td>
    </tr>
    <tr>
    <td><p>Personalplan<br /> Feb 2 9:23PM EST</p></td>
    <td><p><a href="#">Re: Personalbestätigung 03/05 - 03/15</a><br />
    Jessica, vielen Dank, dass Sie sich im Hinblick auf diese Operation derart
engagieren! Vermutlich wird auch Dr. Madling teilnehmen und …</p>
    </td>
    </tr>
    <tr>
    <td colspan="2"><div class="morelink"><p><a href="#">Mehr &gt;&gt;</p></
a></div></td>
    </tr>
  </tbody>
</table>
```

Welche Elemente sind wo gültig? Nutzen Sie das, was Sie gelernt haben, und Ihre Intuition, um herauszufinden, welche Tags und Attribute unter welchen Standards in Ordnung sind. Elemente können in mehreren Standards erlaubt sein!

	XHTML-MP 1.2	XHTML-Basic 1.1	HTML5
<font>	☐	☐	☐
<table>	☐	☐	☐
<a target="">	☐	☐	☐
<sup>	☐	☐	☐
<a accesskey="">	☐	☐	☐
<u>	☐	☐	☐
<tbody>	☐	☐	☐
<link>	☐	☐	☐
<strong>	☐	☐	☐
<video>	☐	☐	☐
<iframe>	☐	☐	☐

→ Antworten auf Seite 126.

Wir versprechen Ihnen, dass sie auf vielen Geräten funktionieren, aber Sie müssen sich ja nicht auf unser Versprechen verlassen.

Zugriffstasten werden sogar in den meisten Desktopbrowsern unterstützt.

Zugriffstasten im Einsatz

Wenn Sie die Zugriffstasten im Mobil-Markup testen wollen, können Sie *index.html* in Ihrem Desktopbrowser öffnen. Testen Sie die Zugriffstasten, indem Sie die folgenden Tastenkombinationen nutzen:

Chrome oder Safari: `CTRL-OPT [accesskey]` Firefox: `CRTL-[accesskey]`

Mac

Chrome oder Safari: `ALT-[accesskey]`
Firefox: `ALT-SHIFT-[accesskey]`
Internet Explorer: `ALT-[accesskey]`

Windows

Chrome: `ALT-[accesskey]`
Firefox: `ALT-SHIFT-[accesskey]`

Linux

Bestimmte Betriebssystem-Kurzwahltasten oder Softwarekonfigurationen können Vorrang vor diesen Zugriffstasten haben, deswegen kann das bei Ihnen anders aussehen.

Vergessen Sie das Validieren nicht

Erinnern Sie sich daran, dass es wichtig ist, gültiges Mark-up zu nutzen? Das waren keine hohlen Worte. Deswegen wird es nun Zeit, dass wir uns an die Validierung des Markups im Mockup machen und prüfen, ob es in Ordnung ist. Machen wir uns auf den Weg zur unschätzbaren **W3C-Markup-Validator**-Site, um unseren Code zu prüfen.

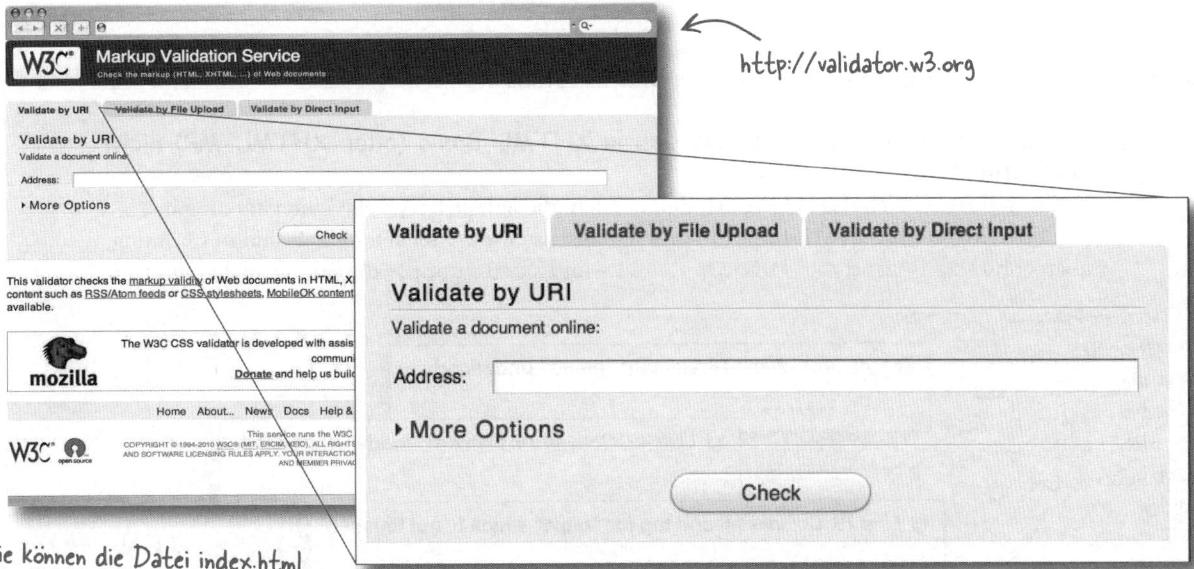

http://validator.w3.org

Sie können die Datei index.html entweder hochladen (Validate by File Upload) oder ihren Inhalt kopieren und einfügen (Validate by Direct Input).

Ist unsere Seite einsatzbereit?

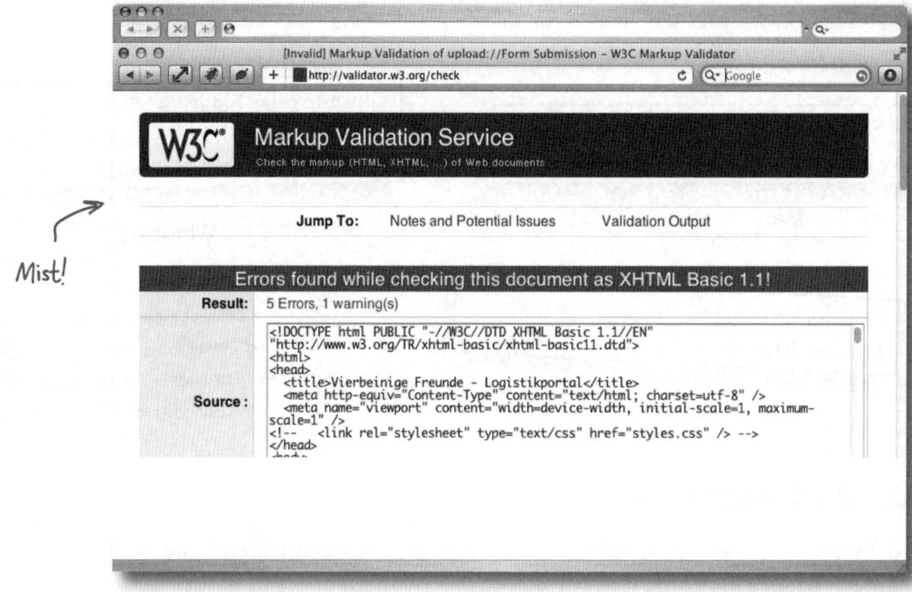

Was ist schiefgelaufen?

Scrollen Sie auf der Ergebnisseite nach unten, um sich die ausführlichen Informationen zu den Fehlern anzusehen. Was also ist hier das Problem?

1. **<thead>- und <tbody>-Tags werden in XHTML-Basic (oder XHTML-MP) nicht unterstützt.**
   Das ist wahrscheinlich das HTML-Modul, bei dem die lediglich partielle Unterstützung in XHTML-MP und XHTML-Basic am problematischsten ist. Tabellen an sich sind in Ordnung, aber `<thead>`, `<tbody>`, `<tfoot>`, `<col>` und `<colgroup>` können Sie nicht einsetzen.

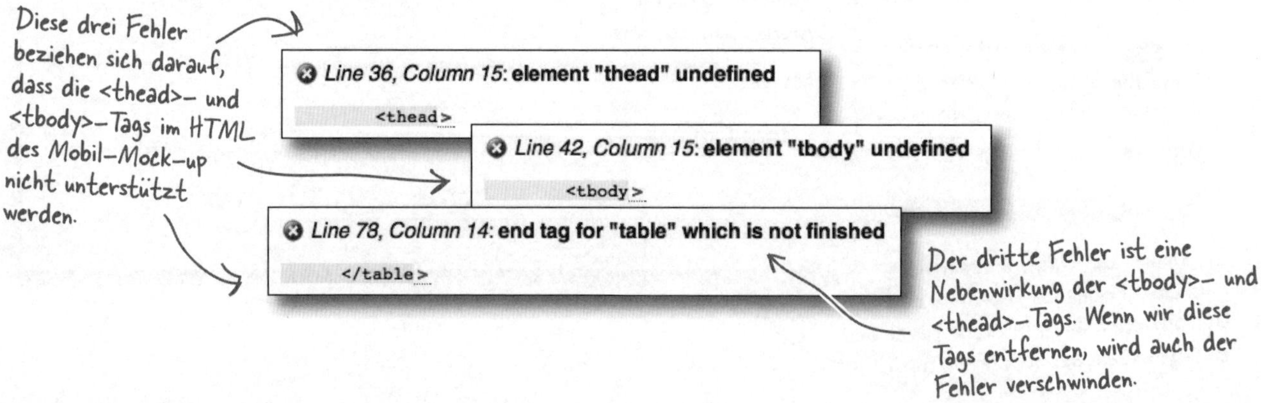

Die Fehler beheben

2 **Einige Tags sind nicht ordentlich geschachtelt.**
Selbst erfahrene Profis machen kleine Fehler wie diesen. Das ist einer der Gründe dafür, dass man auf Validierer zurückgreifen sollte – selbst wenn man weiß, was man tut.

Aus index.html.

```
<td colspan="2"><div class="morelink">
<p><a href="#">Mehr &gt;&gt;</p></a></div>
</td>
```

Line 74, Column 74: end tag for "a" omitted, but OMITTAG NO was specified

```
…lspan="2"><div class="morelink"><p><a href="#">Mehr &gt;&gt;</p></a></div></td>
```

Line 74, Column 78: end tag for element "a" which is not open

```
…lspan="2"><div class="morelink"><p><a href="#">Mehr &gt;&gt;</p></a></div></td>
```

Line 74, Column 46: start tag was here

```
… colspan="2"><div class="morelink"><p><a href="#">Mehr &gt;&gt;</p></a></div><…
```

Diese beiden Fehler wurden durch ein falsch platziertes </a>-Tag verursacht.

Das ist eigentlich kein Fehler – hier versucht uns der Validierer einen Hinweis darauf zu geben, wo sich das Problem befindet.

PROBEFAHRT

Reparieren Sie die Markup-Probleme in der Datei *index.html*.

1. Entfernen Sie die <thead>-, </thead>-, <tbody>- und </tbody>-Tags aus dem Markup.

2. Reparieren Sie die falsch geschachtelten Tags. Stecken Sie das </a>-Tag in den Absatz im .morelink-<div>.

3. Validieren Sie den aktualisierten Code erneut mit dem W3C-Validierer.

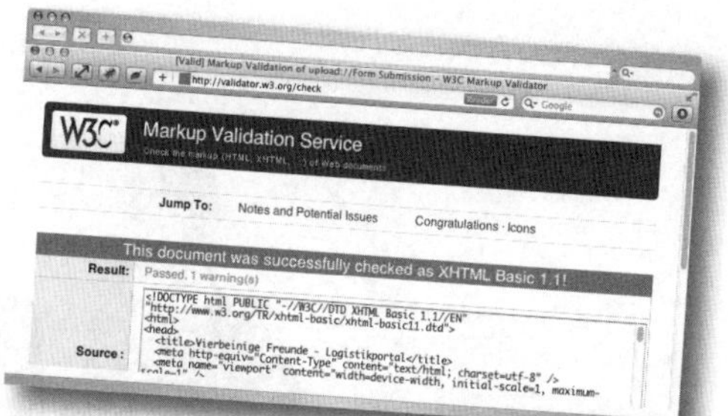

Nett! Grün heißt Erfolg.

LÖSUNG ZUR ÜBUNG

Wie haben Sie sich bei der Identifizierung der in den einzelnen Standards gültigen Tags geschlagen?

<font> und <u> sind beide veraltet – nutzen Sie stattdessen CSS!

	XHTML-MP 1.2	XHTML-Basic 1.1	HTML5
<font>	☐	☐	☐
<table>	☑	☑	☑
<a target="">	☐	☑	☑
<sup>	☐	☑	☑
<a accesskey="">	☑	☑	☑
<u>	☐	☐	☐
<tbody>	☐	☐	☑
<link>	☑	☑	☑
<strong>	☑	☑	☑
<video>	☐	☐	☑
<iframe>	☐	☐	☑

Mobilfähiges CSS

Das CSS Mobile Profile 2.0 (CSS-MP) und XHTML-Basic (oder XHTML-MP) passen zusammen wie Erbsen und Möhren. Der Standard CSS-MP wurde im Hinblick auf Handys mit geringer bis mittlerer Leistungskraft geschaffen.

Was erhalten Sie mit dem CSS Mobile Profile? Das meiste dessen, was Sie von CSS2 zu erwarten haben und sogar etwas CSS3. Aber nicht alles.

In der Theorie klingt das einfach

Von Browsern, die das CSS Mobile Profile 2.0 implementieren, wird erwartet, dass sie die erforderlichen Eigenschaften unterstützen. Aber die Realität sieht nicht ganz so rosig aus. Die CSS-Unterstützung schwankt recht stark, und die Last fällt häufig aus Sie, den unerschrockenen Entwickler, der seine Site gründlich testet und alle Probleme umschifft.

Außerdem wird eine Reihe von CSS-Eigenschaften und -Werten in CSS-MP als *optional* betrachtet, d. h., Browserhersteller können selbst entscheiden, ob sie sie unterstützen wollen oder nicht.

Ganz einfach: weniger reden, mehr tun.

Wir wollen hier keine nervtötende Liste mit den vom CSS Mobile Profile unterstützten oder nicht unterstützten Eigenschaften aufstellen, **sondern direkt damit beginnen, herauszufinden, wie wir das vorhandene CSS so anpassen können, dass es CSS-MP-konform ist.**

Lange Übung

Schnallen Sie sich an. Krempeln Sie die Ärmel hoch. Machen Sie die Schotten dicht. Wir werden uns auf eine Reise machen – eine Reise, die, wenn alles glatt läuft, in einer liebevollen Heirat von XHTML-Basic und CSS Mobile Profile münden wird. Wir werden sowohl *index.html* als auch *styles.css* bearbeiten.

1. **Das <link>-Tag wieder in die index.html stecken.**
Wir wollen wieder CSS nutzen, und dazu brauchen wir das `<link>`-Tag.

```
<head>
  <title>Vierbeinige Freunde-Logistikportal</title>
  <meta http-equiv="Content-Type" content="text/html; charset=utf-8" />
  <meta name="viewport" content="width=device-width, initial-scale=1,
maximum-scale=1" />
  <link rel="stylesheet" type="text/css" href="styles.css" />
</head>
```

index.html

2. **Die styles.css so umarbeiten, dass sie CSS Mobile Profile genügt.**
Die Eigenschaften `background-image` und `background-repeat` werden von CSS-MP unterstützt, aber ein großer Header mit einem Hintergrundbild verschwendet eine Menge Platz. Befreien wir uns also von diesem Hintergrundbild.

background-position-Werte in Prozent- und Pixelwerten werden in CSS-MP nicht unterstützt, wir müssten das also ändern, wenn wir das Hintergrundbild behalten wollten.

Aber das tun wir nicht. Die Geräteunterstützung ist mangelhaft, nicht einmal die Unterstützung für background-color ist gesichert.

```
* {
  padding: 0;
  margin: 0;
}
body {
  font-family: "Helvetica", "Arial", san-serif;
  font-size: 100%;
  width: 100%;
  background-color: #f3ffc2;
  background-image: url('cows.jpg');      (durchgestrichen)
  background-repeat: no-repeat;           (durchgestrichen)
  background-position: 50% 0px;           (durchgestrichen)
}
p {
  font-size: .95em;
  margin: 0.25em 0;
}
h1, h2, h3, h4, h5 {
  font-family: "Times New Roman", serif;
  margin: 0;
  color: #10508c;
  text-align: center;
}
```

styles.css

Alles andere in diesem CSS ist bislang konform ... gehen wir weiter!

styles.css

```
h3 {
  font-style: italic;
  font-weight: 100;
  font-size: 1.15em;
}
ol {
  width: 100%;
}
a {
  text-decoration: none;
  color: #096c9f;
}
.header {
  height: 150px;
}
#tools ol {
  list-style-type: none;
}
#tools ol li a {
  -webkit-border-radius: 5px;
  -moz-border-radius: 5px;
  border-radius: 5px;
  display: block;
  height: 1.1em;
  width:  94%;
  background-color: #fff;
  margin: 3%;
  border: 1px solid #ccc;
  text-align: center;
  padding: .6em 0;
}
.greeting {
  border: 1px dashed #10508c;
  border-width: 1px 0;
}
#dashboard {
  -webkit-border-radius: 5px;
  -moz-border-radius: 5px;
  border-radius: 5px;
  background-color: #fff;
  border: 1px solid #ccc;
  margin: 1em 3%;
  padding: .5em 0;
  width: 94%;
}
```

Seitdem wir dieses CSS das letzte Mal genutzt haben, haben wir das <ul> in ein <ol> geändert. Diese Regeln müssen entsprechend aktualisiert werden.

Diese Eigenschaften zur Erstellung abgerundeter Ecken sind in CSS-MP ungültig, und die meisten dieser älteren Browser unterstützen sie ohnehin nicht. Löschen Sie diese Zeilen aus dem CSS.

Fortsetzung auf der nächsten Seite.

Lange Übung

3 Zurück in der index.html: die Tabellenelemente mit Klassen versehen.

```
<tr class="even">
  <td class="event event_meta"><p><strong>Nachricht</strong><br />
  Feb 3 8:54PM EST</p>
  </td>
  <td class="event"><p><a href="#"><strong>Materialanforderung
#493-C4 genehmigt</strong></a><br />
  Hi, Jess, gute Nachrichten. Wir konnten die von Dir geforderten
Flaschen auftreiben ...</p></td>
</tr>
```

Wenden Sie diese Klassen auch auf die drei restlichen Zeilen an.

Aber nutzen Sie abwechselnd tr.even und tr.odd.

index.html

4 Und jetzt wieder zur styles.css: die Styles anpassen, um sie auf das Tabellen-Markup abzustimmen.

Wir sind für das Layout von <div>s zu Tabellen gewechselt. Wir werden einige der Eigenschaften entfernen müssen, die nicht mehr sinnvoll sind, und müssen an ein paar weiteren Änderungen vornehmen.

```
#dashboard td.event {
  border: 1px dashed #ddd;
  border-width: 1px 0 0 0;
  margin: .5em 0;
  padding: 0.5em 0;
  width: 100%;
  clear: both;
  overflow: hidden;
}
#dashboard .odd {
  background-color: #fff;
}
#dashboard .even {
  background-color: #eee;
}
#dashboard td.event_meta {
  width: 30%;
  margin: 0 2%;
  float: left;
}
```

Entfernen Sie diese drei Eigenschaften.

Kein float mehr und einige Anpassungen an der Breite und den Abständen.

Wir lassen den Inhalt nicht mehr schweben. Außerdem müssen Browser, die CSS-MP implementieren, für overflow nur den Wert »auto« implementieren. Alles andere ist optional. Unter CSS-MP können Sie sich auf overflow also nicht verlassen.

styles.css

5 Die styles.css um folgende CSS-Regel erweitern ...

```
#dashboard table {
  border-collapse: collapse;
  width: 100%;
}
```

Fügen Sie diese neue CSS-Regel (an beliebiger Stelle) in die Datei styles.css ein.

styles.css

6 ... und von einigen überflüssigen befreien.

Suchen und löschen Sie die folgenden Style-Regeln:

```
#dashboard div
#dashboard .event_time
#dashboard .event_details
#dashboard .event_subject
#dashboard .event_summary
```

Löschen Sie die entsprechenden Zeilen!

styles.css

7 Das #status_message-<div> reparieren.

```
#status_message {
  background-color: #f8f1b2;
  padding: 0.25em;
  line-height: 1.3em;
  border: 1px solid #ccc;
  border-width: 1px 0;
  height: 70px;
  overflow: scroll;
}
```

Und schmeißen Sie zum Abschluss diese Zeilen raus. (height: 70px; und overflow: scroll; sind durchgestrichen)

styles.css

Aufgepasst

Hüten Sie sich vor dem Einsatz der `overflow`-Eigenschaft!

`overflow`:-basiertes Scrollen ist in der Mobillandschaft ein absolutes Tabu. Die Eigenschaft wird auf kaum einer Plattform unterstützt und beeinträchtigt die Interaktivität.

Browser, die CSS-MP implementieren, implementieren die Eigenschaft `overflow` uneinheitlich – der einzige Wert, der unterstützt werden muss, ist `auto`. Vermeiden Sie, wenn möglich, deswegen den Einsatz von `overflow`.

8 Speichern Sie die Dateien!

Hmmm ... etwas fehlt

Werfen wir einen Blick auf diesen Screenshot aus dem Opera Mini 4.2-Simulator mit dem aktuellen Mock-up. Fällt Ihnen etwas auf? Wir haben die Listennummerierung der <ol>-Liste verloren – und diese Nummern zeigten die Zugriffstasten an. Das ist ein Problem.

Wo sind die Zahlen hin?

Die Zahlen sind immer noch da, aber wir haben CSS angewandt, das den <li>-Elementen das Aussehen von Buttons gab, die die vollständige Breite des Fensters einnehmen. Die Zahlen sind also links des sichtbaren Inhalts aus dem Fenster verschwunden.

Das verschönerte Mock-up im gleichen Android-Browser: keine Nummerierung.

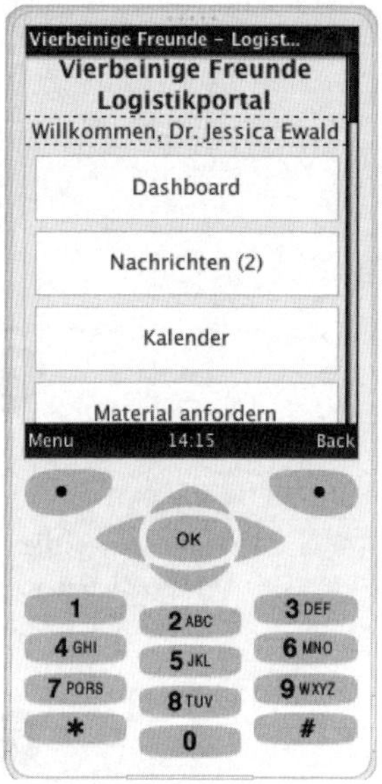

Normalerweise würden wir etwas der folgenden Art nutzen, um sie zurückzubringen:

```
#tools ol {
  list-style-position: inside;
}
```

`list-style-position: inside` bringt die Zahlen »in« das <li>-Element und zeigt sie (hier) neben dem Inhalt des <li> (unserem Link) an. Klingt gut, oder?

Unglücklicherweise wird **`list-style-position` in CSS-MP nicht unterstützt**. Das löst unser Problem also nicht. Vielleicht müssen wir die Links in eine einfache Linkliste umwandeln und den Button-Look aufgeben, den wir jetzt haben. Dann müssten die Zahlen wieder erscheinen.

Bye-bye, Buttons

Wir erhalten unsere Nummerierung zurück, indem wir die CSS-Regeln für `#tools ol` und `#tools ol li` durch Folgendes ersetzen:

```
#tools ol {
  margin: 0.5em 1.5em;
}
```

=

Wenn wir das vorhandene CSS durch dieses neue CSS ersetzen ...

... kehrt die Nummerierung unseres <ol> zurück.

PS: Polsterung und Abstand wurden für alle Elemente (*) auf 0 gesetzt. Wir müssen hier also einen kleinen Abstand einsetzen, damit die Nummerierung wieder in die sichtbare Seite rückt.

Aber als die Leute von Vierbeinige Freunde sich diese Änderungen am Layout ansahen ...

Der Button-Look wird zutiefst vermisst!

Bei Vierbeinige Freunde hat man sich an den Button-Look gewöhnt und möchte ihn zurück.

Innerhalb der Grenzen von CSS-MP können wir das nur erreichen, wenn wir die Liste wieder in ein `<ul>` umwandeln, die Nummerierung in den Inhalt selbst einfügen und die CSS-Regeln anpassen.

Klar, ein Kompromiss. So ist es eben beim mobilen Web!

PROBEFAHRT

Ändern Sie die CSS-Selektoren in der Datei *styles.css* und wandeln Sie das `<ol>` in *index.html* in ein `<ul>` um. Vergessen Sie nicht, die Nummern der Zugriffstasten in den Textinhalt der Links einzusetzen!

styles.css

```
#tools ul {
  ...
}
#tools ul li a {
  ...
}
```

Packen Sie hier das CSS hin, das auf Seite 129 für #tools ol verwendet wurde.

Und setzen Sie das zuvor für #tools ol li genutzte CSS hier ein.

Ändern Sie in der index.html das <ol> wieder in ein <ul>.

```
<div id="tools">
  <ul>
    <li><a href="#dashboard" accesskey="1">1. Dashboard</a></li>
    <li><a href="#" accesskey="2">2. Nachrichten (2)</a></li>
    <li><a href="#" accesskey="3">3. Kalender</a></li>
    <li><a href="#" accesskey="4">4. Material anfordern</a></li>
    <li><a href="#" accesskey="5">5. Personal anfordern</a></li>
    <li><a href="#" accesskey="6">6. Zentrale anrufen</a></li>
  </ul>
</div>
```

index.html

Ein umwerfender Erfolg!

Das Mock-up in einem HP Veer.

Sieht auf einem neueren Smartphone wie diesem Android Nexus S gut aus.

Das endgültige Mock-up finden Sie unter http://hf-mw.com/ch3/ex/5.

Punkt für Punkt

- Die Welt ist weit, und Handys gibt es dort wie Sandkörner am Meer. Nicht alle davon sind brandaktuelle Smartphones, und deswegen müssen Sie Ihre Websites oder Web-Apps gelegentlich dazu bringen, dass sie auch auf älteren Geräten funktionieren.
- Manchmal können Umstände, ältere Systeme, störrische Kunden oder bestimmte Projekte eine völlig **eigenständige mobile Website** erforderlich machen.
- Eine Möglichkeit, Mobilverkehr zu einer mobilspezifischen Website zu leiten, ist ein auf einer **serverseitigen Erkennung von Mobilgeräten** basierender Redirect.
- **User-Agent-Sniffing** ist eine beliebte Technik, um zu ermitteln, ob ein Request von einem Mobilbrowser ausgeführt wurde.
- User-Agent-Sniffing untersucht den **`User-Agent`-Header**, den Browser mit jedem HTTP-Request senden. Benutzer können ihren User-Agent »fälschen« – bewusst oder unbewusst. Das ist eine Schwäche dieser Methode.
- Einige ältere Mobilbrowser (und neuere, aber leistungsschwächere Mobilgeräte) implementieren andere Standards für HTML und CSS.
- **XHTML Mobile Profile** (XHTML-MP) ist ein mobilspezifischer Standard, der von vielen Mobilbrowsern genutzt wird. Er ähnelt XHTML, unterstützt aber nicht alles, was XHTML unterstützt.
- **CSS Mobile Profile** (CSS-MP) ist eine äquivalente mobilspezifische Variante von CSS.
- XHTML-MP wurde von **XHTML-Basic 1.1 abgelöst,** das fast damit identisch ist, aber ein paar Elemente mehr unterstützt.
- Es ist wichtig, dass Sie einen **geeigneten `DOCTYPE`** für Ihr mobiles Webprojekt wählen und sorgsam darauf achten, dass Sie Ihr **Markup gültig** halten – übler Code kann dazu führen, dass sich Geräte übel verhalten.

Es gibt keine Dummen Fragen

F: Es gibt XHTML-Basic/XHTML-MP statt HTML und CSS Mobile Profile statt CSS2. Gibt es auch eine äquivalente Mobilvariante von JavaScript für Mobilgeräte?

A: Ja, es gibt mobilspezifisches JavaScript namens ECMAScript Mobile Profile, aber Sie können sich darauf nicht verlassen. Wir haben mit Handys gearbeitet, bei denen JavaScript nichts mehr auf der Seite ändern kann, nachdem die Seite geladen wurde. Das bedeutet, dass die meisten Dinge, für die Sie JavaScript nutzen, nicht gemacht werden können. Wenn Sie ältere Handys unterstützen müssen, sind Sie wahrscheinlich besser bedient, wenn Sie versuchen, ohne JavaScript auszukommen.

F: Was ist mit Wireless CSS?

A: Wireless CSS ist ein Standard, der CSS Mobile Profile recht ähnlich ist, unterstützt aber weniger Eigenschaften. Es ist im Verschwinden begriffen, und wir sehen keinen Grund, es CSS-MP vorzuziehen.

F: Wenn man User-Agent-Sniffing nutzt, um Mobilverkehr zu routen, und den Browser des Benutzers falsch identifiziert, weil er seinen User-Agent fälscht oder man sich schlicht irrt, könnte das nicht dazu führen, dass man auf der Mobilversion der Site landet und keinen Weg zurück auf die vollständige Site findet?

A: Gut beobachtet! Das ist wichtig! In realistischen Szenarien sollten Sie wahrscheinlich einen »Fluchtweg« anbieten, häufig in Form eines Links zurück zur Desktopsite.

Ein Link allein reicht jedoch nicht. Sie müssen Ihr Redirect-Skript wissen lassen, dass der Benutzer die Desktopsite sehen will. Das können Sie erreichen, indem Sie ein Cookie setzen, das dies anzeigt, und Browser nicht umleiten, bei denen dieses Cookie gesetzt ist.

F: Was passiert, wenn ich meine Site mit vollständig gültigem XHTML-Basic oder CSS-MP oder was auch immer einfach nicht zu dem bringen kann, was ich erreichen will? Fällt mir dann der Himmel auf den Kopf? Stürzen überall auf der Welt Handys ab?

A: Erfolg im mobilen Web heißt oft, dass man Kompromisse machen muss. Auch wenn gültiger Code ein erstrebenswertes Ziel ist, ist es nicht immer an 100 % erreichbar. Aber es ist immer empfehlenswert, die Regeln zu kennen, bevor man sie bricht.

F: Muss ich XHTML-Basic immer nutzen, wenn ich viele Mobilbrowser unterstützen will? Das scheint mir doch eine arge Einschränkung zu sein.

A: Hier können wir nur die klassische Antwort auf alle Fragen zum mobilen Web geben: »Je nachdem ...« Im Vierbeinige Freunde-Fall mussten wir viel weniger leistungsfähige Handys unterstützen. Unser Ziel war es, einen serverseitigen Datendienst so gut wie möglich auf so viele Geräte wie möglich zu bringen.

Der Einsatz von HTML5 ist in vielen Fällen ein vernünftiger Ansatz, auch bei älteren Geräten. Aber wir wollten Ihnen einige der Dinge vorstellen, deren Sie sich bewusst sein sollten, wenn Sie ältere Geräte anvisieren.

F: Sie haben es auf Seite 127 zwar abgelehnt, aber ich würde doch gern eine vollständige Liste der von CSS-MP unterstützten und nicht unterstützten Eigenschaften sehen.

A: Da haben Sie Glück: Die CSS Mobile Profile 2.0-Spezifikation lässt sich angenehmerweise recht schnell und einfach lesen. Sie finden sie unter *http://www.w3.org/TR/css-mobile*.

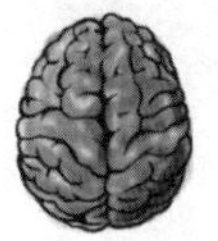

KOPF-NUSS

Eine Frage an die Entwickler: Wie könnten wir Nutzer unterstützen, die lieber die Desktopversion hätten? Haben Sie eine Idee, was wir hinzufügen müssten, um einen Link von der Mobilsite auf die Desktopsite einzubauen? Und welche Änderungen müssen Sie an *redirect.php* vornehmen, um ein Cookie mit der Anforderung des Benutzers zu lesen und zu schreiben?

Es ist nicht cool, Nutzer auf einer ausgeweideten Mobilsite auszusetzen, wenn sie lieber zur Desktopversion flüchten wollen.

4 Entscheiden, wer berücksichtigt wird

Welche Geräte sollen wir berücksichtigen?

Der Tag hat nicht genug Stunden, um alle Geräte zu testen.

Irgendwo müssen Sie eine Grenze ziehen. Sie können einfach nicht alles unterstützen. **Aber wie entscheiden Sie, wo Sie sie ziehen?** Was ist mit denen, die eventuell Geräte nutzen, auf denen Sie nicht testen können – sind die außen vor? Oder kann man Webseiten so aufbauen, dass sie auch Menschen mit Geräten erreichen, von denen Sie noch nicht einmal gehört haben? In diesem Kapitel werden wir einen magischen Trank aus **Projektanforderungen** und **Publikumsbedarf** brauen, mit dessen Hilfe wir herausfinden können, **welche Geräte wir unterstützen werden** und **was wir in Bezug auf die tun, die wir nicht unterstützen**.

Woher wissen Sie, wo Sie die Grenze ziehen müssen?

Jedes Projekt ist eine Folge von Kompromissen. Auftraggeberwünsche. Nutzerrückmeldungen. Suchmaschinenoptimierung. Wie Sie herausfinden, was für Ihr Projekt relevant ist, mag für diejenigen, die sich nicht mit Ihnen darüber den Kopf zerbrochen haben, wie Magie erscheinen.

Zu entscheiden, welche Geräte Sie unterstützen wollen, ist damit vergleichbar. Sie stellen Kriterien und Prioritäten auf, rühren etwas Gehirnschmalz darunter, fügen einen Spritzer Fantasie hinzu und entwickeln eine Liste mit den Geräten, die der Schlüssel für Ihren Erfolg sind.

Lösen Sie sich für einen Augenblick von der Tastatur

Bislang haben wir versucht, alles klar und einfach zu halten. Aber jetzt haben wir die Szene im Film erreicht, in der der Held ins Leere starrt und ein ernstes Problem wälzt. Plötzlich schlägt die Inspiration zu, und der Held schreitet zur Tat.

Der Unterschied ist, dass hier Sie der Held sind. Sie haben bereits alle Werkzeuge zusammen, die Ihnen bei der Entscheidung darüber helfen können, wo die Grenze zu ziehen ist.

Aber diese Inspiration werden Sie nicht hinter der Tastatur finden, deswegen gönnen wir uns einen kurzen Urlaub von unseren Konstruktionsarbeiten und überlegen uns, welche Kriterien wie wichtig sind, um daraus abzuleiten, welche Geräte wir unterstützen wollen. Wir werden Ihnen dabei helfen, Ihre Aufmerksamkeit auf die wichtigen Dinge zu lenken, und Ihnen dann keine weiteren Steine mehr in den Weg legen.

Sie müssen keine Angst haben – wir werden uns bald wieder an die konkreten Arbeiten machen. Ein guter Regisseur weiß, dass er seine Schauspieler erst etwas an die Hand nehmen und dann von der Leine lassen muss.

Welche Grenze müssen wir ziehen?

Alle je hergestellten Geräte zu unterstützen, ist ein hehres Ziel. Alle je hergestellten Geräte zu testen, ist der absolut sichere Weg in den Wahnsinn. Wenn Sie so viele Menschen wie möglich mitnehmen wollen, ohne dabei Ihre geistige Gesundheit aufs Spiel zu setzen, müssen Sie die Antworten auf drei Fragen kennen.

1. **Welche Geräte unterstützen wir?**
   Auf welchen Geräten oder Arten von Geräten werden Sie Ihre Seiten testen, um sicherzustellen, dass sie wie beabsichtigt funktionieren?

2. **Was passiert mit Geräten, die wir nicht unterstützen?**
   Was können Sie tun, um sicherzustellen, dass Geräte, die Sie nicht testen, die Site immer noch nutzen können?

2. **Was passiert mit Geräten, die wir nicht unterstützen KÖNNEN?**
   Welche Meldung geben Sie denjenigen, deren Geräte es schlicht nicht bringen?

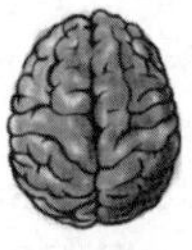

KOPF-NUSS

Was könnte der Unterschied sein zwischen Geräten, die Sie *nicht* unterstützen, und Geräten, die Sie *nicht* unterstützen *können*?

Nicht unterstützt vs. nicht unterstützbar

Wenn man weiß, was man unterstützen *wird*, ist alles andere etwas, das man nicht unterstützt. Warum also machen wir hier einen Unterschied zwischen Geräten, die nicht unterstützt *werden*, und Geräten, die nicht unterstützt *werden können*?

Dass Sie ein Gerät nicht explizit unterstützen, heißt nicht, dass das, was Sie aufgebaut haben, auf diesem Gerät nicht *funktioniert*. Wenn Sie eine Webseite mit wohlgeformtem, semantischem HTML und Progressive Enhancement aufbauen, kann auf Ihre Seite mit vielen Browsern und Geräten zugegriffen werden, bei denen Sie nicht garantieren können, das sie funktioniert.

Aber manchmal sind Browser so alt und schwach, dass Sie sie einfach nicht unterstützen *können*.

Nehmen Sie beispielsweise an, Sie wollten online Schuhe verkaufen. Dann müssten Sie HTTPS einsetzen, um die Kreditkartendaten zu sichern. Aber einige ältere Handys unterstützen HTTPS nicht. Wenn das passiert, können Sie dem jeweiligen Nutzer nur mitteilen, dass er mit seinem Gerät bei Ihnen keine Schuhe kaufen kann.

Werden Sie nicht ausfallend

Wenn Sie den Browser eines Nutzers nicht unterstützen können, sollten Sie das freundlich sagen. Er hat vielleicht nicht gerade das neueste Handy in der Tasche, aber vielleicht kann er woanders auf einen besseren Browser zugreifen.

Außerdem hört keiner gern, dass sein Handy veralteter Schrott ist. Sehen Sie Ihren Gästen kleine Fehler nach.

Aufgepasst

Schließen Sie nicht unterstützte Browser nicht aus.

Nur weil Sie nicht prüfen können, ob Ihre Seiten in einem bestimmten Browser funktionieren, heißt das nicht, dass Sie die Nutzer dieser Browser ausschließen sollten. Wenn Sie die Site mit semantischem Markup aufbauen, wird sie in vielen Browsern funktionieren – auch in Browsern, die Sie nicht getestet haben und die für Ihr Projekt nicht so relevant sind.

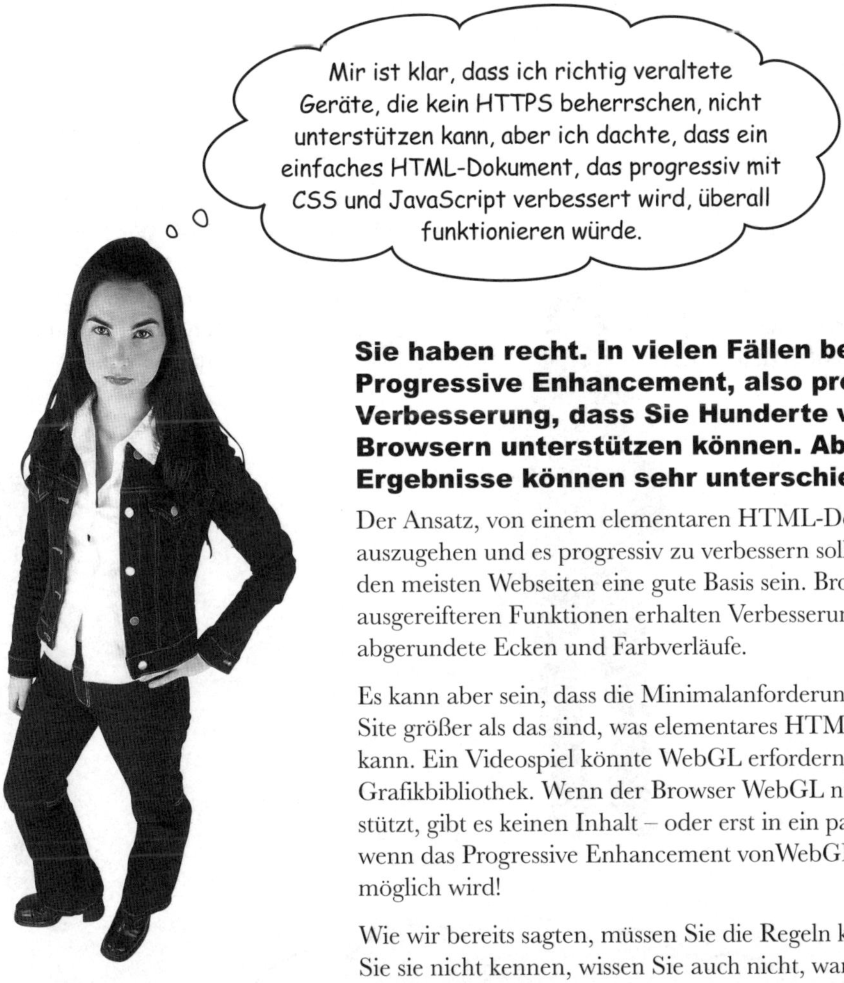

Sie haben recht. In vielen Fällen bedeutet Progressive Enhancement, also progressive Verbesserung, dass Sie Hunderte von Browsern unterstützen können. Aber die Ergebnisse können sehr unterschiedlich sein.

Der Ansatz, von einem elementaren HTML-Dokument auszugehen und es progressiv zu verbessern sollte bei den meisten Webseiten eine gute Basis sein. Browser mit ausgereifteren Funktionen erhalten Verbesserungen wie abgerundete Ecken und Farbverläufe.

Es kann aber sein, dass die Minimalanforderungen für eine Site größer als das sind, was elementares HTML bieten kann. Ein Videospiel könnte WebGL erfordern, eine Grafikbibliothek. Wenn der Browser WebGL nicht unterstützt, gibt es keinen Inhalt – oder erst in ein paar Jahren, wenn das Progressive Enhancement vonWebGL auf WebGL 2 möglich wird!

WebGL 2 gibt es nicht, aber es klingt doch wahrscheinlich, finden Sie nicht auch?

Wie wir bereits sagten, müssen Sie die Regeln kennen – wenn Sie sie nicht kennen, wissen Sie auch nicht, wann Sie sie brechen. Sie sollten von einfachem HTML ausgehen und Progressive Enhancement einsetzen, wenn es keinen sehr überzeugenden Grund dafür gibt, dass dieses Verfahren nicht funktioniert.

Und selbst dann kann ein elementares HTML-Dokument, dass »Sorry, dieses Spiel können Sie nur in einem Browser mit WebGL-Unterstützung spielen!« sagt, eine nette Ausgangsbasis für den Aufbau der Spiel-Site sein.

Stellen Sie sich Fragen zu Ihrem Projekt

Vielleicht klingt es ja jetzt, als wollten wir einem alten Hund neue Tricks beibringen, aber wenn Sie herausfinden wollen, wo Sie die Grenze ziehen müssen, sollten Sie sich zunächst Gedanken über Ihr Projekt machen. ***Wer*** ist das Publikum? ***Welche*** Funktionen sind wesentlich? ***Welche*** Funktionen sind optional? ***Was*** ist das beste Erlebnis?

Für unsere Videosite Katzenspaß sind Mobilgeräte genau das Richtige, aber nur, wenn diese auch Video unterstützen. Welche Geräte bieten Videounterstützung und bezahlbare Datentarife oder WLAN-Fähigkeit?

Wir bereiten uns auf eine Expansion in Richtung Japan und Südkorea vor. Werden dort die gleichen Geräte genutzt wie hier? Ich habe gehört, dass es in Japan viele Geräte gibt, die es sonst nirgendwo gibt.

Unser aktuelles Spiel Tobende Luftbewohner ist sehr grafikintensiv. Es ist klar, dass die Browser WebGL unterstützen müssen, aber wir fragen uns, ob manche Handys nicht zu langsam sein könnten, selbst wenn sie WebGL unterstützen.

Zutaten für Ihren Mobilzaubertrank

Wenn Sie sich Fragen zu Ihrem Projekt stellen, nehmen Sie die Faktoren unter die Lupe, anhand deren Sie herausfinden können, welche Geräte relevant sind. Was ist Ihr Publikum, und welche Geräte wird es wahrscheinlich nutzen? Welche Funktionen sind notwendig, welche nebensächlich?

Das ist der Punkt, an dem ein Zauber Wunder wirken kann. Mixen Sie diese Faktoren zu einem Zaubertrank, der Ihnen sagt, welche Geräte Sie unterstützen müssen.

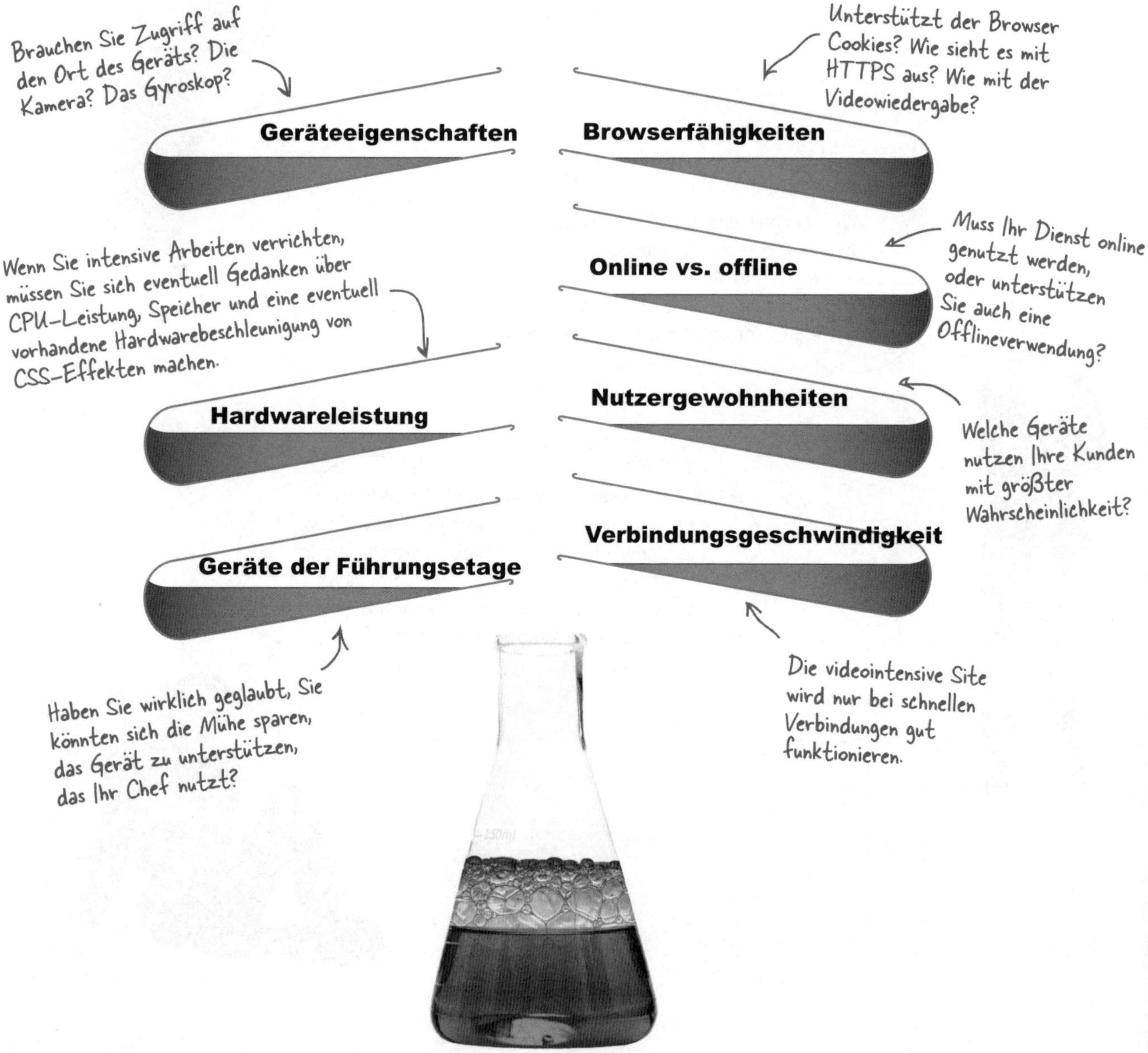

Ihren Vorrat an Werkzeugen und Daten anzapfen

Was geht in die Nutzergewohnheiten ein? Graben Sie Ihre Web Analytics-Daten aus und schauen Sie, was Ihre aktuellen Kunden nutzen. Sie expandieren in einen neuen Raum? Beschaffen Sie sich die Daten zu den in diesen Ländern meistgenutzten Geräten, um in Erfahrung zu bringen, auf welche Geräte man in Singapur steht.

Ihr Vorratsschrank ist leer? Glück gehabt. Schauen Sie sich den umfassenden Leitfaden zu Mobilstatistiken unter http://bit.ly/m-stats an.

Zeit, den Zauberhut aufzuziehen und ein paar Zauber wirken zu lassen. Erstellen Sie für alle Fallstudien eine Anforderungsliste, die darauf basiert, was die App leisten soll und an welches Zielpublikum sie sich richtet.

Die Liste sollte die unerlässlichen Anforderungen und zusätzlich wünschenswerte Funktionen aufführen.

Beispiel

Fallstudie

Museum multimedial baut eine App auf, die es Museumsbesuchern ermöglicht, sich zusätzliche Informationen zu einem Kunstwerk anzeigen zu lassen, indem sie es mit der Kamera aufnehmen. Sie kann auf Basis der Ortsinformationen des Geräts herausfinden, welches Kunstwerk der Nutzer betrachtet. Leider kann der Empfang in Museen lückenhaft sein.

Anforderungen:

- Muss: JavaScript-Unterstützung
- Muss: Kamerazugriff
- Muss: Zugriff auf Ortsinformationen
- Optional: Offlineunterstützung

Hier ist unsere Anforderungsliste, die auf den Informationen aus dieser Fallstudie basiert.

Fallstudie

Ein Politiker möchte sich in einer anstehenden Wahl einen Vorteil verschaffen. Er hätte gern eine App, die seine Wahlhelfer nutzen können, wenn sie mit potenziellen Wählern reden. Die App gibt die Adresse der Personen – wenn möglich mit Karte – und die zu stellenden Fragen an. Da Wahlhelfer Mangelware sind, sollte die App alle Geräte unterstützen, die sie gerade zur Hand haben.

Anforderungen:

Fallstudie

Bowling Boxers ist eine Dogs Playing Poker-Version der Videospielgeneration. Sie steuern einen Boxer, der auf einem Hund aus einem der berühmten Gemälde von C. M. Coolidge basiert, der sich in einem erbitterten Hinterhof-Bowling-Wettbewerb misst. Die Darstellung der Figuren und die rasante Straßenaction bringt die meisten Geräte an ihre Grenzen.

Anforderungen:

Fallstudie

Global & Co. hat eine Zunahme der Verkäufe in Indien festgestellt. Der Vertriebsleiter glaubt, dass Indien zum nächsten wichtigen Markt für Global & Co. werden könnte. Er hätte gern eine lokalisierte Version der Website von Global & Co., die auf den meisten der Geräte funktioniert, die in Indien verbreitet sind. Sie soll es den Kunden so einfach wie möglich machen, über ihre Handys Bestellungen vorzunehmen.

Anforderungen:

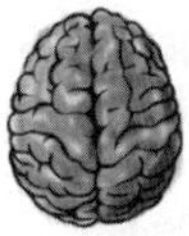

KOPF-NUSS

Welche Anforderungen bilden die Untergrenze, und welche können über Progressive Enhancement umgesetzt werden?

LÖSUNG ZUR ÜBUNG

Sie hassen es, wenn man Ihnen sagt, dass es die eine richtige Antwort nicht gibt? Wir bedauern das wirklich zutiefst, aber in Bezug auf Anforderungen gibt es die eben einfach nicht.

Jammern Sie also nicht, wenn Ihre Antworten zu diesen Fallstudien anders aussehen. Vielleicht hat Ihnen Ihre Erfahrung eine Anforderung verdeutlicht, die wir übersehen haben. Vertrauen Sie Ihrer Erfahrung und Ihren Instinkten.

Beispiel

Fallstudie

Museum multimedial baut eine App auf, die es Museumsbesuchern ermöglicht, sich zusätzliche Informationen zu einem Kunstwerk anzeigen zu lassen, indem sie es mit der Kamera aufnehmen. Sie kann auf Basis der Ortsinformationen des Geräts herausfinden, welches Kunstwerk der Nutzer betrachtet. Leider kann der Empfang in Museen lückenhaft sein.

Anforderungen:

- Muss: JavaScript-Unterstützung
- Muss: Kamerazugriff
- Muss: Zugriff auf Ortsinformationen
- Optional: Offlineunterstützung

Kamerazugriff ist eine neue W3C-API. Bislang wird sie nur von der neuesten Android-Version teilweise unterstützt.

Fallstudie

Ein Politiker möchte sich in einer anstehenden Wahl einen Vorteil verschaffen. Er hätte gern eine App, die seine Wahlhelfer nutzen können, wenn sie mit potenziellen Wählern reden. Die App gibt die Adresse der Personen – wenn möglich mit Karte – und dic zu stellenden Fragen an. Da Wahlhelfer Mangelware sind, sollte die App alle Geräte unterstützen, die sie gerade zur Hand haben.

Anforderungen:

- Muss: Internetverbindung
- Optional: Möglichkeit, Bilder für die Karte anzuzeigen
- Optional: JavaScript für interaktive Karten

Schön! Einige Möglichkeiten für Progressive Enhancement!

Fallstudie

Bowling Boxers ist eine Dogs Playing Poker-Version der Videospielgeneration. Sie steuern einen Boxer, der auf einem Hund aus einem der berühmten Gemälde von C. M. Coolidge basiert, der sich in einem erbitterten Hinterhof-Bowling-Wettbewerb misst. Die Darstellung der Figuren und die rasante Straßcnaction bringt die meisten Geräte an ihre Grenzen.

Anforderungen:

- Muss: JavaScript-Unterstützung
- Muss: WebGL-Unterstützung
- Muss: schnelle CPU und GPU, da sonst die Spielleistung leidet

Fallstudie

Global & Co. hat eine Zunahme der Verkäufe in Indien festgestellt. Der Vertriebsleiter glaubt, dass Indien zum nächsten wichtigen Markt für Global & Co. werden könnte. Er hätte gern eine lokalisierte Version der Website von Global & Co., die auf den meisten der Geräte funktioniert, die in Indien verbreitet sind. Sie soll es den Kunden so einfach wie möglich machen, über ihre Handys Bestellungen vorzunehmen.

Anforderungen:

- Muss: Unterstützung von elementarem Markup für ältere Geräte
- Muss: HTTPS für Bestellungen
- Muss: Cookies für das Log-in

Entspannen Sie sich

Iterationen helfen Ihnen, weitere Anforderungen zu erkennen.

Bei den meisten Mobilprojekten würden Sie, wenn Sie hinter die Kulissen blickten, feststellen, dass die Leute, die die Site erstellt haben, nicht von Anfang an wussten, welche Geräte unterstützt werden müssen. Sie sind also von Vermutungen ausgegangen und haben das Produkt dann über Iterationen weiterentwickelt, bis die Site perfekt war.

Woher weiß ich, ob meine Kunden das richtige Mobilgerät haben?

Die Funktionserkennung haben wir uns in Kapitel 2 angesehen, als wir uns mit dem Progressive Enhancement befasst haben.

Gute Frage. Im Wesentlichen gibt es zwei Methoden: serverseitige Geräteerkennung und clientseitige Funktionserkennung. Im nächsten Kapitel werden wir uns Geräteerkennungsdatenbanken ansehen.

Offensichtlich sind Sie jetzt so weit, dass wir dieses Zwischenspiel abpfeifen und wieder zur Konstruktionsarbeit zurückkehren können. Wir versprachen Ihnen ja, dass das eigentlich nicht so lange dauern sollte.

Machen Sie sich jetzt bereit, wieder die Ärmel hochzukrempeln, sich der verrückten Welt der Gerätedatenbanken zuzuwenden und sich mit dem Fluch aller Webentwickler, den User-Agent-Strings, zu messen.

Keine Bange, so gefährlich, wie das klingt, wird die Sache nicht werden. Wenn Sie das nächste Kapitel hinter sich haben, werden Sie den garstigen User-Agent-Strings zeigen können, wo der Hammer hängt.

Punkt für Punkt

- Jedes Projekt muss irgendwo eine **Grenze** in Bezug auf die Geräte ziehen, die es unterstützt.
- Wo man die Grenze ziehen muss, sagt einem eine Kombination aus **Erfahrung, Nachforschungen und Bauchgefühl**.
- **Es gibt einen Unterschied zwischen Geräten, die man *nicht* unterstützt, und Geräten, die man nicht unterstützen *kann***, weil ihnen grundlegende Eigenschaften fehlen, ohne die man eine Site nicht nutzen kann.
- Ein Blick auf **Projektanforderungen und Zielpublikum** erleichtert Ihnen die Entscheidung darüber, wo die Grenze zu ziehen ist.
- **Progressive Enhancement** sollte immer die **Grundlage** sein. Es sorgt dafür, dass eine Site auf viel mehr Geräten funktioniert, als von ihr offiziell unterstützt werden.
- **Wenn Sie nicht ganz sicher sind, dass Sie ein Gerät nicht unterstützen können, sollten Sie es auch nicht ausschließen**. Täglich kommen neue Browser auf. Geben Sie ihnen die Chance, zu beweisen, dass sie ihr Spiel beherrschen.
- Lassen Sie sich von der Komplexität der Mobillandschaft nicht überrollen. Sie haben bereits alle Werkzeuge, die Sie benötigen, um herauszufinden, wo Sie die Grenze ziehen sollten. **Vertrauen Sie Ihrer Erfahrung und Ihrem Instinkt**.

5 Gerätedatenbanken und -klassen

Gemeinsam stark

Dass wir eine Grenze ziehen, welche Geräte wir unterstützen und welche nicht, entledigt uns nicht aller Probleme. Wie finden wir genug über den Mobilbrowser unserer Benutzer heraus, um zu wissen, ob er dem Inhalt gewachsen ist, den wir ausliefern? Wie vermeiden wir es, nur (langweilige) Inhalte für den kleinsten gemeinsamen Nenner aufzubauen? Und wie organisieren wir diesen Kram so, dass wir darüber nicht den Verstand verlieren? In diesem Kapitel werden wir in das Reich der **Gerätefähigkeiten** eintauchen, lernen, wie man sie sich über eine **Gerätedatenbank** beschafft, und schließlich entdecken, wie man sie zu **Geräteklassen** gruppiert, um leichter den Überblick zu bewahren.

Ein Panik-Button für überdrehte Studenten

Das Weiterbildungsunternehmen Bestanden! rühmt sich seines ausgezeichneten Kundendiensts. Das Unternehmensziel ist es, allen Studenten – die nervenaufreibend hart für karrierefördernde oder examensrelevante Prüfungen und Zertifizierungen lernen – den Eindruck einer persönlichen Beziehung zu den Tutoren zu vermitteln, die Fachleute für die jeweiligen Themengebiete sind.

Gelegentlich verfallen Studenten in Panik. Deswegen will Bestanden! auf seiner Website eine Seite erstellen, die sich speziell an die Kunden richtet, die den Boden unter den Füßen verlieren. Diese Seite heißt »Ich flippe aus!« und hat einen ganz simplen Zweck: Sie soll den Kunden sofort mit einem Tutor verbinden.

Stefan, Geschäftsführer von Bestanden!

Der Button ist ausschließlich für Mobilgeräte gedacht

Desktopbrowser können keine Anrufe tätigen – dort wäre das Großer-roter-Panik-Button-Bild irgendwie sinnlos. Stefan will, dass der Button nur in Mobilbrowsern erscheint.

Aber woher wissen wir, ob der Nutzer ein Mobiltelefon verwendet?

Frank: Das könnten wir doch mit CSS-Medienabfragen herausfinden, die die Breite des Browserfensters analysieren.

Jana: Ich fürchte, dass das in diesem Fall nicht geht. Dass das Fenster schmal ist, heißt noch nicht, dass es wirklich ein Browser auf einem Handy ist.

Frank: Stimmt. Wahrscheinlich würde der Panik-Button auch bei schmalen Fenstern, auf Tablets und anderem erscheinen, wenn wir eine breitenbasierte Medienabfrage nutzen. Außerdem sind nicht alle Mobilgeräte Telefone. Aber welche anderen Möglichkeiten haben wir denn?

Ein schmales Fenster bedeutet nicht unbedingt ein Handy!

Jana: Optimal wäre es, wir könnten uns Informationen über den Browser und das Gerät des Benutzers beschaffen, die so spezifisch sind, dass wir erkennen können, ob es ein Handy ist und nicht einfach ein Gerät mit kleiner Auflösung oder einem kleinen Bildschirm.

Die Rettung: Mobilgerätedatenbanken

Mobilgerätedatenbanken enthalten ausführliche Informationen über den Browser, die Plattform und die Hardware-Features von Mobilgeräten und ihren Browsern. Fragen wir diese Datenmengen mit einem eindeutigen Schlüssel ab – in der Regel einem User-Agent-String –, können wir uns massenhaft Informationen zu diesem Gerät und seinem Browser beschaffen.

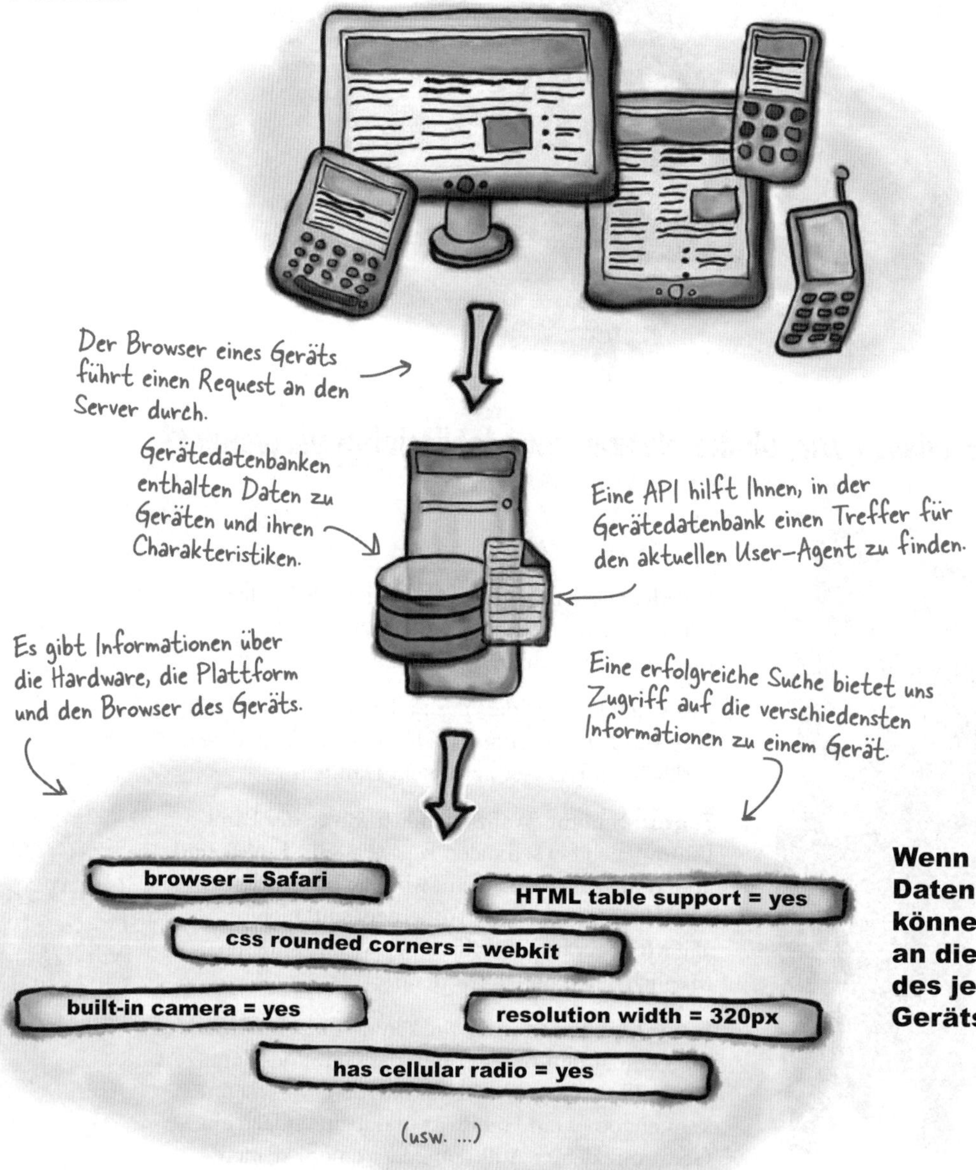

Wenn Sie diese Daten haben, können Sie Inhalte an die Eigenheiten des jeweiligen Geräts anpassen.

WURFL

WURFL (Wireless Universal Resource FiLe) ist eine Open Source-Gerätedatenbank mit einer gewaltigen Menge an Informationen zu den spezifischen Fähigkeiten von Mobilgeräten und ihren Browsern.

Kürzlich haben die langjährigen Hüter des WURFL-Projekts ein Unternehmen namens ScientiaMobile gegründet, das kommerziellen Support für WURFL bietet.

WURFL hält Informationen zu Mobilgerätekennzeichen fest, vom Klingeltonformat bis zu den physischen Bildschirmgrößen.

Für uns als Webentwickler sind nicht alle Fähigkeiten von WURFL interessant, aber Sie werden darin einige wirklich nützliche Perlen finden.

Aufgepasst

Ein Gerät ist keine Plattform ist kein Browser.

Es gibt kein passendes Wort für »die Hardwareeigenschaften eines Geräts, seiner Plattform und seines Betriebssystems mit dem ihm zugehörigen Browser«. Eigentlich sollte es eins geben. WURFLs Definition eines Geräts ist eine Kombination dieser drei Komponenten und enthält Informationen zu Betriebssystem ***und*** *Browser.*

Dieses Terminologieproblem erschwert es, sich klar auszudrücken. Auch wir sind dafür verantwortlich. Denken Sie also daran, dass in unserer verkürzten Verwendung des Begriffs ***Gerät*** *wahrscheinlich einige der Konnotationen von Browser, Hardware und Betriebssystem mitschwingen.*

Übung

Probieren Sie es selbst! Im ScientiaMobile-Explorer können Sie über einen Webbrowser mit den Tera-WURFL-Daten interagieren.

1. Wechseln Sie mit einem Mobilbrowser zu *http://www.tera-wurfl.com/explore*.

2. Gehen Sie in den **See my capabilities**-Abschnitt und schauen Sie sich die Fähigkeiten an, die für das entsprechende Mobilgerät und seinen Browser angezeigt werden.

Der Explorer ist für Mobilbrowser gedacht. Wenn Sie ihn mit einem Desktopbrowser besuchen, wird zufällig ein Mobilgerät ausgewählt, dessen Fähigkeiten angezeigt werden.

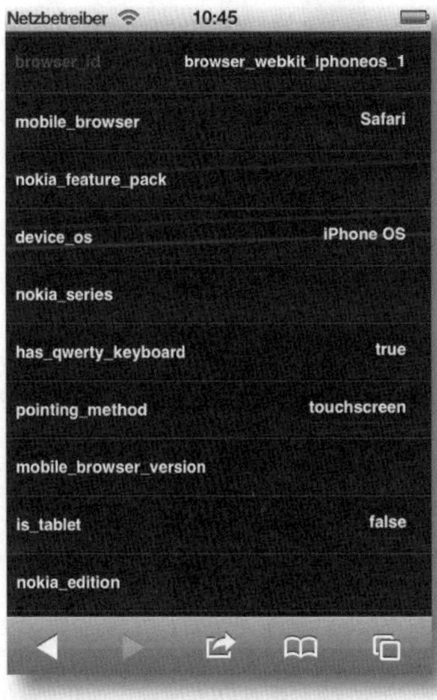

Einige der Fähigkeiten, die der Explorer auf einem iPhone 4 anzeigt.

Sie können den Explorer auch mit einem Desktopbrowser besuchen und einen User-Agent-String eingeben, für den Sie sich die Fähigkeiten anzeigen lassen wollen. Auf diese Weise können Sie schnell und bequem die Fähigkeiten für einen bekannten User-Agent nachschlagen.

WURFL und seine Fähigkeiten

WURFL bietet Informationen zu Mobilgeräten, ihren Plattformen und ihren Browsern in Form eines Satzes von Fähigkeiten. Diese Fähigkeitsdaten können Sie einsetzen, um Ihre Webinhalte entsprechend anzupassen.

Aktuell hält WURFL rund 500 Fähigkeiten nach, die in rund ein Dutzend Kategorien wie *css* (Unterstützt der Browser gerundete Ecken? Was ist mit Hintergrundbildern?) oder *playback* (Was für Arten von Medien kann das Gerät abspielen?) eingeteilt sind.

Die Gerätedaten werden in einer gewaltigen XML-Datei festgehalten, die regelmäßig aktualisiert wird. Die neueste Version wird auf der Sourceforge-Seite des Projekts veröffentlicht.

Wenig überraschend lautet die URL wurfl.sourceforge.net.

Es gibt mehrere Varianten von WURFL

Der **Explorer** von **ScientiaMobile** basiert auf einer bestimmten **Implementierung** von WURFL (der *Database Edition*, die auch als *Tera-WURFL* bezeichnet wird), bei der die WURFL-Gerätedaten in Form einer Datenbank statt einer XML-Datei vorliegen. Tera-WURFL ist für die Einrichtung als Webservice oder als PHP-Bibliothek gedacht, die mobilorientierte Websites abfragen können, um Geräteinformationen zu einem User-Agent-String zu erhalten.

Es gibt viele verschiedene APIs für und Implementierungen von WURFL, aber eins haben sie gemeinsam: die bekannte gewaltige WURFL-XML-Datei mit allen Mobilgerätedaten. Der vollständige WURFL-Umfang ist eine Kombination aus WURFL-Daten (XML), der Art der Datenspeicherung und einer API, über die man mit ihnen interagieren kann.

Wir werden die PHP-API nutzen

Es gibt WURFL-APIs für eine Reihe von wichtigen Programmiersprachen. Wir werden die PHP-API und die dateibasierten Daten nutzen.

WURFL funktioniert, weil verschiedene Faktoren zu seinen Gunsten wirken (einer davon ist, dass es nicht alle User-Agents festhält).

Die Entwicklergemeinde von WURFL erweitert die Gerätedatenbank kontinuierlich – es ist also nicht so, dass da irgendwo einsam ein armer Kerl in einer schäbigen Kammer hockt und versucht, alle Geräte und Browser auf dem Markt festzuhalten – das wäre nicht nur eine undankbare Aufgabe, sondern wahrscheinlich sogar eine Sisyphusarbeit.

Die verschiedenen Algorithmen der WURFL-APIs agieren sehr clever, wenn sie nach User-Agents suchen. Außerdem schadet es nicht, dass es WURFL schon eine Weile gibt, dass es seine Leistungsfähigkeit schon nachgewiesen hat und dass es von einigen ziemlich großen Webunternehmen (schon mal von Facebook gehört?) genutzt (und erweitert) wurde.

Und sollte WURFL Ihren Anforderungen nicht genügen, gibt es andere Gerätedatenbanken wie DeviceAtlas, DetectRight und MobileAware. Was für Ihr Projekt geeignet ist, hängt von Ihren Bedürfnissen, Ihrem Budget und Ihren Lizenzanforderungen ab.

Es gibt keine Dummen Fragen

F: Was ist ScientiaMobile?

A: ScientiaMobile ist ein Unternehmen, das 2011 von Steve Kamerman, Luca Passani und Krishna Guda gegründet wurde. Luca war einer der Maintainer des Open Source-WURFL-Projekts, seit es 2001 von ihm und Andrea Trasatti aus der Taufe gehoben wurde. Steve hat Tera-WURFL erstellt, das zur WURFL Database Edition wurde.

F: Ist WURFL frei? Muss ich dafür zahlen?

A: Je nachdem. Technisch gesehen, ist WURFL Open Source. Die WURFL-API steht unter der Affero General Public License v3 (AGPL), einer Open Source-Lizenz. Die WURFL-XML-Datenbank unterliegt einer eingeschränkten Lizenz, die verlangt, dass auf die Daten nur über die WURFL-API zugegriffen wird.

Wenn Sie die AGPL-Bedingungen erfüllen, müssen Sie also nichts zahlen. Aber die AGPL ist restriktiver als die mit ihr verwandte GPL. Gemäß den Bedingungen der AGPL zählt eine Ausführung der Software auf einem Server als eine Eigenveröffentlichung. Eine solche fordert, dass Sie Ihrerseits alle abgeleiteten Arbeiten ebenfalls wieder unter einer Open Source-Lizenz öffentlich machen.

Wenn die AGPL in Ihrem Fall nicht nutzbar ist (was in vielen Fällen so sein wird), bietet Ihnen ScientiaMobile eine kommerzielle Lizenz an.

F: Wenn ich WURFL in (setzen Sie hier eine beliebige Open Source-Lösung ein) integriere und auf dieser Basis eine Site aufbaue, muss ich dann die gesamte Site Open Source machen?

A: Kurze Antwort: Erwerben Sie eine kommerzielle Lizenz oder reden Sie mit einem Anwalt. ScientiaMobile.com bietet auch eine Lizenzierungs-FAQ an.

F: Gibt es noch andere Lösungen, die das Gleiche leisten wie WURFL?

A: Ja. WURFL ist die einzige Gerätedatenbank, die eine Open Source-Lizenz bietet, aber es gibt mehrere kommerzielle Datenbanken. Device Atlas ist wahrscheinlich die bekannteste Alternative. Weitere sind unter anderem Mobile Aware und Detect Right.

F: Welche anderen WURFL-APIs gibt es neben der PHP-API?

A: ScientiaMobile bietet neben der PHP-API APIs für Java, .NET und Datenbanken an.

F: Wie werden die WURFL-Daten aktualisiert? Genauer gesagt, wie erhalte ich neue Daten, wenn sie aktualisiert werden?

A: ScientiaMobile hält stets nach neuen Geräten Ausschau. Gelegentlich bieten die Hersteller die Informationen direkt an, manchmal senden Nutzer von WURFL die Daten ein. Die Überprüfung von Informationen zu neuen Geräten ist eine der wichtigsten Arbeiten eines Gerätedatenbankherstellers.

F: Wer entscheidet, welche Fähigkeiten von WURFL aufgezeichnet werden?

A: ScientiaMobile wählt die Fähigkeiten auf Grundlage von Vorschlägen aus der Nutzergemeinschaft.

F: Wo ist diese WURFL-Gemeinschaft, von der Sie sprechen?

A: Die Gemeinschaft ist eine Mailingliste. WURFL gibt es schon so lange, dass diese Liste den Namen WML programming trägt. Außerdem werden auch in den Supportforen von ScientiaMobile.com Diskussionen geführt.

Die wmlprogramming-Liste finden Sie unter http://tech.groups.yahoo.com/group/wmlprogramming/.

WURFL: schlauer API-Code

Wenn eine WURFL-API versucht, einen eingehenden User-Agent einem bekannten Gerät zuzuordnen, gibt sie nicht einfach auf, wenn dieser User-Agent in den Daten nicht enthalten ist. Da es vollkommen unmöglich ist, jeden einzelnen User-Agent nachzuhalten, nutzen die Suchfunktionen der API einen raffinierten Trick, wenn keine hundertprozentige Entsprechung für einen User-Agent gefunden werden kann.

Ein Geräte- und Gerätefamilienbaum

Wenn die WURFL-API einen User-Agent-String analysiert, wird eine Folge von zunehmend allgemeineren Ausweichlösungen ausgewertet. Das Ziel dabei ist, das Gerät zumindest in die richtige Familie miteinander verwandter Geräte einzuordnen.

Sie können sich WURFLs Daten als eine Art Baum mit Geräten vorstellen, dessen Stamm ein allgemeiner Browser und dessen Äste, Zweige und Blätter Gruppen beziehungsweise spezifische Geräte sind. Die API gibt sich größte Mühe, ein exakt passendes Blatt zu finden, kann aber auf den Rest des Baums ausweichen, wenn ein solches nicht zu finden ist.

Außerdem definieren die WURFL-Daten für ein spezifisches Gerät nur die Fähigkeiten des Geräts (oder einer Gruppe von Geräten), die sich von denen der im Baum übergeordneten Geräte unterscheiden. Auf diese Weise hält man die Ausmaße der WURFL-XML-Datendatei in vertretbaren Grenzen (Mitte 2011 etwas unter 10 MB), ungeachtet des Informationsgehalts, den sie tatsächlich enthält.

Freak-Futter

Die WURFL-API nutzt eine Kombination aus Algorithmen, damit sie sich nicht in den seltsamen kleinen Macken von User-Agents verfängt.

Unter anderem nutzt sie sogenannte **Matcher**, die für eine bestimmte Geräte- oder Browserfamilie optimiert sind. Die neueste PHP-API besitzt einige Dutzend Handler, mit denen sie die Analyse von User-Agents angeht.

Zunächst ermittelt die API, welcher Handler für den fraglichen User-Agent am geeignetsten ist. User-Agents mit der Zeichenfolge »BlackBerry« werden beispielsweise an den BlackBerryHandler übergeben.

Jeder Handler kennt sich mit den Arten von Unterschieden aus, die für die User-Agents in dieser Familie relevant sind. Das reduziert die Anzahl an superspezifischen User-Agents, die die Maintainer der WURFL-Daten nachhalten müssen.

Die WURFL-PHP-API kombiniert Handler mit **RIS**-Vergleichen (Reduktion im String, d. h., aus nicht erkannten User-Agent-Strings werden so lange Teile entfernt, bis sie auf einen erkannten String reduziert wurden), um ein Ergebnis zu finden.

Und jetzt sollten Sie WURFL auf Ihrem Rechner installieren

Ausführliche Informationen zur Installation finden Sie in Anhang C.

Eine eigene Explorer-Seite aufbauen

Wenn Sie die WURFL-PHP-API installiert haben, müssen Sie nur erstaunlich wenig Code schreiben, um eine Seite ähnlich der ScientiaMobile-Explorer-Seite aufzubauen ... und genau das werden wir jetzt tun.

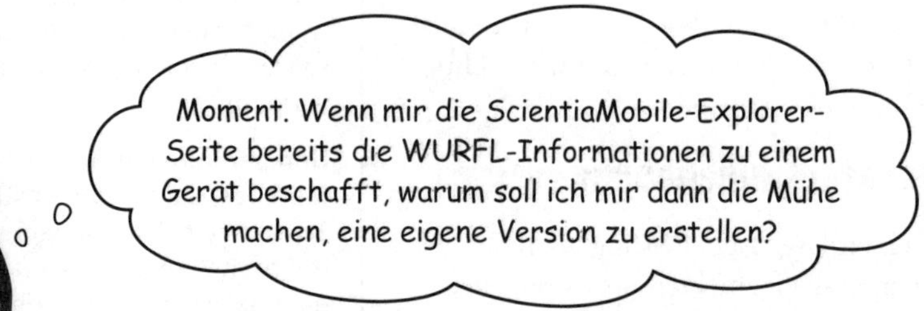

Beim Aufbau einer eigenen Explorer-Seite können Sie sich mit der API und dem Zugriff auf Ihre eigene Datendatei vertraut machen.

Mit Ihren Daten meinen wir die Daten, die sich in der WURFL-XML-Datei befanden, die Sie bei der Installation von WURFL heruntergeladen haben.

Learning by Doing. Das ist das Prinzip. Wir werden hier ein Fundament errichten, das wir später für andere, anwendungsbezogenere Aufgaben wiederverwenden können.

Außerdem nutzt die ScientiaMobile-Explorer-Seite die sogenannte Database Edition von WURFL. Die Daten werden in etwas anderer Form gespeichert und verglichen als bei der Kombination aus XML-Datei und PHP-API, die wir nutzen werden. Kurz gesagt: Die **Daten unterscheiden sich** in kleinerem (aber manchmal entscheidendem) Umfang.

Außerdem wissen Sie, wenn Sie eine eigene Explorer-Seite haben, dass Sie Daten aus Ihrer Version der Datendatei erhalten, keine Daten, die älter oder neuer als Ihre Daten sind.

Die Schritte zum Aufbau einer eigenen Explorer-Seite

- ☐ Richten Sie Ihre Arbeitsumgebung, die Dateien und die Konfiguration für WURFL ein.
- ☐ Schreiben Sie etwas PHP-Code (alles Standardcode) zur Initialisierung einiger WURFL-Objekte, damit wir beginnen können, auf Informationen zu den Fähigkeiten von Browsern und Geräten zuzugreifen.
- ☐ Organisieren Sie die Fähigkeitsdaten. Erstellen Sie eine Seite und geben Sie die Daten in einer HTML-Tabelle aus.

Eine Explorer-Seite: die Umgebung einrichten

Unsere erste Aufgabe ist der Aufbau der erforderlichen **Verzeichnisstruktur** und die Erstellung einer **Konfigurationsdatei**. Einen Ausgangspunkt finden Sie im *explore*-Unterverzeichnis des *chapter5* Verzeichnisses.

Den Code finden Sie unter http://examples.oreilly.de/german_examples/mobileswebhfger/.

Sie sollten mittlerweile die WURFL-PHP-API eingerichtet und einsatzbereit haben. Für die Erstellung einer Konfigurationsdatei (einer *funktionierenden* zumindest) müssen Sie den Installationsort von WURFL kennen.

Die Verzeichnisstruktur für die Explorer-Seite

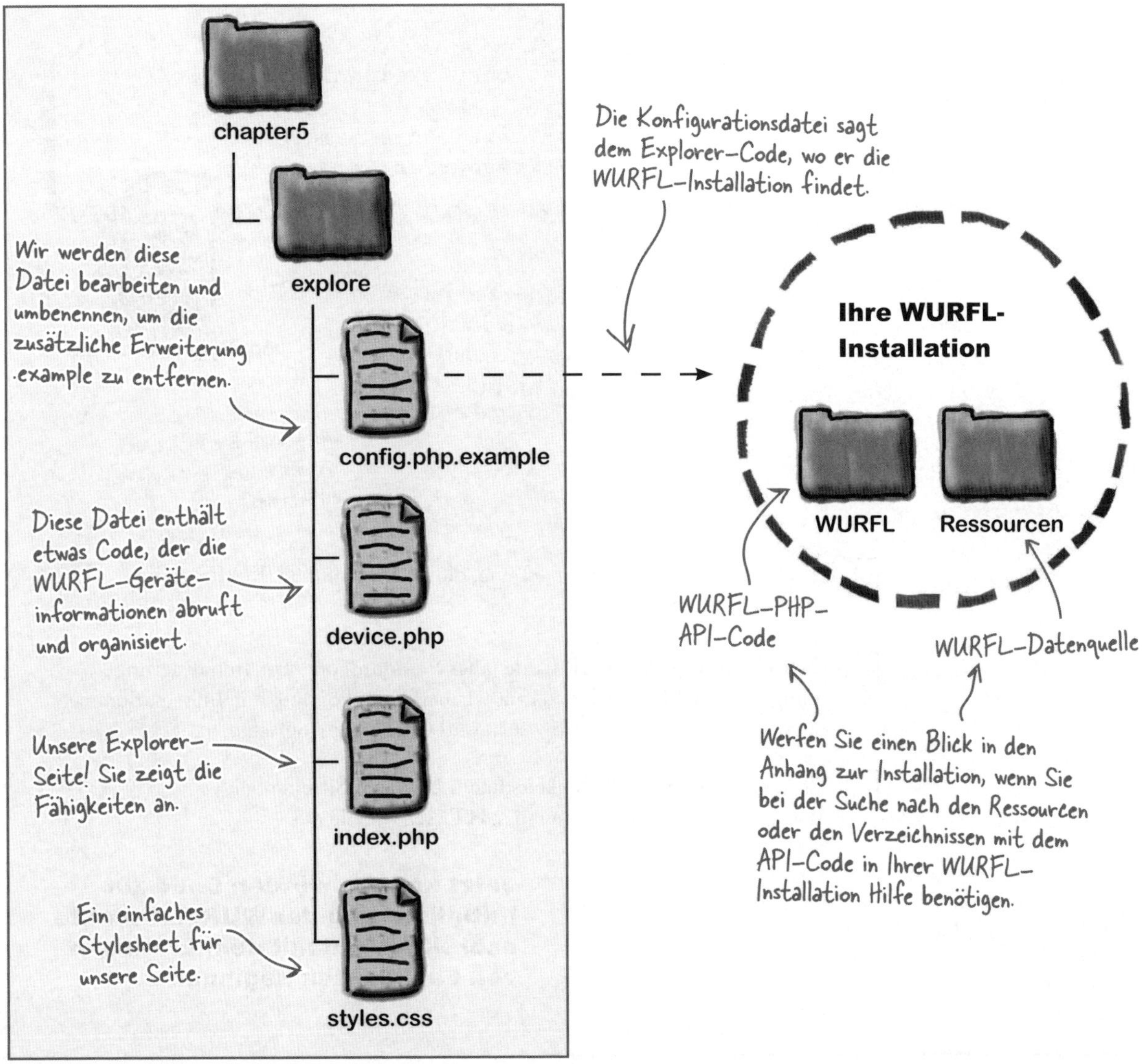

Lange Übung

Sie haben (davon gehen wir mal aus) WURFL installiert und müssen es nun konfigurieren, damit es in der Webseite funktioniert, die wir aufbauen werden. Dazu müssen Sie eine **Konfigurationsdatei erstellen**.

Öffnen Sie *config.php.example* in einem Texteditor. Nehmen Sie an den Pfaden die Änderungen vor, die unten aufgeführt werden, und speichern Sie die Datei dann unter dem Namen ***config.php*** im *explore*-Ordner (entfernen Sie die Erweiterung *.example*!).

```
/* WURFL_DIR muss auf das WURFL-Installationsverzeichnis zeigen.*/
define("WURFL_DIR", '/Pfad/von/WURFL/');
/* RESOURCES_DIR muss auf das resources-Verzeichnis zeigen. */
define("RESOURCES_DIR", '/Pfad/von/WURFL/resources/');
```

config.php.~~example~~

»Bitte ändere mich!« Sie müssen diese Pfade so ändern, dass sie auf die Ihrem System entsprechenden Verzeichnisse für den WURFL-API-Code und die WURFL-API-Ressourcen zeigen.

Einmal schreiben, endlos wiederverwenden. Diese Konfigurationsdatei werden wir für sämtliche Beispiele in diesem Kapitel nutzen.

Vergessen Sie nicht, die Erweiterung .example zu entfernen.

- [x] Richten Sie Ihre Arbeitsumgebung, die Dateien und die Konfiguration für WURFL ein.
- [ ] Schreiben Sie etwas PHP-Code (alles Standardcode) zur Initialisierung einiger WURFL-Objekte, damit wir beginnen können, auf Informationen zu den Fähigkeiten von Browsern und Geräten zuzugreifen.
- [ ] Organisieren Sie die Fähigkeitsdaten. Erstellen Sie eine Seite und geben Sie die Daten in einer HTML-Tabelle aus.

Hilfe zur WURFL-Installation finden Sie in Anhang C.

Jetzt können wir den Code zur Initialisierung der WURFL-Objekte schreiben und mit dem Ermitteln von Fähigkeiten beginnen ...

Gut! Wir haben eine Konfigurationsdatei. Jetzt müssen wir etwas Code schreiben, der den WURFL-Kram initialisiert und alles so vorwärmt, dass wir damit beginnen können, in seinen Tiefen nach Fähigkeiten zu graben. Öffnen Sie *device.php* in einem Texteditor. Zu Anfang ist die Datei recht leer, machen wir uns also daran, sie mit WURFL-igem Code zu füllen!

device.php hat zwei Aufgaben: anhand des User-Agent-Headers des aktuellen Requests (d. h., der Daten des Browsers des Benutzers) die **WURFL-Objekte zu initialisieren** und die **Fähigkeitsdaten** für das Gerät so **zu organisieren**, dass wir sie auf der Ergebnisseite anzeigen können.

Das liest unsere neue Konfigurationsdatei ein.

```
<?php
require_once('config.php');
$user_agent = $_SERVER['HTTP_USER_AGENT'];

$wurflConfig = new WURFL_Configuration_XmlConfig($wurflConfigFile);
$wurflManagerFactory = new WURFL_WURFLManagerFactory($wurflConfig);
$wurflManager = $wurflManagerFactory->create();
$device = $wurflManager->getDeviceForUserAgent($user_agent);
```

device.php

Diese Zeilen initialisieren einige WURFL-Objekte und füllen für uns ein Objekt, das ein Gerät repräsentiert.

Das meiste davon ist Standardcode, den wir nach Bedarf per Copy-and-paste übernehmen, um WURFL verwendungsfähig zu machen. Wenn Sie ein PHP-Magier sind und Ihnen das unmittelbar einleuchtet, Hut ab. Wenn nicht, sollten Sie sich darüber nicht zu sehr den Kopf zerbrechen.

Fortsetzung auf der nächsten Seite.

Lange Übung

Werfen wir nun einen etwas genaueren Blick auf die letzte Zeile des Standardcodes auf Seite 163. Dort sagen wir WURFL, wie das Objekt für das Gerät aufgebaut werden soll. Hier nutzen wir die Variable `$user_agent`, die aktuell den Wert des `User-Agent`-Headers des anfragenden Clients enthält.

Das heißt, dass wir WURFL anweisen, den User-Agent-String des Browsers des aktuellen Benutzers zu nehmen und in seiner Datendatei nach entsprechenden Daten zu suchen. Ist das erfolgreich, haben wir ein Objekt, das die Fähigkeiten von Browser und Gerät enthält.

```
$device = $wurflManager->getDeviceForUserAgent($user_agent);
```

Wenn alles geklappt hat, sind die Gerätefähigkeiten an diesem Punkt einsatzbereit.

Die `getDeviceForUserAgent`-Methode der Klasse `WURFL_WURFLManager` nimmt einen User-Agent-String und liefert ein passendes Gerät (aus den WURFL-Daten) in Form eines `WURFL_CustomDevice`-Objekts.

Übersetzung: Wir füttern die Methode mit einem User-Agent-String und erhalten ein Geräteobjekt, das mit Werten für die verschiedenen Fähigkeiten gefüllt ist.

- [x] Richten Sie Ihre Arbeitsumgebung, die Dateien und die Konfiguration für WURFL ein.
- [x] Schreiben Sie etwas PHP-Code (alles Standardcode) zur Initialisierung einiger WURFL-Objekte, damit wir beginnen können, auf Informationen zu den Fähigkeiten von Browsern und Geräten zuzugreifen.
- [ ] Organisieren Sie die Fähigkeitsdaten. Erstellen Sie eine Seite und geben Sie die Daten in einer HTML-Tabelle aus.

Jetzt haben wir ein WURFL-Geräteobjekt gefüllt und müssen nun die Fähigkeiten des Geräts so organisieren, dass wir sie in einer HTML-Tabelle anzeigen können.

Die zweite Aufgabe von *device.php* ist die Organisation der Fähigkeitsdaten, damit wir sie später anzeigen können. Dazu werden wir der Datei Code hinzufügen, der die Fähigkeiten anhand der WURFL-Gruppe anordnet.

Stecken Sie den folgenden Code in *device.php* und speichern Sie die Datei. Damit haben wir die Arbeit an der *device.php* abgeschlossen.

Die Methode getListOfGroups() liefert einfach ein Array mit WURFL-Gruppennamen ...

... und getCapabilitiesNamesForGroup() ruft die Namen der Fähigkeiten in dieser Gruppe ab!

```
$device = $wurflManager->getDeviceForUserAgent($user_agent);
if ($device) {
  $groups = $wurflManager->getListOfGroups();
  $grouped_capabilities = array();
  foreach($groups as $a_group) {
    $grouped_capabilities[$a_group] = array();
    $capabilities = $wurflManager->getCapabilitiesNameForGroup($a_group);
    foreach ($capabilities as $cap) {
      $grouped_capabilities[$a_group][$cap] = $device->getCapability($cap);
    }
  }
}
```

device.php

Dieser Codeteil ordnet die Fähigkeiten der aktuellen Gerät-Browser-Kombination in Gruppen.

So greifen wir auf die Werte einzelner Fähigkeiten zu. Diesen Teil werden wir uns gleich etwas genauer ansehen.

Es ist überhaupt kein Problem, wenn Sie nicht alles verstehen, was dieses PHP leistet. Sie können diese Zeilen einfach in die Datei device.php kopieren.

Es bleiben noch ein paar Aufgaben für die nächste Seite.

Lange Übung

Mit *device.php* haben wir für den Moment abgeschlossen. Zeit, dass wir *index.php* bearbeiten und sie mit etwas Code erweitern.

- [x] Richten Sie Ihre Arbeitsumgebung, die Dateien und die Konfiguration für WURFL ein.
- [x] Schreiben Sie etwas PHP-Code (alles Standardcode) zur Initialisierung einiger WURFL-Objekte, damit wir beginnen können, auf Informationen zu den Fähigkeiten von Browsern und Geräten zuzugreifen.
- [ ] Organisieren Sie die Fähigkeitsdaten. Erstellen Sie eine Seite und geben Sie die Daten in einer HTML-Tabelle aus.

Das ist erledigt!

Das bleibt noch zu tun.

PHP/HTML-Fertiggericht

Die gesammelten WURFL-Fähigkeitsdaten durchlaufen, die anhand der Gruppe geordnet sind.

Für jede Gruppe wird eine <dl> mit den Namen und Werten der in ihr enthaltenen Fähigkeiten erstellt.

Hiermit zeigen wir den User-Agent und das id-Attribut des Geräts an (WURFLs ID für diesen Browser bzw. dieses Gerät).

```
<div id="devicedata">
  <h2>Gerätedaten</h2>
  <p>Gerätdaten für <?php print $user_agent; ?></p>
  <p><strong>WURFL Device ID: <?php print $device->id; ?></strong></p>
  <?php foreach($grouped_capabilities as $group_name => $my_caps): ?>
    <h3 class="group"><?php print $group_name; ?></h3>
    <dl>
      <?php foreach($my_caps as $cap_name => $cap): ?>
        <dt><?php print $cap_name; ?></dt>
        <dd><?php print ($cap) ? $cap : ‚[kein Wert]'; ?></dd>
      <?php endforeach; ?>
      </dl>
  <?php endforeach; ?>
</div>
```

Wenn es keinen Wert für die entsprechende Eigenschaft gibt, wird der String »kein Wert« angezeigt.

Jeweils im <dt> den Namen der Fähigkeit anzeigen und im <dd> ihren Wert.

index.php

Gut, legen wir los! Speichern Sie index.php und öffnen Sie die Seite in Ihrem Browser.

Ein guter Anfang!

Jetzt können Sie alle Fähigkeiten Ihres Desktopbrowsers in Gruppen gegliedert einsehen.

- [x] Richten Sie Ihre Arbeitsumgebung, die Dateien und die Konfiguration für WURFL ein.
- [x] Schreiben Sie etwas PHP-Code (alles Standardcode) zur Initialisierung einiger WURFL-Objekte, damit wir beginnen können, auf Informationen zu den Fähigkeiten von Browsern und Geräten zuzugreifen.
- [x] Organisieren Sie die Fähigkeitsdaten. Erstellen Sie eine Seite und geben Sie die Daten in einer HTML-Tabelle aus.

Aber das geht noch besser

Statt lediglich die Fähigkeiten des aktuellen Browsers (die recht uninteressant sind, wenn Sie mit einem Desktopbrowser unterwegs sind) wollen wir die Explorer-Seite WURFL-Daten für einen beliebigen User-Agent anzeigen lassen. Das können wir tun, indem wir in der *index.php* ein kleines HTML-Formular einsetzen und eine simple Änderung an der *device.php* vornehmen.

Zwei kleine Erweiterungen, die die Explorer-Seite verbessern

Noch ein paar geringfügige Änderungen, die unsere Explorer-Seite aber nützlicher machen werden.

$_SERVER['PHP_SELF'] ist eine Kurzform für das aktuell laufende Skript – d. h., das Formular verweist auf die aktuelle Seite.

```
<div id="testform">
<form method="post" action="<?php print $_SERVER['PHP_SELF']; ?>"
id="useragentform">
  <p>Folgenden User-Agent-String prüfen:</p>
  <input type="text" name="useragent" id="useragent_field"
    value="<?php print $user_agent; ?>" /><br />
  <input type="submit" name="submit" value="Prüfen" id="submit" />
</form>
</div>
```

Wir ergänzen ein kleines Formular, das die Eingabe eines beliebigen User-Agent-Strings ermöglicht.

index.php

```
require_once('config.php');
$user_agent = (isset($_POST['useragent'])) ? $_POST['useragent'] :
$_SERVER['HTTP_USER_AGENT'];
$wurflConfig = new WURFL_Configuration_XmlConfig($wurflConfigFile);
```

Bearbeiten Sie diese Zeile.

Jetzt prüfen wir in device.php, ob wir (in $_POST) einen Formularwert für den User-Agent erhalten. Ist das nicht der Fall, nehmen wir standardmäßig den User-Agent des anfragenden Browsers.

device.php

Probefahrt

1 **Speichern Sie alle Änderungen und laden Sie index.php in einem Webbrowser.**
Wenn Sie die Seite das erste Mal laden, sollten Sie die WURFL-Fähigkeiten Ihres eigenen Browsers sehen.

2 **Probieren Sie einige Mobilbrowser-User-Agent-Strings.**
Geben Sie ein paar Mobilbrowser-User-Agent-Strings in das Formular ein und schauen Sie sich die Fähigkeiten an, die gemeldet werden.

```
Mozilla/5.0 (Linux; U; Android 2.2.1; en-us; DROIDX Build/
VZW) AppleWebKit/533.1 (KHTML, like Gecko) Version/4.0
Mobile Safari/533.1 480X854 motorola DROIDX
```

Testen Sie diese Strings.

```
Mozilla/5.0 (webOS/1.4.5; U; en-US)
AppleWebKit/532.2 (KHTML, like Gecko)
Version/1.0 Safari/532.2 Pre/1.0
```

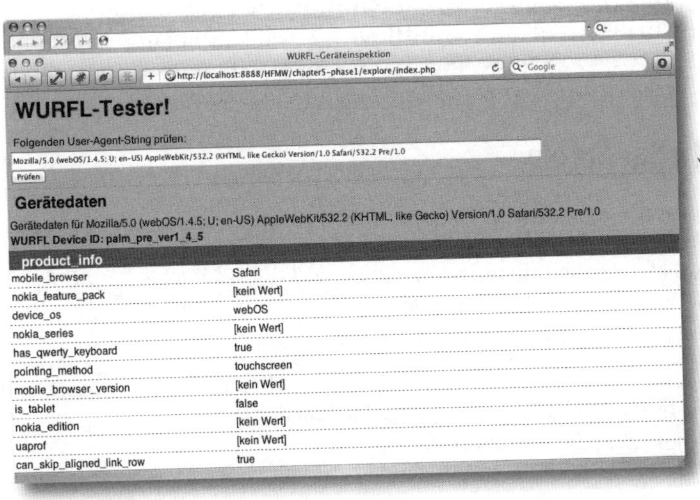

Jetzt können Sie beliebige User-Agent-Strings eingeben und sich die Fähigkeiten des gefundenen Geräts ansehen.

Auf die Schnelle können Sie den User-Agent Ihres Browsers mit http://whatsmyuseragent.com ermitteln.

Entspannen Sie sich

Sie sind es leid, User-Agent-Strings einzugeben?

Sie haben unser vollstes Verständnis. In der Datei *useful_user_agents.txt* im Ordner *chapter5* gibt es Abhilfe. Darin finden Sie alle User-Agents, die in diesem Kapitel erwähnt werden. Sie können sich dort einfach per Copy-and-Paste bedienen.

Die Fähigkeiten zum Einsatz bringen

Stimmt, es wird Zeit, dass wir uns der Praxis zuwenden.

Jetzt müssen wir uns also ansehen, wie wir die WURFL-Fähigkeiten einsetzen können, um zu entscheiden, ob wir den Panik-Button auf der Bestanden!-Website anzeigen sollen.

(Richtig, genau das hatten wir ja vor.)

Mit WURFL Inhalte differenzieren

Zeigen wir also den großen, roten Panik-Button nur in Browsern an, von denen WURFL sagt, dass es **Mobilbrowser** sind (nicht nur schmalere Bildschirme, wie wir es mit CSS-Medienabfragen tun). Dazu setzen wir natürlich WURFL-Fähigkeiten ein (was für Sie sicher *absolut* überraschend kommt)!

Der Pfad zum Erfolg

- [ ] Wir erstellen eine Konfigurationsdatei und schreiben etwas Code zur Initialisierung einiger WURFL-Objekte – d. h., wir beschaffen uns Informationen zum aktuellen Gerät und bereiten uns auf ihren Einsatz vor.

Wie das geht, haben Sie in der letzten Übung gelernt!

- [ ] Wir bitten WURFL um eben die Fähigkeit oder Fähigkeiten, die uns interessieren.

- [ ] Wir fügen der Ich flippe aus!-Mock-up-Seite etwas Code hinzu, der den Inhalt, der an die verschiedenen Geräte ausgeliefert wird, auf Basis der Werte der Fähigkeiten festlegt.

WURFL die richtigen Fragen stellen

Auf Seite 165 ist uns kurz die `getCapability`-Methode des `$device`-Objekts begegnet.

Das ist eine ziemlich praktische Methode. Selbst wenn das Klassen- und Objekte-Vodoo böhmische Dörfer für Sie sind, dürfte der Abruf von Fähigkeiten kein Problem darstellen. Unten zeigen wir Ihnen noch einmal kurz, wie es geht.

Tun Sie das!

Kopieren Sie die Datei *config.php* aus dem Verzeichnis *explore* in das Verzeichnis *panic_button*.

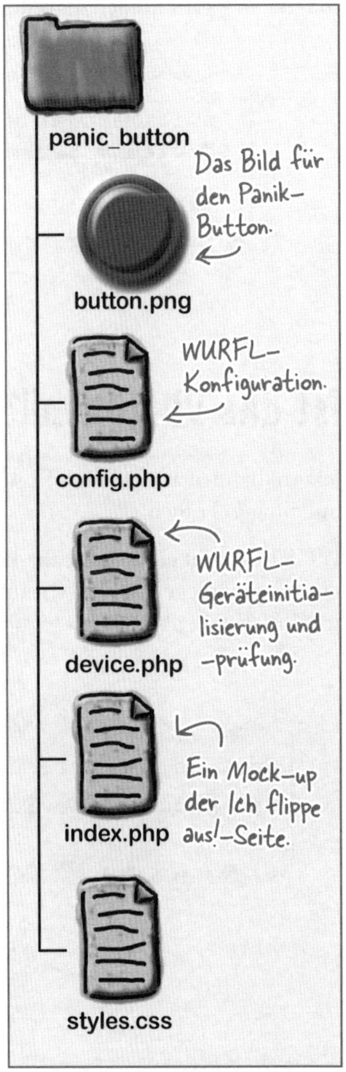

Verzeichnis- und Dateistruktur

So rufen Sie einen Wert für eine Fähigkeit ab:

$value ist entweder der Wert der Gerätefähigkeit als String oder NULL, wenn es keinen Wert gibt.

Der Name der gesuchten Fähigkeit als String … … z. B. 'is_tablet' oder 'brand_name'.

```
$value = $device->getCapability($capability_name);
```

Das WURFL-CustomDevice-Objekt ist bereits initialisiert und gefüllt.

Das werden wir sofort in der Datei device.php tun.

Einige Beispiele

Ist das ein Mobilgerät?

```
$value = $device->getCapability('is_wireless_device');
```

```
$value = $device->getCapability('cookie_support');
```

Unterstützt diese Browser-Gerät-Kombination Cookies?

Beachten Sie, dass Sie sich beim Abrufen der Gerätefähigkeiten keine Gedanken über die Gruppe machen müssen, in die diese Fähigkeit fällt. Gruppen sind ein nützliches Organisationskonzept, aber alle Fähigkeiten haben einen eindeutigen Namen und können direkt abgefragt werden. Bei der Interaktion mit WURFL müssen Sie keine Fähigkeitsgruppen nutzen.

Sie möchten eine Aufstellung aller WURFL-Fähigkeiten sehen? Schauen Sie sich http://wurfl.sourceforge.net/help_doc.php an.

Das Gerät initialisieren und die Daten vorbereiten

Wenn Sie einen Blick in den *panic_button*-Ordner werfen, werden Sie feststellen, dass wir schon etwas für Sie vorgearbeitet haben.
Die Datei *device.php* enthält bereits eine Menge des Standard-WURFL-Codes, den Sie benötigen, um Ihren sprichwörtlichen Haushaltspflichten nachzukommen.

Wir werden hier bei der Instantiierung des Geräts eine andere Methode nutzen als bei der Explorer-Seite. Wir werden nicht die Methode `getDeviceForUserAgent` mit einem User-Agent-String aufrufen, sondern WURFL mitteilen, dass es die Werte aus dem aktuellen Server-Request nutzen soll (die in PHPs immer zugreifbarer Variablen `$_SERVER` festgehalten werden).

Übersetzung: Gib uns die Gerätedaten für das Gerät, das gerade auf den Server zugreift.

```
$wurflManager = $wurflManagerFactory->create();
$device = $wurflManager->getDeviceForHttpRequest($_SERVER);
```

device.php

Diese Methode berücksichtigt neben dem User-Agent noch weitere HTTP-Header – aber dieser bleibt die wichtigste Informationsquelle.

Ist das Ding mobil?

Jetzt haben wir unser WURFL-Gerät auf Touren gebracht. Konfrontieren wir es mit einigen Fragen.

WURFL kennt eine praktische Basisfähigkeit namens `is_wireless_device`, die die grundlegende Frage beantwortet, ob das Gerät ein Mobilgerät ist. Es scheint also so, als könnten wir folgendermaßen verfahren:

Das klingt nach einer Booleschen TRUE/FALSE-Frage.

```
$device = $wurflManager->getDeviceForHttpRequest($_SERVER);
$is_phone = $device->getCapability('is_wireless_device');
```

device.php

Oder etwa nicht?

Gefahr im Verzug!

In der PHP-API werden alle Fähigkeitswerte als Strings zurückgeliefert. Das heißt, dass es für die vermeintliche Boolesche Fähigkeit `is_wireless_device` drei mögliche Werte gibt: `'true'`, `'false'` und `NULL` (`NULL` heißt, dass WURFL keinen Wert für diese Fähigkeit hat).

In PHP ist der String 'false' ein wahrer Wert. Wenn Sie keine Ahnung haben, was das heißt, auch egal. Nutzen Sie einfach den nachfolgenden Code statt des Codefragments auf Seite 172.

Wir müssen etwas genauer sein, da der Wert `'false'` ansonsten zu einem wahren Wert ausgewertet wird und die Site auf nicht mobilen Geräten wie auf Mobilgeräten aussieht. Wir *müssen* also folgende Änderungen vornehmen. Ersetzen Sie die zuletzt geschriebene Zeile durch folgende neue Version:

```
$is_phone = $device->getCapability('is_wireless_device');
```

```
$is_phone = ($device->getCapability('is_wireless_device') === 'true') ?
true : false;
```

Der Operator mit den drei Gleichheitszeichen heißt, dass der Wert genau dem Wert 'true' entsprechen muss, nicht irgendeinem wahren Wert.

device.php

Jetzt den Wert nutzen

Die Datei *device.php* wird von der Datei *index.php* eingeschlossen, wir können dort also auf den Code zugreifen, den wir gerade geschrieben haben. Wir möchten *index.php* die folgenden PHP-Bedingungen hinzufügen:

```
<div id="content">
  <h1>Ich flippe aus!</h1>
  <?php if ($is_phone): ?>
  <div id="panic_button">
    <img src="button.png" alt="HELP!" />
  </div>
  <?php else: ?>
  <h2>Hilfe ist nur einen Anruf entfernt.</h2>
  <div id="big_number">
  503-555-2939
  </div>
  <?php endif; ?>
  <p>Bammel in der Nacht vor der Prüfung? Ein Matheproblem, das
sich nicht lösen lässt? Unsere erfahrenen Tutoren stehen rund um
die Uhr bereit, um Sie in schweren Stunden zu unterstützen.</p>
</div>
```

Bei einem Request, der (gemäß der Fähigkeit is_wireless_device) als Mobil-Request betrachtet wird, den Panik-Button anzeigen ...

... andernfalls nur die Telefonnummer (über CSS) in richtig großer Schrift anzeigen.

index.php

Probefahrt

Nehmen Sie die Änderungen der Seiten 171 und 173 an *config.php* und *index.php* vor. Speichern Sie die Dateien und schauen Sie sich dann die ausgelieferte Ich flippe aus!-Seite in einem Desktopbrowser und einem Mobilbrowser an.

Auf einem Mobilgerät erscheint der Button.

In einem Desktopbrowser erscheint der Button selbst bei einem schmalen Fenster nicht.

WURFL im Gespräch

Interview der Woche: Welchen Zweck hat WURFL?

Interviewer: Also, WURFL, was genau leisten Sie eigentlich?

WURFL: Das ist doch wohl klar. Ich kann Ihnen sofort sagen, ob der Browser ein Mobilbrowser ist!

Interviewer: Aber es gibt doch andere Möglichkeiten, das in Erfahrung zu bringen. Clientseitige Erkennung, elementare serverseitige Erkennung ...

WURFL: Diese simple Mobil-oder-nicht-Mobil-Analyse ist einfach lächerlich. Dabei nutzt man bei Weitem nicht alle meine Fähigkeiten.

Interviewer: Und die wären bitte?

WURFL: Na, sehen Sie sich die Seite doch einmal auf einem iPod touch an.

Interviewer: Na schön ... [*eine lange Pause, während der Interviewer in seiner Tasche nach seinem iPod touch sucht*] ... ja, da ist der Panik-Button.

WURFL: Und? Wie sieht es aus? Entspricht das Ihren Erwartungen? Wann bitte haben Sie denn das letzte Mal einen Anruf von Ihrem iPod aus geführt?

Interviewer: Toll. Auf einem iPod touch ist der Button vollkommen sinnlos. Da ständen wir also wieder dort, wo wir angefangen haben.

WURFL: Nein, keineswegs. Wie ich sagte, Sie nutzen meine Fähigkeiten einfach nicht vollständig aus. Nehmen Sie sich die einfach noch einmal vor. Ich denke, dass es für Sie da noch das ein oder andere zu entdecken gibt.

Interviewer: Aber Sie haben über 500 Fähigkeiten! Wie soll ich denn da die richtige finden?

WURFL: Jetzt beschweren Sie sich also, dass ich zu umfangreich bin? So kommen wir nie auf einen grünen Zweig! Vielleicht gebe ich Ihnen mal einen Hinweis: Dass der Button auf Mobilgeräten angezeigt wird, heißt noch nicht, dass das Gerät tatsächlich das Telefonieren beherrscht – da Sie ihn noch nicht verbunden haben, stellt er nur ein hübsches Bild ohne jede Funktion dar. Vielleicht denken Sie darüber noch einmal nach und werfen dann einen weiteren Blick auf meine Fähigkeiten.

Der Button erscheint auf einem iPod touch ... wo er nutzlos ist.

ÜBUNG

Nutzen Sie unsere Explorer-Seite, um die Fähigkeiten eines iPod touch (auf dem wir den Button nicht haben wollen) mit denen eines Android Nexus S zu vergleichen (auf dem der Button erscheinen sollte). Vielleicht sollten Sie in diesen Vergleich auch noch einen Desktopbrowser einbeziehen.

Finden Sie die Fähigkeit, mit deren Hilfe wir kleine Geräte oder Mobilgeräte von einem richtigen Telefon unterscheiden können?

iPod touch UA

```
Mozilla/5.0 (iPod; U; CPU iPhone OS 4_3_2
like Mac OS X; en-us) AppleWebKit/533.17.9
(KHTML, like Gecko) Version/5.0.2 Mobile/8H7
Safari/6533.18.5
```

Nexus S UA

```
Mozilla/5.0 (Linux; U; Android 2.3.3; en-us;
Nexus S Build/GRI40) AppleWebKit/533.1 (KHTML,
like Gecko) Version/4.0 Mobile Safari/533.1
```

LÖSUNG ZUR ÜBUNG

Die WURFL-Fähigkeitsgruppe `bearer` bietet eine nette Fähigkeit namens `has_cellular_radio`. Wir werden uns den Wert dieser Fähigkeit ansehen, um herauszufinden, ob der aktuelle Request von einem Telefon oder einem beliebigen anderen Mobilgerät kommt.

Außerdem werden wir Freundschaft mit `xhtml_make_phone_call_string` schließen, da diese Fähigkeit uns zeigen wird, wie wir am besten anklickbare Telefonnummernlinks für dieses Gerät erstellen.

Die Seite mit WURFL etwas intelligenter machen

Die Prüfung des Werts von `has_cellular_radio` kann uns verraten, ob der aktuelle Nutzer tatsächlich ein Telefon verwendet. Außerdem müssen wir wissen, wie wir die Telefonnummer so einbinden können, dass ein Klick auf den Button tatsächlich einen Telefonanruf anstößt.

Der Wert von `xhtml_make_phone_call_string` ist ein Hinweis auf die Syntax, die wir nutzen sollten, um eine Telefonnummer so in einen Link zu integrieren, dass ein Klick auf den Link das Telefon tatsächlich veranlasst, einen Anruf zu starten. Beim Nexus S ist dieser Wert `tel:`.

Wenn die Fähigkeit has_cellular_radio 'true' ist und es einen nützlichen Wert für die Fähigkeit xhtml_make_phone_call gibt, werden wir das Gerät als Telefon betrachten!

Beim iPod touch ist der Wert `none`. Ein iPod touch macht keine Telefonanrufe. Desktopbrowser liefern ebenfalls den Wert `none`.

Einen funktionierenden Link können wir erstellen, indem wir den Wert von `xhtml_make_phone_call_string` mit der Telefonnummer kombinieren, die gewählt werden soll.

Über Links Anrufe anstoßen

Die Browser von Mobiltelefonen erkennen bestimmte URI-Muster in Links als Telefonnummer. Klickt der Benutzer auf einen derartigen Link, wird ein Meldungsfenster geöffnet, in dem er bestätigen muss, dass er diesen Anruf tatsächlich tätigen will.

`tel:` ist das verbreitetste URI-Schema für Telefonnummern und funktioniert bei fast allen modernen Smartphones. Aber es schadet nicht, wenn wir WURFLs Wert in diesem `xhtml_make_phone_call_string`-Feld nutzen. Auf alle Fälle sollten Sie jetzt verstanden haben, warum unser Link am Ende folgende Gestalt hat:

tel:-Links funktionieren ohne Landescode (+1). Aber der Vollständigkeit halber sollten Sie ihn einschließen. Außerdem lässt er Sie ziemlich weltgewandt aussehen!

```
<a href="tel:+15035552939">Einen Anruf tätigen</a>
```

Der Panik-Button: nur für Telefone

Wir können zusätzliche Tests in die Datei *device.php* integrieren, um die Werte von `has_cellular_radio` und `xhtml_make_phone_call_string` zu untersuchen.

Zunächst müssen wir uns aber die Werte beschaffen

Diese Zeile benötigen wir nicht mehr.

```
$is_phone      = ($device->getCapability('is_wireless_device') === 'true') ?
true : false;
$has_radio     = $device->getCapability('has_cellular_radio');
$phone_string = $device->getCapability('xhtml_make_phone_call_string');
```

device.php

Dann können wir sie auswerten

```
$phone_string = $device->getCapability('xhtml_make_phone_call_string');
$is_phone     = false;
if ($has_radio === 'true' && $phone_string && $phone_string !== 'none') {
  $is_phone = true;
}
```

device.php

Aufgepasst

'none' ist ein relevanter Wert!

Erinnern Sie sich? Auf Seite 173 wurde gesagt, dass `CustomDevice->getCapability()` *in der PHP-API entweder einen String (wenn es für diese Fähigkeit einen Wert gibt) oder* `NULL` *liefert (wenn WURFL für diese Fähigkeit keinen Wert hat). Dieser Unterschied ist wichtig.*

Bei Geräten wie dem iPod touch und Desktopbrowsern, die WURFL kennt, ist der Wert für `xhtml_make_phone_call_string` *der String* `'none'`*. Wenn Sie diesen Wert in PHP als einen Booleschen Wert behandeln, wird er zu* `TRUE` *ausgewertet.*

Deswegen müssen wir prüfen, ob $phone_string einen Wert hat und ob dieser Wert nicht der String 'none' ist.

Es gibt keine Dummen Fragen

F: Erkennen die Browser von Mobiltelefonen Telefonnummern nicht automatisch und erstellen einen entsprechenden Link?

A: Die meisten schon. Aber dazu gibt es ein paar Dinge zu sagen. Der wichtigste Punkt in Bezug auf unser aktuelles Beispiel ist, dass unser Link ein Bild und keine Telefonnummer ist. Es gab keinen Text. Ein Telefon hätte folglich also nichts erkennen können.

Außerdem ist die Telefonnummernerkennung bei vielen Telefonen eine recht unzuverlässige Angelegenheit. Opera Mini neigt dazu, US-Postleitzahlen mit einer vierstelligen Erweiterung als Telefonnummern zu betrachten. Wie Sie sich vorstellen können, führt es zu seltsamen Ergebnissen, wenn man versucht, eine Postleitzahl anzurufen.

Erinnern Sie sich auch daran, dass wir es mit der Telefonnummernformatierung recht genau nahmen (+15035552329). Man könnte zur Anzeige auch eine andere Form nutzen als diese strenge Formatierung, aber man kann sich, wenn der Link selbst korrekt aufgebaut ist, dennoch darauf verlassen, dass ein Klick auf den Link einen Anruf anstößt.

F: Wie kommt es, dass eine Bestätigungsaufforderung erscheint, wenn der Benutzer auf einen Telefonnummernlink klickt? Warum kann der Anruf nicht direkt abgesetzt werden?

A: Das soll verhindern, dass der Benutzer ausgetrickst wird. Der sichtbare Text eines Telefonnummernlinks könnte eine andere Telefonnummer als die anzeigen, die verlinkt wird. Das könnte dazu führen, dass ein armes Schwein die Nummer eines Betrügers wählt, während er eigentlich vorhat, sein Zeitungsabonnement zu kündigen.

In unserem Beispiel wird die Telefonnummer gar nicht angezeigt – etwas, das eigentlich eher nicht empfehlenswert ist. Statt eines Inline-Bilds hätten wir auch ein CSS-Hintergrundbild nutzen können. Die als Linktext angegebene Telefonnummer hätten wir dann im CSS mit einem großen negativen Abstand verbergen können.

F: Könnten Sie das etwas präziser ausdrücken? Ich habe nicht in CSS promoviert.

A: Der Einsatz eines großen negativen linken Abstands (z. B. `margin-left: -10000px`) ist eine Möglichkeit, einen Text links aus der Anzeige verschwinden zu lassen und so unsichtbar zu machen. Stellen Sie sich den Text beispielsweise rund 10.000 Pixel links Ihres Bildschirms irgendwo in Ihrem Büro schwebend vor. Okay, das Bild ist etwas schräg.

F: Wir können also erwarten, dass ein Browser, der für `xhtml_make_phone_call_string` einen anderen Wert als »none« hat, ein Mobiltelefonbrowser ist, aber wirklich *sicher* können wir nicht sein?

A: WURFL enthält zwar ziemlich gute Daten, aber alles kann es nicht (das kann keiner). Es ist unmöglich, mit absoluter Sicherheit festzustellen, ob ein Nutzer sich in einem funktionierenden Telefonetz befindet (und nicht im WLAN oder einem anderen Netzwerk) oder ob es andere Gründe dafür gibt, dass ein Anruf nicht abgehen kann. Aber ehrlich gesagt, die Sicherheit, die wir haben, sollte uns eigentlich ausreichen.

F: Reicht es nicht aus, nur zu prüfen, ob der Wert von `xhtml_make_phone_call_string` ungleich `'none'` ist? Ist die Prüfung von `has_cellular_radio` nicht redundant?

A: Sie könnten da etwas auf der Spur sein, kluger Junge.

F: Wo Sie den klugen Jungen gerade erwähnen ... Sie haben das ja recht spartanisch abgehandelt, aber ich würde wirklich gern mehr zu diesen WURFL-Objekten und der WURFL-API erfahren ...

A: Aber sicher doch. Sie haben unsere vollste Rückendeckung, wenn Sie mehr über die PHP-Klassen in der API und ihre Zusammenarbeit erfahren wollen. Wenn Sie die API installiert haben, haben Sie die Dateien bereits. Nur los!

Auf dem iPod touch gibt es keinen Button mehr! Aber auf dem iPhone ist er noch da!

Tim: Das könnte aus dem Ruder laufen! Bei komplexeren Projekten – oder wenn wir der Bestanden!-Site ein paar weitere Feinheiten hinzufügen müssen – könnte es uns ordentlich Kopfschmerzen bereiten, wenn wir uns überall im Code verstreut mit verschiedenen WURFL-Fähigkeiten herumschlagen. Was ist denn, wenn wir in einem Template die eine Fähigkeit prüfen müssen, in einem anderen eine andere und so weiter …

Frank: Da stimme ich dir zu. Sieht ja wirklich so aus, als müssten wir für jede Kombination von Fähigkeiten eine etwas andere Website ausliefern – ein Albtraum, sowohl in der Planung als auch bei den Tests.

Tim: Das führt directement zu Spaghetti-Code, ganz genau.

Frank: Trotzdem möchte ich nicht das gesamte Konzept über den Haufen werfen. Auch wenn ich einen Teil der Erkennungsarbeit gern auf den Client auslagern würde und wir unser Zeug trotz allem noch so responsiv wie möglich machen sollten, scheint es mir, dass uns eine Gerätedatenbank wie WURFL Einblick in einige Informationen bietet, die uns andere Quellen nicht bieten.

Tim: Aber wie organisieren wir das so, dass wir dabei nicht den Verstand verlieren?

Frank: Vielleicht können wir uns unser bisschen Verstand erhalten, wenn wir Geräte logisch gruppieren, statt stückweise Gerätefähigkeiten zu testen. Denk daran, dass wir kürzlich eine ganze Weile damit verbracht haben, zu durchdenken, wie wir entscheiden, welche Geräte wir unterstützen, indem wir Fähigkeiten wählen und den Geräten die Tür weisen, die einfach nicht genug bieten?

Tim: Wie könnte ich das je vergessen. Mein Kopf ist davon immer noch verwirrt!

Frank: Vielleicht können wir einfach einen Schritt weitergehen und die Geräte, die wir unterstützen wollen, in kleinere Gruppen von Geräten mit vergleichbaren Fähigkeiten einteilen.

Tim: Interessant … die Idee könnte sich als brauchbar erweisen.

ÜBUNG

Vermutlich hatten Sie die Änderungen an der *device.php* von Seite 173 und den Kram von Seite 177 bereits zusammengestrickt, als Sie bemerkten, dass Sie überhaupt keinen iPod touch zur Hand haben, an dem Sie testen könnten, was Sie da gemacht haben.

Wenn Sie sehen wollen, was ein iPod touch sehen würde, müssen Sie die Datei *device.php* anpassen. Nutzen Sie statt der Methode `getDeviceForHTTPRequest()` die Methode `getDeviceForUserAgent()` und geben Sie ihr einen iPod touch-User-Agent.

Auf Seite 175 finden Sie einen.

→ **Lösung auf Seite 180.**

Geräte zusammentreiben

Eine **Geräteklasse** bildet eine Art logischen Stall, in dem Sie Geräte zusammenpferchen können, die bestimmte Dinge gemeinsam haben.

So wie ein Viehzüchter gefleckte Kühe in einen Stall, Arbeitspferde in einen anderen Stall und Schweine wieder in einen anderen Stall treiben könnte (Sie ahnen schon, dass wir nie Viehzüchter waren), könnten wir unsere Geräte mit Geräteklassen auf virtuelle Kämmerchen aufteilen.

Erst sortieren, dann loslegen

Nachdem unser Viehzüchter festgelegt hat, dass ein Tier in eine bestimmte Gruppe fällt, kann er weitere Entscheidungen treffen, ohne dass er sich mit weiteren Einzelheiten befassen muss. Wenn er die Pferde mit Hafer füttert, muss er nicht jedes Mal prüfen, dass ihre Beine die passende Länge oder ihre Schwänze die richtige Form haben und die erforderliche Unterstützung von PNG-Bildern gegeben ist. (Dass Pferde keine transparenten PNGs unterstützen, ist sicher allgemein bekannt!)

Da alle im Pferdestall stehen, weiß er bereits, dass das zu fütternde Tier ein Pferd ist, und muss die Fütterung deswegen nicht mehr einzeln für jedes Tier prüfen (dann hätte er schon mit dem Füttern der Pferde eine Menge zu tun). Trotzdem läuft er nicht Gefahr, seinen Schweinen Hafer vorzusetzen.

Eine Geräteklasse ist eine abstrakte Sammlung gemeinsamer Kennzeichen, die eine Gruppe von Geräten (und ihren Browsern) definieren.

LÖSUNG ZUR ÜBUNG

Welcher Inhalt an ein bestimmtes Gerät bzw. einen bestimmten Browser ausgeliefert wird, können Sie testen, indem Sie bereits bei der Initialisierung des WURFL-Geräts den zu prüfenden User-Agent-String angeben.

```
$wurflManager = $wurflManagerFactory->create();
$device = $wurflManager->getDeviceForHttpRequest($_SERVER);
$user_agent = "Mozilla/5.0 (iPod; U; CPU iPhone OS 4_3_2 like Mac
OS X; en-us) AppleWebKit/533.17.9 (KHTML, like Gecko) Version/5.0.2
Mobile/8H7 Safari/6533.18.5";
$device = $wurflManager->getDeviceForUserAgent($user_agent);
```

device.php

Geräteklassen

Wir wissen bereits, wie wir einen eingehenden Request mit einer Gerätedatenbank abgleichen, um Geräteinformationen zu erhalten. Wenn wir die für die jeweilige Site relevanten Fähigkeiten und Werte gruppieren, können wir Inhalt für eine bestimmte Geräteklasse anpassen und müssen nicht mehr einzeln den Werten bestimmter Fähigkeiten nachjagen.

Wenn wir diese **Geräteklassendefinitionen** in Code übersetzen, können wir die Geräte in verschiedene Gruppen einsortieren. Haben wir die Geräte einsortiert, können wir ihnen den passenden Inhalt ausliefern, ohne dass wir uns mit den einzelnen Fähigkeiten befassen müssen, die die Gruppe kennzeichnen.

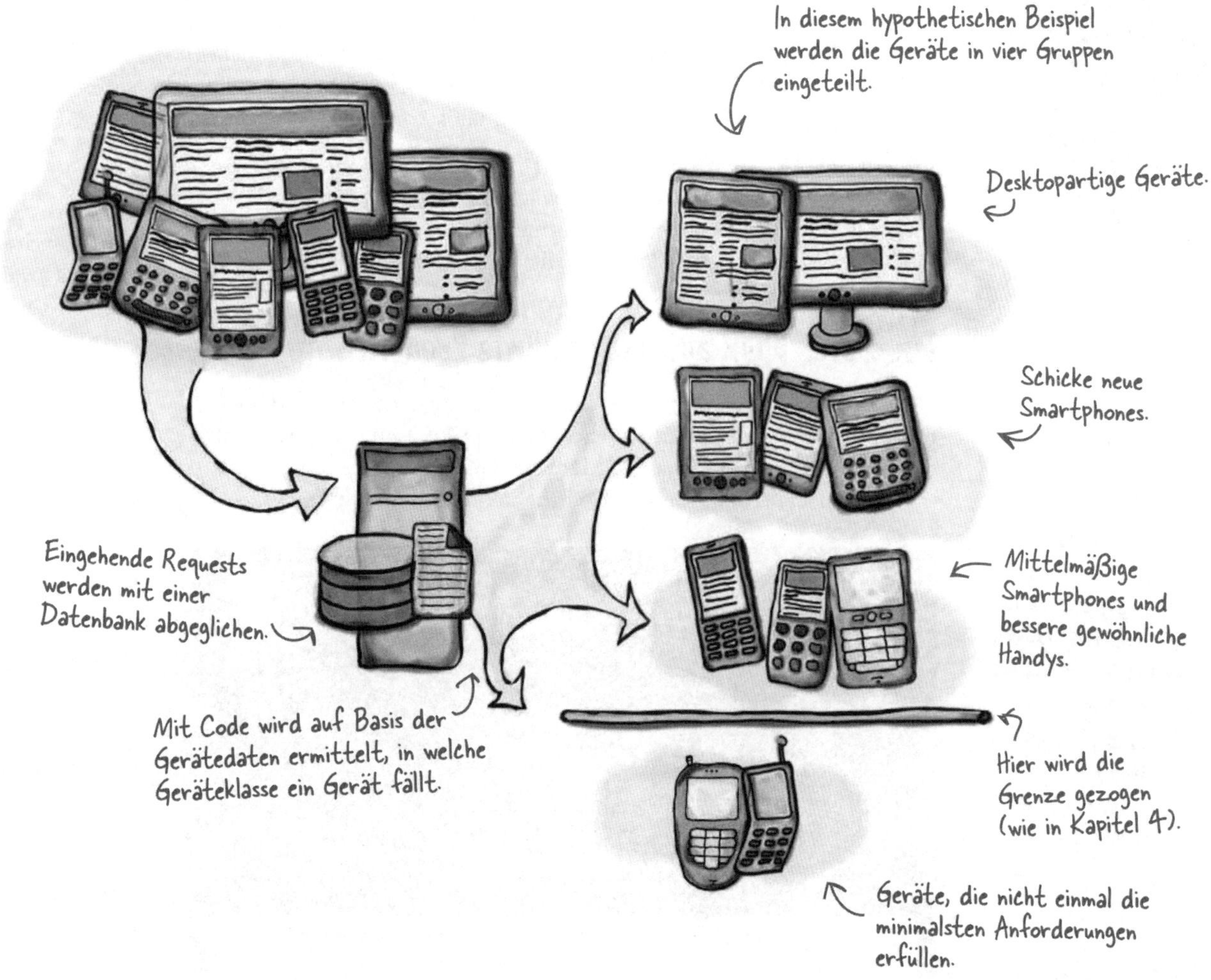

Das Bild ist gerade erheblich komplexer geworden

Ein lukrativer Zweig des Geschäfts von Bestanden! expandiert

Bestanden! baut eine eigenständige Website für die Lernhilfen auf, die das Unternehmen an Studenten verkauft. Das Unternehmen hat erkannt, dass sich Vokabelkarten, Aufgabensammlungen, Handbücher und Ähnliches verkaufen wie warme Semmeln. Leider kann man diese Dinge aktuell nur erwerben, indem man einen gedruckten Katalog konsultiert.

Es wird Zeit für eine Modernisierung. Die neue, ganz den Lernhilfen gewidmete Site von Bestanden! ermöglicht Benutzern nicht nur, die physischen Produkte zu erwerben, sondern möchte auch Onlineprodukte wie interaktive Vokabeltrainer anbieten, die unmittelbar auf der Site genutzt werden können.

Die Entwickler von Bestanden! bauen diese Funktionen mit JavaScript und anderen Standardwebtechnologien auf.

Ein erster Blick auf das geplante Produkt

Noch befinden wir uns in der Frühphase. Die Logoentwürfe sind noch nicht abgeschlossen, der Inhalt wird noch erprobt, und das Design befindet sich noch in einer einfachen Mock-up-Phase. Aber wir können uns schon einmal ansehen, was das Unternehmen im Sinn hat:

Die Jungs von Bestanden! haben uns diesen Vorentwurf der Homepage der neuen Site zukommen lassen.

Die Nutzer können jetzt online einkaufen und studieren – also interaktive Produkte unmittelbar auf der Site nutzen.

Bestanden! stellt seine Produkte in einem raffinierten Flash-Video vor.

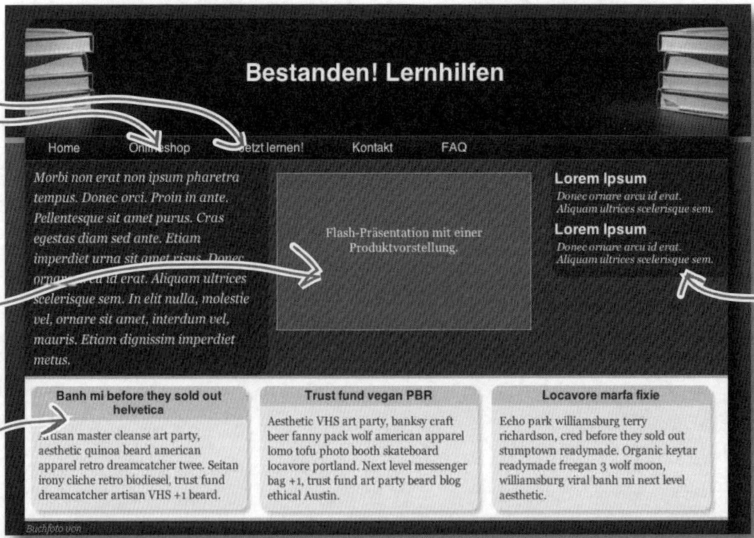

Das ist Werbung für verwandte Dienste, wie Korrektoratsdienste und örtliche Studienzentren.

Die Homepage bietet Auszüge aus dem Blog des Unternehmens.

Die Homepage aus Mobilperspektive bewerten

Die neue Lernhilfe-Site stellt erheblich größere Anforderungen als der simple Panik-Button. Wir setzen unsere geistige Gesundheit aufs Spiel, wenn wir die Entwicklung stückweise, also Fähigkeit für Fähigkeit, planen. Eine Möglichkeit, unsere Entwicklungsarbeit zu strukturieren und die Site für die unterschiedlichsten Benutzer brauchbar zu machen, ist, dass wir die **verschiedenen Erlebnisse auf Basis von Geräteklassen gruppieren**.

Vollkommen richtig. Bislang haben wir als Zielseite nur ein grobes Mock-up. Aber irgendwann wird dieses Projekt schon umfangreicher werden.

Gerätedaten logisch gruppieren

Das, was wir bei der Definition von Geräteklassen tun müssen, hat eine gewisse Ähnlichkeit mit dem, was wir in Kapitel 4 getan haben. Wir schauen uns an, was zu tun ist, finden heraus, welche Dinge relevant sind, murmeln ein paar Beschwörungsformeln und spucken am anderen Ufer ein paar allgemeine Kriterien aus.

Wir wissen, die Phrase »Verschiedene Erlebnisse auf Basis von Geräteklassen gruppieren« ist entsetzlich schwammig. Beginnen wir damit, dass wir uns erneut das Mock-up ansehen und die Prioritäten von Bestanden! unter Berücksichtigung der Dinge abwägen, die wir über die Eigenheiten und Beschränkungen des mobilen Webs wissen.

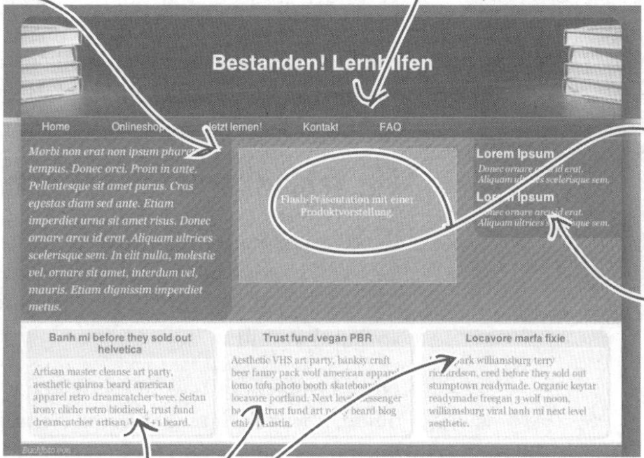

Anforderungen für die verschiedenen Mobilgerätetypen gruppieren

Das vollständige interaktive Weberlebnis stellt hohe Anforderungen. Mobilgeräte müssen die Art JavaScript-, HTML- und CSS-Unterstützung bieten, die man üblicherweise nur bei den neueren, aufgeblasenen Browsern von Smartphones findet. Die Bestanden!-Entwickler visieren insbesondere Geräte an, die WebKit-basierte Browser nutzen, und entwerfen die Site für Fenster, die nicht schmaler als 320 Pixel sind.

Aber das heißt nicht, dass man allen anderen die kalte Schulter zeigen will. Kleinere, weniger aktuelle Telefone sind auf der Site auch willkommen. Mit ihnen kann man im Onlinestore einkaufen und die anderen Bereiche der Site besuchen. Nur für die anforderungsreichen interaktiven Elemente und die ausgefeilteren CSS-Spielereien sind sie eben nicht leistungsfähig genug.

Aber wir wollen weder den kleinsten gemeinsamen Nenner ausliefern, noch Geräte rausschmeißen, die nicht genug leisten. **Stattdessen werden wir zwei separate Varianten** der Site erstellen, die für die jeweilige Gruppe von Geräten geeignet sind.

Die interaktiven Elemente der Site sehen am besten auf Bildschirmen aus, die mindestens 320 Pixel breit sind.

higher_mobile

simpler_mobile

Das Mock-up für die Startseite in der Gestalt, in der sie für die jeweilige Geräteklasse erscheinen würde.

Ein vollständigeres Weberlebnis

Wir bauen eine Klasse für Geräte auf, die die Anforderungen für ein umfassenderes Weberlebnis erfüllt, damit wir etwas Ansehnliches aufbauen können, ohne dass wir deswegen eine schlechtere Unterstützung auf weniger leistungsfähigen Geräten in Kauf nehmen müssen.

Wenn wir festlegen, dass die Geräte in dieser Klasse einen WebKit-basierten Browser haben müssen, können wir CSS-Zückerchen wie Gradienten recht zuversichtlich einsetzen. Außerdem können wir uns auf ein ausreichendes Maß an JavaScript-Unterstützung verlassen.

Ein schlankeres Weberlebnis

Bei schmaleren Bildschirmen und weniger leistungsfähigen Geräten werden wir uns etwas zurücknehmen und nicht voraussetzen, dass all die ausgefeilten Features eines modernen Browsers vorhanden sind.

Dieses einfachere Layout bietet keine Links auf die Onlineprodukte, aber die Benutzer können immerhin noch den Onlinestore nutzen. Diese Version funktioniert bis zu einer Breite von rund 176 Pixeln noch ganz ordentlich. Das ist der Punkt, an dem die Bilder im Store schlecht erkennbar werden.

Jetzt haben wir eine grobe Vorstellung von unseren beiden Klassen an Mobilgeräten: `higher_mobile` und `simpler_mobile`.

Unsere Geräteklassen abrunden

Jetzt haben wir eine grobe Vorstellung von den beiden Mobilgeräteklassen, die wir aufbauen wollen. Und weiter?

Was ist mit Tablets?

Die Entwickler von Bestanden! arbeiten außerdem an einer für Tablets optimierten, extrem eleganten touchbasierten Schnittstelle für ihre Onlineprodukte. Die ist zwar noch nicht fertig, aber die Site soll auf ihren eventuellen Launch vorbereitet werden, indem bereits jetzt die Grundlage für die Erkennung von **Tablets** geschaffen wird.

Wo ziehen wir die Grenze?

Für Bestanden! ist es wichtig, dass die Besucher entweder online einkaufen oder die Onlineprodukte nutzen können. Wenn Besucher beides nicht tun können, weil ihre Geräte zu beschränkt sind, wird die von ihnen genutzte Kombination aus Gerät und Browser als nicht unterstützt betrachtet.

Die E-Commerce-Software des Unternehmens erfordert **Cookies** und eine gewisse **JavaScript-Unterstützung** (nicht annähernd so viel wie für die interaktiven Onlineprodukte). Aus Sicherheitsgründen ist es außerdem notwendig, dass die Geräte **SSL** unterstützen.

Absolut notwendig

Sieht man sich die Prioritäten und Anforderungen an, nimmt die Untergrenze Gestalt an. Die nachfolgenden Dinge müssen Mobilgeräte unterstützen, damit wir sie berücksichtigen können.

- SSL-Unterstützung
- Cookie-Unterstützung
- zumindest etwas JavaScript-Unterstützung
- eine Auflösung von mindestens 176 px

Unser Geräteklassenbestand

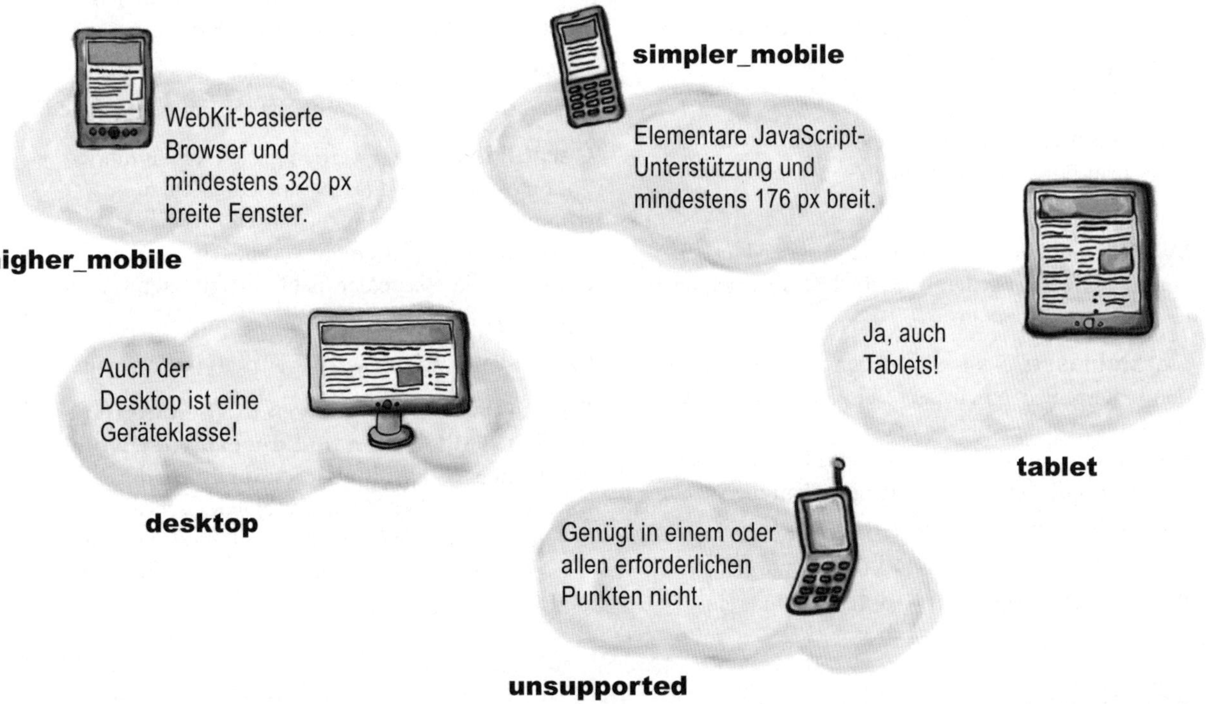

Geräteklassen im Gespräch

Interview der Woche:
Abstraktion der Ausführung oder was genau eine Geräteklasse ist?

Leicht verwirrter Webentwickler: Ich verstehe das mit den Geräteklassen noch nicht. Eine Sammlung von Fähigkeiten … die an ein Erlebnis gebunden sind?

Geräteklasse: Ich gebe zu, dass ich ein bisschen schwer zu verstehen bin. Wäre ich ein Gemälde, wäre ich sicher etwas Abstraktes. Ich bin ein Konzept, eine Möglichkeit, gemeinsame Dinge so zu organisieren, dass wir mit wenigen Varianten der Site auskommen und nicht Abermillionen Varianten erstellen müssen.

LVWE: Eine Geräteklasse ist also eine Sammlung von WURFL-Fähigkeiten ...

Geräteklasse: Nicht so hastig. Vergessen Sie nicht, dass ich ein abstraktes Konzept bin. Wir werden hier WURFL nutzen, aber das müssen wir nicht. Eigentlich müssen Sie überhaupt keine Gerätedatenbank einsetzen.

LVWE: Mir kommt das langsam ziemlich abstrus vor. Könnten Sie mir vielleicht genauer erklären, wie das funktioniert?

Geräteklasse: Na gut. Gehen wir die Sache Schritt für Schritt durch. Bei Bestanden! werden wir fünf Geräteklassen einsetzen.

LVWE: Heißt das, dass wir für jede dieser Klassen eine eigene Site erstellen werden? Das hört sich nach einer Menge Arbeit an.

Geräteklasse: Nein, wir müssen uns hier nur mit den Unterschieden befassen. Beispielsweise wird sich die Tablet-Version, bis die neue, touchbasierte, Tablet-optimierte Lernkartenschnittstelle in Bericb ist, von der Desktopsite nur darin unterscheiden, dass keine Flash-Inhalte genutzt werden.

LVWE: Noch mal von vorn. Wir haben also eine Klasse für Desktopgeräte. Klar, das leuchtet ein. Und eine Klasse für Tablet-Geräte, die etwas anders ist. Auch nicht kompliziert. Aber was ist denn der Unterschied zwischen `higher_mobile` und `simpler_mobile`?

Geräteklasse: Da wir wissen, dass `higher_mobile` Geräte mit größeren Bildschirmen und fähigen WebKit-Browsern repräsentiert, können wir uns bei dieser Klasse eher darauf verlassen, dass die Geräte über hinreichend Leistungskraft verfügen und mit den anspruchsvolleren interaktiven Elementen der Site zurechtkommen.

`simpler_mobile` hingegen repräsentiert Geräte mit schmaleren Bildschirmen und Browsern, die eventuell nicht so leistungsfähig sind. Wir können ihnen kleinere Bilder ausliefern (ja, geringere Bandbreite). Wir wissen, dass sie JavaScript nur in gewissem Maße verstehen, können ihnen aber Inhalt ausliefern, der nicht ganz so luxuriös ist.

LVWE: Moment! Woher wissen wir, dass `simpler_mobile`-Geräte JavaScript unterstützen?

Geräteklasse: Wir werden prüfen, ob zumindest Spurenelemente von JavaScript-Unterstützung vorhanden sind. Geräte, die das DOM nach dem Laden der Seite nicht mehr verändern können, werden in die Klasse der nicht unterstützten Geräte aussortiert.

LVWE: Und was müssen wir jetzt als Nächstes tun?

Geräteklasse: Wir müssen die benötigten WURFL-Fähigkeiten und die erforderlichen Werte den Geräteklassen zuordnen, die wir erstellen wollen. Wenn wir eine logische Repräsentation der Geräteklassen haben, werden wir etwas Code erstellen, der die eigentlichen Tests und die Einordnung vornimmt.

Pool-Puzzle

Zeit, die erforderlichen WURFL-Fähigkeiten und -Werte für unsere Geräteklassen zusammenzustellen! Sie haben die **Aufgabe**, die WURFL-Fähigkeiten und -Werte aus dem Pool zu nehmen und sie den Geräteklassen zuzuordnen. Sie dürfen alle Elemente nur **einmal** einsetzen.

higher_mobile

desktop

tablet

simpler_mobile

unsupported

Hinweis: Alle Elemente aus dem Pool dürfen nur einmal genutzt werden!

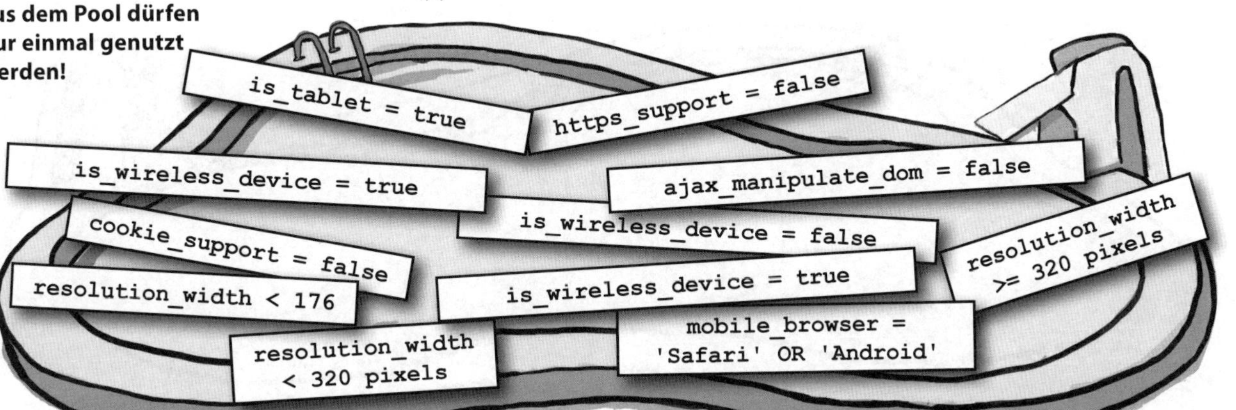

Pool-Puzzle, Lösung

Nachdem wir die WURFL-Fähigkeiten und -Werte zusammengestellt haben, können wir damit beginnen, die Geräteklassen aufzubauen.

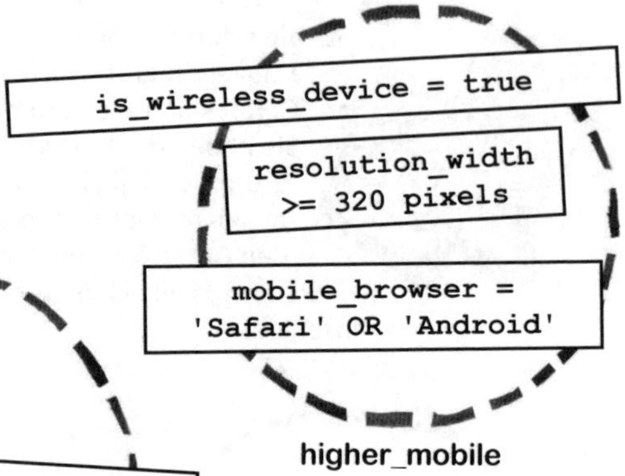

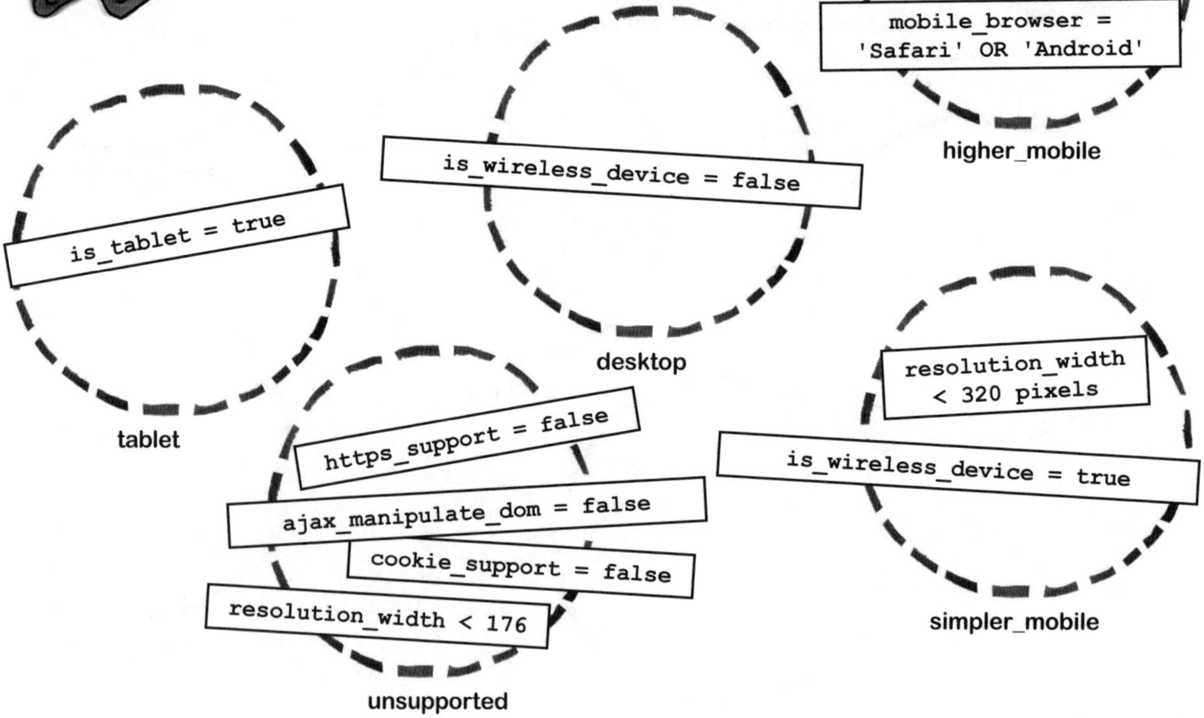

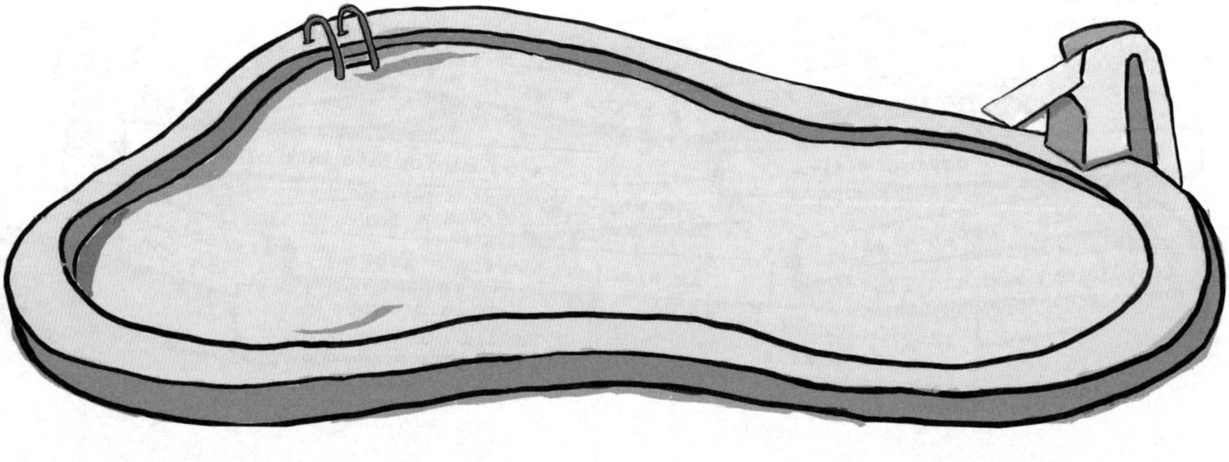

Es gibt keine Dummen Fragen

F: **Warum befassen wir uns nur mit WebKit-basierten Browsern? Hassen die Entwickler alle anderen Mobilbrowser? So schlecht sind die doch auch nicht!**

A: WebKit-basierte Browser werden von vielen Entwicklern mobiler Websites sowohl als recht fortgeschritten als auch als konsistent betrachtet. Browser mit der WebKit-Rendering-Engine bieten im Allgemeinen gute Unterstützung für HTML5, JavaScript und CSS3.

Beachten Sie das »im Allgemeinen« im letzten Satz. Das Problem ist, dass es ein Missverständnis in Bezug auf die Konsistenz unter den WebKit-basierten Browsern gibt. Die traurige Wahrheit ist: Auch dort gibt es noch eine Menge Chaos.

Peter-Paul Koch, ein Experte für Mobilplattformen, fasst die Fallen der Annahme, dass sich WebKit-basierte Browser alle gleich verhalten, in einem ausführlichen Post in seinem Blog QuirksBlog (*http://bit.ly/uWnFLa*) zusammen, dessen Fazit folgendermaßen lautet: »Im Mobilbereich gibt es kein WebKit!«

F: **Wenn WebKit im Mobilen keine »Einheit« ist, warum bauen wir dann eine darauf basierende Geräteklasse auf?**

A: Konsistent und verlässlich oder nicht, die Entwickler haben im Hinblick auf WebKit-basierte Browser gearbeitet und ihre Tests auf entsprechenden Geräten durchgeführt. An diesem Punkt des Projekts ist es schlicht zu spät, das Netz weiter zu spannen. Wir folgen hier einfach ihren Vorarbeiten.

F: **Wenn wir prüfen, ob der Name des Mobilbrowsers den Strings `'Safari'` oder `'Android'` enthält, erhalten wir da denn alle WebKit-Browser?**

A: Vielleicht erinnern Sie sich aus Kapitel 3 daran, dass User-Agent-Strings eigenwillige Geschöpfe sind. Apples Geschichte in Bezug auf WebKit lebt im User-Agent-String-Erbe fort. Als dies geschrieben wurde, enthielten alle mobilen Varianten von WebKit-Browsern entweder »Safari« oder »Android« im Browsernamen (ja, auch WebKit-Browser auf BlackBerries, Nokia-Handys usw.).

F: **Wenn ich in einem Projekt Geräteklassen nutze, muss ich dann auch immer 5 einsetzen?**

A: Nein. Sie könnten auch 10, 4 oder 0 haben. Wenn Sie weniger haben, ist die Komplexität geringer. Wenn Sie mehr haben, haben Sie ein feineres Raster.

F: **Was ist mit den Namen `higher_mobile` und `simpler_mobile`? Basieren die auf einer mir unbekannten Namenskonvention?**

A: Die haben wir einfach aus dem Hut gezogen. Die klangen uns angemessen. Unterstriche haben wir nur genutzt, damit wir sie leicht in Code überführen können (und in Englisch haben wir sie aus gleichem Grund belassen). Sie können Ihre Geräteklassen nennen, wie Sie wollen. Solange die Namen aussagekräftig bleiben.

F: **Wenn man mit Geräteklassen arbeitet, darf man einzelne Gerätefähigkeiten dann gar nicht mehr prüfen?**

A: Nein, das können Sie natürlich immer noch. Bei unserer Lösung für das Panik-Button-Problem war das genau das richtige Mittel. Wir haben den Wert einer ganz bestimmten Fähigkeit überprüft – einen Wert, der bei den Geräten in einer Klasse (siehe iPhone vs. iPod touch beispielsweise) nicht immer gleich ist.

F: **Könnte ein Gerät nicht in mehrere Geräteklassen fallen?**

A: Ja. Deswegen müssen wir den Testcode für unsere Geräteklassen sorgfältig durchdenken. Die erste passende Geräteklasse wird die sein, der wir das Gerät zuordnen.

F: **Was ist dieses `CustomDevice`-Objekt, das in den Codebeispielen immer wieder auftaucht?**

A: `CustomDevice` ist schlicht der Name der Klasse in der WURFL-API, die ein Gerät und seine Kennzeichen repräsentiert.

F: **Offensichtlich sind Geräteklassen also nicht nur im Mobilbereich interessant.**

A: Keineswegs! Die Inhalts- und Layoutanpassung ist eine Frage, die für das gesamte Web relevant ist. Darauf hat das mobile Web kein Monopol.

F: **Schön. Jetzt habe ich also ein paar Kreise, die einige Fähigkeiten und die erforderlichen Werte enthalten. Wie geht es weiter?**

A: Blättern Sie um, ungeduldiger Freund. Wir werden diese Geräteklassen gleich in Code übersetzen.

Bringen wir das Stück auf die Bühne

Jetzt müssen wir das abstrakte Konzept der von uns entworfenen Gruppen in echten Code überführen, der Geräte erkennt und in die geeignete Klasse einsortiert. Verlesen wir unsere Erbsen!

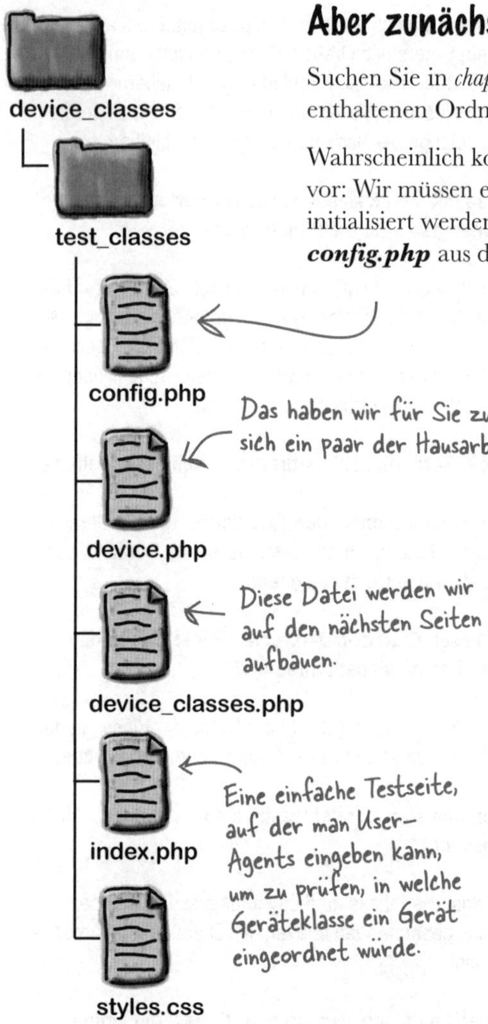

Aber zunächst ...

Suchen Sie in *chapter5* den Ordner *device_classes* und dann den in ihm enthaltenen Ordner *test_classes*. Heureka! Das ist unsere neue Spielwiese.

Wahrscheinlich kommt Ihnen das alles mittlerweile ziemlich vertraut vor: Wir müssen eine Konfigurationsdatei einrichten, damit WURFL initialisiert werden kann. **Kopieren Sie dazu zunächst die Datei *config.php*** aus dem *panic_button*-Ordner in *device_classes/test_classes*.

Und los geht es!

Folgendes werden wir tun:

- [ ] **Wir schreiben eine PHP-Funktion** zum Prüfen der Gerätefähigkeiten, die für die Definitionen unserer Geräteklassen relevant sind.
- [ ] Wir übersetzen die Fähigkeitsanforderungen der Geräteklassen in **Bedingungsanweisungen (if/then)**, mit denen wir ermitteln können, welcher Geräteklasse das aktuelle Gerät zugeordnet werden soll.
- [ ] Wir schreiben eine **einfache Testseite** (ähnlich der WURFL-Explorer-Seite), um zu sehen, wie verschiedenen UAs in die Geräteklassen einsortiert werden.

Die Zuordnungsfunktion

Diese Zuordnungsfunktion wartet bereits in *device_classes.php* auf Sie. Wir werden sie nutzen, um die jeweiligen Tests für die einzelnen Geräteklassen zu erstellen.

Aber bevor wir diese Funktion einsetzen, möchten wir Ihnen noch ein paar Dinge zu ihr sagen. Bühne frei für PHP.

PHP-Fertiggericht

Der Name der zu prüfenden Fähigkeit.

Ein Vergleichsoperator.

Der Wert, mit dem sie verglichen wird.

Prüfen, ob das Geräteobjekt existiert.

Den Wert dieser Fähigkeit aus dem Geräteobjekt auslesen.

Wir vergleichen den aktuellen Wert vom Gerät mit dem Wert, der uns interessiert.

```
function device_match($capability, $comparison, $value) {
  global $device;
  if (!$device) {
    return FALSE;
  }
  $device_value = $device->getCapability($capability);
  switch ($comparison) {
    case '==':
    case '===':
      return ($device_value === $value);
    case '!=':
    case '!==':
      return ($device_value !== $value);
    case '>=':
      return ($device_value >= $value);
    case '<=':
      return ($device_value <= $value);
    case '>':
      return ($device_value > $value);
    case '<':
      return ($device_value < $value);
    case 'LIKE':
      return (strpos($device_value, $value) !== FALSE);
    case 'NOT LIKE':
      return (strpos($device_value, $value) === FALSE);
    default:
      return FALSE;
  }
}
```

device_classes.php

Diese Funktion liefert TRUE oder FALSE (einen Booleschen Wert), der anzeigt, ob der Test erfolgreich war oder nicht.

Was passiert in dieser switch-Anweisung?

$device_value ist der Wert der gesuchten Fähigkeit auf dem aktuellen Gerät.

```
switch ($comparison) {
  case '==':
  case '===':
    return ($device_value === $value);
  case '!=':
  case '!==':
    return ($device_value !== $value);
  case '>=':
    return ($device_value >= $value);
  case '<=':
    return ($device_value <= $value);
  case '>':
    return ($device_value > $value);
  case '<':
    return ($device_value < $value);
  case 'LIKE':
    return (strpos($device_value, $value) !== FALSE);
  case 'NOT LIKE':
    return (strpos($device_value, $value) === FALSE);
  default:
    return FALSE;
}
```

$value ist unser Vergleichswert.

Die Werte werden in Abhängigkeit vom übergebenen Vergleichsoperator jeweils anders verglichen.

Mit LIKE und NOT LIKE können wir Substring-Vergleiche durchführen.

Wenn $comparison keinem der bekannten Vergleichsoperatoren entspricht, betrachten wir das als Fehlschlag.

Ein paar Beispiele

Dieser Test ist erfolgreich (liefert TRUE), wenn der Wert für die Breite der Bildschirmauflösung höchstens 240 Pixel beträgt.

```
device_match('resolution_width', '<=', '240');
```

Dieser Test ist erfolgreich, wenn der is_wireless_device-Wert für dieses Gerät 'false' ist.

```
device_match('is_wireless_device', '===', 'false');
```

Dieser Test ist erfolgreich, wenn der Wert mobile_browser den String 'Safari' enthält.

```
device_match('mobile_browser', 'LIKE', 'Safari');
```

Die Vergleichsfunktion zum Prüfen von Fähigkeiten einsetzen

Jetzt haben wir eine Funktion, mit der wir Fähigkeiten prüfen können. Machen wir uns daran, die erforderlichen Fähigkeiten in Tests zu verwandeln.

- [x] **Wir schreiben eine PHP-Funktion** zum Prüfen der Gerätefähigkeiten, die für die Definitionen unserer Geräteklassen relevant sind.
- [ ] Wir übersetzen die Fähigkeitsanforderungen der Geräteklassen in **Bedingungsanweisungen (if/then)**, mit denen wir ermitteln können, welcher Geräteklasse das aktuelle Gerät zugeordnet werden soll.
- [ ] Wir schreiben eine **einfache Testseite** (ähnlich der WURFL-Explorer-Seite), um zu sehen, wie verschiedenen UAs in die Geräteklassen einsortiert werden.

Erinnerung: Die Geräteklassen, bei denen wir gelandet sind, sind `desktop`, `tablet`, `higher_mobile`, `simpler_mobile` und `unsupported`. Was wir für die einzelnen Klassen testen müssen, haben wir mit der Pool-Puzzle-Übung auf Seite 188 herausgefunden.

Die Vergleichsfunktion haben wir Ihnen abgenommen. Jetzt wird es Zeit, dass Sie tätig werden. Welche Tests gehören zu welcher Klasse?

```
.................................... if (device_match('resolution_width', '>=', '320'))

.................................... if (device_match('resolution_width', '<', '176'))

.................................... if (device_match('is_wireless_device', '===', 'false'))

.................................... if (device_match('mobile_browser', 'LIKE', 'Safari') ||
                                         device_match('mobile_browser', 'LIKE', 'Android'))

.................................... if (device_match('cookie_support', '===', 'false'))

.................................... if (device_match('is_tablet', '===', 'true'))

.................................... if (device_match('ajax_manipulate_dom', '===', 'false'))

.................................... if (device_match('https_support', '===', 'false'))

.................................... if (device_match('resolution_width', '<', '320'))
```

Lösung zur Übung

Wunderbar, diese Tests sind nun sortiert, und es wird Zeit, dass wir sie zu ordentlichen PHP-Codeeinheiten verschweißen. Weiter im Text!

Das wirkt, als könnte es auch ein passender Test für die Klasse der Desktopgeräte sein, aber Desktopbrowser werden wir gleich herausfiltern, wenn wir uns die Fähigkeit is_wireless_device vornehmen ...

higher_mobile .... `if (device_match('resolution_width', '>=', '320'))`

unsupported .... `if (device_match('resolution_width', '<', '176'))`

desktop .... `if (device_match('is_wireless_device', '===', 'false'))`

higher_mobile ....

```
if (device_match('mobile_browser', 'LIKE', 'Safari') ||
    device_match('mobile_browser', 'LIKE', 'Android'))
```

unsupported .... `if (device_match('cookie_support', '===', 'false'))`

tablet .... `if (device_match('is_tablet', '===', 'true'))`

unsupported .... `if (device_match('ajax_manipulate_dom', '===', 'false'))`

unsupported .... `if (device_match('https_support', '===', 'false'))`

simpler_mobile .... `if (device_match('resolution_width', '<', '320'))`

Machen wir uns daran, die Codestücke zusammenzustecken ...

Spitzen Sie Ihren Bleistift

Sind Sie in PHP-Code zu Hause? Schauen Sie, ob Sie die Lücken in dem PHP-Code unten füllen können. Das sind unsere Geräteklassentests, bereits gruppiert und (bald auch) einsatzbereit.

```
$device_class = NULL;

if (device_match('is_wireless_device', '===', '...........')) {
  $device_class = 'desktop';
}
else if (device_match('https_support', '........', '...........') ||
         device_match('........... _support', '........', '...........') ||
         device_match('ajax_manipulate_dom', '===', 'false') ||
         device_match('.............................', '.......', '176')) {
  $device_class = '.................................';
}
else if (device_match('is_tablet', '===', '...........')) {
  $device_class = '.................';
}
else if (device_match('is_wireless_device', '===', 'true') &&
         device_match('resolution_width', '>=', '........') &&
         (device_match('mobile_browser', '.........', 'Safari') ||
          device_match('.........................', 'LIKE', 'Android') ))
{
  $device_class = '............................................';
}
else if (device_match('is_wireless_device', '===', '........') &&
         device_match('...............................', '<', '...........')) {
  $device_class = 'simpler_mobile';
}
```

Spitzen Sie Ihren Bleistift

Lösung

So, jetzt haben wir also unsere Tests!

```
$device_class = NULL;

if (device_match('is_wireless_device', '===', ' false ')) {
  $device_class = 'desktop';
}
else if (device_match('https_support', '===', ' false ') ||
          device_match('cookie _support', ' === ', ' false ') ||
          device_match('ajax_manipulate_dom', '===', 'false') ||
          device_match(' resolution_width ', ' < ', '176')) {
  $device_class = ' unsupported ';
}
else if (device_match('is_tablet', '===', 'true ')) {
  $device_class = ' tablet ';
}
else if (device_match('is_wireless_device', '===', 'true') &&
         device_match('resolution_width', '>=', ' 320') &&
           (device_match('mobile_browser', ' LIKE ', 'Safari') ||
            device_match(' mobile_browser ', 'LIKE', 'Android') ))
{
  $device_class = ' higher_mobile ';
}
else if (device_match('is_wireless_device', '===', ' true ') &&
        device_match(' resolution_width ', '<', ' 320 ')) {
  $device_class = 'simpler_mobile';
}
```

Das Wichtigste zuerst: Ist es überhaupt ein Mobilbrowser?

Prüfen, ob das Gerät auch unsere Grundanforderungen erfüllt ...

Ist es vielleicht ein Tablet?

Oder sind Browser und Auflösung so richtig klasse?

Oder zwar ordentlich, aber nicht gerade brandaktuell?

Okay! Zwei von drei! Wir haben es fast geschafft!

- [x] **Wir schreiben eine PHP-Funktion** zum Prüfen der Gerätefähigkeiten, die für die Definitionen unserer Geräteklassen relevant sind.
- [x] Wir übersetzen die Fähigkeitsanforderungen der Geräteklassen in **Bedingungsanweisungen (if/then)**, mit denen wir ermitteln können, welcher Geräteklasse das aktuelle Gerät zugeordnet werden soll.
- [ ] Wir schreiben eine **einfache Testseite** (ähnlich der WURFL-Explorer-Seite), um zu sehen, wie verschiedenen UAs in die Geräteklassen einsortiert werden.

Die letzten Schritte

Schlagen wir nun die letzten Nägel in unser Geräteklassentestprojekt! Wir möchten eine Seite mit einem einfachen Formular aufbauen, die einen User-Agent nimmt und die passende Geräteklasse ausspuckt. Da das gewaltige Ähnlichkeit mit dem hat, was wir für die WURFL-Explorer-Seite gemacht haben, haben wir das für Sie erledigt (Applaus bitte!).

Das einfache Testformular haben wir für Sie in der index.php geschrieben.

Die Seite zeigt die Gerätekennung und die ermittelte Geräteklasse für den eingegebenen User-Agent an.

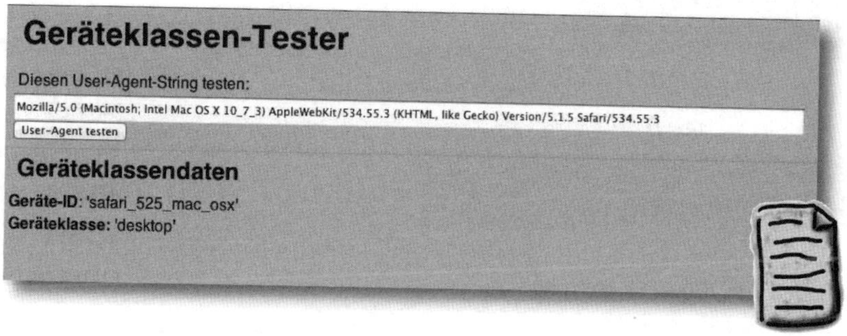

index.php

Probefahrt

1. **Stecken Sie den Code in device_classes.php.**
   Fügen Sie die Tests von Seite 196 nach der Funktion in `device_match` ein und speichern Sie die Datei.

2. **Öffnen Sie index.php in einem Browser.**
   Standardmäßig zeigt Ihnen die Seite die Geräteklasse, in die der aktuelle Browser fällt.

3. **Testen Sie einige User-Agents.**
   Geben Sie in das Formularfeld einige UAs ein, um sich anzusehen, welcher Geräteklasse sie zugewiesen werden.

```
Mozilla/5.0 (PlayBook; U;
RIM Tablet OS 1.0.0; en-US)
AppleWebKit/534.8+ (KHTML,
like Gecko) Version/0.0.1
Safari/534.8+
```

```
PantechP2020/JIUS05172010R;
Mozilla/5.0 (Profile/MIDP-2.0
Configuration/CLDC-1.1; Opera
Mini/att/4.2.19039; U; en-US)
Opera 9.50
```

```
BlackBerry8330/4.5.0.77 Profile/
MIDP-2.0 Configuration/CLDC-1.1
VendorID/105
```

```
BlackBerry9300/5.0.0.794
Profile/MIDP-2.1 Configuration/
CLDC-1.1 VendorID/245
```

Und, wie ist es gelaufen?

Gut!

Geräte-ID: 'rim_playbook_ver1'
Geräteklasse: 'tablet'

Das RIM Playbook wurde korrekt als Tablet identifiziert.

Gut!

Geräte-ID: 'pantech_p2020_ver1'
Geräteklasse: 'simpler_mobile'

Dieses Pantech-Smartphone fällt aufgrund seines kleineren Bildschirms in die Klasse simpler_mobile.

Gut!

Geräte-ID: 'blackberry8330_ver1_sub45077_105'
Geräteklasse: 'unsupported'

Der Browser dieses BlackBerry ist so alt (Version 4.5), dass er nach dem Laden der Seite keine DOM-Manipulationen mehr gestattet.

Das heißt er bringt nicht die erforderliche JavaScript-Unterstützung mit.

Mist!

Geräteklassendaten
Geräte-ID: 'blackberry9300_ver1'
Geräteklasse:

Mist! Dieser User-Agent hat sich für keine der Geräteklassen qualifiziert!

Warum konnte der User-Agent für das BlackBerry 9300 (Curve) in keine Geräteklasse einsortiert werden?

Offensichtlich ist da etwas schiefgelaufen

Das Problem ist, dass dieses Curve eine Bildschirmbreite von 320 Pixeln hat (was dazu führt, dass es nicht in die Klasse `simpler_mobile` passt), aber keinen WebKit-Browser besitzt (weswegen es auch nicht in `higher_mobile` passt). Das wird auch bei anderen Geräten ein Problem sein, die eine hinreichende Auflösung haben, aber keinen WebKit-Browser mitbringen.

Das müssen wir reparieren … und wir sollten auch gleich sicherstellen, dass unsere Geräteklassen keine weiteren logischen Löcher haben, durch die die Geräte durchfallen können.

Die Lücken füllen

Es gibt drei Möglichkeiten, das Hohe-Auflösung-aber-nicht-WebKit-Browser-Problem zu lösen:

1. Wir könnten eine neue Geräteklasse schreiben, die diese Kombination erfüllt.
2. Wir könnten die Klasse `higher_mobile` so ändern, dass sie auch andere, nicht WebKit-basierte Browser einschließt. ← Gruppierung nach Auflösung.
3. Wir könnten die Klasse `simpler_mobile` bearbeiten und die maximale Auflösung von 240 Pixeln entfernen. ← Gruppierung nach Browser.

Alle drei Lösungen stellen gangbare Wege dar. Wir müssen entscheiden, welche für die Lernhilfe-Website von Bestanden! die geeignetste ist.

Joachim: Müssen wir wirklich noch eine Geräteklasse einführen? Das scheint mir recht aufwendig.

Frank: Stimmt. Irgendwie müssen wir einen Kompromiss zwischen der Feinheit des Rasters und der Anzahl an Geräteklassen finden. Ich glaube, dass wir in etwa die richtige Anzahl an Geräteklassen haben.

Joachim: Und was tun wir jetzt?

Frank: Okay. Das Problem ist also, dass Geräte mit höherer Auflösung, die keinen WebKit-Browser haben, durch das Raster fallen und keiner Geräteklasse zugewiesen werden ...

Joachim: Haben wir da nicht eigentlich zwei Probleme? Erstens: Wir haben nicht überlegt, was Geräten wie denen, die du gerade beschrieben hast, präsentiert werden soll. Zweitens: Wir haben keine allgemeine Ausweich- oder Standardklasse. Es wäre doch möglich, dass mit der Geräteerkennung etwas schiefläuft oder dass wir etwas anderes übersehen. Ich glaube, wir brauchen eine Geräteklasse, die als Sicherheitsnetz dienen kann.

Frank: Ausgezeichnete Idee. Wenn wir keine neue Geräteklasse einführen wollen, müssen wir das Loch stopfen, das zum erste Problem führt. Dazu müssen wir wohl entscheiden, was wichtiger ist: die Auflösung des Geräts oder die Fähigkeiten des Browsers?

Joachim: Bestanden! legt ja ziemlichen Wert auf die interaktiven Elemente der Site – das legt nahe, dass die Browserfähigkeiten wichtiger sind. Andererseits hatten wir vorgesehen, dass Geräten mit kleinerer Auflösung kleinere Bilder ausgeliefert werden.

Frank: Ich denke, dass du die Prioritäten von Bestanden! richtig einschätzt. Folgender Vorschlag: Wie wäre es denn, wenn wir die Geräteklassen so anpassten, dass es für `simpler_mobile` keine Obergrenze für die Auflösung mehr gibt.

Das könnte dazu führen, dass einige Geräte mit hoher Auflösung eine einfachere Site erhalten, aber wenn ich mich recht entsinne, nutzen die Entwickler, die an den touchoptimierten Lernkarten arbeiten, ein Framework, das speziell auf WebKit-Browser zugeschnitten ist. War das nicht der Grund dafür, dass wir in der Klasse `higher_mobile` WebKit-Browser geprüft haben? Oder wie war das noch mal?

Joachim: Was ist mit den Bildern?

Frank: Meiner Meinung nach sind wir gut beraten, wenn wir allen Mobilgeräten mobiloptimierte Bilder ausliefern würden, die weder in der Breite noch in der Länge 320 Pixel überschreiten. Dann können wir flüssige Bilder nutzen, um die letzten Anpassungsschritte auf dem Gerät selbst vornehmen zu lassen.

Die Löcher in den Geräteklassentests stopfen

Hier sind die Änderungen, die wir an unseren Geräteklassentests vornehmen müssen:

Entfernen Sie diese Auflösungseinschränkung für simpler_mobile.

```
  $device_class = 'higher_mobile';
}
else if (device_match('is_wireless_device', '===', 'true') &&
        device_match('resolution_width', '<', '320')) {
  $device_class = 'simpler_mobile';
}
else {
  $device_class = 'desktop';
}
```

Achtung: Entfernen Sie nur eine dieser Klammern.

Ergänzen Sie hier eine Ausweichgeräteklasse.

device_classes.php

PROBEFAHRT

Nehmen Sie die Änderungen an der Datei *device_classes.php* vor und testen Sie die User-Agent-Strings von Seite 197 erneut in unserem Testformular.

Ja! Der problematische BlackBerry-User-Agent fällt jetzt in die Geräteklasse simpler_mobile.

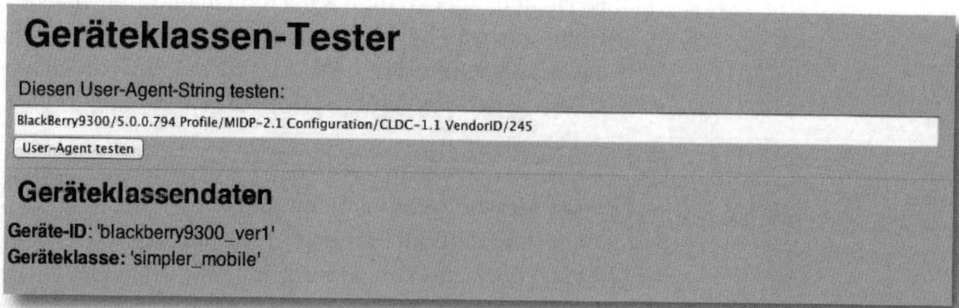

Die Geräteklassen zum Einsatz bringen

Jetzt sollten wir endlich damit beginnen, die von uns gestrickten Geräteklassen tatsächlich zum Einsatz zu bringen.

Das Ziel: In Abhängigkeit von der Geräteklasse den jeweiligen Benutzern die passende Variante der Startseite ausliefern.

Wir werden unseren Code nutzen, um Geräte in Geräteklassen einzuordnen und ihnen darauf basierend die jeweils passende Version der aktuellen Bestanden!-Lernhilfe-Site auszuliefern, indem wir die Sitestruktur einsetzen, die wir auf Seite 184 skizziert haben.

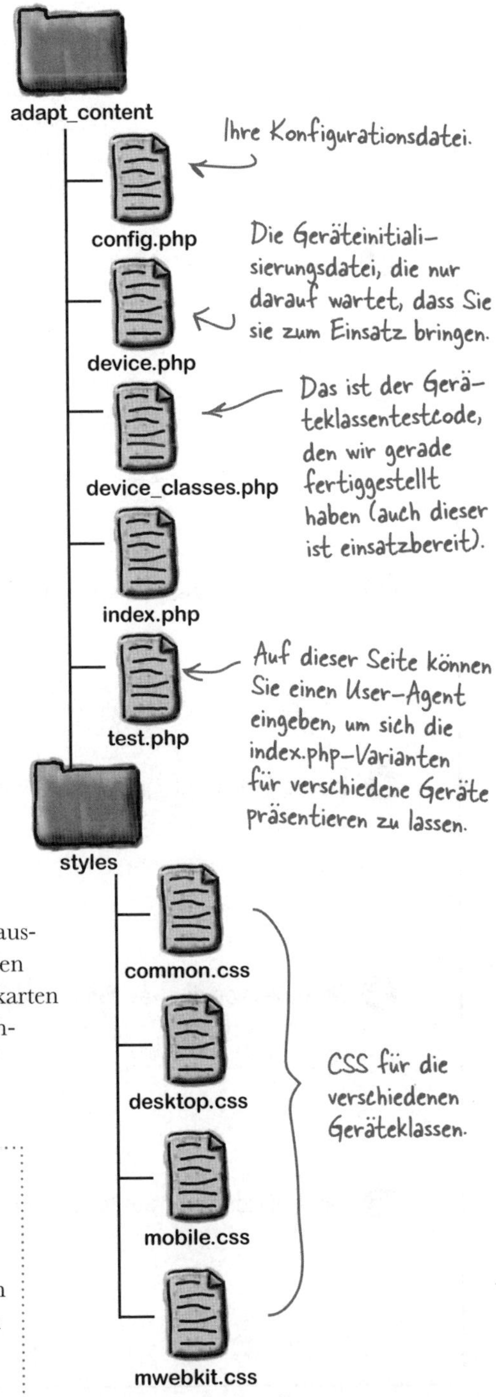

Tun Sie das!

Kopieren Sie die Konfigurationsdatei aus der letzten Übung in den Ordner *adapt_content*. Ja. Schon wieder! Das ist das letzte Mal, versprochen.

Das HTML und CSS, mit dem wir es hier zu tun haben, ist recht elementar: Noch ist Bestanden! bei der neuen Site in einer recht frühen Phase der Entwicklung. Wir arbeiten also mit einigen recht nackten Mock-ups.

Nicht unterstützte Geräte werden wir ähnlich wie Desktopbrowser behandeln ... für den Augenblick zumindest

An Geräte in der Klasse der nicht unterstützten Geräte werden wir Inhalt ausliefern, der im Wesentlichen mit dem Desktopinhalt identisch ist. Wir werden allerdings explizit die Links auf die Sitebereiche mit den interaktiven Lernkarten entfernen. Außerdem werden wir an nicht unterstützte Geräte keinen Flash-Inhalt ausliefern.

Entspannen Sie sich

Es wird spät, und wir sind alle müde: Um Ihnen Zeit zu sparen, haben wir schon eine Menge davon für Sie erledigt.

Wie wir das gemacht haben, werden wir auf den folgenden Seiten beschreiben, und wir werden Ihnen sagen, wo Sie den fertigen Code finden.

Spitzen Sie Ihren Bleistift

Der Ausgangspunkt für die *index.php* enthält **alle** Versionen des Inhalts (für alle Geräteklassen). Jetzt sollten wir zunächst herausfinden, welche Teile des Inhalts an Benutzer ausgeliefert (oder nicht ausgeliefert werden), deren Geräte in eine bestimmte Geräteklasse fallen. Suchen Sie zu jeder der unten angegebenen Zahlen das entsprechende Markup auf der rechten Seite heraus und geben Sie in den Lücken die entsprechende Geräteklasse an.

1. Diesen `DOCTYPE` für die Geräteklasse .... nutzen.

2. Dieses Stylesheet wird für die Geräteklassen .... , ... und .... genutzt.

3. Dieses Stylesheet wird für die Geräteklassen .... und .... genutzt.

4. Dieses Stylesheet wird für die Geräteklasse .... genutzt.

5. Diese Version der Navigation wird für die Geräteklassen .... , ... und .... genutzt.

6. Diese beiden Links werden bei der Geräteklasse .... nicht genutzt.

Hier ist das Markup aus der Datei *index.php*. Nutzen Sie es, um die Fragen auf der linken Seite zu beantworten.

index.php

```
<!DOCTYPE html PUBLIC "-//W3C//DTD XHTML Basic 1.1//EN"
1    "http://www.w3.org/TR/xhtml-basic/xhtml-basic11.dtd">
<!DOCTYPE html>
<html>
<head>
  <title>Bestanden! Lernhilfen</title>
  <meta http-equiv="Content-Type" content="text/html; charset=utf-8" />
  <meta name="viewport" content="width=device-width, initial-scale=1,
maximum-scale=1" />
  <link rel="stylesheet" type="text/css" href="../assets/common.css" />
2 <link rel="stylesheet" type="text/css" href="../assets/desktop.css" />
3 <link rel="stylesheet" type="text/css" href="../assets/mobile.css" />
4 <link rel="stylesheet" type="text/css" href="../assets/mwebkit.css" />
</head>
<body>

<div id="header">
  <h1>Bestanden! Lernhilfen</h1>
</div>
<div id="navigation">
5 <ul>
    <li><a href="#">Home</a></li>
    <li><a href="#">Onlineshop</a></li>
    <li><a href="#">Jetzt lernen!</a></li>   6
    <li><a href="#">Kontakt</a></li>
    <li><a href="#">FAQ</a></li>
  </ul>
</div>
```

Psst … der Bereich *Jetzt lernen!* ist das Feature mit den interaktiven JavaScript-basierten Lernkarten.

Fortsetzung auf der nächsten Seite.

Spitzen Sie Ihren Bleistift

Ach, Sie dachten, Sie wären fertig? Na, die Hälfte haben Sie schon geschafft!

7 Flash-Inhalt an die Geräteklasse .... ausliefern.

8 Flash für die Geräteklassen .... , ... ,
.... und .... nicht ausliefern.

9 Diese Abschnitte für die Geräteklassen .... und ....
nicht ausliefern.

10 Diese Version für die Geräteklassen .... und
.... anzeigen.

11 Den Link auf die interaktiven Lernkarten für die Geräteklasse .... verbergen.

index.php

```
<div id="intro">
<p>Morbi non erat non ipsum pharetra tempus. Donec orci. Proin in ante.
Pellentesque sit amet purus. Cras egestas diam sed ante. Etiam imperdiet
urna sit amet risus...</p>
</div>
<div id="feature">
  <div id="featured_product">
 7  <p>Flash-Präsentation mit Produktvorstellung.</p>
 8  <p>Statische Bild des vorgestellten Produkts.</p>
  </div>
</div>
<div id="ads">
  ...
</div>
9 <div id="fromtheblog">
  ...
</div>
<div id="navigation">
  <ul>
10  <li><a href="#">Home</a></li>
    <li><a href="#">Onlineshop</a></li>
    <li><a href="#">Jetzt lernen!</a></li>
    <li><a href="#">Blog</a></li>   11
    <li><a href="#">Kontakt</a></li>
    <li><a href="#">FAQ</a></li>
  </ul>
</div>
<div id="footer">
  <p>Aktuelle Geräteklasse: <?php print $device_class; ?></p>
</div>
</body>
</html>
```

Wahrscheinlich ist das klar, aber das sind natürlich nur Platzhalter, die genutzt werden, bis der Flash-Film und die statischen Varianten entwickelt sind.

Hier haben wir etwas Textinhalt entfernt, um Platz zu sparen.

Spitzen Sie Ihren Bleistift – Lösung

Schauen wir uns nun die Unterschiede im Markup für die verschiedenen Geräteklassen an und übersetzen wir unsere Entscheidungen in Code.

1. Diesen DOCTYPE für die Geräteklasse ....simpler_mobile.... nutzen.

Für die Klasse simpler_mobile nutzen wir XHTML-Basic. Alle anderen erhalten HTML5.

```
<?php if($device_class == 'simpler_mobile'): ?>
1 <!DOCTYPE html PUBLIC "-//W3C//DTD XHTML Basic 1.1//EN" "http://
www.w3.org/TR/xhtml-basic/xhtml-basic11.dtd">
<?php else: ?>
  <!DOCTYPE html>
<?php endif; ?>
```

2. Dieses Stylesheet wird für die Geräteklassen ....desktop...., ...tablet.... und ....unsupported.... genutzt.

Erinnern Sie sich daran, dass wir die Geräteklasse unsupported im Wesentlichen wie den Desktop behandeln.

3. Dieses Stylesheet wird für die Geräteklassen ....simpler_mobile.... und ....higher_mobile.... genutzt.

4. Dieses Stylesheet wird für die Geräteklasse ....higher_mobile.... genutzt.

Alle erhalten das entsprechend benannte common.css.

```
 <link rel="stylesheet" type="text/css" href="../assets/common.css" />
 <?php if ($device_class == 'desktop'
       || $device_class == 'tablet'
2      || $device_class == 'unsupported'): ?>
   <link rel="stylesheet" type="text/css" href="../assets/desktop.css" />
 <?php endif; ?>
 <?php if ($device_class == 'higher_mobile'
3      || $device_class == 'simpler_mobile'): ?>
   <link rel="stylesheet" type="text/css" href="../assets/mobile.css" />
 <?php endif; ?>
 <?php if ($device_class == 'higher_mobile'): ?>
4  <link rel="stylesheet" type="text/css" href="../assets/mwebkit.css" />
 <?php endif; ?>
```

Unter diesen Styles sind Elemente, die beide Mobilgeräteklassen teilen.

Dieses Stylesheet enthält Verläufe und anderen ausgefallenen Kram, der speziell für WebKit-Browser verfasst wurde.

Das ist die desktopartige Navigation nahe am oberen Seitenrand.

5 Diese Version der Navigation wird für die Geräteklassen desktop, tablet und unsupported genutzt.

6 Diese beiden Links werden bei der Geräteklasse unsupported nicht genutzt.

```
<?php if ($device_class == 'desktop'
    || $device_class == 'tablet'
    || $device_class == 'unsupported'): ?>
  <div id="navigation">
    <ul>
      <li><a href="#">Home</a></li>
      <?php if ($device_class != 'unsupported'): ?>
        <li><a href="#">Onlineshop</a></li>
        <li><a href="#">Jetzt lernen!</a></li>
      <?php endif; ?>
      <li><a href="#">Kontakt</a></li>
      <li><a href="#">FAQ</a></li>
    </ul>
  </div>
<?php endif; ?>
```

Für diese Jungs gibt es weder Onlineshopping noch schicke Lernkarten!

7 Flash-Inhalt an die Geräteklasse desktop ausliefern.

8 Flash für die Geräteklassen tablet, higher_mobile, simpler_mobile und unsupported nicht ausliefern.

Flash und Mobilgeräte spielen nur selten gut zusammen, und das gilt auch für Tablets.

```
<?php if ($device_class == 'desktop'): ?>
  <p>Flash-Präsentation mit Produktvorstellung.</p>
<?php else: ?>
  <p>Statisches Bild des vorgestellten Produkts.</p>
<?php endif; ?>
```

Fortsetzung auf der nächsten Seite.

Spitzen Sie Ihren Bleistift

Lösung

In mobilen Layouts wird keine Werbung angezeigt, und statt der Blogauszüge wird nur ein Link auf die Blogseite angezeigt.

9 Diese Abschnitte für die Geräteklassen higher_mobile und simpler_mobile nicht ausliefern.

```
<?php if ($device_class == 'desktop'
      || $device_class == 'tablet'): ?>
9 <div id="ads">
    ...
  </div>
  <div id="fromtheblog">
    ...
  </div>
<?php endif; ?>
```

Das ist die Mobilversion der Navigation unten auf der Seite.

10 Diese Version für die Geräteklassen higher_mobile und simpler_mobile anzeigen.

Keine interaktiven Lernkarten für diese Geräte!

11 Den Link auf die interaktiven Lernkarten für die Geräteklasse simpler_mobile verbergen.

```
<?php if ($device_class == 'higher_mobile'
10    || $device_class == 'simpler_mobile'): ?>
  <div id="navigation">
    <ul>
      <li><a href="#">Home</a></li>
      <li><a href="#">Onlineshop</a></li>
      <?php if ($device_class == 'higher_mobile'): ?> 11
        <li><a href="#">Jetzt lernen!</a></li>
      <?php endif; ?>
      <li><a href="#">Blog</a></li>
      <li><a href="#">Kontakt</a></li>
      <li><a href="#">FAQ</a></li>
    </ul>
  </div>
<?php endif; ?>
```

Der Link auf die Lernkarten wird nur für die Klasse higher_mobile angezeigt.

PROBEFAHRT

Probieren Sie es aus! Die fertige Version von *index.php* finden Sie in der *index_solution.php*. Ersetzen Sie die aktuelle *index.php*-Datei durch *index_solution.php*.

Navigieren Sie mit Ihrem Webbrowser zur *test.php* und probieren Sie einige der User-Agent-Strings aus der Datei *useful_user_agents.txt* aus, um sich die verschiedenen Geräteklassenversionen anzusehen. Besuchen Sie die *index.php* direkt mit Ihrem Desktopbrowser, um sich die Desktopversion des Mock-ups anzusehen.

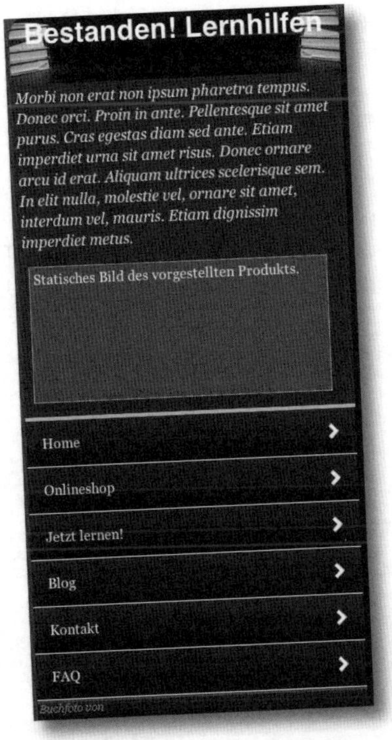

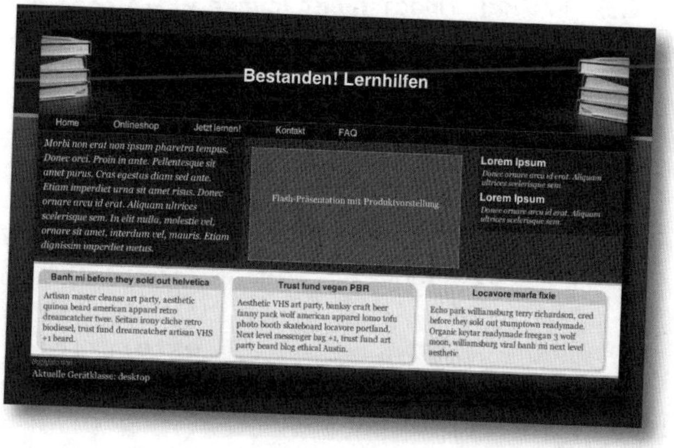

KRAFT-TRAINING

Wir haben unsere Geräteklassentests auf Seite 200 abgesichert, aber fallen Ihnen vielleicht noch Risiken ein, die wir nicht bedacht haben?

Handeln Sie umsichtig und planvoll

In Kapitel 3 haben wir einige der Nachteile der serverseitigen Geräteerkennung auf Basis von User-Agents aufgezeigt. Es gibt einige Risiken, die Sie nicht vergessen sollten:

1. **Browser senden nicht immer den richtigen User-Agent.**
   Manchmal überschreibt der Benutzer mit Absicht den User-Agent, der gesendet wird, und manchmal senden Browser ganz von allein seltsame User-Agents. Beides kann dazu führen, dass eine Gerätedatenbank die falschen Daten liefert.

2. **WURFL findet nicht immer einen genauen Treffer.**
   WURFL ist bei der Suche nicht immer erfolgreich und liefert deswegen nicht immer einen exakten Treffer. Es kann passieren, dass Sie eine allgemeine Gerätekennung oder auch überhaupt keine erhalten.

Tun Sie das! →

Kehren Sie noch einmal zu der Explorer-Seite zurück, die wir in diesem Kapitel erstellt haben, und geben Sie den folgenden User-Agent ein: **`facebookexternalhit/1.1 (+http://www.facebook.com/externalhit_uatext.php)`**.

WURFLs »generic« ist ziemlich allgemein

Wenn Sie den `facebookexternalhit`-User-Agent in unserer Explorer-Seite getestet haben (falls nicht, tun Sie es jetzt!), wird Ihnen aufgefallen sein, dass WURFL ihn als Gerät mit der Kennung `generic` identifiziert. Auf diese Weise zuckt WURFL mit den Schultern und sagt: »Sorry, ich habe mich umgesehen, aber ich habe keine Ahnung, was das Ding ist.«

Und nun?

Die Aussagekraft der Werte für die Fähigkeiten eines generischen Geräts reicht nicht aus, um auf ihrer Basis Entscheidungen zu fällen. Es ist beispielsweise recht unwahrscheinlich, dass der `facebookexternalhit`-Client einen `resolution_width`-Wert von 90 Pixeln bietet. Aber das ist eben der Wert, den unsere WURFL-Datendatei für den Gerätetyp `generic` enthält.

Wir brauchen ein größeres Sicherheitsnetz

Wenn man eine Site entwirft, die eine serverseitige Geräteerkennung nutzt, muss man etwas Zeit investieren, um zu durchdenken, wie sich die Site verhält, wenn eine generische Gerätekennung oder für ein Gerät überhaupt kein Treffer geliefert wird. *Tipp: Sie sollte immer noch funktionieren.*

Zufälliger Erfolg reicht nicht

Auf der Bestanden!-Lernhilfe-Site werden Geräte, deren User-Agents nur zu einer Erkennung als `generic`-Gerät reichen, in die Geräteklasse `unsupported` einsortiert (das können Sie mit dem `facebookexternalhit`-User-Agent prüfen). Dass diese Geräteklasse zugewiesen wird, ist nicht notwendigerweise falsch, aber die Zuweisung erfolgt rein zufällig.

display	
physical_screen_height	27
columns	11
dual_orientation	false
physical_screen_width	27
rows	6
max_image_width	90
resolution_height	40
resolution_width	90
max_image_height	[illegible]

Daten aus unserer Explorer-Seite. Die Werte in der Gruppe display sind sehr allgemein – auf diese sollten wir uns nicht verlassen.

Aufgepasst

WURFL-Daten können schwanken.

Vergleichen wir die Fähigkeitsdaten für `facebookexternalhit`, *die unsere Explorer-Seite liefert, mit den Daten, die die ScientiaMobile-Explorer-Seite liefert.*

Besuchen Sie http://www.tera-wurfl.com/explore *und geben Sie den* `facebookexternalhit`*-User-Agent ein. Das Erste, was Ihnen auffallen sollte, ist, dass die Database Edition-Version der Gerätekennung* **generic** *den Namen* **`generic_web_browser`** *trägt.*

Wenn Sie sich in den zurückgelieferten Daten etwas umsehen, werden Sie noch weitere Unterschiede finden. Schauen Sie sich beispielsweise die Daten für die Gruppe display an und vergleichen Sie sie mit den Werten in der Abbildung oben.

Recht unterschiedlich, nicht wahr? Es ist ratsam, dass Sie sich mit Ihrer Variante der WURFL-Daten vertraut machen (hier die dateibasierte, auf die PHP-API gestützte Variante), und deswegen ist auch der Aufbau einer eigenen Explorer-Seite ratsam.

Ein Auszug aus der ScientiaMobile-Explorer-Seite mit Fähigkeiten für den facebookexternalhit-User-Agent.

display	
physical_screen_height	400
columns	120
dual_orientation	false
physical_screen_width	400
rows	200
max_image_width	600
resolution_height	600
resolution_width	800
max_image_height	[illegible]

Was du heute kannst besorgen ...

Die PHP-API bietet einige Methoden, mit deren Hilfe man ermitteln kann, wie genau ein Treffer war. Schauen wir uns das an.

Wenn es überhaupt keine Gerätekennung gibt ...

```
if (!$device->id
  || (!$device->isSpecific()
    && $device->fallBack === 'root')) {
  /* Fehlschlag - Achten Sie darauf, dass Sie darauf vorbereitet sind */
}
```

Oder wenn der Treffer nicht spezifisch ist und nur das allgemeinste Gerät (generic) geliefert wird?

Aus zwei Gründen: um Fehler abzufangen und wegen des Desktopbrowser-Patchs.

Dass man prüft, ob man eine Gerätekennung erhalten hat, hat etwas von Ordnung und Sauberkeit. Das ist schlicht ordentlich.

Der Desktopbrowser-Patch, den wir mit WURFL nutzen, ermöglicht es, neben Informationen zu Mobilgeräten auch elementare Informationen zu Desktopbrowsern zu erhalten.

Aber alle Treffer für Desktopbrowser liefern auf `isSpecific()` `FALSE`, da die Daten im Patch nicht als spezifisch betrachtet werden. Wenn wir zusätzlich sicherstellen, dass die `fallBack`-Kennung nicht `root` (generic) ist, können wir vermeiden, dass wir erkannte Desktopbrowser als Fehler aussortieren.

Es gibt keine Dummen Fragen

F: Was ist denn dieser Desktopbrowser-Patch, den Sie gerade erwähnten?

A: Die Standard-WURFL-Installation enthält einen Patch, der neben Mobilbrowsern auch grob einige Desktopbrowser identifiziert.

F: Mir ist nicht klar, welche Teile von WURFL diese API-Teile sind.

A: WURFL selbst besteht eigentlich nur aus Daten. Die API ist der Code, der mit diesen Daten interagiert, sie organisiert und so weiter. APIs gibt es für verschiedene wichtige Programmiersprachen.

F: Was ist eigentlich dieser `facebookexternalhit`-User-Agent?

A: Wenn man auf Facebook einen Link oder etwas anderes teilt, macht sich Facebook häufig daran, diesen Inhalt oder ein repräsentatives Thumbnail-artiges Bild von dieser Seite abzurufen. Das ist der User-Agent, den Facebook nutzt, wenn das getan wird.

F: Hätten wir den Code zum Prüfen der Geräteklasse nicht besser in eine Funktion oder ein Objekt oder in irgendetwas anderes gepackt?

A: Klar. Im wahren Leben, bei echten Projekten, sollte der Code sicher etwas eleganter, strukturierter und mächtiger sein. Wir zeigen Ihnen hier nur die Grundlagen.

F: Entschuldigung, aber diese `$device-Variable` ist nicht global. Schlimmer geht es ja wohl nicht.

A: Siehe oben.

ÜBUNG

Aktualisieren Sie die Datei *device_classes.php* im Verzeichnis *adapt_content* so, dass sie allgemeine Kennungen oder Fehler bei der Gerätesuche prüft. Ordnen Sie das Gerät in diesem Fall in die Geräteklasse unsupported ein.

Tipp: Der Code muss in diesen Abschnitt.

```
$device_class = NULL;

if (device_match('is_wireless_device', '===', 'false')) {
  $device_class = 'desktop';
}
```

device_classes.php

Lösung zur Übung

Jetzt sind die Schotten dicht! Gut gemacht!

```
$device_class = NULL;
if (!$device->id ||
     (!$device->isSpecific() && $device->fallBack === 'root')) {
  $device_class = 'unsupported';
}
else if (device_match('is_wireless_device', '===', 'false')) {
  $device_class = 'desktop';
}
```

device_classes.php

Glückwunsch, jetzt sind Sie ein Meister im Umgang mit Gerätefähigkeiten und -klassen.

Das ist ein komplexes Konzept – aber Sie haben es nun begriffen! Und Sie haben sogar eine Webseite mit angepasstem Inhalt, mit der Sie das beweisen können. Gute Arbeit!

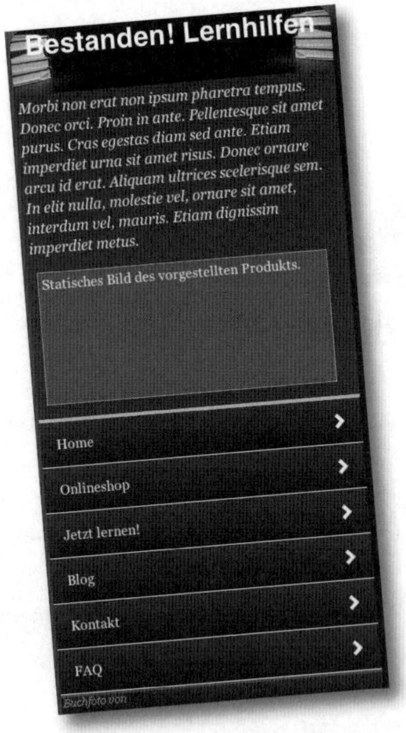

Das muss sich ja nicht ausschließen. Sie müssen RWD nicht die Tür weisen, wenn Sie eine serverseitige Geräteerkennung einsetzen.

Mit einer Kombination aus beidem lässt sich eine Menge netter Dinge anstellen. Beide haben ihre Pros und Kontras. Wie man beide zu einem harmonischen Zusammenspiel bringt, wird ein Teil dessen sein, was wir uns in Kapitel 9 ansehen werden, wenn wir uns einen Ausblick auf die Zukunft genehmigen werden.

Punkt für Punkt

- **Gerätedaten-Repositorys wie WURFL** (Wireless Universal Resource FiLe) ermöglichen uns, uns sehr ausführliche Informationen zu einer Vielzahl von Geräten zu beschaffen.
- Die WURFL-Daten umfassen über 500 Fähigkeiten pro Gerät, die in ein paar Dutzend Gruppen eingeteilt sind.
- Wir können eine Gerätedatenbank nutzen, um einen Wert für eine gesuchte **Fähigkeit** zu erhalten und diesem Wert gemäß zu agieren.
- **WURFLs PHP-API** ist eine von mehreren APIs für die Interaktion mit den WURFL-Daten. Die verschiedenen APIs behandeln und repräsentieren die Daten jeweils auf leicht unterschiedliche Weise.
- ScientiaMobile würde 2011 von ein paar der ursprünglichen WURFL-Maintainer gegründet. Das Unternehmen bietet Open Source-Lizenzen und kommerzielle Lizenzen für WURFL. Es gibt Alternativen, wenn WURFL in Ihrem Fall nicht geeignet ist.
- Wenn Sie an umfangreicheren Projekten arbeiten, kann es hilfreich sein, die **relevanten Fähigkeiten zu Geräteklassen zu gruppieren**.
- Geräteklassen sind abstrakte Gruppierungen von Geräten auf Basis **gemeinsamer Fähigkeiten**.
- Wenn wir ein Gerät in eine Geräteklasse einsortieren, können wir weitere Aktionen für dieses Gerät vornehmen (z. B. angepassten Inhalt ausliefern), ohne dass wir permanent einzelne Fähigkeiten im Blick behalten müssen.
- Es ist wichtig, dass Sie in jeden Code, der eine Gerätedatenbank zur Identifikation nutzt, **Standardgeräteklassen, eine Fehlerbehandlung und ein Behandlung der allgemeinsten Geräteklasse** einbauen.
- Wie beinahe alles im Web ist auch die serverseitige Geräteerkennung kein 100 % sicheres Konzept.
- **Die serverseitige Erkennung und die Anpassung von Inhalten kann gemeinsam mit einer clientseitigen Anpassung eingesetzt werden** – die beiden Verfahren schließen sich nicht gegenseitig aus. Das werden wir uns später genauer ansehen.

6 Mit Frameworks mobile Web-Apps bauen

Der Tartanator

»Wir wollen eine App!« Bis vor ein oder zwei Jahren hieß dieser Aufschrei nur eins: separate native Codeentwicklung und -verteilung für alle Plattformen, die Sie unterstützen wollen. Aber der native Weg ist nicht mehr der einzige. Heutzutage haben auch webbasierte Apps für Mobilbrowser Anerkennung gefunden – insbesondere jetzt, da der coole Junge **HTML5** und seine Spezis **CSS3** und **JavaScript** die Bühne betreten haben. Verschaffen wir uns einen ersten Vorgeschmack von der Welt der mobilen Web-Apps, indem wir einem **Mobil-Framework** – einem Codewerkzeug, das Ihnen die Arbeit erleichtern soll – eine Chance geben!

So wie vor ein paar Jahren der Begriff *Web 2.0* sind heute die Begriffe *HTML5* und *App* die Lieblinge der Medienleute und Webworker.

Diese Begriffe haben für verschiedene Leute unterschiedliche Bedeutungen – eine turbulente Semantikparty, die manchmal sehr anregend und manchmal äußerst frustrierend sein kann.

Wenn Sie Webentwickler sind, rennen Ihnen wahrscheinlich bereits gierige Kunden die Türen mit Anfragen nach HTML5 und Web-Apps ein.
Aber was wollen die eigentlich wirklich haben?

HTML5 … App … was heißt das eigentlich?

HTML5 ist eine ganz bestimmte Sache …

HTML5 *ist* eine ganz bestimmte Sache. Es ist ein Standard, der noch in der Entwicklung ist, eine Evolution des HTML, das wir kennen und schätzen – der Sprache, ohne die es das Web nicht gäbe. HTML5 bereinigt und verbessert die zwei Jahrzehnte alte Markup-Sprache, indem es unter anderem eine Unterstützung für Web-Apps bietet, ohne dabei die Rückwärtskompatibilität zu gefährden.

HTML5 führt neue semantische Elemente wie `<section>`, `<article>`, `<nav>` und `<header>` ein. Es vereinfacht die Syntax für einige Tags, schenkt uns mit den `<audio>`- und `<video>`-Tags die Macht über Ton und Bild und entfesselt mit neuen JavaScript-APIs wie Geolocation und Offline-Storage die Interaktivität.

Und manchmal ist auch einfach gemeint: »All die coolen Dinge, die ich im Web irdendwann einmal gesehen habe.«

Was, wie Sie sich denken können, missverständlich sein kann.

… aber es steht mittlerweile für mehr

Wenn Leute von HTML5 sprechen, meinen sie häufig eine Kombination aus HTML5 selbst, äußerst raffiniertem JavaScript und den neuen Möglichkeiten von CSS3. Gemeinsam bilden diese den Grundbaustein für den Aufbau moderner, interaktiver Webanwendungen.

… und was genau ist eine Web-App?

Was heißt denn dieser *Web-App*-Teil in *HTML5-Web-App*? *HTML5* ist ja schon verwirrend genug, aber mit dem Wort ***App*** begeben Sie sich in noch finsterere Gebiete, in denen es vor Drachen und anderen Monstern nur so wimmelt.

Eine Website können Sie sich normalerweise in einem Webbrowser ansehen. Dabei erhalten Sie einen Eindruck davon, ob sich das, was Sie sehen, App-ähnlich anfühlt oder nicht. Die Betonung auf der Bewältigung von Aufgaben, ein Layout, das in ein Fenster passt, Aktionen, die nicht zu einem vollständigen Neuladen der Seite führen, Interaktivität – alle diese Punkte wurden als Kriterien dafür vorgeschlagen, was eine App von einer gewöhnlichen (inhaltsorientierten) Website unterscheidet.

Kurz gesagt: Bislang ist es noch keinem gelungen, den Begriff *App* auf eine Weise zu definieren, die alle zufriedenstellt.

Was Web-Apps sind, lässt sich nur schwer definieren, aber sie teilen bestimmte interaktive Eigenschaften, die sich mit den Möglichkeiten von HTML5 und den es begleitenden Technologien sehr gut umsetzen lassen.

Wie sich »traditionelle« Websites üblicherweise verhalten

Beim traditionellen Website-Modell ruft ein Request nach einer HTML-Seite alle Komponenten dieser Seite ab – das HTML selbst, das JavaScript, das CSS, die Bilder und so weiter.

Browser sind häufig so clever, dass sie Elemente cachen, und Webserver können so konfiguriert werden, dass sie zu einem zusätzlichen Cachen auffordern. Aber dieses Modell bedeutet, dass alle Interaktionen – Formularübermittlungen, Link-Klicks und anderes – zu einem vollständigen Neuladen der Seite führen.

Erste Seitenanforderung

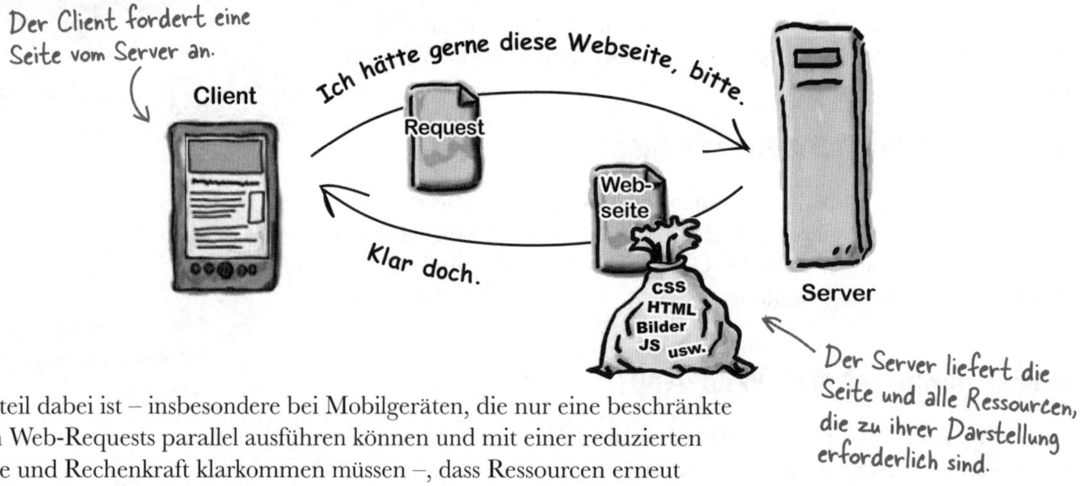

Der Nachteil dabei ist – insbesondere bei Mobilgeräten, die nur eine beschränkte Anzahl an Web-Requests parallel ausführen können und mit einer reduzierten Bandbreite und Rechenkraft klarkommen müssen –, dass Ressourcen erneut angefordert und heruntergeladen werden, die der Browser schon einmal heruntergeladen hat, und der Browser von Neuem damit beginnen muss, Inhalte darzustellen und Codeelemente zu verarbeiten, die sich vielleicht gar nicht geändert haben. Außerdem *fühlt* sich das einfach weniger interaktiv an.

Nachfolgende Requests

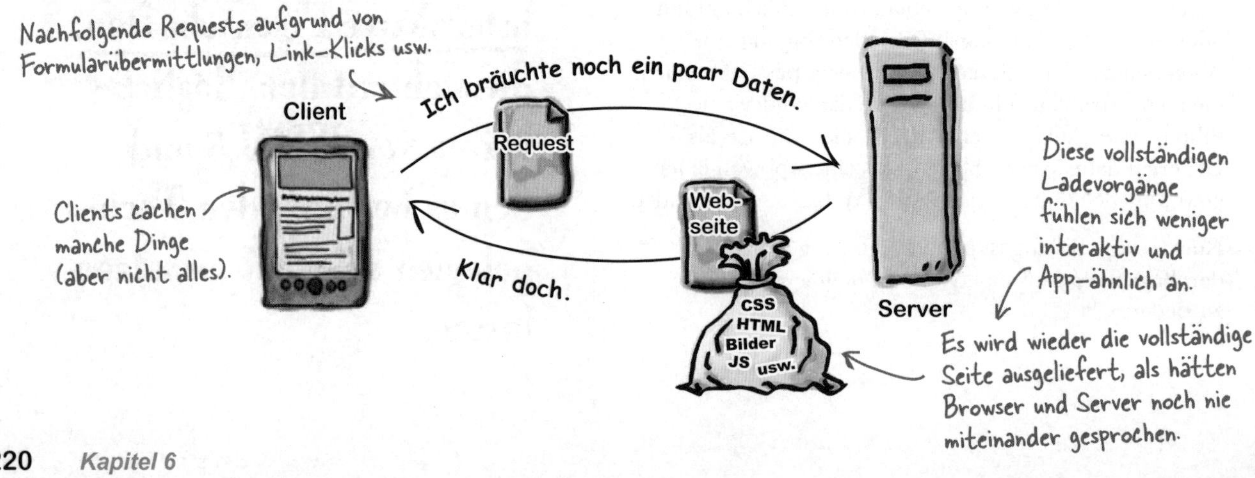

Wie sich App-ähnliche Websites häufig verhalten

Bei einem App-ähnlicherem Modell spielt der Client häufig eine größere Rolle. Außerdem werden bei jedem Request in der Regel weniger Ressourcen ausgetauscht. Wiederverwendbares Markup, Code und Ressourcen können lokal gespeichert werden. Die Anforderung geänderter Inhalte oder Daten erfolgt asynchron über AJAX. Diese im Hintergrund erfolgenden asynchronen Requests rufen bestimmte Inhalte oder Ressourcen ab, ohne dass dabei die vollständige Seite neu geladen wird.

Dass nur die relevanten Elemente des Inhalts angefordert werden und nicht die vollständige Seite neu geladen wird, reduziert die Bandbreite und den Verarbeitungsaufwand und verbessert den Interaktivitätseindruck.

Der Eindruck der Interaktivität ist in erheblichem Maße von diesen asynchronen Requests abhängig.

Erste Seitenanforderung

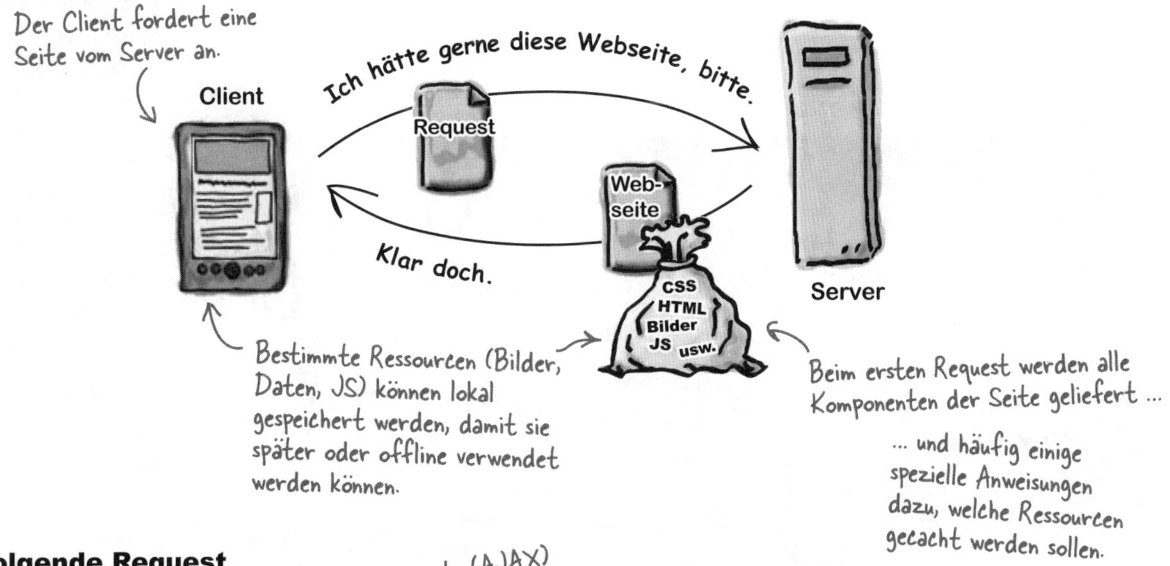

Nachfolgende Request

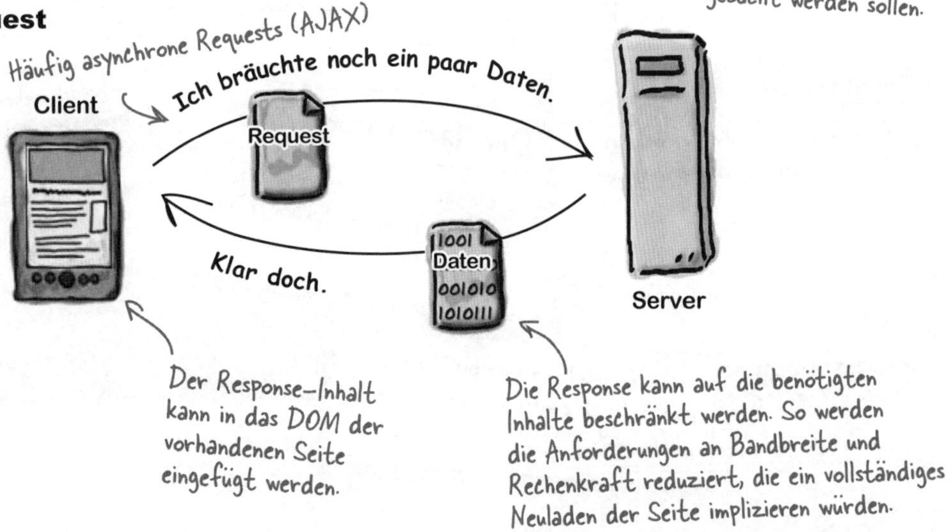

Die mobile HTML5-Web-App von Tartan Unlimited

Tartan Unlimited ist eine internationale Organisation, die versucht, auch in anderen Teilen der Welt die Geschichte und die Kultur des schottischen Karostoffs (auch Tartan genannt) lebendig zu halten.

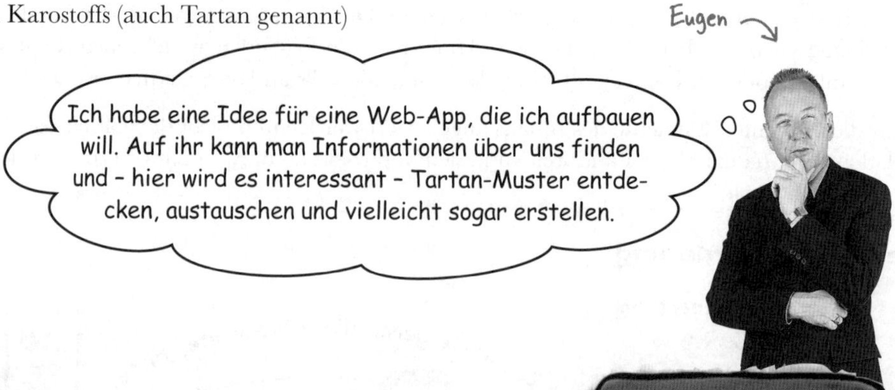

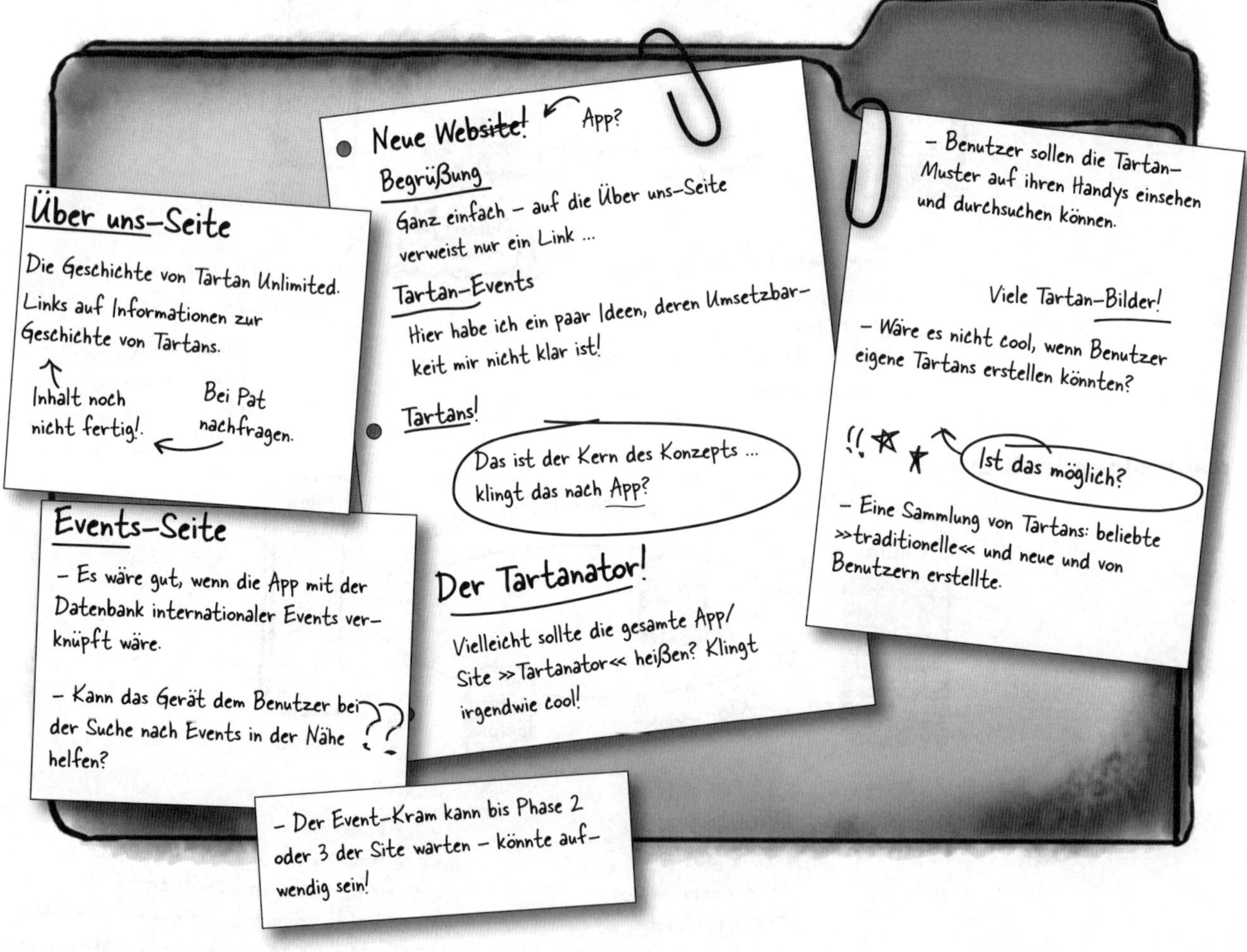

Jana: Ich weiß, Jungs, die Anforderungen sind recht schwammig. Als ich mit Eugen gesprochen habe, hatte ich den Eindruck, dass er mit dieser Site oder App im Wesentlichen zwei Dinge erreichen will. Es gibt einige **inhaltlich wichtige** Seiten: Informationen zur Organisation und Informationen zu Tartans. Und dann gibt es da diesen Abschnitt, den er den **Tartanator** nennt …

Joachim: Tartanator? Das soll doch wohl ein Witz sein!

Jana: Kann man wohl sagen. Eigentlich will er sogar die ganze Site so nennen, nicht nur diesen einen Abschnitt. Egal, auf alle Fälle soll das wohl so eine Kombination aus durchsuchbarer Liste mit Tartan-Mustern und, wenn das machbar wäre, so einer Art Formular sein, über das Benutzer ihre eigenen Tartan-Muster erstellen können.

Frank: Wow. Das klingt gleichermaßen bizarr und anspruchsvoll, könnte aber eine amüsante Herausforderung für unsere Webkünste darstellen.

Joachim: Schön, Inhaltsseiten, Tartanator-Bereich … und was ist mit dieser Anmerkung zu einer Events-Seite?

Jana: Langsam! Dazu wollte ich noch kommen! Wir haben beschlossen, dass wir dieses Projekt grob in zwei Phasen einteilen. In der ersten Phase werden wir die Grundstruktur für die Inhaltsseiten erstellen und die Tartan-Sammlung implementieren. Außerdem sollten wir uns überlegen, wie eine Schnittstelle aussehen könnte, mit deren Hilfe Benutzer ihre eigenen Tartans entwerfen können, und vielleicht einen Prototyp des entsprechenden Frontends aufbauen.

Joachim: Das heißt, wir erstellen ein Formular zur Anfertigung eines Tartans, das aber noch nicht funktionsfähig sein muss?

Jana: So ungefähr. In Phase 2 sorgen wir dann dafür, dass das Formular tatsächlich funktioniert, und wenden uns außerdem diesem Events-Bereich zu.

Frank: Das klingt so, als müssten wir uns jetzt tatsächlich ansehen, wie man eine mobile Web-App erstellt.

Der Masterplan für Phase 1 des Tartanators

- ☐ **Den Seiteninhalt und die Seitenstruktur aufbauen.**

  Wir müssen die elementaren Abschnitte und Seiten aufbauen und eine Grundstruktur erstellen.

  ← Das müssen wir dazu tun!

- ☐ **Die Tartan-Listen erstellen.**

  In der ersten Phase werden wir eine Aufstellung bekannter und beliebter Tartan-Muster aufbauen. Der Tartan-Bereich sollte eine Suchschnittstelle besitzen, die – natürlich – einen App-ähnlichen und mobilorientierten Eindruck machen sollte.

- ☐ **Einen Prototyp des Formulars zur Tartan-Erstellung aufbauen.**

  Am Ende sollen Eugens Besucher über eine App-ähnliche Mobilschnittstelle ihre eigenen Tartans gestalten können. Er möchte sehen, wie eine solche aussehen könnte, und dazu werden wir ihm einen Prototyp entwerfen.

Wir sollen also eine mobile Web-App mit HTML5 und so aufbauen. Ich habe keine Idee, wo wir da ansetzen können. Müssen wir vollständig bei null beginnen?

Sie könnten mit Apps schon bei null beginnen ...

Wenn Sie CSS, HTML und JavaScript hinreichend beherrschen, können Sie in *HTML5-Programmierung von Kopf bis Fuß* erfahren, wie Sie mit ihrer Hilfe eine mobile App erstellen.

← Das ist wirklich klasse! Das beste HTML5-Programmierbuch auf dem Markt. Das sollten Sie unbedingt haben.

Schluss jetzt mit der Eigenwerbung! – Die Red.

... oder Sie könnten ein mobiles Web-Framework nutzen

Während der 1. Phase unseres Tartanator-Projekts werden wir unserem Webgeschick mit einem mobilen Web-Framework unter die Arme greifen.

Wir werden zwar weiterhin unsere HTML- und CSS-Stäbchen zum Einsatz bringen, uns aber von einem mobilzentrierten UI-Framework unterstützen lassen, mit dessen Hilfe wir die Suppe, die wir uns eingebrockt haben, effektiver auslöffeln können.

Wieso ein mobiles Web-App-Framework?

Machen wir uns nichts vor. Der vollständig eigenständige Aufbau komplexer interaktiver Web-Apps – insbesondere mobiler Web-Apps – kann eine gewaltige Herausforderung sein. Ein Webentwicklungs-Framework – eine integrierte Sammlung von interaktiven Elementen und Codewerkzeugen – kann uns hier unter die Arme greifen.

1. **Ein Framework kann uns dabei helfen, einer Website oder Web-App einen mobilfreundlichen Anstrich zu geben.**
   Mobilzentrierte Frameworks vereinfachen es im Allgemeinen, HTML-Elemente so zu ändern und zu gestalten, dass sie einen mobileren Anstrich erhalten, und sparen einem damit eine ganze Menge Zeit.

2. **Ein Framework kann uns helfen, dass sich eine Website oder Web-App mobilfreundlich anfühlen.**
   Frameworks können den Übergängen und Effekten, die eine Website oder Web-App nativer oder zumindest konsistenter wirken lassen, viel von ihrem Krampf nehmen.

3. **Ein Framework kann uns bei der Bewältigung von Inkonsistenzen auf unterschiedlichen Plattformen helfen.**
   Framework-Entwickler sind immer über die fiesen oder seltsamen Browsermacken auf dem Laufenden, die uns Steine in den Weg legen könnten, und sorgen dafür, dass diese im Code des Frameworks umschifft werden, damit wir das nicht mehr selbst tun müssen.

Bei vielen Projekten müssen Sie nicht alle Räder neu erfinden, die für den Aufbau einer interaktiven Web-App in Gang gesetzt werden müssen. Bedienen Sie sich stattdessen bei einem mobilen Web-Framework.

Aufgepasst

Wählen und nutzen Sie Web-Frameworks umsichtig.

Frameworks sind große Magie, aber sie haben auch ihre Nachteile. Viele sind ziemlich fett und können die Payload ihrer Seite um Hunderte von Kilobytes aufblasen. Einige nutzen das Rumpelkammerverfahren, bieten massenhaft Widgets und süße Animationen, die nicht nur viel Platz beanspruchen, sondern auf weniger leistungsfähigen Geräten auch zu ernsthaften Performanceproblemen führen können. Und schließlich sollten Sie auch die Geräteunterstützung des Frameworks unter die Lupe nehmen. Einige unterstützen nur eine oder ein paar der neueren Plattformen.

Unsere Wahl für den Tartanator: jQuery Mobile

Beim Aufbau des Tartanators werden wir das **jQuery Mobile**-Framework einsetzen.

jQuery Mobile ist ein UI-Framework, das für Mobilgeräte optimiert ist. Es wurde auf Grundlage der äußerst beliebten jQuery JavaScript-Bibliothek erstellt.

Für dieses Projekt haben wir jQuery Mobile gewählt, weil es recht leicht zu verwenden ist und weil es eine Architektur hat, das gut zu unserem Fokus auf HTML5 passt – jQuery Mobile wurde so entworfen, dass es sich recht leicht (manchmal sogar unsichtbar!) in wohlgeformtes HTML5-Markup einbinden lässt.

Sollten Sie schon mit jQuery gearbeitet haben, wissen Sie wahrscheinlich bereits, wie intuitiv es ist und wie gut sich damit arbeiten lässt.

jQuery Mobile ist wie das gesamte jQuery-Projekt Open Source.

Irgendwie haben wir eine Unzahl an Verfahren zum Aufbau von mobilem Kram. Responsive Webdesign. Separate Sites. Geräte- und Eigenschaftserkennung. Soll ich das Ganzem jetzt wieder vergessen und mit einem mobilen Web-Framework von vorn anfangen?

Sie haben recht. Das ist eine komplexe Landschaft.

Es stimmt einfach. Es gibt keine einfachen Antworten. Will man komplexe Dinge erreichen, muss man beim mobilen Web häufig verschiedene Implementierungsverfahren verknüpfen.

Halten Sie also ein. Werfen Sie nicht gleich alles über Bord, was Sie gelernt haben. Keine der bislang behandelten Techniken schließt die anderen aus, und jede einzelne davon ist in Abhängigkeit von den Umständen mehr oder auch weniger geeignet!

Das Leben ist vielfältig! Und das mobile Web ebenfalls!

Es gibt keine Dummen Fragen

F: **Gibt es noch weitere Mobil-Frameworks?**

A: Weitere? Es dürfte jeden Tag ein weiteres hinzukommen! Zu den bekannteren zählen Sencha Touch, Wink, iUI, DHTMLX Touch und JQTouch.

F: **Woraus genau besteht ein mobiles Web-Framework?**

A: Das hängt vom Framework ab, aber die meisten bestehen aus einer Kombination aus JavaScript, CSS und Bildern (oder anderen Ressourcen), die Sie beim Styling des Mobilerlebnisses unterstützen. Einige Frameworks schließen auch eine serverseitige Komponente ein, die die Generierung (im Gegensatz zur Anpassung) von Inhalten vereinfacht.

F: **Moment. Was ist mit zepto.js oder XUI?**

A: Zepto.js (eine sehr leichtgewichtige JavaScript-Bibliothek mit jQuery-Syntax) und XUI (ebenfalls sehr kompaktes JS) sind beides eher Bibliotheken als Frameworks. Frameworks bringen meist UI-Komponenten mit, während Bibliotheken nur Code mitbringen – hier JavaScript-Code. Aber das ist eine Grauzone. Der Unterschied zwischen Framework und Bibliothek lässt sich nicht so leicht definieren.

F: **jQuery Mobile ist also eine mobile Version der ursprünglichen jQuery-Bibliothek?**

A: Nicht so schnell! jQuery Mobile setzt auf jQuery auf. Es ersetzt es nicht. Wenn wir beginnen, unsere ersten Seiten mit jQuery Mobile aufzubauen, werden Sie feststellen, dass die erste JavaScript-Datei, die wir einschließen werden, die Kern-jQuery-Bibliothek ist.

F: **Dann ist jQuery Mobile also ein JavaScript-Entwicklungs-Framework, das jQuery erweitert.**

A: Wie gesagt. Langsam. Ja, jQuery Mobile schließt auch JavaScript ein. Aber jQuery Mobile ist kein *JavaScript*-Framework. Es bietet viel mehr. Es ist ein Benutzerschnittstellen- oder UI-Framework. Das heißt, dass es auch Stylesheets, Icons und andere dazu erforderliche Bausteine enthält.

F: Müssen wir ***unbedingt*** ein Framework nutzen?

A: Ob wir das müssen? Technisch gesehen? Nein, natürlich nicht! Wir ermutigen Sie sogar, App-artige mobile Websites ganz eigenständig aufzubauen, wenn das Ihr Ding ist.

Aber das Schöne an Frameworks und jQuery Mobile im Speziellen ist, dass sie sich für uns um viele der fiesen, plattformspezifischen Macken und Fehler kümmern. Die jeweiligen Entwicklerteams haben die verschiedenen Mobilbrowser mit Röntgenblick auf Schwächen untersucht.

Unsere Zeit und unser Raum sind begrenzt. Es wäre eine ziemlich riskante Angelegenheit, die Arbeit, die wir für den Tartanator leisten müssen, ohne ein Framework anzugehen – von dem Chaos der ganzen zusätzlich erforderlichen Tests ganz abgesehen (da wir nicht die Vorarbeiten bei der Überprüfung der plattformübergreifenden Unterstützung nutzen könnten).

F: **Mir ist aber immer noch nicht klar, warum der Tartanator jetzt eine App und keine Website mehr ist?**

A: Weil Eugen das sagt. Wirklich. Die Feinheiten der Differenzierung von App und Site sind so schwammig, dass die Antwort häufig derartig willkürlich klingt.

Eugen stellt sich den Tartanator als eine funktionale, webbasierte Sache vor. Sein wesentliches Anliegen ist die Möglichkeit, Tartans zu suchen und zu erstellen. Später soll dazu auch die Möglichkeit kommen, relevante Events zu finden. Für ihn bilden diese Funktionen eine App.

F: **Aber was, wenn es eine Site wäre? Dann könnte ich jQuery Mobile wohl nicht nutzen?**

A: jQuery Mobile ist ein UI-Framework. Ihm ist es gleich, ob Sie das, was Sie mit seiner Hilfe aufbauen, App oder Site nennen. Seine einzige Aufgabe besteht darin, mit einer Kombination aus CSS, JavaScript und HTML dafür sorgen, dass sich alles gut verwendbar anfühlt und auf den verschiedenen Mobilplattformen gleichermaßen funktionsfähig ist.

F: **Aber welche Mobilbrowser unterstützen HTML5?**

A: Kein Browser unterstützt HTML5 (vollständig). Keine Panik! HTML5 ist modular, und Mobilbrowser unterstützen mehr und mehr Teile. Ebenso wie es keinen modernen Desktopbrowser gibt, der CSS 2.1 vollständig unterstützt, kann es sein, dass HTML5 nie von allen Browsern in der Form unterstützt wird, in der es in der Spezifikation festgeschrieben wird. Schließlich ist die Spezifikation auch noch in der Entwicklung. Die Website *http://www.caniuse.com* ist eine gute Referenz, wenn Sie nach Informationen zur Unterstützung einer bestimmten Eigenschaft von HTML5 oder einer anderen wichtigen Webtechnologie suchen.

Mit jQuery Mobile eine einfache Site aufbauen

Auf unserer ersten Etappe auf der Tartanator-Reise werden wir uns anschauen, wie wir mit jQuery Mobile eine einfache Site aufbauen, um uns auf den Aufbau der Seiten für das Projekt vorzubereiten. Sie werden überrascht sein, wie leicht das ist.

Ein einfacher Anfang

Wir beginnen mit einer super einfachen HTML-Seite, damit Sie besser sehen können, wie die Grundlagen von jQuery Mobile funktionieren.

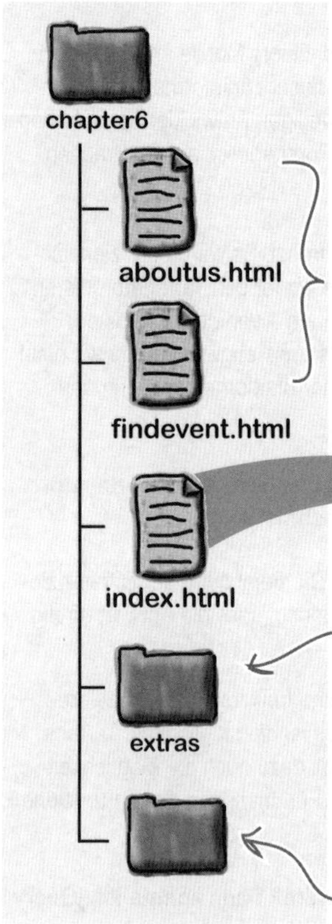

Die Struktur des Verzeichnisses chapter6: Ihr Ausgangspunkt

Dieses Seiten werden wir uns in ein paar, äh, Seiten vornehmen.

Diesen Ordner können Sie für den Augenblick ignorieren. Was sich darin befindet, werden wir Ihnen später zeigen.

Auch das sehen wir uns später an.

Wir nutzen den HTML5-<DOCTYPE>.

Der gesamte Inhalt von index.html – wir sagten doch, dass es einfach sei!

```
<!DOCTYPE html>
<html>
<head>
    <meta charset="UTF-8" />
    <title>Der Tartanator</title>
</head>
<body>
<h1>Der Tartanator</h1>
<p>Der Tartanator ist eine gemeinschaftliche
Einrichtung von Organisationen, Unternehmen und
Einzelpersonen, deren Ziel die weltumspannende
Pflege des schottischen Erbes und die Verbreitung
der Kultur des schottischen <strong>Tartans</
strong> ist.</p>
</body>
</html>
```

index.html

Die jQuery Mobile-Codekomponenten einschließen

Öffnen Sie *index.html* in Ihrem Texteditor und machen Sie sich bereit, etwas jQuery Mobile aufzupfropfen. Beginnen wir mit den ersten Dingen: **Schließen** Sie das JavaScript und das CSS ein, die alles in Gang setzen.

Dass wir das JavaScript von jQuery und jQuery Mobile einschließen, verleiht unserer Web-App die mobilgerechte Interaktion.

Das jQuery Mobile-CSS einschließen: Es stylt unser Markup mobilgerechter.

Erinnern Sie sich, dass jQuery Mobile ohne jQuery (Core) nichts ist.

```
<title>Der Tartanator</title>
  <meta name="viewport" content="width=device-width, initial-scale=1">
  <link rel="stylesheet" href="http://code.jquery.com/mobile/1.0rc1/
jquery.mobile-1.0rc1.min.css" />
<script src="http://code.jquery.com/jquery-1.6.4.min.js"></script>
<script src="http://code.jquery.com/mobile/1.0rc1/jquery.mobile-
1.0rc1.min.js"></script>
</head>
```

index.html

Den Rest der Seite auszeichnen

Wir haben die drei wichtigsten jQuery Mobile-Komponenten von jQuerys CDN eingeschlossen (das steht für *Content Delivery Network* und bedeutet, der Code wird von *code.jquery.com* geladen). Das ist eine zuverlässige und schnelle Möglichkeit, den Code einzubinden.

Nachdem wir die drei zentralen Dateien eingeschlossen haben – Theme CSS, jQuery Core und jQuery Mobile selbst –, müssen wir ein paar Anpassungen am HTML-Markup im <body>-Element vornehmen.

Wir packen unseren Inhalt in <div>-Tags mit beschreibenden data-*-Attributen, um jQuery Mobile zu sagen, wie sie behandelt werden sollen:

Diese data-*-Attribute werden wir gleich erklären.

Der data-role-Wert "page" sagt jQuery Mobile, dass der Inhalt als vollständige Seite betrachtet werden soll.

Der data-role-Wert "header" sagt jQuery Mobile, dass das als überschriftartiges Element betrachtet werden soll.

Der data-role-Wert "content" heißt, ja genau, dass das der Inhalt der Seite ist.

Hängen wir hier unten einen Footer an, um uns anzusehen, was jQuery Mobile damit anfängt.

```
<body>

<div data-role="page">
  <div data-role="header">
    <h1>Der Tartanator</h1>
  </div><!-- /Header -->
  <div data-role="content">
    <p>Der Tartanator ist eine gemeinschaftliche
Einrichtung von Organisationen, Unternehmen und
Einzelpersonen, deren Ziel die weltumspannende Pflege des
schottischen Erbes und die Verbreitung der Kultur des
schottischen <strong>Tartans</strong> ist.</p>
  </div><!-- /Inhalt -->
<div data-role="footer">
  <h4>Bring forrit the tartan!</h4>
</div><!-- /Footer -->
</div><!--/Seite-->
</body>
```

index.html

»Bring forrit the tartan!« – ein Schlachtruf, den Sir Colin Campbell während der Belagerung von Lucknow in den 1850ern ausgerufen haben soll.

PROBEFAHRT

Eine einfache jQuery Mobile-Seite lässt sich sehr leicht aufbauen.

Nehmen Sie die Änderungen an Head und Body der Datei *index.html* vor und speichern Sie die Datei. Betrachten Sie sie in einem Browser (Sie können sie auch in einem Mobilbrowser ansehen, wenn Sie das wollen).

Und los geht's!

Noch ist das nicht sonderlich ausgefallen (gut, eher ziemlich langweilig), aber diese Startseite sieht doch bereits irgendwie »mobil« aus.

Beachten Sie, dass jQuery Mobile Gradienten, Größen und eine Schriftanpassung ergänzt und unsere Elemente in Header- und Footer-artige Happen umformt.

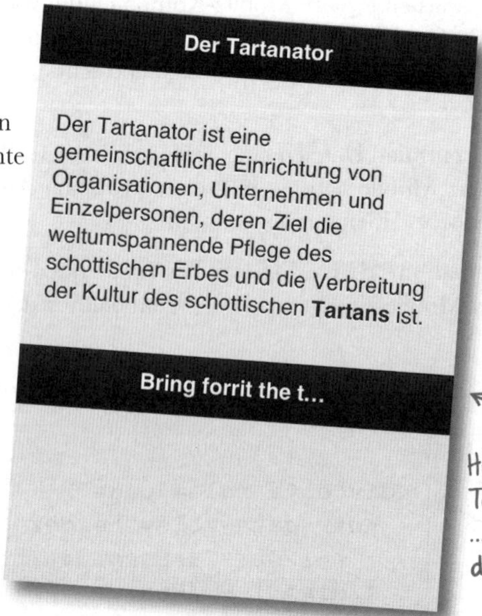

Unsere erste jQuery Mobile-Seite auf einem iPhone.

Hmmm ... der Footer-Text passt nicht ganz ... aber schauen wir uns das später an.

Der Default-Look von jQuery Mobile schmeckt entschieden nach iOS.

Ob gut oder schlecht, das native Erscheinungsbild mit den abgerundeten Buttons und den mit Gradienten versehenen Headern der iOS-Plattform wurde zur üblichen visuellen Gestalt webbasierter Mobil-Apps. Und viele verknüpfen dieses Aussehen mittlerweile mit »mobil aussehen« schlechthin.

Aber ganz abgesehen von der Apple-artigen Ausformung geschehen hier auch noch einige interessante Dinge. Der Leerraum wird erhöht, und die Schriftgrößen werden für das Lesen auf kleineren Bildschirmen optimiert. Bald werden wir Formulare aufbauen und dabei feststellen, dass uns jQM größere Eingabefelder und Buttons bringt – große Touch-Ziele für unsere fetten Finger.

Das sind nur ein paar Beispiele!

Das HTML5-data-*-Attribut

jQuery Mobile macht umfassenden Gebrauch von den `data-*`-Attributen, die mit HTML5 eingeführt wurden. In unserer einfachen Beispielseite haben wir das Attribut `data-role` genutzt, um jQuery Mobile darüber zu informieren, welche Rolle die jeweiligen Elemente in unserer Seitenstruktur spielen. Bislang ist alles recht einfach: Wir haben einen Header, etwas Inhalt und einen Footer.

HTML5-data-* unter der Lupe

Das `data-*`-Attribut wurde mit HTML5 eingeführt, um Entwicklern eine Möglichkeit zu bieten, leichtgewichtige, aber aussagekräftige Attribute mit HTML-Elementen zu verbinden.

In der Vergangenheit haben Entwickler bereits verschiedene Möglichkeiten gefunden, derartige Dinge zu erreichen, indem sie Elementattribute anderer Art wie `class` oder `title` eingesetzt haben.

Aber jetzt gibt es einen richtigen, sanktionierten Weg, das zu tun, und jQuery Mobile nutzt diesen.

Später werden uns noch weitere Stellen begegnen, an denen jQuery Mobile verschiedene `data-*`-Attribute nutzt, um seine Aufgaben zu erfüllen.

Den Tartanator erweitern

Nachdem wir ein solides Fundament haben, können wir beginnen, den Tartanator zu erweitern. Bislang haben wir nur die Startseite, aber wir müssen sie mit einigen anderen elementaren Seiten verbinden, um das Projekt voranzubringen.

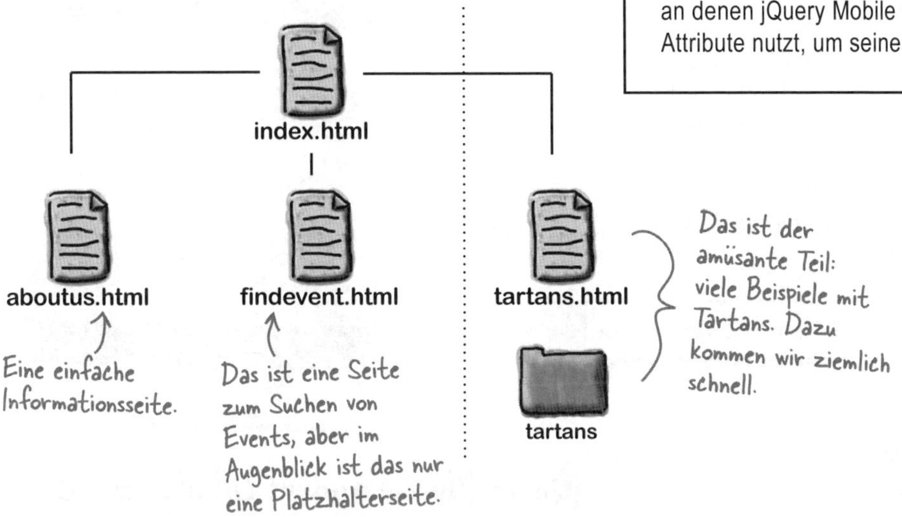

ÜBUNG

Fügen wir jetzt die navigationsartige Liste mit den Links den drei Unterseiten hinzu. Bearbeiten Sie *index.html* und ergänzen Sie ein einfaches `<ul>` nach dem einführenden Absatz im `<div>` mit dem Hauptinhalt. Als Text sollten die Listenelemente die Namen der drei Unterseiten enthalten: **Über uns**, **Ein Event suchen** und **Alles über Tartans**.

Die eigentlichen Links werden wir etwas später einfügen. Im Augenblick reicht uns Text, oder nicht?

LÖSUNG ZUR ÜBUNG

Elementares HTML!

```
<p>Der Tartanator ist eine gemeinschaftliche Einrichtung
von Gruppen, Unternehmen und Einzelpersonen, deren Ziel die
weltumspannende Pflege des schottischen Erbes und die Verbreitung
der Kultur des schottischen <strong>Tartans</strong> ist.</p>
<ul>
  <li>Über uns</li>
  <li>Ein Event suchen</li>
  <li>Alles über Tartans</li>
</ul>
</div><!-- /content -->
```

index.html

Machen Sie die Liste zu einer jQuery Mobile-Liste

Wenn Sie Ihre Änderungen speichern und *index.html* in einem Browser ansehen, wird Ihnen wahrscheinlich auffallen, dass unsere Liste nicht sonderlich spannend (oder mobilmäßig) aussieht. Das liegt daran, dass wir jQuery Mobile nicht darüber informiert haben, dass es sie beachten soll. **Wir müssen erneut das `data-role`-Attribut einsetzen!**

Das ist eine ziemlich lahme Liste.

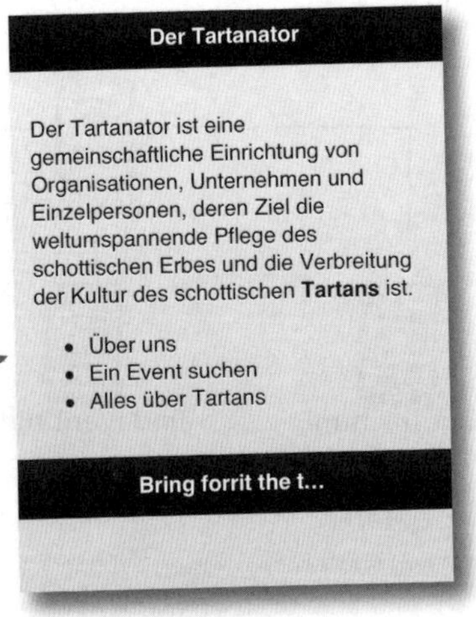


```
<ul data-role="listview">
```

Wir nutzen das Attribut data-role, um jQuery Mobile zu sagen, dass es die Liste als List-View behandeln soll.

Das sorgt dafür, dass jQuery Mobile die Liste hübsch stylt und ihre Existenz erkennt.

jQuery Mobile ändert Inhalte mit dem data-role-Attribut listview so, dass sie das Aussehen einer mobilgerechten, interaktiven Liste annehmen.

PROBEFAHRT

Fügen Sie dem `<ul>` in *index.html* das `data-role`-Attribut hinzu und schauen Sie sich die Seite in einem Browser an.

Wie finden Sie das Styling der Liste, das jQuery Mobile vornimmt?

Unsere Liste: besser, aber noch nicht gut

Standardmäßig behandelt jQuery Mobile `listview`-Seiteninhalte so, dass die `<li>`-Elemente die vollständige Bildschirmbreite einnehmen. Auf unserer Startseite sieht das etwas umständlich und verkrampft aus.

Für uns ist die Navigationsliste ein Teil des Inhalts, nicht der gesamte Inhalt. Die Listenmöglichkeiten von jQuery Mobile bieten auch *eingerückte* Listen – Listen, die in einer Seite enthalten sind, die noch weitere Inhalte hat. Nutzen wir diese.

```
<ul data-role="listview" data-inset="true">
```

Erster Versuch!

Die Liste sieht etwas gequetscht und seltsam aus.

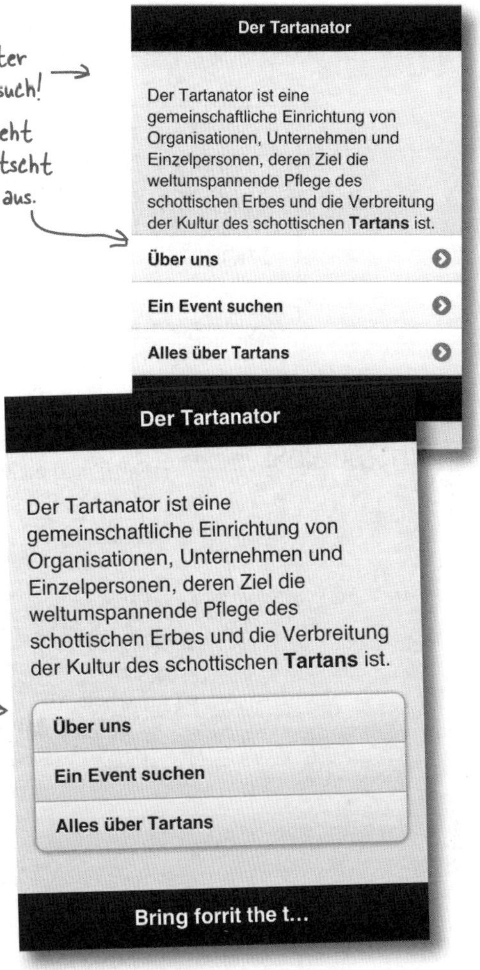

Zweiter Versuch!

Die eingerückte Liste sieht viel besser aus.

Tun Sie das!

Fügen Sie der Liste in *index.html* das Attribut `data-inset` hinzu und schauen Sie sich die Seite erneut an.

Die Liste sieht gut aus, aber die Elemente darin kann man nicht auswählen. Aber sollten die nicht eigentlich zu anderen Inhalten führen?

Sie haben recht. Binden wir die Seiten an!

Machen wir den Tartanator zu einer vielseitigeren Angelegenheit.

Mit jQuery Mobile mehrere Seiten verlinken

Das Verlinken mit anderen Seiten ist in jQuery Mobile recht einfach. Wir müssen nur gewöhnliche HTML-Links einfügen:

```
<ul data-role="listview" data-inset="true">
  <li><a href="aboutus.html">Über uns</a></li>
  <li><a href="findevent.html">Ein Event suchen</a></li>
  <li><a href="tartans.html">Alles über Tartans</a></li>
</ul>
```

index.html

Tun Sie das! → Fügen Sie der Liste in *index.html* die Links hinzu und testen Sie sie. Was geschieht?

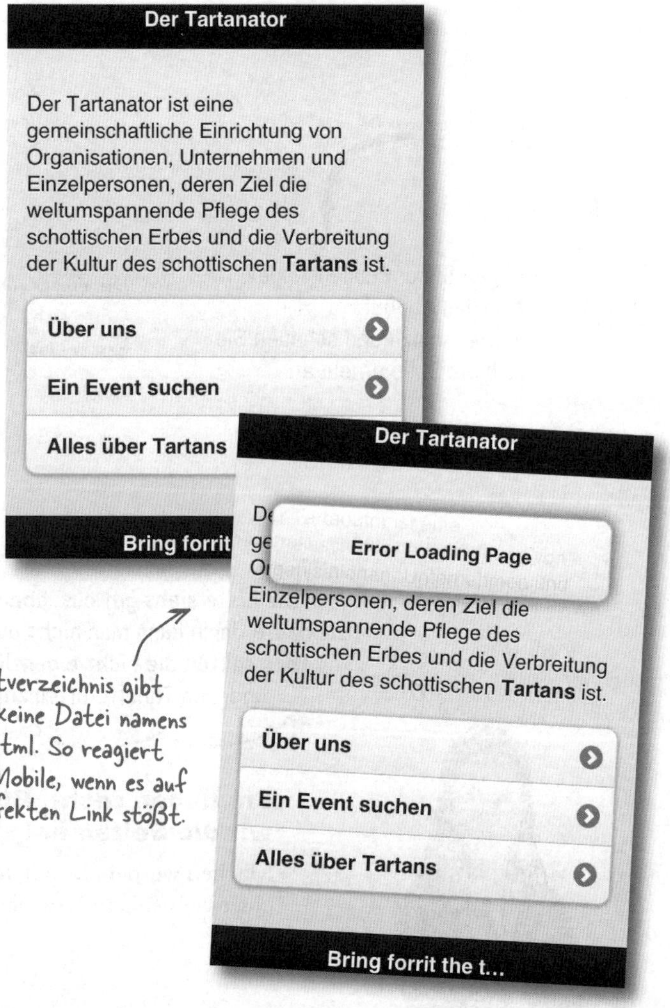

Wenn wir die Links einfügen, erhalten wir automatisch Pfeilsymbole, die Benutzern anzeigen, dass das anwählbare Links sind.

Im Hauptverzeichnis gibt es noch keine Datei namens tartan.html. So reagiert jQuery Mobile, wenn es auf einen defekten Link stößt.

jQuery Mobile im Gespräch

Interview der Woche:
Wie erledigt jQuery Mobile das Laden von Seiten?

Von Kopf bis Fuß: Sie möchten uns also mitteilen, was für Sie eigentlich eine »Seite« ist.

jQuery Mobile: So ist es! Das ist einer der Charakterzüge, die ich an mir am liebsten mag. Deswegen würde ich ihn gern erläutern.

Erinnern Sie sich noch, wie in einer der Seiten ein `<div>` mit dem `data-role`-Wert `page` einsetzt wurde?

Von Kopf bis Fuß: Klar.

jQuery Mobile: Das Markup in einem solchen `<div>` – das häufig aus einem Header, einem Inhaltsbereich und einem Footer besteht – ist das, was ich als Seite betrachte.

Von Kopf bis Fuß: Und wozu brauchen wir dann den Rest des HTML-Markups? Ist das nicht überflüssig?

jQuery Mobile: Nein, keineswegs! In einer Web-App, die gemäß meinen Prinzipien entworfen wurde, ist jede HTML-Datei eine eigenständige, autonome Sache, die Sie mit einem Browser besuchen können.

Von Kopf bis Fuß: Das verstehe ich nicht. Wenn alle HTML-Dateien unabhängig sind, warum müssen wir uns dann mit dem `<div>` mit der `data-role page` befassen?

jQuery Mobile: Lassen Sie mich das erläutern. Wenn Sie das erste Mal eine meiner Sites oder Apps besuchen, wird die Seite geladen wie jede gewöhnliche HTML-Seite im Web.

Aber nachdem die erste Seite geladen wurde, mache ich etwas ganz anderes. Klicken Sie auf einen Link, beschaffe ich den Seiteninhalt aus dem angeforderten HTML-Dokument – d. h. den Kram in dem `<div>` mit der `data-role page` – mit AJAX und injiziere ihn in das DOM der aktuellen Seite …

Von Kopf bis Fuß: Und warum tun Sie das?

jQuery Mobile: Aus mehreren Gründen – Sie sollten mich vielleicht endlich einmal ausreden lassen!

Ich muss nicht die gesamte gewünschte Seite – Skripten, Bilder, Styles – anfordern und herunterladen und das DOM neu initialisieren und aufbauen, sondern rufe bloß die relevanten Teile ab. Das spart HTTP-Requests, Bandbreite und Verarbeitungszeit und lässt die Interaktion natürlicher und nativer wirken.

Von Kopf bis Fuß: Wenn Inhaltselemente dynamisch geladen werden, wie kommt es dann, dass ich die URL des angeklickten Links in der Adressleiste meines Desktopbrowsers sehen kann?

jQuery Mobile: Mein ärmliches Äußeres verbirgt die Raffinesse meines Navigationsmodells. Ich versuche immer, die korrekte URL für die Seiten meiner Apps anzuzeigen, selbst wenn diese Seiten eigentlich dynamisch aufgebaut werden oder wenn ein HTML-Dokument mehrere `<div>`-Tags mit der `data-role page` enthält.

Die eindeutigen und wiederverwendbaren URLs für Inhalte, die mit AJAX geladen wurden, sorgen dafür, dass ich sie wie vollständige Webseiten aussehen und agieren lassen kann. Wenn der Browser es mir ermöglicht (das tun nicht alle Browser), passe ich sogar die in der Adressleiste des Browsers angezeigte URL an, während ich asynchron neue Inhalt lade.

Von Kopf bis Fuß: Wenn ich das richtig verstehe, kann ich einerseits auf jede HTML-Datei in meiner App oder Site direkt zugreifen, während andererseits der Inhalt dieser Dokumente aber auch unabhängig und dynamisch geladen werden kann, wenn auf ihn verlinkt wird, um die Performance und das Reaktionsvermögen zu verbessern?

jQuery Mobile: Genau!

Von Kopf bis Fuß: Vielen Dank, jQuery Mobile, für dieses wirklich dynamische Gespräch.

Wenn der Seiteninhalt dynamisch über AJAX geladen wird, was passiert dann bei älteren Browsern, die nur beschränkte JavaScript-Unterstützung bieten, oder bei Browsern, die JavaScript überhaupt nicht unterstützen? Funktioniert die Seite dann nicht?

jQuery Mobile funktioniert auch, wenn es überhaupt keine JavaScript-Unterstützung gibt.

Beeindruckend, nicht wahr?

Erinnern Sie sich, dass die Links im Markup ursprünglich genau das sind: gewöhnliche HTML-Links. Diese Links werden erst vom JavaScript von jQuery Mobile in dynamische AJAX-Inhalte umgewandelt, wenn der Browser das unterstützt.

Bei Browsern, die das nicht unterstützen, funktioniert die Navigation zwischen den Seiten genau so, wie sie im Web immer schon funktioniert hat.

Es gibt keine Dummen Fragen

F: Wenn die Seiten mit AJAX geladen werden, warum muss ich dann überhaupt separate Seiten erstellen? Kann ich nicht den gesamten Inhalt in eine Seite stecken und nach Bedarf mit jQuery Mobile anzeigen und verbergen?

A: Das könnten Sie, aber Sie würden sich damit versagen, die äußerst positiven Features für das Progressive Enhancement zu nutzen, die jQuery Mobile bietet. Nutzer mit minderwertigeren Browsern (die den tollen JavaScript-Kram nicht beherrschen) würden Sie dann außen vor lassen.

Außerdem hätten Sie eine große, komplexe Datei, die schwer zu warten ist und ein schwergewichtiges DOM hat, das für schwächere Geräte nicht mehr zu bewältigen sein könnte. jQuery Mobile ermutigt Sie, Websites und -apps so zu schreiben, wie Sie es gewohnt sind: mit separaten HTML-Dateien, die eigenständig verwendet oder mit AJAX eingelesen werden können.

F: Woher weiß jQuery Mobile, welche `data-*`-Attribute es nutzen muss? Wo finde ich Informationen zu den verwendbaren `data-*`-Attributen?

A: Entwickler können sich beliebige Namen für `data-*`-Attribute ausdenken (sie müssen nur mit einem Buchstaben beginnen). Es gibt keinen vordefinierten Attributsatz. Der Gedanke ist, dass die `data-*`-Attribute für die Funktion der Website relevant sind, in der sie erscheinen – das heißt, dass sie nicht für die Kommunikation mit externen Anwendungen gedacht sind. Deswegen sind Webentwickler recht frei in der Wahl der Namenskonventionen für ihre `data-*`Attribute.

F: Welche Version von jQuery Mobile nutzen wir?

A: Das jQuery Mobile-Entwicklerteam ist ziemlich fleißig. In der Zeit, die wir mit dem Schreiben dieses Kapitels verbracht haben, wurden die 1.0 Beta 3- und die 1.0 Release Candidate 1-Version veröffentlicht. Sie müssen also immer auf neue Versionen achten.

Wir haben gerade nachgesehen: Mittlerweile ist man bei der ersten Wartungsversion von 1.0, der Version 1.0.1, angelangt!

Den Tartanator haben wir mit 1.0RC1 aufgebaut und unter 1.0.1 erneut getestet.

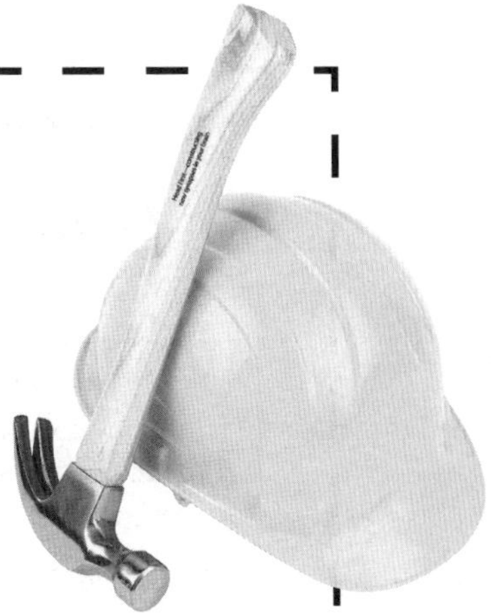

FOOTER-(WIEDER-)AUFBAU

Wie wir auf Seite 230 sahen, wird der Text im Seiten-Footer auf schmalen Bildschirmen abgeschnitten.
Das liegt daran, dass jQuery Mobile um Header- und Footer-Elemente Platz für Buttons lässt, es in unserem Footer aber keine Buttons gibt. Reparieren wir das!

Unser Header vor dem Wiederaufbau. Er ist abgeschnitten.

Außerdem hat er visuell ein größeres Gewicht als nötig. Er sieht recht dunkel aus.

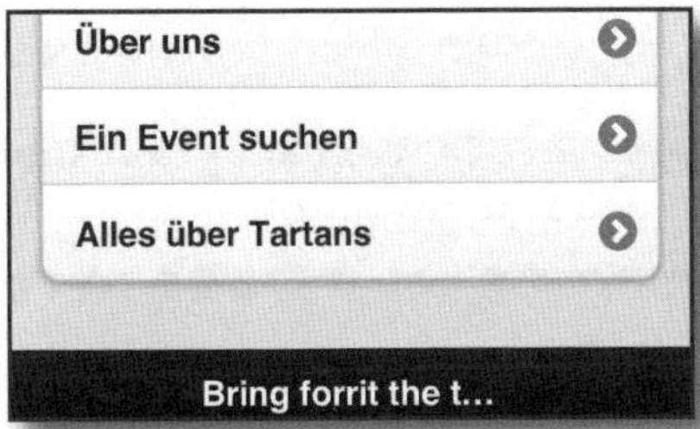

Standardmäßig lässt das Styling von jQuery Mobile um Überschriftelemente in Headern und Footern (<h1> usw.) etwas Raum.

1 Entfernen Sie das <h4>-Element um den Footer-Text.

Im Augenblick steckt der Footer-Text in einem <h4>-Element. Wenn wir dieses Header-Element entfernen, verhindern wir, dass jQuery Mobile Raum für Buttons lässt und infolgedessen der Text abgeschnitten wird.

```
<div data-role="footer">
  <h4>Bring forrit the tartan!</h4>
</div><!-- /footer -->
```

index.html

2 Ergänzen Sie eine CSS-Regel, die den Text im Footer zentriert, und geben Sie ihm etwas Padding.

Unglücklicherweise führt die Entfernung des <h4> auch dazu, dass die Zentrierung und das Padding entfernt werden. Dem müssen wir in unserem eigenen CSS Rechnung tragen.

Öffnen Sie *tartans/tartans.css* in Ihrem Texteditor und fügen Sie oben folgende Regel in diese Datei ein (in dieser Datei steckt bereits eine Menge CSS).

```
[data-role="footer"] { text-align: center; padding: 5px 0;}
#abercrombie { background-image:url('icons/abercrombie.png'); }
```

tartans.css

Dieser CSS-Selektor wird auf Elemente mit einem data-role-Attribut mit dem Wert "footer" angewandt.

Fortsetzung auf der nächsten Seite.

FOOTER-(WIEDER-)AUFBAU

3 Binden Sie das Stylesheet ein.
Bearbeiten Sie erneut *index.html* und ergänzen Sie den Link auf das Stylesheet.

```
<link rel="stylesheet" href="http://code.jquery.com/mobile/1.0rc1/
jquery.mobile-1.0rc1.min.css" />
<link rel="stylesheet" href="tartans/tartans.css" />
<script src="http://code.jquery.com/jquery-1.6.4.min.js"></script>
```

index.html

4 Schauen Sie sich diesen Fortschritt an.
Speichern Sie die Datei und betrachten Sie *index.html* in einem Smartphone-Browser oder -Simulator.

Jetzt wird nichts mehr abgeschnitten. Aber es sieht noch immer finster aus. Außerdem endet der Footer nicht genau am Ende des Bildschirms. Es gibt eine Lücke. Das sieht irgendwie seltsam aus. Es muss doch eine Möglichkeit geben, das zu reparieren ...

Für beide Probleme müssen wir ein paar kleine Änderungen am Footer-<div> vornehmen.

Wir möchten jQuery Mobile sagen, dass es für den Footer eine *feste Positionierung* nutzen soll, damit er am Seitenende bleibt, und wir müssen das Farbschema ändern, damit der Footer visuell nicht mehr so dominant ist.

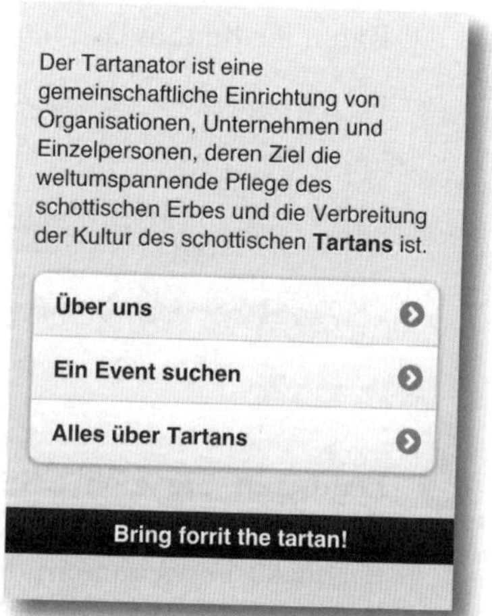

Der Footer befindet sich nicht bei allen Seiten am unteren Bildschirmrand! Manchmal gibt es eine Lücke.

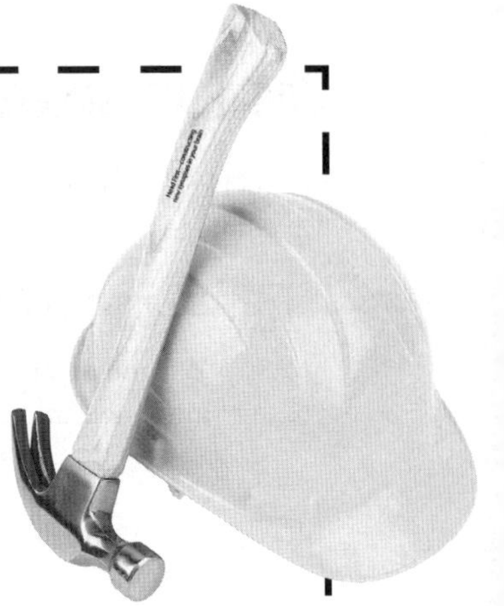

5 Den Footer mit fester Positionierung dazu bringen, dass er immer an derselben Stelle erscheint.

Wenn wir das Attribut `data-position` nutzen und seinen Wert auf `fixed` setzen, sagen wir jQuery Mobile, dass es für den Footer eine feste Positionierung verwenden soll. Das sorgt dafür, dass dieser immer am Ende der Seite bleibt.

6 Nutzen Sie ein anderes Farbschema, damit der Footer visuell nicht mehr so dominant ist.

Das Standard-Stylesheet von jQuery Mobile bringt fünf Standardfarbgruppen mit, die als *Swatches* bezeichnet werden. Diese fünf Swatches werden über die Buchstaben `a` bis `e` referenziert.

Das Standardfarbschema für die Swatches a bis e wird in jQuery Mobiles CSS definiert.

Standardmäßig erhalten Header- und Footer-Elemente den Swatch `a`, der den dominantesten Kontrast bietet.

Unser Footer ist kein sonderlich wichtiges Seitenelement und hat aktuell visuell ein zu starkes Gewicht. Weisen wir ihm explizit Swatch `c` zu, können wir ihm seine visuelle Dominanz nehmen.

Sie können auf beliebigen Elementen das Attribut `data-theme` nutzen, um den Standard-Swatch für dieses Element zu überschreiben.

```
<div data-role="footer" data-position="fixed" data-theme="c">
  Bring forrit the tartan!
</div><!-- /footer -->
```

index.html

Das war's! Jetzt sollte der Footer viel besser aussehen. Versuchen Sie, Ihre Änderungen zu speichern, und schauen Sie sich den verbesserten Footer in einem Mobilbrowser oder Simulator an.

jQuery Mobile 1.0 schließt ein neues Theme Roller-Werkzeug ein, das das Theming von jQM vereinfacht. Mehr dazu finden Sie unter http://jquerymobile.com/themeroller/.

Des Tartanators Kern: die Tartans selbst

Schauen Sie sich unseren Fortschritt in Phase 1 des Tartanator-Projekts an:

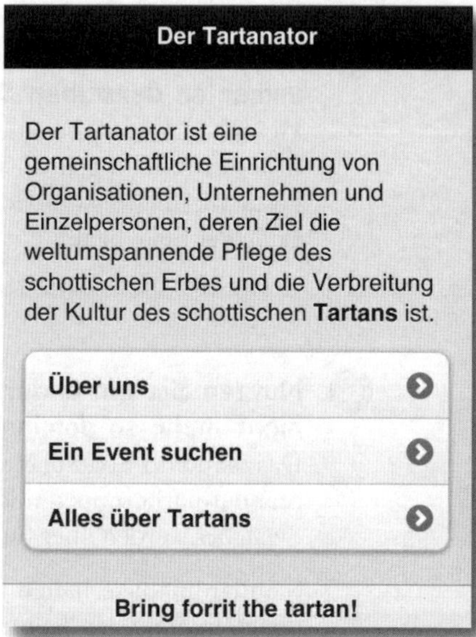

Jetzt sitzt der Footer korrekt und ist visuell weniger aufdringlich. Erfolg!

- [x] **Den Seiteninhalt und die Seitenstruktur aufbauen.**

  Wir müssen die elementaren Abschnitte und Seiten aufbauen und eine Grundstruktur erstellen.

  Das Grundlayout haben wir, und damit steht das Fundament der Hauptseiten.

- [ ] **Die Tartan-Listen erstellen.**

  In der ersten Phase werden wir eine Aufstellung bekannter und beliebter Tartan-Muster aufbauen. Der Tartan-Bereich sollte eine Suchschnittstelle besitzen, die – natürlich – einen App-ähnlichen und mobilorientierten Eindruck machen sollte.

  Der nächste Punkt auf unserer Liste!

- [ ] **Einen Prototyp des Formulars zur Tartan-Erstellung aufbauen.**

  Dazu werden wir in Kürze kommen.

Die wichtigsten Inhaltsseiten haben wir jetzt – zumindest in Gerüstform. Wenden wir unsere Aufmerksamkeit den Angelegenheiten zu, die interessanter sind: den Tartans selbst.

In Phase 1 können Benutzer des Tartanators **eine Sammlung beliebter und ungewöhnlicher Tartans einsehen**. Stellen Sie sich das beispielsweise als kompaktes Tartan-Verzeichnis vor.

Tun Sie das! Kopieren Sie *tartans.html* aus dem *extras*-Unterverzeichnis in das Verzeichnis *chapter6* (schieben Sie die Datei also eine Ebene nach oben).

Das Verzeichnis tartans, das die einzelnen Tartan-HTML-Seiten enthält, sollte sich bereits im Verzeichnis chapter6 befinden.

Beginnen Sie, an tartans.html zu arbeiten.

Die Datei *tartans.html* enthält den Anfang einer Liste (`<ul>`) mit beliebten Tartans. Zu Beginn enthält die Liste Tartans mit Namen, die mit A und B beginnen. Nachdem Sie die Datei *tartans.html* an Ort und Stelle gebracht haben, sollten Sie den Tartanator in einem Browser (einem mobilen oder gewöhnlichen) öffnen und einen Blick darauf werfen. Sie können auf die Tartan-Namen klicken, um die Tartan-Seite für diesen Tartan zu besuchen.

Wir haben Ihnen den Anfang der Liste vorgegeben

Der Abschnitt mit der Aufstellung der Tartans ist eine Kombination aus einer einzelnen HTML-Seite mit einer Liste von Tartans ...

... und den einzelnen HTML-Seiten für die Tartans.

Die Anfänge der Tartan-Liste – das haben wir bereits für Sie erledigt.

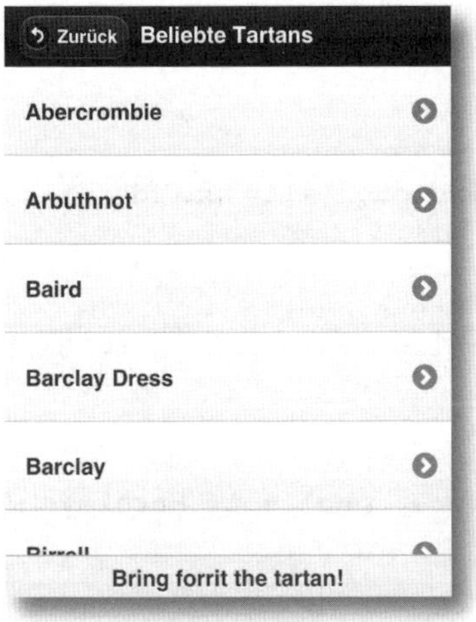

tartans.html

tartans/baird.html

Für jedes Tartan-Muster gibt es eine eigene HTML-Seite. Der Tartan ist ein CSS-Hintergrundbild.

Geben Sie der Liste etwas Pep

Im Vergleich zu den Tartan-Informationsseiten sehen die Tartans selbst etwas leblos aus. Gute Nachrichten! Mit jQuery Mobile ist es ein Kinderspiel, Listen mit Thumbnail-Bildern zu erweitern, um die Listenelemente selbst mit kleinen Icons auszustatten (was viel schicker aussieht). Hier ist ein Beispiel:

Ja. Sie müssen einfach nur das Bild einsetzen. jQuery Mobile kümmert sich um den Rest.

```
<li><a href="tartans/abercrombie.html">
  <img src="tartans/icons/abercrombie.png" alt="Abercrombie" />
  <h3>Abercrombie</h3>
</a></li>
```

ÜBUNG

Fügen Sie den Listenelementen in *tartans.html* Thumbnails hinzu. Die Icons befinden sich im Verzeichnis *tartans/icons*. Sie haben den gleichen Namen wie die entsprechenden HTML-Seiten (tragen aber die Erweiterung *.png*).

Lösung zur Übung

```
<ul data-role="listview">
  <li><a href="tartans/abercrombie.html">
    <img src="tartans/icons/abercrombie.png" alt="Abercrombie" />
    <h3>Abercrombie</h3>
  </a></li>
  <li><a href="tartans/arbuthnot.html">
    <img src="tartans/icons/arbuthnot.png" alt="Arbuthnot" />
    <h3>Arbuthnot</h3>
  </a></li>
  <li><a href="tartans/baird.html">
    <img src="tartans/icons/baird.png" alt="Baird" />
    <h3>Baird</h3>
  </a></li>
  <li><a href="tartans/barclay-dress.html">
    <img src="tartans/icons/barclay-dress.png" alt="Barclay Dress" />
    <h3>Barclay Dress</h3>
  </a></li>
  <li><a href="tartans/barclay.html">
    <img src="tartans/icons/barclay.png" alt="Barclay" />
    <h3>Barclay</h3>
  </a></li>
  <li><a href="tartans/birrell.html">
    <img src="tartans/icons/birrell.png" alt="Birrell" />
    <h3>Birrell</h3>
  </a></li>
  <li><a href="tartans/blair.html">
    <img src="tartans/icons/blair.png" alt="Blair" />
    <h3>Blair</h3>
  </a></li>
  <li><a href="tartans/borthwick-dress.html">
    <img src="tartans/icons/borthwick-dress.png" alt="Borthwick Dress" />
    <h3>Borthwick Dress</h3>
  </a></li>
  <li><a href="tartans/borthwick.html">
    <img src="tartans/icons/borthwick.png" alt="Borthwick" />
    <h3>Borthwick</h3>
  </a></li>
  <li><a href="tartans/bruce.html">
    <img src="tartans/icons/bruce.png" alt="Bruce" />
    <h3>Bruce</h3>
  </a></li>
  <li><a href="tartans/buchanan.html">
    <img src="tartans/icons/buchanan.png" alt="Buchanan" />
    <h3>Buchanan</h3>
  </a></li>
</ul>
```

Setzen Sie den Rest der Tartans ein

Es gibt einen Haufen weiterer Tartans, die der Liste hinzugefügt werden müssen (mit den hübschen Icons). Keine Sorge, wir werden Sie das nicht alles von Hand eingeben lassen. Suchen Sie im Verzeichnis *extras* die Datei *tartan-list.txt*. In dieser Datei finden Sie HTML, das das vollständige `<ul>` mit allen Tartans enthält. Fügen Sie dieses `<ul>` per Copy-and-paste in *tartans.html* ein und ersetzen Sie damit die aktuelle HTML-Liste.

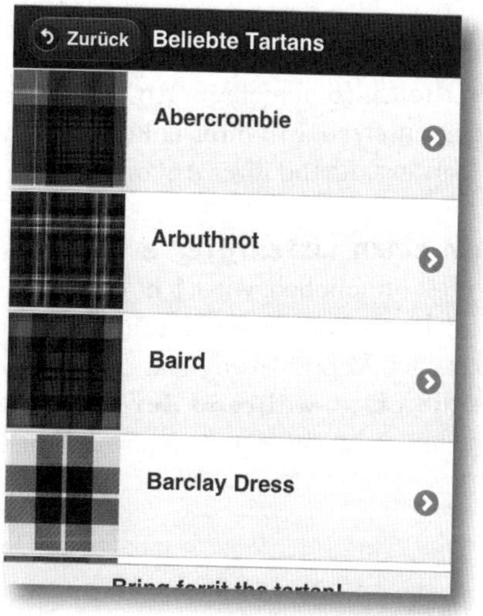

Jetzt haben wir eine erweiterte Liste mit hübschen Icons, die alle Tartans umfasst, die die Sammlung aktuell enthält.

Stimmt. Die Liste ist etwas unübersichtlich.

Es stellt sich heraus, dass jQuery Mobile noch mehr in petto hat. Weitere einfach zu implementierende, lohnende Verbesserungen für unsere Tartan-Liste winken am Horizont!

Listen filtern und organisieren

1. **Wir können Listentrenner einfügen.**
   Wir können **die Liste** in mehrere Abschnitte **zerlegen**, indem wir Listentrenner einsetzen. Mit ihrer Hilfe können wir die Liste organisieren, indem wir Tartans anhand ihres Anfangsbuchstabens gruppieren.

2. **Wir können einen Listenfilter ergänzen.**
   Es ist schon fast unheimlich, wie leicht man mit jQuery Mobile einen Filter für eine Liste einsetzen kann. Ein Filter sieht aus wie ein Suchfeld (mit einem kleinen Vergrößerungsglas und allem Drum und Dran!) und **filtert die Liste, während der Benutzer etwas in das Feld eingibt**. Sie müssen nicht eine Zeile JavaScript-Code schreiben!

Einen Filter fügen Sie einer Liste hinzu, indem Sie dem <ul> ein data-filter-Attribut mit dem Wert "true" hinzufügen.

Ja, mehr müssen Sie nicht tun!

1

```
<ul data-role="listview" data-filter="true">
```

Sie können die Elemente der Liste visuell trennen, indem Sie in die Liste <li>s mit dem data-role-Wert "list-divider" einfügen.

2

```
<ul data-role="listview" data-filter="true">
  <li data-role="list-divider">A</li>
  <li><a href="tartans/abercrombie.html">
  <img src="tartans/icons/abercrombie.png" alt="Abercrombie" />
  <h3>Abercrombie</h3>
</a></li>
```

tartans.html

PROBEFAHRT

Geben Sie dem <ul> in *tartans.html* ein Filterfeld und ein Listentrenner. Fügen Sie für jeden Buchstaben (natürlich nicht für die, für die es keine Tartans gibt, wie Q und X) einen Listentrenner ein.

Speichern Sie Ihre Arbeit und schauen Sie sich das Ergebnis in einem Browser an. Ziemlich cool, nicht wahr?

Unsere Tartan-Liste sieht jetzt besser aus

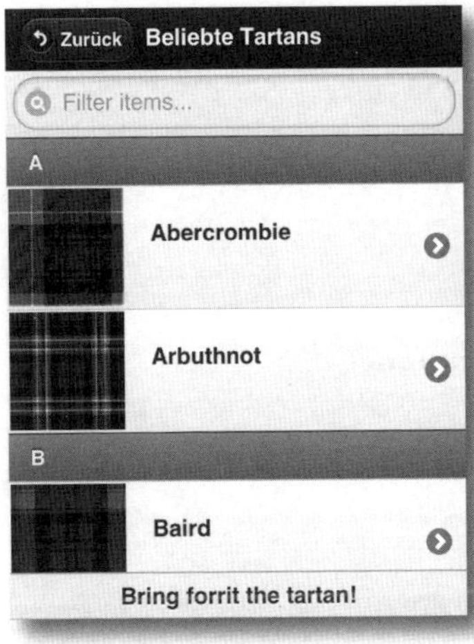

Listentrenner erleichtern die Gliederung der langen Auflistung von Tartans.

Einfache, sofort einsatzbereite Widgets wie diese sind eins der Gütezeichen von mobilen UI-Frameworks wie jQuery Mobile.

Wird etwas in dieses Feld eingegeben, werden Tartans (sofort) über den Namen gefiltert.

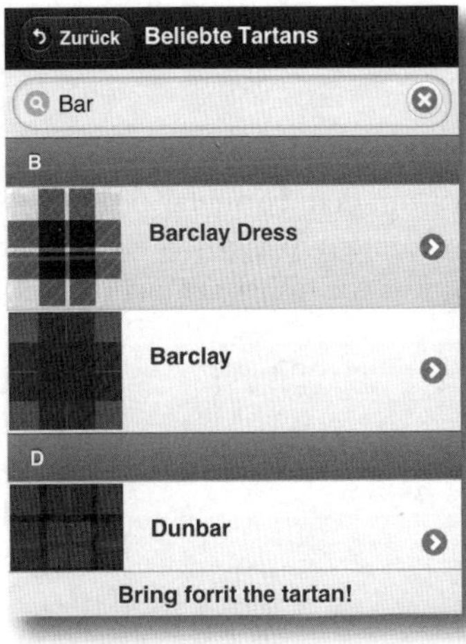

Es gibt keine Dummen Fragen

F: Mir ist aufgefallen, dass es in einer jQuery Mobile-Web-App bei einem Seitenwechsel eine Animation gibt. Was ist das?

A: jQuery Mobile wendet auf Seitenwechsel Übergänge an, damit sich Web-Apps dem Verhalten der Benutzerschnittstellen von Mobilsystemen anpassen.

Standardmäßig wird ein Slide-Übergang genutzt, der den Eindruck erweckt, dass die Seite von rechts hereingleitet. Wenn Sie den eingesetzten Übergang ändern wollen, können Sie dem entsprechenden Link ein `data-transition`-Attribut hinzufügen. Es wird rund ein halbes Dutzend an Übergängen unterstützt. Mehr Informationen finden Sie in der jQuery Mobile-Dokumentation (auf der Website dieses Projekts).

F: Funktioniert das auf jedem Telefon?

A: Das kann kein Mobil-Framework von sich behaupten. Aber jQuery Mobile bemüht sich um eine möglichst umfangreiche Unterstützung der diversen Plattformen. Ein Liste, die den aktuellen Unterstützungsstatus für Geräte und Browser angibt, finden Sie unter *http://jquerymobile.com/gbs*.

F: Was passiert, wenn ein Gerät oder ein Browser nicht unterstützt wird? Oder wenn JavaScript abgeschaltet ist?

A: jQuery Mobile stützt sich sehr stark auf Progressive Enhancement, und Gleiches gilt auch für unser eigenes Markup!

Warum probieren Sie es nicht einfach aus? Laden Sie den Tartanator in einem Webbrowser mit deaktiviertem JavaScript. Schön sieht das nicht aus, aber es funktioniert.

Jetzt sollten wir Eugen unsere ersten Arbeiten am Tartanator zeigen

Wie kommen wir mit unserem Projektplan voran?

- [x] **Den Seiteninhalt und die Seitenstruktur aufbauen..**
- [x] **Die Tartan-Listen erstellen.**
- [ ] **Einen Prototyp des Formulars zur Tartan-Erstellung aufbauen.**

Bevor wir mit dem Formular beginnen, sollten wir uns mit unserem Kunden in Verbindung setzen und uns versichern, dass das, was wir bisher gemacht haben, in seinem Sinne ist.

Tim: Was soll den dieses »mehr wie eine native App aussehen lassen« heißen?

Frank: Das klingt zwar nach einer sehr subjektiven Angelegenheit, aber ich glaube, Eugen sucht etwas, das sich »App-mäßiger« anfühlt.

Tim: Und das hieße?

Frank: Vermutlich mehr von dem Tableisten-, Navleisten-, Button- und Icon-Kram. Die Übergänge scheinen ihm ja gefallen zu haben. Die sind ihm offensichtlich nativ genug.

Tim: Aber riskieren wir dabei nicht, dass wir das Aussehen einer ganz bestimmten Plattform emulieren und den anderen Plattformen die kalte Schulter zeigen.

Frank: Stimmt. Wenn jemand »nativ« sagt, will er vermutlich sagen, dass das doch bitte mehr nach iOS aussehen solle. Dass andere Plattformen ihre eigenen UI-Schemata haben, bleibt da meist außen vor.

Tim: Hört sich irgendwie nach Zwickmühle an. Wenn wir unseren Kunden zufriedenstellen wollen, müssen wir das Aussehen nativer machen – könnten dabei aber Android- oder BlackBerry-Nutzern auf die Füße treten.

Frank: Dann müssen wir jetzt sehr sorgfältig überlegen, wie wir den Tartanator mehr wie eine App wirken lassen können, ohne dass er deswegen gleich wie eine *iPhone*-App aussieht. Das Problem dabei ist wohl, dass diese jQuery Mobile-Elemente in ihrer Standardgestalt schon sehr iOS-mäßig sind. Den Weg haben wir teilweise also schon eingeschlagen.

Tim: Um das Ziel zu präzisieren: Wir wollen den Tartanator dazu bringen, dass er sich App-mäßiger anfühlt, ohne gleich den Eindruck einer App für eine ganz spezifische Plattform zu erwecken?

Frank: Genau. Ich habe auch bereits einige Änderungsvorschläge skizziert, die uns helfen könnten, dieses Ziel zu erreichen.

Das neue Ziel: den Tartanator App-mäßiger machen, ohne dass er dabei ein zu plattformspezifisches Aussehen erhält.

Tricks, die eine Website App-mäßiger machen

Hier sind ein paar Dinge, die wir tun könnten, damit sich der Tartanator mehr wie eine App anfühlt.

App-ähnlicher!

- Das aktuelle <ul> mit Links durch eine stets am unteren Bildschirmrand sichtbare Werkzeug- oder Navigationsleiste ersetzen.
- Buttons mit Icons für die Werkzeugleiste erwecken eher den Eindruck einer App.
- Der Header sollte auch stets gleich bleiben.

Was ist mit der Über uns-Seite?

- Eine frische E-Mail von Eugen: Der Inhalt entwickelt sich nicht so gut, wie er hoffte.
- Vielleicht könnten wir die Startseite und die Über uns-Seite zusammenlegen? Oder vielleicht könnten wir die Startseite als Infoseite nutzen?

Den Tartanator App-ähnlicher machen: To-do-Liste

- [ ] Die Links auf der Startseite in eine persistente Werkzeugleiste mit Buttons umwandeln.
- [ ] Die eigenständige Über uns-Seite entfernen, da sich der Inhalt nicht so gut entwickelt. Betrachten wir die aktuelle Startseite als die *tatsächliche* Über uns-Seite.
- [ ] Machen wir auch den Header konstant.

Eine Footer-Werkzeugleiste hinzufügen

Bei jQuery Mobile ist es ein Kinderspiel, einem Header oder Footer eine fest positionierte Werkzeugleiste hinzuzufügen. Stecken wir statt der Links im `<ul>` der Startseite, die auf die Abschnitte des Tartanators verweisen, eine Werkzeugleiste in den Footer, um einen App-ähnlicheren Eindruck zu erwecken.

Eine Navigationsleiste aufbauen

Wir können in einen Header- oder Footer-Container – der durch das `data-role`-Attribut als solcher gekennzeichnet ist – ein weiteres `<div>` mit der `data-role navbar` stecken. Das sagt jQuery Mobile, dass der Inhalt als Buttons in einer Werkzeugleiste behandelt werden soll. Die Grundkonstruktion sieht so aus:

Beachten Sie, dass wir das data-theme-Attribut entfernt haben.

Ein data-role-Attribut mit dem Wert navbar veranlasst jQuery Mobile, dieses Element wie eine Navigationsleiste darzustellen.

```
<div data-role="footer" data-position="fixed">
  <div data-role="navbar">

  </div><!-- /navbar -->
</div><!-- /footer -->
```

Die Navigationsbuttons (d. h. Links) kommen hier hin.

index.html

Die Buttons in die Navigationsleiste stecken

Statt der Links in einer vertikal angeordneten Liste werden wir Werkzeugleistenbuttons für den Zugriff auf die Abschnitte des Tartanators nutzen. Das ist App-artiger.

jQuery Mobile wandelt die verlinkten Listenelemente in einem navbar-Element automatisch in Buttons um.

Erinnern Sie sich: Wir haben die aboutus.html-Seite verworfen und werden nur index.html als Infoseite nutzen.

```
<div data-role="footer" data-position="fixed">
  <div data-role="navbar">
    <ul>
    <li><a href="index.html">Über uns</a></li>
    <li><a href="findevent.html">Events</a></li>
    <li><a href="tartans.html">Tartans</a></li>
    </ul>
  </div><!-- /navbar -->
</div><!-- /footer -->
```

jQuery Mobile lässt diese Links automatisch wie Buttons aussehen.

index.html

Der Werkzeugleiste mehr Pep geben

So weit, so gut, aber unsere Werkzeugleistenbuttons fühlen sich etwas lahm an. jQuery Mobile bringt einen Satz von rund 18 Standard-Icons mit, die Sie ganz leicht einsetzen können. Setzen wir mit dem Attribut `data-icon` ein paar Icons ein.

Details der Button-Darstellung.

Sie sehen wie Buttons aus, könnten aber etwas schicker sein.

Eine Liste der verfügbaren Icons finden Sie in der Dokumentation von jQuery Mobile.

```
<div data-role="footer" data-position="fixed">
  <div data-role="navbar">
    <ul>
    <li><a href="index.html" data-icon="info">Über uns</a></li>
    <li><a href="findevent.html" data-icon="star">Events</a></li>
    <li><a href="tartans.html" data-icon="grid">Tartans</a></li>
    </ul>
  </div><!-- /navbar -->
</div><!-- /footer -->
```

Das data-icon-Attribut zeigt uns, welches Icon für diesen Button genutzt werden soll.

index.html

Zeigen wir außerdem an, welchen Abschnitt der Benutzer aktuell betrachtet, indem wir auf dem entsprechenden Link das Attribut `ui-btn-active` setzen. Das sorgt dafür, dass der Button hervorgehoben wird und aktiv aussieht.

Dieser Code kommt in die index.html. Bei den anderen Seiten sollten Sie diese Klasse jeweils auf dem entsprechenden Anker-Tag setzen.

```
<ul>
<li><a href="index.html" data-icon="info" class="ui-btn-active">Über uns</a></li>
<li><a href="findevent.html" data-icon="star">Events</a></li>
<li><a href="tartans.html" data-icon="grid">Tartans</a></li>
</ul>
```

index.html

Die Struktur abschließen

Details der Navigationsleiste, wie sie vom aktualisierten Code dargestellt wird.

Schauen wir uns noch einmal unsere To-dos an:

- [x] Die Links auf der Startseite in eine persistente Werkzeugleiste mit Buttons umwandeln.
- [x] Die eigenständige Über uns-Seite entfernen, da sich der Inhalt nicht so gut entwickelt. Betrachten wir die aktuelle Startseite als die *tatsächliche* Über uns-Seite.
- [ ] Machen wir auch den Header konstant.

Jetzt müssen wir nur noch den Header etwas anpassen ...

Was ist mit dem Slogan im Footer, mit dessen Anpassung wir so viel Zeit verbracht haben?

Klar. So ist das Webleben! Anforderungen ändern sich permanent.

Wir haben den Footer durch eine Navigationsleiste ersetzt, aber wir müssen den Slogan nicht vollständig verbergen. Machen wir ihn zu einer Art Unterüberschrift auf der Startseite.

Kleben wir auch den Header fest

Und da wir gerade dabei sind, geben wir auch dem Header eine feste Position. Das sorgt dafür, dass sich der Header genau so verhält wie der Footer: Er soll immer oben im Bildschirm sichtbar sein, selbst wenn der Benutzer scrollt.

```
<div data-role="header" data-position="fixed">
  <h1>Der Tartanator</h1>
</div><!-- /header -->
<div data-role="header" data-theme="b" class="forrit">Bring forrit
the tartan!</div>
```

index.html

Probefahrt

Ah, iteratives Design. Das Wesen des Webs. Aktualisieren wir den Tartanator.

1. **Implementieren wir die neue Footer-Navigationsleiste.**
Bearbeiten Sie *index.html*, *findevent.html* und *tartans.html*. Ersetzen Sie den Footer durch die von uns auf Seite 250 gebackene Version.

   Achten Sie darauf, dass die Klasse `ui-btn-active` dem der Seite entsprechenden Anker-Tag hinzugefügt wird.

2. **Geben wir dem Header eine feste Position.**
Fügen Sie dem Header auf jeder Seite das Attribut `data-position` hinzu.

3. **Setzen wir den Slogan auf die Startseite (index.html).**
Fügen Sie (nur) in *index.html* als Unterüberschrift den Slogan ein.

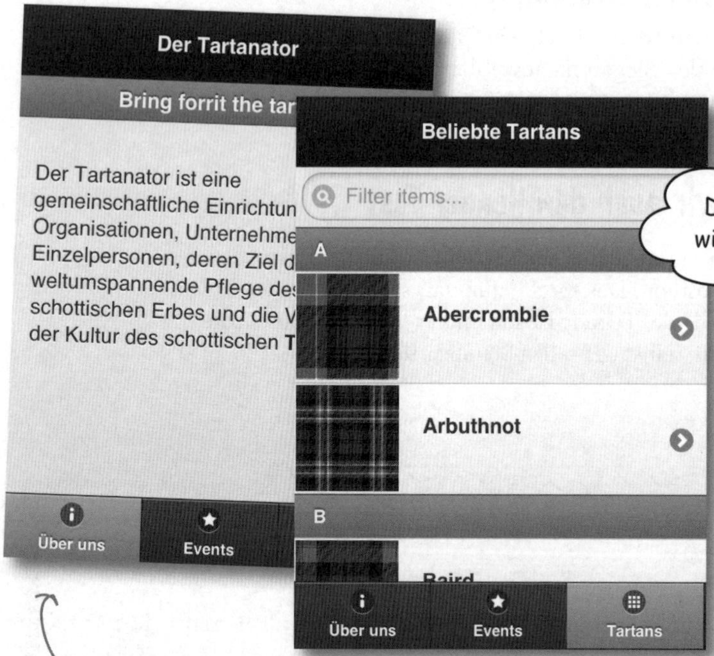

Header und Footer sind jetzt fixiert. Sie sind auf der Seite immer oben beziehungsweise unten sichtbar, selbst wenn der Benutzer scrollt.

Beginnen wir damit, das Formular zur Erstellung von Tartans aufzubauen

Der nächste Schritt in unserem Projekt ist die Erstellung eines Prototyps für das Formular, mit dem Benutzer unmittelbar in ihrem Mobilbrowser eigene Tartans gestalten können.

- [x] **Den Seiteninhalt und die Seitenstruktur aufbauen.**
- [x] **Die Tartan-Listen erstellen.**
- [ ] **Einen Prototyp des Formulars zur Tartan-Erstellung aufbauen.**

  Am Ende sollen Eugens Besucher über eine App-ähnliche Mobilschnittstelle ihre eigenen Tartans gestalten können. Er möchte sehen, wie eine solche aussehen könnte, und dazu werden wir ihm einen Prototyp entwerfen.

Ein Tartan-Design ist eine Art Rezept.

Aber anstelle einer Liste mit Nahrungszutaten und Mengenangaben – Gramm, Liter, Teelöffel usw. – haben wir eine Liste mit Farben und ihren relativen Gewichten im Muster. Wenn ein Tartan gewoben wird, wird dieses Muster horizontal und vertikal wiederholt.

Wir brauchen eine grobe Vorstellung davon, wie Tartans aufgebaut werden, damit wir ein Formular aufbauen können, das die erforderlichen Informationen sammelt.

Tartans: Muster wie Rezepte

Schauen wir uns ein Beispiel an. Das Muster zur Erstellung des Tartans des Carmichael-Clans sähe ungefähr so aus:

Jede Zutat im Muster ist ein Paar aus Farbe und Größe.

Farbe	Größe (Stiche)
Schwarz	6
Grün	72
Blau	56
Rot	4
Blau	4
Gelb	6

Das Tartan-Rezept nachkochen

Beim Weben des Tartans wird das Muster der Reihe nach abgearbeitet (in unserem Fall werden wir mit Pixeln statt mit »Wolle« weben).

Beim Tartan des Carmichael-Clans folgen auf 6 Stiche Schwarz 72 Stiche Grün, dann 56 Stiche Blau und so weiter.

Wenn die letzte Farbe im Muster erreicht ist (6 Stiche Gelb in unserem Beispiel), wird das Muster in umgekehrter Reihenfolge abgearbeitet (Blau, Rot, Blau, Grün). Wenn die erste Farbe (Schwarz) wieder erreicht wird, beginnt der Zyklus von vorn. Das Muster wird gleichermaßen horizontal und vertikal (»warp« und »weft«) gewoben, um das gesamte Tartan-Muster zu erstellen.

Die erste und die letzte Farbe (Schwarz und Gelb) werden nicht wiederholt. In der Tartan-Welt bezeichnet man diese als die »Achsen« im Muster.

Wir müssen Formularfelder erstellen, in denen wir die Farben und Größen für die einzelnen Zutaten im Tartan-Design eines Benutzers sammeln können.

Tartan-Muster in ein Formular übersetzen

Schauen wir uns den Formularprototyp an, den wir aufbauen wollen. Wir benötigen Felder, über die der Benutzer diese Farbe/Größe-Paare eingeben kann, aus denen ein Tartan-Rezept besteht.

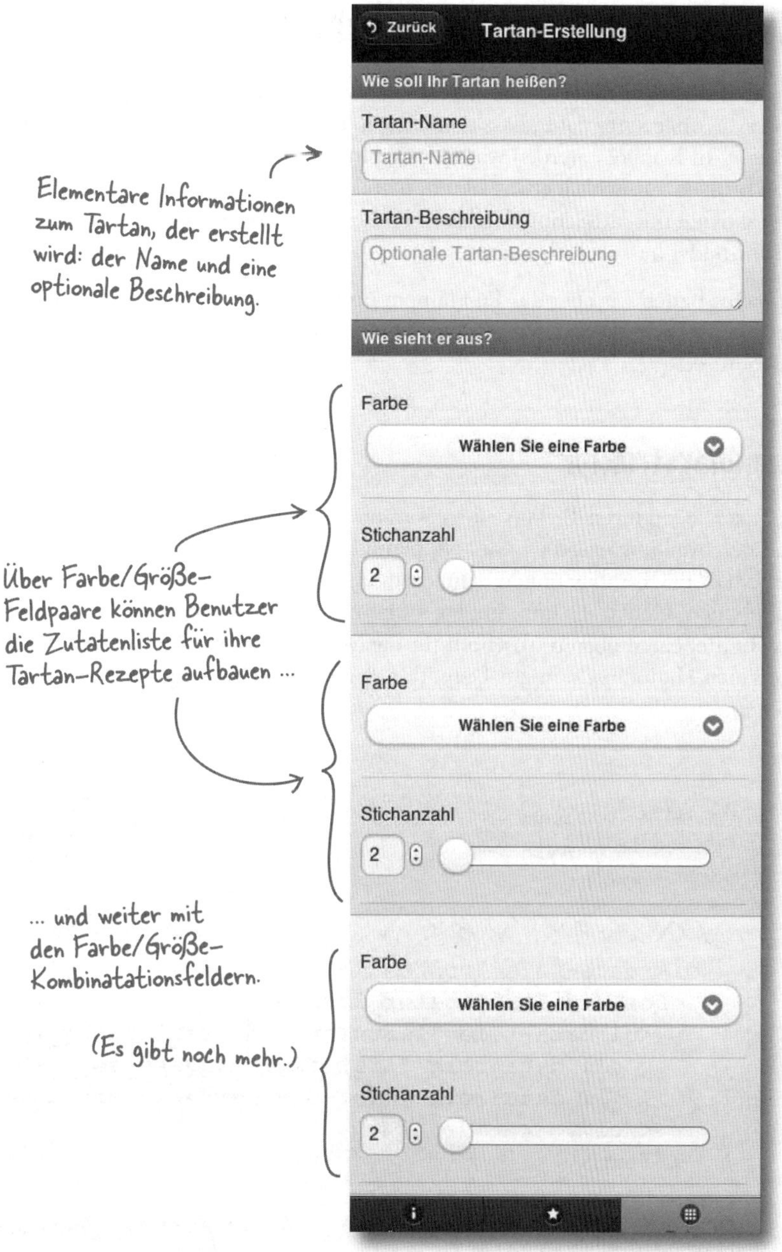

Jetzt haben wir eine allgemeine Vorstellung von dem Formular, das wir aufbauen wollen. Machen wir uns also an die Arbeit!

Erstellen Sie eine leere jQuery-Mobilseite für das Tartan-Formular. Nutzen Sie *tartans.html* als Richtschnur. Erstellen Sie eine leere Seite. Nutzen Sie den gleichen Header und Footer, aber ändern Sie den Titel und den Header der Seite in »Tartan-Erstellung«. Nennen Sie die Datei *build.php*.

Ein HTML5-Formular aufbauen

Das Formular selbst ist ein Standard-HTML5-Formular: jQuery Mobile sorgt dafür, dass es mobilgerechter aussieht. In Kapitel 7 werden wir dieses Formular dazu bringen, tatsächlich etwas zu tun, nämlich seine Interaktivität mit JavaScript verbessern und es tatsächliche Tartan-Bilder ausspucken lassen.

Zunächst bauen wir aber das Fundament und erstellen ein simples Formular, das in fast allen Mobilbrowsern funktioniert.

Tartan-Rezept

- Tartan-Name
- Tartan-Beschreibung (optional)
- Eine Folge von Farbe/Größe-Kombinationen

Das sind die Daten, die unser Formular sammeln muss.

Formularstruktur

Benutzer sollen ihren Tartans einen Namen geben und optional eine Beschreibung eingeben können. Dann können sie die Farbe/Größe-Kombinationen definieren, um das Muster selbst aufzubauen. Geben wir unserem Formular zwei übergeordnete Abschnitte: einen oberen Abschnitt für die Metadaten zum Tartan und einen Hauptabschnitt zur Definition der Farben und ihrer Breiten.

Formularstruktur-Fertiggericht

Wir nutzen ein listview-<ul> für das Layout unseres Formulars.

Der Einsatz eines ID-Attributs wird uns später die Skriptverbesserungen erleichtern.

```
<div data-role="content">
  <form id="tartanator_form">
    <ul data-role="listview" id="tartanator_form_list">
      <li data-role="list-divider">Wie soll Ihr Tartan heißen?</li>
      <li data-role="list-divider">Wie sieht er aus?</li>
    </ul>
  </form>
</div><!-- /content -->
```

build.php

Diese beiden list-divider-<li>s teilen unser Formular in zwei Abschnitte.

Fügen wir ein paar einfache Formularfelder ein

Die Metadatenformularfelder – Name und Beschreibung – sind recht einfach.
Wir nutzen ein einzeiliges und ein mehrzeiliges Eingabefeld.
Der einzige Unterschied zwischen dem Markup, das wir nutzen werden, und dem Markup, mit dem Sie wahrscheinlich vertraut sind, ist, dass wir das HTML5-`placeholder`-Attribut einsetzen.
Außerdem werden wir sorgfältig darauf achten, ordentliche semantische und barrierefreie Label-Elemente zu nutzen.

Mit dem placeholder-Attribut können wir einen anfänglichen Platzhaltertext für ein Feld vorgeben – er »verschwindet«, sobald ein Benutzer in ein Feld klickt und seinen Inhalt ändert.

Formularfeld-Fertiggericht

```
<li data-role="list-divider">Wie soll Ihr Tartan heißen?</li>
  <li data-role="fieldcontain">
    <label for="tartan_name">Tartan-Name</label>
    <input type="text" name="name" id="tartan_name"
placeholder="Tartan-Name" />
  </li>
  <li data-role="fieldcontain">
    <label for="tartan_info">Tartan-Beschreibung</label>
    <textarea cols="40" rows="8" name="tartan_info"
id="tartan_info" placeholder="Optionale Tartan-
Beschreibung"></textarea>
  </li>
  <li data-role="list-divider">Wie sieht er aus?</li>
```

build.php

jQuery Mobile Hinweise auf die Formularfelder geben

Vielleicht ist Ihnen aufgefallen, dass alle Felder in einem Element mit dem `data-role`-Wert `fieldcontain` stecken. Dieser `data-role`-Wert sagt jQuery Mobile, dass in diesen Elementen Formularfelder enthalten sind, die nur darauf warten, verbessert zu werden.

Wir nutzen ein <ul>, um unser Formular zu organisieren, also geben wir jedem <li>, das ein Feld enthält, den Wert fieldcontain.

Listen in Listen zur Farbeingabe

Jedes Element des Tartan-Musters ist eine Kombination aus Farbe und Größe (Breite). Gruppieren wir für das Layout diese zusammengesetzten Felder jeweils in einem `<li>`. Für das elementarste Layout – das für Browser ohne JavaScript-Unterstützung – werden wir mit PHP sechs dieser Feldgruppen erstellen (was uns Tipparbeit spart!).

Jede Farbe/Größe-Zutat steckt in einem einzelnen <li> – zwei Felder pro <li> also.

Hier ist der Startpunkt:

```
<li data-role="list-divider">Wie sieht er aus?</li>
  <?php for ($i = 0; $i < 6; $i++): // 6 Farbfelder ?>
  <li class="colorset">

  </li>
  <?php endfor; ?>
</ul>
```

Diese PHP-for-Schleife generiert 6 Exemplare dessen, was sich in der Schleife befindet.

Die Felder für Farbe und Größe kommen hier hin.

build.php

Es gibt keine Dummen Fragen

F: Warum weisen wir diesem `<li>` nicht den `data-role`-Wert `fieldcontain` zu? Es enthält doch weitere Felder.

A: Jedes dieser `<li>`s (`li.colorset`) enthält tatsächlich ***zwei*** Felder. Wenn wir die Felder selbst aufbauen, werden wir jedes davon in ein eigenes `<div>` stecken, dem wir den `data-role`-Wert `fieldcontain` zuweisen.

F: Ich bin verwirrt. Welcher Art von Element muss ich das `data-role`-Attribut `fieldcontain` zuweisen?

A: Dem Element, das das Feld selbst enthält – seinem unmittelbaren Elternelement. Das könnte ein `<li>` oder ein `<div>` sein, ein `<fieldset>` oder ein `<p>` (was auch immer).

Der `data-role`-Wert `fieldcontain` sagt jQuery Mobile, dass es das enthaltene Feld und sein Label gruppieren soll, wenn es das Formular verbessert. Jedes übergeordnete Element mit dem `data-role`-Wert `fieldcontain` sollte ein Feld (und sein Label) enthalten.

F: Muss ich für diesen Teil des Projekts PHP einsetzen?

A: Ja! Wenn wir zu den funktionelleren Teilen des Tartanators kommen, müssen wir PHP für die Berechnungen und Entscheidungen einsetzen.

Die Farbe/Größe-Zutatenpaare: das Farbwahlfeld

Jede Gruppe von Farbfeldern besteht aus einem Feld für die Farbeingabe (als `<select>`) und einem Feld für die Größe. Die Klassen für die Farbeingabe und die Größeneingabe werden wir später benötigen, wenn wir das Formular mit JavaScript verbessern.

Klar wollen wir mehr Farboptionen als Schwarz und Weiß! Mehr dazu gleich.

Es wäre cool, wenn man das HTML-Eingabefeld für die Farbwahl nutzen könnte, doch das wird leider noch nicht von vielen Browsern unterstützt.

```
<li class="colorset">
  <div data-role="fieldcontain" class="color-input">
  <label class="select" for="color-<?php print $i ?>">
  Farbe</label>
    <select name="colors[]" id="color-<?php print $i ?>" >
      <option value="">Wählen Sie eine Farbe</option>
      <option value="#000000">Schwarz</option>
      <option value="#ffffff">Weiß</option>
    </select>
  </div>
</li>
```

Erinnern wir uns daran, dass wir in einer PHP-Schleife sind. Sie weist jedem Feld eine eindeutige ID zu.

build.php

So wird das Feld oben in modernen WebKit-basierten Mobilbrowsern dargestellt.

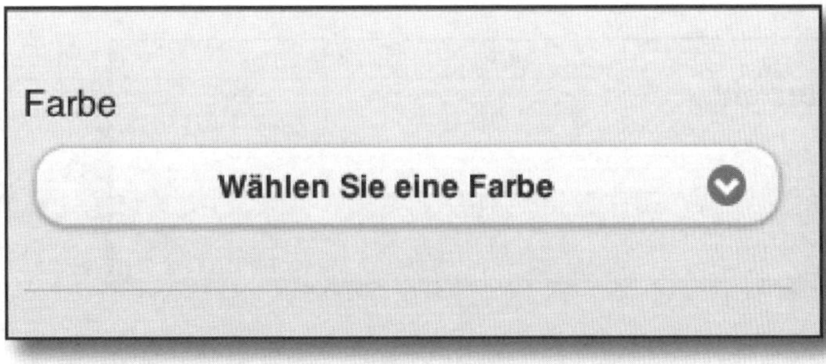

Farbe/Größe-Feldpaare: das Größe-Feld

Wir nutzen einen Eingabetyp, der in HTML5 neu eingeführt wurde: `range`. Dieser Feldtyp wird in modernen Browsern in zunehmendem Maße (allerdings nicht allgemein) unterstützt. In Browsern, die es unterstützen, wird es als Schieber dargestellt, in Browsern, die es nicht unterstützen, als einfaches Textfeld. jQuery Mobile modifiziert den Schieber ein wenig mobilgerechter.

Dieser Teil folgt unmittelbar nach dem <select>, das wir gerade aufgebaut haben.

Die Attribute min und max tun genau das, was die Namen andeuten: Sie definieren Minimum- und Maximumwerte für die Felder.

```
      </select>
    </div>
    <div data-role="fieldcontain" class="size-input">
      <label for="size-<?php print $i ?>">Stichanzahl</label>
      <input id="size-<?php print $i ?>" type="range" min="2"
step="2" max="72" autocomplete="off" name="sizes[]" value="2" />
    </div>
  </li>
```

Die Stichzahlen für Tartan-Muster müssen Vielfache von 2 sein. Dabei kann uns das Attribut step helfen.

build.php

Das Feld oben wird in modernen WebKit-basierten Browsern ungefähr so dargestellt.

Probefahrt

Setzen wir nun alles zusammen und bauen wir unser mobil wirkendes (aber noch nicht funktionierendes) Formular auf.

1. **Packen Sie die Formularfelder in build.php.**
   Stecken Sie das Markup der Seiten 256 bis 260 in die Datei, um die einfachen Formularfelder zu erstellen.

2. **Fügen Sie dem Farbfeld weitere Farboptionen hinzu.**
   Sie können die Farben (Hex-Werte) aus der Datei *extras/color-list.txt* und/oder beliebige Farben einsetzen, die Sie gern zur Gestaltung von Tartans nutzen wollen.

Das sieht App-ähnlicher aus (und fühlt sich auch so an).

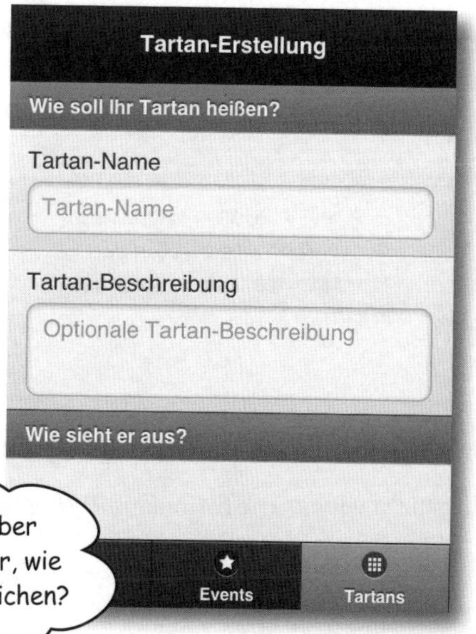

Speichern Sie die Datei *build.php* und laden Sie sie in einem Mobilbrowser!

Wir müssen den Weg zum Formular und vom Formular zurück auf App-ähnliche Weise implementieren. Also los!

Auf das Formular verlinken ...

Das Erstellungsformular wird als Teil des Tartan-Bereichs des Tartanators betrachtet. Wir müssen den Benutzern eine Möglichkeit bieten, von der Tartan-Startseite (der langen Liste der vorhandenen Tartans) zum Formular zu gelangen. Es sollte reichen, dem Header einen Button hinzuzufügen:

```
<div data-role="header" data-position="fixed">
  <h1>Beliebte Tartans</h1>
  <a href="build.php" data-role="button" data-icon="plus"
class="ui-btn-right" data-theme="b">Neu</a>
</div><!-- /header -->
```

tartans.html

Geben Sie dem Button ein Plussymbol.

Die Klasse ui-btn-right sorgt dafür, dass der Button rechts schwebt (statt standardmäßig links).

Weisen Sie dem Button den Farbswatch "b" zu, um ihn etwas mehr hervorstechen zu lassen.

... und Benutzern einen Weg zurück bieten

Ergänzen wir auf der Formularseite (*build.php*) einen Zurück-Button:

```
<div data-role="header" data-position="fixed">
  <a href="tartans.html" data-rel="back" data-icon="back"
data-role="button">Zurück</a>
  <h1>Tartan-Erstellung</h1>
</div><!-- /header -->
```

build.php

Wir fügen dem Anker-Tag `data-rel="back"` hinzu, um jQuery Mobile zu sagen, dass dieser Link als Zurück-Button behandelt werden soll. Wenn möglich, schickt jQuery Mobile den Benutzer an den letzten Ort im Verlauf zurück, wenn dieser auf den Link klickt. Bei Browsern, die wir nicht unterstützen, bieten wir ein brauchbares `href` an, hier also *tartans.html*.

PROBEFAHRT

1 **Das Formular mit tartans.html verbinden.**
Fügen Sie in den Header von *tartans.html* den Neu-Button ein.

2 **Stecken wir einen Zurück-Button in die Formularseite (build.php).**
Fügen wir einen zur vorangegangenen Seite zurückführenden Link in den Header der Tartan-Erstellungsseite ein.

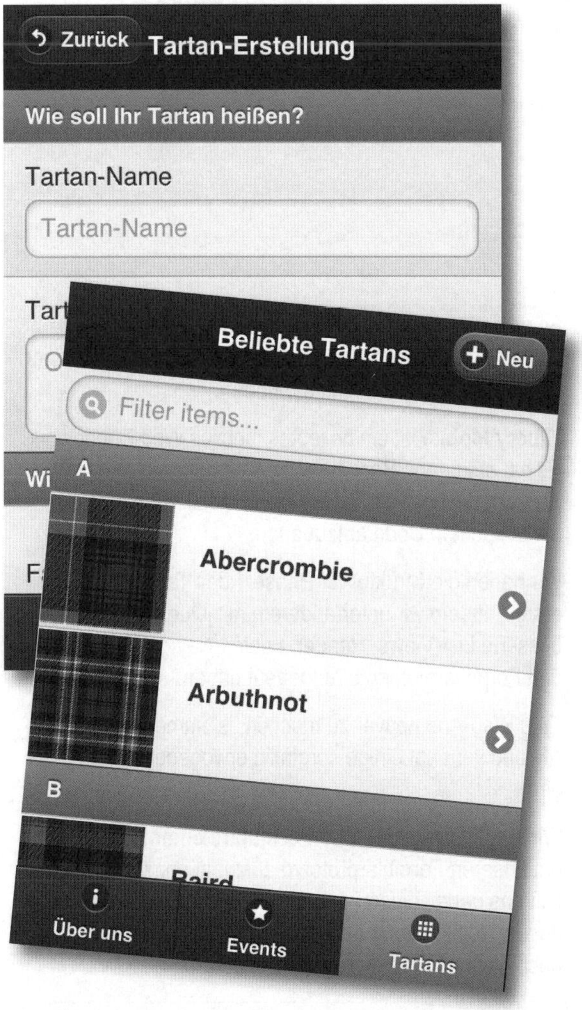

☑ **Den Seiteninhalt und die Seitenstruktur aufbauen.**

Wir müssen die elementaren Abschnitte und Seiten aufbauen und eine Grundstruktur erstellen.

☑ **Die Tartan-Listen erstellen.**

In der ersten Phase werden wir eine Aufstellung bekannter und beliebter Tartan-Muster aufbauen. Der Tartan-Bereich sollte eine Suchschnittstelle besitzen, die – natürlich – einen App-ähnlichen und mobilorientierten Eindruck machen sollte.

☑ **Einen Prototyp des Formulars zur Tartan-Erstellung aufbauen.**

Am Ende sollen Eugens Besucher über eine App-ähnliche Mobilschnittstelle ihre eigenen Tartans gestalten können. Er möchte sehen, wie eine solche aussehen könnte, und dazu werden wir ihm einen Prototyp entwerfen.

Ja! Phase 1 des Tartanators haben wir bewältigt. Zeit, die Resultate unserem Kunden vorzulegen.

Klasse, Jungs. Das sieht recht gut aus. Ich freue mich schon darauf, dass wir uns der nächsten Phase des Tartanators zuwenden – da wird es doch erst interessant.

jQuery Mobile-Hilfe

Wir haben in diesem Kapitel gerade einmal die Oberfläche dessen berührt, was man mit jQuery Mobile tun kann.
In der sehr ausführlichen Dokumentation auf www.jquerymobile.com können Sie mehr erfahren und erhalten auch noch weitere Informationen zu dem, was wir hier behandelt haben.

Punkt für Punkt

- Die Leute wollen Apps! Die Definition dessen, was genau eine Website zu einer **Web-App** macht, ist schwammig. App-ähnliche Websites fühlen sich meist interaktiver an als inhaltsorientierte Seiten. Inhaltselemente und Daten werden häufig asynchron abgerufen und in ein bestehendes DOM eingesetzt, was die Frequenz vollständiger Ladevorgänge reduziert.
- **HTML5** ist eine ganz spezielle Sache – es ist eine **Spezifikation**, die eine Evolution der HyperText Markup Language (HTML) repräsentiert – aber der Begriff *HTML5* wird häufig zur Bezeichnung einer Kombination aus Technologien genutzt, die ein App-ähnliches Weberlebnis ermöglichen.
- Mobile Web-Apps von null aus aufzubauen, kann eine komplexe Angelegenheit sein. Aber wir ermutigen Sie, es auszuprobieren! Für unsere Zwecke werden wir zur Unterstützung ein **Framework** zur Entwicklung mobiler UI-Schnittstellen heranziehen.
- Es gibt viele mobile Web-Frameworks (es werden jeden Tag mehr!), die verschiedene Herangehensweisen nutzen und jeweils andere Aspekte betonen.
- **jQuery Mobile** ist ein beliebtes mobiles Web-Framework. Es hat eine enge Beziehung zu wohlgeformtem HTML5-Markup, die es recht leicht macht, mobile Schnittstellen mit einfachem Code aufzubauen.
- Wir haben die Struktur für Phase 1 des Tartanators erstellt, indem wir unter anderem mit jQuery Mobile verbesserte List-Views, Header, Footer, Navigationsleisten und Formularelemente aufgebaut haben.
- Eine Web-App nativer zu machen, ist immer ein Balance-Akt und verlangt einige sorgfältig erwogene Entscheidungen.
- Wir nutzen einige **HTML5-Formularelementattribute**, um unseren Formularprototyp aufzubauen. jQuery Mobile hilft uns dabei, diese Formularelemente für die verschiedenen Mobilbrowser anzupassen, auch für die, die diese noch nicht unterstützen.

Es gibt keine Dummen Fragen

F: Wie viel Code im Tartanator ist bereits HTML5? Das heißt, wie viel davon nutzt Tags oder Attribute, die in der HTML5-Spezifikation eingeführt wurden?

A: Wir nutzen die `data-*`-Attribute recht intensiv. Die sind neu. Außerdem verwenden wir in unserem Formular den Eingabetyp `range` und das `placeholder`-Attribut.

F: Ich habe das Attribut `step` in das `range`-Eingabeelement für das Formular gesteckt, aber ich kann trotzdem noch beliebige Werte zwischen 2 und 72 eingeben ... sowohl gerade als auch ungerade Nummern. Warum?

A: Unglücklicherweise unterstützt das Range-Schieberelement von jQuery Mobile das `step`-Attribut aktuell noch nicht. Einen Ausweg werden wir Ihnen in Kapitel 7 zeigen.

F: Farben in einer Auswahlliste – das scheint mir kein sonderlich tolles Benutzererlebnis auszulösen.

A: Wenn wir das Formular in Kapitel 7 verbessern, werden wir etwas JavaScript-Code einsetzen, um dem Benutzer die Farbe anzuzeigen, die er ausgewählt hat.

F: Was passiert bei Mobilbrowsern, die `Range`-Eingabeelemente nicht unterstützen?

A: Unterstützt der Browser JavaScript und CSS hinreichend, wandelt jQuery Mobile das `range`-Feld in ein Regler-Widget um (das tut es eigentlich auch für Browser, die das Range-Input unterstützen).

Wenn ein Browser keine Range-Inputs unterstützt und keine JavaScript-Unterstützung bietet (oder JavaScript-Unterstützung deaktiviert ist), erscheint das Range-Feld wahrscheinlich als ein gewöhnliches Textfeld.

F: Der Header und der Footer blinken gelegentlich oder werden langsamer geladen als die anderen Teile der Seite. Manchmal fühlt sich das Scrolling etwas lahm an. Warum das?

A: Den nativen Eindruck versucht jQuery Mobile unter anderem damit zu erwecken, dass Header und Footer fest positioniert werden (natürlich nur, wenn Sie sie entsprechend kennzeichnen). Das wird auf den unterschiedlichen Plattformen auf unterschiedliche Weise umgesetzt.

Kurz gesagt: Obwohl sich die Mobillandschaft rasch verbessert, wird die feste Positionierung (in CSS `position:fixed`) von Mobilbrowsern unerfreulich ungleichmäßig und seltsam unterstützt. Es gibt Auswege, aber die sind nicht perfekt. Die etwas hackelige Performance und die gelegentlichen Merkwürdigkeiten sind häufig Auswirkungen der Kompromisse, die das Framework eingehen muss, wenn es versucht, ein App-ähnliches Verhalten unter sorgfältiger Einhaltung von Webstandards umzusetzen.

Glückwunsch, Sie haben gerade mit HTML5 und Konsorten eine mobile Web-App aufgebaut.

Sehen Sie? Sie müssen sich gar nicht so weit über HTML und CSS hinauswagen, um eine mobilgerechte, App-ähnliche Website zu erstellen!

7 Mobile Web-Apps in der Praxis

Supermobile Web-Apps

Das mobile Web ähnelt dem Überflieger in der Schulklasse. Sie verstehen schon – irgendwie faszinierend, zu erstaunlichen Dingen fähig, aber auch ein seltsamer, unvorhersehbarer Störenfried. Wir haben versucht, das kleine, hyperaktive Genie in den Griff zu bekommen, indem wir auf Einschränkungen geachtet und Grenzen aufgestellt haben. Aber jetzt sollten wir einige der natürlichen Talente des mobilen Webs ausnutzen. Wir können **Progressive Enhancement** nutzen, um die Schnittstelle für frühreife Browser herauszuputzen, und die nervöse Verbindungsqualität von einer Last in eine Leistung verwandeln, indem wir einen wohldurchdachten **Offlinemodus** implementieren. Außerdem können wir uns dem Wesen der Mobilität nähern, indem wir **Geolocation** zum Einsatz bringen. Bauen wir diese hochbegabte mobile Web-App auf!

Es sieht ansehnlich aus ...

Nachdem wir Phase 1 erledigt haben, wirkt der Tartanator wie eine mobile Web-App.

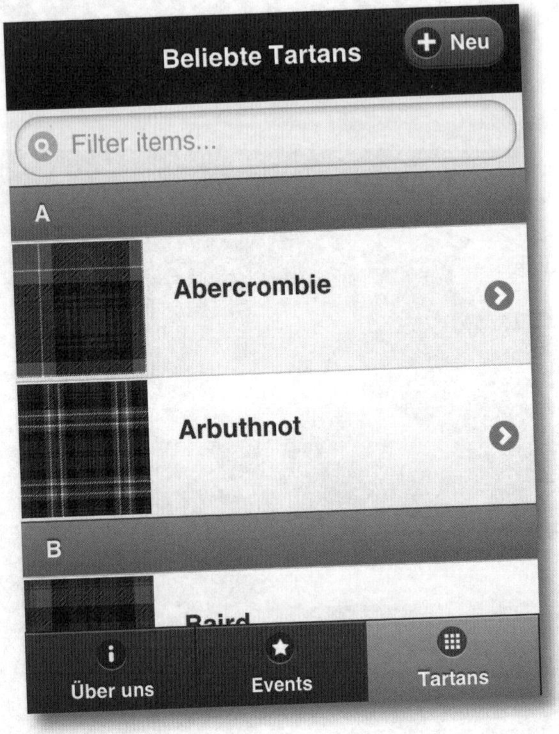

Er sieht wie eine App aus ...

Es gibt Buttons. Und Navigationsleisten. Und coole Seitenübergänge. Wir laden Inhalt selektiv mit AJAX. Wir reduzieren die Bandbreite, die Requests und die Verarbeitung des JavaScript-DOM. Und jQuery Mobile hilft uns dabei, unsere HTML5-Formularelemente dazu zu bringen, dass sie mobiler aussehen.

Schick?
Sicher. Mobil? Na klar. Aber **tun** tut sie nichts. Muss eine App nicht etwas tun?

Langsam. Vielleicht scheint es so, als wäre Phase 1 eine Menge Lärm um nichts gewesen. Aber wir haben dort ein richtig gutes Fundament gelegt.

Wir haben eine einfache, auf HTML5 basierende Struktur – jetzt müssen wir sie auf die nächste Ebene heben!

... muss sich aber auch wie eine verhalten

In Phase 2 werden wir uns auf das stützen, was wir vorbereitet haben, und werden unsere solide – zugegeben recht funktionsfreie – Web-App in etwas verwandeln, das in unseren Augen eine mobile App erster Kajüte ist!

Mobile Apps in der Praxis

Mobile Web-Apps, die die vorgegebenen Kennzeichen des Mobilen geschickt nutzen, haben häufig bestimmte Aspekte gemeinsam.

Das, was wir hier gern als *supermobile Web-App* bezeichnen, scheint für andere einfach eine mobile App zu sein. Apps dieser Art passen sich an die verschiedenen Geräte durch einen robusten Einsatz von **Progressive Enhancement** an. Auch wenn der Benutzer keine Datenverbindung hat, bleiben solche Apps im sogenannten **Offlinemodus** funktionsfähig. Und sie können die **Geolocation**-Features nutzen, um ortsbezogene Inhalte zu liefern.

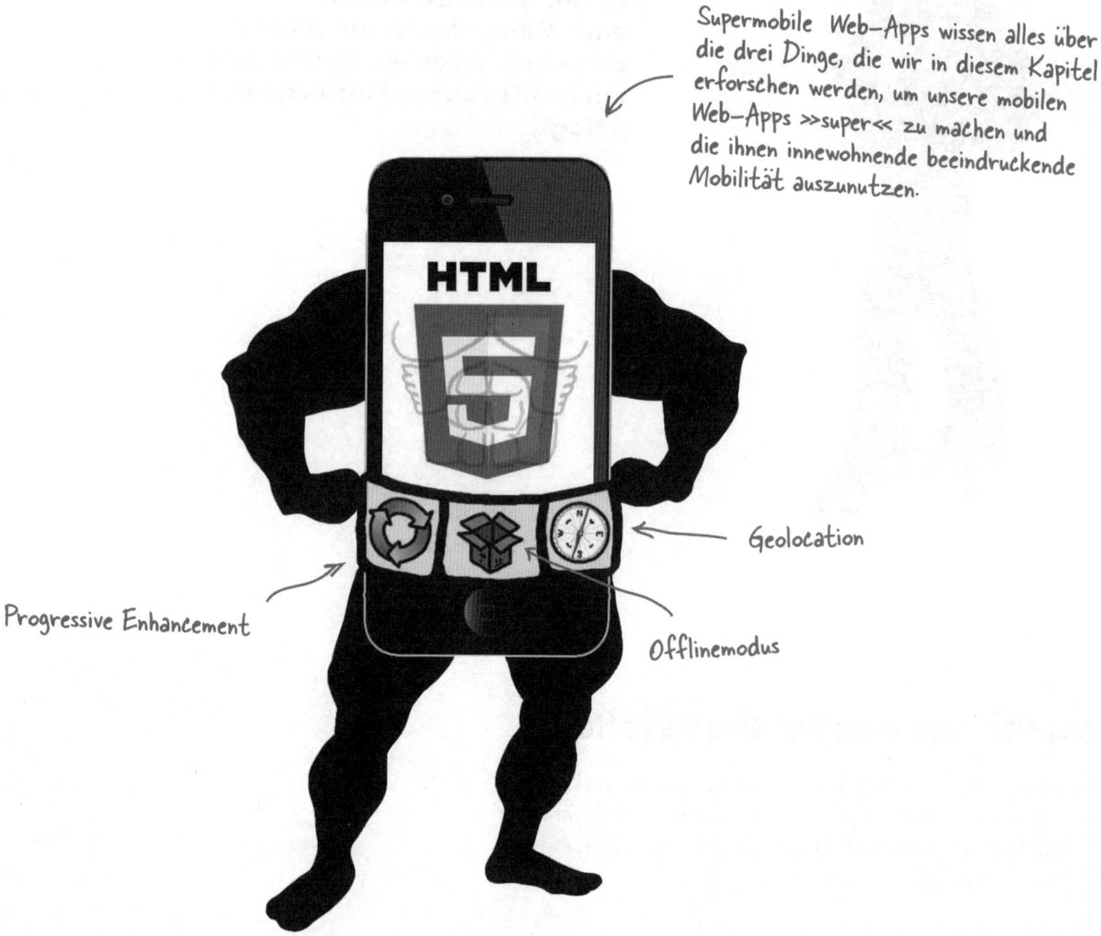

Spitzen Sie Ihren Bleistift

Was müssen wir tun, um Phase 2 zu bewältigen und den Tartanator zu einer supermobilen Web-App zu machen?

Unsere erste Aufgabe wird sein, uns klarzumachen, was wir implementieren müssen, um den Tartanator in der Form zu implementieren, wie er in Kapitel 6 von Eugen skizziert wurde. Markieren Sie die Anforderungen, die wir noch nicht umgesetzt haben. Dann werden wir diese auf ein paar zentrale Ziele für diese Phase reduzieren.

Spitzen Sie Ihren Bleistift
Lösung

Die wesentlichen Ziele der zweiten Phase des Projekts fallen eigentlich in zwei Kategorien:

1. **Die Teile aufbauen, die Benutzern die Erstellung von Tartans ermöglichen.**
Wir haben unseren Formularprototyp. Jetzt müssen wir die Teile einsetzen, die diesen tatsächlich funktionsfähig machen. Außerdem müssen wir das bestehende Formular so verbessern, dass es auf ausgefeilteren Smartphones nützlicher und mit mehr Schnickschnack ausgestattet ist.

2. **Eine dynamische, durchsuchbare, ortsbewusste Event-Seite erstellen.**
Wir müssen uns mit der vorhandenen Events-Datenquelle verbinden, um Events aus dem Tartan-Umfeld in der Umgebung zu finden. Das heißt, dass wir uns mit Geolocation befassen müssen!

Frank: Diese erste große Anforderung ist echt der Hammer. Bei der könnte es vielleicht hilfreich sein, sie in mehrere kleinere Happen zu zerlegen.

Tim: Bevor wir das tun, was ist mit dem offenen Punkt bei der Über uns-Seite und dem historischen Hintergrund?

Frank: Stimmt! Die Frau des Texters, der Biografien und Informationstexte für Tartans Unlimited schreibt, hat gerade ein Kind bekommen. Der frisch gebackene Vater ist mit der Situation mehr ausgelastet, als er erwartet hätte, und wird uns bei dem Projekt für eine Weile nicht unterstützen können. Überraschung! Damit müssen wir uns im Augenblick also nicht herumschlagen.

Tim: Okay, eine Sache weniger zu tun. Schauen wir uns an, wie wir die Teile an Ort und Stelle bringen, die es Benutzern ermöglichen, eigene Tartan-Muster zu erstellen. Ich will ja nicht angeben, aber damit habe ich schon mal angefangen. Ich habe mit etwas JavaScript herumgespielt, um das Formular zu verbessern.

Joachim: Klasse. Das wird hübsch aussehen. Aber wir müssen auch ein paar serverseitige Skripten einsetzen, die die eigentliche Arbeit leisten ...

Tim: Ihr Server-Fritzen! Vertraut mir einfach, dass die Verbesserung des Formulars eine wirkliche Verbesserung ist.

Joachim: Ich habe trotzdem schon mal an den PHP-Skripten gearbeitet. Was ist mit dem Event-Kram?

Tim: Wahrscheinlich ist es besser, wenn wir uns zunächst mit der Erstellung von Tartans befassen. Dieser Event-Suche können wir uns zuwenden, wenn wir das erledigt haben. Der Platz in meinem Kopf ist beschränkt.

Frank: Ich denke, das ist okay, solange wir das mit dem Tartan-Selbstbau recht zügig hinter uns bringen. Der Zeitplan ist doch arg knapp.

To-dos: Benutzerdefinierte Tartan-Muster implementieren

Hier ist unsere Master-To-do-Liste mit den Anforderungen für die selbst gestalteten Tartans.

Wir beginnen hier!

- [ ] Wir verbessern das von uns aufgebaute Formular so, dass es die Fähigkeiten neuerer Mobilbrowser ausnutzt.
- [ ] Wir müssen den serverseitigen Code für die Verarbeitung des Formulars und zur Generierung der Ressourcen (Bilder, HTML usw.) für die selbst gestalteten Tartans bauen.
- [ ] Wir müssen dafür sorgen, dass die Offlineerfahrung für diesen Teil der App akzeptabel bleibt.

Auf die Plätze, fertig, verbessern!

Schnallen Sie sich an, denn wir werden gleich in kurzer Folge eine Menge exquisiter Verbesserungen am Erstellungsformular des Tartanators vornehmen.

Wir haben das Richtige gemacht

Wir haben unser Formular im Hinblick auf das grundlegende Erlebnis gestaltet: Wir lassen niemanden außen vor (gut, nur sehr wenige). Schauen Sie sich an, was passiert, wenn Sie das Tartan-Erstellungsformular des Tartanators bei abgeschaltetem JavaScript laden.

Jetzt kommen die Verbesserungen

Das Formular funktioniert bei allen und ist für alle gleichermaßen hässlich und unpraktisch. Bei weniger fähigen Browsern mögen sechs Farbe/Größe-Kombinationsfelder in Ordnung sein, bei besseren Browsern sind sie eine Qual.

Nachdem wir die einfachen Schritte gemacht haben, wollen wir jetzt ein paar Verbesserungen einarbeiten, die dafür sorgen, dass die Arbeit mit dem Formular auf einem Smartphone zu einem Vergnügen wird.

Das Formular funktioniert auch ohne JavaScript – das ist eine gute Sache!

Es ist im Browser eines neueren Smartphones aber etwas klobig.

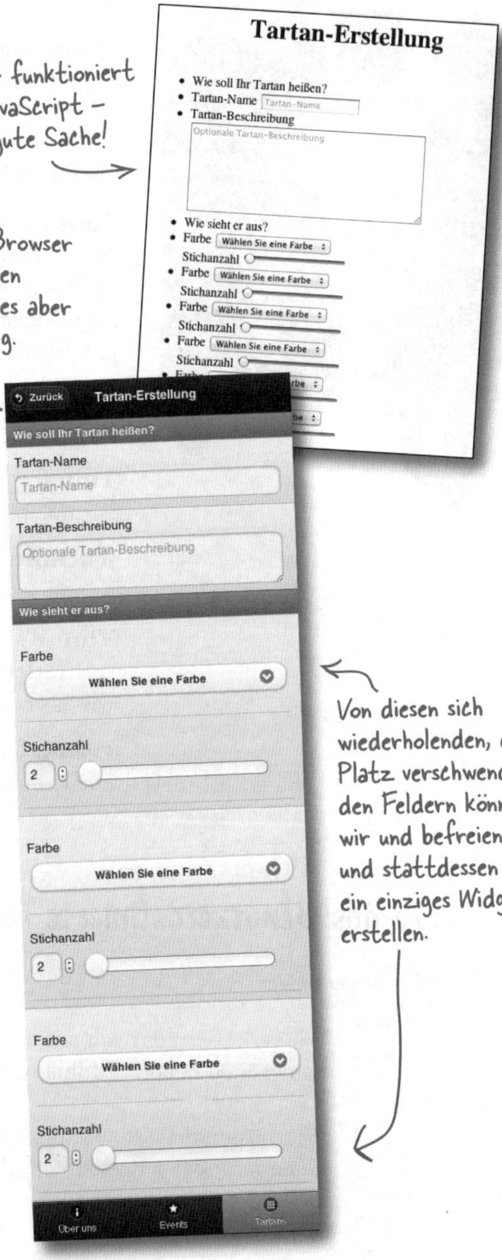

Von diesen sich wiederholenden, den Platz verschwendenden Feldern können wir uns befreien und stattdessen ein einziges Widget erstellen.

Die ersten Schritte zu einer supermobilen Web-App: das UI für Browser verbessern, die das unterstützen.

Entspannen Sie sich

Sie müssen keine Angst haben, dass Sie hier jetzt ein eigenes Widget schreiben müssen. Das JavaScript wartet bereits auf Sie.

Einige Frontend-Entwickler-Kanonen haben dieses Verbesserungs-JavaScript rausgehauen. Manche Entwickler werden einfach umwerfend produktiv, wenn sie an mobilen Web-App-Projekten arbeiten!

Wir werden Ihnen die Höhepunkte vorstellen (und Sie können natürlich jederzeit einen gründlicheren Blick in den Code werfen), aber Sie müssen nichts selbst schreiben!

Ein besseres Formular aufbauen

Statt der sechs Felder, die zugleich umständlich und beschränkend sind, wollen wir ein einziges Widget nutzen. Mit diesem sollen unsere Benutzer so viele Farbe/Größe-Kombinationen gestalten können, wie sie benötigen! Das können wir tun, indem wir JavaScript nutzen, um **alle Farbe/Größe-Sätze außer dem ersten zu entfernen**.

Ein Custom-Widget für das Farb-Select-Feld

Wir können die Standarddarstellung für Select-Felder im Browser überschreiben und eins von jQuery Mobiles angepassten UI-Auswahl-Widgets wählen. Das ermöglicht uns, für jede Option Farb-Swatches anzuzeigen.

Das Custom-jQuery Mobile-Widget, das wir nutzen werden, springt wie ein Dialog auf, um die Farboptionen anzuzeigen.

Für neugierige jQuery- und JavaScript-Freaks!

Freak-Futter

Wenn Sie mit jQuery-Code vertraut sind, sollten Sie das Konstrukt `$(document).ready` bereits häufig gesehen (oder genutzt!) haben. Die `.ready`-Methode von jQuery hat Ähnlichkeiten mit dem `body.onload`-Event des Browsers (ist mit diesem aber nicht identisch) – wenn sie angestoßen wird, zeigt das an, dass das DOM geladen wurde und bereit ist. jQuery-Entwickler packen ihren Code üblicherweise in dieses Konstrukt, damit er nicht ausgeführt wird, bevor das DOM der Seite bereit ist.

In jQuery Mobile (jQM) sollten Sie `$(document).ready` in der Regel *nicht* verwenden. jQM führt einige neue Events für das Laden der Seite ein. Die wichtigsten davon sind `pageinit` und `pagecreate`. `pagecreate` wird ausgelöst, nachdem jQuery und jQM die Initialisierung des DOM der Seite abgeschlossen haben, aber bevor die Widgets auf der Seite gerendert werden. `pageinit` wird ausgelöst, nachdem auch die Widgets fertig sind. Und erinnern Sie sich daran, dass nachfolgende Seiten häufig in das DOM der ersten Seite eingefügt werden – das heißt, dass die `pagecreate`- und `pageinit`-Events bei einem vollständigen Laden der Seite mehrfach ausgelöst werden können.

Verwirrt? Das geht uns nicht anders. Selbst erfahrene JavaScript- und jQuery-Entwickler brauchen eine Weile, bis sie das vollständig verstanden haben. Mehr erfahren Sie in der JQM-Dokumentation (*http://jquerymobile.com/demos*).

jQM führt unter anderem auch mobil-relevante Events für Touch, Ausrichtung und Übergänge ein.

Ein Widget zur Verwaltung der Listen von Farben und Größen

Wir haben jetzt alle Farbe/Größe-Feldgruppen außer einer entfernt. Mit diesem verbleibenden Feldpaar müssen wir eine beliebige Anzahl von Farbe/Größe-Gruppen erstellen können.

Dazu werden wir einen neuen Button einführen: Diese Farbe hinzufügen. Wird er angetippt, werden die aktuell ausgewählte Farbe und die aktuell ausgewählte Stichzahl als Listenfeld (`<li>`) einer ungeordneten Liste (`<ul>`) mit den aktuellen Farbe/Größe-Werten hinzugefügt. Außerdem fügen wir dem `<li>` verborgene Formularfelder hinzu, die die Farbe und die Größe enthalten.

Das wird alles mit JavaScript erreicht.

Ein Klick auf ein `<li>` in der vorhandenen Farbliste sorgt dafür, dass es samt seines Inhalts entfernt wird. Schließlich sorgt ein Klick auf den »Erstellen!«-Absenden-Button, dass ein Tartan-Muster mit allen Farbe/Größe-Kombinationen erstellt wird, die sich aktuell in der Liste befinden.

Der Hintergrund der Auswahlliste spiegelt die aktuell gewählte Farbe wider.

Das verbleibende Farbe/Größe-Feldpaar.

Wenn sich der Wert im Range-Eingabefeld ändert, sorgt eine Funktion dafür, dass die Stichzahl eine gerade Zahl ist.

Wenn ein Benutzer auf den Diese Farbe hinzufügen-Button klickt, wird diese Farbe/Wert-Kombination der Liste hinzugefügt.

Damit umgehen wir die in jQM fehlende Unterstützung des step-Attributs auf Range-Eingabefeldern.

Farbe/Größe-Liste.

ul#colorlist

Ein Klick auf ein Element, das sich bereits in der Liste befindet, entfernt es.

Verbessertes build.php-Formular (Auszug)

Der Absenden-Button unseres Formulars

Der Button wird sichtbar, nachdem der Liste mindestens eine Farbe/Größe-Kombination hinzugefügt wurde.

Testen Sie es

Die gute Nachricht: Sie müssen nichts tun, um die Verbesserungen des Frontends in Betrieb zu nehmen. Das haben wir bereits für Sie getan.

Die Codebasis im Ordner *chapter7* enthält bereits alle JavaScript-Verbesserungen. Probieren Sie es aus! Schauen Sie sich an, wie sich das in einem modernen Browser anfühlt.

Denken Sie daran, das Formular steckt in der Seite build.php.

Außerdem haben wir das Backend noch nicht angebunden. Klicken führt also noch zu nichts!

Ein Blick unter die Motorhaube

Wir hatten Ihnen versprochen, dass Sie kein JavaScript schreiben müssen, trotzdem könnte es ratsam sein, zumindest grob zu verstehen, was das JavaScript tut.

Kurz gesagt: Es passieren einige Dinge, wenn die Seite mit dem Formular vollständig in das DOM (`pagecreate`-Event) geladen wurde, und noch ein paar weitere passieren, wenn die jQuery Mobile-Widgets die Verbesserungen abgeschlossen haben (`pageinit`-Event).

In diesen Initialisierungsfunktionen werden andere Funktionen an verschiedene Events gebunden (Formularfeldänderungen, Klicks, Formularübermittlungen usw.), um die Benutzerinteraktion zu verbessern und unseren Custom-Widgets ihre Funktionsfähigkeit zu verleihen.

Tun Sie das!

Machen Sie sich mit dem Code vertraut. Nehmen Sie sich ein paar Minuten Zeit und arbeiten Sie sich in die veränderten Teile der Tartanator-App ein, insbesondere in das aktualisierte Skript *tartanator.js*.

WER MACHT WAS?

Ordnen Sie die Funktionen im JavaScript-Verbesserungscode (*tartanator.js*) der passenden Funktionsbeschreibung und dem Event zu, das sie auslösen. Referenzieren Sie die Kommentare im Skript und nutzen Sie Ihren Verstand, um zu ermitteln, was diese Funktionen für uns leisten.

Als zusätzliche Herausforderung! (→ Ausgelöstes Event)

Funktionsname	Aufgabe	Ausgelöstes Event
onStitchSizeChange()	Aktualisiert die <ul>- und <li>-Elemente der aktuellen Farbliste.	`pageinit` und `change` (Farbwahlfeld)
styleColorListItem()	Baut den Button auf, der eine Farbe/Größe-Kombination ergänzt und in das DOM einsetzt.	`click` (auf den Diese Farbe hinzufügen-Button)
buildAddButton()	Setzt die Hintergrundfarbe des Auswahl-Widgets auf die aktuell ausgewählte Farbe.	`pageinit`
onColorListChange()	Baut die verborgenen Formularfelder auf, steckt sie in ein neues <li> und hängt dieses an die vorhandene Farbliste an.	`click` (auf ein Listenelement in der aktuellen Farbliste), nachdem der Liste eine Farbe hinzugefügt wurde
addColor()	Fügt auf der linken Seite jeder Farbwahloption einen gefärbten CSS-Rahmen (Swatch) hinzu.	`change` (Aktualisierung des Werts im Größe-Feld)
setColorSelectStyle()	Stellt sicher, dass der Größe-Wert eine gerade Ganzzahl ist.	`pagecreate`

Das also sind die Frontend-Verbesserungen ...

- [x] Wir verbessern das von uns aufgebaute Formular so, dass es die Fähigkeiten neuerer Mobilbrowser ausnutzt. ← Erledigt!
- [ ] Wir müssen den serverseitigen Code für die Verarbeitung des Formulars und zur Generierung der Ressourcen (Bilder, HTML usw.) für die selbst gestalteten Tartans bauen. ← Nächster Schritt!
- [ ] Wir müssen dafür sorgen, dass die Offlineerfahrung für diesen Teil der App akzeptabel bleibt.

WER MACHT WAS? LÖSUNG

Funktionsname

- onStitchSizeChange()
- styleColorListItem()
- buildAddButton()
- onColorListChange()
- addColor()
- setColorSelectStyle()

Aufgabe

- Aktualisiert die <ul>- und <li>-Elemente der aktuellen Farbliste.
- Baut den Button auf, der eine Farbe/Größe-Kombination ergänzt und in das DOM einsetzt.
- Setzt die Hintergrundfarbe des Auswahl-Widgets auf die aktuell ausgewählte Farbe.
- Baut die verborgenen Formularfelder auf, steckt sie in ein neues <li> und hängt dieses an die vorhandene Farbliste an.
- Fügt auf der linken Seite jeder Farbwahloption einen gefärbten CSS-Rahmen (Swatch) hinzu.
- Stellt sicher, dass der Größe-Wert eine gerade Ganzzahl ist.

Ausgelöstes Event

- `pageinit` und `change` (Farbwahlfeld)
- `click` (auf den Diese Farbe hinzufügen-Button)
- `pageinit`
- `click` (auf ein Listenelement in der aktuellen Farbliste), nachdem der Liste eine Farbe hinzugefügt wurde
- `change` (Aktualisierung des Werts im Größe-Feld)
- `pagecreate`

Interface Enhancement im Gespräch

Interview der Woche:
Verbesserungen – Alles nur heiße Luft?

Von Kopf bis Fuß: Eine Frage! Wir haben gerade einen Schnellkurs zu einem Haufen von jQuery Mobile-spezifischen JavaScript-Interface-Verbesserungen gemacht. Was hat uns das gebracht?

Interface Enhancement: Das, was jQuery Mobile auf die Schnelle in Bezug auf die Verbesserungen mobiler Schnittstellen ermöglicht, ist zwar ganz schön ansehnlich, aber ich verstehe schon, was Sie meinen. Das, worum es hier eigentlich ging, war die Illustration eines allgemeineren Konzepts.

Von Kopf bis Fuß: Und das wäre?

I-Enhancement: Dass es unabhängig vom verwendeten Framework empfehlenswert ist, zunächst eine elementare Seite zu entwerfen, die dann stufenweise verbessert wird.

Von Kopf bis Fuß: Mit JavaScript?

I-Enhancement: Lassen Sie Ihre Fantasie spielen … hier geht es um mehr als um JavaScript. Was wir meinen, ist, dass Sie zunächst die elementare Gestalt oder den elementaren Inhalt definieren und das dann besser machen – so nutzt man das, was mächtige Mobilbrowser bieten, auf beste Weise.

Von Kopf bis Fuß: Indem man allen möglichen Schnickschnack einbaut?

I-Enhancement: Ich denke, dass meine Beiträge über abgerundete Ecken und Gradienten hinausgehen. Wir haben ein recht beschränktes und umständliches Formular für die relevante Benutzergruppe verbessert.

Von Kopf bis Fuß: Sie haben die Darstellung eines Standardformularelements überschrieben. Das Auswahlfeld für die Farbe nutzt jetzt ein angepasstes jQuery Mobile-Widget. Ist das nicht eigentlich ein Tabu?

I-Enhancement: Es stimmt, dass das Herumpfuschen an nativen Formularelementen eine etwas kontroverse Geschichte ist. Ich möchte das nicht als allgemeine Regel postulieren. Aber in unserem speziellen Fall konnten wir das Styling, das wir benötigen, um dem Benutzer die visuellen Hinweise zu geben – die Farb-Swatches –, auf andere Weise nicht erreichen.

Das zugrunde liegende Markup ist semantisch immer noch passend – ein `<select>`-Element –, an dem wir etwas herumschrauben, um das Benutzererlebnis zu verbessern. Aber Sie haben vollkommen recht: Das Überschreiben nativer Formularelemente sollten wir uns immer genau überlegen.

Das Tartan-Erstellungsformular in einem iPhone-Browser.

... und jetzt zum Backend

Der Startpunkt für den Code dieses Kapitels hat folgende Struktur. Wir müssen einige kleine Schritte unternehmen, um die Backend-Teile einzubinden.

Kopieren Sie den gesamten Inhalt des Verzeichnisses *extras/scripts* in Ihr *chapter7*-Verzeichnis. Wenn Sie fertig sind, sollte das Verzeichnis *chapter7* drei neue Dateien – *config.php*, *generate.php* und *image.php* – sowie ein neues Verzeichnis – *inc* – (das zwei Dateien enthält) enthalten.

Den Code finden Sie unter http://examples.oreilly.de/german_examples/mobileswebhfger/.

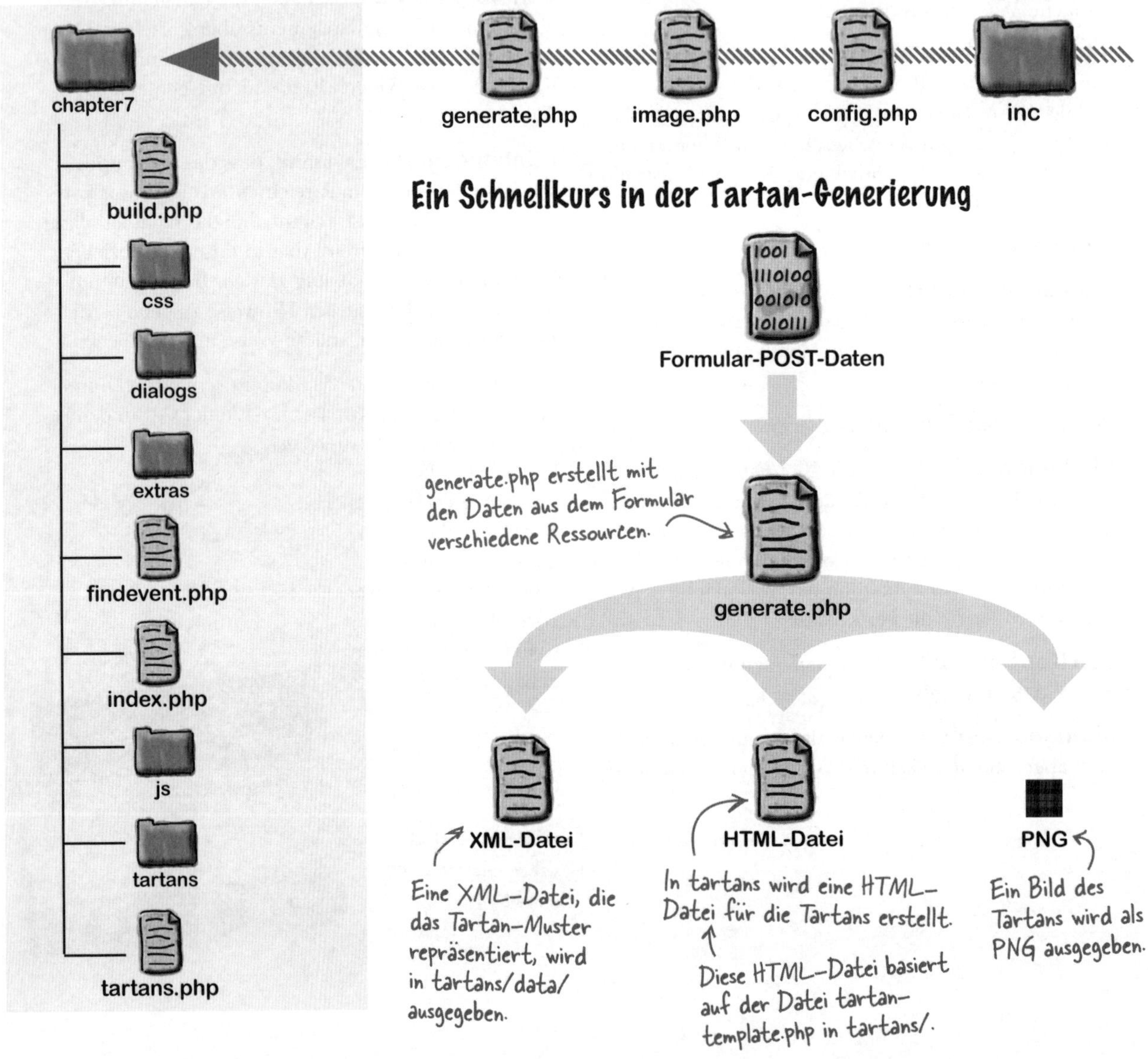

Die beiden Seiten von generate.php

Wie *generate.php* reagiert, nachdem die Tartan-Ressourcen erstellt wurden, hängt davon ab, wie das Skript angefordert wurde.

Wir haben sichergestellt, dass wir Mobilbrowser mit und ohne AJAX-Fähigkeiten unterstützen.

Anforderung mit AJAX

Bei Browsern, die AJAX entsprechend unterstützen, sendet das JavaScript in *build.php* die Formulardaten an *generate.php* über XHR (`XMLHttpRequest`). Ist das erfolgreich, antwortet *generate.php* mit der URL der neu erstellten HTML-Datei für den Tartan. Der Inhalt dieser neuen Seite wird dann in das DOM der aktuellen Seite eingefügt.

Asynchroner Request mit XHR

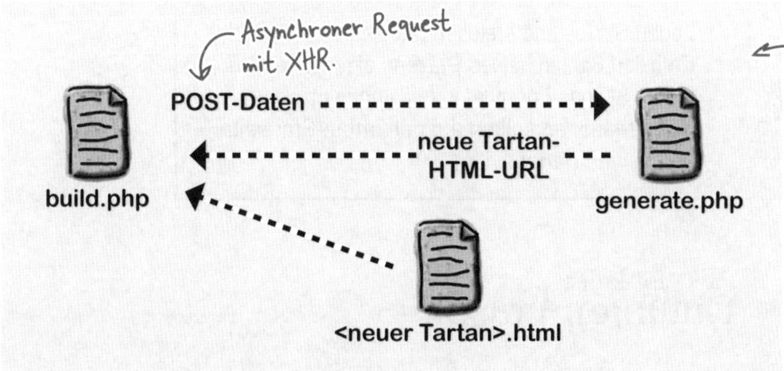

Mit dieser Methode wird die Seite nie vollständig neu geladen. Der Inhalt der neuen Tartan-Seite wird in das DOM der Erstellungsseite eingebaut.

In beiden Methoden hat generate.php die gleiche Hauptaufgabe: Sie erstellt die neuen Tartan-Ressourcen.

Direkt gesendete Formulare

Bei Browsern, die JavaScript und XHR nicht unterstützen, wird das Formular auf traditionelle Weise an *generate.php* gesendet. Nachdem *generate.php* die Tartan-Ressourcen erstellt hat, wird der Browser an die frisch geprägte Tartan-Seite umgeleitet.

Die traditionelle Methode – Umleitung an die neue Tartan-Seite

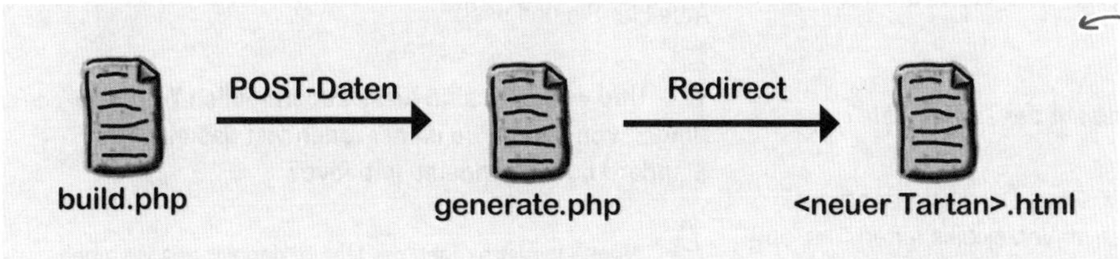

Mit dieser Methode wird der Client an die neue Tartan-Seite umgeleitet (ein vollständiger Ladevorgang).

Eine letzte Sache noch!

Da unsere Benutzer jetzt Tartans gestalten können, ist die Tartan-Liste, die auf *tartans.php* erscheint, steter Veränderung unterworfen. Bauen Sie die folgende Zeile in die Datei *tartans.php* ein, um ein Skript einzufügen, das für jeden aktuell vorhandenen Tartan ein `<li>` einsetzt.

Tun Sie das!

```
<ul data-role="listview" data-filter="true">
  <?php include('inc/list.php'); ?>
</ul>
```

tartans.php

ÜBUNG

Legen Sie los und erstellen Sie ein paar Tartans! Erstellen Sie ein halbes Dutzend eigener Tartans, indem Sie das Formular in *build.php* nutzen. Ihre Kreationen sollten auf der Tartan-Startseite erscheinen (*tartans.php*).

Es gibt keine Dummen Fragen

F: Hilfe! Irgendetwas funktioniert nicht!

A: Wenn Sie Probleme haben, das Tartan-Erstellungsformular in Betrieb zu nehmen, oder die erstellten Tartans nicht erscheinen, sollten Sie folgende Dinge überprüfen.

Schauen Sie zunächst, ob das Verzeichnis *tartans/* besteht und ob der Webserver in dieses Verzeichnis und alle seine Unterverzeichnisse schreiben kann. Prüfen Sie auch, ob sich die Datei *tartan-template.php* im Verzeichnis *tartans* befindet. Und stellen Sie schließlich noch einmal sicher, dass das `<form>`-Tag in *build.php* mit den richtigen Aktionen und Methoden verbunden ist.

F: Wie funktioniert die Seite mit der Tartan-Liste?

A: Die in die Seite eingeschlossene Datei *list.php* schaut sich die aktuellen HTML-Dateien im Verzeichnis *tartans/* an, um die Liste zu generieren. Sie ruft für jede die entsprechende XML-Datei (in *tartans/data/*) ab, um weitere Informationen wie den anzuzeigenden Namen zu erhalten. Dann gibt sie für jeden Tartan ein `<li>` aus, das einen Link auf die HTML-Seite des Tartans einschließt.

F: Wegen dieses XML. Was zum Teufel ist das?

A: Wir haben uns aus verschiedenen Gründen entschieden, die Daten für ein Tartan-Muster mit XML zu repräsentieren. Erstens ist es ein hübsches, portables Datenformat. Zweitens macht es den Einsatz einer Datenbank überflüssig (weniger Arbeit für Sie und uns!).

F: Und was bitte sind diese supermobilen Web-App-Dinger, von denen Sie immer reden? Ist das eine Art Standard oder irgendeine Initiative?

A: Nein. Das ist einfach ein Name, den wir uns für mobile Web-Apps ausgedacht haben, die all die hübschen Dinge nutzen, die Mobilgeräte und Browser zu bieten haben.

Zwei von drei: ein guter Anfang

Wir sind unserer supermobilen Web-App ein gutes Stück näher gekommen. Wir haben die einfache Schnittstelle erweitert, um die Möglichkeiten fähigerer Browser zu nutzen. Und jetzt leistet die App tatsächlich etwas!

- [x] Wir verbessern das von uns aufgebaute Formular so, dass es die Fähigkeiten neuerer Mobilbrowser ausnutzt.
- [x] Wir müssen den serverseitigen Code für die Verarbeitung des Formulars und zur Generierung der Ressourcen (Bilder, HTML usw.) für die selbst gestalteten Tartans bauen.
- [ ] Wir müssen dafür sorgen, dass die Offlineerfahrung für diesen Teil der App akzeptabel bleibt.

Befassen wir uns nun mit dieser Anforderung!

Aber wir sind noch nicht fertig

Jetzt müssen wir den dritten Teil der Implementierung der Tartan-Erstellung liefern: Die Tartans müssen offline verfügbar sein.

Von einer stabilen – ja, nicht einmal einer bestehenden – Netzwerkverbindung kann man bei Mobilgeräten nicht einfach ausgehen.

Wir müssen etwas unternehmen, damit die Tartans auch ohne Internetverbindung verfügbar sind.

Offline ist wichtig

Wenn Sie Ihren Benutzern ein angenehmes Weberlebnis spendieren wollen, müssen Sie dafür sorgen, dass sich Ihre Websites und -apps auch dann benehmen, wenn keine Internetverbindung zur Verfügung steht.

Beim Tartanator müssen wir einen Schritt zurücktreten und uns überlegen, wie wir ihn für unsere netzverlassenen Benutzer brauchbarer machen können. Dazu müssen wir bestimmte Dinge offline verfügbar machen.

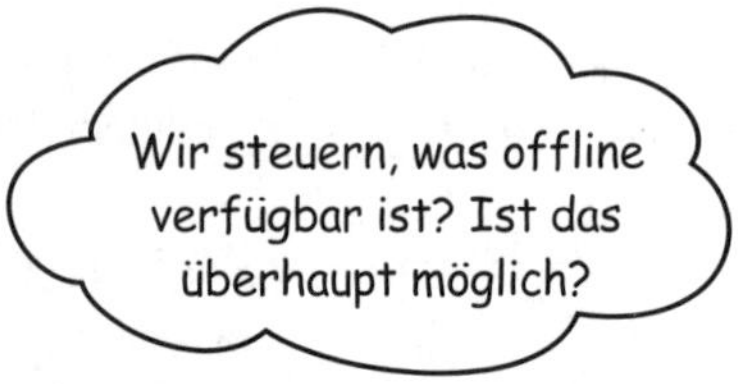

Wir können ein sogenanntes *Cache-Manifest* nutzen, um festzulegen, welche Teile unserer App offline verfügbar sein sollen.

Das Offline-Manifest

Application Cache ist ein Teil der HTML5-Spezifikation. Damit wird ermöglicht, mithilfe eines sogenannten ***Cache-Manifests*** zu steuern, welche Webressourcen für die Offlineverfügbarkeit gespeichert werden.

Ein Cache-Manifest ist eine bestimmte Art von Datei auf einem Webserver, die Instruktionen dazu enthält, wie welche Webressourcen auf dem Gerät eines Benutzers gecacht werden sollen. Wenn wir ein Cache-Manifest erstellen, können wir festlegen, welche Dinge offline für die Tartanator-Web-App verfügbar sein sollen.

Browser, die Application Cache – oder *AppCache*, wie es beinahe universell abgekürzt wird –, implementieren, bieten das `window.applicationCache`-Objekt und seine verschiedenen Events, die wir nach Bedarf mit JavaScript erreichen und manipulieren können.

Die Unterstützung für AppCache ist unter aktuellen Browsern recht verbreitet. Die beachtenswerteste Ausnahmen bilden Internet Explorer 9 und Opera Mini. Aber der Einsatz eines Cache-Manifests bereitet diesen Browsern keine Kopfschmerzen – sie beachten es allerdings auch nicht.

KOPF-NUSS

Haben Sie eine Idee, warum es für den Opera Mini schwer sein könnte, AppCache zu unterstützen?

Ein Grundrezept zur Erstellung eines Cache-Manifests

Es gibt drei grundlegende Schritte zur Erstellung und Nutzung eines Cache-Manifests bei einer Website oder Web-App.

1. Eine Cache-Manifest-Datei schreiben.
2. Dem `<html>`-Tag der relevanten Seiten ein `manifest`-Attribut mit einer URL (eine relative ist in Ordnung) hinzuzufügen, die auf die Manifest-Datei verweist.
3. Darauf achten, dass das Manifest mit dem richtigen Dateityp ausgeliefert wird. ← *Die Datei muss den Content-Type text/cache-manifest haben, sonst funktioniert das nicht.*

Die verdächtig einfache Syntax eines Cache-Manifests

Eine einfache Cache-Manifest-Datei ist von recht einfacher Erscheinung. Die Elemente, die gecacht werden sollen, führen Sie unter der (technisch nicht erforderlichen, aber empfehlenswerten) Überschrift `CACHE:` auf.

Diese Zeile muss in dieser Form erscheinen.

1

```
CACHE MANIFEST
# Kommentare sehen so aus

CACHE:

index.html
foo/bar.html
baz.html
css/styles.css
icons/plus.png
```

URLs können wie hier relativ sein oder absolut (also http://...).

manifest.appcache

Diese Datei muss im Manifest nicht aufgeführt werden, aber die empfohlene Erweiterung ist .appcache.

Dann aktualisieren Sie Ihre Webseite(n), indem Sie ihr/ihnen ein `manifest`-Attribut hinzufügen, das auf diese Datei zeigt. Außerdem müssen Sie sicherstellen, dass die Datei mit dem richtigen `Content-Type` (oder `MIME-Typ`) ausgeliefert wird. Häufig tun Sie das einfach mit Apache, indem Sie der Apache-Konfigurationsdatei oder einer *.htaccess*-Datei im Dateisystem Ihrer Website Folgendes hinzufügen.

2

```
<!DOCTYPE html>
<html manifest="manifest.appcache">
<head>
```

3

```
AddType text/cache-manifest .appcache
```

.htaccess

Diese Zeile sagt dem Webserver, dass er Dateien mit der Dateinamenserweiterung .appcache mit dem Inhaltstyp text/cache-manifest ausliefern soll.

Diese Datei muss diesen Typ haben, damit sie von Browsern erkannt wird.

Unglücklicherweise steckt der Teufel im Detail

In der Theorie ist die Cache-Verwaltung mit einer Cache-Manifest-Datei eine einfache Sache. Man führt die Dinge auf, die offline verfügbar sein sollen, gibt dem `<html>`-Tag der Seite ein `manifest`-Attribut, und schon kann das Caching beginnen!

Sie sollten jetzt zwar nicht in Panik verfallen, aber es kann schon etwas verwirrend und manchmal auch frustrierend sein, wenn man versucht, ein Cache-Manifest zu erstellen und so zum Funktionieren zu bringen, wie man sich das vorstellt. Es gibt eine Reihe von Stöckchen und Steinchen, über die man stolpern kann. Deswegen kann es hilfreich sein, wenn man geeignete Werkzeuge zum Untersuchen und Debuggen von Problemen zur Verfügung hat.

Webentwicklers Helferlein

WebKit bietet ein Werkzeug namens Web Inspector, das in Chrome und Safari gleichermaßen verfügbar ist (da beide WebKit-basiert sind). Im Ressourcen-Tab finden Sie eine Menge Angaben zu den AppCache-Informationen.

Ausschnitt aus den AppCache-Daten im Ressourcen-Tab in Safari.

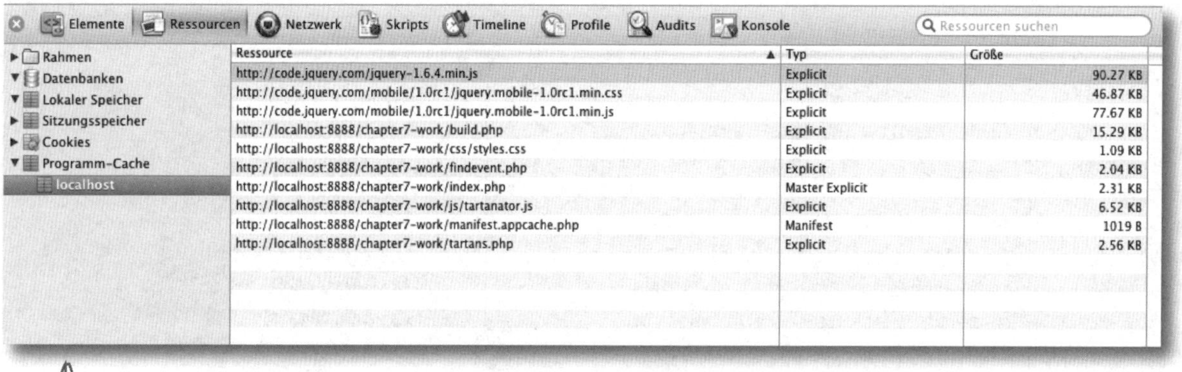

Chromes Entwicklerwerkzeuge sehen fast genauso aus.

Aufgepasst

Man bringt sich schnell in Schwierigkeiten, wenn man mit Cache-Manifesten arbeitet.

Das Debugging des Cache-Manifest-Verhaltens kann eine harte und verwirrende Sache sein, und mangelhafte Cache-Manifest-Dateien kann man ohne die richtigen Werkzeuge nur schwer auffinden und entfernen. Wir empfehlen Ihnen, beim Aufbau des Tartanator-Cache-Manifests entweder Chrome oder Safari zu nutzen. Beachten Sie auch, dass AppCache vom Internet Explorer erst ab Version 10 unterstützt wird, die, als dies geschrieben wurde, noch in der Entwicklung war.

Außerdem können Sie sich Ihre geistige Gesundheit leichter bewahren, wenn Sie bei der Entwicklung und beim Testen einen Desktopbrowser nutzen, bevor Sie zu einem Mobilgerät übergehen.

Es kann zu einer recht unangenehmen Aufgabe ausarten, wenn man defekte AppCaches von Mobilgeräten entfernen muss.

Das Manifest mit dem richtigen Inhaltstyp ausliefern

Ich musste mich noch nie mit .htaccess-Dateien befassen und weiß nicht einmal, ob ich das bei meinem Webhoster tun darf.

Es ist äußerst unwahrscheinlich, dass Sie bei Ihrem Hoster oder einem lokalen Webserver *.htaccess*-Dateien nutzen dürfen. Aber wir werden Sie nicht dazu zwingen.

Wir wissen, dass Sie PHP verwenden können. Also werden wir unsere Cache-Manifest-Dateien mit PHP generieren und ein Code-Snippet nutzen, um den Inhaltstyp der Datei auf `text/cache-manifest` zu setzen.

Ein einfaches Cache-Manifest für den Tartanator implementieren.

1. Geben Sie Ihrer Datei den Namen *manifest.appcache.php* und stecken Sie sie in das Verzeichnis *chapter7*.

   Die Erweiterung .php brauchen wir, damit wir den PHP-Code in der Datei ausführen können.

2. Fügen Sie oben in die Datei die folgende Zeile ein:

```
<?php header('Content-type: text/cache-manifest'); ?>
```

   Das setzt den Inhaltstyp der Ausgabe dieses Skripts auf text/cache-manifest.

3. Fügen Sie einen `CACHE:`-Abschnitt hinzu, in dem Sie die wichtigsten Seiten der Site und die erforderlichen JavaScript- und CSS-Dateien aufführen.

   Schlagen Sie auf Seite 285 nach.

4. Ergänzen Sie das `<html>`-Tag in *index.php*, *build.php*, *tartans.php* und *findevent.php* um ein `manifest`-Attribut.

LÖSUNG ZUR ÜBUNG

Die *manifest.appcache.php*-Datei, die Sie erstellt haben, sollte ähnlich aussehen wie das, was Sie unten sehen. Beachten Sie, dass wir auch die CSS-JavaScript-Dateien aus jQuerys CDN aufführen.

```
<?php header('Content-type: text/cache-manifest'); ?>
CACHE MANIFEST

CACHE:
index.php
build.php
tartans.php
findevent.php
css/styles.css
js/tartanator.js
http://code.jquery.com/mobile/1.0rc1/jquery.mobile-1.0rc1.min.css
http://code.jquery.com/jquery-1.6.4.min.js
http://code.jquery.com/mobile/1.0rc1/jquery.mobile-1.0rc1.min.js
```

Neben den relativen URLs auf die Ressourcen Ihrer eigenen Dateien …

… können Sie absolute URLs nutzen, um andere Ressourcen anzuzeigen, die gecacht werden sollen.

manifest.appcache.php

Das HTML-Tag auf der Tartanator-Seite sollte jetzt so aussehen.

```
<html manifest="manifest.appcache.php">
```

Ein Nachteil unseres Rückgriffs auf PHP zur Generierung unseres Manifests ist, dass wir die empfohlene Dateinamenserweiterung .appcache nicht nutzen können.

Cache-Manifest im Gespräch

Interview der Woche:
Dem AppCache unseren Willen aufzwingen

Frustrierter Webentwickler: Mist. Beim Surfen in der Tartanator-Site ist mir aufgefallen, dass ein Haufen Bilder und Symbole und anderer Kram nicht erschienen sind, obwohl ich online war.

AppCache: Das wird wohl daran liegen, dass Sie versäumten, diese Ressourcen in die `CACHE`-Liste aufzunehmen. Sie sollten alle zusammensuchen und sie dem Cache-Manifest hinzufügen.

FWE: Heißt das etwa, dass ich jede einzelne Ressource der Site aufführen muss, wenn sie erscheinen soll?

AppCache: Nein. Aufführen müssen Sie nur die Ressourcen, die von den HTML-Dateien benötigt werden, die sich im Cache befinden.

FWE: Häh? Was heißt bitte, dass sich eine HTML-Datei im Cache befindet?

AppCache: Einen Weg, eine HTML-Datei einem Application-Cache hinzuzufügen, kennen Sie bereits: Sie führen sie explizit im `CACHE`-Abschnitt der Manifest-Datei auf. Aber Sie sollten vielleicht auch wissen, dass ebenfalls alle HTML-Dateien in den Cache eingeschlossen werden, deren HTML-Tag ein `manifest`-Attribut hat, selbst wenn sie dort nicht explizit aufgeführt werden. Für alle Dateien, die im Manifest aufgeführt werden, und alle Dateien, die den Cache in einem `manifest`-Attribut referenzieren, müssen auch alle Ressourcen der Cache-Liste hinzugefügt werden.

FWE: Das heißt also, dass ich wirklich jede einzelne Ressource aufführen muss, weil alle Ressourcen, die ich im `CACHE`-Abschnitt vergesse, schlicht nicht geladen werden, selbst wenn ich online bin?

AppCache: Auch das ist nicht ganz richtig. Mir scheint, dass Sie zwar den `CACHE`-Abschnitt kennen, vom `NETWORK`-Abschnitt aber noch nichts gehört haben.

FWE: Was macht denn der?

AppCache: Im `NETWORK`-Abschnitt können Sie Ressourcen definieren, die Sie nicht cachen wollen und für die Browser neue Kopien anfordern sollen, wenn eine Netzwerkverbindung besteht. Dieser Abschnitt kennt ein sehr hilfreiches Jokerzeichen, `*`, das anzeigt, dass alles, was nicht explizit im `CACHE`-Abschnitt aufgeführt wird, vom Server abgerufen werden soll.

FWE: Na endlich! Das scheint doch genau das zu sein, was ich hier brauche.

AppCache: Vorsicht. Wenn etwas im `NETWORK`-Abschnitt steht, entweder explizit oder vom `*` Jokerzeichen eingeschlossen, wird es immer neu angefordert. Sie müssen also genau überlegen, welchen Pfad Sie einschlagen wollen.
Entscheiden Sie, welche Dinge wirklich offline verfügbar sein müssen, und führen Sie diese Dinge im `CACHE`-Abschnitt auf. Hier scheint es ja so zu sein, dass Sie dort ein paar Icons und Symbole vermissen. Aber bei Dingen, die wirklich dynamisch sind – Log-in-Fenstern, API-Aufrufen usw. –, können Sie das `NETWORK`-Jokerzeichen seine Arbeit verrichten lassen.

KRAFT-TRAINING

Fallen Ihnen Teile der Tartanator-Web-App ein, die wir vielleicht nicht offline verfügbar machen sollten? Warum?

Hört sich nach einem Henne-Ei-Problem an, nicht wahr?

Glücklicherweise nutzen wir PHP, um unsere Manifest-Datei zu generieren. Wir können also Code nutzen, der dynamisch eine Liste aller Tartan-HTML-Seiten ausgibt, die es aktuell gibt.

Suchen Sie im Ordner *chapter7/extras* nach dem PHP-Code, der dynamisch die Liste der Bilder und HTML-Dateien erstellt. Dieser befindet sich in einer Datei namens *current_file_list.txt*. ← Tun Sie das!

Aufgepasst

Änderungen an einer der Ressourcen, die im `CACHE`-Abschnitt des Manifests aufgeführt sind, werden von Browsern nur dann heruntergeladen, wenn sich die Manifest-Datei selbst ändert.

Wir haben css/styles.css *in den* `CACHE`*-Abschnitt unseres Manifests aufgenommen. Deswegen könnten wir* styles.css *bis zum Sankt-Nimmerleins-Tag ändern, ohne dass der Browser diese Änderungen bemerken würde. Befindet sich ein Element einmal im Cache, wird es nur aktualisiert, wenn sich die* **Cache-Manifest-Datei selbst** *ändert.*

Das bewältigt man üblicherweise, indem man in die Manifest-Datei eine Kommentarzeile mit einer Versionsnummer einsetzt. Eine einfache Änderung dieser Versionsnummer bewirkt, dass der Browser bemerkt, dass sich das Manifest geändert hat, es neu herunterlädt und dann prüft, ob es darin neue oder veränderte Ressourcen gibt. ← Erinnern Sie sich, dass Kommentarzeilen mit # beginnen.

Der PHP-Code, den wir nutzen werden, um automatisch eine Liste der aktuellen Tartan-Bilder und HTML-Dateien zu erzeugen, hat die hübsche Nebenwirkung, dass die Manifest-Datei aktualisiert wird, wenn neue Tartans eingefügt werden. Aber wenn wir den AppCache implementiert haben, müssen wir die Versionsnummer auch erhöhen, wenn wir später eine der anderen Dateien ändern.

Entspannen Sie sich

Es passiert schnell, dass man Cache-Manifeste erstellt, die nicht so ganz das machen, was man beabsichtigt.

Die Reparatur eines launischen AppCache ist im Chrome-Browser am einfachsten. Geben Sie in der Adressleiste `chrome://appcache-internals` ein, werden Ihnen Informationen zu allen aktuellen AppCache-Daten angezeigt. Zu jedem Site-Cache gibt es einen einfachen Entfernen-Link.

In Safari müssen Sie in den Einstellungen zum Tab Datenschutz gehen. Sie können entweder alle Website-Daten löschen oder den Details-Button nutzen, um nach der problematischen Site zu suchen und ihren Cache zu löschen.

In Firefox gehen Sie zu Einstellungen → Erweitert → Netzwerk. Es gibt einen Bereich im Offlinespeicher, der alle Sites aufführt, die Daten zur Offlineverwendung gespeichert haben. Hier können Sie selektiv AppCache-Daten entfernen.

Übung

Es ist Zeit, unserem Cache-Manifest ein etwas besseres Benehmen beizubringen. Wiederholen wir noch einmal die Lektionen, die wir zur *manifest.appcache.php*-Datei gelernt haben.

1. **Die fehlenden statischen Icons und Bilder aufspüren.**
Es gibt einige Icons und Bilder, die von jQuery Mobile genutzt werden, die wir dem `CACHE`-Abschnitt hinzufügen müssen.

Hut ab, wenn Sie einige davon bereits beim ersten Schritt aufgespürt haben!

2. **Den NETWORK:-Abschnitt und das Jokerzeichen ergänzen.**
Fügen Sie Folgendes über dem `CACHE:`-Abschnitt ein:

```
NETWORK:
*
```

3. **Das PHP-Fragment einsetzen.**
Hängen Sie ans Ende der Cache-Manifest-Datei den Code aus *extras/current_file_list.txt* an.

4. **Entfernen Sie build.php und findevent.php aus dem Manifest.**
Wenn man genau überlegt, sollten diese Ressourcen nur verfügbar sein, wenn der Benutzer online ist. Die Events-Seite tut noch nichts, wird aber irgendwann etwas tun, und das schon bald.

Vergessen Sie nicht, das manifest-Attribut aus dem <html>-Tag dieser Seiten zu entfernen.

Lösung zur Übung

manifest.appcache.php sollte jetzt ungefähr so aussehen:

```
<?php header('Content-type: text/cache-manifest'); ?>
CACHE MANIFEST

NETWORK:
*

CACHE:
http://code.jquery.com/mobile/1.0rc1/jquery.mobile-1.0rc1.min.css
http://code.jquery.com/jquery-1.6.4.min.js
http://code.jquery.com/mobile/1.0rc1/jquery.mobile-1.0rc1.min.js
http://code.jquery.com/mobile/1.0rc1/images/ajax-loader.png
http://code.jquery.com/mobile/1.0rc1/images/icons-18-white.png
http://code.jquery.com/mobile/1.0rc1/images/icons-18-black.png
http://code.jquery.com/mobile/1.0rc1/images/icons-36-white.png
http://code.jquery.com/mobile/1.0rc1/images/icons-36-black.png
index.php
tartans.php
css/styles.css

<?php // Hier steht der PHP-Code aus der Datei current_file_list.txt.
      // Den sparen wir uns, um Platz zu sparen. ?>
```

Achten Sie darauf, dass es zwischen der header()-Zeile und der CACHE MANIFEST-Zeile keinen Leerraum gibt.

Speichern Sie jetzt die Datei und testen Sie sie!

Aufgepasst

Ein einziges Problem am Cache-Manifest kann dazu führen, dass nichts funktioniert.

Genau das, was Sie brauchten – noch mehr Probleme. Sie sollten wissen, dass die gesamte Manifest-Datei verworfen wird, wenn der Request nach nur einer der in diesem Manifest aufgeführten Ressourcen zu einem 404-Fehler führt. Auch ein einzelner Syntaxlapsus kann das ganze Ding unbrauchbar machen.

Gegen diese Dinge können Sie sich wappnen. Nutzen Sie den praktischen Manifest-Validierer unter http://manifest-validator.com/ *und halten Sie stets die Fenster mit Ihren Entwicklerwerkzeugen im Blick, um sicherzugehen, dass keine der referenzierten Ressourcen fehlt.*

Obwohl die Cache-Manifest-Datei aktualisiert wurde, müssen Sie die Tartan-Liste (*tartans.php*) neu laden, bevor Sie die Neuzugänge sehen. Warum das?

Frank: Ich habe mich darüber einmal informiert. Und es hat mich ganz schön was gekostet, das zu verstehen. Die Sache funktioniert so: Angenommen, dein Browser hat bereits eine Cache-Manifest-Datei für die Site und du besuchst die Tartan-Liste erneut, nachdem du einen neuen Tartan erstellt hast. Dein Browser bemerkt dann, dass sich die Cache-Manifest-Datei geändert hat – da sie sich, weil sich die Liste der Tartan-Dateien geändert hat, von der unterscheidet, die der Browser bereits hat. Dein Browser macht sich also sofort daran, die neue Manifest-Datei herunterzuladen und auf neuen oder aktualisierten Kram zu prüfen.

Tim: Und warum bitte erscheint der neue oder aktualisierte Kram dann nicht sofort?

Frank: Der Browser wartet mit dem Rendern der Site nicht, bis alle Ressourcen, die neu sind oder aktualisiert werden müssen, heruntergeladen wurden. Ist der Browser mit dem Herunterladen fertig, sind die neuen oder aktualisierten Ressourcen einsatzbereit im Cache des Browsers, erscheinen aber erst, wenn die Seite aktualisiert wird.

Tim: Wir können also nichts machen. Wenn man die neuen Sachen sehen will, muss man also die Seite neu laden.

Frank: Vielleicht habe ich eine Lösung für dieses spezielle Problem. Ich habe da ein kleines JavaScript-Werkzeug geschrieben ...

Tim: Du immer mit deinem JavaScript!

Frank: Der Teil der Seite, der dynamisch ist, wird von der PHP-Datei ausgegeben, die es enthält – d. h. *list.php*. Sie gibt ein `<li>` pro Tartan aus. Der Rest der Seite ist statisch. Wir interessieren uns schließlich nur dafür, dass der Inhalt der Tartan-`<ul>`s ausgegeben wird.

Tim: Stimmt.

Frank: Mein Code nutzt das `window.applicationCache`-Objekt und seine Methoden, um zu prüfen, ob der Cache aktualisiert worden ist – und das passiert ja, wenn sich die Manifest-Datei geändert hat, nicht wahr? Wenn es eine Aktualisierung gab, wollen wir eine aktualisierte Ausgabe von *list.php* haben.

Tim: Stimmt. Wenn die Cache-Manifest-Datei geändert wurde, wissen wir, dass die Tartan-Liste aktualisiert werden muss. Vorzugsweise, ohne dass der Benutzer dazu die Seite neu laden muss.

Frank: Ja. Wenn sich das Cache-Manifest geändert hat, sendet mein Code einen AJAX-Request nach *list.php*. *list.php* wird im Manifest nicht aufgeführt und liefert bei einer direkten Anforderung immer HTML-Markup, das die vollständige Liste an Tartans repräsentiert. Dann nehme ich das Markup, das von *list.php* geliefert wird, und ersetze damit die jetzt angezeigte, aber veraltete Liste. Voilà!

Probefahrt

Probieren wir Franks kleine JavaScript-Bibliothek einmal aus und schauen wir, ob sie uns hilft, dieses komplexe AppCache-Abenteuer zu einem glücklichen Ende zu führen.

1. **Beschaffen Sie sich die kleine Bibliothek.**
   Kopieren Sie *cache-manager.js* aus dem Ordner *extras/js* nach *chapter7/js*.

2. **Binden Sie das Skript in die Tartanator-Seite ein.**
   Fügen Sie das Skript *cache-manager.js* unmittelbar nach dem jQuery Mobile-Skript in *index.php*, *build.php*, *findevent.php* und *tartans.php* ein.

```
<script src="js/cache-manager.js" type="text/javascript"></script>
```

3. **Fügen Sie tartans.php folgendes JavaScript hinzu.**
   Dieser Code zeigt an, dass wir sicherstellen wollen, dass wir aktuelle Inhalte für das `#tartans-list`-Element in `#tartans_page`-Seiteninhalts-`<div>` haben, indem wir *inc/list.php* nutzen.

```
<div data-role="page" id="tartans_page">
  <script type="text/javascript" charset="utf-8">
    var tartanPage = $('#tartans_page');
    tartanPage.live('pageinit', function () {
      if (!tartanPage.data.cacheManager) {
        tartanPage.data.cacheManager = new CacheManager('#tartans_page');
        tartanPage.data.cacheManager.ensureFreshContent('#tartans-list',
'inc/list.php');
      }
    });
  </script>
<div data-role="header" data-position="fixed">
```

tartans.php

Es gibt keine Dummen Fragen

F: Wenn man im `NETWORK`-Abschnitt eines Cache-Manifests dieses Jokerzeichen nutzen kann, warum kann man es dann nicht im `CACHE`-Abschnitt nutzen, um einfach alles auf einer Site cachen zu lassen?

A: Ob es nun gut oder schlecht ist, Sie können im `CACHE`-Abschnitt kein Jokerzeichen nutzen. Das spezielle Jokerzeichen darf nur im `NETWORK`-Abschnitt verwendet werden und ist eigentlich überhaupt kein Jokerzeichen. Sie können es mit keinerlei Textmustern kombinieren – es ist ein eigenständiges Zeichen mit einer ganz spezifischen Bedeutung: Wird eine Ressource der Site nicht explizit in einem anderen Abschnitt aufgeführt, soll sie bei Bedarf über das Netzwerk abgerufen werden.

F: Wieso werden Seiten mit einem `manifest`-Attribut im HTML-Tag auch dann gecacht, wenn sie im Manifest nicht aufgeführt werden?

A: Das kann tatsächlich zu Irritationen und Kopfschmerzen führen. Das Argument dafür ist, dass nicht ein Haufen oder alle Seiten einer Site in einem Rutsch heruntergeladen und gecacht werden sollen, sondern die einzelnen Seiten dem Cache peu à peu hinzugefügt werden – d. h. sie werden dem Cache hinzugefügt, wenn der Benutzer sie das erste Mal besucht.

F: Was heißt dieses »in einem Rutsch«?

A: Wenn ein Browser eine neue oder aktualisierte Cache-Manifest-Datei erhält, beginnt er unmittelbar damit, alle neuen Ressourcen herunterzuladen bzw. zu prüfen, ob sich vorhandene Ressourcen geändert haben. Das ist etwas, das Sie unbedingt beachten sollten, wenn Sie Ihr Cache-Manifest entwerfen.

F: Unser Manifest enthält alle Tartan-Bilder und HTML-Dateien. Muss da nicht eine ganze Menge in einem Rutsch heruntergeladen werden?

A: Da haben wir eine ganze Weile hin und her überlegt. Das sind schon eine ganze Menge HTTP-Requests. Aber die Dateien sind ziemlich klein: Die meisten der Bilder sind kleiner als 1 KB und die HTML-Dateien sind sogar noch kleiner. Die Auswirkungen auf die Bandbreite sind recht gering, und die Auswirkungen auf den Benutzer sollten minimal sein, da die Ressourcen asynchron heruntergeladen werden.

F: Lädt der Browser jedes Mal alles in der Manifest-Datei herunter, wenn es aktualisiert wird?

A: Glücklicherweise nicht. Der Browser prüft, ob sich die bereits gespeicherten Ressourcen geändert haben, aber lädt sie nur dann neu herunter, wenn sie sich geändert haben.

F: Das ist ja schön und gut, aber was passiert, wenn der Browser AppCache nicht unterstützt?

A: Die Site verhält sich im Wesentlichen nicht anders als vor der Einführung des Cache-Manifests. Sie funktioniert auch dann problemlos, bietet aber kein angenehmes Offlineerlebnis.

F: Sie haben einfach den `FALLBACK`-Abschnitt vergessen.

A: Neben dem `CACHE`- und dem `NETWORK`-Abschnitt gibt es noch einen optionalen `FALLBACK`-Abschnitt, in dem Sie die Offlinevarianten aufführen können, die genutzt werden sollen, wenn die Onlinevariante nicht verfügbar ist – um beispielsweise *offline.html* statt *login.html* zu nutzen.

F: AppCache ist ja eine nette Sache, aber was ist mit LocalStorage? Mir scheint, als hätten Sie hier nur die Hälfte erzählt.

A: Kluges Kind! Aber Sie greifen vor. LocalStorage werden wir uns in Kapitel 8 ansehen (und wenn Sie den Begriff noch nicht gehört haben, können Sie ihn bis dahin getrost wieder vergessen!).

Aufgepasst

Achten Sie auf implizites Caching über das `manifest`-Attribut.

Wir haben es bereits gesagt, wollen es hier aber noch einmal betonen: Jede Seite, deren `<html>`*-Tag ein* `manifest`*-Attribut enthält, wird gecacht, ganz gleich, ob sie explizit im Cache-Manifest angeführt wird oder nicht. Und falls Sie das fragen wollten: Das können Sie auch nicht umgehen, indem Sie den* `NETWORK`*-Abschnitt oder andere Tricks nutzen.*

Endlich Sieg

Geschafft. Es war eine Schlacht, aber jetzt läuft der Tartanator auch offline. Das heißt, dass wir den eigenen Tartans-Teil von Phase 2 erledigt haben.

- [x] Wir verbessern das von uns aufgebaute Formular so, dass es die Fähigkeiten neuerer Mobilbrowser ausnutzt.
- [x] Wir müssen den serverseitigen Code für die Verarbeitung des Formulars und zur Generierung der Ressourcen (Bilder, HTML usw.) für die selbst gestalteten Tartans bauen.
- [x] Wir müssen dafür sorgen, dass die Offlineerfahrung für diesen Teil der App akzeptabel bleibt.

Herzlichen Glückwunsch, Sie haben sich gerade AppCache Untertan gemacht.

Es kann schon eine verzwickte Sache sein, Cache-Manifest-Dateien zu schreiben, die tatsächlich tun, was sie tun sollen – Sie haben es geschafft!

Jetzt wird es Zeit für die (ortsbezogene) Event-Suche

Der zweite Teil von Phase 2 ist die Erstellung einer Seite, über die Benutzer nach Events in ihrer Nähe suchen können, die sich mit Tartans befassen.

Das Events suchen-Formular, das wir aufbauen wollen.

Wir wollen Events finden, die in der Nähe des Aufenthaltsorts des Benutzers stattfinden. Das heißt, dass wir uns mit Geolocation befassen müssen.

Wie Geolocation funktioniert

Geolocation in einem Webbrowser heißt, dass man JavaScript nutzt, um die aktuelle Position des Geräts zu ermitteln. Viele moderne Smartphone-Browser implementieren die World Wide Web Consortium-(W3C-) Geolocation-API, die eine einfache Schnittstelle für das Abrufen von Geolocation-Daten bietet. Es gibt noch ein paar weitere Wettbewerber einschließlich der mittlerweile veralteten Google Gears-API und einigen proprietären APIs. Ältere Geräte und selbst einige moderne Smartphones bieten überhaupt keine Geolocation-Unterstützung im Browser.

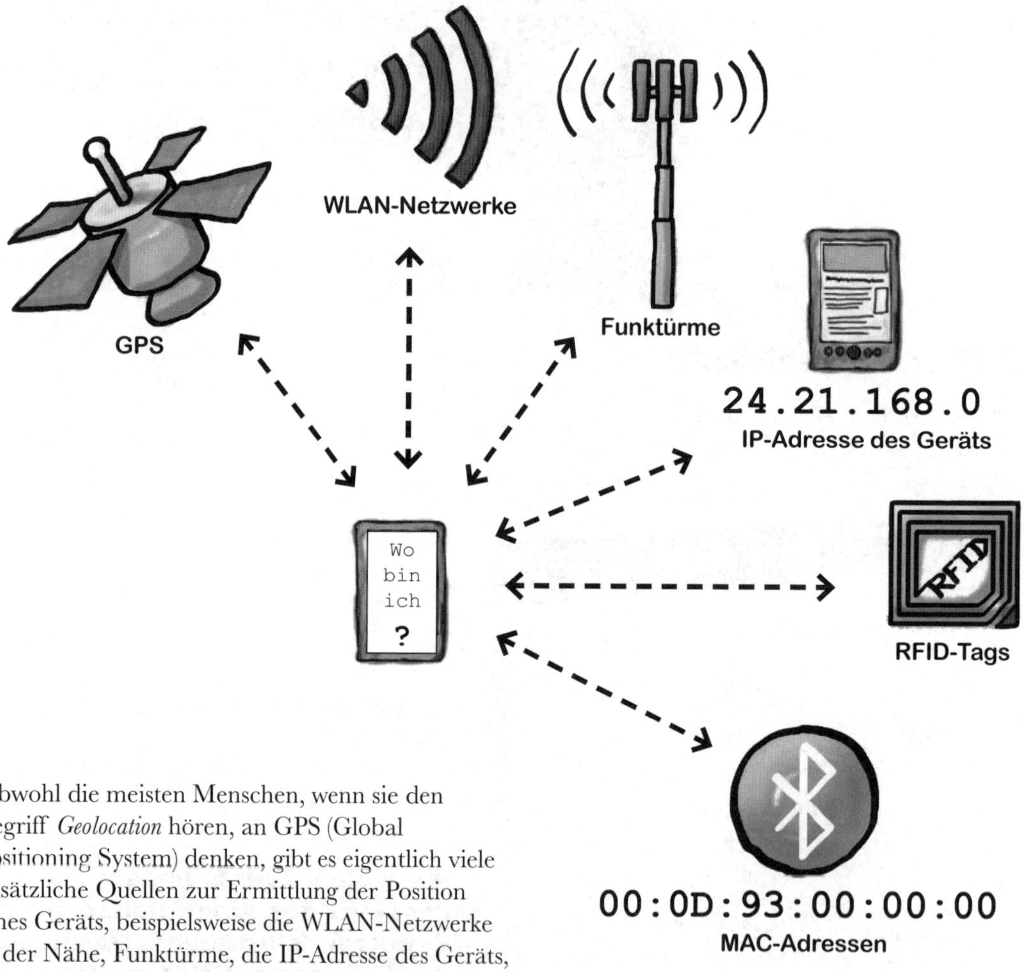

Obwohl die meisten Menschen, wenn sie den Begriff *Geolocation* hören, an GPS (Global Positioning System) denken, gibt es eigentlich viele zusätzliche Quellen zur Ermittlung der Position eines Geräts, beispielsweise die WLAN-Netzwerke in der Nähe, Funktürme, die IP-Adresse des Geräts, RFID-Tags (Radio-Frequenz-Identifikation) und WLAN- oder Bluetooth-MAC-Adressen (Media-Access-Controller-Adressen).

Wie man W3C-konforme Browser um ihre Position bittet

Browser, die die W3C-Geolocation-API implementieren, stellen dieses Feature über das `navigator.geolocation`-Objekt bereit. Die wichtigste Methode dieses Objekts ist `getCurrentPosition`, die versucht, die Aufgabe zu erfüllen, die der Name beschreibt.

Der Versuch, die aktuelle Position des Geräts abzufragen.

```
navigator.geolocation.getCurrentPosition(successCallback, errorCallback);
```

Der Name einer JavaScript-Funktion, die aufgerufen wird, wenn eine Position erhalten wird.

Der Name einer JavaScript-Funktion, die aufgerufen werden soll, wenn ein Fehler auftritt.

Die von getCurrentPosition gelieferten Informationen verarbeiten

Wenn erfolgreich eine Position ermittelt werden konnte, wird die Funktion, deren Name als Callback für den Erfolgsfall angegeben wurde, mit einem `position`-Objekt aufrufen. Die Informationen, die uns wirklich interessieren, erhalten wir, indem wir uns die `longitude`- und `latitude`-Eigenschaften der `coords`-Eigenschaft des `position`-Objekts ansehen.

Die Callback-Funktion für den Erfolgsfall.

Dieses position-Objekt enthält die Informationen, die wir benötigen.

```
function successCallback (position) {
  var coords = position.coords;
  alert(coords.latitude + ',' + coords.longitude);
}
```

Das interessanteste Attribut des position-Objekts ist das coords-Objekt ...

... und die interessantesten Attribute des coords-Objekts sind latitude und longitude.

Beide Funktionen öffnen ganz einfach (und etwas nervig) einen JavaScript-Alert.

Die Callback-Funktion für den Fehlerfall. Sie wird aufgerufen, wenn etwas schiefgelaufen ist.

```
function errorCallback(error) {
 alert(error.message);
}
```

Geolocation-JavaScript-Magneten

Setzen Sie die Codemagneten an die richtige Position im Geolocation-JavaScript unten. Sie dürfen jeden Magneten nur einmal nutzen, aber ein paar benötigen Sie eventuell nicht.

`message` `navigator.geolocation` `longitude` `coords` `coords` `position` `onGeoSuccess` `"Browser unterstützt Geolocation nicht"` `position` `position` `getCurrentPosition()` `getCurrentPosition` `onGeoError` `getLocation` `latitude` `coordinates`

```
function getLocation () {
  // Prüfen, ob der Browser W3C-Geolocation unterstützt
  if (..........................) {
    navigator.geolocation. ..................... (.............., onGeoError);
  } else { // Wenn er es nicht tut
    onGeoError(new Error(........................................));
  }
}

function onGeoSuccess (..............) {
  var.................. = ..............coords;
  alert(coordinates................. + ',' + coordinates.............);
}

function ..............(error) {
  alert(error. .................);
}
......................();
```

→ Lösung auf Seite 302.

Mit der Events suchen-Seite beginnen: das Fundament

Die Events suchen-Seite hat einen einfachen Zweck: Sie dient der Suche nach Events. Jetzt wissen wir so ungefähr, wie man sich mit JavaScript in entsprechenden Browsern die Position eines Benutzers beschafft. Aber wenn wir so vorgehen wollen wie bisher und zunächst das Grunderlebnis gestalten wollen, das man mit weniger fähigen Browsern erhält, müssen wir uns überlegen, was ist, wenn der Browser des Benutzers kein JavaScript oder keine Geolocation bietet?

Beginnen wir damit, dass wir ein grundlegendes Formular für die Event-Suche erstellen, das keins von beidem verlangt. Die Basis wird eine einfache Liste von Ländern bilden.

Ein sehr einfaches Formular zur Suche nach Events nach dem Land.

Ein Select-Element mit dem Namen und der ID state_filter.

Die Events-Datenbank enthält zurzeit nur Events in den USA ... zumindest für den Augenblick.

ÜBUNG

Nutzen Sie das einfache Formular zur Event-Suche in *findevent.php* als Fundament. Stecken Sie das Formular in das `<div>` für den Seiteninhalt.

1. Geben Sie dem Formular die Methode `GET` und die `id search_form`. Setzen Sie das `action`-Attribut auf `events.php`.

   Wo Sie events.php finden, werden wir Ihnen gleich zeigen.

2. Fügen Sie dem Formular ein `select`-Element hinzu. Die angezeigten Optionen sollten die Namen einiger Länder enthalten. Die Werte sollten die entsprechenden Abkürzungen sein.

   Suchen Sie staaten.txt im Verzeichnis extras/events. Die Datei wird Ihnen Arbeit sparen.

3. Der Absenden-Button sollte die `id search_submit` haben.

   Vergessen Sie nicht, die Felder in ein <div> mit der data-role fieldcontain zu stecken (der jQM-Weg).

Geolocation-JavaScript-Magneten, Lösung

Haben Sie die Magneten an die richtige Position gebracht?

```
function getLocation () {
  // Prüfen, ob der Browser W3C-Geolocation unterstützt
  if ( navigator.geolocation ) {
    navigator.geolocation. getCurrentPosition ( onGeoSuccess , onGeoError);
  } else { // Wenn er es nicht tut
    onGeoError(new Error( "Browser unterstützt Geolocation nicht" ));
  }
}

function onGeoSuccess ( position ) {
  var coordinates = position .coords;
  alert(coordinates. latitude + ',' + coordinates. longitude );
}

function onGeoError (error) {
  alert(error. message );
}
getLocation ();
```

Wenn Sie diesen Code aufgebaut haben, **müssen Sie ihn in eine Datei namens** *geolocation.js* im Verzeichnis *chapter7/js/* **stecken**. Fügen Sie ihn in die *findevent.php*-Seite ein, indem Sie ein `<script>`-Tag in das `<div>` mit `data-role="page"` einbauen.

Das sollte sich unmittelbar vor dem Suchformular befinden.

Diese Magneten brauchten Sie nicht.

`coords` `position` `getCurrentPosition()` `coords`

Integrieren wir Geolocation

Jetzt haben wir ein einfaches Formular und dazu noch einige so richtig hübsch nervige JavaScript-Alerts.

Kommen wir jetzt zum amüsanten Teil: die Geolocation für Browser einbauen, die sie unterstützen. So sollte das Formular bei unterstützten Browsern aussehen, nachdem wir die nächste Folge von Änderungen vorgenommen haben:

Haben wir unser Formular nun aufgemotzt, können Benutzer, deren Browser Geolocation unterstützen, ihre aktuelle Position nutzen, um Events zu suchen.

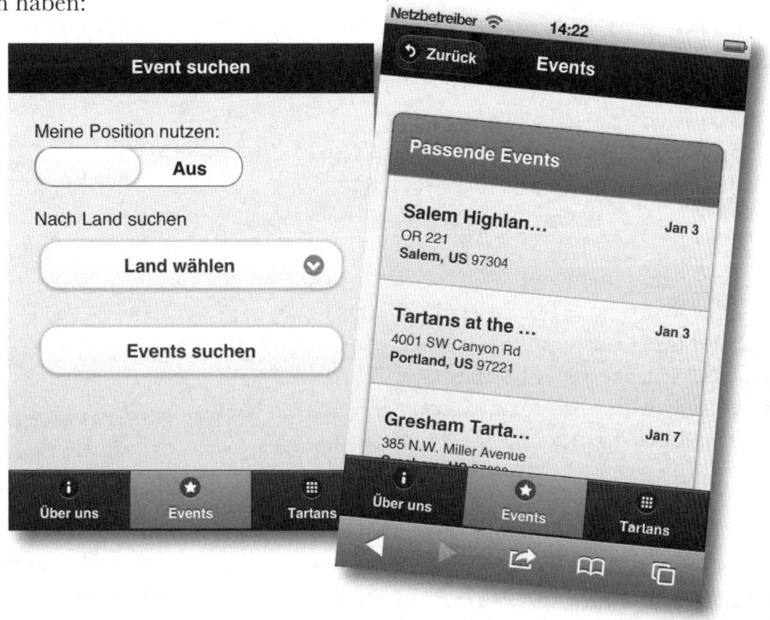

LÖSUNG ZUR ÜBUNG

Ihr einfaches Formular sollte so aussehen.

```
<div data-role="content">
  <script type="text/javascript" src="js/geolocation.js"></script>
  <form method="get" action="events.php" id="search_form">
    <div data-role="fieldcontain">
      <label for="state_filter">Nach Land suchen</label>
      <select id="state_filter" name="state_filter">
        <option value="">Land wählen</option>
        <option value="BE">Belgien</option>
        <!-- ETC -->
      </select>
    </div>
    <div data-role="fieldcontain">
      <input type="submit" value="Events suchen" id="search_submit" />
    </div>
  </form>
</div><!-- /content -->
```

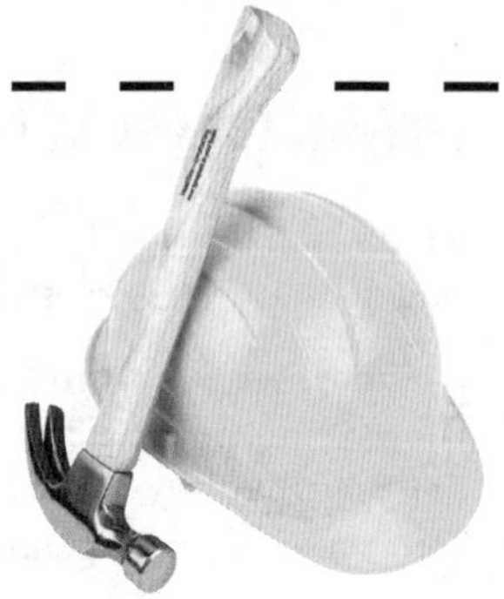

GEOLOCATION-BAUSTELLE

Jetzt werden wir den Code in *geolocation.js* aufpolieren. Schauen wir uns die Höhepunkte an.

```
(function () {
  var $page, $searchForm, $submitButton, $stateFilter;

  $page = $('#event_page');
  if (!$page.data.initialized) {
    $page.live('pagecreate', initGeo);
    $page.data.initialized = true;
  }

  function initGeo() {
    $searchForm = $('#search_form');
    $submitButton = $('#search_submit');
    $stateFilter = $('#state_filter');
    if (navigator.geolocation) {
      initGeoOptions();
    }
  }
  function initGeoOptions() {
    var $latField, $longField, $flipSwitch;
    $flipSwitch = $('<select name="usegeo" id="usegeo"
data-role="slider"><option value="off">Aus</
off><option value="on">An</option></select>').
change(toggleLocation);
    $flipSwitch.prependTo($searchForm).wrap('<div data-
role="fieldcontain"></div>');
    $flipSwitch.before('<label for="usegeo">Meine
Position nutzen:</label>');
    $latField = $('<input type="hidden" />').attr({ name
: 'latitude', id : 'latitude'})
    $longField = $('<input type="hidden" />').attr({
name: 'longitude', id : 'longitude' })
    $latField.appendTo($searchForm);
    $longField.appendTo($searchForm);
  }
```

Die Funktion initGeo aufrufen, wenn die Seite initialisiert wird.

Wenn der Browser Geolocation unterstützt, die Geolocation-relevanten Formularelemente initialisieren.

Einen schieberartigen An/Aus-Schalter nutzen, damit Benutzer der Verwendung ihrer aktuellen Position zustimmen können.

Zwei verborgene Formularfelder, die die Werte für Längen- und Breitengrad enthalten.

toggleLocation wird an das change-Event des Schiebers gebunden.

```
  function toggleLocation(event) {
    var geoActivated = ($(event.target).val()
== 'on') ? true : false;
    if (geoActivated) {
      $submitButton.button('disable');
      $stateFilter.selectmenu('disable');
      $.mobile.showPageLoadingMsg();
      navigator.geolocation.getCurrentPosition(
onGeoSuccess, onGeoError);
    } else {
      $stateFilter.selectmenu('enable');
      $submitButton.button('enable');
    }
  }
  function onGeoSuccess(position) {
    var coordinates = position.coords;
    $('#latitude').val(coordinates.latitude);
    $('#longitude').val(coordinates.longitude);
    $.mobile.hidePageLoadingMsg();
    $submitButton.button('enable');
  }
  function onGeoError(error) {
    $('#usegeo').val('off').trigger('change');
    alert(error.message);
  }
})();
```

Hat der Benutzer den Schalter angeschaltet, werden Landesfilter und Absenden-Button deaktiviert (dieser wird später wieder aktiviert, wenn die Geolocation abgeschlossen ist).

Hier lösen wir die Geolocation aus.

Ist Geolocation abgeschaltet, wird über das Land gefiltert.

Hier ist unser Callback für den Erfolgsfall. Wir haben es so geändert, dass die verborgenen latitude- und longitude-Felder mit den Positionsdaten des Benutzers aktualisiert werden.

Bei einem Fehler wird der Geolocation verwenden-Schalter wieder ausgeschaltet und sein change-Event abgesetzt (das an die toggleLocation-Methode oben gebunden ist).

Probieren Sie es aus! Spielen Sie etwas mit dem Formular herum, um sich mit dem vertraut zu machen, was das neue JavaScript für uns leistet.

Sie finden diesen Code im Verzeichnis *chapter7* unter *extras/js/enhanced_geo_form.js*.

Aktualisieren Sie die Datei *geolocation.js*, speichern Sie sie und probieren Sie die aktualisierte Events suchen-Seite aus.

Tim: Ich habe mir das Geolocation-Ding gerade auf ein paar Geräten angesehen. Ich weiß, dass der BlackBerry OS 5-Browser Geolocation eigentlich unterstützen sollte, aber der Geolocation verwenden-Schalter erscheint einfach nicht.

Frank: Stimmt schon. Eigentlich unterstützt der BlackBerry OS 5-Browser Geolocation, allerdings nicht die W3C-Variante. Das habe ich gerade nachgeschlagen. Ältere Android-Browser unterstützen die W3C-Geolocation ebenfalls nicht. Bei ihnen basiert sie auf Google Gears.

Tim: Das klingt kompliziert.

Frank: Das ist es. Und unsere Zeit ist knapp. Ich glaube deshalb nicht, dass wir die Möglichkeit haben, allen Haken und Ösen nachzugehen und einen Haufen obskurer Geräte zu testen. Aber ich habe hier diese Open Source-Ersatz-JavaScript-Bibliothek gefunden, die Geolocation auf verschiedenen Plattformen vereinheitlicht. Die heißt einfach *geo-location-javascript.*

Tim: Aber heißt das nicht, dass wir unser gesamtes bestehendes JavaScript umarbeiten müssen?

Frank: Nein. Die API für diese Bibliothek emuliert die der W3C-Spezifikation. Alle wichtigeren Methoden- und Attributnamen sind identisch. Ich glaube, wir müssen nur ein paar Zeilen ändern und brauchen uns dann nicht mehr so viele Gedanken über die Plattformkompatibilität zu machen.

Tim: Und da wir gerade dabei sind, das JavaScript anzupassen … diese Fehlermeldungen bei den Geolocation-Fehlern sind absolut grässlich. Könnte man das nicht angenehmer verpacken?

Frank: Ja. Ich denke, wir sollten hier einen jQuery Mobile-Dialog nutzen – wie die, die wir für Formularfehler im Tartan-Erstellungsformular aufgebaut haben.

Tim: Davon hast du mir gar nichts gesagt!

Frank: Wenn man versucht, das Tartan-Formular ohne einen Titel oder mit einer Farbe/Größe-Kombination ohne Farbe oder Größe abzusenden, wird ein Dialog geöffnet, der einen auf die Fehler aufmerksam macht, und zwar angenehm auf nette jQM-Weise gestaltet.

Tim: Wie hast du diesen jQuery Mobile-Dialog denn aufgebaut?

Frank: Das sind eigenständige jQM-Seiten. Schau dir diese mal im Verzeichnis *dialogs* an. Und dann habe ich sie einfach mithilfe von JavaScript anzeigen lassen.

Tim: Cool. Wie das geht, finde ich vermutlich selbst heraus.

Frank: Bestimmt! Ich werde dann mal schnell diese Geolocation-Bibliothek einbinden.

Tun Sie das!

Kopieren Sie die Datei *extras/js/geo.js* in den *chapter7/js-*Ordner. Das ist die Geolocation-JavaScript-Bibliothek. Wenn Sie mehr erfahren wollen, können Sie die Homepage des Projekts unter *http://bit.ly/sx7JrH* besuchen.

ÜBUNG

Aktualisieren Sie die Events suchen-Seite und das Geolocation-JavaScript so, dass es den plattformübergreifenden Geolocation-Code nutzt und Geolocation-Fehler in einem Pop-up-Dialog anzeigt.

1 Aktualisieren Sie findevent.php, indem Sie das JavaScript für die neue Geolocation-Bibliothek einbinden.

```
<div data-role="content">
<script src="http://code.google.com/apis/gears/gears_init.js" type="text/
javascript" charset="utf-8"></script>
<script src="js/geo.js" type="text/javascript" charset="utf-8"></script>
<script type="text/javascript" src="js/geolocation.js"></script>
```

2 Lassen Sie geolocation.js die neue Bibliothek nutzen.

Suchen und ändern Sie diesen Code:

```
if (navigator.geolocation) {
  initGeoOptions();
}
```

in:

```
if (geo_position_js.init()) {
  initGeoOptions();
}
```

und ändern Sie das:

```
navigator.geolocation.getCurrentPosition(onGeoSuccess, onGeoError);
```

in:

```
geo_position_js.getCurrentPosition(onGeoSuccess, onGeoError);
```

3 Erstellen Sie einen Dialog, der bei Geolocation-Fehlern aufgerufen wird.

Nutzen Sie die anderen Seiten im Verzeichnis *dialogs* als Leitfaden, um einen freundlichen Fehlerdialog für Geolocation-Fehlschläge anzuzeigen. Nennen Sie diese Datei *geolocation_error.html*.

Ersetzen Sie dann den Warndialog in der Funktion `onGeoError` durch einen Pop-up-Dialog. Beispiele für Pop-up-Dialoge finden Sie in der Datei *js/tartanator.js*. Sie sollten nur das URL-Argument anpassen müssen.

LÖSUNG ZUR ÜBUNG

So sollte Ihre `onGeoError`-Funktion aussehen, nachdem Sie die Fehlermeldung von einem gewöhnlichen JavaScript-`alert` in einen jQuery Mobile-Dialog umgewandelt haben. Wir verlassen uns darauf, dass Sie auch die HTML-Seite für den Dialog selbst erstellt haben!

```
function onGeoError(error) {
  $('#usegeo').val('off').trigger('change');
  $.mobile.changePage( "dialogs/geolocation_error.html", {
    transition: "pop",
    reverse: false,
    role: 'dialog'
  });
}
```

Entspannen Sie sich

Das war ziemlich verzwicktes JavaScript.

Wir geben zu, dass das nicht ohne war. Und es gab auch Code, den wir nicht ausführlich erläutert haben. Aber das hier ist nicht *JavaScript von Kopf bis Fuß*, und wir wollten Sie nicht von der eigentlichen Aufgabe ablenken: die Schlacht mit AppCache zu gewinnen und die W3C-Geolocation-API einzusetzen.

PROBEFAHRT

Genug! Schauen wir uns an, wie die Sache läuft. Wir werden nicht mehr viel tun müssen, um das Skript mit Suchcode und ein paar Beispieldaten auszustatten.

1. **Kopieren Sie einige erforderliche Dateien aus dem Verzeichnis extras/events.**
   Kopieren Sie *event_search.inc* und *event_list.inc* in das Verzeichnis *chapter7/inc*. Kopieren Sie *events.php* in das Verzeichnis *chapter7*.

2. **Probieren Sie es aus!**
   Begeben Sie sich mit einem Mobilbrowser Ihrer Wahl zur Events suchen-Seite und legen Sie den Meine Position nutzen-Schalter um.

Nichts gefunden

Kleiner Scherz. Entschuldigen Sie. Wenn Sie nicht gerade das Glück haben, sich im Zentrum von Portland, Oregon, aufzuhalten, haben Sie bei Ihrer ersten positionsbasierten Suche wahrscheinlich folgendes Ergebnis erhalten:

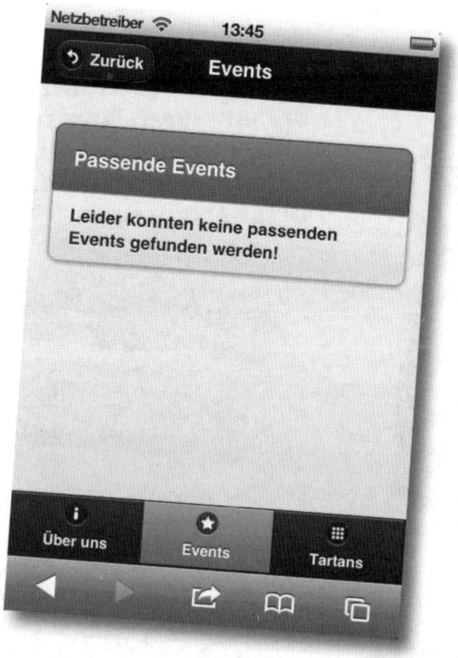

Sofern Sie nicht gerade Ihre Zeit in der Nähe von Portland verbringen, werden Sie bei Ihrer ersten Suche wahrscheinlich wenig sehen.

Das liegt daran, dass die Beispieldaten lokal sind und der Suchradius auf 50 Kilometer gesetzt wurde. Was halten Sie davon, hier selbst das Ruder zu übernehmen und sich einige imaginäre Events auszudenken, damit unser Formular ein paar Ergebnisse liefern kann?

Übung

Fügen Sie den Beispieldaten ein paar Events hinzu, die in Ihrem Teil der Welt stattfinden. Suchen Sie in *chapter7/inc/* die Datei *event_list.inc.* Darin finden Sie ein großes PHP-Array, das Daten für imaginäre Events enthält. Fügen Sie diesem Array ein paar eigene Elemente hinzu, die eine Adresse und Breitengrad/Längengrad-Paare nutzen, und zwar in einem Umkreis von 50 km um Ihre aktuelle Position herum.

Wenn Sie sich mit PHP so überhaupt nicht wohlfühlen, können Sie sich auch damit begnügen, einfach die Adresse und den Längen- und Breitengrad einiger der vorhandenen Einträge anzupassen. Breitengrad, Längengrad und Land sind die Faktoren, die das Skript bei der Suche berücksichtigt.

Mithilfe des folgenden Werkzeugs können Sie sich ganz leicht Breiten- und Längengrad für eine Adresse beschaffen: http://itouchmap.com/latlong.html.

Hübsch! Wir haben erfolgreich einige der Features integriert, die eine Web-App zu einer so tollen Sache machen: Progressive Enhancement, Offlinemodus und Ortsbezogenheit.

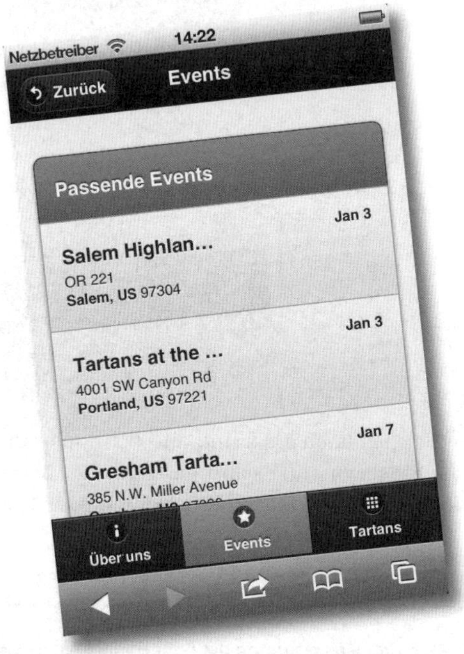

KOPF-NUSS

Super-Sonderaufgabe: Haben Sie eine Idee, wie man ein `range`-Eingabeelement ergänzen könnte, über das Benutzer den Suchradius festlegen können? Wann sollte es angezeigt werden? Sie müssen sich nur überlegen, wie man ein Eingabeelement mit dem Namen `radius` ergänzt – das Suchskript im Hintergrund ist bereits so konfiguriert, dass es ein solches nutzt!

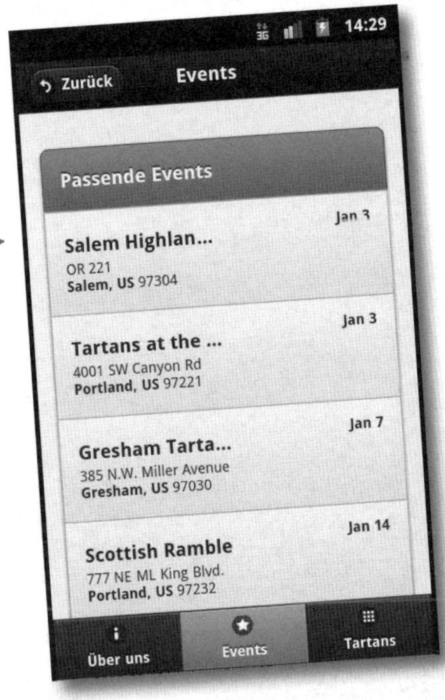

Punkt für Punkt

- Web-Apps, die auf Mobilgeräten natürlich wirken und angnehm zu nutzen sind, haben oft bestimmte Eigenschaften gemeinsam, beispielsweise **wohlüberlegtes Progressive Enhancement, einen guten Offlinemodus und positionsrelevante Features**.
- Dass man zunächst ein **Fundament** gestaltet, ist ein gutes Mittel, so viele Benutzer wie möglich zu erreichen. Durchdachtes **Progressive Enhancement** kann die Sache auf fähigeren Browsern dann richtig zum Glänzen bringen.
- Die Gestaltung eines brauchbaren **Offlineerlebnisses** ist bei Mobilgeräten äußerst wichtig: Bei ihnen kann man nicht davon ausgehen, dass immer eine Datenverbindung verfügbar ist.
- Wir können das **AppCache**-Feature moderner Browser nutzen, um eine **Cache-Manifest**-Datei zu erstellen, die dem Browser mitteilt, welche Ressourcen gecacht und offline verfügbar gemacht werden sollen.
- Der Aufbau eines Cache-Manifests scheint oberflächlich eine recht einfache Sache zu sein, aber es gibt einige **Fallen**, die Sie genau im Blick haben sollten.
- In der Cache-Manifest-Datei können wir angeben, welche Ressourcen heruntergeladen und für die Offlineverwendung gecacht werden sollen (im **`CACHE`-Abschnitt**) und welche neu angefordert werden sollen, wenn eine Internetverbindung besteht (im **`NETWORK`-Abschnitt**).
- **Geolocation** wird von moderneren Smartphones recht umfassend im Browser unterstützt. Viele implementieren die **Geolocation-API** des **W3C**, die in JavaScript das `navigator.geolocation`-Objekt veröffentlicht.
- So wie wir das Formular zur Tartan-Erstellung für fähigere Browser verbessert haben, so verbessern wir auch die Events suchen-Seite, wenn Geolocation verfügbar ist.
- Bestimmte Mobilbrowser, insbesondere auf etwas älteren Smartphones, haben **Geolocation-Implementierungen, die nicht W3C-konform sind**. Diesen Eigenheiten beugen wir vor, indem wir eine externe Geolocation-Bibliothek mit dem Namen geo-location-javascript einsetzen.
- Die **geo-location-javascript-Bibliothek** emuliert die W3C-API und erfordert nur minimale Änderungen an unserem ursprünglichen W3C-spezifischen JavaScript-Code.

8 Hybride mobile Apps mit PhoneGap

Tartan-Jagd: Nativ werden

Manchmal muss es nativ sein. Vielleicht müssen Sie auf etwas zugreifen, auf das Sie in Mobilbrowsern (noch) nicht zugreifen können. Oder vielleicht besteht Ihr Kunde darauf, eine App im App Store zu veröffentlichen. Natürlich warten wir gespannt auf den Moment, in dem wir alles, was wir brauchen, auch im Browser erreichen können, auf den Moment, in dem sich mobile Web-Apps mit nativen Apps auf Augenhöhe befinden. Bis dahin jedoch können wir **hybrid entwickeln** – wir schreiben unseren Code weiterhin auf **Basis von Webstandards** und nutzen eine **Bibliothek, um eine Brücke zwischen** unserem Code und den nativen Fähigkeiten unseres Geräts zu schlagen. **Plattformübergreifende Apps, die auf Basis von Webtechnologien erstellt wurden**! Gar nicht übel, dieser Kompromiss, meinen Sie nicht auch?

Neue Gelegenheiten

Die schottische Luftfahrtgesellschaft Loch Air hat sich bereit erklärt, als Hauptpreis eine Schottlandreise für zwei Personen zu finanzieren.

Für den Scottland for Ever-Kongress will Loch Air gemeinsam mit Tartans Unlimited, Eugens Organisation, einen Wettbewerb ausschreiben.

Bei der Tartan-Jagd müssen die Konferenzteilnehmer Tartans suchen, die an den Ständen der wichtigsten Sponsoren verborgen wurden.

Die Mitspieler sollen alle aufgeführten Tartans aufspüren und diese mit den Kameras ihrer Geräte fotografieren. Gefundene Tartans werden dann auf der Liste der versteckten Tartans abgehakt. Hat ein Teilnehmer alle Tartans gefunden, kann er die vollständige Liste anzeigen und die Reise gewinnen.

Unglücklicherweise gibt es da ein Problem.

Der Zugriff auf die Kamera und einige andere Features der Geräte, wie Tonaufzeichnung, Dateisystemoperationen, Netzwerkstatus und Kontaktdaten, ist in Mobilbrowsern großteils nicht möglich.

Frank: Wir haben weder die Zeit noch das Budget, um den Tartanator als native App für einen Haufen von Plattformen neu zu schreiben und gleichzeitig auch noch die neuen Features zu schaffen, die Eugen gern hätte.

Tim: Heißt das, dass wir diesen Job ablehnen müssen? Das wäre aber ziemlich schade.

Joachim: Ich frage mich, ob man nicht auch hier einen Kompromiss finden kann. Vielleicht können wir ihm eine *hybride App* vorschlagen.

Tim: Was ist denn das?

Joachim: Eine Hybrid-App ist eine native App, die mit Webtechnologien erstellt wurde. Weil es nativer Code ist, können wir auch Hardware wie die Kamera nutzen, aber der Code selbst wird mit Standardwebzeug geschrieben, damit wir ihn auf mehreren Plattformen nutzen können.

Viele Gerätefeatures wie die Kamera sind aus Mobilbrowsern nicht erreichbar.

Das wird langsam besser, aber es gibt immer noch Dinge, an die wir vom Browser aus nicht herankommen.

Frank: Aber wenn die App webbasiert ist und wir auf diese Features im Browser nicht zugreifen können, wie funktioniert das dann?

Joachim: Es gibt verschiedene Frameworks und Plattformen, die Brücken zwischen Web-Apps und nativem Code schlagen. Sie nehmen unsere Web-App, kauen etwas auf ihr herum und spucken dann eine – in nativer Form – verpackte App für verschiedene Plattformen aus. Sie kümmern sich um die verschiedenen Haken und Ösen, und wir können uns auf die Webstandards verlassen, die wir kennen.

Tim: Sollen wir den Tartanator dann in eine dieser Hybrid-Apps umwandeln?

Joachim: Ich glaube nicht, dass wir die Zeit haben, die vollständige App in eine native Form zu verpacken und ordentlich zu testen. Bei der knappen Zeit sollten wir vielleicht einfach vorschlagen, eine native App nur für den Wettbewerb zu schreiben?

Frank: Die Idee gefällt mir. Dabei gehen wir nicht das Risiko ein, übereilte Veränderungen an der Tartanator-Web-App vorzunehmen. Es hat etwas von einer Sonderausgabe – die Teilnehmer kommen und können eine spezielle App nur für dieses Event und diesen Wettbewerb herunterladen. Wenn du denkst, dass wir die Hybrid-App auf mehreren Plattformen zum Laufen bringen können, sollten wir das vielleicht Eugen vorschlagen.

Wie funktionieren Hybrid-Apps?

Sie schreiben Ihren Code mit Standardwebtechnologien wie HTML5, CSS und JavaScript – so, wie Sie immer schon Ihre Websites aufgebaut haben. Dann dient ein Framework oder eine Plattform als Brücke, das bzw. die Ihnen eine API bietet, die Sie nutzen können, um nativ auf die verschiedenen Geräteplattformen zuzugreifen. Es überbrückt den Graben zwischen Ihrem JavaScript und dem nativen Code für das Gerät (bei jeder Plattform, die es unterstützt) und erstellt Apps für die verschiedenen Plattformen.

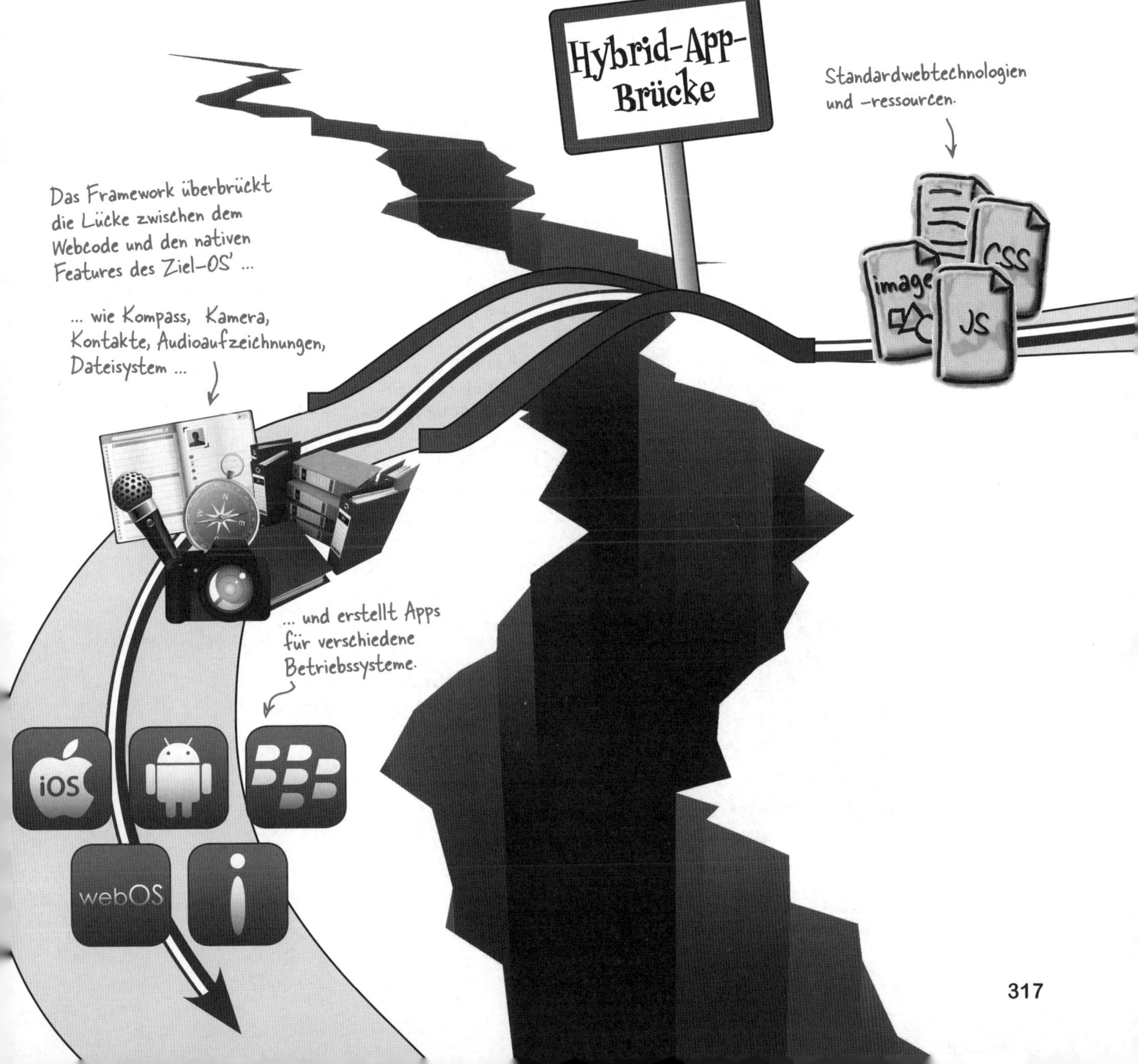

PhoneGap als Brücke zwischen Web und Gerät

PhoneGap ist eine Open Source-HTML5-Plattform, mit deren Hilfe Sie mit dem von uns erwähnten Hybridverfahren native Apps für verschiedene Mobilbetriebssysteme erstellen können. Sie schreiben Ihren Code, wie Sie ihn immer mit HTML, CSS und JavaScript geschrieben haben. PhoneGap schlägt die Brücke zwischen diesem Webcode und dem nativen Code über eine konsistente plattformübergreifende JavaScript-API.

PhoneGap wurde von der Firma Nitobi aus Vancouver entwickelt, die im Oktober 2011 von Adobe erworben wurde. Sie müssen allerdings nichts befürchten: Adobe hat bereits alle Schritte unternommen, um sicherzustellen, dass PhoneGap Open Source bleibt, indem es die Rechte an PhoneGap der gemeinnützigen Apache Software Foundation überschrieb. Das neu aus der Taufe gehobene Apache Cordova-Projekt wird dafür sorgen, dass die PhoneGap-Codebasis auch in Zukunft Open Source bleiben wird.

PhoneGap Build

PhoneGap unterstützt bis zu sieben Plattformen, aber in diesem Kapitel werden wir PhoneGap Build nutzen, das Apple iOS, Android, BlackBerry, WebOS und Symbian unterstützt.

PhoneGap Build ist ein webbasierter Dienst, über den Sie Ihren Code in der Cloud für mehrere Plattformen auf einmal kompilieren lassen können. Das nimmt dem Erstellungsprozess etwas von der Qual, da er Ihnen die Installation zumindest einiger SDKs, Plug-ins, IDEs und so weiter erspart, die Sie für jede Plattform benötigen, die Sie unterstützen wollen.

Während Sie bei der üblichen Entwicklung mit PhoneGap den Kompilations- und Erstellungsprozess selbst steuern müssen, laden Sie bei PhoneGap Build eine zip-Datei hoch (oder rufen Code aus einem Repository ab), und PhoneGap Build tut den Rest.

Wir werden Ihnen zeigen, wie Sie mit PhoneGap Build eine Hybrid-Android-App erstellen.

Es ist kein Problem, wenn Sie kein Android-Gerät haben. Wir werden Ihnen zeigen, wie Sie die App für ein echtes Gerät *und* für ein emuliertes Gerät erstellen.

Es gibt mehrere Gründe dafür, dass wir für unser Beispiel Android als Plattform gewählt haben.

Erstens ist die Plattform recht populär (ach, echt?). Und zweitens müssen Sie zahlendes Mitglied des iOS-Developer-Programms (80 €/Jahr) sein, wenn Sie iOS-Apps auf Geräten installieren wollen.

Für Android gibt es hingegen ein frei verfügbares SDK, das die Emulation vieler virtueller Geräte mit verschiedenen Versionen der Android-Plattform ermöglicht. Außerdem läuft das Android-SDK auf verschiedenen Plattformen, während Apples Xcode, die Entwicklungswerkzeuge, die Sie für die Entwicklung von iOS-Apps benötigen, nur auf einem Mac läuft.

Ist Ihre Entwicklungsumgebung einsatzbereit?

Wenn Sie es noch nicht getan haben, halten Sie kurz inne und machen einen Abstecher zu Anhang D. Sie müssen die richtigen Dinge installieren und lernen, wie man Apps auf virtuellen und realen Geräten installiert und auch wieder deinstalliert, bevor Sie mit den nächsten Schritten dieses Kapitels fortfahren können.

JavaScript voraus.

Sie müssen kein JavaScript-Genie sein, wenn Sie dieses Kapitel bewältigen wollen, aber wir können nicht leugnen, dass die Webentwicklung heutzutage ohne JavaScript nicht auskommt.

Wenn wir native Features wie die Kamera-APIs mit PhoneGap nutzen wollen, müssen wir eine clientseitige Technologie nutzen – und für diesen Job ist JavaScript offensichtlich genau das Richtige.

Es gibt keine Dummen Fragen

F: Gibt es noch andere Werkzeuge, Produkte oder Dienste für den Aufbau von Hybrid-Apps?

A: Zwei der bekanntesten Alternativen für die Entwicklung von Hybridanwendungen sind Appcelerator Titanium und das angekündigte Produkt Sencha Touch 2.

F: Welche Plattformen werden von PhoneGap unterstützt?

A: PhoneGap unterstützt aktuell Android, Bada, BlackBerry, iOS, Symbian, WebOS und Windows Phone 7. Eine Aufstellung aller Features, die auf den entsprechenden Plattformen unterstützt werden, finden Sie unter *http://phonegap.com/about/features*.

F: Unterstützt PhoneGap Build die gleichen Plattformen wie PhoneGap?

A: Nicht alle. Als dies geschrieben wurde, unterstützte es weder Windows Phone 7 noch Bada.

F: Ist PhoneGap frei?

A: Ja. PhoneGap – oder, wie es in Zukunft heißen wird, Apache Cordova – ist Open Source und frei.

F: Was ist mit PhoneGap Build? Ist das auch frei?

A: Je nachdem. PhoneGap Build bietet verschiedene Stufen. Die freie Variante gestattet Entwicklern, eine einzige private App zu erstellen. Wir werden den freien Dienst nutzen, um die Tartan-Jagd-App zu schreiben. Die anderen Leistungsstufen von PhoneGap Build erhöhen die Anzahl an privaten Apps und Projektmitarbeitern.

F: Warum muss ich das Android-SDK installieren?

A: Wir werden die Tartan-Jagd-App nicht selbst kompilieren und erstellen müssen. Das wird PhoneGap für uns erledigen – aber wir müssen die App trotzdem installieren und auf einem Emulator, einem Gerät (wenn Sie ein Android-Gerät haben) oder auf beidem testen. Und dazu werden wir einige der Werkzeuge benötigen, die das SDK mitbringt.

Die Eclipse-IDE, die wir benötigen würden, wenn wir den Code selbst entwickeln und erstellen wollten, müssen wir jedoch nicht installieren. Zumindest diesen Schritt haben wir uns also gespart!

F: Warum kann auf bestimmte Dinge im Browser eigentlich nicht zugegriffen werden?

A: Es gibt verschiedene Gründe dafür, dass Sie auf einem Mobilgerät nicht alles tun können.

Sicherheit ist ein wichtiger Punkt dabei. Dem Browser Zugriff auf Dinge wie das Dateisystem oder die Kontaktliste des Benutzers zu geben, ist ein Schritt, bei dem man große Umsicht walten lassen muss, damit alles ordentlich abgesichert ist. Diese Dinge richtig zu machen, erfordert Zeit.

Außerdem sind die vorgeschlagenen Standards für diese Features noch recht jung und unvollständig. Bei anderen Dingen gibt es mehrere Varianten, die um Adoption heischen. Während diese Falten ausgebügelt werden, müssen Sie davon ausgehen, dass Sie mit widersprüchlichen und inkonsistenten Implementierungen konfrontiert werden.

Trotzdem wollen wir hier schon einmal einen Toast auf jene Zukunft, auf eine reiche und einheitliche standardisierte Geräte-API, ausbringen! Lassen Sie uns den Weg dorthin gemeinsam genießen!

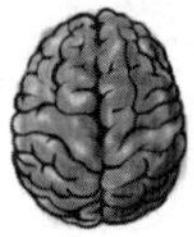

KOPF-NUSS

Wenn Sie ein Gerät haben, das kein Android-Gerät ist, aber zu den von PhoneGap Build unterstützten Plattformen *zählt*, oder wenn Sie einen Apple Developer-Account haben, ermutigen wir Sie, die Beispiele in diesem Kapitel für Ihre Plattform zu erstellen und zu testen.

Unsere Testküche hat die Tartan-Jagd-App erfolgreich auf unterschiedlichen Versionen von Android und iOS zum Laufen gebracht.

Machen Sie sich mit PhoneGap Build vertraut

Tun Sie das!

Begeben Sie sich zu *https://build.phonegap.com* und erstellen Sie einen Account. Das ist kostenlos und dauert nur einen Augenblick.

Wie die App funktionieren wird?

Die Startseite unserer App wird die Spielregeln und die Liste der zu suchenden Tartans anzeigen. Ein Tipp auf ein Element in der Liste führt den Benutzer zu einer Anzeige von Informationen zu dem Hersteller, an dessen Stand der Tartan gefunden werden kann.

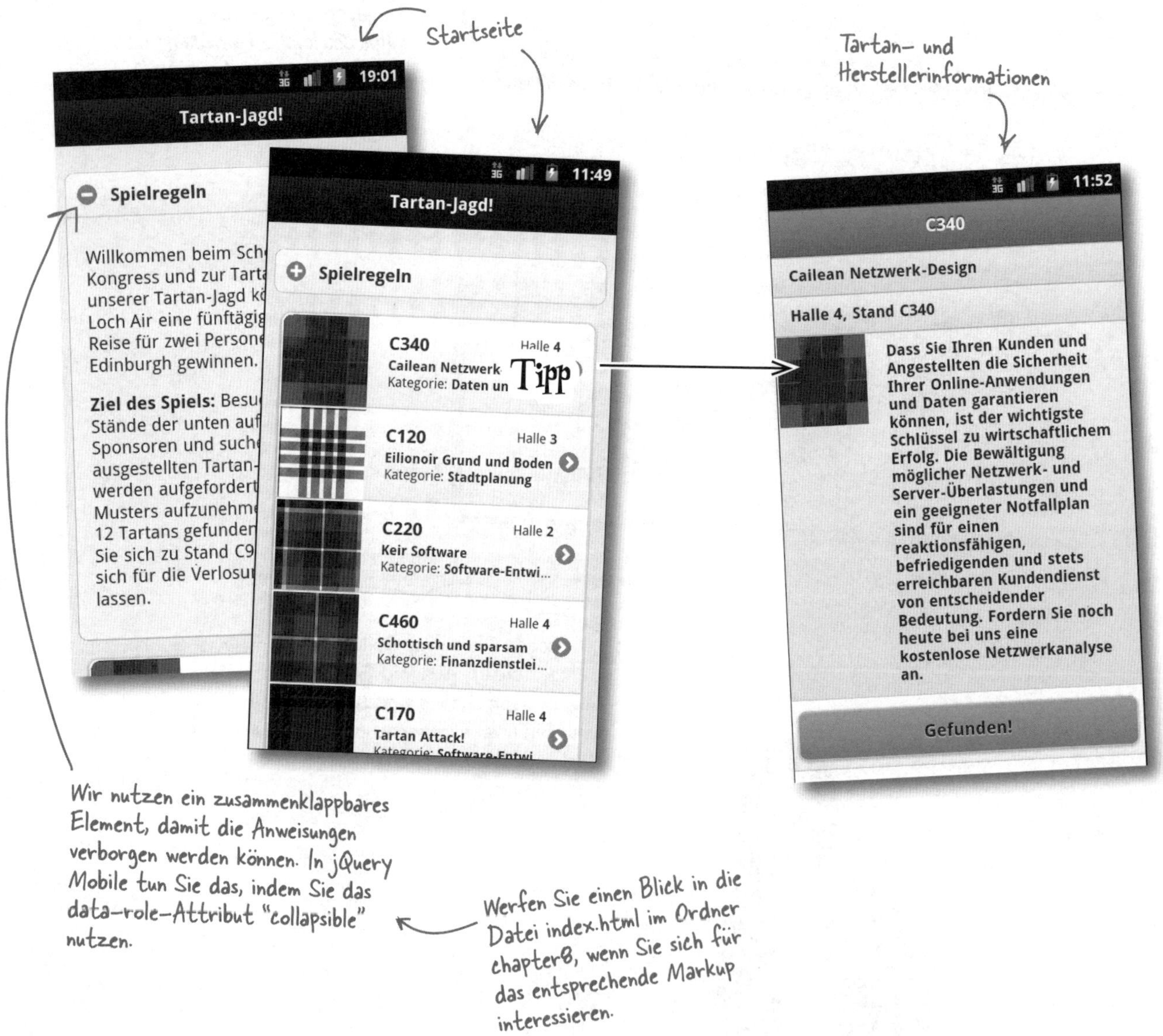

Aufgespürte Tartans festhalten

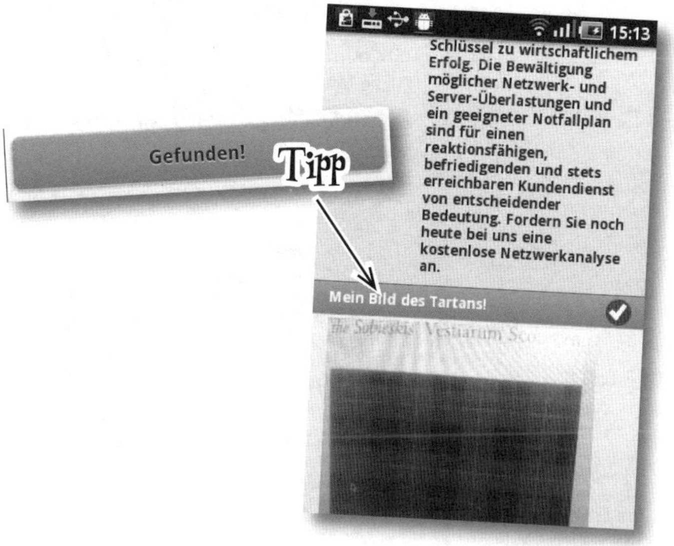

Wenn unsere App fertig ist, wird ein Tipp auf den »Gefunden!«-Button die Kamera des Geräts in Gang setzen, damit der Mitspieler ein Foto des entdeckten Tartans aufnehmen kann. Das Foto wird auf der Informationsseite angezeigt und in der Liste auf der Startseite mit »gefunden« abgehakt.

Das elementare HTML-Layout, das CSS und die Bilder haben wir bereits für Sie erledigt. **Jetzt müssen wir es dazu bringen, etwas zu tun, indem wir eine native Android-App mit PhoneGap Build aufbauen.**

Wie Sie jetzt fortfahren werden

- ☐ Richten Sie ein PhoneGap Build-Projekt ein und konfigurieren Sie es. Entpacken Sie das aktuelle HTML, das CSS und die Bilder. Erstellen Sie die App und installieren Sie sie auf einem Android-Gerät oder -Emulator.
- ☐ Geben Sie den Spielern die Möglichkeit, die Tartans zu markieren, die sie entdeckt haben.
- ☐ Ermöglichen Sie den Spielern, die Fotos der von ihnen entdeckten Tartans zu speichern.

Anatomie des Tartan-Jagd-Projekts

Hier ist die vereinfachte Struktur des Inhalt-<div> in *index.html*.

Die Struktur des Inhalts ist ein <ul> mit einem Haufen eingebetteter <ul>s.

Jedes Tartan-<li>-Element enthält eine geschachtelte Liste (ul.details) mit weiteren Informationen zum Hersteller und dem »Gefunden!«-Button.

```
<div data-role="content">
  <div data-role="collapsible">...</div>
  <ul id="vendors">
    <li>
      <ul class="details">
        <li>...</li>
        <li>...</li>
        ...
      </ul>
    </li>
    <li>
      <ul class="details">
        <li>...</li>
        <li>...</li>
        ...
      </ul>
    </li>
    ...
  </ul>
</div>
```

index.html

ul#vendors hat einen Eintrag (<li>) pro zu suchendem Tartan.

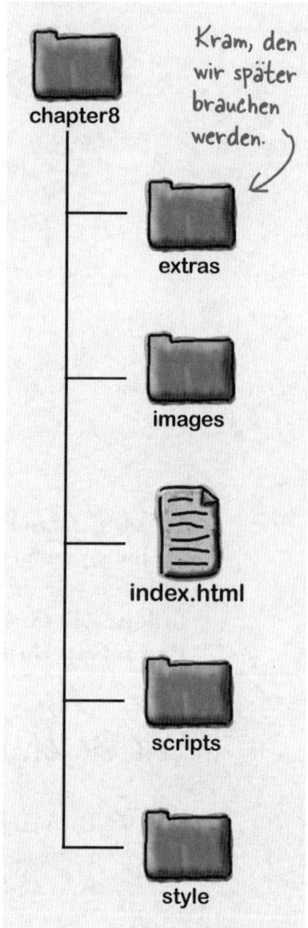

Wir werden für dieses Projekt jQuery Mobile nutzen – das Aussehen wird also im Wesentlichen dem des Tartanators entsprechen.

Wir sind bereits für PhoneGap Build bereit

(fast)

Die Struktur unseres Fundaments ist jetzt so gut wie vorbereitet für den Einsatz in PhoneGap Build.

Die Struktur von PhoneGap Build-Projekten beruht auf der ***W3C-Web-Widget-Spezifikation***. Web-Widgets sind gekapselte Web-Apps, die nicht als eigenständige Client-Apps gedacht sind. In ihrer elementarsten Form bestehen sie aus zumindest einer *Startdatei* (hier *index.html*) und einer *Konfigurationsdatei* (in XML). Sie können alle Dateien einschließen, die Ihre App benötigt – Dinge wie Bilder, CSS und JavaScript ...

Sie wollen die Spezifikation lesen? Hier ist sie: www.w3.org/TR/widgets/.

Wir haben es fast schon geschafft. Aber **wir müssen noch eine Konfigurationsdatei erstellen**, um PhoneGap Build einige der Informationen zu unserer App zu liefern.

PhoneGap Build sucht in unserem Projekt nach einer Datei namens *config.xml*. Erstellen wir diese nun!

ÜBUNG

Erstellen wir unsere erste PhoneGap Build-App. Zunächst benötigen wir eine Konfigurationsdatei. Erstellen Sie im Verzeichnis *chapter8* eine Datei namens *config.xml*. Nutzen Sie das unten vorgegebene Template, um den Inhalt der Datei zu vervollständigen.

Geben Sie der App einen verständlichen Namen und eine Beschreibung.

```
<?xml version="1.0" encoding="UTF-8"?>
<widget xmlns      = "http://www.w3.org/ns/widgets"
      xmlns:gap    = "http://phonegap.com/ns/1.0"
      id           = ""
      version      = "1.0.0">
  <name></name>
  <description></description>
  <author href=""
      email="">YOUR NAME HERE
  </author>
  <icon src="images/touch-icon-iphone4.png" height="114" width="114" />
</widget>
```

Nutzen wir als ID für unsere App com.hfmw.tartanhunt.

Ihre Website und Ihre E-Mail-Adresse. Sie können http://hf-mw.com nutzen, wenn Sie keine eigene Site haben.

Ergänzen Sie die Icons! Diese werden auf dem Startbildschirm des Benutzers angezeigt. Das erste haben wir für Sie eingesetzt. Suchen Sie das Verzeichnis mit den entsprechenden Bildern und fügen Sie die anderen ebenfalls hinzu.

config.xml

Sie erinnern sich bestimmt, dass ein PhoneGap Build-Projekt entweder auf Basis einer zip-Datei oder aus einem Code-Repository erstellt wird. Wir werden eine zip-Datei wählen.

Verpacken Sie den gesamten Inhalt des Verzeichnisses *chapter8*. Der Name der resultierenden Datei spielt keine Rolle. Es muss lediglich ein zip-Archiv mit der Dateinamenserweiterung *.zip* sein.

Ihre *config.xml*-Datei müsste jetzt ungefähr diese Form haben. Geben Sie jetzt jedoch nicht Ihre Identität auf! Sie sollten schon Ihren eigenen Namen und so verwenden.

```
<?xml version="1.0" encoding="UTF-8"?>
<widget xmlns      = "http://www.w3.org/ns/widgets"
      xmlns:gap    = "http://phonegap.com/ns/1.0"
      id           = "com.hfmw.tartanhunt"
      version      = "1.0.0">
  <name>Tartan-Jagd</name>
  <description>Eine Begleitanwendung für den Schottland-Kongress:
Gewinnen Sie eine Reise für 2 nach Edinburgh mit Loch Air!</
description>
  <author href="http://www.hf-mw.com"
      email="help@hf-mw.com">
      Lyza Gardner und Jason Grigsby
  </author>
<icon src="images/touch-icon-iphone4.png" height="114" width="114" />
<icon src="images/touch-icon-ipad.png" height="72" width="72" />
<icon src="images/touch-icon-iphone.png" height="57" width="57" />
<icon src="images/icon-48.png" height="48" width="48" />
<icon src="images/icon-36.png" height="36" width="36" />
</widget>
```

PhoneGap Build liefert für jedes Gerät das richtige Symbol aus …

config.xml

ÜBUNG

Loggen Sie sich in PhoneGap Build ein, um sich Ihr Dashboard anzusehen. Zeit, dass wir unsere App erstellen!

https://build.phonegap.com

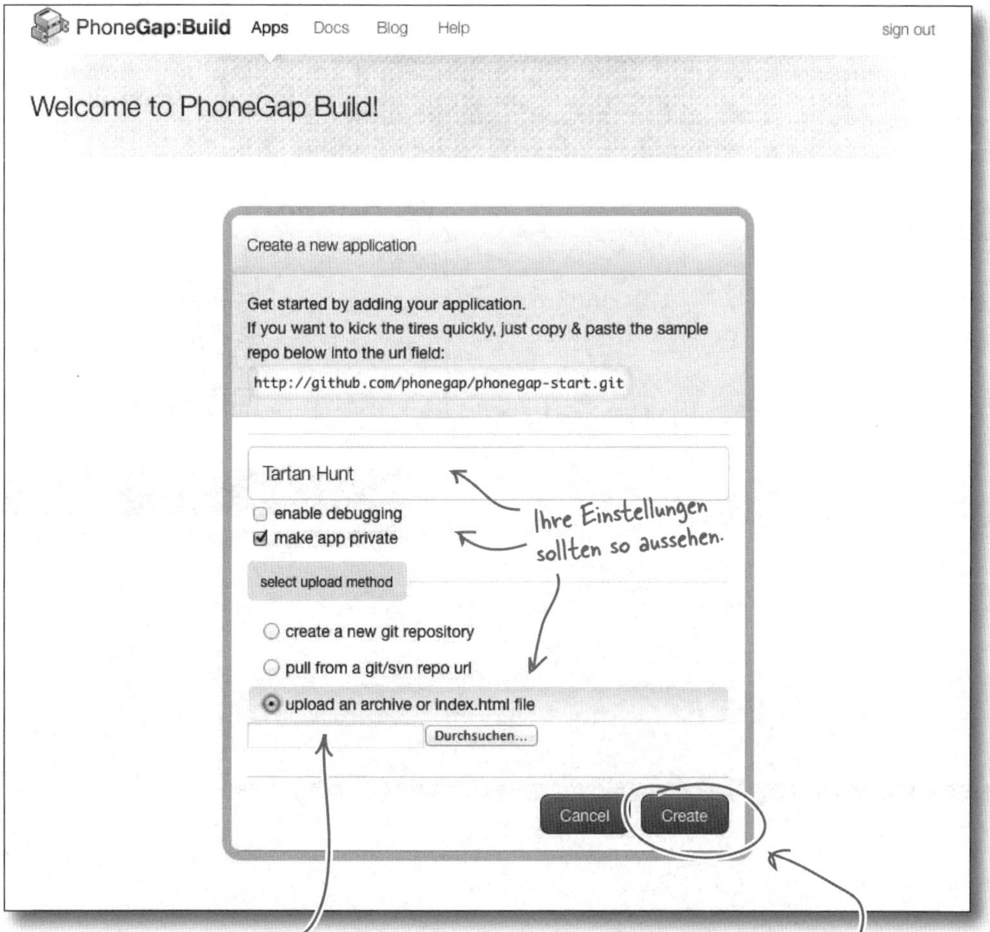

Wählen Sie die zip-Datei, die Sie erstellt haben, im Verzeichnis chapter8 aus.

Klicken Sie auf Create, um Ihre App zu erstellen.

Laden Sie Ihre App herunter

Wenn Sie die zip-Datei hochgeladen haben, merkt PhoneGap Build Ihre App für die Erstellung vor. Warten Sie ein oder zwei Minuten, bevor Sie die Seite aktualisieren. Sie sollten Download-Buttons für alle Plattformen sehen, für die die App erfolgreich erstellt werden konnte. Wir wollen das Android-Paket (APK-Datei) herunterladen.

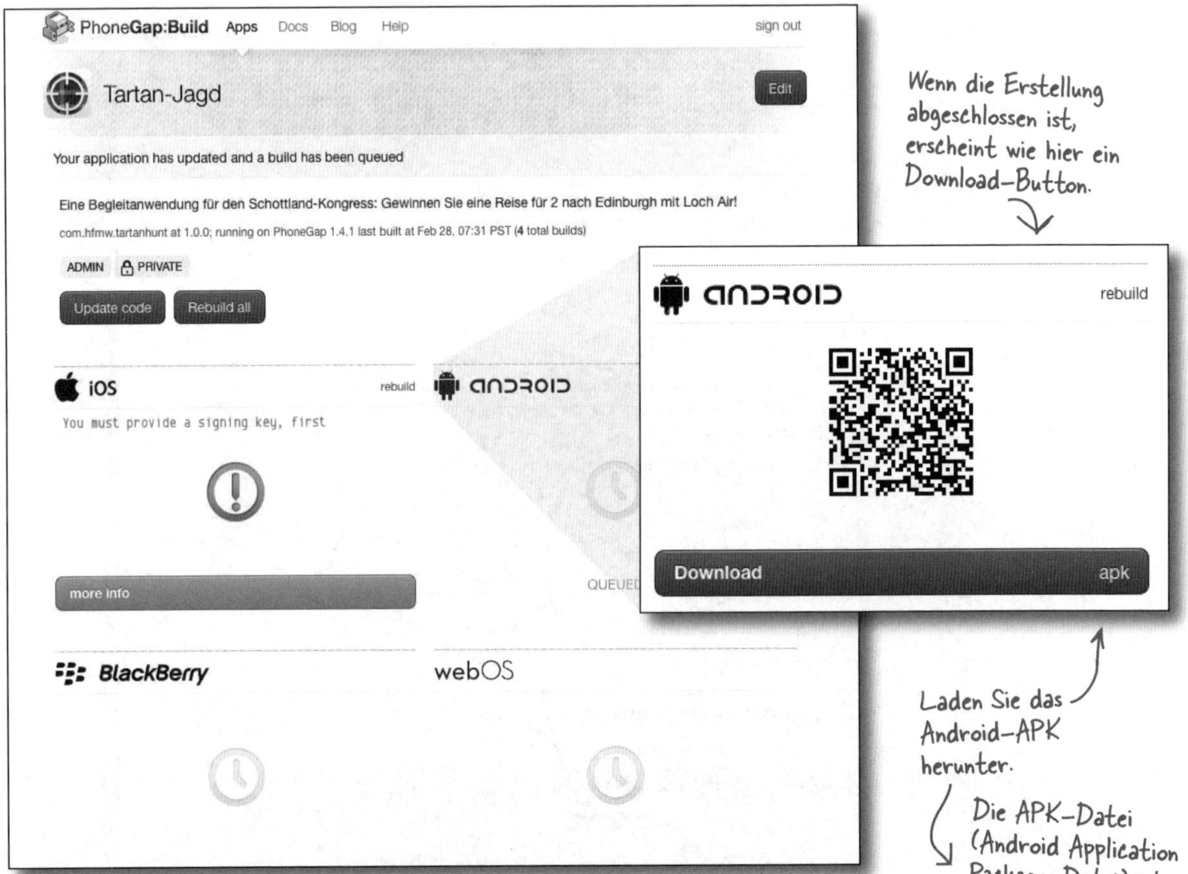

Wenn die Erstellung abgeschlossen ist, erscheint wie hier ein Download-Button.

Laden Sie das Android-APK herunter.

Die APK-Datei (Android Application Package-Datei) ist die verpackte und installationsbereite App.

Okay, los geht's mit der App-Installation!

Wählen Sie Ihren Weg

Installation auf einem Emulator

Zur Vorbereitung der Installation der App auf einem virtuellen Gerät müssen Sie das Android-SDK starten. Gehen Sie zu Tools   Manage AVDs, um eine Liste der installierten virtuellen Android- Geräte (kurz AVDs) zu öffnen. Starten Sie ein Gerät mit einer neueren Version von Android. Das emulierte Gerät muss laufen, wenn Sie die App installieren. Versuchen Sie nicht, die App zu installieren, bevor der Emulator den Bootvorgang abgeschlossen hat.

ODER

Installation auf einem echten Gerät

Glückwunsch, wenn Sie ein echtes Android-Gerät haben. Verbinden Sie das Gerät mit einem USB-Anschluss Ihres Rechners. Ja. Mehr müssen Sie nicht tun.

Achtung, fertig, los!

Der Installationsvorgang ist der gleiche, unabhängig davon, ob Sie die App auf einem virtuellen oder einem physischen Gerät installieren. Öffnen Sie ein Terminalfenster (Mac oder Linux) oder geben Sie im Suchfeld des Startmenüs **cmd** ein (Windows), um eine Kommandozeile aufzurufen, und wechseln Sie mit **cd** in das Verzeichnis, in das Sie die Android-APK-Datei heruntergeladen haben.

Zur Installation verwenden Sie den folgenden Befehl:

```
adb install <der Name der Paketdatei>
```

Das behandeln wir in Anhang D ausführlicher.

Nicht vergessen! Ihr (echtes) Gerät muss eingesteckt oder Ihr Emulator vollständige gebootet sein, bevor Sie diesen Befehl ausführen.

Unsere APK-Datei hat den Namen Tartan_Jagd.apk.

Sie sollten ein ähnliche Meldung erhalten ...

```
Datei  Bearbeiten  Fenster  Hilfe  Tartans
$ adb install Tartan_Jagd.apk
1157 KB/s (683431 bytes in 0.576s)
      pkg: /data/local/tmp/Tartan_Jagd.apk
Success
$
```

Wir empfehlen Ihnen, ein AVD für Android 2.3 oder 4.0+ zu nutzen. Die Emulatoren für frühere Versionen können etwas kleinkariert sein – insbesondere in Bezug auf den Kamerakram, mit dem wir uns nachher befassen werden.

Sie sollten die Tartan-Jagd-App jetzt im Anwendungsfenster des Geräts oder Emulators sehen. Worauf warten Sie. Starten Sie die App!

Wenn Sie die App das erste Mal ausführen, kann der Start eine Weile – bis zu 30 Sekunden – dauern.

Die Startseite auf einem iOS-Gerät – ja, wenn Sie einen Signierungsschlüssel haben, funktioniert das!

Das Startfenster der App in einem emulierten Android-Gerät mit Version 2.3.3.

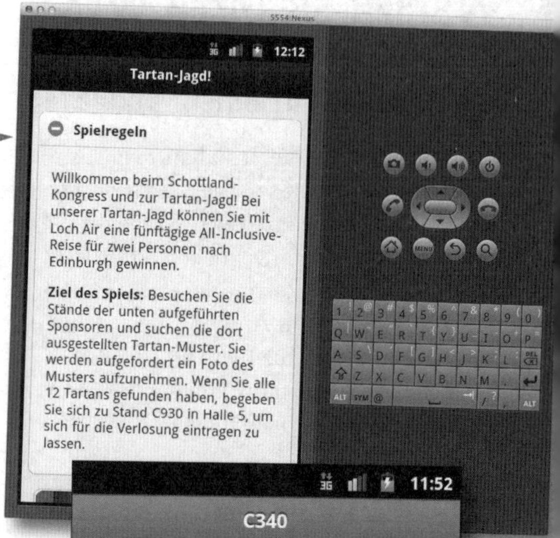

Eine der Unterseiten in einem Android Nexus S.

Die Startseite mit zusammengeklappten Anweisungen auf einem emulierten Android-Gerät.

Das Tartan-Jagd-Icon erscheint im Android-Anwendungsfenster.

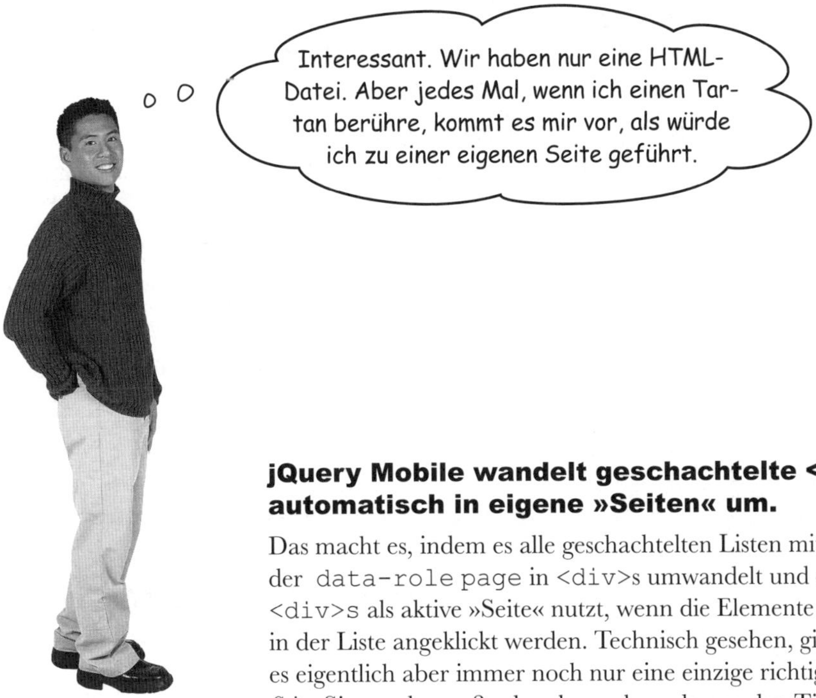

jQuery Mobile wandelt geschachtelte <ul>s automatisch in eigene »Seiten« um.

Das macht es, indem es alle geschachtelten Listen mit der `data-role page` in `<div>`s umwandelt und diese `<div>`s als aktive »Seite« nutzt, wenn die Elemente in der Liste angeklickt werden. Technisch gesehen, gibt es eigentlich aber immer noch nur eine einzige richtige *Seite*. Sie werden außerdem bemerken, dass es den Titel des übergeordneten Listenelements (in unserem Fall die Nummer des Herstellerstands) als Titel der Seite für die eingebettete Liste nutzt.

Übung

Führen wir einen Splashscreen ein, damit unsere Benutzer nicht auf den langweiligen leeren Bildschirm starren müssen, während die App geladen wird. Werfen Sie einen Blick in die PhoneGap Build-Dokumentation zur *config.xml*-Datei unter *https://build.phonegap.com/docs/config-xml*, um herauszufinden, wie das geht. Suchen Sie die beiden Splashscreen-Bilder in *chapter8/extras/images* und verschieben Sie sie in den Ordner *chapter8/images*.

Aktualisieren Sie *config.xml*, verpacken Sie *chapter8* wieder, erstellen Sie die App erneut auf PhoneGap Build und installieren Sie sie erneut, um zu sehen, wie sich der neue Splashscreen macht.

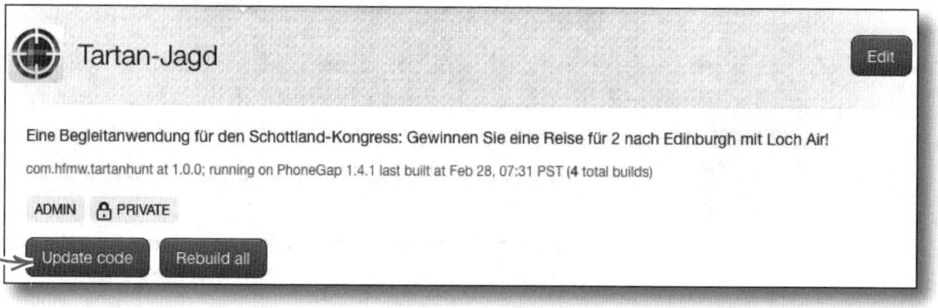

Suchen Sie nach dem »Update code«-Button, um Ihre aktualisierte zip-Datei hochzuladen. Die Neuerstellung startet unmittelbar, nachdem das Hochladen abgeschlossen ist.

→ **Lösungen auf Seite 334.**

Aufgepasst

Sie müssen die App deinstallieren, bevor Sie sie erneut installieren können, nachdem Sie Änderungen vorgenommen haben.

Jedes Mal, wenn Sie die App auf PhoneGap Build neu erstellen und neu auf einem Gerät oder einem Emulator installieren müssen, müssen Sie sie erst deinstallieren. Führen Sie den folgenden Befehl aus, wenn das Gerät über USB angebunden ist oder der Emulator läuft, von dem Sie die App deinstallieren wollen.

```
Datei  Bearbeiten  Fenster  Hilfe  TartanJagd
$ adb uninstall com.hfmw.tartanhunt
Success
$
```

Beachten Sie, dass Sie bei der Deinstallation die Paket-ID der App nutzen (com.hfmw.tartanhunt oder eine beliebige andere ID, die Sie in config.xml gesetzt haben), nicht den Namen der APK-Datei, wie Sie es beim Installationsbefehl gemacht haben.

Gute Arbeit!

Hammer. Wir haben eine App. Bringen wir sie jetzt dazu, das zu tun, was von ihr erwartet wird. Wir haben die Funktionen auf zwei Schritte verteilt.

Zunächst soll sich die App merken können, welche Tartans der Benutzer bereits gefunden hat. Wenn der Benutzer auf den »Gefunden!«-Button tippt, muss die App das irgendwie nachhalten können.

Glückwunsch, Sie haben gerade eine native Mobil-App erstellt.

Hat gar nicht wehgetan, oder? Sie können Ihr Web-Know-how nutzen, um ohne große Umstände nativen Kram zu erstellen!

Speichern, welche Tartans die Benutzer gefunden haben

- [x] Richten Sie ein PhoneGap Build-Projekt ein und konfigurieren Sie es. Entpacken Sie das aktuelle HTML, das CSS und die Bilder. Erstellen Sie die App und installieren Sie sie auf einem Android-Gerät oder -Emulator.
- [ ] **Geben Sie den Spielern die Möglichkeit, die Tartans zu markieren, die sie entdeckt haben.**
- [ ] Ermöglichen Sie den Spielern, die Fotos der von ihnen entdeckten Tartans zu speichern.

Zunächst wollen wir die Fähigkeit einbauen, die von den Benutzern gefundenen Tartans festzuhalten.

Später werden wir uns darum kümmern, dass die Benutzer aufgefordert werden, ein Foto aufzunehmen.

Wie bringe ich die App dazu, sich zu »merken«, von welchen Tartans der Benutzer behauptet, sie gefunden zu haben? Müssen wir uns dazu nicht doch die Finger mit nativem Code beschmutzen?

Glücklicherweise können wir das mithilfe eines HTML5-Webstandards namens LocalStorage mit JavaScript bewältigen.

Er wird bereits von den Standardbrowsern aller Mobilplattformen unterstützt, die wir mit PhoneGap Build anvisieren.

Von BlackBerry wird er erst seit OS 6 unterstützt, aber BlackBerry unterstützen wir aktuell sowieso nicht.

Wer fand was? - Gefundene Tartans speichern

Einfache Daten – in unserem Fall die Tartans, die der Benutzer gefunden hat – können wir ohne große Umstände auf dem Client speichern, indem wir im Browser die **LocalStorage-API** nutzen.

Was ist das Besondere an LocalStorage?

Früher haben Entwickler häufig **HTTP-Cookies** eingesetzt, um Daten auf dem Client zu speichern. Cookies haben jedoch einige Nachteile.

Jedes Mal, wenn der Client einen Request an den Server ausführt, wird der gesamte Inhalt aller Cookies für diese Domain übertragen. Manchmal wollen Entwickler größere Datenmengen auf dem Client speichern – beispielsweise Bilder oder umfangreichere Konfigurationsdaten –, was mit Cookies nicht machbar ist (zumindest nicht auf performancefreundliche Weise).

Dazu ist die Arbeit mit Cookies in JavaScript ausgesprochen umständlich. Sie sind einfach recht sperrig. und außerdem wollen wir manchmal Daten auf dem Client speichern, die der Server überhaupt nicht kennen muss (oder vielleicht gibt es, wie in unserem Fall, *überhaupt keinen Server*).

LocalStorage wurde speziell zur Speicherung einfacher Stringdaten in Schlüssel/Wert-Paaren auf dem Client entworfen. Es bietet uns Methoden zum Setzen, Abrufen und Leeren der Daten – und das war es auch schon. Es ist nicht sonderlich kompliziert.

Jetzt hat unsere App einen Splashscreen! So sieht dieser auf einem iPod Touch aus.

LÖSUNG ZUR ÜBUNG

Hier ist das Ende der *config.xml*-Datei mit den ergänzten Splashscreens. Die beiden Größen ermöglichen uns, auf Geräten mit höherer Auflösung eine größere Version anzubieten.

```
   <icon src="images/icon-48.png" height="48" width="48" />
   <icon src="images/icon-36.png" height="36" width="36" />

   <gap:splash src="images/splash2x.png" width="640" height="960" />
   <gap:splash src="images/splash.png" width="320" height="480" />
</widget>
```

config.xml

Was LocalStorage für uns leistet

Wenn ein Mitspieler auf den »Gefunden!«-Button tippt, können wir einen Eintrag in LocalStorage machen. Und wenn wir sehen wollen, welche Tartans der Teilnehmer bereits gefunden hat, schlagen wir diese in LocalStorage nach.

Der Getter und der Setter

LocalStorage bietet zwei Methoden, die seine wichtigsten Funktionen bereitstellen. Erst setzen wir einen Wert:

Schlüssel und Wert müssen beides Strings sein.

Ein Schlüssel, der das benennt, das wir speichern.

Der Wert, den wir speichern wollen.

```
localStorage.setItem(key, value);
```

Später können wir nach dem Wert fragen, indem wir den Schlüssel nutzen:

Der Schlüssel, für den wir gern die gespeicherten Daten hätten!

```
var storedValue = localStorage.getItem(key);
```

Wird ein Wert für den Schlüssel gefunden, wird er storedValue zugewiesen.

Werden für den Schlüssel keine Daten gefunden, ist storedValue null.

In unserem Fall könnten wir Folgendes tun, wenn ein Benutzer angibt, z. B. den Douglas-Tartan am Stand eines Herstellers gefunden zu haben, indem er auf den »Gefunden!«-Button tippt:

```
localStorage.setItem('douglas', 'true');
```

Wollen wir später prüfen, ob er den Douglas-Tartan bereits gefunden hat, fragen wir LocalStorage das:

```
var isFound = localStorage.getItem('douglas');
```

LocalStorage-JavaScript-Magneten

Jetzt müssen wir uns daranmachen, *scripts/app.js* (den wesentlichen JS-Code unserer App) so zu ändern, dass gefundene Tartans gespeichert werden. Die aktualisierte *app.js*-Datei finden Sie auf der nächsten Seite. Sie sollen die Kommentarzeilen vor dem Code einsetzen, den sie beschreiben.

Sie dürfen alle Magneten nur einmal verwenden, und es könnte sein, dass Magneten übrig bleiben!

// Den Eintrag aus LocalStorage abrufen

// Der Klick-Handler für den "Gefunden!"-Button

// Alle Einträge aus LocalStorage löschen

// jQM-Seitenübergänge abschalten

// Ein wie ein Button gestyltes <a>-Element erstellen

// Den Unterseiten für geschachtelte Listen einen Zurück-Button hinzufügen

// Prüfen, ob der Browser LocalStorage unterstützt

// In die Seite den Reset-Button einfügen

// Speichern, dass dieser Tartan gefunden wurde

// Klick-Handler für den "Gefunden!"-Button einfügen

// Die Funktion initDevice aufrufen, wenn das DOM bereit ist

// Die ID der angeklickten Buttons abrufen

// Einen Klick-Handler für den Zurücksetzen-Button einfügen

// Die Anzeige aktualisieren, damit die gefundenen Tartans angezeigt werden

```
(function() {
  $(document).bind("mobileinit", function() {

    $.extend($.mobile, { defaultPageTransition: 'none' });

    $.mobile.page.prototype.options.addBackBtn = true;
    $.mobile.page.prototype.options.backBtnText = 'Zurück';
  });

  var initDevice = function() {

    if (typeof(window.localStorage) == 'object') {

      $('.foundTartan').click(tartanFound);

      addResetButton();
    }
  };

  $(document).ready(initDevice);

  var tartanFound = function(event) {

    var tartanKey = $(event.currentTarget).attr('id');

    localStorage.setItem(tartanKey, 'true');
  };
  var addResetButton = function() {

    var $resetButton = $('<a></a>').attr('data-role','button').html('Neu anfangen!');

    $resetButton.click(function() {

      localStorage.clear();

    });

    $resetButton.appendTo($('#booths'));
  };
})();
```

app.js

LocalStorage-JavaScript-Magneten, Lösung

```
(function() {
  $(document).bind("mobileinit", function() {
    // jQM-Seitenübergänge abschalten
    $.extend($.mobile, { defaultPageTransition: 'none' });
    // Den Unterseiten für geschachtelte Listen einen Zurück-Button hinzufügen
    $.mobile.page.prototype.options.addBackBtn = true;
    $.mobile.page.prototype.options.backBtnText = 'Zurück';
  });

  var initDevice = function() {
      // Prüfen, ob der Browser LocalStorage unterstützt
    if(typeof(window.localStorage) == 'object') {
      // Klick-Handler für den "Gefunden!"-Button einfügen
      $('.foundTartan').click(tartanFound);

      addResetButton();
    }
  };
  // Die Funktion initDevice aufrufen, wenn das DOM bereit ist
  $(document).ready(initDevice);
    // Der Klick-Handler für den "Gefunden!"-Button
  var tartanFound = function(event) {
    // Die ID der angeklickten Buttons abrufen
    var tartanKey = $(event.currentTarget).attr('id');
    // Speichern, dass dieser Tartan gefunden wurde
    localStorage.setItem(tartanKey, 'true');
  };

  var addResetButton = function() {
    // Ein wie ein Button gestyltes <a>-Element erstellen
    var $resetButton = $('<a></a>').attr('data-role','button').html('Neu anfangen!');
    // Einen Klick-Handler für den Zurücksetzen-Button einfügen
    $resetButton.click(function() {
    // Alle Einträge aus LocalStorage löschen
      localStorage.clear();
    });
    // In die Seite den Reset-Button einfügen
    $resetButton.appendTo($('#booths'));
  };
})();
```

Die Seitenübergänge schalten wir ab, weil sie auf manchen Android-Geräten langsam sind.

Dies sorgt dafür, dass der Button eine verständliche deutsche Beschriftung erhält.

Den Klick-Handler brauchen wir nur bei Browsern, die LocalStorage unterstützen.

Gleiches gilt für den Zurücksetzen-Button.

Der Wert 'true' ist recht willkürlich, aber *irgendetwas* müssen wir ja speichern.

Sie sehen, dass wir einen Button ergänzen, damit der Benutzer das Spiel zurücksetzen und von vorn beginnen kann.

Mit dieser clear()-Methode hatten wir Sie noch nicht vertraut gemacht – ist Ihnen klar, was sie macht?

Sie macht, was man erwartet: Sie löscht alle Schlüssel und Werte aus LocalStorage.

app.js

Prüfen, was der Browser unterstützt

Vor langer Zeit in Kapitel 2 hatten wir uns mit der **clientseitigen Eigenschaftserkennung** befasst, und das tun wir hier in der Funktion `initDevice` erneut. Wir prüfen, ob `window.localStorage` ein Objekt ist, um in Erfahrung zu bringen, ob LocalStorage vom Browser unterstützt wird.

```
var initDevice = function() {
        if (typeof(window.localStorage) == 'object') {
                $('.foundTartan').click(tartanFound);
                addResetButton();
        }
}
```

Wir führen hier eine clientseitige Eigenschaftserkennung durch, um zu prüfen, ob LocalStorage unterstützt wird, bevor wir den Klick-Handler ergänzen und den Zurücksetzen-Button anzeigen.

initDevice wird auf $(document).ready() aufgerufen. Übersetzung: Die Funktion wird aufgerufen, wenn das DOM der Seite von jQuery vollständig initialisiert wurde.

Die clientseitige Eigenschaftserkennung kann wie in diesem Beispiel recht einfach sein, aber es gibt auch JavaScript-Bibliotheken, die eine Erkennung vieler Eigenschaften vereinfachen. Modernizr (*http://modernizr.com*) ist ein Beispiel für ein derartiges Werkzeug, das häufig zum Einsatz kommt.

In Kapitel 5 haben wir außerdem mit WURFLs Gerätefähigkeitsdatenbank eine Eigenschaftserkennung betrieben. Das war eine serverseitige Eigenschaftserkennung.

Moment ... die Geschichte ist noch nicht vorüber

Die Kommentar-Magneten, die wir nicht benötigt haben, geben uns einen Hinweis darauf, was wir noch tun müssen. Wir speichern die gefundenen Tartans und bieten eine Möglichkeit, die gespeicherten Tartans zu löschen, aber die Schnittstelle ändert sich nicht. Wir müssen etwas Code schreiben, der die **Anzeige aktualisiert, damit die Spieler sehen können, welche Tartans sie bereits gefunden haben**. Blättern Sie um, damit wir damit beginnen können.

Die verbliebenen Magneten. Um die müssen wir uns jetzt kümmern!

```
// Den Eintrag aus LocalStorage
// abrufen.
```

```
// Die Anzeige aktualisieren, damit
// die gefundenen Tartans angezeigt
// werden.
```

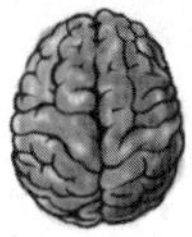

KOPF-NUSS

Dadurch dass wir den Klick-Handler und den Zurücksetzen-Button nur einsetzen, wenn LocalStorage unterstützt wird, setzen wir de facto wie in Kapitel 4 eine Untergrenze für die unterstützten Browser. Haben Sie eine Idee, warum das in Ordnung sein könnte? Und fällt Ihnen auch ein, warum es Fälle geben kann, in denen das nicht angemessen ist?

Mit einer Funktion die gefundenen Tartans anzeigen

Das klingt, als bräuchten wir in unserem JavaScript eine weitere Funktion – eine, die das Aussehen der Seite in Abhängigkeit von den gefundenen Tartans aktualisieren kann. Machen wir uns wieder an die Arbeit. Wir werden unsere neue Funktion `refreshTartans` nennen, weil sie die Tartan-Liste und die Seite mit den Tartan-Details so aktualisiert, dass sie widerspiegeln, welche Tartans gefunden wurden.

Jede der geschachtelten Listen – `ul.details` – in *index.html* enthält Informationen zu einem Hersteller und einem zu suchenden Tartan. Wir können das `id`-Attribut dieser Listen nutzen, um den Schlüssel zu ermitteln, den wir für die Suche in LocalStorage benötigen. Wenn es einen Wert für diesen Schlüssel gibt, wurde ein Tartan gefunden. Folglich müssen wir die Schnittstelle so aktualisieren, dass sie das wiedergibt.

JavaScript-Fertiggericht

Das ist jQuery-Code. Er sagt: Alle Elemente der Schleife durchlaufen, die dem angegebenen CSS-Selektor ul.details entsprechen (<ul>s mit der Klasse "details").

Für jedes ul.details im Dokument:

1. Den Namen des Schlüssels herausfinden, nach dem wir in LocalStorage suchen müssen, indem wir das id-Attribut des <ul> abfragen und ihm 'found-' voranstellen: z. B. 'found-douglas'
2. Diesen Schlüssel in LocalStorage suchen.
3. Die Sichtbarkeit und die Klassen auf einigen Elementen umschalten, um den Gefunden/Nicht gefunden-Status zu spiegeln.
4. Die jQuery Mobile-listviews im Dokument auffrischen.

Wenn wir das nicht tun, werden geänderte Inhalte nicht korrekt dargestellt.

app.js

```
$(document).ready(initDevice);
refreshTartans = function() {
  $('ul.details').each(function() {
    var myID          = $(this).attr('id');
    var tartanKey     = 'found-' + myID;
    var foundValue    = localStorage.getItem(tartanKey);
    var isFound       = Boolean (foundValue);
    $('#vendor-'+ myID).toggleClass('found', isFound);
    $('[data-url*="'+myID+'"]').toggleClass('found',isFound);
    $('#'+tartanKey).closest('li').toggle(!isFound);
  });
  $('ul').each(function() {
    if ($(this).data('listview')) {
      $(this).listview('refresh');
    }
  });
};
tartanFound = function (event) {
```

Was macht der ganze toggle-Kram?

Denken Sie daran, dass jQuery Mobile auf jQuery aufsetzt, uns also alle jQuery-Methoden zur Verfügung stehen.

`toggle` und `toggleClass` sind Teile von jQuery. Schauen wir uns diese genauer an.

Die Methoden toggle und toggleClass

`toggle` und `toggleClass` sind jQuery-Methoden. `toggle` schaltet die Sichtbarkeit eines Elements um. `toggleClass` schaltet die Anwendung von CSS-Klassen auf ein Element um.

Da nach Bedarf mit toggleClass die CSS-Klasse 'found' auf bestimmte Elemente angewandt wird, können wir Styles nutzen, um die gefundenen Tartans entsprechend zu markieren …

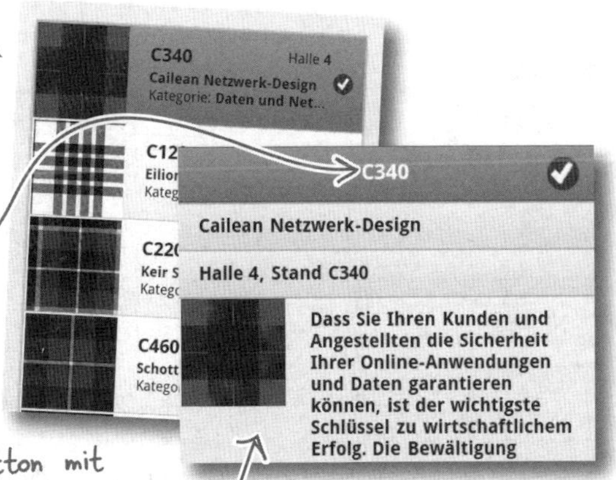

… und wir können den »Gefunden!«-Button mit toggle verbergen, wenn er nicht mehr benötigt wird.

(Kein Button!)

Schauen wir uns diesen Codeteil erneut an

Denken Sie daran, dass `localStorage.getItem(tartanKey)` entweder den für `key` gespeicherten Wert (hier den String `'true'`) oder `null` liefert. Wir wandeln diesen Wert in einen Booleschen Wert (`true` oder `false`) um, damit wir jQuerys `toggle`- und `toggleClass`-Methoden nutzen können.

Wir brauchen einen echten Booleschen Wert (nicht den String 'true' oder null), damit wir diese Methoden nutzen können.

isFound ist true, wenn es in LocalStorage einen Wert für diesen Tartan gibt, andernfalls false.

```
var foundValue   = localStorage.getItem(tartanKey);
var isFound      = Boolean (foundValue);
$('#vendor-'+ myID).toggleClass('found', isFound);
$('[data-url*="'+myID+'"]').toggleClass('found',isFound);
$('#'+tartanKey).closest('li').toggle(!isFound);
```

`toggleClass` *fügt* die angegebene CSS-Klasse (`found`) den Elementen hinzu, die dem angegebenen Selektor entsprechen, wenn der `isFound`-Wert `true` ist (und *entfernt* die Klasse, wenn der Wert `false` ist).

Gleichermaßen zeigt `toggle` das `<li>`-Element an, wenn ihr der Boolesche Wert `true` übergeben wird. Hier handeln wir recht raffiniert und geben einfach das Gegenteil des aktuellen Werts von `isFound` an (genau das macht `!isFound`). Warum, fragen Sie? Na, wir wollen das `<li>` verbergen, wenn der Tartan gefunden wurde (d. h. `isFound` `true` ist). Das ist das `<li>`, das den »Gefunden!«-Button enthält. Er muss nicht mehr angezeigt werden, wenn der Tartan gefunden wurde.

Zusammenfassung: Wenn ein Tartan gefunden wurde, wird die Klasse found zwei Elementen hinzugefügt, während das <li> mit dem »Gefunden!«-Button verborgen wird. Wurde er nicht gefunden, wird die Klasse entfernt und der Button angezeigt.

ÜBUNG

Fügen Sie den vervollständigten Magneten-Code und die Funktion `refreshTartans` *scripts/app.js* hinzu. `refreshTartans` muss bei der Seiteninitialisierung aufgerufen werden und jedes Mal, wenn LocalStorage geändert wird. Schauen Sie, ob Sie herausfinden können, wohin die drei Aufrufe von `refreshTartans` gehören.

Lösung zur Übung

Hier sind die drei Stellen, an denen `refreshTartans` in *app.js* aufgerufen werden muss.

Bei der Initialisierung ...

```
var initDevice = function() {
  if (typeof(window.localStorage) == 'object') {
    $('.foundTartan').click(tartanFound);
    refreshTartans();
    addResetButton();
  }
};
```

... wenn ein neuer Tartan gefunden wird ...

```
var tartanFound = function(event) {
  var tartanKey = $(event.currentTarget).attr('id');
  localStorage.setItem(tartanKey, 'true');
  refreshTartans();
};
```

... und wenn die Tartans zurückgesetzt werden.

```
var addResetButton = function() {
  var $resetButton = $('<a></a>').attr('data-role','button').
html('Neu beginnen!');
  $resetButton.click(function() {
    localStorage.clear();
    refreshTartans();
  });
  $resetButton.appendTo($('#booths'));
};
```

app.js

Probefahrt

Bearbeiten Sie *app.js*, um die Änderungen der letzten paar Seiten zu integrieren. Speichern Sie die Datei und schauen Sie sich die *index.html*-Seite in einem Desktop-Webbrowser an (das sollte ordentlich funktionieren). Versuchen Sie, auf einige Tartans und ihre »Gefunden!«-Button zu klicken. Sie sollten sehen, dass einige Tartans als gefunden markiert und ihre Informationsseiten mit anderen CSS-Styles versehen werden (Sie müssten viel Grün sehen).

Wenn Sie Probleme haben, nutzen Sie den Web Inspector für Chrome oder Safari oder die Error Console in Firefox, um mögliche JavaScript-Fehler zu finden. Wenn Sie wirklich hängen bleiben, finden Sie eine fertige Version in der Datei *chapter8/extras/scripts/app.localStorage.js*.

Sie müssen app.js durch diese Datei ersetzen, wenn Sie sie nutzen wollen.

Tun Sie das!

Verpacken Sie den Inhalt des Verzeichnisses *chapter8* erneut und erstellen Sie die App auf PhoneGap Build neu. Installieren Sie die App wieder auf einem Gerät oder einem Emulator und probieren Sie sie aus!

Es gibt keine Dummen Fragen

F: **Welche Browser unterstützen LocalStorage zurzeit?**

A: Die kurze Antwort ist: die meisten, jedoch nicht Opera Mini. Und wenn Sie immer noch die Version 7 des Internet Explorer nutzen, haben Sie auch Pech.

F: **Müssen Schlüssel bestimmte Namen haben?**

A: Die Schlüssel und Werte, die Sie zuweisen, müssen Strings sein. Davon abgesehen, können Sie tun, was Ihnen passt. Den Schlüsseln können Sie Namen geben, die Ihnen gefallen.

F: **Wie viele Daten kann ich speichern?**

A: Die W3C-LocalStorage-Spezifikation ist in dieser Hinsicht bewundernswert vage. Ein Zitat (in unserer Übersetzung): »Es wird eine im Wesentlichen willkürliche Grenze von fünf Megabyte pro Domain empfohlen. Implementierungs-Feedback ist erwünscht und wird für zukünftige Anpassungen dieser Empfehlung ausgewertet.«

Die meisten Browser bieten zwischen 2 und 5 MByte. Einige Browser wie Safari fordern Benutzer auf, mehr Platz bereitstellen zu lassen, wenn der angebotene Platz verbraucht ist.

F: **Können andere Sites oder Apps meine LocalStorage-Daten lesen?**

A: Nein. Teile der Spezifikation befassen sich mit der Sicherheit und verlangen bestimmte Dinge, die verhindern, dass Domains (grob gesagt, andere Sites) auf andere LocalStorage-Daten als die eigenen zugreifen können.

F: **Sie sagten, dass man in LocalStorage nur Strings speichern kann. Aber zuvor erwähnten Sie, dass man in LocalStorage Bilder speichern kann. Wie kann das dann funktionieren?**

A: Strings, ja. Aber was steht denn der Speicherung sehr großer Strings im Wege? Bilder können als BASE64-kodierte Strings gespeichert und direkt als Wert für das `src`-Attribut von `<img>`-Elementen oder für die `url()`-Funktion für CSS-Hintergrundbilder eingesetzt werden. Die Browserunterstützung für Daten-URIs (so bezeichnet man die Dinger) ist recht ordentlich, sieht man mal wieder von der berüchtigten Extrawurst Internet Explorer ab. Mehr dazu erfahren Sie in diesem Artikel von Nicholas Zakas: *http://bit.ly/sWe7HS*.

F: **Einen Moment! Ich habe mir gerade erneut den Code angesehen, und mir ist aufgefallen, dass wir den Seiten für die geschachtelten Listen einen Zurück-Button hinzufügen. Bei Android ist das doch überflüssig – die meisten Android-Geräte haben ja bereits Hardware-Zurück-Buttons.**

A: Gut beobachtet. Aber der Zurück-Button fühlt sich auf Android nicht nur seltsam an, er schließt sogar die mit PhoneGap Build generierte App! Das *ist nicht gut*. Das werden wir uns in Kürze noch mal vornehmen, um es zu reparieren.

F: **Wenn LocalStorage im Browser verfügbar ist, warum müssen wir PhoneGap Build dann überhaupt nutzen? Können wir nicht einfach eine Web-App nutzen?**

A: Aha! Geduld! Dazu kommen wir jetzt doch erst. Es wird Zeit, dass wir uns daransetzen, die Kamera in die Tartan-Jagd zu integrieren.

Sie haben einen Tartan gefunden? Wo sind die Beweise?

- [x] Richten Sie ein PhoneGap Build-Projekt ein und konfigurieren Sie es. Verpacken Sie das aktuelle HTML, das CSS und die Bilder. Erstellen Sie die App und installieren Sie sie auf einem Android-Gerät oder -Emulator.
- [x] Geben Sie den Spielern die Möglichkeit, die Tartans zu markieren, die sie entdeckt haben. ← Das haben wir mit LocalStorage gemacht!
- [ ] **Ermöglichen Sie den Spielern, die Fotos der von ihnen entdeckten Tartans zu speichern.** ← Und wie erledigen wir das jetzt?

Es gibt eine API dafür

Die **W3C-MediaCapture-API** ermöglicht Ihnen, auf die Audio-, Video- und Kamerafähigkeiten des Geräts zuzugreifen. Diesen Zugriff ermöglicht sie in JavaScript über die Objekte `navigator.device` und `navigator.device.capture`.

Moment. Wenn wir im Browser über die MediaCapture-API auf die Kamera zugreifen können, warum müssen wir uns dann mit diesem nativen Kram befassen?

Es gibt eine Spezifikation, aber die ist noch sehr frisch.

Eigentlich wird die MediaCapture-API von niemandem unterstützt. Wenn wir mit JavaScript auf die Kamera zugreifen wollen, brauchen wir immer noch etwas native Unterstützung.

Die Macht von PhoneGap entfesseln

Bis jetzt haben wir die PhoneGap-API eigentlich noch gar nicht genutzt! PhoneGap Build hat *etwas* getan – es hat unseren Webcode verpackt und in native Form gehüllt. Aber die Möglichkeiten, die PhoneGap für den Zugriff auf die Features von Geräten bietet, die nutzen wir noch nicht. Das wird sich jetzt ändern!

Eins der Dinge, die Sie als Teil der nativen App-Pakete erhalten, die PhoneGapBuild generiert, ist *phonegap.js*, die plattformübergreifende API, die Ihnen Zugriff auf diese schmackhaften Features bietet. Wenn Sie diese API nutzen wollen, müssen Sie in Ihr HTML einfach nur dieses Skript integrieren.

PhoneGap einbinden, um Bilder aufzunehmen

PhoneGaps JavaScript-API bietet eine Menge toller Dinge, einschließlich eines Haufens interessanter JavaScript-Events. Das, was uns wirklich interessiert, heißt `deviceready` und wird abgesetzt, wenn PhoneGap der Meinung ist, dass das Gerät einsatzbereit ist. Dieses Event können wir gleich in unserem *app.js*-Code überwachen.

Wir wollen das `deviceready`-Event an eine Callback-Funktion binden. Mithilfe dieser Funktion können wir auf die Kamera zugreifen.

Wir müssen phonegap.js einschließen und das deviceready-Event überwachen. Dann können wir loslegen.

Da wir das deviceready-Event überwachen, können wir sicher sein, dass das Gerät einsatzbereit ist!

Die eigentliche Bedeutung dieses Arguments ist recht kompliziert, hat aber etwas damit zu tun, dass der Verarbeitungsfluss des Events nicht unterbrochen wird, sondern das Event abgegriffen wird, während es in der DOM-Hierarchie aufsteigt.

```
document.addEventListener('deviceready', initPhoneGap, false);
```

Keine Panik, das können Sie schnell wieder vergessen.

Hier sagen wir, dass die Funktion initPhoneGap ausgeführt werden soll, wenn das deviceready-Event abgesetzt wird.

Stimmt, wir müssen diese initPhoneGap-Funktion noch schreiben. Das werden wir gleich tun!

ÜBUNG

Der ganze PhoneGap-Kram will vorbereitet sein.

1. **Aktualisieren Sie index.html, damit phonegap.js eingeschlossen wird.**
Ihnen wird aufgefallen sein, dass es *phonegap.js* im Ordner *chapter8* nicht gibt. PhoneGap Build sorgt dafür, dass immer die richtige Version dieses Skripts in die nativen Apps eingeschlossen wird, die es generiert. Ergänzen Sie einfach das `<script>`-Tag – wenn wir die App erstellt haben, wird das wie gewünscht funktionieren.

2. **Erstellen Sie in app.js über initDevice eine leere Funktion namens initPhoneGap.**
Die werden wir in Kürze füllen.

3. **Ergänzen Sie am Ende der Funktion initDevice das deviceready-Event-Listener-Codefragment (von oben).**
Das sorgt dafür, dass `initPhoneGap` aufgerufen wird, wenn das Gerät von PhoneGap initialisiert wurde.

So sehen unsere aktualisierten Dateien *app.js* und *index.html* mit der Referenz auf *phonegap.js* aus. Wir müssen noch ein paar weitere Dinge an Ort und Stelle bringen, bevor wir die Kamera in Betrieb nehmen können.

```
(function() {
  $(document).bind("mobileinit", function() {
    $.extend($.mobile, { defaultPageTransition: 'none' });
    $.mobile.page.prototype.options.addBackBtn = true;
  });
  var initPhoneGap = function() {
  };
  var initDevice = function() {
    if (typeof(window.localStorage) == 'object') {
      $('.foundTartan').click(tartanFound);
      refreshTartans();
      addResetButton();
    }
    document.addEventListener('deviceready', initPhoneGap, false);
  };
  $(document).ready(initDevice);
```

app.js

```
<link rel="stylesheet" href="style/jquerymobile1_0_min.css" />
<link rel="stylesheet" href="style/app.css" />
<script src="phonegap.js"></script>
<script src="scripts/jquery1_7_min.js"></script>
<script src="scripts/app.js"></script>
<script src="scripts/jquerymobile1_0_min.js"></script>
```

index.html

Das kann etwas seltsam anmuten, weil sich phonegap.js noch nicht unter unserem Code befindet. Aber es wird verfügbar sein, wenn die App erstellt wurde. Das wird funktionieren – einfach so.

Hey, jQuery Mobile hat Version 1.0 veröffentlicht, seit wir das letzte Mal vorbeigeschaut haben!

PhoneGap ist fast für das Shooting bereit

Hier wenden wir uns dem gleichen Teil von *app.js* zu und ergänzen ein paar neue Tricks. Machen wir uns daran, diese leere `initPhoneGap`-Funktion zu füllen!

Diese Variable befindet sich hier außen, damit andere Teile des JS auf sie zugreifen können.

Mit dieser Variablen halten wir fest, ob das Aufnehmen von Bildern unterstützt wird. Zu Anfang ist sie false.

app.js

```
(function() {
  var imageCaptureSupported = false;
  $(document).bind("mobileinit", function() {
    $.extend($.mobile, { defaultPageTransition: 'none' });
    $.mobile.page.prototype.options.addBackBtn = true;
  });

  var initPhoneGap = function() {
    if (!navigator.device || !navigator.device.capture) { return; }
    imageCaptureSupported = true;
    if (device.platform && device.platform == 'Android') {
      $('body').addClass('android');
    }
  };
  var initDevice = function() {
```

Sobald wir diese Tests erfolgreich hinter uns gebracht haben, haben wir MediaCapture-Unterstützung.

Wenn irgendetwas fehlt, das wir brauchen, sollten wir nicht weiter fortfahren.

Cool! Wir können auf PhoneGaps device-Objekt das Attribut platform prüfen und den Zurück-Button für Android-Geräte verbergen!

In style/app.css gibt es eine Regel, die den Zurück-Button verbirgt, wenn das <body>-Element die Klasse <u>android</u> hat.

In unserer Funktion `initPhoneGap` – d. h. im `deviceready`-Callback – prüfen wir, ob wir Zugriff auf `navigator.device.capture` haben, und zeigen das gegebenenfalls an, indem wir `imageCaptureSupported` auf `true` setzen.

Und dann verbergen wir – das wurde aber auch Zeit – auf der Android-Plattform den unnötigen (und eigentlich sogar defekten) Zurück-Button. Die meisten Android-Geräte haben Hardware-Zurück-Buttons, und wenn die verdoppelt werden, verwirrt und stört das. Aber wir benötigen diesen Button, wenn wir die App auf einem iOS-Gerät nutzen wollen. Ansonsten hätten unsere Benutzer keine Möglichkeit, wieder zum vorangegangenen Fenster zurückzukehren. Dieser kleine Codehappen entledigt uns dieser Sorgen.

Tun Sie das!

Gut, jetzt sind wir bereit! Bauen Sie diese Vorbereitungsarbeiten in *app.js* ein, dann wird es Zeit für Lights, Camera, Action!

Jetzt sind wir für die MediaCapture-API bereit

Wie die PhoneGap-Geräte-APIs imitiert die PhoneGap-MediaCapture-API eine W3C-Spezifikation, hier die Media Capture-Spezifikation. In dieser Spezifikation steht eine Menge drin, aber eine ganz spezielle Methode wird es uns ermöglichen, unsere Aufgabe zu erfüllen. Gönnen wir uns einen netten Abend mit der `imageCapture`-Methode.

Eine Funktion, die aufgerufen werden soll, wenn es funktioniert hat!

Optionen! Beispielsweise wollen wir den Benutzer auffordern, nur ein Foto zu machen, und setzen das deswegen als Option.

```
navigator.device.capture.captureImage(successCallback, errorCallback, options);
```

captureImage startet die Kamera des Geräts und macht Fotos.

Eine Funktion, die aufgerufen werden soll, wenn es nicht so gut lief.

Aber wo kommt dieser Code hin? Und was müssen diese Funktionen für Erfolg und Fehler enthalten? Da müssen Sie mir etwas unter die Arme greifen.

Gut. Überlegen wir, was wir hier erreichen wollen. Diese Operation sollte angestoßen werden, wenn der Benutzer auf den »Gefunden!«-Button klickt.

Sie sollte die Kamera-App des Geräts öffnen und dem Benutzer die Möglichkeit geben, genau ein Foto zu machen. Ist der Teilnehmer mit dem Foto zufrieden und klickt auf OK, wird er wieder in die Tartan-Jagd-App zurückgeführt. Dann geschehen zwei Dinge: Der Tartan wird als gefunden vermerkt, und das gerade aufgenommene Foto erscheint auf der Informationsseite.

Zunächst müssen wir also die Funktion `tartanFound` anpassen – den Klick-Handler für den »Gefunden!«-Button –, damit `captureImage` genutzt wird, um ein Foto von der Kamera des Geräts zu erhalten. Beginnen wir dort!

Was tun wir bei Erfolg?

Klickt ein Spieler auf den »Gefunden!«-Button – vorausgesetzt, er hat ein Gerät mit Kamera, das von PhoneGap Builds MediaCapture-Umsetzung unterstützt wird –, soll `captureImage` die Arbeit aufnehmen.

Auf der letzten Seite haben Sie gesehen, dass das erste Argument für `captureImage` eine Funktion ist, die aufgerufen wird, wenn alles glattgeht. Strukturell muss unser Erfolgs-Callback ungefähr so aussehen:

Was bitte ist dieses mediaFiles-Ding?

mediaFiles[0].fullPath gibt uns den vollständigen Pfad zum ersten Bild im mediaFiles-Array.

```
function itWorked(mediaFiles) {
  localStorage.setItem(tartanKey, mediaFiles[0].fullPath);
}
```

Weil wir über eine Option angegeben haben, dass nur ein Foto aufgenommen werden soll (mehr dazu gleich), sollte dieses Array ohnehin nur ein Element enthalten.

Wenn `captureImage` erfolgreich ist, wird das definierte Erfolgs-Callback aufgerufen und erhält eine Liste (ein JavaScript-Array) mit `MediaFile`-Objekten. Ein `MediaFile`-Objekt enthält keine Datei, sondern einen Haufen Metadaten zu einer Datei. Aber sie enthält das, was wir brauchen – den **Pfad zur Bilddatei im Dateisystem des Geräts**. Und statt des langweiligen alten Werts `true` können wir den Pfad nutzen, um dieses Bild zur späteren Verwendung in LocalStorage zu speichern.

Und was ist, wenn etwas schiefläuft?

Für den Fall, dass die Kamera-Geschichte nicht gut ausgeht – nehmen wir an, der Benutzer bricht die Kameraoperation ab oder es geht etwas anderes schief –, brauchen wir außerdem eine Fehler-Callback-Funktion. Da ein Fehler bei der Aufnahme eines Fotos nicht gerade Grund zur Panik ist, werden wir die Sache einfach halten und den Fehler bloß auf der Konsole protokollieren, falls sich eine neugierige Nase für das Debugging interessiert. Die Funktion hat also ungefähr diese Gestalt:

Das ist nur ein Beispiel für ein Fehler-Callback.

```
function ohSad(error) {
  console.log(error);
}
```

Im wahren Leben läuft nie alles nach Plan

Sind Sie bereit, der erweiterten `tartanFound`-Funktion zu begegnen? Erinnern Sie sich, dass das die Funktion ist, die ausgeführt wird, wenn ein Mitspieler auf den »Gefunden!«-Button für einen Tartan klickt. Nun, hier ist sie. Wir geben zu, dass wir in Bezug auf die Beispiele, die wir Ihnen eben vorgestellt haben, einige Änderungen eingebaut haben.

imageCaptureSupported setzen wir in der Funktion initPhoneGap.

```
var tartanFound = function(event) {
  var tartanKey = $(event.currentTarget).attr('id');
  if(imageCaptureSupported) {
    navigator.device.capture.captureImage(function(mediaFiles) {
      localStorage.setItem(tartanKey, mediaFiles[0].fullPath);
      refreshTartans();
    }, captureError, {limit:1});
  }
  else {
    localStorage.setItem(tartanKey, 'true');
    refreshTartans();
  }
};
var captureError = function(error) { console.log(error); }
addResetButton = function() {
```

app.js

Wenn mediaCapture unterstützt wird und verfügbar ist, ein Foto aufnehmen.

Hier setzen wir die Option, die die Anzahl der aufgenommenen Bilder auf eines beschränkt.

Unser Fehler-Callback.

Bei Geräten, die das nicht unterstützen, wird der Tartan weiterhin mit dem lahmen Wert 'true' markiert.

Was soll das? Das sieht nicht so wie die captureImage-Methode aus, die Sie erläutert haben ...

Weil wir den Wert von `tartanKey` im aktuellen Kontext benötigen, nutzen wir für das Erfolgs-Callback hier eine anonyme Funktion.

Etwas Anonymität

Statt des Namens einer Callback-Funktion für den Erfolgsfall können wir `captureImage` eine Funktion übergeben, die an Ort und Stelle definiert wird.

Warum das, fragen Sie? Sehen Sie, wie wir das `id`-Attribut des Elements, auf das geklickt wurde (`event.currentTarget` – (der »Gefunden!«-Button also), der Variablen `tartanKey` zuweisen? Wenn wir das Erfolgs-Callback hier als ***anonyme Funktion*** deklarieren, können wir auf `tartanKey` zugreifen und erhalten den Wert für den Button, der angeklickt wurde. Hätten wir eine Funktion genutzt, die außerhalb der Funktion `tartanFound` definiert wird, hätten wir auf diese Variable nicht im aktuellen Kontext zugreifen können.

tartanKey ist das id-Attribut des Buttons, der angeklickt wurde.

Der hervorgehobene Code ist das Erfolgs-Callback.

```
var tartanKey = $(event.currentTarget).attr('id');
if(imageCaptureSupported) {
    navigator.device.capture.captureImage(function(mediaFiles) {
      localStorage.setItem(tartanKey, mediaFiles[0].fullPath);
      refreshTartans();
    }, captureError, {limit:1});
  }
```

Beim Fehler-Callback geben wir den Namen einer Funktion an (die, wie Sie auf Seite 350 sahen, an anderer Stelle definiert wurde).

Hier referenzieren wir tartanKey – und erhalten den tartanKey-Wert (id) für den Button, der angeklickt wurde.

Wir speichern den vollständigen Namen für das gerade von der Kamera aufgenommene Bild in LocalStorage.

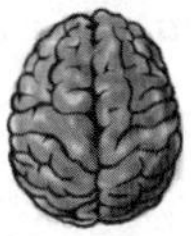

KOPF-NUSS

In unserem Code speichern wir das Bild aus der Erfolgsfunktion **`imageCapture`** in LocalStorage. Wenn wir aus irgendeinem Grund kein Bild erhalten, wird der Tartan nicht als gefunden markiert.

Denken Sie, dass das in Ordnung ist? Gibt es eine bessere Möglichkeit, damit umzugehen?

Gut, ich sehe, dass wir den Pfad zum Bild im LocalStorage speichern. Aber wie nutzen wir es dann?

Schön, dass Sie das fragen. Wir müssen die Funktion `refreshTartans` auffrischen.

Wenn der Spieler ein Bild eines Tartans aufgenommen hat, sollte dieses Bild auf der Informationsseite zum Stand dieses Herstellers angezeigt werden.

Dafür müssen wir eigentlich nur wissen, dass wir den gespeicherten Pfad im `src`-Attribut eines `img`-Elements nutzen können. Gar nicht so schwer.

JavaScript-Fertiggericht

Haben wir in LocalStorage einen Bildpfad, erstellen wir ein <img>-Element, nutzen den gespeicherten Pfad als Quelle und packen es in ein neues Listenelement auf der Seite.

```
var refreshTartans = function() {
  $('ul.details').each(function() {
    var myID          = $(this).attr('id');
    var tartanKey     = 'found-' + myID;
    var foundValue    = localStorage.getItem(tartanKey);
    var isFound       = Boolean (foundValue);
    $('#vendor-'+ myID).toggleClass('found', isFound);
    $('[data-url*="'+ myID +'"]').toggleClass('found', isFound);
    $('#'+tartanKey).closest('li').toggle(!isFound);
    var hasPhoto      = (isFound && foundValue != 'true');
    if (hasPhoto) {
      if (!$(this).find('.tartanImage').length) {
        var $tartanHolder = $('<p></p>').append($('<img>').attr({
          'src'     : foundValue,
          'class'   : 'tartanImage'
        }));
        $(this).append('<li data-role="list-divider">Mein Bild des Tartans!</li>');
        $('<li></li>').append($tartanHolder).appendTo($(this));
      }
    }
  });
  $('ul').each(function() {
    if ($(this).data('listview')) { $(this).listview('refresh'); }
  });
};
```

Wenn es einen gespeicherten Wert für diesen Tartan gibt und dieser Wert nicht 'true' ist, haben wir ein Bild.

Den gespeicherten Pfad als src für das img nehmen.

Probefahrt

Sind Sie bereit? Das war eine ganz ordentliche JavaScript-Plackerei, aber die *app.js*-Datei, die wir dabei aufgebaut haben, ist nur rund 75 Zeilen lang. Für eine vollständige App scheint uns das recht kompakt!

Eine letzte Sache noch!

Ein kleiner Tipp: Sie sollten Ihrer *config.xml*-Datei die folgenden beiden Zeilen hinzufügen. Die Ausrichtungsangabe sorgt dafür, dass das Gerät – insbesondere Emulatoren – nicht in den Landschaftsmodus wechselt, wenn die Kamera-App gestartet wird. Die zweite Zeile zeigt PhoneGap an, dass wir vorhaben, das Kamerafeature der API zu nutzen. PhoneGap sorgt dann dafür, dass die erforderlichen Android-**Berechtigungseinstellungen gesetzt werden.**

```
<preference name="orientation" value="portrait" />
<feature name="http://api.phonegap.com/1.0/camera" />
```

config.xml

Gut. Atmen Sie einmal tief durch und gönnen Sie sich einen kleinen Moment der Ruhe nach dem Codefeuerwerk, dem wir Sie auf den letzten Seiten ausgesetzt haben. Stellen Sie sicher, dass Sie alle Änderungen in *app.js* eingepflegt haben, und speichern Sie die Änderungen an *config.xml*. Wenn Sie denken, dass Sie jetzt zum letzten Schritt bereit sind, verpacken Sie ein letztes Mal den Ordner *chapter8*, begeben sich zu PhoneGap Build und laden den aktualisierten Code hoch.

Laden Sie, nachdem der Erstellungsprozess abgeschlossen ist, die APK-Datei herunter und installieren Sie sie auf Ihrem Emulator oder Ihrem Gerät.

Vergessen Sie nicht, zuvor die alte Version zu deinstallieren!

Entspannen Sie sich

Wenn Sie die App auf einem Emulator installieren und bemerken, dass die Kamera muckt, muss das kein Problem sein.

Wir haben festgestellt, dass die Kameras der Emulatoren für die Android-Versionen vor 2.3 recht instabil sein können. Manchmal frieren sie ein oder stürzen ab. Wir empfehlen Ihnen, bei Ihrem AVD (Android Virtual Device) eine neuere Version von Android zu nutzen.

Selbst bei neueren Emulatoren kann die Kameraerfahrung nicht gerade umwerfend sein. Einige Emulatoren zeigen einfach einen weißen Bildschirm an. Andere haben ziemlich altbackene Animationen. Aber in der Regel generieren sie erfolgreich *irgendeine* Art von Bild.

Klappt es einfach nicht?

Holen Sie sich in dem Fall die endgültige Version von *app.js* aus *extras/scripts/app.final.js*. Die endgültige Version der Android-App-APK-Datei finden Sie unter *extras/Tartan-Jagd.apk*.

Wenn Sie einen Freund haben, der ein Android-Gerät besitzt, wäre das eine Gelegenheit, ihn um einen Gefallen zu bitten. Auf einem echten Gerät funktioniert die Kamera erheblich besser.

Fertig!

- [x] Richten Sie ein PhoneGap Build-Projekt ein und konfigurieren Sie es. Entpacken Sie das aktuelle HTML, das CSS und die Bilder. Erstellen Sie die App und installieren Sie sie auf einem Android-Gerät oder -Emulator.
- [x] Geben Sie den Spielern die Möglichkeit, die Tartans zu markieren, die sie entdeckt haben.
- [x] Ermöglichen Sie den Spielern, die Fotos der von ihnen entdeckten Tartans zu speichern.

Punkt für Punkt

- Das mobile Web hat bereits einen ganz schönen Weg zurückgelegt. Aber es gibt immer noch **einige Dinge, auf die wir aus dem Browser nicht zugreifen können**.
- Bei einer **Hybrid-App** werden **native Apps auf Basis von Code erstellt, der gemäß den HTML5-, CSS- und JavaScript-Standards geschrieben wurde**. Hybrid-Apps können die Kosten und die Komplexität der nativen Entwicklung reduzieren, weil der Code auf unterschiedlichen Plattformen gemeinsam genutzt werden kann.
- **PhoneGap ist eine HTML5-Plattform zur Erstellung nativer Apps**. Es wurde von der Firma Nitobi aus Vancouver entwickelt. Nitobi wurde im Herbst 2011 von Adobe erworben.
- **PhoneGap Build** ist ein Dienst, über den Sie Ihre PhoneGap-Projekte mithilfe einer einfachen Webschnittstelle erstellen können.
- PhoneGap Build-Projekte sind wie **W3C-Web-Widgets** aufgebaut. Sie erfordern, zumindest, eine Startdatei (*index.html*) und eine Konfigurationsdatei (*config.xml*).
- Die **W3C-LocalStorage-API** ermöglicht eine einfache **clientseitige Speicherung von Schlüssel/Wert-Stringdaten**. Wir haben LocalStorage eingesetzt, um festzuhalten, welche Tartans ein Spieler gefunden hat.
- *phonegap.js* wird PhoneGap Build-Projekten automatisch hinzugefügt und bietet uns Zugriff auf die **PhoneGap-JavaScript-API.** Wir haben gelernt, wie wir das **`deviceready`-Event** von PhoneGap überwachen, damit wir erfahren, wann die Gerätefeatures für uns bereitstehen.
- Wir haben die **MediaCapture-API** von PhoneGap, die an die W3C-MediaCapture-API angelehnt ist, genutzt, um unsere App mit einer Kameraunterstützung auszustatten.
- Wir haben die Methode **`navigator.device.capture.captureImage`** genutzt, um die native Kamera-App zu starten und ein einfaches Bild aufzunehmen.
- **Wir haben eine plattformübergreifende native App mit nur rund 75 Zeilen JavaScript und einer einzigen HTML-Seite erstellt!**

9 Für die Zukunft gewappnet

(Etwas) Ordnung ins Chaos bringen

Responsive Webdesign. Geräteerkennung. Mobile Web-Apps. PhoneGap. Augenblick … was sollen wir denn nun nutzen? Bei der Entwicklung für das mobile Web gibt es eine überwältigende Anzahl an Möglichkeiten. Häufig werden Sie bei Ihren Projekten **mehrere Techniken gemeinsam einsetzen**. Die eine richtige Antwort gibt es nicht. Aber eigentlich ist das kein Problem. Sie müssen einfach lernen, sich auf Ihre Intuition zu verlassen. **Heißen Sie die Unsicherheit willkommen**! Bringen Sie Ihren Geist in eine **zukunftsoffene Verfassung** und lassen Sie sich im Vertrauen darauf leiten, dass Sie flexibel und dazu in der Lage sind, sich auf alles einzulassen, was die Zukunft für Sie bereithält.

Was jetzt?

Wir haben eine Menge Dinge behandelt – von Sites bis Apps, vom Responsive Webdesign zur Geräteerkennung. Es gibt die unterschiedlichsten Möglichkeiten, wenn man für den Mobilbereich entwickelt. Wie sollen wir unsere Entscheidungen fällen?

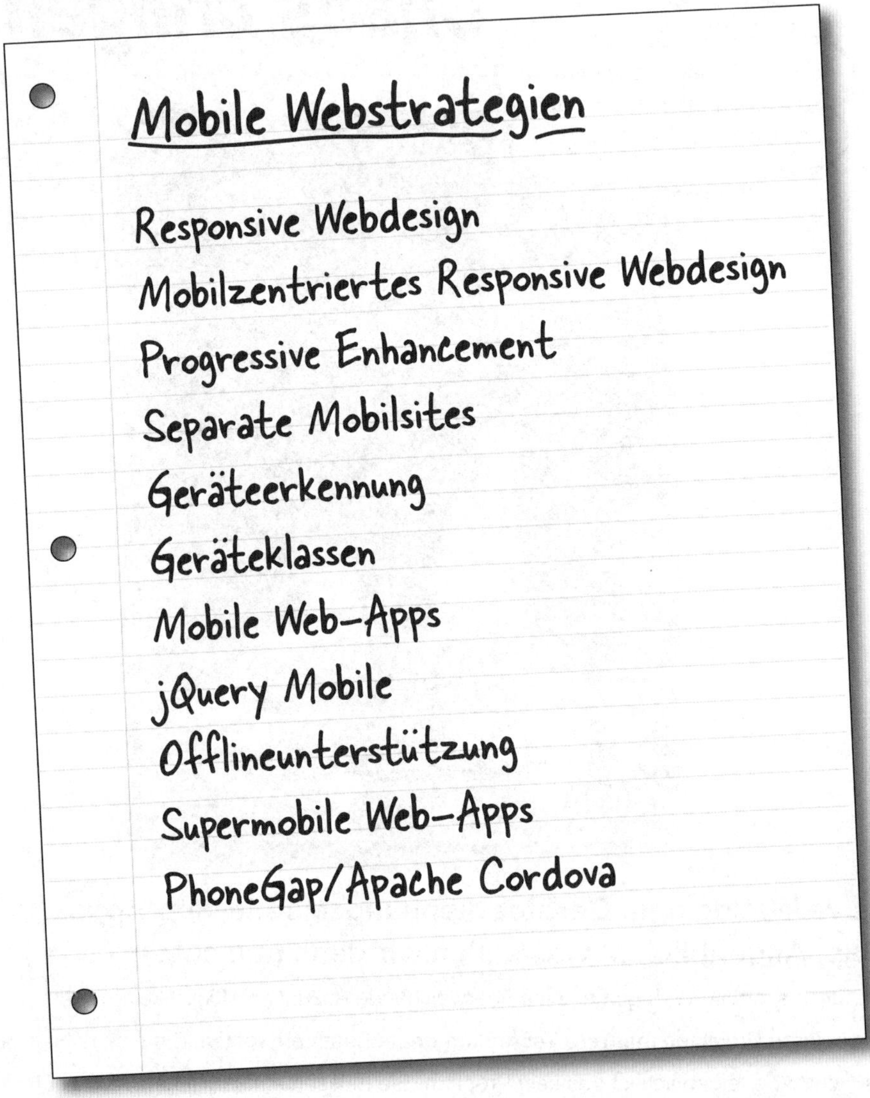

Wir würden gern Responsive Webdesign und Mobile First kombinieren, können aber unmöglich einen externen Server für alle Bilder benutzen, und keine der aktuellen JavaScript-Lösungen scheint hinreichend zuverlässig. Ist das ein unmögliches Unterfangen?

Jeden Tag kommen neue Geräte auf den Markt. Die Geräteerkennung scheint ein Kampf zu sein, den man nicht gewinnen kann.

Was ist mit Tablets? Müssen wir auf Tablet-Web von Kopf bis Fuß warten, um zu erfahren, wie man Webseiten für das iPad erstellt?

Wir brauchen eine Site und wir brauchen Apps. Schon allein die Tests werden ein Vermögen kosten.

Hilfe! Aufhören, bitte!

Es ist kompliziert

Man kann es einfach nicht leugnen. Die Entwicklung für das Web wird durch die wachsende Zahl an Geräten immer komplizierter. Schlimmer noch: Es ist äußerst wahrscheinlich, dass die Sache noch komplexer und kniffliger werden wird, bevor Hoffnung auf Besserung in Sicht ist.

Der Wandel ist rasant. Es werden nicht nur regelmäßig neue Geräte eingeführt, auch die Technologie und die Software dieser Geräte ändern sich schnell.

Selbst die Weise, auf die wir mit Computern interagieren, ändert sich. Touch-Schnittstellen, Kameraeingaben und Spracheingaben bieten uns völlig neue Möglichkeiten, unsere Arbeit zu erledigen.

Was wollen wir dagegen tun? Wie kann man angesichts dieser Unsicherheiten eine überzeugende User Experience herstellen?

Zeit, dass wir uns von unserer kollektiven Illusion der Kontrolle befreien

Wir haben uns geraume Zeit der Illusion hingegeben, dass wir das Web im Griff haben.

Diese Illusion ist in unsere Werkzeuge und Prozesse eingebaut. Häufig beginnen wir unsere Projekte damit, dass wir in Photoshop Mock-ups erstellen. Und Photoshop fordert uns schon bei der Erstellung eines Bilds auf, die Größe anzugeben, die es haben soll.

Aber es gibt einfach keine Bildgröße, die immer angemessen ist, selbst auf dem Desktop nicht.

Je eher wir diese Tatsache akzeptieren, desto schneller können wir damit anfangen, Websites und Apps zu entwickeln, die sich ihrer Umgebung und ihren Nutzern anpassen.

Schon das erste Fenster in Photoshop nährt die Illusion, dass das Web eine feste Größe kennt.

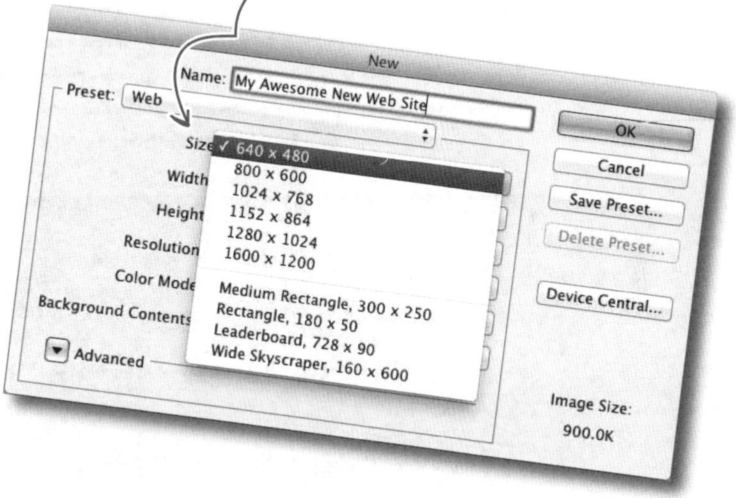

Wir brauchen eine andere Einstellung – eine, die die Diversität akzeptiert und die Augen offen hält, um auf alle Überraschungen vorbereitet zu sein, die die Zukunft für uns bereithält.

Ein zukunftsfreundliches Manifest

Nicht nur Sie sind überwältigt. Eine Gruppe von Mobilentwicklern hat sich zusammengesetzt und überlegt, wie man mit der sich stets in Bewegung befindlichen Weblandschaft klarkommt. Das Ergebnis dieser Überlegungen finden Sie im Future-Friendly-Manifest.

Sie finden das Manifest unter http://futurefriend.ly.

FUTURE ☆ FRIENDLY

In today's incredibly exciting yet overwhelming world of connected digital devices, these are the truths we hold to be self-evident:

Disruption will only accelerate. The quantity and diversity of connected devices—many of which we haven't imagined yet—will explode, as will the quantity and diversity of the people around the world who use them. **Our existing standards, workflows, and infrastructure won't hold up.** Today's onslaught of devices is already pushing them to the breaking point. They can't withstand what's ahead. **Proprietary solutions will dominate at first.** Innovation necessarily precedes standardization. Technologists will scramble to these solutions before realizing (yet again) that a standardized platform is needed to maintain sanity. **The standards process will be painfully slow.** We will struggle with (and eventually agree upon) appropriate standards. During this period, the web will fall even further behind proprietary solutions.

★ A NEW HOPE ★

But there's hope. While we can't know exactly what the future will bring, we can:

1. Acknowledge and embrace unpredictability.
2. Think and behave in a future-friendly way.
3. Help others do the same.

The future is ours to make —friendly.

Zukunftsoffen

In unserer heutigen unglaublich aufregenden und zugleich überwältigenden Welt miteinander verbundener digitaler Geräte sind unserer Meinung nach die folgenden Dinge evident:

Die Gerätefragmentierung wird weiter zunehmen.

Die Anzahl und die Diversität der verbundenen Geräte – von denen wir uns heute viele nicht einmal vorstellen können – wird explodieren, und Gleiches wird auch für die Menge und die Diversität der Menschen auf der ganzen Welt gelten, die sie nutzen.

Die bestehenden Standards, Arbeitsprozesse und Infrastrukturen werden dem nicht gewachsen sein.

Schon der heutige Boom an Geräten führt sie an den Rand des Zusammenbruchs. Dem, was kommen wird, werden sie nicht widerstehen können.

Zunächst werden proprietäre Lösungen dominieren.

Innovation geht der Standardisierung notwendigerweise voran. Techniker werden sich um diese Lösungen streiten, bevor sie (wieder einmal) erkennen werden, dass eine standardisierte Plattform erforderlich ist, um das Chaos im Griff zu halten.

Der Standardisierungsprozess wird schmerzhaft langsam voranschreiten.

Wir werden um geeignete Standards ringen (bevor wir uns endlich auf einen einigen werden). In dieser Phase wird das Web noch weiter hinter proprietäre Lösungen zurückfallen.

Eine neue Hoffnung

Aber es gibt Hoffnung. Obgleich wir nicht wissen, was die Zukunft bringen wird, können wir doch die folgenden Dinge tun:

1. **Wir können die Unvorhersagbarkeit anerkennen und akzeptieren.**
2. **Wir können unser Denken und Verhalten zukunftsoffen halten.**
3. **Wir können anderen helfen, Gleiches zu tun.**

Wir gestalten unsere eigene Zukunft – hoffentlich offen.

Zukunftssicher können Sie nicht sein, zukunftsoffen schon

Wenn es so unsicher ist, in welche Richtung sich das Web entwickeln wird, ist es unumgänglich, dass wir unsere Sites und Apps so flexibel wie möglich aufbauen. Wir müssen also sicherstellen, dass wir die Zukunft im Blick behalten, während wir im Hier und Jetzt unsere Sites aufbauen.

Die Geräteverbreitung macht es uns nicht leicht. Bei der Komplexität, mit der wir es zu tun haben, ist es sehr verführerisch, den leichten Weg einzuschlagen, etwas aufzubauen, das heute funktioniert, und die Gedanken an allgemeine Zugänglichkeit und zukünftige Geräte auf einen anderen Tag zu verschieben.

Die Webentwicklung hat stets **Kompromisse** erfordert. Der Trick dabei ist, dass man unter den gangbaren Wegen die auswählt, auf denen man nicht Gefahr läuft, dass Inhalte und Daten auf eine Weise eingesperrt werden, die dafür verantwortlich sein könnte, dass sie in Zukunft nicht mehr abgerufen oder verändert werden können.

Es gibt keine Allzwecklösungen

Beispielsweise ist keine der Lösungen für Bilder in mobilzentriertem Responsive Webdesign ideal. Wir haben Sencha.io Src genutzt – obwohl es sich auf eine Geräteerkennung stützt –, damit wir das HTML-Markup nicht ändern mussten. Wir können jetzt Sencha.io Src nutzen und es dann schnell ersetzen, wenn bessere Lösungen aufkommen.

Wenn Sie gelegentlich etwas benötigen, das von aktuellen Browsern noch nicht unterstützt wird, können Sie auf Technologien wie PhoneGap zurückgreifen, die versuchen, die Richtung zu erahnen, die die Standards wahrscheinlich einschlagen werden, statt proprietäre Lösungen zu übernehmen, die wahrscheinlich nur eine kurze Lebensdauer haben werden.

Das Fundament für den zukünftigen Erfolg sind semantisches Markup und Progressive Enhancement. Wenn Sie sich auf diese Prinzipien konzentrieren, werden Sie auf alles vorbereitet sein.

PROBEFAHRT

Zukunftsoffenes Denken hat auch unsere Tartan-Jagd-App aus Kapitel 8 geprägt, obwohl wir dort eine native App aufgebaut haben. Nehmen Sie den Tartan-Jagd-Code und öffnen Sie *index.html* in einem Desktopbrowser.

Funktioniert die App? Wenn ja, was fehlt?

Wenn Sie eine Kopie des endgültigen Codes benötigen, finden Sie ihn im Ordner *chapter9* im Beispielcode zum Buch.

Heute App, morgen Webseite

Obgleich Tartan-Jagd als native App gestaltet wurde, funktioniert es auch im Browser. Tartans, die gefunden wurden, werden festgehalten und grün markiert. Das Einzige, was fehlt, ist die Kamera.

Und weil wir die App auf zukunftsoffene Weise und unter Verwendung vorgeschlagener W3C-Standards gestaltet haben, ist es recht wahrscheinlich, dass die Teile der App, die jetzt nicht funktionieren, in Zukunft funktionieren werden.

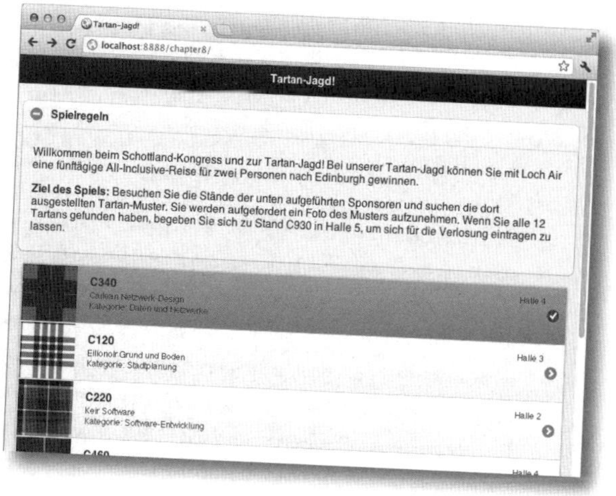

Die PhoneGap-Referenzen entfernen

Im Hintergrund könnten wir zwei kleinere Veränderungen vornehmen, um die App anzupassen, wenn diese Zukunft eintritt.

1. **Die Referenz auf phonegap.js entfernen.**
   Wenn das Browser-Himmelreich auf Erden herrschen wird und die Lücke zwischen der nativen Ebene und dem Web geschlossen ist, werden wir die *phonegap.js*-Bibliothek nicht mehr benötigen. Es schadet nichts, wenn die Referenz auf *phonegap.js* erhalten bleibt, aber der Browser erhält deswegen einen 404-Fehler (File Not Found). Entfernen wir sie also.

   Entfernen Sie diese Zeile aus index.html.

```
<script src="phonegap.js"></script>
```

Taktiken wie diese sind das Herz zukunftsoffenen Denkens ...

2. **Ändern Sie die Funktionen zur Seiteninitialisierung.**
   PhoneGap, jQuery und jQuery Mobile streiten sich häufig über die Reihenfolge der Seiteninitialisierung und das Absetzen von JavaScript-Events. Kurz gesagt: Sie können sich nicht darauf verlassen, dass diese Events in einer bestimmten Reihenfolge ausgelöst werden. Wir sollten den Tartan-Jagd-Code also so schreiben, dass sie gezwungen werden, sich zu vertragen.

   Wahrscheinlich warten Sie bereits darauf, dass wir weiteren tiefschürfenden JavaScript-Zauber aus dem Hut ziehen. Aber das ist gar nicht notwendig. Sie müssen nur eine Zeile ändern, um das zu reparieren.

Ändern Sie das ...

```
document.addEventListener('deviceready', initPhoneGap, false);
```

... in das.

```
initPhoneGap();
```

Nebenbei: Es wäre besser, wir würden dieser Funktion einen Namen geben, der PhoneGap nicht referenziert. (Huch!)

Tartan-Jagd ist einsatzbereit, sobald Browser die MediaCapture-API unterstützen!

Es ist ein langer Weg: Hier sind einige Direktiven

Sie suchen nach Möglichkeiten, das Future-Friendly-Manifest zum Einsatz zu bringen? Hier sind einige Ideen von *http://futurefriend.ly*, die Sie sich durch den Kopf gehen lassen sollten. Das sind keine Vorschriften, weil keiner weiß, was die Zukunft bringen wird. Aber es sind Aspekte, die man bei der Arbeit im Blick haben und durchdenken sollte.

FOKUSSIERUNG

Es ist unmöglich, auf allen Geräten alles gleichzeitig zu wollen. Wenn wir uns in einer Welt, in der die Komplexität der Geräte stetig zunimmt, behaupten wollen, müssen wir uns auf das konzentrieren, was für unsere Kunden und Unternehmen am wichtigsten ist. Das erreichen wir nicht, indem wir Lösungen aufbauen, die sich auf den kleinsten gemeinsamen Nenner beschränken, sondern indem wir relevante Inhalte und Dienste gestalten. Die Menschen werden des Übermaßes zunehmend überdrüssig und suchen nach Lösungen, mit denen sie sich das Leben erleichtern können. Fokussieren Sie Ihre Dienste, bevor Ihnen das von Ihren Kunden und der wachsenden Diversität abgenommen wird.

DATENZENTRIERUNG

Ein großes Ökosystem von Geräten verlangt Interoperabilität, und ein robuster Datenaustausch ist der einfachste Weg, diese zu erreichen. Gehen Sie mit offenen Armen auf bestehende und entstehende Möglichkeiten zu, indem Sie Ihre Daten so definieren, dass sie

- mehrere (flexible) Formen des Zugriffs und der Benachrichtigung ermöglichen
- die Interoperabilität durch Standards gewährleisten
- die langfristige Integrität im Blick haben
- relevante und dauerhafte Referenzen auf alle Inhalte enthalten
- sowohl Lese- als auch Schreiboperationen unterstützen

UNIVERSELLER INHALT

Wohlstrukturierter Inhalt ist heute ein wesentlicher Bestandteil künstlerischer Gestaltung. Überlegen Sie, wie der Inhalt in die verschiedensten Container fließen kann, und berücksichtigen Sie dabei ihre jeweiligen Schranken und Fähigkeiten. Seien Sie mutig und erforschen Sie neue Möglichkeiten, ohne dabei zu vergessen, dass sich die Zukunft vermutlich in viele Richtungen bewegen wird.

Äußerst leistungsfähige Geräte, einfache beschränkte Geräte, interoperable Geräte und (vieles) mehr sind Teil unserer Zukunft. Strukturieren und speichern Sie Ihren Inhalt entsprechend.

UNBEKANNTE OBJEKTE IDENTIFIZIEREN

Der Anspruch, auf alle Geräteeigenheiten zu reagieren, macht ein umfassendes Design zu einer gewaltigen Herausforderung. Auf übergeordneter Ebene kann ein hinreichender Satz an Standards für Gerätetypen den Anpassungsprozess vereinfachen. Zusätzliche, detaillierte Profilinformationen können diese Standards bereichern.

Eine Taxonomie von Gerätetypen kann Hersteller heute angleichen und doch morgen das Aufkommen neuer Geräte zulassen.

DIE FLOTTE KOMMANDIEREN

Da uns im Leben eine Vielzahl von Geräten zur Verfügung steht, können wir Aufgaben und Informationen unter ihnen aufteilen. Wenn die Interaktion über einen Verband von Geräten erfolgt, kann jedes Gerät für die Operationen eingesetzt werden, die es am besten beherrscht. Wir müssen also nicht mehr alle Aspekte eines Diensts auf alle Geräte zuschneiden und können stattdessen mit einem Ökosystem von Gerätefähigkeiten arbeiten.

Das ist etwas utopisch. Stellen Sie sich vor, Ihre Uhr würde als zweiter Bildschirm für Ihr Gerät dienen.

Wer macht was?

Ordnen Sie die Lektionen aus dem Buch den Richtlinien für zukunftsoffenes Webdesign zu. Einige Lektionen können mehreren Konzepten entsprechen.

Lektion aus dem Buch	Zukunftsoffenes Denken
Inhalt wie Wasser (Kapitel 1)	**Fokussierung**
Mobile First (Kapitel 2)	
Clientseitige Erkennung (Kapitel 6)	**Datenzentrierung**
Die Grenzen ziehen (Kapitel 4)	
Geräteerkennung (Kapitel 5)	**Universeller Inhalt**
Semantisches Markup (Kapitel 2 und 6)	
Unterstützung eindeutiger URLs (Kapitel 6)	**Unbekannte Fahrzeuge identifizieren**
Responsive Webdesign (Kapitel 1)	
Geräteklassen (Kapitel 5)	**Die Flotte kommandieren**

WER MACHT WAS? LÖSUNGEN

Man könnte sicher sagen, dass einige der Übungen auch andere Richtlinien der zukunftsoffenen Entwicklung umsetzen. Folgendes haben wir uns überlegt.

ÜBUNG

Ein leckeres Mobilmenü anrichten

Wenn man ein schmackhaftes Mobilgericht zubereiten will, muss man die richtigen Zutaten kombinieren, um ein neues Geschmacksvergnügen zusammenzumischen. Welche Zutaten würden unsere Speisen auf die nächste Stufe heben und zukunftsoffener machen? Notieren Sie sie auf den Rezeptkarten unten.

Zutaten

Universeller Inhalt.

Nicht versuchen, native Apps zu imitieren.

Clientseitige Geräteerkennung.

Das hCard-Mikroformat und das address-Tag nutzen.

hCard ist ein Markup-Standard für Adressen. Mehr darüber erfahren Sie unter http://microformats.org/wiki/hcard.

Semantische HTML5-Elemente (article, section usw.).

img-Tags mit `alt`-Attributen für die Barrierefreiheit.

Links, die ein Cookic für Benutzereinstellungen setzen.

Vierbeinige Freunde

Probleme

- Braucht eine Möglichkeit, von der Mobilsite zur Desktopsite zu gelangen.
- Die Mobilsite hat nicht den gesamten Inhalt der Desktopsite.

Tartanator

Probleme

- Läuft unter BlackBerry 5.0 langsam.
- Scrollen ist umständlich und langsam.
- Es gibt zwei Zurück-Buttons (einen im Browser und einen in der App).
- Die Tartans auf der Infoseite sind Inhalt, nutzen aber CSS-Hintergrundbilder.

Splendid Walrus

Probleme

- Der gesamte Inhalt ist in `<div>`s eingeteilt.
- Die Adresse wird nur mit `<br />`-Tags gegliedert. Das Markup hat keinerlei semantische Bedeutung.

LÖSUNG ZUR ÜBUNG

Das haben wir uns überlegt. Sind Ihnen andere Möglichkeiten eingefallen, diese Projekte zu verbessern und zukunftsoffener zu machen?

Vierbeinige Freunde

Probleme

- Braucht eine Möglichkeit, von der Mobilsite zur Desktopsite zu gelangen.
- Die Mobilsite hat nicht den gesamten Inhalt der Desktopsite.

Wenn Sie separate Sites aufbauen, sollten die Benutzer wählen können.

Links, die ein Cookie für Benutzereinstellungen setzen.

Universeller Inhalt.

Selbst bei separaten Sites wollen die Benutzer alles tun, was auf der Desktopsite möglich ist.

Ja, BB 5.0 unterstützt die benötigten JavaScript-Features. Es ist nur langsam. Wenn wir BB 5.0 erkennen und ihm die Version ohne jQuery Mobile ausliefern, wird das Ergebnis besser werden.

Tartanator

Probleme

- Läuft unter BlackBerry 5.0 langsam.
- Scrollen ist umständlich und langsam.
- Es gibt zwei Zurück-Buttons (einen im Browser und einen in der App).
- Die Tartans auf der Infoseite sind Inhalt, nutzen aber CSS-Hintergrundbilder.

Clientseitige Geräteerkennung.

Nicht versuchen, native Apps zu imitieren.

img-Tags mit alt-Attributen für die Barrierefreiheit.

Der doppelte Zurück-Button und das langsame Scrollen resultieren aus dem Versuch, im Browser eine native App zu imitieren. Wenn die App nicht im App Store ist, warum soll man da eine App imitieren?

Wechseln Sie von CSS-Bildern zu img-Tags.

Unser Markup enthielte mehr Bedeutung, wenn wir HTML5-Elemente nutzen würden.

Splendid Walrus

Probleme

- Der gesamte Inhalt ist in `<div>`s eingeteilt.
- Die Adresse wird nur mit `<br />`-Tags gegliedert. Das Markup hat keinerlei semantische Bedeutung.

Semantische HTML5-Elemente (article, section usw.).

Das hCard-Mikroformat und address-Tag nutzen.

Wir haben Mikroformate nur nebenbei erwähnt. Sie führen eine zusätzliche semantische Schicht ein. Einige Browser und Suchmaschinen erkennen Mikroformate in der Seite und nutzen diese Informationen, um zusätzliche Features bereitzustellen.

Die Zukunft im Blick

Sie müssen nichts fürchten, womit Geräte und Browser Sie in Zukunft konfrontieren könnten. Ihnen stehen jetzt viele verschiedene Werkzeuge zur Verfügung. Von kleinen und großen Bildschirmen, von Mobilgeräten zu internetfähigen Kühlschränken – Sie werden mit allem fertig.

Mit dem soliden Fundament von Webstandards und Progressive Enhancement können Sie Sites und Apps aufbauen, die mehr Menschen denn je nutzen können.

Seien Sie froh, dass die Zukunft des Webs unvorhersagbar ist. Diese Unvorhersagbarkeit ist es, die uns im Mobilen all diese Möglichkeiten öffnet – und es so interessant macht.

Ziehen Sie los. Bleiben Sie mobil.
Bauen Sie die Zukunft!

A Was übrig bleibt

Die Top Sechs der Themen, die wir nicht behandelt haben

Hatten Sie schon einmal den Eindruck, dass noch irgendetwas fehlt? Das geht uns nicht anders ... Immer wenn man denkt, man habe alles erledigt, bleibt noch irgendetwas zu tun. Wir können Sie nicht verlassen, ohne Sie zuvor noch auf ein paar Dinge hinzuweisen, die wir im restlichen Buch nicht unterbringen konnten. Zumindest, wenn es Ihnen weiterhin möglich sein soll, das Buch ohne Transporthilfen mitzuführen. Schauen Sie sich also an, was Sie vielleicht immer noch nicht wissen.

1. Auf Mobilgeräten testen

Im Mobilbereich ist das Testen eine Qual. So, nun wissen Sie es. Es gibt keinen Grund, das zu beschönigen. Wenn sich ein Gerätemodell je nach Netzwerk anders verhält, wissen Sie, dass Sie sich auf einem ungepflügten Feld befinden und schlicht nichts voraussetzen können.

Hier sind einige Dinge, die Sie tun sollten, um bei Verstand zu bleiben.

Max' Buch enthält eine umwerfende Referenz zu Mobilemulatoren und -simulatoren.

1. **Beginnen Sie mit gültigem Code in einem Desktopbrowser.**
Wenn der Code in einem Desktopbrowser hakt, tut er das auch in einem Mobilbrowser. Sie können mit der Entwicklung also dort beginnen, wo Sie sich heimischer fühlen und die Werkzeuge besser sind. Achten Sie darauf, dass Sie Ihren Code validieren, damit Sie Fehler früh finden.

2. **Nutzen Sie Emulatoren und Simulatoren.**
Beinahe alle Mobilplattformen besitzen einen Emulator oder einen Simulator. Maximiliano Firtman hat die ultimative Liste der Emulatoren und Simulatoren für sein Buch ***Programming the Mobile Web*** zusammengestellt. Eine von ihm regelmäßig aktualisierte Form finden Sie unter *http://www.mobilexweb.com/emulators*.

3. **Erwerben Sie eine kleine Anzahl an Geräten.**
Sie werden sich einige Geräte zulegen müssen. Welche Geräte Sie kaufen, sollten Sie von den Projekten und den Märkten, für die Sie entwickeln, abhängig machen. Finden Sie heraus, was Ihre Auftraggeber nutzen werden, um Ihr Projekt zu begutachten, und schaffen Sie sich diese Geräte ebenfalls an.

Peter-Paul Koch hat auf A List Apart einen Artikel mit einigen guten Tipps für die Geräteauswahl bei einem beschränkten Budget veröffentlicht: www.alistapart.com/articles/smartphone-browser-landscape/.

4. **Betteln, borgen und stehlen Sie.**
Treten Sie mit anderen in Verbindung, die ebenfalls für den Mobilbereich entwickeln, und tauschen Sie Ihre Geräte. Erwägen Sie, ein Wiki zu erstellen, in dem die Geräte aufgeführt werden, die die Personen in Ihrem Umkreis besitzen und teilen. Besser noch, bauen Sie ein gemeinschaftliches Testlabor wie das auf, das wir in Portland errichten.

Gute Nachrichten! Susi kann mir ihr Samsung Galaxy S zum Testen leihen und wüsste gern, ob wir vielleicht einen Kindle Fire haben, den sie sich ausleihen kann. Ich treffe mich morgen mit ihr, um die Geräte auszutauschen.

5 **Besuchen Ihr örtliches Testcenter für Mobilgeräte.**
Ein solches dürfte man in jeder Stadt finden. Sie können sie auch unter ihrem geläufigeren Namen suchen: Handyläden oder Elektronikmärkte.

In den meisten Läden sollten Sie die Möglichkeit haben, ein paar Geräte zu testen. Sie werden dort sicher nicht Ihr Büro einrichten können, aber man wird Sie wahrscheinlich nicht davon abhalten, Ihre Website auf mehreren Geräten zu testen.

Sagen Sie ehrlich, was Sie tun, und bedanken Sie sich artig. Die Verkäufer können Ihnen oft einen Hinweis darauf geben, welche Geräte sich gut verkaufen, und interessieren sich vielleicht sogar für Ihre Arbeit.

6 **Remote-Device-Test-Dienste nutzen.**
Manchmal müssen Sie bestimmte Umstände testen. Vielleicht müssen Sie ein bestimmtes Gerät testen, das nur in anderen Teilen der Welt verfügbar ist. In solchen Fällen sind Remote-Device-Test-Dienste der richtige Weg.

Device Anywhere (*http://deviceanywhere.com*) und Perfecto Mobile (*http://perfectomobile.com*) bieten entfernten Zugriff auf echte Geräte in Datenzentren auf der gesamten Welt. Dass die Datenzentren auf der ganzen Welt verteilt sind, heißt, dass Sie ein spezifisches Gerät in einem spezifischen lokalen Netzwerk testen können und eben das sehen, was jemand sehen würde, der dieses Gerät in diesem Land nutzt.

Beide Dienste berechnen die Kosten auf Stundenbasis – Sie müssen also effizient sein, sonst können Sie sich schnell eine teure Testrechnung einhandeln.

Geräte werden mit Servern im Datenzentrum von Device Anywhere in San Mateo, Kalifornien, verbunden. Sie können die Geräte von überall in der Welt testen.

7 **Priorisieren Sie Ihre Tests.**
Auch wenn Sie Zugriff auf alle Geräte hätten, die je hergestellt wurden, hätten Sie nicht genug Zeit, sie alle zu testen. Wählen Sie repräsentative Geräte aus und priorisieren Sie Ihre Tests auf Basis der Entscheidungen, die Sie zuvor bei der Gestaltung des Projekts getroffen haben, als Sie überlegten, welche Geräte die meisten Ihrer Benutzer wahrscheinlich nutzen werden.

2. Remote-Debugging

Wir haben bereits erwähnt, dass man nur schwer Einsicht in das nehmen kann, was in einem Mobilbrowser vor sich geht. Aber selbst wenn Sie das könnten, würden Sie wohl kaum größere Teile der Entwicklungsarbeit auf derart winzigen Bildschirmen durchführen wollen.

Das Remote-Debugging löst dieses Problem: Dabei wird ein Mobilbrowser mit einem Desktop-Debugging-Werkzeug verbunden, mit dessen Hilfe man beobachten kann, was in dem Mobilbrowser geschieht.

WEb INspector REmote (weinre)

Es gibt verschiedene Optionen für das Remote-Debugging, aber das Werkzeug, das mit den meisten Geräten und Browsern verwendet werden kann, ist weinre (was wie *winery* ausgesprochen wird). weinre ist ein Open Source-Projekt, das vom WebKit-Mitentwickler Patrick Mueller entwickelt und später in das PhoneGap-Projekt eingebracht wurde.

Laden Sie sich weinre unter http://phonegap.github.com/weinre/ herunter.

Wie weinre funktioniert

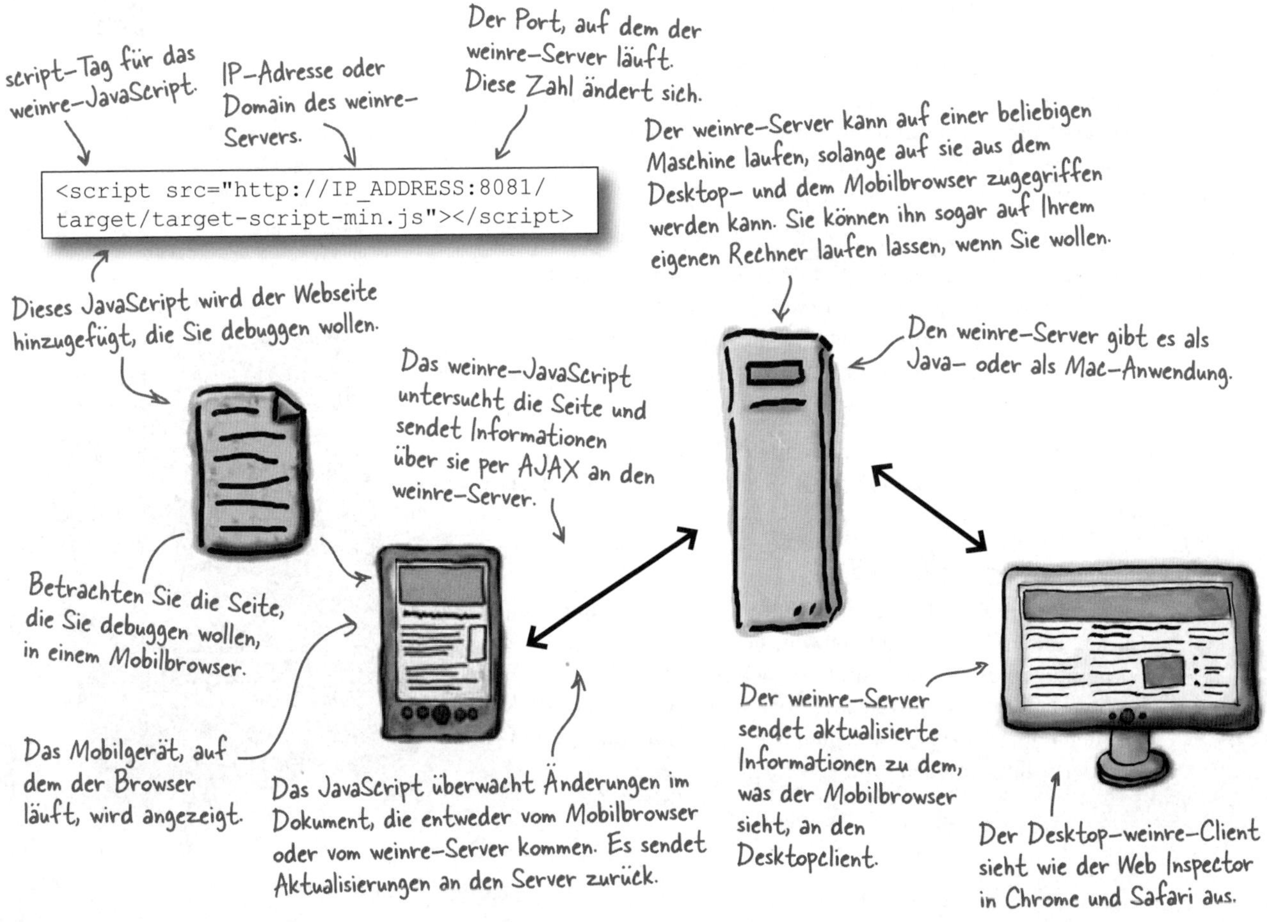

Einen eigenen weinre-Server laufen lassen

Sie müssen nicht in Informatik promoviert haben, wenn Sie einen weinre-Server aufsetzen wollen, aber ein Kinderspiel ist es auch nicht. Freundlicherweise haben die netten Jungs bei PhoneGap einen öffentlichen weinre-Server eingerichtet, der sich ganz leicht verwenden lässt. Dazu brauchen Sie nur einen Mobilbrowser und Webzugriff.

Ein Nachteil bei der Verwendung eines öffentlichen Servers ist der Umstand, dass er für alle zugänglich ist. Wählen Sie eine GUID, die andere nicht so leicht erraten können.

1. **Besuchen Sie debug.phonegap.com mit Chrome oder Safari.**
   Die Seite ist in drei einfache Schritte gegliedert. In Schritt 1 müssen Sie eine *GUID* (Globally Unique Identifier) angeben. Im Prinzip wählen Sie hier ein Wort oder eine Phrase, die Ihre eigene Version des weinre-Testdiensts erstellt, damit kein anderer versuchen kann, die gleiche Testinstanz zu verwenden.

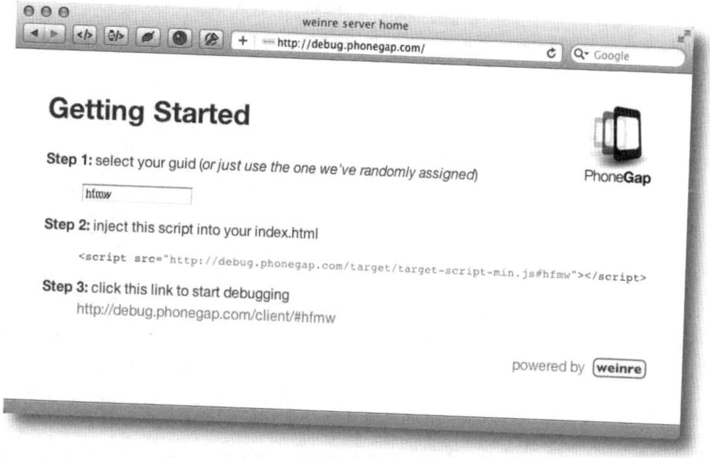

2. **Bauen Sie ein zu testendes HTML-Dokument.**
   Erstellen Sie ein neues HTML-Dokument mit dem Markup unten und speichern Sie es als *weinre.html*. Fügen Sie das von debug.phonegap.com bereitgestellte `<script>`-Tag ein und legen Sie die aktualisierte Datei auf einen öffentlichen Webserver.

```
<!DOCTYPE html>
<html lang="en">
<head>
  <title>Weinre-Beispiel</title>
  <style type="text/css">
  h1 {color:red}
  #box {background:#ffc;padding:10px;width:70%;height:200px;}
  </style>
  <script src="http://debug.phonegap.com/target/
target-script-min.js#mwvkbf"></script>
</head>
<body>
<h1>Weinre-Testseite</h1>
<p id="box">Das ist zunächst ein gelber Kasten.</p>
</body>
</html>
```

weinre.html

Bringen Sie weinre.html auf einen öffentlichen Webserver, auf dem Sie testen können.

Aus Sicherheitsgründen können wir das nicht für Sie hosten.

Setzen Sie hier das <script>-Tag ein, das Sie von debug.phonegap.com erhalten haben.

3 Beginnen Sie mit dem Debugging.
Klicken Sie unter Schritt 3 auf den Link debug.phonegap.com, um das Debugging zu beginnen.

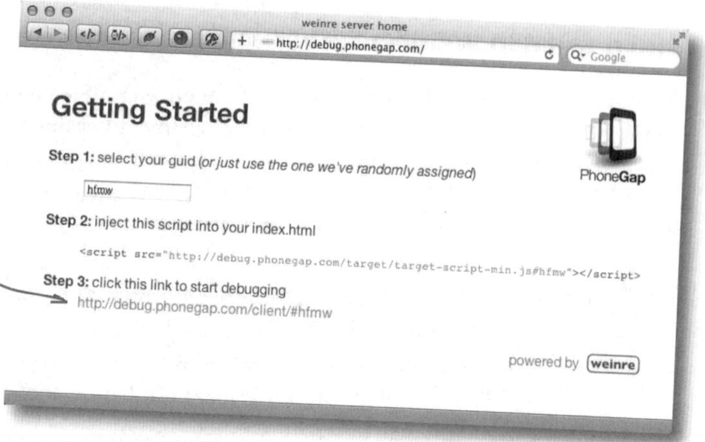

Klicken Sie auf diesen Link, um mit dem Debugging zu beginnen.

Wenn Sie mit dem Debugging begonnen haben, sehen Sie eine Seite, die so aussieht.

Der Titel des Browserfensters sagt Ihnen, dass keine Zielgeräte verbunden sind.

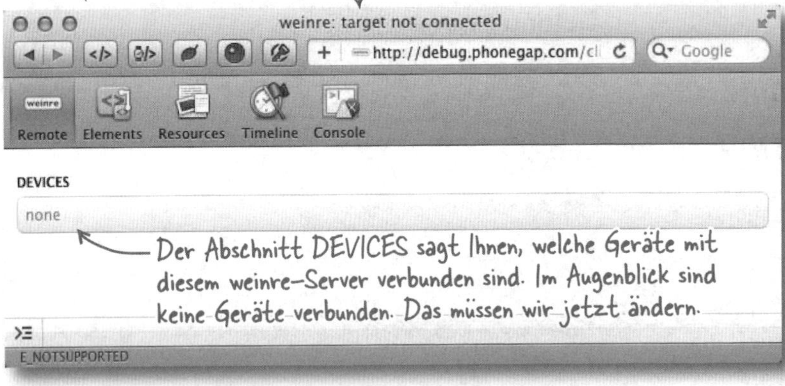

Der Abschnitt DEVICES sagt Ihnen, welche Geräte mit diesem weinre-Server verbunden sind. Im Augenblick sind keine Geräte verbunden. Das müssen wir jetzt ändern.

4 Öffnen Sie weinre.html in einem Mobilbrowser.
Achten Sie darauf, dass der Browser AJAX-Verbindungen unterstützt. Android-Geräte, iPhones und andere neuere Geräte müssten funktionieren. Sie sollten eine Testseite mit einem großen gelben Kasten und einer roten Überschrift sehen.

weinre.html auf einem iPhone.

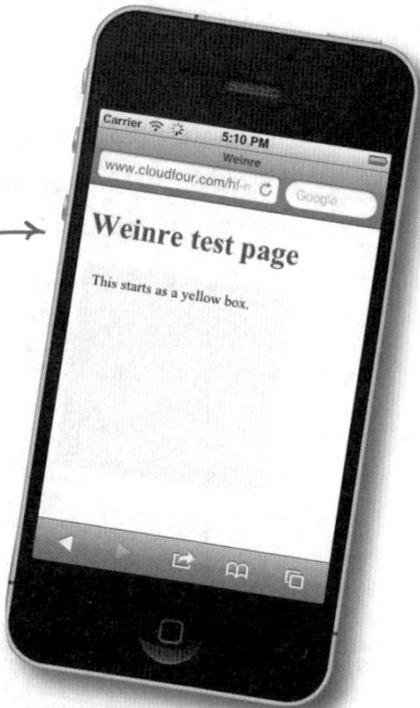

5 Stellen Sie sicher, dass der Debugger mit dem Gerät verbunden ist.
Jetzt sollten Sie Ihr Gerät in der Geräteliste unter dem Remote-Abschnitt des Debuggers sehen. Wenn Sie das Gerät nicht sehen, müssen Sie versuchen, den Debugger zu aktualisieren.

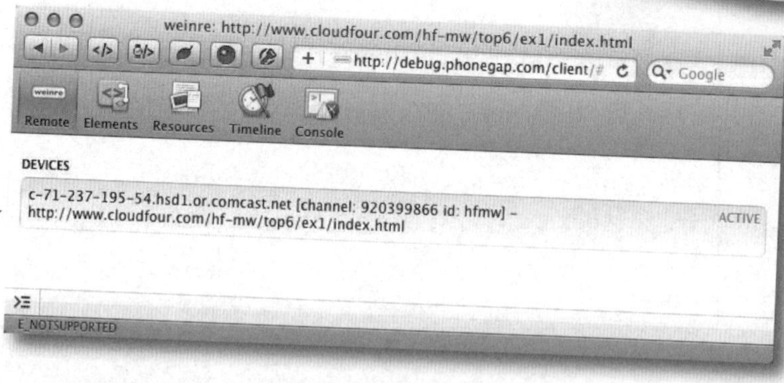

Jetzt wird das Gerät aufgeführt, mit dem wir testen.

Den weinre-Inspector erforschen

Ist die Verbindung hergestellt, sehen wir eine etwas vereinfachte Version des Web Inspector, den Sie aus Google Chrome und Safari kennen.

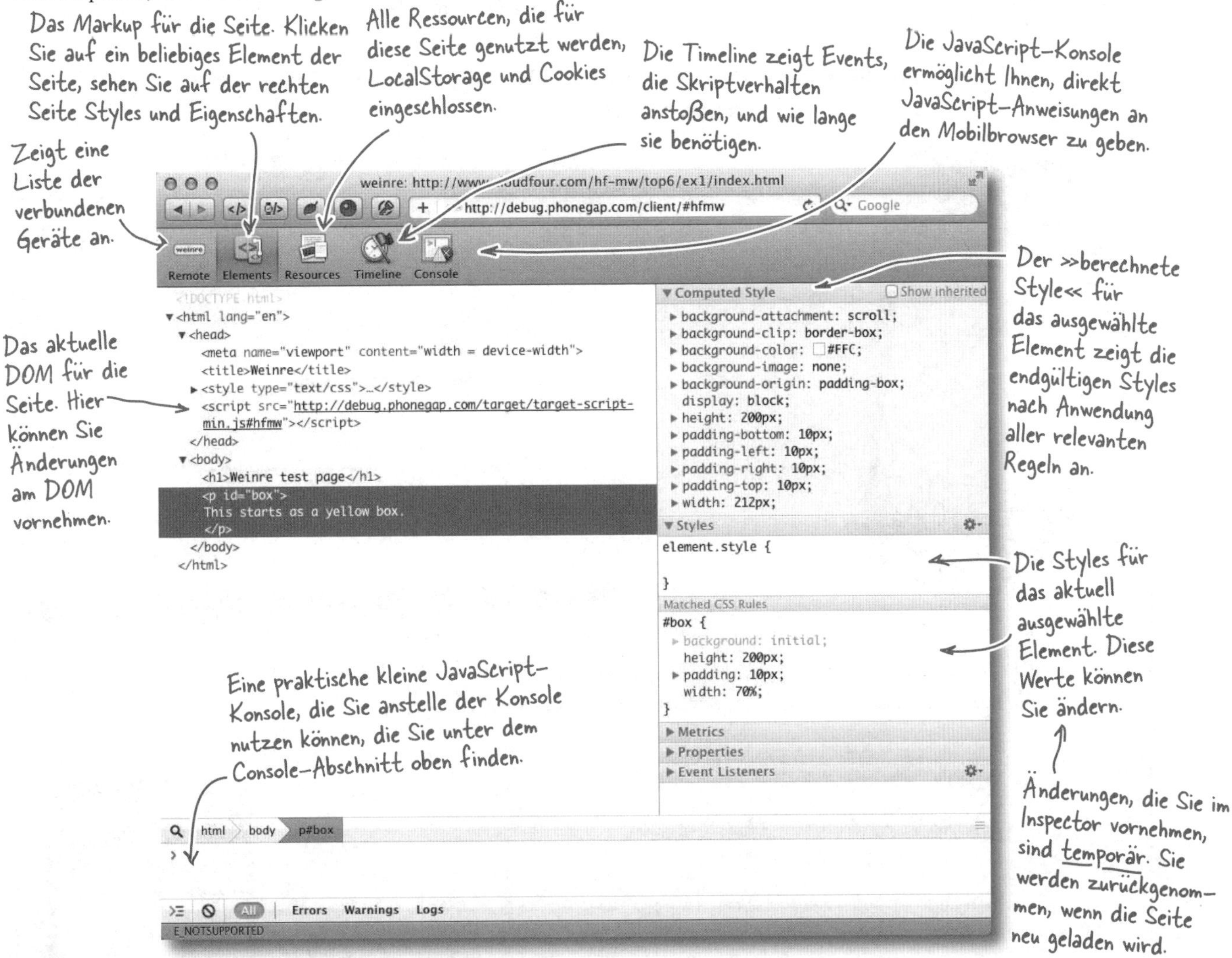

ÜBUNG

Sie dachten wohl, das mit den Übungen hätten Sie hinter sich, was? Dachten wir auch, aber diese hier machen Sie aus Spaß! Nutzen Sie den Inspector, um einige Änderungen an der Webseite vorzunehmen, und beobachten Sie, wie diese auf der Seite erscheinen.

1. Lassen Sie die Maus auf der Registerkarte Elements über den HTML-Elementen schweben. Was geschieht im Mobilbrowser?
2. Geben Sie dem Hintergrund über den Inspector eine andere Farbe.
3. Nutzen Sie die JavaScript-Konsole, um auf dem Gerät einen Alert anzeigen zu lassen.

Es hat etwas Magisches, wenn man im weinre-Inspector eine Änderung vornimmt und sieht, wie diese unmittelbar im Mobilbrowser zu sehen ist.

1. Lassen Sie die Maus auf der Registerkarte Elements über den HTML-Elementen schweben. Was geschieht im Mobilbrowser?

Die Elemente werden im Mobilbrowser hervorgehoben, wenn Sie im Desktop-Inspector die Maus darüber schweben lassen.

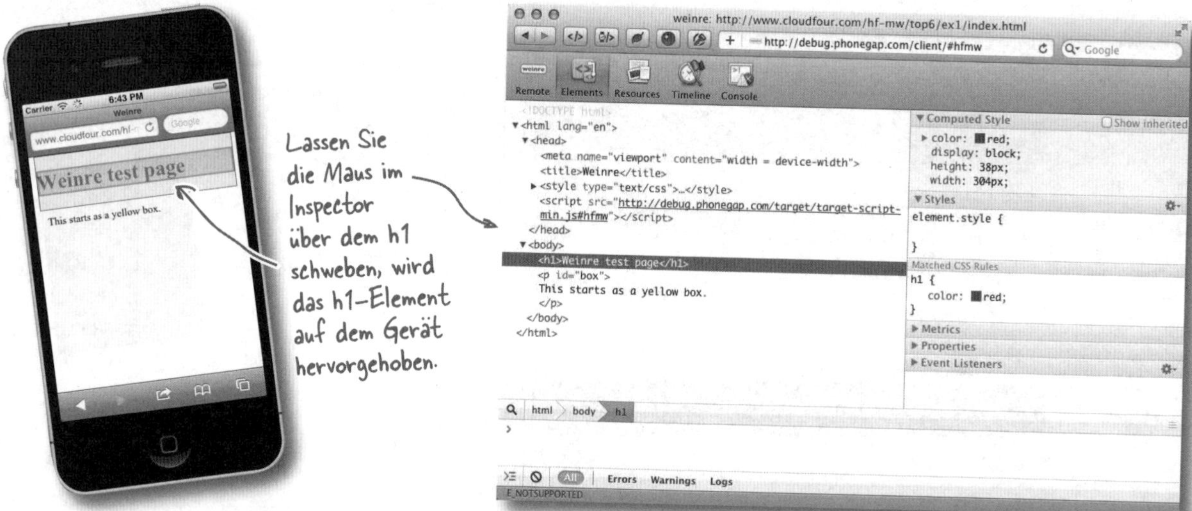

2. Geben Sie dem Hintergrund über den Inspector eine andere Farbe.

Klicken Sie auf das <p>-Tag für den Kasten. Bearbeiten Sie die Eigenschaft background-color im Abschnitt mit der entsprechenden CSS-Regel.

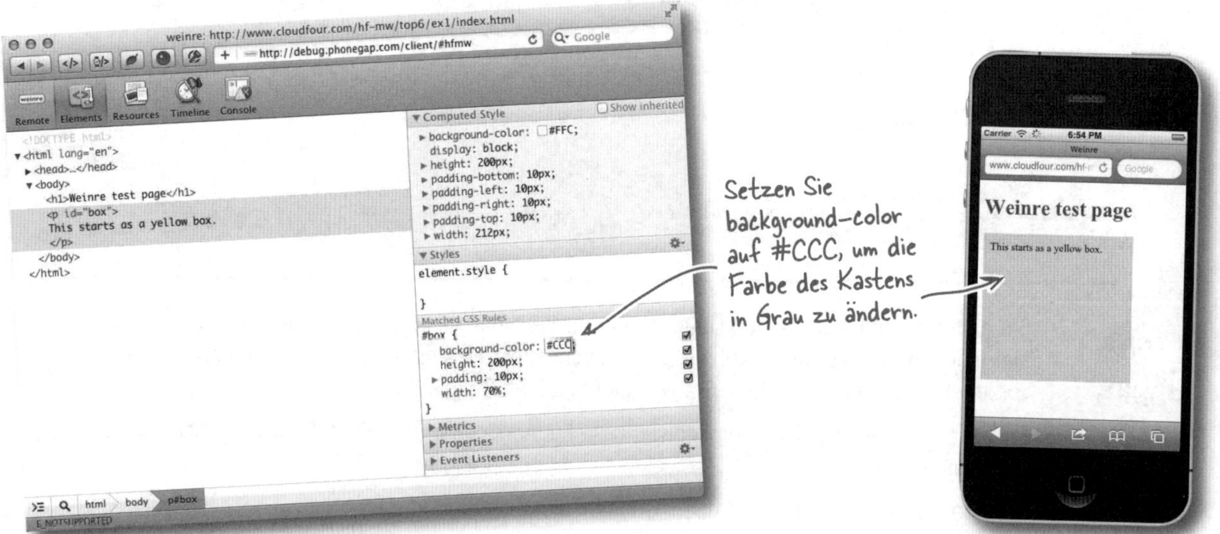

3. Nutzen Sie die JavaScript-Konsole, um auf dem Gerät einen Alert anzeigen zu lassen.

Code für einen einfachen Hello world-JavaScript-Alert.

```
alert('Hello world!');
```

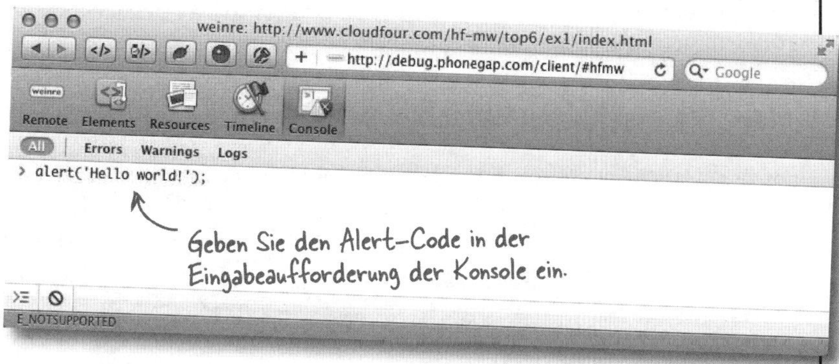

Geben Sie den Alert-Code in der Eingabeaufforderung der Konsole ein.

Und natürlich erscheint der Alert auf dem Mobilgerät.

Es gibt keine Dummen Fragen

F: Ist debug.phonegap.com sicher? Warum hosten Sie nicht selbst eine Seite?

A: Sicherheitsprobleme sind selten. Ein anderer müsste die URL Ihres weinre-Servers kennen und wissen, dass Sie ihn in genau diesem Moment nutzen, damit er Ihrem Browser das bösartige JavaScript senden kann.

Wie wir sagten, ist das recht unwahrscheinlich, wenn Sie die URL für den weinre-Server nicht gerade in einem Buch veröffentlichen, eine Testseite hosten und jedem sagen, dass er die Seite nutzen darf. Die Veröffentlichung dieser Informationen könnte sie zu einem Ziel für böse Buben machen.

F: Sie sagten, dass es andere Debugger gibt. Welche sind das?

A: Opera Dragonfly (*http://opera.com/dragonfly/*) bietet einen Remote-Debugger, der mit Opera-Browsern verwendet werden kann. Das BlackBerry Playbook und das BlackBerry OS haben seit Version 7 eingebaute Unterstützung für das Remote-Debugging. WebKit selbst enthält Werkzeuge zum Remote-Debugging, aber diese sind in den meisten Browsern abgeschaltet. Einen Tag bevor wir diesen Abschnitt fertigstellten, hat Maximiliano Firtman iWebInspector (*http://iwebinspector.com*) veröffentlicht, einen Remote-Debugger für iOS. Getestet haben wir ihn noch nicht.

F: Heißt Adobes Übernahme von Nitobi, der Firma hinter PhoneGap, dass debug.phonegap.com verschwinden wird?

A: Man hat uns versichert, dass dieser Dienst nicht verschwinden wird. Sollte das dennoch geschehen, können Sie weinre jederzeit herunterladen und auf Ihrem lokalen Rechner installieren.

3. Ermitteln, welche Browser wir unterstützen

Progressive Enhancement zur Unterstützung fähigerer Browser ist eine tolle Sache, aber ist es sinnvoll, massenhaft Zeit damit zu verbringen, etwas mit einem Browserfeature aufzubauen, das nur von ein paar Browsern unterstützt wird?

Irgendwann wollen Sie einfach wissen, welche Browser die ausgefeilte gyroskopbasierte Navigation nutzen können, die Sie aufgebaut haben.

Tun Sie das nicht. Eine mit dem Gyroskop gesteuerte Navigation ist eine schreckliche Idee! Viel schrecklicher noch als das blink-Tag. Vergessen Sie, dass wir das überhaupt erwähnt haben.

Listen, die festhalten, welcher Browser was unterstützt

Diese Seiten versuchen, Browser und die von ihnen unterstützten Eigenschaften aufzuführen.

caniuse.com

Beantwortet die Frage: "»Wann kann ich ... nutzen?«

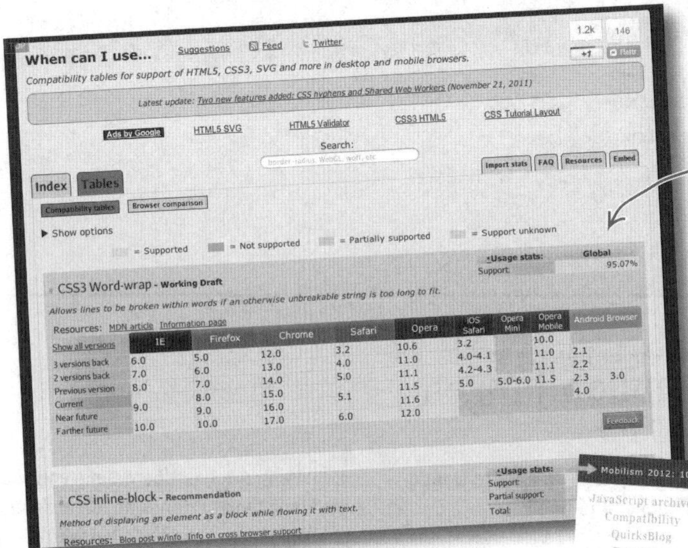

Führt Kompatibilitätstabellen für HTML, CSS und JavaScript für Desktop- und Mobilbrowser.

Der Urvater aller Kompatibilitätsseiten. Peter-Paul Koch (PPK) hat mit dem Testen von Browsern 1998 begonnen und die Seite QuirksMode.org 2003 aus der Taufe gehoben.

quirksmode.org

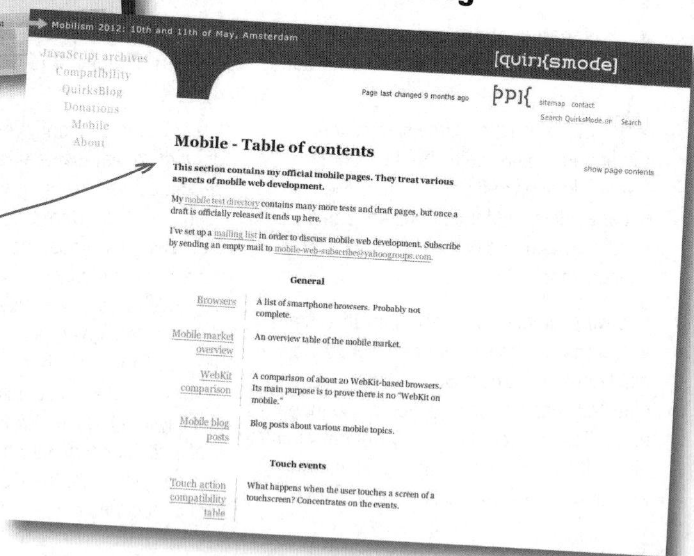

PPK befasst sich mittlerweile fast ausschließlich mit dem Mobilbereich. Lesen Sie sein Blog und schauen Sie sich Mobilism an, die Konferenz, die er organisiert.

Testen, was Ihr Browser unterstützt

Folgende Sites sind hilfreicher, wenn Sie Zugriff auf einen bestimmten Browser haben und testen wollen, was er unterstützt. Ein Besuch sagt Ihnen alles.

html5test.com

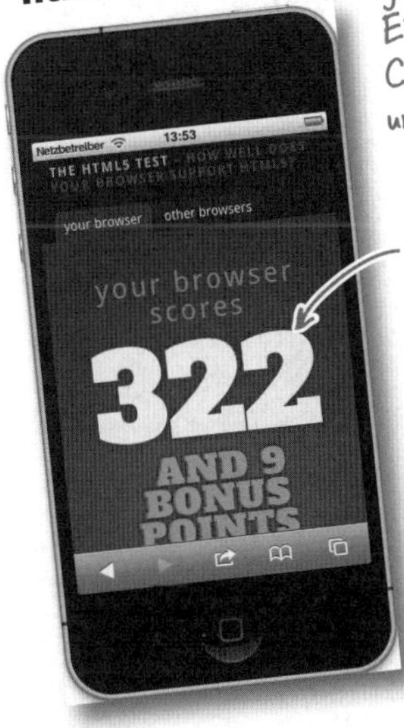

Prüft die Unterstützung Ihres Browsers für eine Reihe von HTML5-Eigenschaften und bewertet diese mit einer Punktzahl.

haz.io

Nutzt die Modernizr-Bibliothek (www.modernizr.com), um zu testen, wie gut Ihr Browser neuere Eigenschaften von HTML, CSS und JavaScript unterstützt.

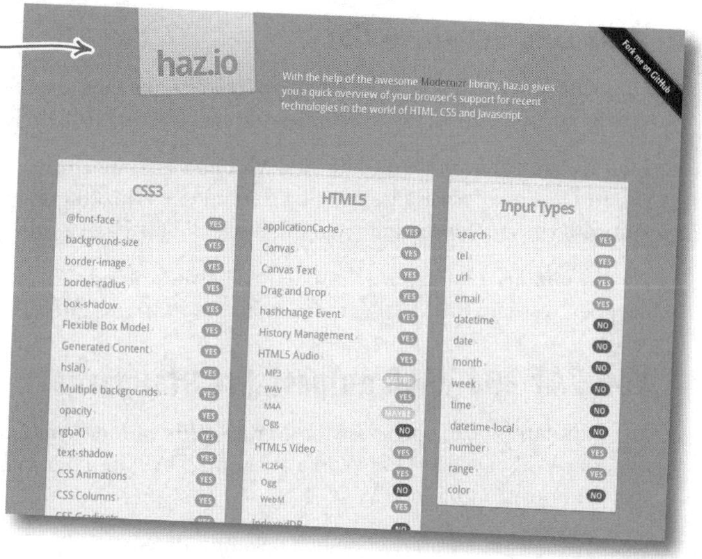

Oder beides zur gleichen Zeit ...

browserscope.org

Browserscope prüft wie haz.io, welche Unterstützung Ihr Browser für bestimmte Eigenschaften bietet, hält aber auch fest, welche Browser den Test in der Vergangenheit bestanden oder nicht bestanden haben.

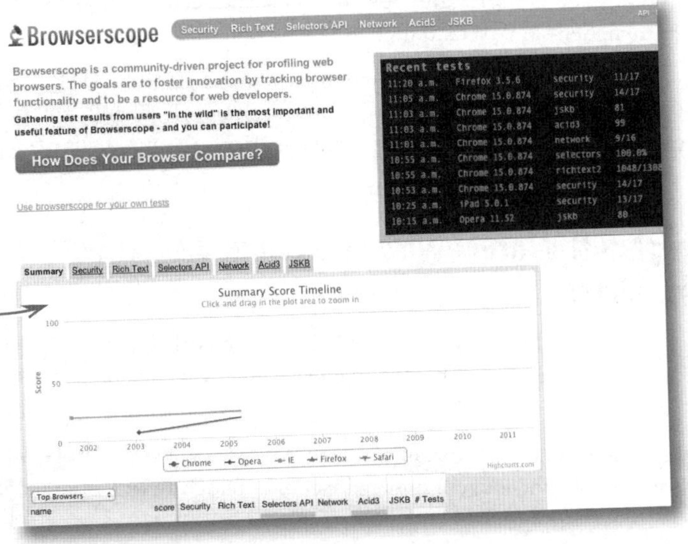

Sie können Ihre eigenen Tests erstellen und die Daten auf Browserscope speichern. Entwickler schreiben kontinuierlich neue Tests mit der Browserscope-API. Das macht die Daten von Tag zu Tag wertvoller.

4. Geräte-APIs

Trotz ihrer geringen Größe sind Mobiltelefone mächtige Geräte mit Features wie einem Adressbuch, einem Kalender, SMS, Vibrationsgeneratoren, Sensoren und neuen Technologien wie der Nahfeldkommunikation. Mit dem Einsatz der Kamera in unserer PhoneGap-App haben wir gerade einmal die Oberfläche dessen gestreift, was möglich ist.

Oder zumindest dessen, was theoretisch möglich wäre, wenn Browser beginnen, die Geräte-APIs zu unterstützen.

Was sind Geräte-APIs?

Ursprünglich verwies der Begriff ***Geräte-API*** auf eine spezifische Sammlung mit Funktionen, die auf Mobilgeräten verfügbar sind, auf dem Desktop traditionell aber nicht. Die Kamera ist ein häufig angeführtes Beispiel.

Was als ganz bestimmte und für den Mobilbereich spezifische Sache begann, wurde mit der Zeit zu einem Deckmantel für alles Mögliche – von der Hinzufügung von Ereignissen zum Kalender bis hin zum Zugriff auf Systeminformationen wie die CPU-Last oder die Netzwerkgeschwindigkeit.

Auch wenn der Umfang wuchs, blieb der Zweck der gleiche – Browsern soll Zugriff auf die Dinge gegeben werden, die Mobilgeräte zu einem so interessanten Feld machen.

Die Fortschritte der W3C Device APIs Working Group können Sie unter http://w3.org/2009/dap/ verfolgen.

Von DAP und WAC aufgestellte Standards

Die Standardisierungsprozesse für Geräte-APIs werden von zwei Gruppen vorangetrieben, der W3C Device APIs Working Group (DAP) und der Wholesale Applications Community (WAC).

Das W3C ist Ihnen wahrscheinlich bekannt, da es auch für die Standardisierung von HTML und CSS verantwortlich ist. Von der WAC hingegen haben Sie vielleicht noch nicht gehört.

Die WAC wurde von Netzbetreibern und Geräteherstellern aus der Taufe gehoben, um eine gemeinsame Plattform für die App-Entwicklung zu schaffen. Sie wählten HTML5 und fassten zwei vorhandene Standards zu einem zusammen, den sie WAC 2.0 tauften.

Es gibt eine Menge Überschneidungen zwischen WAC und DAP – sowohl in Bezug auf die Spezifikationen, die sie schreiben, als auch in der Zusammensetzung der Komitees. Sie arbeiten eher zusammen, als dass sie in Konkurrenz zueinander stehen.

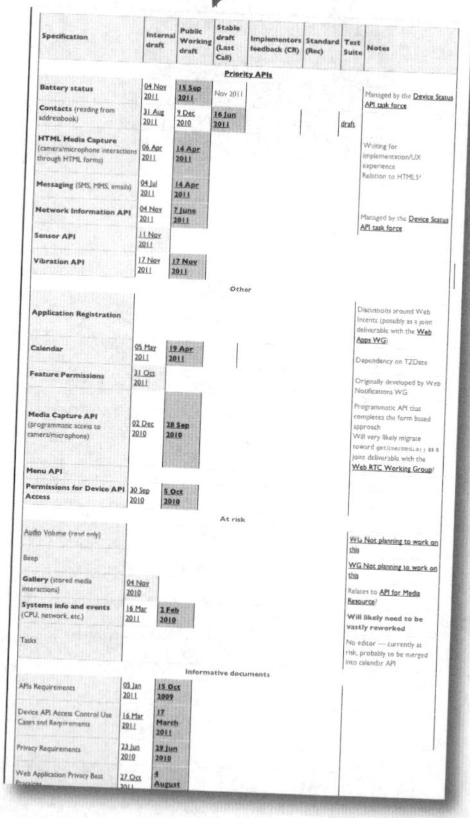

Specification	Internal draft	Public Working draft	Stable draft (Last Call)	Implementors feedback (CR)	Standard (Rec)	Test Suite	Notes
Priority APIs							
Battery status	04 Nov 2011	15 Sep 2011	Nov 2011				Managed by the Device Status API task force
Contacts (reading from addressbook)	31 Aug 2011	9 Dec 2010	16 Jun 2011			draft	
HTML Media Capture (camera/microphone interactions through HTML forms)	06 Apr 2011	14 Apr 2011					Waiting for implementation/UX experience Relation to HTML5?
Messaging (SMS, MMS, emails)	04 Jul 2011	14 Apr 2011					
Network Information API	04 Nov 2011	7 June 2011					Managed by the Device Status API task force
Sensor API	11 Nov 2011						
Vibration API	17 Nov 2011	17 Nov 2011					
Other							
Application Registration							Discussions around Web Intents (possibly as a joint deliverable with the Web Apps WG)
Calendar	05 May 2011	19 Apr 2011					Dependency on TZDate
Feature Permissions	31 Oct 2011						Originally developed by Web Notifications WG
Media Capture API (programmatic access to camera/microphone)	02 Dec 2010	28 Sep 2010					Programmatic API that completes the form based approach Will very likely migrate toward getUserMedia() as a joint deliverable with the Web RTC Working Group?
Menu API							
Permissions for Device API Access	30 Sep 2010	5 Oct 2010					
At risk							
Audio Volume (read only)							WG Not planning to work on this
Beep							WG Not planning to work on this
Gallery (stored media interactions)	04 Nov 2010						Relates to API for Media Resource?
Systems info and events (CPU, network, etc.)	16 Mar 2011	2 Feb 2010					**Will likely need to be vastly reworked**
Tasks							No editor — currently at risk, probably to be merged into calendar API
Informative documents							
APIs Requirements	05 Jan 2011	15 Oct 2009					
Device API Access Control Use Cases and Requirements	16 Mar 2011	17 March 2011					
Privacy Requirements	23 Jun 2010	29 Jun 2010					
Web Application Privacy Best Practices	27 Oct 2011	4 August					

Klingt gut! Warum wird es dann in diesem Buch nicht behandelt?

Es gibt bisher nicht viele Browser, die die Geräte-APIs unterstützen. Viele der Standards befinden sich noch in einer frühen Entwicklungsphase.

Lassen Sie uns gemeinsam hoffen, dass diese Standards, wenn wir die zweite Auflage dieses Buchs in Angriff nehmen, so verbreitet sein werden, dass wir mehrere Kapitel benötigen, um all die coolen Dinge zu beschreiben, die Sie mit Geräte-APIs anstellen können.

5. Application Stores und App-Vertrieb

Der Name »App Store« ist ein Warenzeichen von Apple. Sie können ihn also nur für Apples eigenen »Application Store« nutzen. Deswegen werden wir hier den »Begriff« Application Store nutzen.

Sie haben eine hammermäßige Web-App aufgebaut und mit PhoneGap nativ gemacht und wollen nun Ihren Anteil am App-Goldrausch einfahren. Wie aber scheffelt man Kohle in Apples App Store, in Google Play oder einem anderen Application Store?

Eine Warnung: Die meisten Apps sind ein Minusgeschäft

Das heißt nicht, dass Ihre nicht eine Ausnahme von dieser Regel sein kann, sollte Sie aber daran erinnern, wie »groß« Ihre Chancen auf Erfolg sind.

Trotzdem können Apps in vielen Situationen sinnvoll sein – insbesondere für Unternehmen, die sich nicht über den Verkauf von Apps finanzieren, sondern Apps einsetzen, um andere Geschäftszweige zu stärken.

Jeder hat seinen Application Store …

Es gibt zu viele Vertriebsplattformen. Das Wireless Industry Partnership (WIP) pflegt eine Datenbank mit allen bekannten Application Stores. Bei der letzten Zählung waren es 120.

Alle Stores haben eigene Begriffe und Regeln und natürlich andere Möglichkeiten, Apps zu bewerben. Schon allein die Zahl ist überwältigend.

Die WIP App Store-Datenbank finden Sie unter http://wipconnector.com/appstores.

… und jetzt gibt es sie auch noch für Web-Apps

Der neueste Trend sind HTML5-Application Stores. Google Chrome, Mozilla und einige kleinere Unternehmen haben neue Application Stores für Web-Apps aufgebaut.

Einige Tipps von Nicht-Experten

Wir sind keine Experten für den App-Vertrieb. Wenn Sie in Bezug darauf Hilfe brauchen, müssen Sie sich an anderer Stelle umsehen. Aber wir können Ihnen drei Dinge sagen:

1. **Betreiben Sie Markt- und Store-Forschung.**
   Schauen Sie, was die Konkurrenz macht. Machen Sie sich mit der Vertriebsplattform und den dort angebotenen Apps vertraut. Machen Sie Ihre Hausaufgaben.

2. **Vergessen Sie das traditionelle Marketing nicht.**
   Verlassen Sie sich nicht darauf, dass Sie von Apple beworben werden. Das wird nicht wie im Kino laufen. Es reicht nicht, einfach eine App aufzubauen.

3. **Bauen Sie Ihre App so, dass sie auf der Plattform heimisch ist.**
   Dass Sie plattformübergreifende Werkzeuge nutzen, heißt noch nicht, dass ein Android-Nutzer weiß, wie eine iPhone-App funktioniert. Sorgen Sie dafür, dass Ihre App so aussieht, wie es die Nutzer auf der entsprechenden Plattform erwarten.

6. RESS: REsponsive Design + serverseitige Komponenten

Langfristig erwarten wir nicht, dass Responsive Webdesign oder die Geräteerkennung so dominant werden, dass die anderen Techniken verschwinden werden. Wir denken, dass in den meisten Fällen eine Kombination dieser beiden Techniken das Sinnvollste sein wird.

Luke Wroblewski hat diese Kombination aus responsivem Design und serverseitigem Testen einen Namen geben. Er bezeichnet sie als RESS.

Was Luke RESS nennt, unterscheidet sich nicht groß von einigen der wegweisenden Techniken, die von den Eigentümern von Yiibu.com, Bryan und Stephanie Rieger, propagiert werden.

Bryan und Stephanie nutzen Geräteerkennung, um die Fähigkeiten eines Browsers einzuschätzen, überprüfen diese Einschätzung dann mit clientseitigem JavaScript und korrigieren Probleme, wenn sie nicht korrekt war. Das JavaScript setzt außerdem ein Cookie, das Informationen für den Server ausgibt, damit dieser irrtümliche Annahmen korrigieren kann.

http://www.lukew.com/ff/entry.asp?1392

Die Arbeit von Bryan und Stephanie können Sie sich unter http://browser.nokia.com in Aktion ansehen.

Mehr zu ihrem Verfahren erfahren Sie unter http://www.slideshare.net/yiibu und http://yiibuo.com.

Die Zukunft von RESS

Es lässt sich nur schwer vorhersagen, ob der Name RESS hängen bleiben wird, aber das Konzept einer Kombination aus Responsive Webdesign und serverseitigen Techniken scheint uns sehr sinnvoll. Ohne diese Kombination erinnert es uns an eine Illustration, die der Mobiltheoretiker Jon Arnes Sæterås kürzlich erstellt hat.

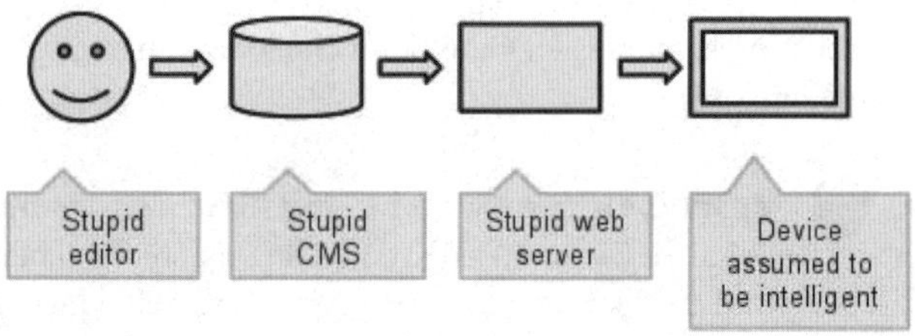

http://mpulp.mobi/2011/05/next-steps-of-responsive-web-design/

Unser Ziel sollte sein, darauf hinzuarbeiten, dass sich alle Teile des Puzzles so intelligent wie möglich verhalten. Lösungen wie RESS suchen nach einer Möglichkeit, die Aufgaben bei der Auslieferung eines positiven Benutzererlebnisses gleichmäßig auf Client und Server zu verteilen.

B Die Webserverumgebung einrichten

Das Fundament

Ohne das »Web« gibt es auch kein »Mobiles Web«. Die Sache ist klar – wenn Sie für das mobile Web entwickeln wollen, brauchen Sie einen Webserver. Und das gilt nicht nur für die Bearbeitung der Übungen in diesem Buch. Sie brauchen einen Platz, an dem Sie Ihren Webkram bereitstellen können, und es ist egal, ob das ein kommerzieller externer Webhoster ist, ein ausgewachsenes Datenzentrum oder Ihr eigener Rechner. In diesem Anhang werden wir Ihnen erläutern, wie Sie mit kostenloser Open Source-Software auf Ihrem Rechner einen **lokalen Webserver einrichten** und **PHP in Betrieb nehmen**.

Was wir von Ihnen fordern

Wenn Sie die Übungen in diesem Buch bearbeiten wollen, müssen Sie ein paar Dinge tun. Keine Bange: So schlimm wird das nicht, und wir werden Sie an die Hand nehmen.

1. **Sie müssen Webdokumente (wie HTML-Seiten) und -ressourcen (Bilder, CSS, JavaScript usw.) ausliefern können.**
   Das hört sich verdammt nach einer Beschreibung eines Webservers an, stimmt's? Wir müssen uns also eine Webserversoftware beschaffen und sie konfigurieren.

2. **Sie müssen serverseitige PHP-Skripten ausführen können.**
   Die Beispiele in diesem Buch nutzen die Skriptsprache PHP (PHP: Hypertext Preprocessor), um dynamische Inhalte zu erstellen. Sie müssen kein ausgebuffter PHP-*Programmierer* sein, brauchen aber eine Möglichkeit, PHP-Skripten *auszuführen*.

3. **Sie müssen in einem gewissen Umfang administrativen Zugang zu Ihrem Webserver haben.**
   Sie müssen die Berechtigungen der Verzeichnisse, die von Ihrem Webserver ausgeliefert werden, in gewissem Maße steuern können und außerdem Dateien verschieben können.

Wir versprechen Ihnen, dass es nicht so schwer werden wird (und wirklich praktisch ist). Aber Sie *müssen* keinen eigenen Webserver einrichten.

Sie müssen jedoch sicherstellen, dass Ihr Setup einigen Bedingungen genügt. Sie brauchen PHP-Version 5.2 oder neuer. Außerdem müssen Sie prüfen, ob Ihre PHP-Installation die GD-Grafikbibliothek und SimpleXML unterstutzt. Das wissen Sie nicht so genau? Auf Seite 396 wird erläutert, wie Sie die Funktion `phpinfo` nutzen können, um sich Informationen zu Ihrer PHP-Installation zu beschaffen.

Nur lokal verfügbar

Jetzt werden wir Ihnen schrittweise erläutern, wie Sie einen lokalen Webserver auf Ihrem Rechner einrichten.

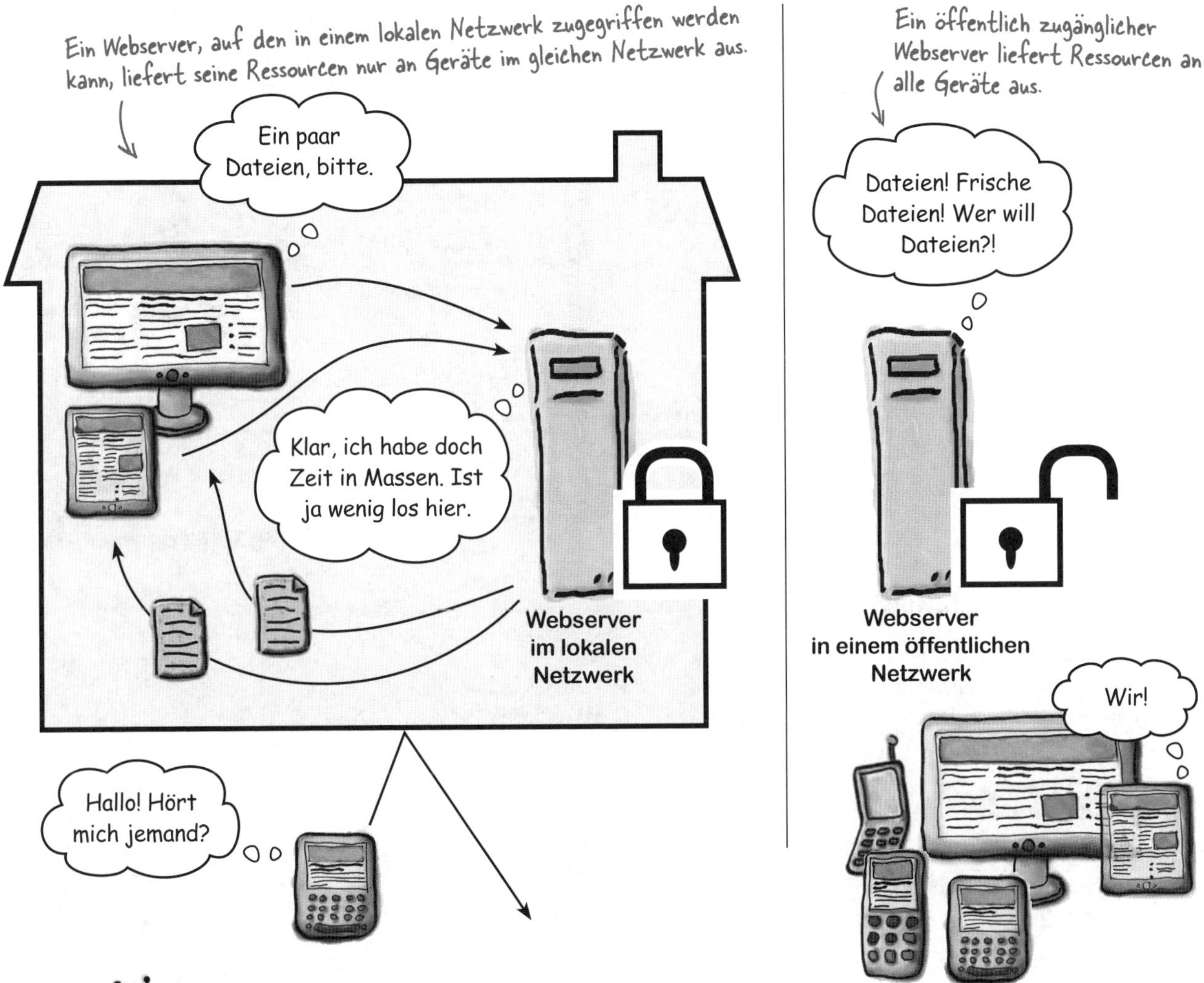

Aufgepasst

Die Pakete mit Websoftware, die wir in diesem Anhang installieren werden, sind nicht für öffentlich zugängliche Produktionsumgebungen gedacht.

Weil diese Werkzeuge die lokale Webentwicklung auf dem eigenen Rechner vereinfachen sollen, haben sie gewisse Sicherheitsmängel. Sie sind nicht für den Einsatz als extern zugängliche Webserver gedacht. Geben Sie also acht!

Windows und Linux: XAMPP installieren und konfigurieren

Laden Sie das Paket mit der Webserversoftware herunter

Wir werden **XAMPP** nutzen, eine leicht zu verwendende Webumgebung, die den **Apache-Webserver** und **PHP** enthält – die wir beide benötigen. Es bringt außerdem das relationale Datenbankmanagementsystem (RDBMS) MySQL und Perl mit, die, obwohl wir sie nicht unmittelbar nutzen werden, auch recht nett sind.

Gehen Sie mit Ihrem Browser zu *www.apachefriends.org/de/xampp.html* und wählen Sie den passenden Link für Ihre Plattform (Windows oder Linux). Laden Sie die neueste Version von XAMPP auf Ihren Computer herunter.

Für die Windows-Kinder

Klicken Sie doppelt auf die heruntergeladene Datei, um das Installationsprogramm zu starten. Sie werden aufgefordert, ein Installationsverzeichnis für XAMPP zu wählen. Das Standardverzeichnis, *c:\xampp*, ist okay. Befolgen Sie die Anweisungen, um die Installation abzuschließen.

Dann können Sie XAMPP über Start → Programme → XAMPP starten.

Finden Sie es nicht? Schauen Sie im Programme-Abschnitt des Startmenüs nach.

Das XAMPP-Control-Panel.

Hier können Sie Ihren Webserver (Apache) starten und stoppen.

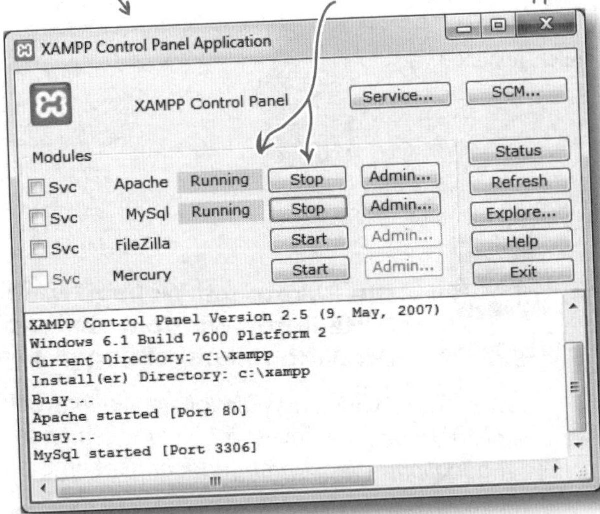

XAMPP in Betrieb nehmen

Linux-Nutzer aufgepasst

Öffnen Sie, nachdem Sie das Softwarepaket heruntergeladen haben, ein Terminalfenster und führen Sie die folgenden Befehle aus.

Sie brauchen Superuser-Zugriff (root), um XAMPP zu installieren.

Bei Ihnen kann der Dateiname etwas anders lauten.

Wenn XAMPP installiert ist, starten Sie es mit diesem Befehl.

Nutzen Sie >>stop<< statt >>start<<, um XAMPP anzuhalten. Recht klar, nicht wahr?

```
Datei Bearbeiten Fenster Hilfe TuxStolzMachen
$ su
$ tar xvfz xamp-linux-1.7.7.tar.gz -C /opt

$ /opt/lampp/lampp start

Starting XAMPP 1.7.7...
LAMPP: Starting Apache...
LAMPP: Starting MySQL...
LAMPP started.

Ready. Apache and MySQL are running.
```

Online gibt es massenhaft Informationen

Weitere Befehle, Konfigurationsoptionen, allgemeine Informationen und Hilfe bei Problemen finden Windows-Nutzer unter *www.apachefriends.org/de/xampp-windows.html*. Wenden Sie sich an *www.apachefriends.org/de/xampp-linux.html*, wenn Sie Linux nutzen.

Mac-Kids: Es ist MAMP-Zeit

Für den Mac empfehlen wir das supereinfache Softwarepaket MAMP. Die Installation von MAMP ist wirklich kinderleicht.

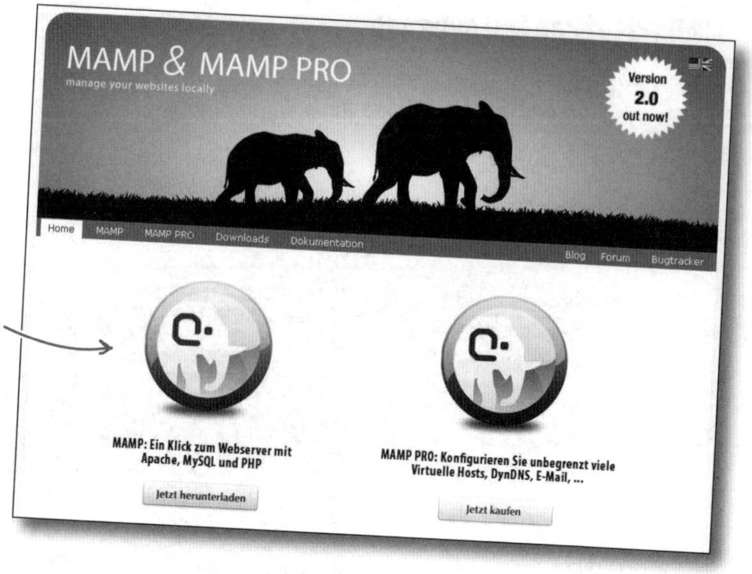

Die gewöhnliche Version von MAMP reicht vollkommen aus.

Die Installation ist ein Klacks

Begeben Sie sich zu *http://mamp.info* und laden Sie das Softwarepaket herunter. Klicken Sie doppelt auf das Paket, um das Festplattenabbild einzubinden, und ziehen Sie dann die MAMP-Anwendung in den Programme-Ordner.

Wenn Sie die MAMP-Anwendung starten, können Sie die Apache- und MySQL-Dienste starten und stoppen. Uns interessiert nur Apache. Sie benötigen ihn, um die Übungen in diesem Buch zu bearbeiten.

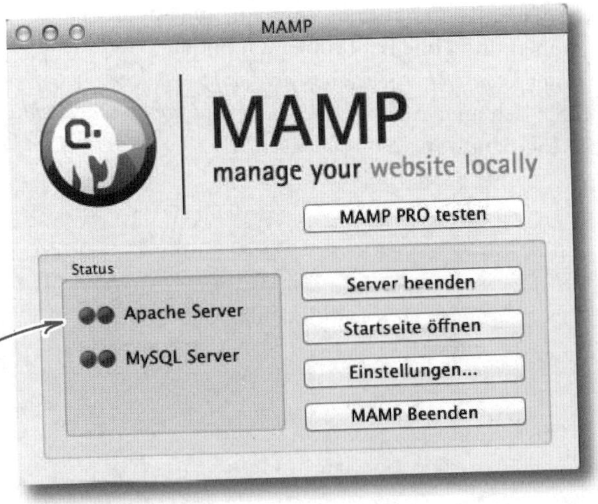

Im MAMP-Control-Panel können Sie die erforderlichen Dienste starten und anhalten.

Prüfen Sie, ob der Apache-Server läuft.

Im richtigen Hafen anlegen

Auf einem Mac ...

Neuere Versionen von Mac OS X bringen standardmäßig einen Apache-Webserver mit. Dieser läuft auf Port 80, dem Standardport für HTTP. Auf den Standardwebserver Ihres Mac können Sie (wenn er läuft) zugreifen, indem Sie sich mit Ihrem Browser zu *http://localhost* begeben. Wie wir gerade sagten, ist Port 80 der Standard-HTTP-Port. Es funktionieren *http://localhost* und *http://localhost:80* (die Portnummer ist also nicht erforderlich).

Der Webserver Ihres Mac wird gesteuert, indem Sie in den Systemeinstellungen im Freigaben-Panel die Webfreigabe ein- oder ausschalten.

Wir haben MAMP installiert, weil wir PHP benötigen. Da es auf den meisten Macs bereits einen Webserver gibt, läuft MAMP standardmäßig auf Port 8888. Das heißt, dass Sie auf Ihren MAMP-Webserver über *http://localhost:8888* zugreifen. Es ist aber recht einfach, die Portnummer in den MAMP-Einstellungen zu ändern, wenn Sie das wollen.

... und unter Windows und Linux

XAMPP läuft standardmäßig auf Port 80. Das heißt, dass es Probleme geben kann, wenn ein anderer Webserver auf diesem Port läuft. Unter Windows sollten Sie prüfen, dass der Windows IIS-Webserver nicht läuft:

Diesen Eintrag gibt es nur, wenn der IIS installiert ist. Wenn nicht, müssen Sie auch nichts tun.

1. Öffnen Sie den IIS Manager, indem Sie zu Start → Systemsteuerung → System und Sicherheit → Verwaltung → Internetinformationsdienste (IIS)-Manager gehen.

2. Klicken Sie im Bereich *Aktionen* auf *Beenden*. Damit stoppen Sie den IIS-Webserver.

Wenn Sie wissen, was Sie tun, können Sie Apache auch so konfigurieren, dass er auf einem anderen Port läuft.

Auf Ihren Webserver zugreifen

Wahrscheinlich wollen Sie einige der Beispiele aus dem Buch auf einem echten Mobilgerät ausprobieren, indem Sie Ihren Computer als Webserver nutzen. Das sollte funktionieren, selbst wenn Ihr Webserver nur lokal verfügbar ist. So stellen Sie sicher, dass die Sache läuft:

1 Ermitteln Sie die aktuelle IP-Adresse Ihres Rechners.

`localhost` ist völlig relativ. Es verweist auf den Rechner, auf dem Sie sich aktuell befinden. Versuchen Sie, von einem anderen Gerät (ob mobil oder nicht) auf `localhost` zuzugreifen, sprechen Sie dieses Gerät selbst an.

Die aktuelle IP-Adresse Ihres Rechners finden Sie auf einem Mac oder unter Linux heraus, indem Sie in einem Terminalfenster den Befehl `ifconfig` ausführen. Windows-Nutzer können den Befehl `ipconfig` nutzen. Geben Sie hier in das Suchfeld des Startmenüs **`cmd`** ein, um eine Eingabeaufforderung zu starten, auf der Sie dann **`ipconfig`** eingeben können.

`ifconfig` und `ipconfig` geben Informationen zu allen Netzwerkschnittstellen des Geräts aus. Suchen Sie nach einer Schnittstelle, die mit `eth` oder `en` (Linux oder Mac) oder `IP4` (Windows) beginnt, um Informationen zu Ihren Ethernet-Schnittstellen zu erhalten. Unter diesen sollte sich auch Ihre aktuelle IP-Adresse befinden.

Interne IP-Adressen beginnen üblicherweise mit 10, 127 oder 192.

Aufgepasst

Sie müssen die IP-Adresse Ihres *Computers* ermitteln, nicht Ihre *externe* IP-Adresse.

Werkzeuge wie http:// whatismy-ipaddress.com *können praktisch sein, wenn man schnell seine externe IP-Adresse ermitteln will. Diese entspricht aber nicht notwendigerweise der IP-Adresse Ihres Computers. Wenn Sie sich in einem Netzwerk befinden, das ein Modem und/oder einen Router für den Zugriff auf das Internet nutzt, sehen Sie auf solchen Sites die externe IP-Adresse des Modems oder des Routers. Sie werden auf den Webserver auf Ihrem Computer (wahrscheinlich) nicht über diese IP-Adresse zugreifen können.*

2 Prüfen Sie, ob sich Ihr Gerät im gleichen Netzwerk befindet.

Denken Sie daran, dass eine interne IP-Adresse nur im gleichen Netzwerk erreichbar ist. Jedes Gerät, das auf den Webserver zugreift, muss mit dem gleichen Netzwerk verbunden sein (bei Mobilgeräten erfolgt das üblicherweise über WLAN).

Vergessen Sie nicht, die Portnummer anzuhängen, wenn diese nicht 80 ist – z. B. http://10.0.0.2:8888.

Sie nutzen Windows und haben immer noch Probleme? Schauen Sie sich diesen Apache Friends Support Forum-Eintrag an, in dem Lösungsmöglichkeiten für Probleme beim Zugriff auf den XAMPP-Server erläutert werden: *http://bit.ly/sG3Qa0*.

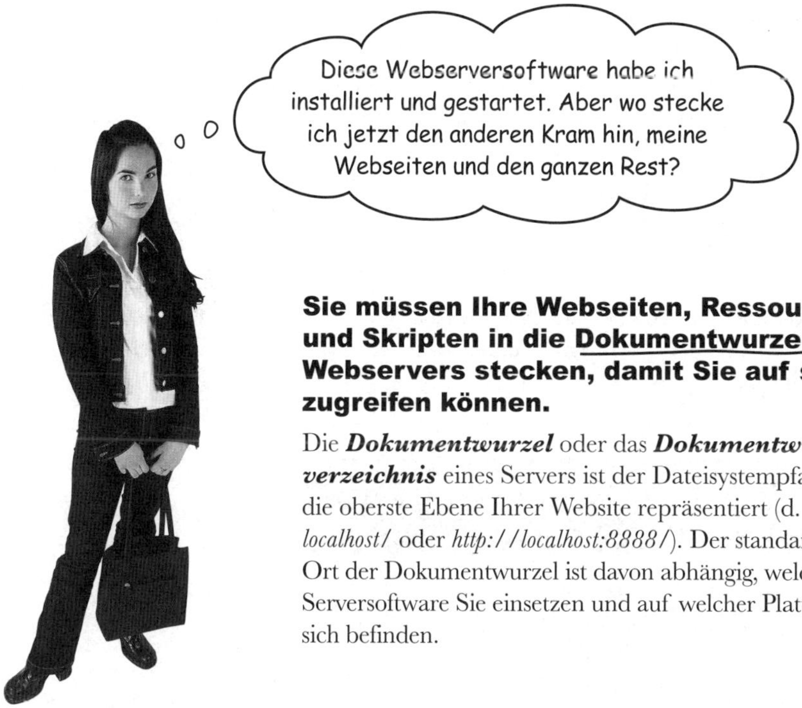

Sie müssen Ihre Webseiten, Ressourcen und Skripten in die Dokumentwurzel des Webservers stecken, damit Sie auf sie zugreifen können.

Die ***Dokumentwurzel*** oder das ***Dokumentwurzel-verzeichnis*** eines Servers ist der Dateisystempfad, der die oberste Ebene Ihrer Website repräsentiert (d. h. *http://localhost/* oder *http://localhost:8888/*). Der standardmäßige Ort der Dokumentwurzel ist davon abhängig, welche Serversoftware Sie einsetzen und auf welcher Plattform Sie sich befinden.

Die Wurzel der Dinge

Bei Mac-Nutzern, die MAMP einsetzen, ist die Standarddokumentwurzel */Applications/MAMP/htdocs*. Dieses Verzeichnis können Sie beibehalten. Wenn Sie es ändern wollen, können Sie das im Apache-Tab in den Einstellungen tun.

Bei Windows-Nutzern mit XAMPP ist die Dokumentwurzel *\xampp\htdocs*. Bei Linux-Nutzern mit XAMPP ist es */opt/xampp/htdocs*.

Sie müssen alle Dateien oder Verzeichnisse, auf die Sie über Ihren Webserver zugreifen wollen, in die Dokumentwurzel stecken.

phpInfo, bitte!

Welche Version von PHP Sie nutzen und welche Optionen, Erweiterungen und so weiter Ihnen zur Verfügung stehen, erfahren Sie, indem Sie im Dokumentwurzelverzeichnis eine Datei namens *test.php* erstellen, auf die über *http://localhost/test.php* zugegriffen werden kann.

Fügen Sie in die Datei nur diese eine Zeile ein:

```
<?php phpinfo(); ?>
```

Vergessen Sie nicht, die Portnummer zu ergänzen, falls diese nicht 80 ist (z. B. http://localhost:8888/test.php).

Speichern Sie die Datei und öffnen Sie sie in einem Webbrowser unter *http://localhost/test.php*. Nun sehen Sie, ob PHP läuft, und erhalten einen Haufen an Informationen darüber.

Ein Abschnitt oben auf der Seite zeigt an, welche PHP-Version Sie nutzen.

Suchen Sie weiter unten auf der Seite nach den gd- und SimpleXML-Abschnitten. Diese Features benötigen wir für einige der Beispiele in diesem Buch.

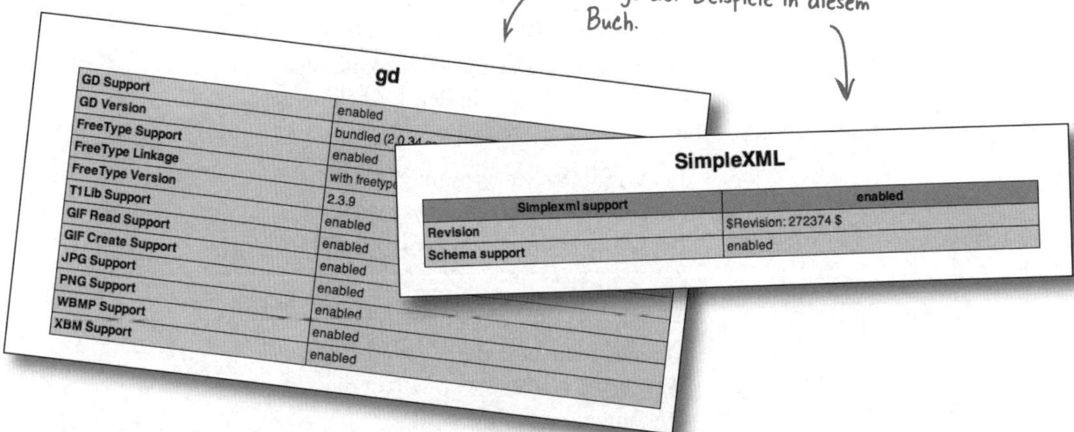

C WURFL installieren

Geräte erschnüffeln

Der erste Schritt zur Lösung der Geräteerkennungs-mysterien ist eine kleine Plackerei. Jeder ordentliche Polizist weiß, dass man Indizien sammeln und Zeugen befragen muss. Zunächst müssen wir uns den Kopf der Bande vornehmen: die **WURFL-PHP-API**. Dann kümmern wir uns um die Handlanger: Fähigkeitsinformationen für Tausende von Geräten in einer einzelnen **XML-Datendatei**. Aber es ist etwas Überzeugungsarbeit nötig, um die beiden zum Reden zu bringen. Wir müssen also ein wenig an der **Konfiguration** drehen und sorgfältig einige Dinge festhalten.

Wer ist der Kopf?

Wir müssen die WURFL-API und ihre Daten aufspüren. Hier ist der Plan.

- [ ] Den Kopf von WURFL herunterladen und installieren: die PHP-API.
- [ ] Die Hand herunterladen und installieren: die WURFL-XML-Gerätedaten.
- [ ] Nehmen Sie einige kleinere Anpassungen an der Konfiguration vor und halten Sie ein paar Dinge fest.

Die API herunterladen

Gehen Sie zur Projektseite der WURFL-PHP-API unter *http://wurfl.sourceforge.net/nphp/*. Suchen Sie den Link zum Download des WURFL-API-Pakets und holen Sie sich auf der Download-Seite die neueste Version des Pakets.

Das ist die PHP-API. Entpacken Sie die heruntergeladene Datei und speichern Sie das resultierende Verzeichnis auf Ihrem Rechner. Wo Sie das Verzeichnis speichern, spielt kein Rolle, Sie müssen sich dies allerdings dann merken.

WURFL (Wireless Universal Resource FiLe) ist eine XML-Datendatei, angefüllt mit großen Mengen an Fähigkeits- und Eigenschaftsunterstützungsdaten für Mobilgeräte und ihre Browser. Es gibt auch eine API für die Interaktion mit der Datendatei. Die benötigen wir ebenfalls!

http://wurfl.sourceforge.net/nphp/

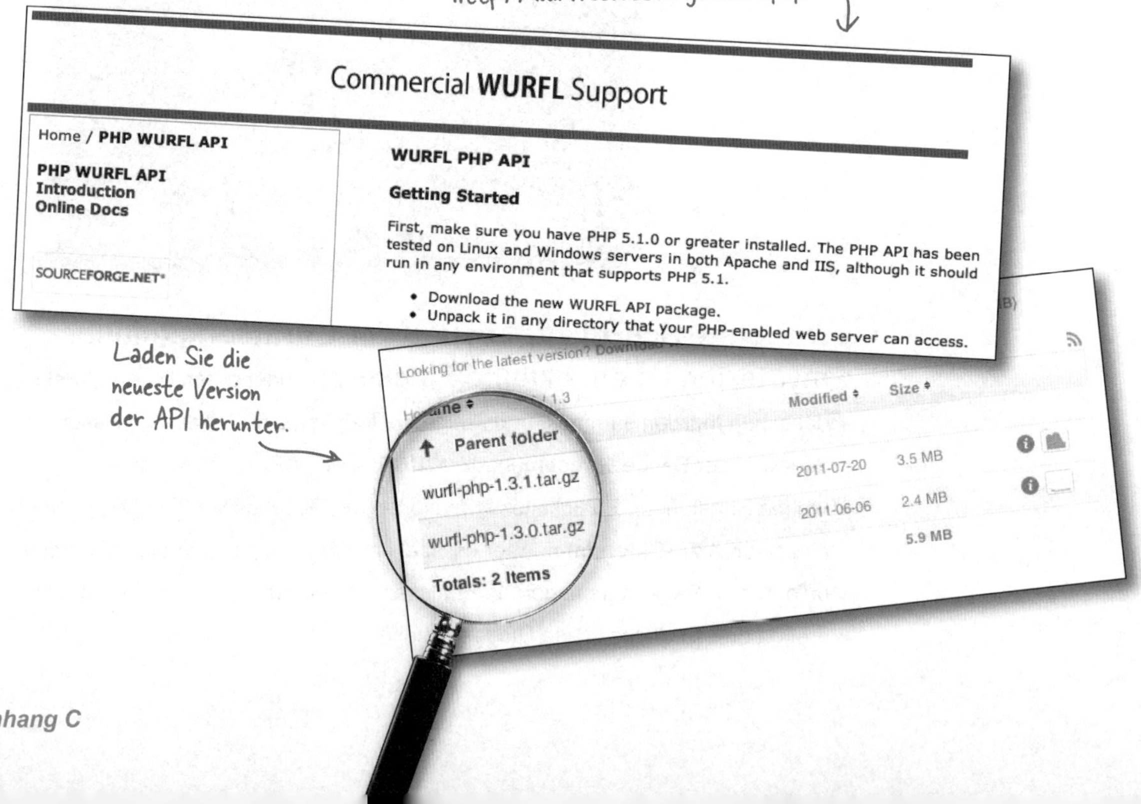

Laden Sie die neueste Version der API herunter.

Und wo ist die Hand?

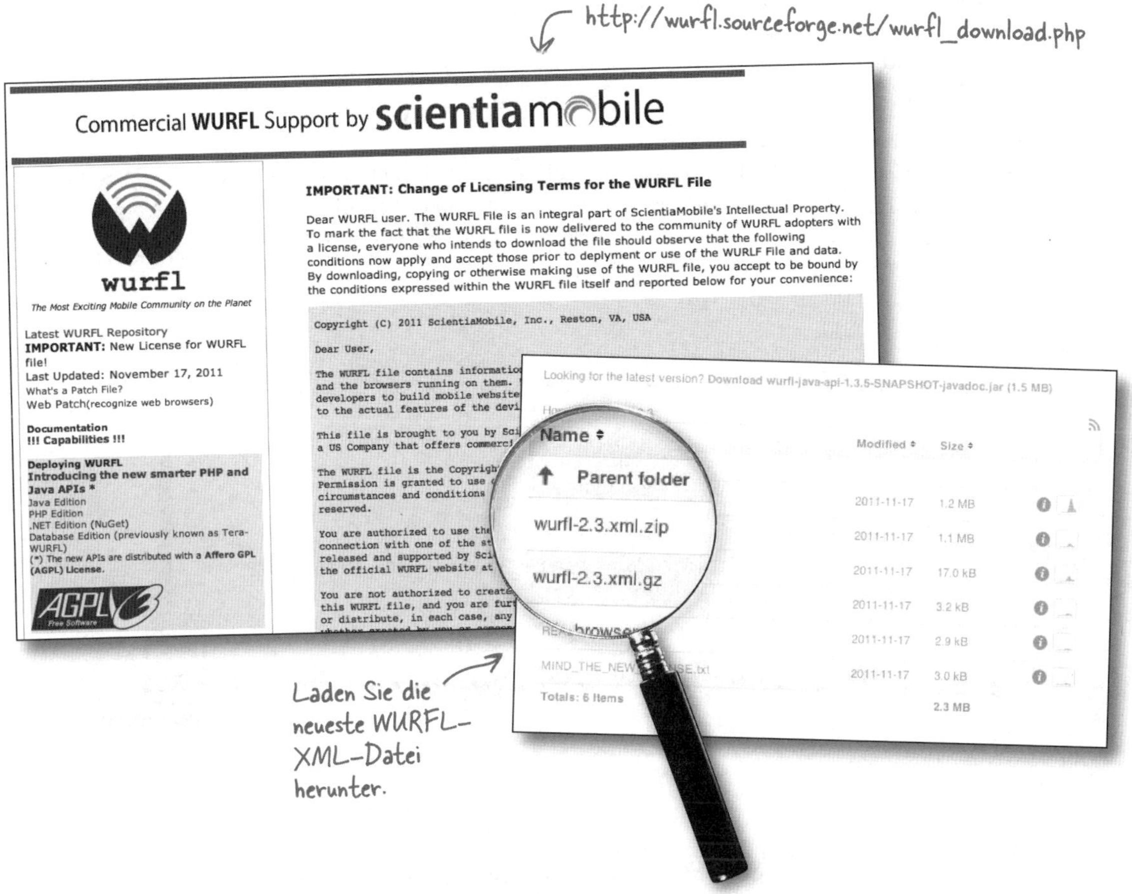

Die PHP-API ist zwar clever, bringt aber ohne einen kräftigen Handlanger nichts zustande, die WURFL-Gerätedaten selbst.

Die frischste WURFL-Gerätedaten-XML-Datei beschaffen Sie sich, indem Sie zu *http://wurfl.sourceforge.net/wurfl_download.php* gehen. Sie müssen die Lizenzbedingungen lesen und abnicken, bevor Sie die Datei herunterladen können.

Entpacken Sie das heruntergeladene Paket, nennen Sie die resultierende Datei in *wurfl.xml* um und verschieben Sie sie in das *examples/resources/*-Verzeichnis Ihrer WURFL-PHP-API-Installation (dieses Verzeichnis sollte bereits vorhanden sein).

Der Dateiname der heruntergeladenen Datei wird wahrscheinlich eine Versionsnummer enthalten. Nennen Sie die Datei in wurfl.xml um.

Kopf und Hand zusammenbringen

Wir kommen gut voran. Wir müssen eine kleine Änderung an der WURFL-Konfigurationsdatei vornehmen, damit API und Datendatei zusammenarbeiten können.

Bearbeiten Sie die Datei *examples/resources/wurfl-config.xml* in Ihrer Installation der WURFL-API. Sie müssen lediglich eine einfache Änderung an einer einzigen Zeile vornehmen.

- [x] Den Kopf von WURFL herunterladen und installieren: die PHP-API.
- [x] Die Hand herunterladen und installieren: die WURFL-XML-Gerätedaten.
- [ ] Nehmen Sie einige kleinere Anpassungen an der Konfiguration vor und halten Sie ein paar Dinge fest.

Ändern Sie das ...

```
<wurfl-config>
    <wurfl>
        <main-file>wurfl.zip</main-file>
        <patches>
            <patch>web_browsers_patch.xml</patch>
        </patches>
    </wurfl>
```

wurfl-config.xml

... in das:

```
<wurfl-config>
    <wurfl>
        <main-file>wurfl.xml</main-file>
        <patches>
            <patch>web_browsers_patch.xml</patch>
        </patches>
    </wurfl>
```

wurfl-config.xml

Jetzt weiß die WURFL-API, wo sie die Daten findet.

Ein paar Dateisystem-Aufräumarbeiten

Sorgen wir nun dafür, dass WURFL alle Schalter und Knöpfe erreichen kann, die es für seine Arbeit benötigt. So wie wir WURFL konfiguriert haben, nutzt es **Dateisystem-Caching**. Wir müssen also dafür sorgen, dass das Dateisystem für die Ankunft der WURFL-Daten bereit ist.

Stellen Sie zunächst sicher, dass es im Verzeichnis der WURFL-API das Verzeichnis *examples/resources/storage* gibt und dieses zwei Unterverzeichnisse, *cache* und *persistence*, enthält.

Erstellen Sie diese Verzeichnisse, wenn sie noch nicht vorhanden sind.

Ihr Webserver muss Dateien in dieses Verzeichnis schreiben können, damit WURFL korrekt funktioniert. Bei MAMP (auf dem Mac) funktioniert das in der Regel automatisch, weil der Apache-Webserver standardmäßig unter Ihrem Benutzerkonto läuft. Wenn Sie Zugriff auf diese Dateien haben, hat auch Apache Zugriff auf diese Dateien.

Unter Windows und Linux trifft das jedoch nicht immer zu. Klicken Sie **unter Windows** mit rechts im Explorer auf den Ordner *storage* und wählen Sie Schreibgeschützt ab, falls es aktiviert sein sollte. Ihnen wird ein Bestätigungsdialog wie dieser präsentiert – und ja, Sie wünschen, dass die Änderungen auf Unterordner und Dateien angewandt werden.

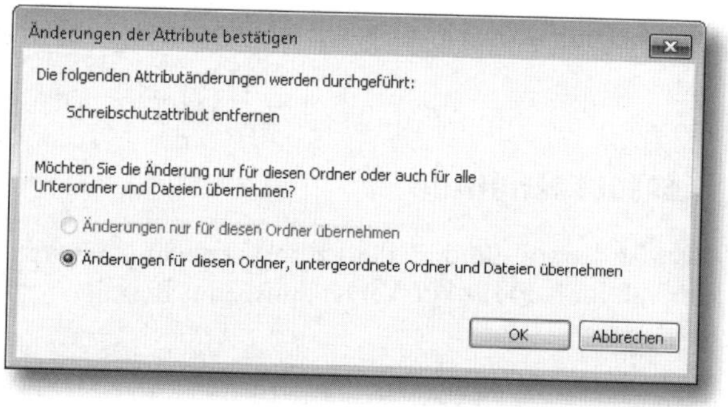

Entspannen Sie sich

Jetzt müsste alles einsatzbereit sein. Wenn es Probleme gibt, sollten Sie sich an PHPs Anweisungen halten …

Wenn Ihre Dateisystemarbeiten nicht allen Schmutz entfernt haben oder irgendetwas anderes in Ihrer WURFL-Konfiguration nicht stimmt, werden die Hinweise, Warnungen und Fehler, die PHP meldet, Ihnen in der Regel weiterhelfen.

Sehen Sie bei der Bearbeitung der PHP- oder WURFL-Beispiele ein leeres Fenster, kann es sein, dass Sie PHPs Fehlerberichte nicht aktiviert haben. Erstellen Sie im Verzeichnis mit der problematischen PHP-Datei eine Datei namens *.htaccess* (sollte es sie noch nicht geben) und fügen Sie ihr die folgende Zeile hinzu:

```
php_flag display_errors on
```

(Linux-Benutzer können chmod und chown nutzen, um die Einstellungen den Erfordernissen anzupassen!)

Ihre Notizsammlung!

Wenn Sie die Übungen in Kapitel 5 angehen wollen, müssen Sie sich **einige Pfade auf Ihrem System notieren**.

Mac- und Linux-Pfade sehen wie die in diesen Beispielen aus. Windows-Benutzer sollten Windows-kompatible Pfade mit Backslashs und allem anderen nutzen.

Der Pfad zum WURFL-PHP-API-Code

Der erste ist der vollständige Pfad zum Ort des WURFL-PHP-API-Codes. Dieser befindet sich in einem Unterverzeichnis namens *WURFL* im WURFL-PHP-API-Verzeichnis.

Wenn Sie die Version 1.3.1 der API heruntergeladen und in dem (imaginären) Verzeichnis namens */toll* gespeichert haben, sähe der Pfad so aus:

Diese Teile sind davon abhängig, wo Sie die API installiert haben.

Sie werden diese Version des Pfads für den WURFL_DIR-Wert in Kapitel 5 nutzen.

```
/toll/wurfl-php-1.3.1/WURFL/
```

Dieser Teil ist von der Version der API abhängig.

Vergessen Sie das WURFL-Verzeichnis nicht. Das ist der Punkt, an dem sich der eigentliche Code befindet (nicht die oberste Ebene des Verzeichnisses).

Ressourcenpfade

Das ist der vollständige Pfad zum Verzeichnis *examples/resources/* im WURFL-PHP-API-Verzeichnis, zum Beispiel:

```
/toll/wurfl-php-1.3.1/examples/resources/
```

Diese Version des Pfads werden Sie für den RESOURCES_DIR-Wert in Kapitel 5 nutzen.

Hier befinden sich die WURFL-Daten.

Fall abgeschlossen!

- [x] Den Kopf von WURFL herunterladen und installieren: die PHP API.
- [x] Die Hand herunterladen und installieren: die WURFL-XML-Gerätedaten.
- [x] Nehmen Sie einige kleinere Anpassungen an der Konfiguration vor und halten Sie ein paar Dinge fest.

D Android-SDK und Werkzeuge installieren

Die passende Umgebung schaffen

Wenn Sie der Herr des Testens nativer Android-Apps sein wollen, müssen Sie umweltbewusst agieren. Sie müssen Ihren Rechner in ein fruchtbares Ökosystem verwandeln, in dem Sie Android-Apps zwischen virtuellen (emulierten) und echten Geräten pflegen können. Wenn Sie ein wahrer Hüter Ihrer Android-Schafe werden wollen, müssen Sie dem Kurs folgen, den wir Ihnen gleich nahelegen werden, damit Sie erfahren, wie Sie das **Android-Software-Development-Kit (SDK)** herunterladen, wie Sie einige **Plattformwerkzeuge installieren**, wie Sie **virtuelle Geräte anlegen** und wie Sie **Apps installieren und deinstallieren**.

Laden wir das Android-SDK herunter

Tun Sie das!

Begeben Sie sich zu *http://developer.android.com/sdk* und suchen Sie nach dem passenden Download-Link für Ihr Betriebssystem.

http://developer.android.com/sdk

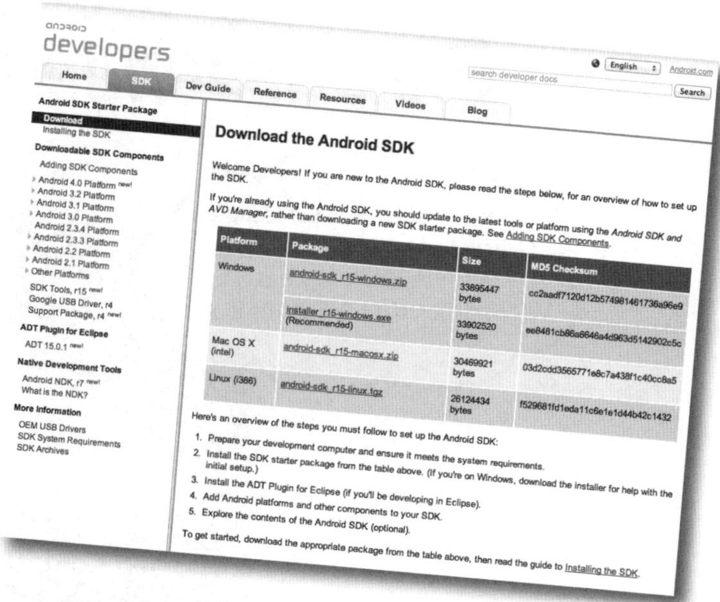

Laden Sie die SDK-Software herunter und entpacken Sie sie. Stecken Sie den resultierenden Android-SDK-Ordner an den Ort, an dem Sie auf Ihrer Plattform Anwendungen haben.

Für Windows-Nutzer gibt es einen praktischen Installer, der diesen Vorgang vereinfacht.

Gut gemacht! Die Installation des SDK selbst haben Sie jetzt hinter sich (ziemlich einfach, nicht wahr?).

Jetzt müssen wir dem SDK ein paar andere Pakete und Werkzeuge hinzufügen, damit wir uns an die Arbeit machen können.

Schritte zu einem glücklichen Android-SDK

- [x] Laden Sie die für Ihr Betriebssystem passende Version des Android-SDK herunter und installieren Sie sie. ← Bereits erledigt.
- [ ] **Installieren Sie einige erforderliche Plattformwerkzeuge und ein paar Android-Plattformen (API-Versionen).**
- [ ] Erstellen Sie ein paar virtuelle Android-Geräte (AVDs). Das sind die Emulatoren, auf denen Sie Android-Apps ausführen können.
- [ ] Machen Sie sich damit vertraut, wie man Android-Apps auf Emulatoren und Geräten installiert und wieder deinstalliert.
- [ ] Konfigurieren Sie Ihre PATH-Einstellungen, um die Interaktion mit den Android-Werkzeugen zu vereinfachen. ← Optional, aber praktisch.

Die richtigen Werkzeuge für die Aufgabe

Die Installation des SDK war einfach, aber noch können wir nicht das Pferd besteigen und in den Sonnenuntergang reiten. Zunächst müssen wir uns einige Android-Plattformen und -Werkzeuge beschaffen.

Suchen und starten Sie das *android*-Programm. Es sollte sich in einem Verzeichnis namens *tools* im Verzeichnis mit dem Android-SDK befinden (unter Windows hat diese Datei den Namen *Android.bat*).

Wenn Sie das SDK starten, sollten Sie das Android-SDK Manager-Fenster sehen.

Unter Windows sieht das so aus …

… und auf einem Mac so.

Wir müssen die Plattformwerkzeuge installieren.

Und einige Plattformen (Versionen).

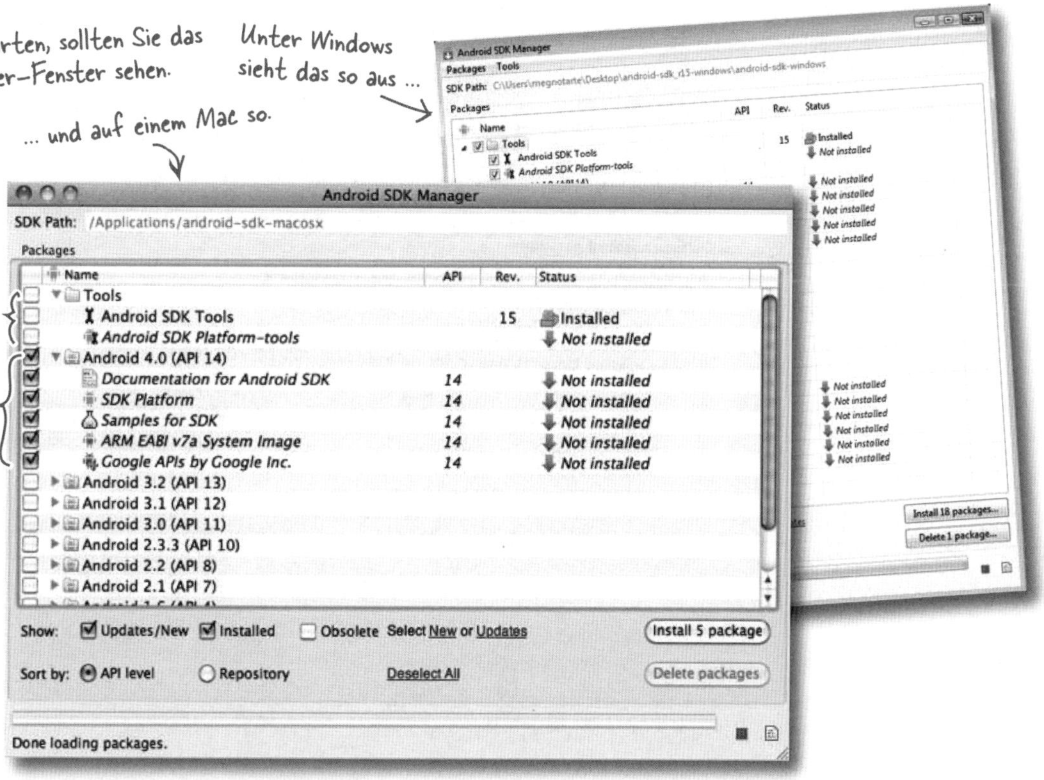

Plattformen und Werkzeuge installieren

Wir wollen einige Plattformen (d. h. Android-API-Versionen) und Werkzeuge installieren. Haken Sie dazu die Kästen neben den Elementen ab, die Sie installieren wollen. Legen wir also los:

1. **Installieren Sie zwei oder drei neuere Android-Versionen.**
   Als dies geschrieben wurde, war 4.0 die neueste Android-Version. Wir haben auch 2.2 und 2.3.3 installiert, um ein paar weitere Versionen zum Testen zur Verfügung zu haben. Sie können noch mehr installieren, wenn Sie das wollen.

2. **Installieren Sie die »Tools«-Pakete.**
   Insbesondere benötigen wir ein Werkzeug namens adb, das im Android-SDK Platform Tools-Paket enthalten ist. Wählen Sie also auch den Kasten neben dem Tools-Ordner mit Paketen aus.

Es sind nicht alle Android-Versionen in allen SDK-Versionen verfügbar.

Android 3.0, aka Honeycomb, war eine Android-Version nur für Tablets. Sie können sie ebenfalls installieren, aber die Ergebnisse, die Ihnen die Emulatoren liefern, können sehr inkonsistent sein.

Drücken Sie Install und werfen Sie die Kaffeemaschine an

Wenn Sie einige Plattformversionen heruntergeladen und das Tools-Paket ausgewählt haben, klicken Sie auf den Install-Button, um die Installation in Gang zu setzen. Das wird einige Zeit in Anspruch nehmen – ernsthaft, auf einigen Systemen müssen Sie mehr als 10 bis 20 Minuten einplanen – Sie können sich also eine Pause gönnen.

Wahrscheinlich werden Sie ein Installationsprotokoll in dieser Gestalt sehen.

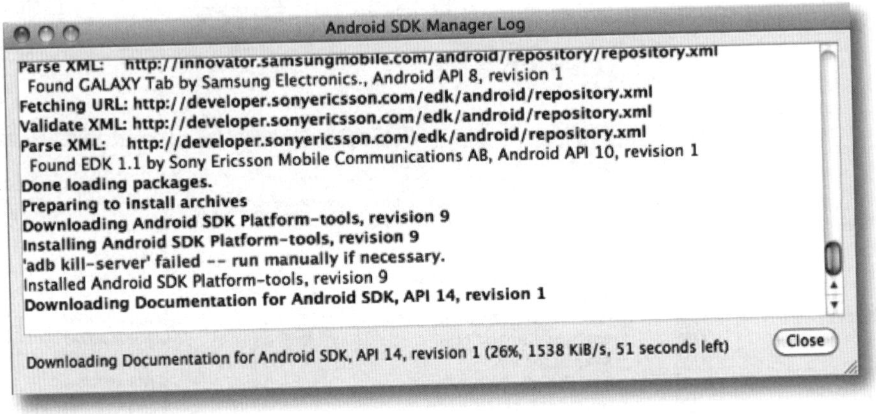

- [x] Laden Sie die für Ihr Betriebssystem passende Version des Android-SDK herunter und installieren Sie sie.
- [x] Installieren Sie einige erforderliche Plattformwerkzeuge und ein paar Android-Plattformen (API-Versionen).
- [ ] **Erstellen Sie ein paar virtuelle Android-Geräte (AVDs). Das sind die Emulatoren, auf denen Sie Android-Apps ausführen können.**
- [ ] Machen Sie sich damit vertraut, wie man Android-Apps auf Emulatoren und Geräten installiert und wieder deinstalliert.
- [ ] Konfigurieren Sie Ihre PATH-Einstellungen, um die Interaktion mit den Android-Werkzeugen zu vereinfachen.

Wir müssen einige virtuelle Geräte für unsere Tests einrichten.

Träumen virtuelle Geräte von elektrischen Schafen?

Das Fundament steht: Jetzt benötigen wir einige emulierte Geräte. Wählen Sie im Android-SDK den Menüeintrag Tools → Manage AVDs.

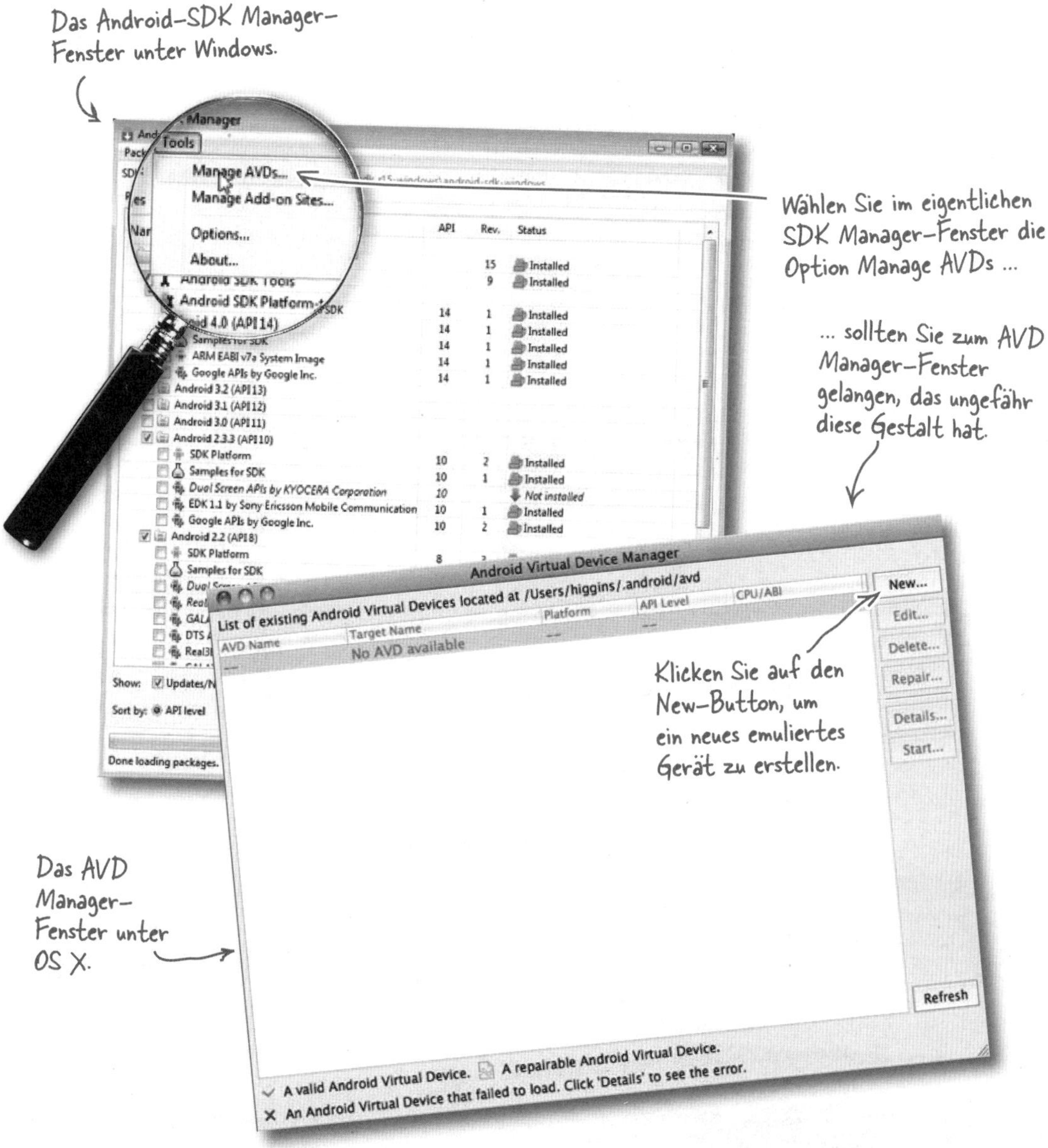

Wir müssen einige Geräte erstellen. Klicken Sie dazu auf den New-Button.

Ein neues virtuelles Gerät erstellen

Wenn Sie im AVD Manager-Fenster auf den New-Button klicken, sollten Sie zu einem Fenster dieser Art gelangen (das ist ein Windows-Screenshot). Bearbeiten Sie die Einstellungen, wie hier gezeigt, und klicken Sie auf Create AVD.

Klick

Geben Sie Ihrem Gerät einen aussagekräftigen Namen.

Wählen Sie Ihre Android-Version (die hier als »Target« bezeichnet wird).

Machen Sie die (virtuelle) SD-Karte nicht zu groß. Das kann zu Abstürzen führen – 10 MByte reichen vollkommen.

Lassen Sie diese Einstellungen, wie sie sind.

Aktivieren Sie das Kontrollkästchen Snapshot nicht.

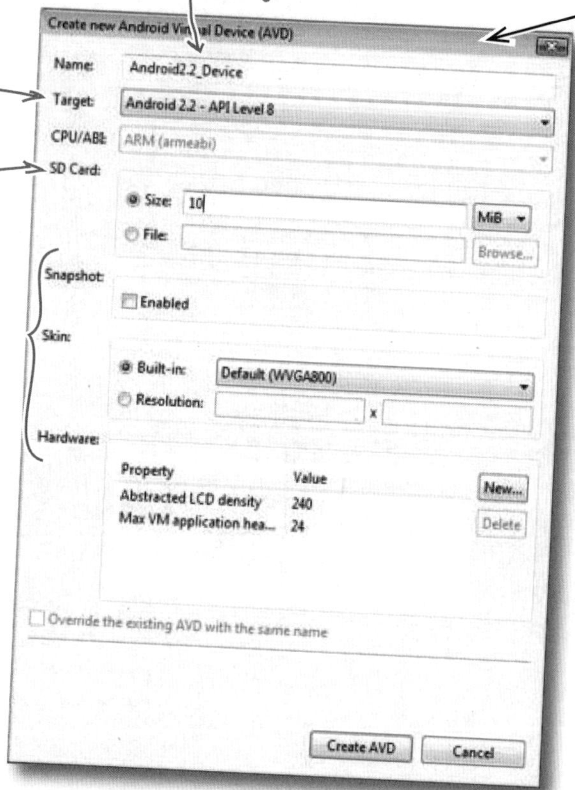

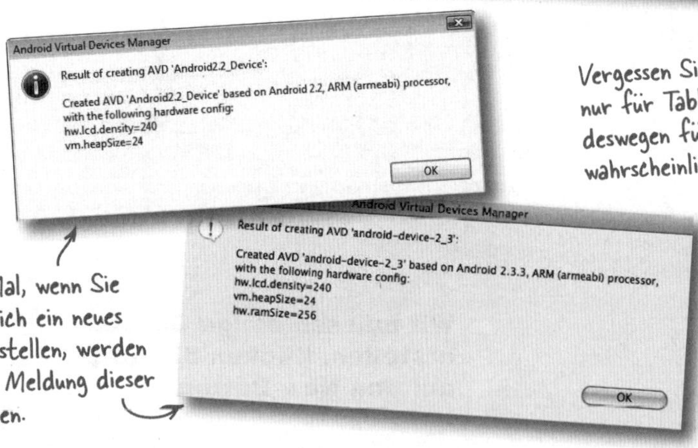

Jedes Mal, wenn Sie erfolgreich ein neues AVD erstellen, werden Sie eine Meldung dieser Art sehen.

Vergessen Sie nicht, dass 3.0 nur für Tablets gedacht und deswegen für Ihre Zwecke wahrscheinlich nicht geeignet ist.

Tun Sie das!

Erstellen Sie drei emulierte Geräte für unterschiedliche Android-Plattformen (API-Versionen). Wir raten Ihnen, keine ältere Version als 2.2 zu wählen.

Nehmen Sie die Dinger in Betrieb!

Wenn Sie ein paar AVDs erstellt haben, können Sie sie aus dem AVD Manager heraus starten (erinnern Sie sich, dass Sie den über Tools → Manage AVDs aufrufen).

Ein spezielles emuliertes Gerät starten Sie, indem Sie es in der Liste auswählen und dann auf den Start-Button klicken.

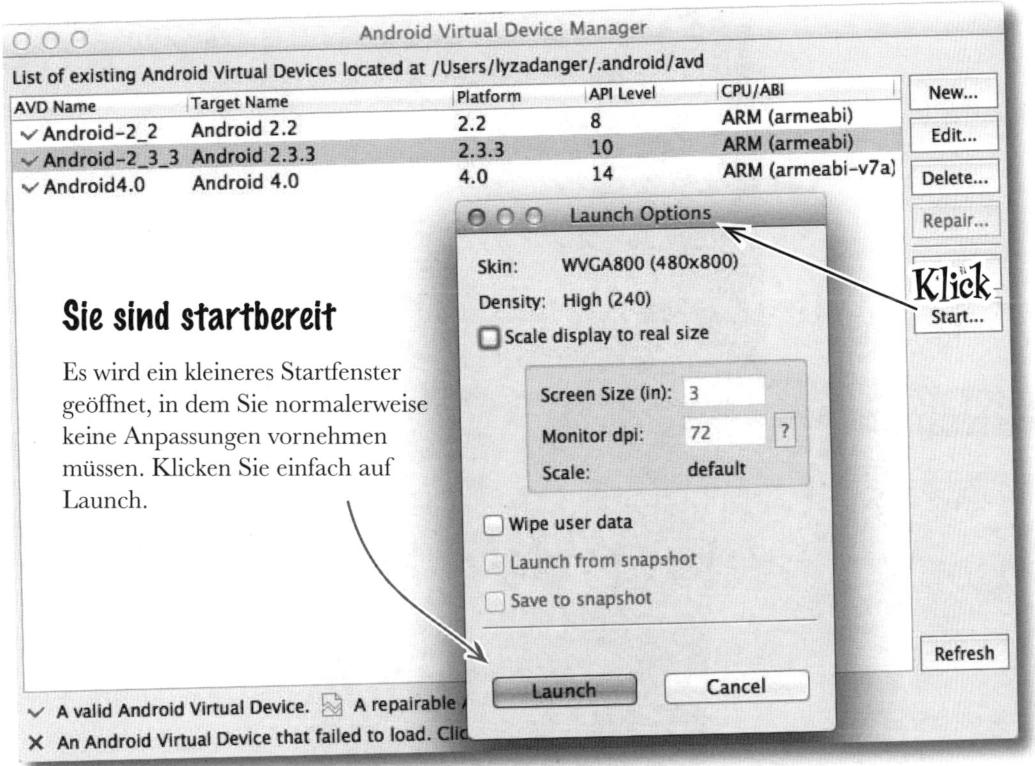

Sie sind startbereit

Es wird ein kleineres Startfenster geöffnet, in dem Sie normalerweise keine Anpassungen vornehmen müssen. Klicken Sie einfach auf Launch.

Der Start eines emulierten Android-Geräts kann einige Zeit in Anspruch nehmen.

Das Hochfahren eines Emulators ist manchmal eine recht langwierige Angelegenheit, insbesondere beim ersten Mal. Üben Sie sich in Geduld und werden Sie nicht nervös, wenn das dauert.

Sollten Sie feststellen, dass der Emulator nicht vollständig hochfährt oder abstürzt, müssen Sie prüfen, ob Sie die SD-Karte zu groß gemacht oder die Snapshot-Option aktiviert haben. Außerdem kann es sein, dass Emulatoren für bestimmte Versionen auf manchen Systemen einfach nicht funktionieren. Wenn Sie einen einfach nicht zur Kooperation bewegen können, sollten Sie überlegen, eine andere API-Version zu wählen.

Ein Android-2.3-AVD beim Booten unter OS X.

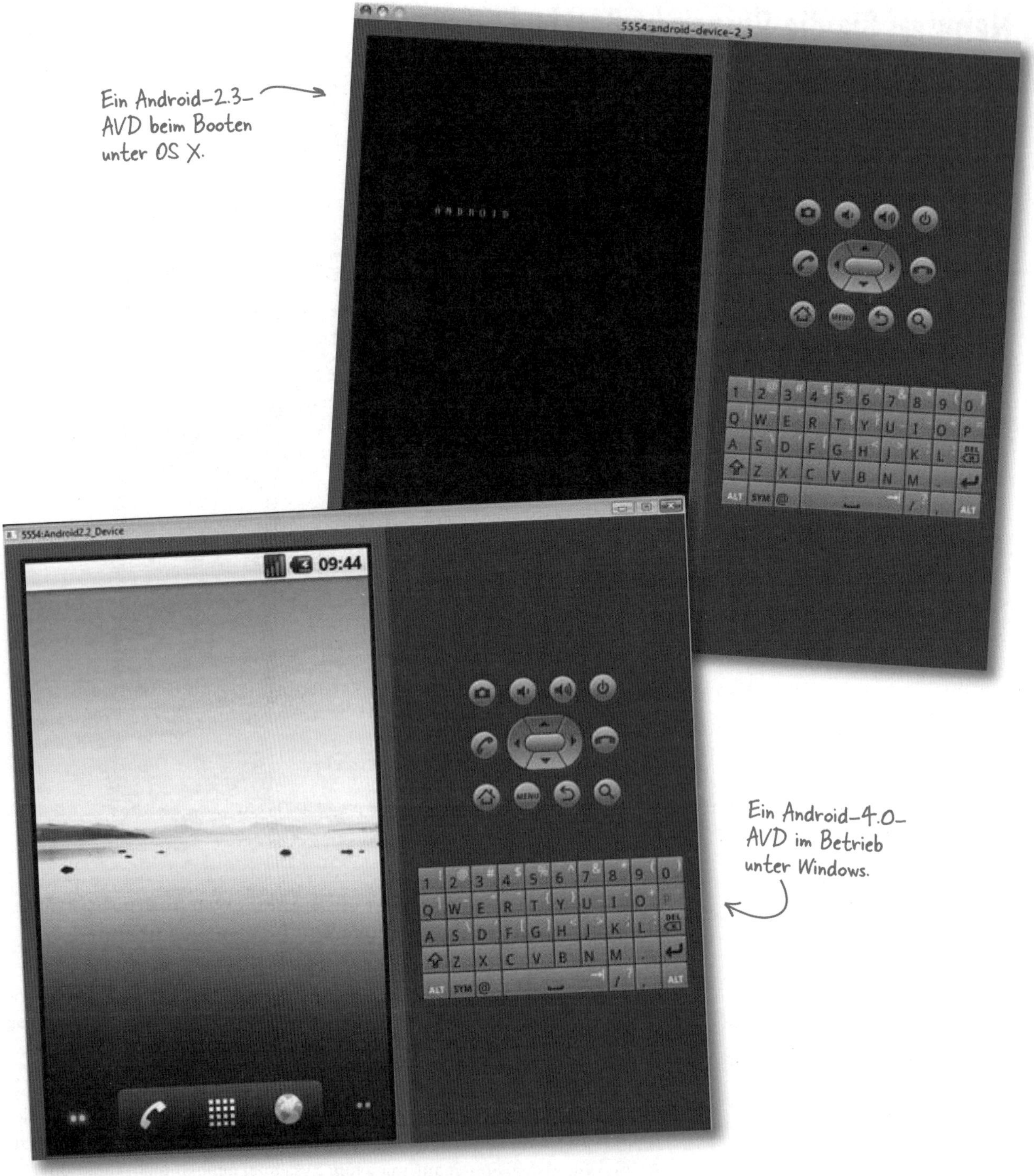

Ein Android-4.0-AVD im Betrieb unter Windows.

Apps hin, Apps her

- [x] Laden Sie die für Ihr Betriebssystem passende Version des Android-SDK herunter und installieren Sie sie.
- [x] Installieren Sie einige erforderliche Plattformwerkzeuge und ein paar Android-Plattformen (API-Versionen).
- [x] Erstellen Sie ein paar virtuelle Android-Geräte (AVDs). Das sind die Emulatoren, auf denen Sie Android-Apps ausführen können.
- [ ] **Machen Sie sich damit vertraut, wie man Android-Apps auf Emulatoren und Geräten installiert und wieder deinstalliert.**
- [ ] Konfigurieren Sie Ihre PATH-Einstellungen, um die Interaktion mit den Android-Werkzeugen zu vereinfachen.

Erinnern Sie sich noch, wie wir nach dem Herunterladen des Android-SDK das Platform Tools-Paket installiert haben? Dieses Paket enthält ein Programm namens **adb**, das das Werkzeug zur Installation und Deinstallation von Apps sowie zur Verwaltung virtueller und physischer Geräte ist.

Die Schritte zur Installation und Deinstallation von Apps sind einfach:

1. Achten Sie darauf, dass der Zielemulator (AVD) vollständig geladen ist und läuft **oder** Ihr Android-Gerät mit einem USB-Anschluss Ihres Rechners verbunden ist.

2. Nutzen Sie die Befehle `adb install` oder `adb uninstall`, um die gewünschte App zu installieren bzw. deinstallieren.

adb steht für Android Debug Bridge. Mit diesem Hilfsprogramm können Sie Android-Apps auf Emulatoren und Geräten installieren, deinstallieren und debuggen.

Zur Installation

```
$ adb install App.APK
```

App-Paketdatei

Zur Deinstallation

```
$ adb uninstall com.foo.App
```

App-Package

Android-Apps nutzen Package-Namen im Java-Stil, die aussehen wie umgedrehte Domainnamen.

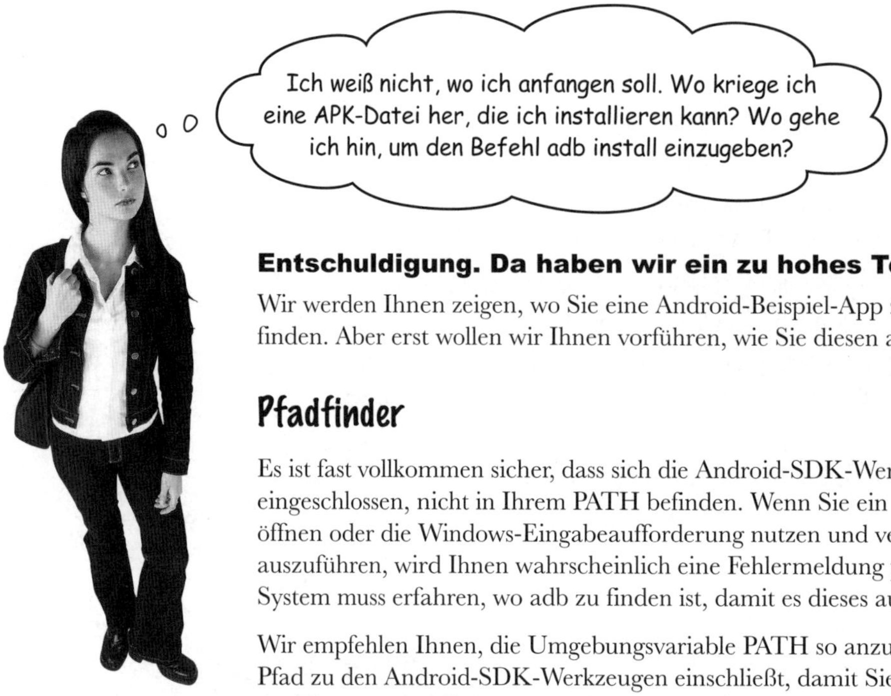

Entschuldigung. Da haben wir ein zu hohes Tempo vorgelegt!

Wir werden Ihnen zeigen, wo Sie eine Android-Beispiel-App zur Installation finden. Aber erst wollen wir Ihnen vorführen, wie Sie diesen adb-Befehl ausführen.

Pfadfinder

Es ist fast vollkommen sicher, dass sich die Android-SDK-Werkzeuge, adb eingeschlossen, nicht in Ihrem PATH befinden. Wenn Sie ein Terminalfenster öffnen oder die Windows-Eingabeaufforderung nutzen und versuchen, adb direkt auszuführen, wird Ihnen wahrscheinlich eine Fehlermeldung präsentiert. Ihr System muss erfahren, wo adb zu finden ist, damit es dieses ausführen kann.

Wir empfehlen Ihnen, die Umgebungsvariable PATH so anzupassen, dass sie den Pfad zu den Android-SDK-Werkzeugen einschließt, damit Sie adb problemlos aus der Kommandozeile heraus ausführen können.

Unter Windows ist das Trennzeichen ein Semikolon.

Die Umgebungsvariable $PATH ist eine Liste von Dateisystempfaden, die durch Doppelpunkte getrennt werden. Sie definiert die Pfade, unter denen Ihr System nach ausführbaren Programmen sucht, wenn Sie auf der Kommandozeile einen Programmnamen eingeben.

Sie enthält üblicherweise einen Standardsatz an Verzeichnissen, der aber nicht das einschließt, in das wir das SDK gesteckt haben.

Wenn das mit PATH nicht klappt, gibt es andere Möglichkeiten.

Sie können entweder den vollständigen Pfad angeben, wenn Sie adb ausführen (z. B. */Applications/android-sdk/platform-tools/adb*), oder Sie können in das Verzeichnis *platform-tools* wechseln und `./adb` eingeben (das `./` ist erforderlich).

Den rechten PATH finden

Mac-Menschen

Geben Sie in einem Terminalfenster die folgenden Befehle ein. Sie müssen das **Terminalfenster schließen** und ein neues öffnen, damit die Änderungen wirksam werden.

Der erste Befehl führt Sie in Ihr Benutzerverzeichnis.

Geben Sie das genau so ein. Achten Sie auf den Doppelpunkt (:) und die geschweiften Klammern ({}).

Achten Sie darauf, dass Sie hier das einfache Anführungszeichen setzen (und auch vor export).

```
Datei Bearbeiten Fenster Hilfe 9-9-0-6-9-4-7-X 3-7-1
$ cd ~
$ echo 'export PATH=${PATH}:/Applications/<...>/platform-tools' >> .profile
```

Der zweite Befehl hängt den Pfad zu den Plattformwerkzeugen des SDK an die vorhandene $PATH-Variable in Ihrer .profile-Datei an.

.profile wird jedes Mal ausgeführt, wenn Sie ein neues Terminal-Fenster öffnen.

Sie müssen diesen Teil so anpassen, dass er dem Pfad zum platform-tools-Verzeichnis in der Android-SDK-Installation entspricht.

Windows-Menschen

1. Klicken Sie im Startmenü mit rechts auf Computer und wählen Sie Eigenschaften. Klicken Sie auf Erweiterte Systemeinstellungen. Im erscheinenden Dialog sollte der Tab Erweitert ausgewählt sein.

2. Klicken Sie im Erweitert-Tab auf den Button Umgebungsvariablen und klicken Sie dann im Abschnitt Systemvariablen auf die Path-Variable. Klicken Sie auf Bearbeiten.

3. Setzen Sie im Feld für den Variablenwert Ihren Cursor ans **Ende** des aktuellen Werts. Geben Sie ein Semikolon ein (;) und hängen Sie den Pfad zu Ihrem *platform-tools*-Ordner an. Nach dem Pfad müssen Sie kein Semikolon folgen lassen. Klicken Sie mehrfach auf OK, um die Änderung zu bestätigen und die Dialoge zu schließen.

4. Sie müssen sich ausloggen und wieder einloggen, damit die Änderungen wirksam werden.

Hängen Sie den Pfad zum platform-tools-Ordner ans Ende des aktuellen PATH-Werts an.

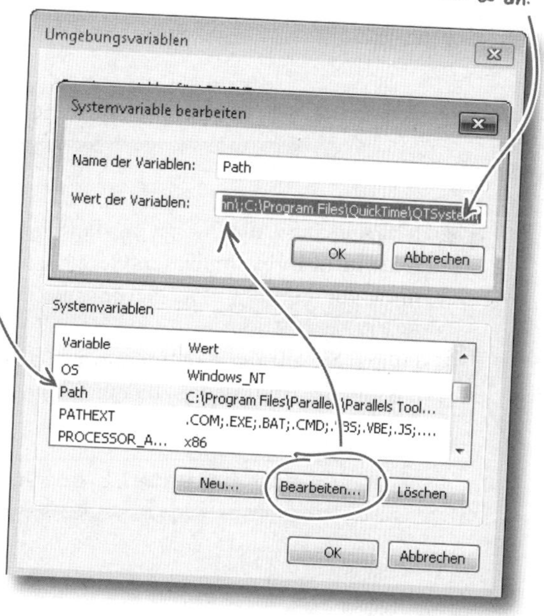

Linux-Menschen müssen wir wahrscheinlich nicht erläutern, wie sie so etwas zu erledigen haben.

Probefahrt

Jetzt kommen wir zu dem Punkt, auf den wir alle gewartet haben. Probieren Sie die Sache aus und installieren und deinstallieren Sie eine Test-App auf dem Emulator.

1. Navigieren Sie zur PhoneGap Build-Demo-Android-App, die Sie unter *appd/PhoneGap.apk* im Beispielcode zum Buch finden.

2. Starten Sie das Android-SDK, wenn es noch nicht läuft.

3. Starten Sie ein AVD (ein virtuelles Gerät in Emulation), indem Sie zu Tools → Manage AVDs gehen, ein AVD aus der Liste auswählen und es starten.

4. Warten Sie, bis das emulierte Gerät **vollständig** geladen ist.

5. Öffnen Sie ein Terminalfenster oder ein Kommandozeilenwerkzeug. Wechseln Sie in das Verzeichnis, in das Sie die APK-Datei heruntergeladen haben.

6. Führen Sie den folgenden Befehl aus:

```
$ adb install PhoneGap.apk
```

Das geht davon aus, dass Ihr $PATH so eingerichtet ist, dass er das Verzeichnis platform-tools einschließt. Ist das nicht der Fall, müssen Sie den vollständigen Pfad zu adb angeben.

7. Jetzt sollten Sie die PhoneGap-Beispiel-App auf dem Bildschirm Ihres emulierten Geräts sehen. Sie können sie starten und etwas mit ihr herumspielen.

8. Führen Sie auf der Kommandozeile den folgenden Befehl aus, um die App wieder zu deinstallieren.

```
$ adb uninstall com.phonegap.getting.started
```

Das ist die Package-ID von PhoneGaps »Erste Schritte«-App.

Es gibt keine Dummen Fragen

F: Was ist eine Android-Paketdatei?

A: Eine *Android-Paketdatei* (APK) ist eine verpackte native Android-App. Sie enthält den kompilierten Code und verschiedene Ressourcen für die App.

APKs sind eine Art Java-Archivdatei (JAR). Wenn es Sie interessiert, was eine bestimmte APK-Datei enthält, können Sie Ihren Rechner normalerweise dazu überreden, Ihnen den Inhalt anzuzeigen, indem Sie die Dateinamenserweiterung in *.zip* ändern und die resultierende Datei dann entpacken. Voilà!

F: Was ist dieses com.foo.App?

A: Android-App-Pakete werden über einen vollständig qualifizierten Paketnamen im Java-Stil identifiziert. Diese haben Ähnlichkeit mit einem umgedrehten Domainnamen (d. h. wie eine rückwärts gelesene Webadresse).

F: Wie bringe ich den Paketnamen meiner App in Erfahrung?

A: In Kapitel 8 zeigen wir Ihnen, wie Sie eine XML-Konfigurationsdatei für den PhoneGap Build-Dienst bearbeiten, in der Sie den Paketnamen der App setzen.

F: Woher weiß adb, auf welchem Gerät die App installiert werden soll?

A: adb nutzt zur Installation oder Deinstallation das aktuell laufende emulierte Gerät oder ein an einen USB-Anschluss Ihres Rechners angeschlossenes physisches Android-Gerät.

F: Kann ich eine App im Emulator oder auf dem Gerät selbst deinstallieren?

A: Ja. Sie können die App deinstallieren wie im wahren Leben. Gehen Sie in das Einstellungen-Menü des Geräts und suchen Sie nach der Option Apps verwalten. Dort können Sie dann die fragliche App anwählen und deinstallieren.

F: Mir wurde ein Fehler gemeldet, als ich versuchte, die App auf dem Gerät zu installieren oder davon zu deinstallieren.

A: Achten Sie darauf, dass der Emulator vollständig geladen ist, bevor Sie versuchen, das APK zu installieren. Sie können den Befehl `adb devices` ausführen, um sich eine Liste der Geräte oder Emulatoren anzeigen zu lassen, die adb kennt. Sie sollten einen Eintrag sehen, wenn Ihr Emulator bzw. Ihr Gerät ordentlich läuft.

Es darf immer nur ein Gerät (physisch oder emuliert) laufen, wenn Sie Apps installieren oder deinstallieren – andernfalls kommt adb aus dem Tritt.

Schließlich können Sie keine App installieren, die bereits installiert wurde. Sie müssen sie zuvor deinstallieren.

F: Ich habe ein echtes Android-Gerät. Wie installiere bzw. deinstalliere ich die App?

A: Sie nutzen die gleichen Befehle, starten aber keinen Emulator, sondern verbinden Ihr Gerät einfach mit einem USB-Anschluss Ihres Rechners. Der Befehl `adb devices` kann Ihnen bestätigen, ob adb Ihr Gerät sehen kann.

Das adb-Werkzeug bietet noch eine Reihe netter Funktionen zum Debugging und Untersuchen von Apps und Geräten.

Mehr Informationen zu den Möglichkeiten von adb erhalten Sie, wenn Sie auf der Kommandozeile adb help eingeben.

Sie haben es geschafft!

- ☑ Laden Sie die für Ihr Betriebssystem passende Version des Android-SDK herunter und installieren Sie sie.
- ☑ Installieren Sie einige erforderliche Plattformwerkzeuge und ein paar Android-Plattformen (API-Versionen).
- ☑ Erstellen Sie ein paar virtuelle Android-Geräte (AVDs). Das sind die Emulatoren, auf denen Sie Android-Apps ausführen können.
- ☑ Machen Sie sich damit vertraut, wie man Android-Apps auf Emulatoren und Geräten installiert und wieder deinstalliert.
- ☑ Konfigurieren Sie Ihre PATH-Einstellungen, um die Interaktion mit den Android-Werkzeugen zu vereinfachen.

Index

Zahlen

4G-Geräte, Performance 65

A

accesskey-Attribut 117
adb 411–413, 415
addColor()-Funktion 277
Adobe 318
Adobe Flash 35
Affero General Public License v3 (AGPL) 158
AGPL (Affero General Public License v3) 158
AJAX
  Browserunterstützung 281
  Webseiten laden 236
Aktualisierung, WURFL (Wireless Universal Resource FiLe) 158
A List Apart-Artikel 374
Analytics, Geräteunterstützung 145
Android 3
  Browser ermitteln 189
  Apps 403
    deinstallieren 415
    deinstallieren mit adb 411–413
    installieren 415
    installieren mit adb 411–413
    testen 414
  PhoneGap 319
    APK (Android-Pakete) herunterladen 328
    native Apps erstellen 322–327
  SDK (Software Development Kit) 319, 329, 403
    adb 411–413, 415
    emulierte Geräte erstellen 407–408
    emulierte Geräte starten 409–410
    herunterladen 404
    installieren 320, 404
    Plattformen/Werkzeuge 405–406
Android-Paket (APK) 415
  herunterladen 328
angepasste Widgets, jQuery Mobile 275
Animationen, jQuery Mobile 245
Anrufe, auf Link-Klicks tätigen 176
Application Stores 385
Apache, Content-Type 285
Apachefriends.org 390–391
Apache Friends Support Forum 394
APIs
  Geräte-APIs 384
  JavaScript, PhoneGap 345–349
  LocalStorage 333, 334–338
    Browserunterstützung 343
    clientseitige Fähigkeitserkennung 339
    Datenspeicherung 343
    JavaScript-Magneten 336–338
    refreshTartans()-Funktion aktualisieren 352

Schlüssel 343
Toggle-Methoden 341–342
MediaCapture 348–353
Kamera 344
PHP 156
Fähigkeitswerte 173
RIS-Vergleiche (Reduction-in-String) 159
Vergleiche 212–215
ScientiaMobile 158
Twitter 95
W3C-MediaCapture 344
World Wide Web Consortium (W3C), Geolocation 298
WURFL PHP 397
Code 402
Dateisystemzugriff 401
Konfiguration 400
resource-Pfad 402
WURFL (Wireless Universal Resource FiLe) 159, 213
APK (Android-Paket) 415
herunterladen 328
AppCache *siehe auch* Cache-Manifest
Browserunterstützung 296
Definition 284
LocalStorage 296
Problemlösung 289, 291
testen 295
app.js-Datei 336–352
testen 353–355
Apple, Rolle bei der veränderten Nutzung von Mobiltelefonen 2–3
Application-Cache *siehe* AppCache
Application Programming Interfaces *siehe* APIs
Archäologie, User-Agents 98–99
asynchrone Requests 221
Attribute
accesskey 117
data-* 231–232, 236
data-icon 250
data-inset 233
data-role 232
Navigationsleisten erstellen 249–250
Google Maps-Iframe-Attribute in CSS umwandeln 80
manifest 285, 286
mit JavaScript entfernen 81
src
CSS 68
<img>-Tag 68–69
Auftraggeber, Geräteunterstützung 144
Ausdrücke (reguläre), Mobilgeräteerkennungsskript 107

B

Backend-Verbesserungen, supermobile Web-App-Verbesserungen 280–283
bearer-Fähigkeitsgruppe 176
bedingte Kommentare
Internet Explorer 62–63
Medienabfragen 63–65
Befehle, ifconfig 394
Begrüßungsnachricht, Tartanator 271–272
Bestanden!-Prüfungsvorbereitungen 152
eigenständige Website-Pläne 182
Geräteklassengruppierungen 184–185
roter Panik-Button 153
testen 174–175
Bilder
CSS, herunterladen 71
flüssige 33, 54
Größen 50, 52, 54
src-Attribut 68–69

Medienabfragen 66
Offlinemodus 290–296
Optimierung 67, 69
RWD (Responsive Webdesign) 10–11
Sencha.io Src 69, 71
skalieren 68–69
Überschneidungen 83–89
Bilder, Tartan-Jagd 345–349
BlackBerry OS, Debugging 381
BlackBerry Playbook, Debugging 381
Blaze 46
Mobitest 47–53
Schwankungen von Testergebnissen 65
Bookmarklets installieren 85
Bowling Boxers 147–150, 149–150
Breakpoints (Inhalt) 85–90
Browser
AJAX 281
Application-Cache 284
Bookmarklets installieren 85
Chrome
Cache-Manifeste testen 286
Problemlösung bei Cache-Manifesten 291
CSS-Bilder herunterladen 71
Geräteunterstützung 140, 144
Internet Explorer
bedingte Kommentare 62–63
Medienabfragen 65
Medienabfragen testen in 61–64
mobile Medienabfragen 62–65
Kamerazugriff 316
Markup-Validierung 117
Mobilbrowser 6
Mobiltelefone 3
Opera Mini 110
Simulator 111
Opera Mobile 110
Plug-ins 45
Safari 110
Cache-Manifeste testen 286
Problemlösung bei Cache-Manifesten 291
Sniffing 116
Telefonnummern als Links 178
Unterstützung
Cache-Manifest 296
caniuse.com 382
clientseitige Fähigkeitserkennung 339
Geolocation 303–308
LocalStorage 343
testen 383
User-Agents 98–103, 102–103
W3C Geolocation-API 299–300
WebKit 189
Weiterleitung 104–109
XHR 281
XHTML-Mobile Profile 116
browserscope.org 383
buildAddButton()-Funktion 277
build.php 281
Buttons
Diese Farbe hinzufügen 276
Erstellen!-Absenden-Button 276
Headern hinzufügen 262–263
Navigationsleisten hinzufügen 249–250

C

CACHE-Abschnitt (Cache-Manifest) 289, 290
Jokerzeichen 296
Cache-Manifest
Browserunterstützung 296
CACHE-Abschnitt 289, 290
Jokerzeichen 296

content-type 285
Definition 284
erstellen 285–296
.htaccess-Dateien 287–288
Ressourcenliste ändern 290–296
Syntax 285
WebKit Web Inspector 286
FALLBACK-Abschnitt 296
NETWORK-Abschnitt 289
Jokerzeichen 296
Problemlösung 289, 291, 292–293
Ressourcen
ändern 290–296
aufführen 289
testen 286, 295
URLs 285
Callback-Funktion, MediaCapture-API 349
caniuse.com 382
Charles-Proxy 65
Chrome
Cache-Manifeste testen 286
Problemlösung bei Cache-Manifesten 291
click-Event 277–278
clientseitige Fähigkeitserkennung 339
clientseitige Geräteerkennung 150
CMS (Content Management-System) *siehe* Content Management-System (CMS)
Code
jQuery Mobile 228–229
Validierung 374
WURFL-PHP-API 402
com.foo.App 415
config.php 280
Content Management-System (CMS)
Mobilgeräte und 95
Vierbeinige Freunde 93–95
content-type, Cache-Manifest und 285
CSS
Bilder herunterladen 71
drahtlos 135
erstellen für Mobilgeräte 14–21
Änderungen identifizieren 18
CSS analysieren 16–17
feste Layouts in flüssige umwandeln 24–30, 34
Fragen/Antworten 37
Mobilmagneten 19–20
Schritte 19–23
Sitestruktur analysieren 15
styles.css aktualisieren 22
viewport-<meta>-Tag 22
gemeinsames strukturelles 21
Iframe-Attribute verschieben in 80
JavaScript verbergen 53
Medienabfragen 10–11, 13–14, 37
Medieneigenschaften 12
Medientypen 12–14
mobile Medienabfragen 61
Mobilgeräte und 9
RWD (Responsive Webdesign) 38–40
Splendid Walrus-Website 15–19
src-Attribut 68
strukturelles für Desktop 21
testen 23
CSS3 217
CSS Mobile Profile 2.0 (CSS-MP) 127–131
Listennummerierung, Problemlösung 132–133
CSS Mobile Profile (CSS-MP) 134
css/styles.css, CACHE-Abschnitt (Cache-Manifest) 290
CustomDevice-Objekt 189

D

DAP (Device APIs Working Group) 384
data-*-Attribute 231 232, 236
data-icon-Attribut 250
data-inset-Attribut 233
data-role-Attribut 232
  Navigationsleisten erstellen 249–250
Dateien
  app.js 336–352
    testen 353–355
  build.php 281
  config.php 280
  device_classes.php 200
  device.php, Tests hinzufügen zu 177
  event_list.inc 309
  generate.php 280, 281
  Größen 52
    HAR Viewer-Seite, Tortendiagramme 50–51
  .htaccess, Cache-Manifest erstellen 287–288
  image.php 280
  index.html, Splendid Walrus-Website 15
  index_mobile.html, umwandeln in XHTML-Mobile Profile 114–118
  index.php 209
  index_solution.php 209
  Konfigurationsdateien erstellen 162–168
  list.php 282
  redirect.php 106
  styles.css
    aktualisieren 22
    Splendid Walrus 16
    testen 133–134
  tartans.html 240
  tartans.php 282
  Typ ermitteln 52
  XML-Daten 397
    herunterladen 399
Dateisystemzugriff, WURFL-PHP-API 401
Daten
  Future-Friendly-Manifest 366
  WURFL (Wireless Universal Resource FiLe) 159
Datenbanken (Geräte) 151, 154
  DetectRight 157–158
  DeviceAtlas 157–158
  Geräteunterstützung 145
  MobileAware 157–158
  Wireless Universal Resource FiLe *siehe* WURFL
Datenspeicherung 334–338
  LocalStorage-API 343
Datentypen, Future-Friendly-Manifest 366
Debug Bridge *siehe* adb
Debugging
  BlackBerry OS 381
  BlackBerry Playbook 381
  iWebInspector 381
  Opera Dragonfly 381
  Remote-Debugging 376–381
  WebKit 381
  weinre 376–381
debug.phonegap.com 377, 381
Deinstallation
  Android-Apps mit adb 411–413, 415
  Hybrid-Apps 332
Demografie, Geräteunterstützung 145
Design 71, 357
  ermitteln, welches Design verwendet werden soll 358–361
  flüssige Layouts vs. starre Layouts 24–30

Future-Friendly-Manifest 362–363
Flexibilität 364
Richtlinien zur Verwendung 366–370
Tartan-Jagd 365
Mobile First und responsives 56, 57
in Mobile First-Design umwandeln 58–59
Medienabfragen 61
Responsive Webdesign umwandeln in 58
Widgets 79–81
Progressive Enhancement 57, 141
RWD (Responsive Webdesign) 1
Bilder 10–11
CSS-Medienabfragen 10–11, 13–14
flüssige Layouts 24–30
Kontextwechsel 31–32
Layouts 10–11
Medien 10–11
desktop-Geräteklasse 186
Desktop, strukturelles CSS für 21
DetectRight 157–158
Device Anywhere 375
Device APIs Working Group (DAP) 384
DeviceAtlas 157–158
device_classes.php-Datei 200
device.php-Datei 163–169
Tests hinzufügen zu 177
deviceready-Event 345–346
Diagramme
Torte 50
Wasserfall 48
Bildgröße analysieren 54
HAR (HTTP Archive) 49–50
lesen 51–52
Dialoge, jQuery Mobile 306
Dienste, Geräteunterstützung 144
Diese Farbe hinzufügen-Button einfügen 276
div#main-Inhalt 37
div#points-Inhalt 37
<div>-Tag 75
Links hinzufügen 75–76
DOCTYPE definieren 116
DOCTYPEs (HTML5), umwandeln in XHTML-Mobile Profile 114–115
Dokumenttyp-Deklarationen (DTDs) 116
Domains, ermitteln, woher Dateien kommen 52
Downloads
Android-Paket (APK) 328
Android-SDK (Software Development Kit) 404
Bilder, Medienabfragen 66
CSS-Bilder 71
Ressourcen, Wasserfalldiagramm 48–50
WURFL-PHP-API 398
XAMPP 390
XML-Datendatei 399
DTDs (Dokumenttyp-Deklarationen) 116

E

ECMAScript Mobile Profile 135–136
EDGE-Netzwerk, 4G-Geräte 65
Eigenschaften, overflow: scrollen 131
eigenständige Sites 93, 104
Bestanden!-Prüfungsvorbereitungen, Pläne für eine eigenständige Website 182
CSS-MP (CSS Mobile Profile 2.0) 127
Mobilgeräteerkennungsskript 104–107
Mobilnutzer senden zu 96
Mock-ups 108–112
Scrolling auf Mobilgeräten 119–125
testen 109
User-Agents 98–103
Mobilbrowser 102–103

Sniffing 97, 101
Strings 98–100
Einbinden von jQuery Mobile 234
einfache Handys vs. Smartphones 113, 120
em-basierte Schriftgrößen 37
Emulatoren 374
Android-SDK installieren 329
emulierte Geräte (Android)
dem Android-SDK hinzufügen 407–408
starten 409–410
Entfernen von Attributen mit JavaScript 81
entfernte Gerätetests 375
en-US 103
Erstellen!-Absenden-Button 276
Erweiterungen, Google Chrome 85
event_list.inc-Datei 309
Events
change 277–278
click 277–278
deviceready 345–346
JavaScript 365
pagecreate 275, 277–278
pageinit 275, 277–278
.ready 275
Tartanator 271–272
Events-Page, Tartanator 271–272
Events suchen-Seite
Geolocation 301, 309
JavaScript 301
Explorer-Seite
erstellen 160–166
testen 169

F

facebookexternalhit-User-Agent 213
Fähigkeiten
Geräte in Geräteklassendefinitionen testen 193–198
Gruppen
bearer 176
Fähigkeitswerte abrufen 171
Geräteklassen 181
WURFL (Wireless Universal Resource FiLe) 170
Geräteklassen erstellen 187–189, 190–199
FALLBACK-Abschnitt (Cache-Manifest) 296
Fallstudien, Kundenanforderungen analysieren 146–149
Farbe/Größe-Feldpaare 260
beliebig viele erstellen 276
entfernen 275
Farben über Listen vorgeben 258
Farbfelder 259–260
Felder
Farbe/Größe-Feldpaare 260
Größe 260
xhtml_make_phone_call_string 176
zu Formularen hinzufügen 257
Fenster
flüssige Layouts 27
starre Layouts 26
Filter, Listen 244–249
Firebug 65
Firefox, Problemlösung bei Cache-Manifesten 291
Firtman, Maximiliano 381
Flexbox 65
Flexibilität, Future-Friendly-Manifest 364
Flexible-Box-Module 65
fließender Inhalt 60

flüssige Bilder 33, 54

flüssige Layouts

Bilder 33

Kontextwechsel 31–32

Spalten 37

Vorteile von 27–28

vs. starre Layouts 24–30

flüssige Medien 35, 36

Footer

jQuery Mobile 237–239

Swatch c 239

Werkzeugleisten, Headern/Footern mit jQuery Mobile hinzufügen 249–252

Formulare

Geolocation 301–308

HTML5 256–257

Farbe/Größe-Feldpaare 260

Farbfelder 259–260

Felder hinzufügen 257

Headern Buttons hinzufügen 262–263

Listen in Listen 258

testen 263

Tartanator 253–261

Verbesserungen für supermobile Web-App 274–277

Fotos *siehe* Bilder

Frames, Mobilgeräte und 117

Frameworks (mobile Web-Apps) 217, 225

jQuery Mobile

angepasste Widgets 275

Animationen 245

Codekomponenten 228–229

data-*-Attribute 231–232, 236

Dialoge 306

Events 275

Footer 237–239

Footer-Werkzeugleisten hinzufügen 249–250

Geräteunterstützung 245

Links 234

Listenfilter 244

Listentrenner 244

ListViews 233

PhoneGap Build-Projekte 324–327

Tartanator-Seite erstellen 228–239

Tartans erstellen 240–245

Webseiten laden 235

Nachteile 225

Frisch angezapft-Seite

Inhalte umstellen 59–60

JavaScript hinzufügen 77–78

Karte verbergen 53

mit Mobitest testen 47–53

Optimierungsfragen 44–47, 70

Struktur 58–59

Funktionen

addColor() 277

buildAddButton() 277

callback, MediaCapture-API 349

für Vergleiche 191

Fähigkeiten testen 193–198

initDevice 339

initPhoneGap 347

onColorListChange() 277

onStitchSizeChange() 277–278

refreshTartans() 352

setColorSelectStyle() 277

styleColorListItem() 277–278

switch() 192

tartanFound() 348, 350, 351

Future-Friendly-Manifest 362–363

Flexibilität 364

Richtlinien zur Verwendung 366–370

Tartan-Jagd 365

G

gemeinsames strukturelles CSS 21
generate.php 280, 281
geografische Trends, Geräteunterstützung 145
Geolocation 267, 270, 298–309
Browserunterstützung 303–308
Events suchen-Seite 301, 309
Formulare 301–308
JavaScript 300, 302
W3C-Geolocation-API 298
Geräte-APIs 384
Gerätedatenbanken
DetectRight 157–158
DeviceAtlas 157–158
MobileAware 157–158
WURFL (Wireless Universal Resource FiLe)
Fähigkeiten 156–157
Gerätedatenbanken 151, 154
Geräteunterstützung 145
Wireless Universal Resource FiLe *siehe* WURFL
Geräte 6
A List Apart-Artikel 374
Android-SDK installieren 329
CMS (Content Management-System) 95
CSS erstellen für 14–21
Änderungen identifizieren 18
CSS analysieren 16–17
Fragen/Antworten 37
Mobil-Magneten 19–20
Schritte 19–23
Sitestruktur analysieren 15
starre Layouts in flüssige Layouts umwandeln 24–30, 34
styles.css-Datei aktualisieren 22
viewport-<meta>-Tag 22
emulierte
in Android-SDK installieren 407–408
starten 409–410
Erkennung 97
Frames 117
Future-Friendly-Manifest 366
higher_mobile 186
mit Skripten erkennen 104–107
native Anwendungen 316
Remote-Tests 375
RWD (Responsive Webdesign), starre Layouts in flüssige umwandeln 24–30
Scrolling auf 119–125
simpler_mobile 186
teilen 374
testen 139, 374–375
Unterstützung 137, 139
Analytics 145
Browsereigenschaften 144
Browser 140
Demografie 145
Dienste 144
Eigentümer 144
geografische Trends 145
Hardwareperformance 144
jQuery Mobile 245
Kriterien/Prioritäten bestimmen 138
Kunden berücksichtigen 150
nicht unterstützte Geräte 140–141
Progressive Enhancement 141
Publikum berücksichtigen 142–145
Verbindungsgeschwindigkeit 144
zu stellende Fragen 142–143
WURFL (Wireless Universal Resource FiLe)
instantiieren 172
Ziele 117
Geräteklassen 151, 186
Anzahl pro Projekt 189

definieren 180
Desktop 186
Erlebnisse gruppieren 183–185
Fähigkeiten gruppieren 181
Lernhilfe-Site, Mock-up (Bestanden!-Prüfungsvorbereitungen) 201–209
mit WURFL-Fähigkeiten aufbauen 187–199
Namen 189
PHP-API 212–215
Problemlösung 198
testen 193–198, 200, 209, 213
Geschwindigkeit
Problemlösung 44–47
Verbindung, Geräteunterstützung 144
getCapability-Methode 171
getCurrentPosition-Methode 299
getDeviceForUserAgent-Methode 164, 172
Global Corp 147–150, 149–150
Global Positioning System (GPS) 298
Google Chrome 85
Google Gears 306
Google Maps-Iframe-Code
Attribute in CSS verschieben 80
Karte skalieren 82
Medienabfragen für Inhaltsbrüche verwenden 83–88
mit JavaScript einsetzen 74–78
Problemlösung bei Widgets 79–81
GPS (Global Positioning System) 298
Gradienten, jQuery Mobile 230–231
Grafikbibliotheken 141
Grafiken, flüssige 33
Größe-Feld 260
Größen
Bilder 50, 52, 54
src-Attribut 68–69
Dateien 52
HAR Viewer-Seite, Tortendiagramme 50–51
jQuery Mobile 230–231
Mobilgeräte 6
Schriften 35
em-basierte 37
Gruppen
Fähigkeiten
bearer 176
Geräteklassen 181
Fähigkeitswerte abrufen 171
Guda, Krishna 158

H

Hardwareperformance, Geräteunterstützung 144
HAR (HTTP Archive) 49–50
HAR Viewer-Page, Show Statistics-Link 50
has_cellular_radio-Fähigkeiten 176
haz.io 383
Header
Buttons hinzufügen zu 262–263
Position reparieren in 251–252
User-Agent *siehe* User-Agents
HTML5-Programmierung von Kopf bis Fuß 224
higher_mobile-Geräte 186
horizontale Layouts vs. vertikale 29
.htaccess-Dateien, Cache-Manifeste erstellen 287–288
HTML
Requests nach HTML-Seiten
traditionelle Websites 220
Web-Apps 221
semantisches Markup 57
Splendid Walrus-Website 15–19
weinre.html 377

HTML5 217, 218
Application Stores 385
Cache-Manifest
Dcfinition 284
erstellen 285–296
data-*-Attribute 231–232
data-role-Attribut 232
Definition 219
Formulare 256–257
Farbe/Größe-Feldpaare 260
Farbfelder 259–260
Felder hinzufügen 257
Headern Buttons hinzufügen 262–263
Listen in Listen 258
testen 263
LocalStorage-API 333
PhoneGap *siehe* PhoneGap
vs. XHTML-Mobile Profile 115–116
Web-Apps 219
html5test.com 383
HTTP Archive (HAR) 49–50
Hybrid-Apps 313, 317
Browserunterstützung 339
deinstallieren 332
erstellen 322–332
app.js-Datei 336–352
Bilder/Medien 345–349
Datenspeicherung 334–338
MediaCapture 348–353
PhoneGap *siehe* PhoneGap
Seiten aktualisieren 340
Werkzeuge 320

I

Ich flippe aus-Seite 152
testen 174
ifconfig-Befehl 394
Iframe-Code, YouTube-Videos 35
IIS Manager 393
image.php 280
<img>-Tag 71
src-Attribut 68–69
@import-Syntax 37
index.html-Datei, Splendid Walrus-Website 15
index_mobile.html-Datei
umwandeln in XHTML-Mobile Profile 114–118
index.php-Datei 209
index_solution.php-Datei 209
Inhalt
anordnen 59-60, 65
Future-Friendly-Manifest 366
schwebender 60
semantisches Markup 57
Überschneidungen 83–89
umsortieren 59–60, 65
Inhaltsbrüche, Medienabfragen 83 88
Inhalts-Breakpoints 89
initDevice-Funktion 339
initPhoneGap-Funktion 347
Installation
Android-Apps mit adb 411–413, 415
Android-Plattformen 405–406
Android-SDK 320, 329, 404
Android-Tools 405–406
Bookmarklets 85
MAMP 392–393
Tartan-Jagd 329–332
Instantiierung
WURFL-Geräte (Wireless Universal Resource FiLe) 172
WURFL-Objekte (Wireless Universal Resource FiLe) 163

Internet Explorer
- bedingte Kommentare 62
- Medienabfragen 65
- Medienabfragen testen in 61–64
- mobile Medienabfragen 62–65

Internet Explorer 9, Application-Cache 284
iOS Developer-Programm 319
IP-Adressen 394
iPhones 2
iPod touch, device.php-Änderungen testen 179
is_wireless_device-Fähigkeit 172
iWebInspector, Debugging 381

J

JavaScript 217, 219
- Attribute entfernen mit 81
- Bildgrößen 50
- Cache-Manifest 295
- deviceready-Event 345–346
- Events 365
- Events suchen-Seite 301
- Frisch angezapft-Seite hinzufügen 77–78
- Geolocation 300–308
- Google Maps-Iframe-Code hinzufügen 74–78
- LocalStorage-API 333
- Medienabfragen erstellen 76
- PhoneGap 319
- Seiten aktualisieren 340
- Tartanator-Seite, Verbesserungen 274–279
- verbergen 53

JavaScript-API, PhoneGap 345–349
JavaScript-Magneten, LocalStorage-API 336–338
JavaScript verbergen 53
Jokerzeichen
- CACHE-Abschnitt (Cache-Manifest) 296
- NETWORK-Abschnitt (Cache-Manifest) 289, 291

jQuery Core 229–230
jQuery Mobile
- angepasste Widgets 275
- Animationen 245
- Codekomponenten 228–229
- data-*-Attribut 231–232, 236
- Dialoge 306
- Events 275
- Footer 237–239
- Footern Werkzeugleisten hinzufügen 249–250
- Geräteunterstützung 245
- Links 234
- Listenfilter 244
- Listentrenner 244
- List-Views 233
- PhoneGap Build-Projekte 324–327
- Seiten laden 235
- Tartanator-Seite erstellen 228–239
- Tartans erstellen 240–245

K

Kameras
- MediaCapture-API 344
- Zugriff aus Mobilbrowsern 316

Kamerman, Steve 158
Karten
- Breakpoints 83–88
- Google Maps-Iframe-Code mit JavaScript einbinden 74–78
- skalieren 82
- verbergen 53

Klassen
- Geräte 151, 186
  - Anzahl pro Projekt 189
  - definieren 180
  - Desktop 186
  - Erlebnisse gruppieren 183, 184–185
  - Fähigkeiten gruppieren 181
  - Lernhilfe-Site (Bestanden!-Prüfungsvorbereitungen) 201–209
  - mit WURFL-Fähigkeiten erstellen 190–199
  - Namen 189
  - PHP-API 212–215
  - Problemlösung 198
  - testen 200, 209

Koch, Peter-Paul (PPK) 189, 374

Konfigurationsdateien erstellen 162–168

Kontextwechsel, flüssige Layouts 31–32

L

Layouts
- Breakpoints 83–88
- flüssige
  - Bilder 33
  - Kontextwechsel 31–32
  - Spalten 37
  - Vorteile von 27–28
  - vs. starre Layouts 24–30
- horizontale vs. vertikale 29
- RWD (Responsive Webdesign) 10–11
- Splendid Walrus-Website 15
- starre, Nachteile von 26

Lernhilfe-Site-Mock-up (Bestanden!-Prüfungsvorbereitungen)
- Geräteklassen 201–209

Lesen von Wasserfalldiagrammen 51–52

Links
- Aufrufe machen mit 176
- hinzufügen 75–76

Linux
- lokalen Webserver einrichten 390–391
- Ports 393

Listen, Farben hinzufügen 258

Listenfilter 244–249

Listennummerierung, Problemlösung 132–133

Listentrenner 244–249

list.php-Datei 282

List-Views, jQuery Mobile 233

LocalStorage-API 296, 333–338
- Browserunterstützung 343
- clientseitige Fähigkeitserkennung 339
- Datenspeicherung 343
- JavaScript-Magneten 336–338
- refreshTartans()-Funktion aktualisieren 352
- Schlüssel 343
- Toggle-Methoden 341–342

Loch Air 314
- Tartan-Jagd *siehe* Tartan-Jagd

logische Gruppierung 183

lokalen Webserver einrichten 387–396
- Apachefriends.org 390–391
- auf Server zugreifen 394–395
- Linux 390–391
- Macintosh 392–393
- PHP 390–393
- Ports 393
- Windows 390–391
- XAMPP 390–391

M

Macintosh
- Android-Apps installieren/deinstallieren 413
- lokalen Webserver einrichten 392–393

Ports 393
Problemlösung XAMPP 395
Magneten (JavaScript), LocalStorage-API 336–338
Magneten (mobiles CSS), CSS für Mobilgeräte erstellen 19–20
MAMP 395
Dateisystemzugriff 401
installieren 392–393
manifest-Attribut 285, 286
Marcotte, Ethan 10
Margin, umwandeln in flüssiges Layout 29
Markup-Validierung 117
Zugriffstasten 123
Matcher, WURFL (Wireless Universal Resource FiLe) 159
maximum-scale-Einstellung 73
MediaCapture-API 344, 348–353
Kamera 344
Media Queries *siehe* Medienabfragen
Medien
flüssige 35, 36
RWD (Responsive Webdesign) 10–11
Tartan-Jagd 345–349
YouTube-Videos, Iframe-Code 35
Medienabfragen 10–11, 13–14, 37, 65
bedingte Kommentare 63–65
Bilder 66
erstellen in JavaScript 76
im Internet Explorer testen 61–64
Inhaltsbrüche 83–88
Internet Explorer 62–65, 65
Mobile First und Responsive Webdesign 61
Medieneigenschaften 12
Medientypen
CSS 12–14
@import-Syntax 37
Metadatenformularfelder, Formularen hinzufügen 257
Methoden
getCapability 171
getCurrentPosition 299
getDeviceForUserAgent 164, 172
LocalStorage-API 335
toggle 341–342
toggleClass 341–342
Mobilbrowser
AJAX 281
Bookmarklets installieren 85
CSS-Bilder herunterladen 71
Kamerazugriff 316
Markup-Validierung 117
Opera Mini 110
Simulator 111
Opera Mobile 110
Plug-ins 45
Safari 110
Sniffing 116
Telefonnummern als Links 178
Unterstützung, clientseitige Fähigkeitserkennung 339
User-Agents 98–103, 102–103
Weiterleitung 104–109
XHR 281
XHTML-Mobile Profile 116
Mobilbrowser 6
Mobil-CSS-Magneten, CSS für Mobilgeräte erstellen 19–20
Mobildesign *siehe* Design
MobileAware 157–158

mobile Emulatoren 374
Mobile Perf Bookmarklet 65
mobile Web-Apps 217, 218
  Definition 219
  Frameworks (mobile Web-Apps), jQuery Mobile 228–239
  Geolocation 267, 270
  HTML5 219
  mobile Frameworks 217, 225
    Nachteile 225
  Offlinemodus 267, 267–268, 270, 284–296
  Progressive Enhancement 267, 270
  Requests nach HTML-Seiten 221
  Tartans Unlimited-Projekt
    Beschreibung von 222–225
mobile Websites 104
  Bestanden!-Prüfungsvorbereitungen, Website-Planung 182
  eigenständige Sites
    Mobilnutzer senden zu 96
    User-Agents 98–103
    Vierbeinige Freunde, Anforderungen 93
  Mobilgeräteerkennungsskript 104–107
  Mock-ups 108–112
  testen 109
  User-Agents
    Mobilbrowser 102–103
    Sniffing 97, 101
    Teststrings 98–99
Mobil-Frameworks 217, 225
  jQuery Mobile
    angepasste Widgets 275
    Animationen 245
    Codekomponenten 228–229
    data-*-Attribute 231–232, 236
    Dialoge 306
    Events 275
    Footer 237–239
    Footer-Werkzeugleisten hinzufügen 249–250
    Geräteunterstützung 245
    Links 234
    Listenfilter 244
    Listentrenner 244
    List-Views 233
    PhoneGap Build-Projekte 324–327
    Tartanator-Seite erstellen 228–239
    Tartans erstellen 240–245
    Webseiten laden 235
  Nachteile 225
Mobilgeräte
  A List Apart-Artikel 374
  CMS (Content Management-Systeme) 95
  CSS erstellen für 14–21
    Änderungen identifizieren 18
    CSS analysieren 16–17
    Fragen/Antworten 37
    Mobilmagneten 19–20
    Schritte 19–23
    Sitestruktur analysieren 15–16
    starre Layouts in flüssige Layouts umwandeln 24–30, 34
    styles.css-Datei aktualisieren 22
    viewport-<meta>-Tag 22
  CSS und 9
  Erkennung 97
  Frames 117
  Future-Friendly-Manifest 366
  Größen 6
  mit Skripten erkennen 104–107
  Mobilgerätetestzentren 375
  native Anwendungen 316
  RWD (Responsive Webdesign), starre Layouts umwandeln in flüssige Layouts 24–30
  Scrollen auf 119–125
  teilen 374
  testen 374–375

Unterstützung *siehe* Geräte, Unterstützung
Ziele 117
Mobilperformancetests, Mobitest 47–53
Mobilschnittstellen 6
Mobilsimulatoren 374
Mobil-Sites, CSS-MP (CSS Mobile Profile 2.0) 127
Mobiltelefone 2
iPhones 2
Webbrowser 3
Webnutzung 3
Websites betrachten auf 4–7
Mobile First und Responsive Webdesign 56, 57, 71
Medienabfragen 61
Responsive Webdesign umwandeln in 58
Widgets 79–81
Mobitest 47–53
Schwankungen der Testergebnisse 65
Mock-ups
einzelne Sites 108–112
Lernhilfe-Site (Bestanden!-Prüfungsvorbereitungen)
Geräteklassen 201–209
modernizr.com 383
Mueller, Patrick 376
Museum multimedial 146–149, 148–150

N

Namen, Geräteklassen 189
native Anwendungen 246–253, 313
Gerätefähigkeiten 316
PhoneGap *siehe* PhoneGap
Navigationsleisten erstellen 249–252
NETWORK-Abschnitt (Cache-Manifest), Jokerzeichen 289, 291, 296
Netzwerke
EDGE, 4G-Geräte 65
WiFi, Web-Requests 45
Nitobi 318

O

Objekte
CustomDevice 189
window.applicationCache 294
WURFL (Wireless Universal Resource FiLe)
instantiieren 163
Offlinemodus 267, 270
Bilder 290–296
Cache-Manifest 285–296
Browserunterstützung 296
Definition 284
FALLBACK-Abschnitt 296
.htaccess-Dateien 287
Inhaltstyp 285
Problemlösung 292–293
Ressourcenlisten ändern 290–296
Syntax 285
testen 295
URLs 285
WebKit Web Inspector 286
Tartanator-Verbesserungen 284–296
Webseiten 290–296
onColorListChange()-Funktion 277
onStitchSizeChange()-Funktion 277–278
Open Source-Lizenz
AGPL (Affero General Public License v3) 158
WURFL (Wireless Universal Resource FiLe) 158
Opera Dragonfly 65, 381
Opera Mini 4.2 120
Opera Mini 110
Application-Cache 284
Simulator 111

Opera Mobile 110
Optimierungen 43, 44–47
  Bilder 67, 69
  Angezapft-Seite 44–47, 70
overflow:-Scroll-Eigenschaft 131

P

pagecreate-Event 275, 277–278
pageinit-Event 275, 277–278
Panik-Button *siehe* roter Panik-Button
Passani, Luca 158
Patches, WURFL (Wireless Universal Resource FiLe) 213
Perfecto 375
Performance
  4G-Geräte 65
  Hardware, Geräteunterstützung 144
Performancetest, Mobitest 47–53
PhoneGap 318–321, 364
  Android 319
    APK herunterladen 328
  deviceready-Event 345–346
  Hybrid-Apps erstellen 322–327
  JavaScript-API 345–349
  MediaCapture-API 344, 348–353
  Plattformen 320
  Referenzen entfernen 365
  Seiteninitialisierung 365
PhoneGap Build 318, 320, 321
  APK (Android-Paket) herunterladen 328
  Apps deinstallieren 332
  native Android-Apps erstellen 322–327
  phonegap.js 344–346
phonegap.js 344–346
PhoneGap-weinre 376–381
PHP
  Cache-Manifest erstellen
    Änderungen der Ressourcenliste 290–296
    Dateien generieren 287–289
  Feldgruppen hinzufügen 258
  Gerätefähigkeiten in Geräteklassendefinitionen testen 193–198
  lokalen Webserver einrichten 390–393
  testen 396
PHP-API 156
  Fähigkeitswerte 173
  RIS-Vergleiche (Reduction-in-String) 159
  Vergleiche 212–215
Plattformen
  Android 405–406
  PhoneGap 320
Plug-ins 45
Ports, lokalen Webserver einrichten 393
Priorisierung, Mobilgeräte testen 375
Problemlösung
  Apache Friends Support-Forum 394
  AppCache 289, 291
  Cache-Manifest 291, 292–293
  Geräteklassen 198
  Geschwindigkeitsfragen 44–47
  Listennummerierung 132–133
  MediaCapture-API 349
  Remote-Debugging 376–381
  Widgets 79–81
  Zugriffstasten 122, 123–125, 125
Programmierung, serverseitig 9
Progressive Enhancement 55, 57, 267, 270, 364
  Geräteunterstützung 141
Prototyp, Tartanator 224, 253–261

Proxyserver
Charles-Proxy 65
Web-Request 45–46
<p>-Tag, Links hinzufügen 75–76
Publikumserwägungen
die zu unterstützenden Geräte ermitteln 142–145
Fallstudien 146–149

Q

quirksmode.org 382

R

.ready-Event 275
redirect.php-Datei 106
refreshTartans-Funktion 352
reguläre Ausdrücke, Mobilgeräteerkennungsskript 107
Remote-Debugging 376–381
Requests nach Webseiten
asynchrone Requests 221
traditionelles Website-Verhalten 220
Responsive Design und serverseitige Komponenten (RESS) 386
Responsive Webdesign (RWD) 1, 10–11, 41
abschließende Analyse der CSS-Datei 38–40
Bilder 10–11
CSS-Medienabfragen 10–11, 13–14
flüssige Layouts 24–30
flüssige Medien 35, 36
Kontextwechsel 31–32
Layouts 10–11
Medien 10–11
starre Layouts in flüssige Layouts umwandeln 24–30
Ressourcen
ändern in Cache-Manifest 290 296
Cache-Manifest, aufführen 289
Wasserfalldiagramm mit Downloads 48, 49–50
Ressourcenpfad, WURFL-PHP-API 402
RESS (responsives Design und serverseitige Komponenten) 386
Rieger, Bryan 386
Rieger, Stephanie 386
RIS-Vergleiche (Reduction-in-String), PHP-API 159
roter Panik-Button
Bestanden!-Prüfungsvorbereitungen-Website 153
testen 174–175
RWD (Responsive Webdesign) 1, 10–11, 41
abschließende Analyse der CSS-Datei 38–40
Bilder 10–11
CSS-Medienabfragen 10–11, 13–14
flüssige Layouts 24–30
flüssige Medien 35, 36
Kontextwechsel 31–32
Layouts 10–11
Medien 10–11
starre Layouts in flüssige Layouts umwandeln 24–30

S

Safari 110
Cache-Manifeste testen 286
Problemlösung bei Cache-Manifesten 291
Teststrings 189
Schlüssel, LocalStorage-API 343
Schnittstellen 6
Schriften
Größen 35
em-basierte 37
jQuery Mobile 230–231
ScientiaMobile-Explorer 155, 158
APIs 158

Explorer-Seite erstellen 160–166, 169

Explorer-Seite testen 169

<script>-Tag 377

Scrolling, accesskey-Attribut 119, 123–125

SDKs (Software Development Kits), Android 319, 403

adb 411–413, 415

emulierte Geräte erstellen 407–408

emulierte Geräte starten 409–410

herunterladen 404

installieren 320, 329, 404

Plattformen/Werkzeuge 405–406

semantisches Markup 57, 364

Sencha.io Src 69, 71, 364

Server

Proxyserver

Charles-Proxy 65

Webrequests 45–46

weinre 377–379

serverseitige Geräteerkennung 150

serverseitige Programmierung 9

setColorSelectStyle-Funktion 277

SGML (Standard Generalized Markup Language) 116

Show Statistics-Link (HAR Viewer-Seite) 50

simpler_mobile-Geräte 186

Simulatoren 374

Skalierung

abschalten 73

Bilder 68–69

Google Map-Karte 82

viewport-<meta>-Tag 72

Skalierung deaktivieren 73

Skripten, Mobilgeräteerkennung 104–107

Skyfire, User-Agent-String 103

Smartphones

Android 3

vs. einfache Handys 113, 120

Sniffing

Browser 116

User-Agent 97, 101, 135

Software Development Kit (SDK) *siehe* SDKs

Spalten

flüssige Layouts 37

in flüssiges Layout umwandeln 29

Speichern von Daten, LocalStorage-API 334–338

Splendid Walrus-Website

Darstellung auf einem Mobilgerät 4–9

Angezapft-Seite

Inhalt umstellen 59–60

JavaScript hinzufügen 77–78

Karte verbergen 53

Optimierungsfragen 44–47

Performance testen 47–53

Struktur 58–59

index.html-Datei 15

Optimierung 44–47

Struktur 15

styles.css-Datei 16

Spoofing-Browser-User-Agents 103

src-Attribut

CSS 68

<img>-Tag 68–69

Standard Generalized Markup Language (SGML) 116

Standards

Future-Friendly-Manifest 366

LocalStorage-API 333–338

starre Layouts

Nachteile von 26

vs. flüssige Layouts 24–30

Starten emulierter Geräte (Android) 409–410
Stores (Apps) 385
Strings
LocalStorage-API 343
User-Agents 98–100
Mobilgeräteerkennungsskript 107
Skyfire 103
xhtml_make_phone_call_string 176
Struktur, Angezapft-Seite 58–59
styleColorListItem-Funktion 277–278
styles.css
aktualisieren 22
CACHE-Abschnitt (Cache-Manifest) 290
Splendid Walrus-Website 16
testen 133–134
supermobile Web-Apps 267, *siehe auch* Web-Apps
Tartanator-Verbesserungen 270–280
Backend-Verbesserungen 280–283
Formulare 274–277
Geolocation 298–309
Offlinemodus 284–296
Swatch c, Footer 239
Switch-Anweisung 192
Syntax, Cache-Manifest 285

T

Tablets 185
Tags
<div>, Links hinzufügen 75–76
<img> 71
src Attribut 68–69
<meta> 72–73, 89
<p>, Links hinzufügen 75–76
<script> 377
<ul> 240–243
viewport-<meta> 22, 72–73, 89
taps.css, schwebende Inhalte 60
Tartanator 268–269
Begrüßungsnachricht 271–272
Beschreibung des Projekts 222–225
Events 271–272
Events-Seite 271–272
Formulare 253–261
mit jQuery Mobile aufbauen 228
data-*-Attribut 231–232
Phase 2 (supermobile Web-App) 270–280
Backend-Verbesserungen 280–283
Formularverbesserungen 274–276
Geolocation 298–309
Offlinemodus 284–296
Prototyp 224, 253–261
Tartans erstellen 240–245
tartanFound-Funktion 348, 350, 351
Tartan-Jagd 315, 365
Datenspeicherung 334–338
erstellen 322–332
app.js-Datei 336–352
Bilder/Medien 345–349
MediaCapture 348–353
Seiten aktualisieren 340
gefundene Tartans zeigen 340
installieren 329–332
Tartans speichern 334–338
tartans.html-Datei 240
tartans.php-Datei 282
Tartans Unlimited
Beschreibung von 222–225
Loch Air-Wettbewerb 314
Tartan-Jagd *siehe* Tartan-Jagd
Über uns-Seite 271
Teilen von Geräten 374
Telefonnummern, Links auf, in Mobilbrowsern 178

Tera-WURFL, ScientiaMobile-Explorer 155
Testen
  Android-Apps 414
  Android-String 189
  app.js-Datei 353–355
  Browserunterstützung 383
  Cache-Manifest 286, 295
  CSS 23
  einzelne Sites 109
  entfernte Geräte 375
  Explorer-Seite 169
  Geräte 139
  Gerätefähigkeiten in Geräteklassendefinitionen 193–198
  Geräteklassen 200, 209
  HTML5-Formulare 263
  Ich flippe aus!-Seite 174
  Performance, Mobitest 47–53
  Medienabfragen im Internet Explorer 61–64
  Mobilgeräte 374–375
  Mobilgerätetestzentren 375
  PHP 396
  Priorisierung 375
  Safari-String 189
  styles.css 133–134
  Zugriffstasten 125
Testzentren für Mobilgeräte 375
theme-CSS 229–230
toggleClass-Methode 341–342
toggle-Methode 341–342
Tortendiagramme 50
Twitter-API 95

U

UAProf (User Agent Profile) 103
Überschneidungen, Inhalt 83–89
Über uns-Seite, Tartans Unlimited 271–272
<ul>-Tag 240–243
Umleitung von Mobilbrowsern 104–109
Umsortierung *siehe* Inhalt, anordnen
Unterstützung
  Browser
    caniuse.com 382
    clientseitige Fähigkeitserkennung 339
    Geolocation 303–308
    LocalStorage 343
    testen 383
  Geräte 137, 139
    Analytics 145
    Auftraggeber 144
    Benutzererwägungen 142–145
    Browser 140
    Browserfähigkeiten 144
    Demografie 145
    Dienste 144
    geografische Trends 145
    Hardwareperformance 144
    jQuery Mobile 245
    Kriterien/Prioritäten ermitteln 138
    Kundenerwägungen 150
    nicht unterstützte Geräte 140–141
    Progressive Enhancement 141
    Verbindungsgeschwindigkeit 144
    zu stellende Fragen 142–143
URLs, Cache-Manifest 285
User Agent Profile (UAProf) 103
User-Agents 98–103
  Browser, Spoofing 103
  facebookexternalhit 213
  Mobilbrowser 102–103

Sniffing 97, 101, 135
Strings 97, 98–100
Mobilgeräteerkennungsskript 107
Skyfire 103

V

Validierung 117
von Code 374
Zugriffstasten 123
Verbindungsgeschwindigkeit, Geräteunterstützung 144
Vergleiche, PHP-API 212–215
Vergleichsfunktion 191
Fähigkeiten testen 193–198
vertikale Layouts vs. horizontale 29
Videos, YouTube-Iframe-Code 35
Vierbeinige Freunde 92
Anforderungen mobiler Websites 93–94
CMS (Content Management-System) 93–94, 95
Infrastruktur 93
Mobilgeräteerkennungsskript 104–107
viewport-<meta>-Tag 22, 72–73, 89
virtuelle Geräte
installieren in Android-SDK 407–408
starten (Android) 409–410
Viewport 89
viewport-<meta>-Tag 72, 89

W

W3C-Geolocation-API 298
Browser 299–300
W3C-Device-APIs 384
W3C-MediaCapture-API 344
WAC (Wholesale Applications Community) 384
Wasserfalldiagramme 48
Bildgrößen analysieren 54
HAR (HTTP Archive) 49–50
lesen 51–52
Webanwendungen, Hybrid-Apps erstellen 322–327
Web-Apps 217, 218; *siehe auch* supermobile Web-Apps
Android 403
deinstallieren 415
deinstallieren mit adb 411–413
installieren 415
installieren mit adb 411–413
testen 414
Backend-Verbesserungen 280–283
Definition von 219
Formularverbesserungen 274–277
Frameworks (mobile Web-Apps), jQuery Mobile 228–239
Geolocation 267, 270
HTML5 219
Hybrid-Apps 313, 317
erstellen 322–332
Werkzeuge 320
Mobil-Frameworks 217, 225
Nachteile 225
native Anwendungen 313
Gerätefähigkeiten 316
Offlinemodus 267, 270, 284–296
Progressive Enhancement 267, 270
Requests nach HTML-Seiten 221
Tartans Unlimited-Projekt, Beschreibung 222–225
Webbrowser
Application-Cache 284
Chrome
Cache-Manifeste testen 286
Problemlösung bei Cache-Manifesten 291
Geräteunterstützung 140, 144

Internet Explorer
bedingte Kommentare 62–63
Medienabfragen 65
Medienabfragen testen in 61–64
mobile Medienabfragen 62–65
Mobilbrowser 6
Mobiltelefone 3
Safari
Cache-Manifeste testen 286
Problemlösung bei Cache-Manifesten 291
Unterstützung, Cache-Manifest 296
Webdesign 357
das zu verwendende Design ermitteln 358–361
flüssige Layouts vs. starre Layouts 24–30
Future-Friendly-Manifest 362–363
Flexibilität 364
Richtlinien für die Verwendung 366–370
Tartan-Jagd 365
Mobile First und responsive 56–57, 71
Medienabfragen 61
Responsive Webdesign umwandeln in 58
Widgets 79–81
Progressive Enhancement 55, 57, 141
RWD (Responsive Webdesign) 10–11
Bilder 10–11
CSS-Medienabfragen 10–11, 13–14
Layouts 10–11
Medien 10–11
Web Developer Toolkit 85
WebGL 141
Web Inspector 65, 286
WebKit
Browser 189
Debugging 381
Web Inspector, Cache-Manifeste erstellen 286
Web, plattformübergreifende Technologie 3
Webrequests, WLAN-Netzwerke 45–46
Webseiten
Offlinemodus 290–296
Requests nach HTML 220
Webseiten laden
AJAX 236
jQuery Mobile 235
Webserver einrichten 387–396
Apachefriends.org 390–391
Linux 390–391
Mac 392–393
PHP 390–393
Ports 393
Windows 390–391
XAMPP 390–391
Zugriff auf Server 394–395
Websites
Apachefriends.org 390–391
Bestanden!-Prüfungsvorbereitungen 152
roter Panik-Button 153
browserscope.org 383
caniuse.com 382
debug.phonegap.com 377, 381
Device Anywhere 375
eigenständige Sites 93, 104
Bestanden!-Prüfungsvorbereitungen, Überlegungen für eine eigenständige Website 182
Mobilgeräteerkennungsskript 104–107
Mobilnutzer senden an 96
Mock-ups 108
Scrollen auf Mobilgeräten 119–125
User-Agent-Erkennung 97, 101
User-Agents 98–103
html5test.com 383
Informationen teilen 93
mobile, User-Agents 98–100
modernizr.com 383

Perfecto 375

quirksmode.org 382

Requests nach HTML-Seiten 220

RWD (Responsive Webdesign) 1, 10–11

Splendid Walrus

Ansicht auf einem Mobiltelefon 4–9

index.html-Datei 15

Performance der Angezapft-Seite testen 47–53

Optimierung 44–47

Struktur 15–19

styles.css-Datei 16

Tartans Unlimited 222–225

Webstandards, LocalStorage-API 333–338

Webtechnologien 6

weinre 65, 376–381

weinre-Server 377–379

Werkzeuge

Android 405–406

Hybrid-Apps 320

Werkzeugleisten (Footer), Headern/Footern mit jQuery Mobile hinzufügen 249–252

Wholesale Applications Community (WAC) 384

Widgets

jQuery Mobile 275

Problemlösung 79–81

Responsive Webdesign 79–80

window.applicationCache-Objekt 294

Windows

Android-Apps installieren/deinstallieren 413

Apache Friends Support-Forum 394

lokalen Webserver einrichten 390–391

Ports 393

WIP (Wireless Industry Partnership) 385

Wireless-CSS 135

Wireless Industry Partnership (WIP) 385

Wireless Markup Language (WML) 117

Wireless Universal Resource FiLe *siehe* WURFL

WLAN-Netzwerke, Webrequests 45–46

WML (Wireless Markup Language) 117

World Wide Web Consortium-Geolocation-API *siehe* W3C-Geolocation-API

Wroblewski, Luke 386

WURFL-PHP-API 397

Code 402

Dateisystemzugriff 401

herunterladen 398

Ressourcenpfad 402

WURFL (Wireless Universal Resource FiLe) 155–159

Aktualisierung 158

APIs 159, 213

Daten 159

Fähigkeiten156–157, 170–171

Geräteklassen erstellen 187–189, 190–199

Geräte instantiieren 172

Links erstellen 176

Matcher 159

Objekte instantiieren 163

Open Source-Lizenz 158

Patches 213

PHP-API 156

X

XAMPP

Apache Friends Support-Forum 394

herunterladen 390

lokalen Webserver einrichten 390–391

XHR 281

Browserunterstützung 281

XHTML-Basic 119, 135

xhtml_make_phone_call_string 176
XHTML-Mobile Profile 114–118
  Mobilbrowser 116
  Vorteile von 117
  vs. HTML5 115–116
XML
  Datendarstellungsspeicherung 282
  Datendateien 397, 399

Y

YouTube, Iframe-Code 35

Z

Ziele, Mobilgeräte 117
Zoomen 89
  deaktivieren 73
  viewport-<meta>-Tag 72–73
Zugriff auf Server 394–395
Zugriffstasten
  Attribute 117, 118
    Scrolling 119
  Listennummerierung 132–133
  Markup-Validierung 123
  Problemlösung 122–125
  testen 125